CASES ANALYSIS OF
CORPORATE FINANCIAL MANAGEMENT

公司财务管理
案例分析

马 忠 编著

机械工业出版社
China Machine Press

图书在版编目（CIP）数据

公司财务管理案例分析 / 马忠编著 . —北京：机械工业出版社，2015.2（2024.11 重印）
（MPAcc（会计硕士专业学位）精品教材系列）

ISBN 978-7-111-49470-6

I. 公… II. 马… III. 公司 – 财务管理 – 案例 – 研究生 – 教材 IV. F276.6

中国版本图书馆 CIP 数据核字（2015）第 038811 号

　　本书以案例的形式，对我国企业财务管理实践中重要与常见的问题提供了多维度和多层次的综合分析与论证过程，也为企业管理层进行经营与财务相关性的决策提供了权衡与判断依据。本书案例全部为自编案例，比目前市场上大多数教材的内容都更深入、更透彻。

　　本书适合管理类专业的本科生、研究生使用。

出版发行：机械工业出版社（北京市西城区百万庄大街 22 号　邮政编码：100037）

责任编辑：李　琦		责任校对：殷　虹	
印　　刷：北京建宏印刷有限公司		版　　次：2024 年 11 月第 1 版第 18 次印刷	
开　　本：185mm×260mm　1/16		印　　张：31.5	
书　　号：ISBN 978-7-111-49470-6		定　　价：55.00 元	

客服电话：(010) 88361066　68326294

案例教学是商学院经济与管理类专业在公司财务管理课程的实践教学中普遍使用的教学方法，为提高财务管理课程实施研究性教学的效果，所使用的案例类型，依据课程讲授过程顺序、教学功能定位和适用教学对象群体的不同，大体可以分为典型现象示例型、情景素材引导型、小微案例写作型、专业综合论证型、学术视角研究型五个类型。依据针对案例问题研究过程的方法论特征上的不同，其具体分析论证过程又可以分别与解释性、描述性和探索性三种类型相对应。本书选择的大部分案例属于专业综合论证型，设计的宗旨是"凸显一个财务主题，重视联系经营战略，强调案例论证力度，实现跨章知识运用，综合权衡财务决策，训练财务判断能力"，旨在依据客观事实及支撑素材的论证回答"怎么样"、"为什么"的问题，为财务决策提供依据。本书的案例主题分别对应财务分析、营运资金、长期融资、投资、股利分配、资本成本、资本结构、价值评估与管理、融资租赁等不同的知识模块，涉及通信设备制造业、房地产、电信运营商、家电、光伏、建筑材料、工程施工等多个行业，以及国有与民营等不同类别的企业。党的二十大报告深刻阐述了习近平新时代中国特色社会主义思想的世界观和方法论，即"六个必须坚持"。其中，"必须坚持问题导向"，对案例教学来说也有很强的指导意义，即通过现实的案例培养学生发现问题、分析问题和解决问题的能力。在案例教学过程中，本书侧重于案例论证过程对财务管理问题的判断力和对财务管理解决方案的权衡决策能力的训练，强调以问题为导向的案例分析方法论的思维模式训练，重视培养整体分析与判断的大局观念。

本案例教材在案例设计、案例分析、教学组织与讨论引导上的特点体现在以下几个方面。

1. 案例情景凸显全本土化的财务环境

本案例教材的分析对象的选择全部是以我国在境内外的上市公司或具有代表性的财务决策问题作为分析载体，旨在将案例的分析与论证过程置于我国企业财务管理的真实环境的情景之中，这也有助于培养财务案例分析的大局观。本案例教材选择本土化案例情景的主要特征体现在：（1）市场制度法规；（2）资本市场工具；（3）企业属性特征；（4）行业竞争模式；（5）公司发展战略；（6）公司治理机制。上述特征具有非常明显的发展阶段痕迹，特别是我国处于新兴市场的转轨阶段，与经典财务管理理论预期的有效市场的财务行为之间有很大的区别，而且，这种差别还要在今后相当长一段时间内继续存在，目前在大量的学术研究中已得到印证。例如，大型央企的财务行为在很大程度上受国务院国资委的考核指标引导。一般上市公司的融资与股利分配行为明显受到资本市场要求的影响。中小型民营企业的融资能力与融资方式因制度因素导致明显的融资约束。不同企业因其所处行业与产权属性的差异，导致其市场化程度不同，其政治关联背景对企业获得财务资源的能力以及支配财务资源行为的影响也明显不同。企业层面的案例情景还表现在为突破发展障碍与增长瓶颈所采取的转型、升级战略的背景信息，包括企业的商业模式设计与业务模式变化、资源配置结构与集团管控等特征。本案例教材全本土化情景有助于分析与论证我国上市公司财务政策选择的影响因素与经济后果，对我国企业财务管理实践问题具有一般性的借鉴与启示意义。

2. 案例内容与财务管理实务问题对接

以问题为导向是案例分析的核心，本书的每个案例在论证内容设计上强调两个对接，既与我国企业管理层关注的财务管理实务决策性问题对接，又与专业机构关注的上市公司财务管理重要影响性问题对接。在案例问题选择上，本书遵循的原则是重要性与趣味性相结合，知识性与新颖性相结合，常规性与特殊性相结合，侧重于训练学生对财务实务问题的专业敏锐度和判断能力。本书的设计原则是在符合教学实践能力训练需要的基础上，能够真实反映企业财务管理的实践。

本书对案例问题选择的原则体现在以下几个方面：（1）主题分布多维性，即配合主教材各章设计的案例均凸显该章节的财务主题，尽量使案例主题呈现多维度分布、涉及面广，覆盖了主要知识模块与重要知识点。（2）财务决策重要性，即选择的案例问题在公司管理层进行财务决策中具有关键性作用，有助于形成关注财务决策与经营决策相关性管理意识。（3）财务实务频发性，即案例问题涉及公司财务管理活动中关注度高、多发性的财务问题，如营运资金管理、财务规划、投资与融资关系等问题。（4）财务实践代表性，即通过一系列能够代表最新财务管理实践的综合性案例分析，使本书使用者有机会触及财务管理实践的最新动态，有助于形成财务管理的创新思维意识，强化了财务决策能力训练。（5）财务知识相关性，即在对案例问题进行分析论证的过程中融入了相关知识点，有助于使读者熟练掌握相关知识点的内容，深化对财务管理理论思想的理解与感悟。（6）借鉴启示一般性，即案例问题的选择具有良好的一般性启示借鉴意义，使案例分析不局限于某个企业载体对象，避免了单纯描述过程或叙述故事。

3. 案例设计强调领悟案例分析方法论

本书的大部分案例属于专业综合论证型，侧重于对跨章节知识的综合运用与财务决策。在案例教学方法论的思维培养方面，强调了对案例问题的论证分析力度，重视对财务分析工具的运用能力，关注对案例问题论证的信度与效度。本书提出了从案例现象、案例问题、案例讨论到问题一般性的案例教学的训练路径，设计了专业综合论证型案例开发的5步论证模式设计，即基于案例核心问题论证的逻辑框架设计、基于核心问题分解的具体论证维度设计、基于每个论证维度的多个论证层次设计、基于每个论证层次的有效支撑素材设计、基于具体论证支撑素材的表述形式设计。

通过案例教学达到对案例研究方法论的学习与训练效果，主要体现在以下几个方面：（1）强化对财务重要概念的辨析能力；（2）提高对财务理论思想的理解能力；（3）提高对经营与财务问题关系的判断能力；（4）强调以案例问题导向的论证设计；（5）培养案例分析方法论的思维意识；（6）训练论证维度与层次的设计能力；（7）提升支撑素材与数据的挖掘能力；（8）激发自主性案例论证的探索能力。案例教学的效果最终体现在是否领悟了案例方法论的基本要求，避免以主观判断代替客观且具有合理性来源的相关论证素材支撑，避免以发散性议论代替问题导向的收敛性论证，避免以单纯叙述故事过程代替运用财务理论与方法的分析。影响财务问题的因素通常是多方面的，通常与业务模式与经营策略紧密相关。例如，上市公司的融资方式、投资模式与股利分配的各个方面是相互关联与影响的，进行财务决策时，应该考虑是否符合经营战略与财务目标，是否适用于业务模式与整合策略，是否与经营条件与财务资源相适应，应综合各种影响因素权衡财务政策的选择并做出符合财务关系的逻辑判断。因此，在案例的论证过程中，往往需要在明确论证指向的基础上依据多种影响因素进行多维度、多层次的深入分析与判断，综合运用不同知识模块的知识点与适用的评价方法。

4. 案例论证融入了学术研究相关成果

本书在案例论证过程中融入了学术研究的相关成果，旨在提高对案例问题的认识深度以及对财务管理实务的理论解释能力。本书对相关学术研究成果的融入体现在以下几个方面：（1）融入了相关研究问题，体现了前瞻性。部分案例问题，如公司融资与公司治理、公司股利分配能力、高管股权激励、管理层的投资行为等问题，既是财务管理实践的重要问题，也是学术研究关注的问题。（2）借鉴了学术研究思想，体现了创新性。在案例论证过程中，在运用代理理论、信息不对称理论等的基础上，借鉴了诸如制度性因素对财务行为的影响等思想。例如，我国资本市场与西方市场在融资工具、市场监管力度以及公司治理结构与机制等方面存在显著差异，本书提高了案例论证的力度与高度，使分析结论具有创新性。（3）吸收了相关研究逻辑，体现了科学性。本书在案例论证的逻辑设计上吸收了相关理论研究的逻辑关系，使论证过程的逻辑路径与节点设计具有科学合理性。（4）运用了相关研究方法，体现了严谨性。在案例论证运用的方法上，本书除了使用一般的财务分析方法外，也使用了学术研究的案例论证方法，如基于构念关系的逻辑构建进行案例研究设计，体现财务与公司治理的学术思想的论证依据。（5）反映了最新研究动态，体现了实效性。在案例选择上，本书与目前企业改革主要关注的问题保持内在一致性或关联性，使案例成为公司高管财务决策关注的问题，也为案例分析增加了有用性。（6）提供了学术研究素材，体现了反哺性。本书定位于教学使用的专业综合论证型案例，但从实务现象中提炼的一部分问题与学术型案例的问题是相关的，关键是案例问题是否具有新发现的学术价值。本书在部分案例问题的选择上具有扩展为学术研究的价值，如新生企业的新兴股权结构的财务与治理、高管主导下的股权激励、多层级治理下的投资股利分配等，都可以进一步从学术视角深入研究。

5. 案例训练重视判断与决策能力培养

针对我国企业财务管理实践的重要问题进行案例分析，为企业管理层进行财务管理决策提供充分的论证依据与解决方案，旨在通过案例论证提高对现实财务问题进行专业判断与综合分析的能力，也为案例教学过程增加了讨论空间与参与深度。为此，本案例教材侧重于对财务政策选择与权衡决策的能力训练，注重与实务界关注的财务问题、分析思路、分析方法与分析工具相对接。

案例设计上的决策性特征主要体现在以下几个方面：（1）问题设计具有鲜明的决策性。财务案例论证体现了决策目标导向下的分析、论证与方案权衡过程，在论证路径的不同阶段设计了阶段性的决策节点。本案例教材的决策点设计依据论证的问题导向性，在纵向论证主线的关键性决策点与横向不同维度的决策点之间形成了相互联系的决策点群。（2）影响因素具有相互冲突特征。对管理层进行财务案例决策产生影响的因素包括市场竞争、业务模式、财务资源、财务工具等多个方面，不同的选择方案在某些方面具有冲突特征。例如，增加债务融资与维持流动性和财务弹性之间是一种突出特征关系。（3）方案具有比较与权衡性特征。财务案例在设计上考虑到在实际环境下进行决策时，通常会进行可选方案利弊或优劣比较与权衡。例如，如何评价解决某一问题的不同方案，如何比较选择某一项目的不同方法，如何权衡应对某一状况的不同思路，如何提出实现某一目标的不同措施，如何判断满足某一条件的不同前提。再如，如何获得大额低成本的长期融资，如何提高价值创造效率等，均体现了多个决策点。为此，案例论证也需要对不同方案进行论证，既为案例决策的训练过程增加了复杂性，也增加了趣味性，同时也训练了专业敏锐度与判断能力。（4）决策具有管理层倾向性特征。公司管理层具有一定的决策风格，对其财务行为会产生一定的影响。例如，管理层过度自信通常会导致财务决策行为的扭曲。

6. 教学组织提升了翻转课堂教学效果

为解决财务管理课程案例教学在授课学时紧张与班级学生人数较多且缺乏系统的案例分析训练情形下的矛盾冲突，通过课内教学与课外训练的翻转课堂教学设计实现以下案例教学目标：（1）提高课内学时利用效率；（2）提升课内讨论点评质量；（3）加深课内讨论专业理解；（4）扩展课外自主学习空间。在课程网络平台上提供案例教学的载体、教学引导、阅读素材等，通过实施基于混合式学习方法转变（Blended Learning），对现有课内教学内容比重实施一定程度的课外翻转（Flipped Classroom），利用课程网络平台提供的在线开放式课程（MOOCs）所开辟的互动空间，实现对案例的深入理解与问题讨论。例如，对于情景关系复杂、论证支撑维度较多、决策影响因素较多的专业综合论证型案例，适合于实施混合式学习的翻转课堂案例教学模式。学生小组预先在课外理解案例问题、学习案例涉及的相关知识点、从管理层视角对财务决策进行权衡与判断，在课内进行案例陈述、讨论与点评，有助于在提高财务管理知识学习能力与对财务问题进行专业判断的基础上，提高翻转课堂的教学效果。

7. 案例功能教学定位与实施方案选择

针对本科生与硕士生的财务管理课程进行案例教学时，可以交叉使用典型现象示例型、情景素材引导型、小微案例写作型、专业综合论证型、学术视角研究型不同的案例类型，以发挥案例对深化教学内容理解与提升实践能力训练方面不同的功能定位。其中，小微案例写作型和专业综合论证型定位于运用专业知识进行判断与决策的论证能力训练，为在课内教学过程中使用情景素材引导型案例提供了训练基础与案例论证的方法论基础。教学实施方案可以是：（1）课内讨论为主，课外训练为辅。以典型现象示例型和实务素材引导型为主，侧重于通过示例引起对财务问题的关注，提示出现了什么新的财务问题，印证相关理论预期或提供反例。通过素材引导型案例使知识内容的引出与讲解融入案例分析过程，在引导讨论中深化对课程内容的理解与感悟。（2）课外训练为主，课内讨论为辅。以小微案例写作型和专业综合论证型为主，旨在训练如何关注案例问题，如何通过自主提供有力度的论证支撑。一是侧重于如何通过自主研究完成命题式周期短篇幅小的案例写作；二是侧重于在课后阅读、讨论专业综合论证型案例基础上，再回到课内进行案例报告、问题讨论、学生互评、教师点评。在时间允许的情况下，可指导学生自主研究完成周期长、篇幅大的案例写作，有助于通过论证能力的系统训练，在自主学习过程中提高对专业问题的综合论证与判断能力。专业综合论证型案例是更为有效的以对接实务机构专业水准要求为目标的理论应用与实践能力训练手段，为适应高级别专业岗位的胜任能力要求打下坚实的基础。（3）单独开设研究方法论课程，以学术视角研究型为主，专业综合论证型为辅。侧重于通过系统讲解学术视角研究型和展示专业综合论证型案例，深化对方法论的规范性要求与思维模式的感悟，强化对财务管理问题的创新性分析与论证能力训练。

8. 案例教学引导设计与教学实施准备

财务管理课程的案例教学应结合教学内容需要进行教学引导设计，按照案例论证递进需要准备教学实施方案，使案例教学与课程知识模块内容有机地融为一体，常用的方案有以下两种。第一，在课内讲解知识模块时，可以使用情景素材引导型案例：（1）围绕一个实务决策型财务问题，依据提供的案例情景，预先设计论证递进路径，梳理序列决策节点，设计分析维度与层级，准备支撑数据与论据，预设讨论问题与提问节点。（2）针对讲解的知识模块内容，将案例分析过程融入其中，逐步引导案例分析的推进，依次讨论预设的案例问题，伴随板书展示论证关系图布局，勾画出各个决策节点的影响因素与所需知识点。并不追求一致性讨论结论，鼓励充分参与和发表意见。（3）依据板书图示的逻辑关系，更正支撑依据与问题之间的错配，启发归纳案例的主要结论，做出对财务政策的权衡与决策，提炼一般性启示与借鉴。第二，在课内进行综合专业能力训练的效果检验时，可以使用专业综合论证型案例：（1）知识重点与难点讲解环节。在课前预习专业综合论证型案例与课前布置的相关知识点内容基础上，概括讲解课程内容的重点与难点。（2）案例报告与讨论环节。针对案例核心财务问题及其相关的一系列具体问题，学生小组报告案例的论证思路，图示案例论证影响因素与逻辑关系，比较权衡财务政策选择方案，讨论财务管理决策。（3）论证逻辑与效度评价环节。在规范引述资料及数据来源基础上，对论证逻辑、路径与维度进行反思与评价，以判断并提高案例研究的效度。（4）案例总结与点评环节。依据案例问题论证过程与支撑关系，以案例问题为导向，补充完善论证维度缺失，调整更正支撑素材偏差，引导总结案例主要结论，启发提炼案例结论的一般性。

本书在提供的案例中所使用的数据与相关资料如果来源于上市公司的年度报告、公告、国泰安（CSMAR）、万德（WIND）、同花顺（iFind）、锐思（RESSET）数据库与财经媒体提供的公开性资料，已在确认数据与资料具备合理性的基础上注明了资料与数据来源。

本书的设计与出版是北京交通大学财务管理专业建设与财务管理课程研究性教学改革的成果之一。在历时近3年的时间内完成本书的编著，是财务管理专业教学团队的全体教师在财务管理课程教学改革与教学资源建设中集体研讨与交流教学改革理念与实施教学改革方案心得的总结，在此，对财务管理专业教学团队的全体教师，对参与帮助收集、补充、整理案例资料、数据及素材的硕士生和博士生表示衷心的感谢！

在本书出版之际，对机械工业出版社编辑在本书的立项、编辑与出版过程中给予的许多建设性意见以及提供的大力帮助表示诚挚的感谢！

马忠
北京交通大学经济管理学院会计系

Contents 目录 ●━━━━━━━━━━━━━━━━━━●

案例 4   民营企业如何缓解融资约束，实现快速增长与完善公司治理
基于蒙牛乳业的案例分析

案例 8   企业持续性投资项目是否进行再投资的决策
基于原中国联通和中国电信 CDMA 项目的案例分析

案例 11 | 融资成本与财务流动性约束下不同融资方式的权衡与决策

基于四川长虹的案例分析

案例 13 现金股利分配与公司长期发展能力的权衡
基于冀东水泥的案例分析

创始人股东与外部大股东
能够实现资源互补与稳定治理吗

基于雷士照明的案例分析

▶| 引 例 |

　　雷士照明控股有限公司（HK：02222，以下简称"雷士照明"）在 1998 年创建后的短短八年内，快速发展成为国内最大的照明产品供货商。为了实现业务增长，雷士照明先后引入了赛富、施耐德和德豪润达[⊖]等外部投资者，一方面解决了资金问题，形成了基于资源优势互补的战略合作关系，另一方面导致创始人吴长江的股权被逐步稀释，并且失去第一大股东地位。在双方战略合作的过程中，吴长江作为民营企业家，因其管理风格、治理意识等方面的因素，难免与其他大股东出现理念分歧和利益冲突，被三次逐出公司。除在 2005 年是三位创始人股东之间的矛盾冲突以外，在 2012 年和 2014 年，雷士照明还两度陷入创始人股东和外部大股东的控制权纷争。公司治理难以实现稳定状态，企业的持续经营能力、业绩水平与公司价值均严重受损。

　　雷士照明通过引入外部大股东的投资，不仅实现了公司业务的快速增长，也对其公司治理结构与治理机制产生了显著影响。本案例的问题是，外部大股东投雷士之后与创始人股东吴长江形成了怎样的资源优势互补？为什么雷士照明在创投双方的战略合作过程中难以实现公司治理的持续稳定状态？创始人股东与外部大股东的控制权纷争对雷士业绩与价值造成了什么影响？

　　民营企业的创始人通常是作为股东与作为经理人的身份合一的，并与引入的外部股东之间形成了双重代理关系。因在创始人股东与外部大股东之间可能会出现理念分歧和利益冲突，进而发生代理问题。随着创始人持股比例的降低，使其从身份以控制性大股东为主向以内部经理人为主转变，导致双重代理关系的侧重点也随之发生转化。例如，当雷士照明以及诸如阿里巴巴[⊜]、腾

⊖　赛富亚洲投资基金（Softbank Asia Investment Fund II L.P.，简称" SAIF "为赛富）是亚洲最大的风险投资和成长期企业投资基金之一，2006 年 8 月投资入股雷士照明。高盛集团（The Goldman Sachs Group，Inc.）是国际领先的投资银行和证券公司，2008 年 8 月通过其全资子公司 GS Direct，L.L.C. 投资入股雷士照明。施耐德电气（Schneider Electric SA）是全球能效管理领域的领导者，2011 年 7 月通过其全资子公司 Schneider Electric Asia Pacific Limited 投资入股雷士照明。

⊜　依据阿里巴巴 2014 年 5 月 6 日披露的招募说明书（纽交所上市），公司管理层持股比例为 10%，其中，第一大股东日本软银集团持股比例为 34.4%，第二大股东雅虎持股比例为 22.6%，软银和雅虎均派驻代表担任公司非执行董事。阿里巴巴管理团队为了拥有对企业的控制权优势与保持核心高管的决策地位，于 2010 年 7 月正式设置了"合伙人治理机制"，打破了资本多数决的规则，赋予了管理层不带股权的决策权。合伙人有权提名董事会多数席位，而不受其持股比例的制约，并且公司 CEO 必须从合伙人中选任。如果合伙人提名的某一董事候选人未获得股东大会通过或者中途离任，则有权委任另一名临时董事，直到下一年股东大会召开。

讯$^{\ominus}$、人人网$^{\ominus}$、迅雷$^{\ominus}$等民营企业的创始人不再是第一大股东时，要么继续实施资本多数决的治理机制，要么通过设置 AB 股票差异表决权机制或合伙人治理机制，以拥有控制权优势与保持核心高管的决策地位。对于这类民营企业如何既能防止创始人控制权旁落，又能对其可能发生的私利行为与决策失误风险实施有效的监督与制衡，并保持公司治理的持续稳定状态，是值得深入研究的问题。这对于民营企业实现科学战略决策与行业竞争优势，保护中小股东利益至关重要。

1.1 案例概况

1.1.1 雷士照明业务发展概况

雷士照明是国内最大的照明产品供货商，主要从事光源产品、灯具产品以及照明电器产品等的设计、开发、生产、推广和销售。在产品研发与生产方面，公司拥有广东、重庆、浙江、上海等生产基地，并在重庆和上海设立了两大研发中心。在销售渠道方面，公司在国内拥有 37 个区域运营中心及其旗下的 3 299 家专卖店，销售网络覆盖了全国 31 个省、直辖市和自治区，并在海外 40 多个国家和地区设有经销机构。

雷士照明 2013 年的所有权结构、双层董事会结构以及子公司业务布局如图 1-1 所示。第一，雷士照明的所有权结构：战略投资者德豪润达作为第一大股东，其持股比例为 20.24%；机构投资者赛富作为第二大股东，其持股比例为 18.50%；创始人股东吴长江的持股比例仅为 7.68%。第二，雷士照明的双层董事会结构：吴长江同时在雷士上市公司与全资子公司担任董事，其管理团队的核心成员也在部分子公司担任董事，如穆宇、吴长勇、杨文彪等。第三，雷士的子公司业务布局：2013 年，雷士照明旗下拥有 12 家控股子公司，业务分布于光源与灯具的制造与销售、节能灯灯管的制造与销售、电子镇流器的制造与销售、投资控股等各领域。此外，雷士照明拥有一家联营公司绵阳雷磁，负责电磁元件、照明电子以及光电元件的研发、生产和销售。

1.1.2 创始人 10 年 3 次遭驱逐

雷士照明快速发展与光鲜业绩的背后存在着治理不稳定的弊端。在企业发展的过程中，创始人吴长江三次遭到其他大股东控制的董事会驱逐，其背后的矛盾产生与升级的过程如图 1-2 所示。

$\ominus$ 依据腾讯 2013 年年报（香港上市），创始人马化腾持股比例为 10.20%，担任公司董事长兼执行董事。第一大股东南非 MIH 集团持有公司持股比例为 33.85%，并且派驻代表担任公司非执行董事。马化腾及其管理团队为了拥有对企业的控制权优势与保持核心高管的决策地位，说服了 MIH 集团放弃其所持股份的表决权。

$\ominus$ 依据人人网 2013 年年报（纽交所上市），创始人陈一舟持股比例为 25.7%，担任公司董事长兼执行董事，第一大股东软银集团持股比例为 37.6%，并且派驻代表担任公司非执行董事。陈一舟及其管理团队为了拥有对企业的控制权优势与保持核心高管的决策地位，设置了 AB 股差异表决权机制，实现了所有权与表决权的分离。其中 A 类股票维持一股一票制，而 B 类股票每股拥有 10 个表决权。陈一舟持有股份中部分是 B 类股票，拥有的表决权为 47.2%，高于软银集团的 42.4%。此外，百度在纳斯达克上市时也设置了 AB 股差异表决权机制。

$\ominus$ 依据迅雷 2014 年 6 月 19 日披露的招股说明书（纳斯达克上市），创始人邹胜龙和程浩持股比例分别为 9.5% 和 3.8%，均担任公司执行董事，邹胜龙同时兼任董事长。第一大股东小米旗下投资公司（Xiaomi Ventures Limited）持股比例为 31.8%，小米联合创始人洪峰、王川进入迅雷董事会担任非执行董事。对此，创始人邹胜龙在接受采访时则认为："一位创始人对于一个公司的影响力和控制权，并不需要股权来强化这一概念。"（详见《新浪科技》于 2014 年 7 月 25 日发表的题为《专访迅雷 CEO 邹胜龙谈迅雷与小米的那些事》的报道）。

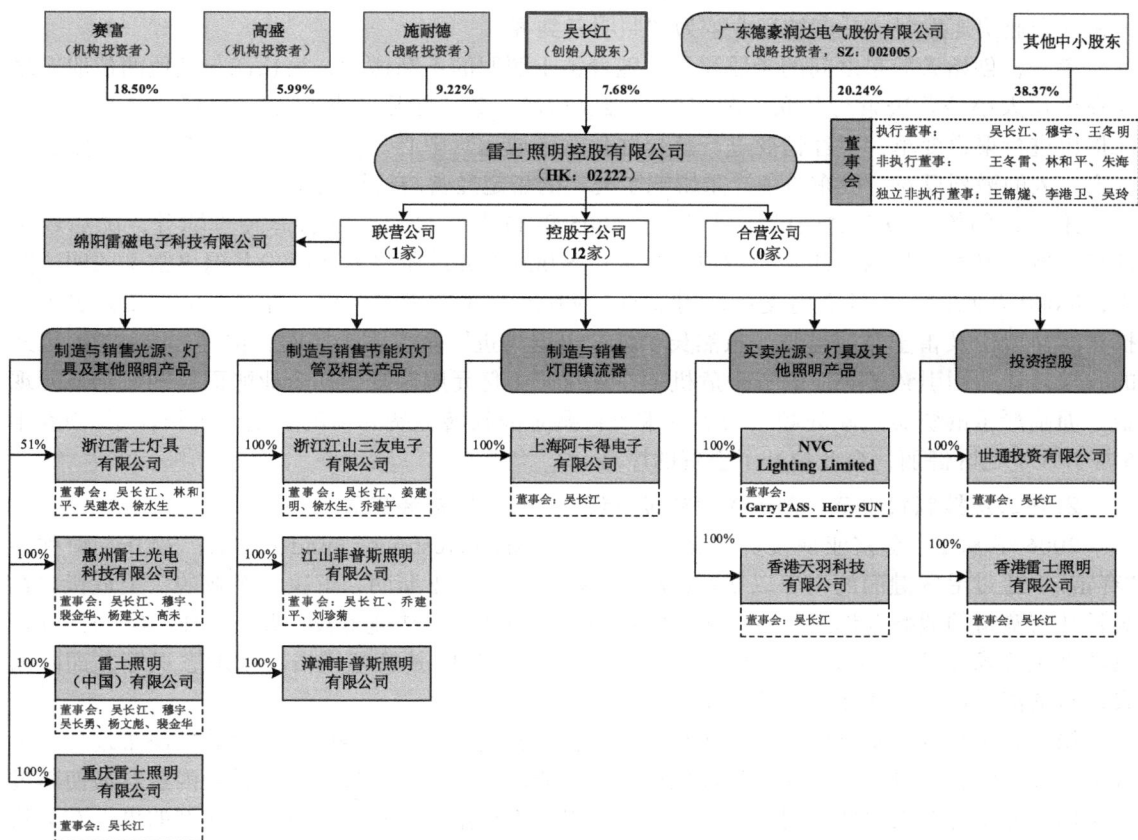

图 1-1　雷士照明 2013 年的所有权结构、双层董事会结构以及子公司业务布局①

①由于现有的雷士照明公开资料尚未披露其控股子公司漳浦菲普斯照明有限公司的董事会成员，因此在图 1-1 中也没有呈现。

资料来源：依据雷士照明 2013 年年报、2014 年 7 月 14 日公告整理。

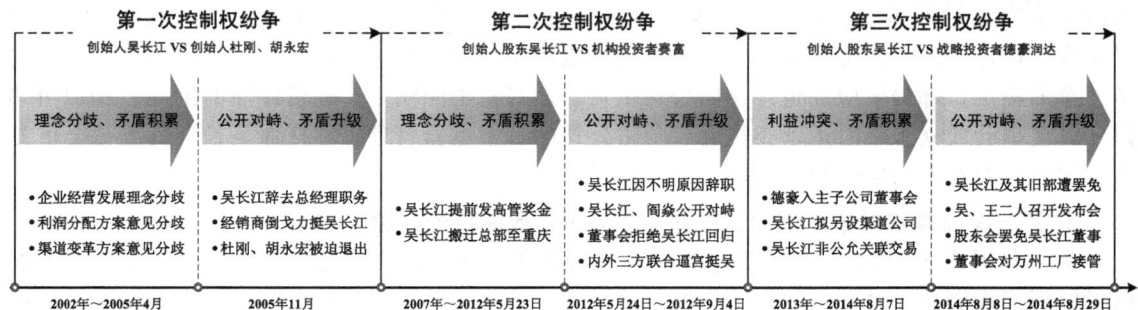

图 1-2　创始人吴长江 3 次被逐出雷士的曲折历程

资料来源：依据雷士照明公司公告、吴长江个人新浪微博以及媒体报道整理。

1. 第一次控制权纷争：创始人吴长江 vs. 创始人杜刚、胡永宏

1998 年，吴长江与杜刚、胡永宏共同出资创立了雷士照明，持股比例分别为 45%、27.5% 和 27.5%。企业创立之初，吴长江负责生产，胡永宏负责销售，杜刚则负责资源调配。三人合

力领导企业快速发展，一度被行业誉为"照明三剑客"。

第一，创始人股东之间的矛盾积累。随着雷士照明的不断做大，吴长江与其他两位股东之间在公司大小经营决策与利润分配问题上难以达成一致，矛盾不断积累。2005年4月，吴长江提出进行渠道变革，对经销商进行整合并建立区域运营中心。但是，这一方案遭到杜刚、胡永宏二人的激烈反对，股东纷争严重影响了公司的稳定经营与持续发展。

第二，创始人股东之间的矛盾升级。2005年11月，吴长江辞去总经理职务，随后经销商集体倒戈挺吴。杜刚与胡永宏被迫接受各以8 000万元的价格转让股份并退出雷士照明，其中，5 000万元在一个月之内支付，剩余的3 000万元在半年内付清，否则两位创始人股东将拍卖所持股份及雷士照明品牌。虽然吴长江"以退为进"重掌雷士照明，但是，高达1.6亿元的股权转让费用引致了企业的资金危机。在支付了1亿元股东款后，企业账面仅剩几十万元现金，面临严重的资金短缺问题。为了寻求支付剩余股权转让费急需的资金，吴长江于2006年6月引入了毛区健丽，自此拉开了引资的序幕。

2. 第二次控制权纷争：创始人股东吴长江 vs. 机构投资者赛富

2006年8月，赛富亚洲投资基金（Softbank Asia Investment Fund II L.P.，SAIF，简称为"赛富"）通过毛区健丽的引荐以2 200万美元投资入股雷士照明，解决了企业的资金危机。在吴长江与赛富的战略合作下，雷士照明的业绩与价值实现了快速增长，并于2010年5月20日成功在港交所上市。然而在雷士照明上市之后，吴长江因其管理风格、治理意识等方面的因素，与赛富出现了治理理念上的分歧。

第一，吴长江与赛富之间的矛盾积累。吴长江长期保持雷士照明核心高管的决策地位，形成了家长式的管理风格。在这一管理风格下，创业的成功、长期接收的赞誉等因素容易使其过于自信，容易将个人权威凌驾于董事会之上，以个人决策代替董事会决策。典型的事件有吴长江违背董事会决策结果搬迁雷士照明总部至重庆，未经董事会决议擅自发放高管奖金等。然而，机构投资者赛富则秉承契约精神，坚持推行制度化管理，严格遵守上市规则与董事会议事规则。雷士照明缺少有效的治理机制来解决理念分歧，导致双方之间的矛盾不断积累。

第二，吴长江与赛富之间的矛盾升级。2012年5月25日，吴长江原因不明地突然辞职，由阎焱和张开鹏分别接任其董事长和CEO的职位。随后，吴长江欲回归雷士照明却遭到第一大股东赛富主导的董事会的拒绝。为了支持吴长江重掌雷士照明，36家区域运营中心（一级经销商）同时停止向公司发出订单，并提出可能新设品牌，重庆总部、万州工厂和惠州工厂的员工全面罢工，部分供应商也停止向公司供货。面对雷士照明生产经营停滞的困局，2012年9月4日董事会成立了临时运营委员会以负责公司的日常运营管理，并任命吴长江为委员会负责人。这标志着双方的妥协和解，矛盾冲突逐渐平息。

3. 第三次控制权纷争：创始人股东吴长江 vs. 战略投资者德豪润达

为了拓展雷士照明LED照明业务，并且对赛富、施耐德形成股权制衡，吴长江引入了战略投资者德豪润达，并通过股权置换助其成为雷士第一大股东。然而，吴长江在大幅转让自身股权的同时，却忽略了对表决权优势机制的设置，这为双方产生利益冲突以及爆发控制权纷争埋下了隐患。

第一，吴长江与德豪润达的矛盾积累。2014年7月14日，德豪润达联合赛富、施耐德全面替换雷士11家控股子公司董事，吴长江及其管理团队的核心成员全面出局。面对德豪润达对控制权构成的威胁，吴长江欲联合区域经销商共同出资设立一家销售渠道公司，整合并装入雷士照明经销商的资产。完善的销售渠道是雷士照明的核心竞争优势，吴长江通过设立渠道公司能够基于股权资本与经销商的网络关系实现对雷士照明销售渠道的双重控制。随后，吴长江被指在 2012 年未经董事会决议，擅自延长关联公司的雷士照明商标使用期限，并且新增授权重庆恩纬西使用雷士照明商标销售产品，导致双方的矛盾进一步激化。

第二，吴长江与德豪润达的矛盾升级。2014 年 8 月 8 日，雷士照明董事会决议罢免吴长江的 CEO 职务，由董事长王冬雷接替担任临时 CEO。同时，罢免吴长江管理团队的核心成员吴长勇、穆宇、王明华三人的副总裁职务。8 月 11 日，吴长江与王冬雷同日异地召开新闻发布会，双方就"越权、罢免是否合法、涉赌、大雷士、君子协议"等争议问题公开对峙。8 月 29 日，雷士照明在香港召开临时股东大会，占投票股东所持股份的 95.84% 赞成罢免吴长江执行董事及委员会职务。11 月 3 日，德豪润达控制下的雷士照明董事会对万州工厂完成接管工作。该工厂为雷士照明五大生产基地之一，此前一直处于吴长江的实际控制之中。

1.1.3　引资带来的资源及问题

民营企业实现快速发展需要通过引入外部资本解决资金问题，而保持持续稳定的有效治理状态则需要解决引资之后的治理问题。在引资的过程中，创始人的持股比例难免被逐步稀释，甚至失去第一大股东的地位。

首先，引资导致创始人持有的股份被逐步稀释。吴长江的持股比例变化如图 1-3 所示，大致可以分为三个阶段。一是保持绝对控股。2005 年 11 月杜刚、胡永宏两位创始人股东退出之后，吴长江的持股比例一度达到 100%，成为公司全资控股股东。2006 年 6 月，雷士照明首次引入外部资本，毛区健丽联合陈金霞、吴克忠、姜丽萍三人投资入股之后，吴长江的持股比例为 70%，依然保持绝对控股地位。二是处于相对控股。2006 年 8 月，雷士照明引入赛富之后，吴长江的持股比例被稀释至 41.79%，从绝对控股转化为相对控股。2008 年 8 月引入高盛及赛富增资之后，其持股比例进一步被稀释至 29.33%，失去了第一大股东地位。然而，吴长江在 2012 年 5 月 15 日和 12 月 5 日进行了两次股票增持，一度重回第一大股东。三是成为持有少数所有权的股东。2012 年 12 月 26 日，吴长江向德豪润达转让股份，其持股比例大幅降低至 6.79%。2014 年 4 月 20 日，吴长江再次向德豪润达转让股份，其持股比例进一步降至 2.54%，成为持有少数所有权的股东。虽然吴长江的持有股份被逐步稀释，但是依然保持雷士照明核心高管的决策地位。这背后反映出吴长江对于雷士照明实现科学战略决策与行业竞争优势具有什么不可替代的资源优势？

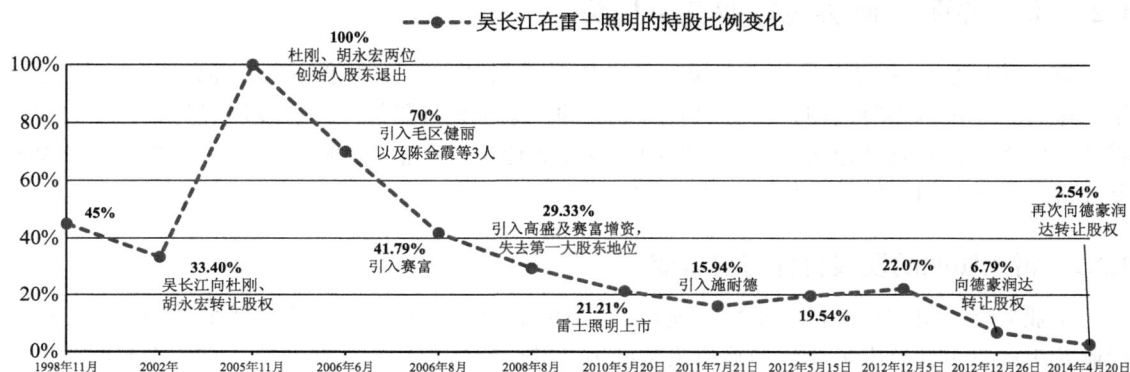

图 1-3　雷士照明创始人吴长江持股比例被稀释的过程

资料来源：依据雷士照明招股说明书、公司公告以及有关媒体报道整理。

其次，引资的同时引入了企业快速发展所需的资源。雷士照明引入外部资本虽然导致吴长江的股权被逐步稀释，但是在解决资金问题的同时也实现了快速发展。第一，雷士照明引入赛富之后进行了一系列的资本运作，包括下设全资控股子公司以布局经营业务，收购产业链上下游的其他企业以完善雷士照明产业链结构。第二，雷士照明引入施耐德之后拓展了工程照明业务与海外销售市场，推进了国际化战略的实施。第三，雷士照明引入德豪润达之后解决了 LED 照明业务缓步不前的困境，实现了 LED 销售规模与盈利规模的突破。雷士照明实现快速发展的背后反映出外部投资者具有什么资源优势？

最后，引资形成了双重委托代理关系以及可能产生的代理问题。吴长江作为股东与作为核心高管始终保持身份合一的状态，并与外部股东之间形成了双重代理关系。随着吴长江持股比例的降低，对雷士照明所有权与经营权的分离程度增大，使其身份从以控制性大股东为主向以内部经理人为主转变，导致双重代理关系的侧重点也随之发生转化。然而，吴长江作为民营企业家，因其管理风格、治理意识等方面的因素，难免与外部股东出现理念分歧和利益冲突而发生代理问题。外部大股东赛富、德豪润达先后行使对吴长江的控制权干预，一方面，对治理机制能够有效运行进行矫正，保护外部股东的利益；另一方面，导致爆发控制权纷争，对治理机制发挥合理作用造成扭曲。为什么雷士照明难以实现公司治理的持续稳定状态？创始人股东与外部大股东的控制权纷争对雷士照明业绩与价值产生了什么影响？

在民营企业创业初期，创始人通常处于绝对控股，企业的权力配置机制是传统创始人股东的资本多数决定机制。随着企业的所有权逐步多元化与公众化，导致创始人持股比例被稀释，成为相对控股股东或持有少数所有权的股东。此时，外部大股东可能行使资本多数决定机制，对创始人股东的控制权构成潜在威胁。诸如阿里巴巴、百度、人人网等民营企业的创始人作为持有少数所有权的股东，通过设置 AB 股票差异表决权机制或合伙人治理机制实现所有权与表决权的分离，拥有控制权优势与保持核心高管的决策地位。然而，这类表决权优势机制也存在潜在的弊端，容易形成创始人作为核心高管的"盘踞"特征。因此，这类民营企业如何既能防止创始人控制权旁落以发挥其特有的资源优势，又能对其可能发生的私利行为与决策失误风险实施有效监督与制衡以保护股东利益，从而保持公司治理的持续稳定状态值得深入研究。这是本案例的核心问题。

1.2 雷士照明如何实现行业竞争优势

雷士照明创立之初，吴长江便提出了"创世界品牌，争行业第一"的经营目标。在 1998 年创建后的短短八年时间内，雷士照明从最初的一家小型灯具加工企业发展成为国内最大的照明产品供货商，并长期稳居国内商业照明行业龙头地位。从企业战略、产业链结构及商业模式上分析，雷士照明如何实现行业竞争优势？

1.2.1 雷士照明的发展目标与战略变革

企业战略是决定经营活动成败、能否做大做强的关键性因素，雷士照明能够快速发展成为行业龙头取决于创始人吴长江的战略决策能力及其引领下成功的战略变革。在雷士照明的发展过程中，进行了哪几次重要的战略变革？针对这一问题，从目标与内容两个方面对雷士照明发展过程中的战略变革进行分析，如图 1-4 所示。

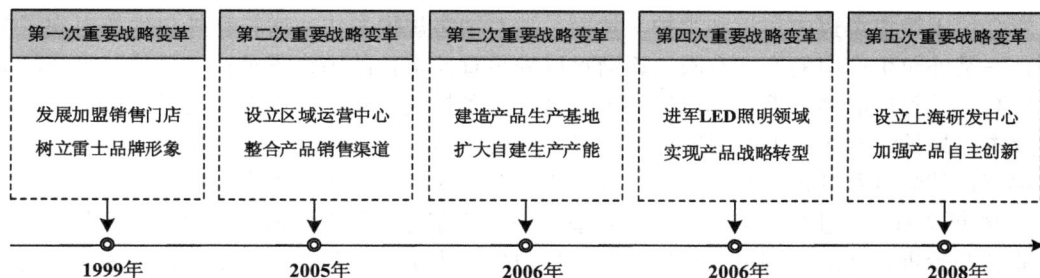

图 1-4　雷士发展过程中的五次重要战略变革

资料来源：依据雷士照明 2012 年年报及招股说明书整理。

1. 第一次重要战略变革：发展加盟销售门店，树立雷士品牌形象

第一次战略变革的目标是什么？ 1998 年雷士照明创立时，照明行业的进入门槛较低，国内大多数的灯具企业没有品牌，而是为国际品牌代工生产。少数拥有品牌的企业则注重销售业绩，忽视品牌建设。国内照明行业内缺少市场领导者与真正具备影响力的品牌。吴长江意识到品牌是企业发展的重要契机，在创立雷士照明的第一天就提出了"创世界品牌，争行来第一"的目标。当时，产业链下游的灯具经销店通常采用"一店多牌"的销售方式，即一家经销店同时经营众多品牌的灯具产品，经销商普遍缺乏品牌意识。相比之下，同时期的家电类企业（如海尔、创维、长虹等）都进行着品牌专卖运作。考虑到传统的销售方式不利于品牌建设，而且不能为顾客提供更专业、更优质的服务。为了树立品牌形象，提升品牌知名度，吴长江领导雷士照明进行了第一次重要战略变革。

第一次战略变革的内容是什么？发展加盟销售门店，开创照明行业品牌专卖。2000 年 7 月，雷士照明在沈阳开设了第一家销售门店，这也是照明行业第一家品牌专卖店。随后，销售门店的规模快速扩张，2005 年的销售门店数量已达千家以上。对于每一家新设专卖店，雷士照明都给予 3 万元的开店补贴。在发展初期，雷士照明借助专卖店形式树立了自身品牌形象，提升了品牌的知名度和影响力。既避开了和国际大品牌的正面竞争，又与"散、乱、差、弱"的国内品牌划清了界线，形成了强大的渠道竞争力。

2. 第二次重要战略变革：设立区域运营中心，整合产品销售渠道

第二次战略变革的目标是什么？随着销售门店的快速扩张与经销商团体的壮大，产品销售出现了新的问题。一方面，公司的管理能力有限，难以应对不断扩大的管理半径。尤其是县级城市、乡镇城市的三四级市场，门店管理成本高昂，雷士照明总部难以对市场需求做出快速反应。另一方面，所有的销售门店由雷士照明总部统一管理，没有隶属关系，导致相互间容易出现恶性竞争，造成资源内耗。为了整合产品销售渠道，解决管理半径过大和内部竞争的问题，吴长江领导雷士照明进行了第二次重要战略变革。

第二次战略变革的内容是什么？经销权集中、管理权下放，设立区域运营中心。2005 年 4 月，雷士照明开始整合产品销售渠道，由原本的小区域独家经销制和专卖店体系向运营中心负责制转化。公司在全国设立 36 个区域运营中心，负责辖区内的市场运营和管理。筛选条件为区域内销售规模最大的经销商，其他规模较小的经销商则划归由各运营中心直接管理。设立运营中心后，公司产业链下游的管理层级虽然多了一级，但是管理半径大幅缩小，管理效率得到明显提升。

3. 第三次重要战略变革：建造产品生产基地，扩大自建生产产能

第三次战略变革的目标是什么？ 2006 年之前，雷士照明的产品生产主要靠外包完成，将

大量资金用于销售渠道的建设和维护。然而，随着销售规模的快速增长，外包生产出现了两大问题：一是外包生产商的产能有限，逐渐难以满足日益增长的销售需求；二是外包生产的成本相对较高，导致产品销售毛利率难以实现突破。为了扩大自建生产产能，满足销售需求与降低生产成本，吴长江领导雷士照明进行了第三次战略变革。

第三次战略变革的内容是什么？从外包生产为主转为自建生产为主，建造国内四大生产基地。2006 年 2 月，雷士照明首个自建生产基地——广东惠州基地建成投产，标志着公司对上游的产业链开始进行战略性调整，从原本的"外包生产为主，自建生产为辅"转变为"自建生产为主，外包生产为辅"。随后，雷士照明陆续在重庆万州、浙江江山及上海青浦建造了生产基地，既扩大了自建产能，又覆盖了重要销售区域。随着公司生产基地的建造与投产，产品原材料供应商对公司生产经营的影响力也明显提升。

4. 第四次重要战略变革：进军 LED 照明领域，实现产品战略转型

第四次战略变革的目标是什么？2006 年之前，雷士照明的产品依然是传统照明，尚未涉足 LED 照明领域。然而，传统照明产品存在耗能高、二氧化碳排放量大等缺陷，未能响应国家政策倡导的节能环保要求，以及对半导体照明的政策扶持。例如，2006 年 2 月 9 日，国务院发布了《国家中长期科学和技术发展规划纲要》，其中，"高效节能、长寿命的半导体照明（即LED 照明）产品"被列入中长期规划第一重点领域（能源）的第一优先主题（工业节能）；2006年 10 月，国家"十一五"863 计划"半导体照明工程"重大项目正式启动。为了响应国家政策要求，实现产品战略转型，吴长江领导雷士照明进行了第四次战略变革。

第四次战略变革的内容是什么？重点发展节能照明⊖，进军 LED 照明领域。2006 年，雷士照明便已着手 LED 产品的技术开发，开始从传统照明向 LED 照明战略转型⊜。随后，公司加速 LED 战略布局。一是增大研发投入。2008 年上海研发中心建成后，雷士照明成立了LED 专项项目小组，重点负责 LED 照明产品的研发⊜。二是推广产品应用，2009 年，雷士照明首次向市场推出自主研发的 LED 系列产品。2010 年 11 月，中标国家首批半导体照明产品应用示范工程。此外，在上海世博会、广州亚运会等重大项目工程上，雷士照明的 LED 产品也得到广泛应用⊛。三是加强战略合作。2011 年 4 月 6 日，雷士照明与科锐照明签订战略合作协议，在 LED 照明领域展开多方面合作。2012 年 1 月 11 日，雷士照明与瑞丰光电签订战略合作协议，共同出资投建 LED 项目，主要从事 LED 封装技术研发和 LED 封装产品制造、销售等。

5. 第五次重要战略变革：设立上海研发中心，加强产品自主创新

第五次战略变革的目标是什么？照明行业的多数企业轻研发、重制造，缺乏产品自主研发和技术创新能力。2008 年之前，雷士照明只有一个早期成立的重庆研发中心，专注于灯具产品的研发设计。面对产品结构从灯具产品拓广到光源产品和照明电器产品，以及 LED 照明产品的战略转型，公司缺乏相应的专业团队和研发能力。为了加强产品自主创新能力，满足产品

⊖ 依据 2008 年 1 月财政部及发改委颁布的《高效照明产品推广财政补贴资金管理暂行办法》，节能照明产品主要包括若干户外照明产品、石英金卤光源、紧凑型荧光光源、荧光光源、HID 光源、LED 光源以及电子镇流器等。

⊜ 依据雷士照明 2010 年年报中的董事长报告，公司从 2006 年至 2010 年完成了从传统照明向 LED 照明的战略转型，并进入全面发展时期。

⊜ 资料来源：2011 年 3 月 12 日，雷士照明官网发布的题为《贯彻国家节能政策 雷士照明加速 LED 战略布局》的新闻报道。

⊛ 资料来源：2012 年 2 月 7 日，雷士照明官网发布的题为《雷士照明投资 LED 项目 全面加速 LED 照明战略》的新闻报道。

结构拓展和 LED 战略转型之后的研发需求，吴长江领导了雷士照明的第五次战略变革。

第五次战略变革的内容是什么？从单一灯具研发到产品全种类研发，设立上海研发中心。2008 年 7 月 8 日，雷士照明在上海建成了光源和电器研发中心，专注于光源产品的节能技术研发和照明电器的研发，从而实现了对全产品结构的研发覆盖。高规格、大投入的研发中心吸引了照明行业一流人才的加盟，其中包括被称为"国内电光源鼻祖"的蔡祖泉教授、章海骢等多位中国照明业的顶级专家。依据雷士照明年报，2010 ~ 2013 年，公司研发人员分别达 279 人、373 人、349 人和 277 人，研发投入占公司总收入比例分别为 1.1%、1.6%、2%、1.4%。上海研发中心的建成运行是雷士在技术方面的重要战略变革。

1.2.2 雷士照明的产业链结构及其关系

产业链结构决定了企业与供应商、经销商的业务关系与财务关系，对企业经济利益的实现具有重要影响。雷士照明建立了怎样的产业链结构，与供应商、经销商之间具有怎样的业务与财务关系？

1. 雷士照明的产业链结构

雷士照明的产业链结构决定了公司与上游供应商、下游经销商之间的业务关系及财务关系，如图 1-5 所示。

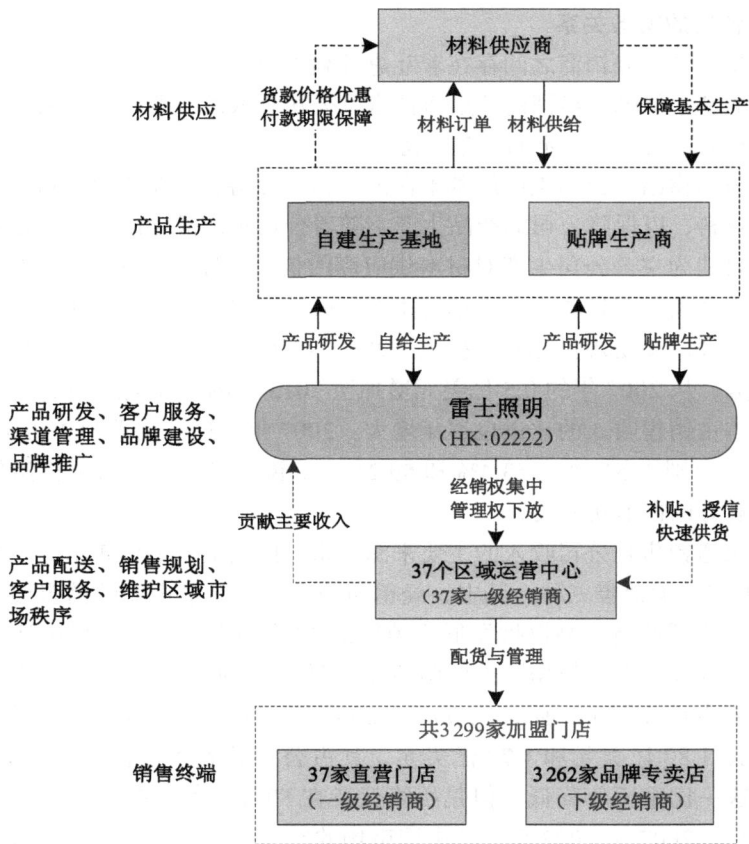

图 1-5 雷士照明的产业链结构及其决定的业务、财务关系

资料来源：依据雷士照明 2013 年年报及招股说明书整理。

2. 基于产业链结构的业务关系

雷士照明的产业链结构反映了公司与上游供应商、下游经销商之间的业务关系。下面我们分别对供应商与雷士照明的业务关系，经销商与雷士照明的业务关系进行分析。

（1）供应商与雷士照明的业务关系。供应商与雷士照明的业务关系需要分别从材料供应商与产品生产方、产品生产方与公司总部进行分析。材料供应商负责产品生产所需的材料供应，依据材料订单向产品生产方（包括雷士的自建生产基地和贴牌生产商）提供原材料。产品生产方依据公司提出的产品规格标准来生产产品并销售给公司。雷士照明公司总部则负责产品的技术性研发，设计产品的规格标准。

（2）经销商与雷士照明的业务关系。经销商与雷士照明的业务关系需要分别从公司总部与一级经销商，一级经销商与下级经销商进行分析。雷士照明成立了36家区域运营中心，由36位区域内销售规模最大的一级经销商来担任运营中心总经理。各运营中心主要负责区域内的产品配送、客户服务、销售规划，以及维护区域市场秩序，而公司总部则专注于客户服务、渠道管理、品牌建设和品牌推广，从而实现了经销权的集中与管理权的下放。各区域内的其他下级经销商隶属于本区域运营中心，由其统一管理。公司生产的产品主要通过直营门店和其他加盟门店进行终端销售，其中，直营门店由运营中心直接管理，而其他加盟门店则由下级经销商管理。

3. 业务关系背后的财务关系

雷士照明与供应商、经销商之间存在着互惠共赢的财务利益关系。一方面，供应商的材料供给是公司生产的基本保障，经销商的渠道销售是公司收入的主要来源；另一方面，公司对供应商、经销商的利益也会提供一定的财务支持。

（1）供应商材料供给是公司生产的基本保障。为了保持企业竞争力，雷士照明必须向供应商采购足够的原材料，以保障公司的产品生产。随着公司将产品生产方式从以业务外包为主逐渐转向以产能自建为主，公司生产对材料供应商的依赖程度逐渐增大。2007～2013年，雷士照明原材料成本及其占销售收入比重如图1-6所示。一方面，随着自建生产规模的扩大，雷士照明与材料供应商的交易规模也不断扩大。2007～2013年，雷士照明产品生产的原材料成本总体呈上升趋势，从2007年的0.5亿美元增加至2013年的3.66亿美元，翻了近7倍。另一方面，原材料成本占销售收入的比重也逐年增大：2007年，这一比重为38.7%；2011～2013年均超过了50%，分别为51.2%、53.4%和59.2%。这说明供应商的材料供给作为公司生产的基本保障，其影响力也在不断增大。

（2）经销商渠道销售是公司收入的主要来源。雷士照明的产品销售形式主要有经销商渠道销售、ODM销售和直销销售三种。其中，经销商渠道销售是最主要的销售形式，也是公司收入的主要来源。雷士照明将产品以批发形式销售给37个运营中心，然后由运营中心将产品分销给各区域内的下级经销商。依据雷士照明招股说明书，2007～2009年，雷士照明经销商渠道的销售收入及其占比如图1-7所示。2007～2009年，雷士照明自经销商渠道的销售收入分别为1.13亿美元、1.82亿美元和1.79亿美元，其占公司总收入的比重分别为86.5%、70.8%和56.7%。虽然这一比重逐年降低，但是始终保持在50%以上。在雷士照明的中国市场，经销商渠道更加重要。2007～2009年，其中国市场的经销商渠道收入占中国市场总收入的比重分别为94.5%、85.8%和74%。在雷士照明的海外市场，来自经销商渠道的销售收入则只有几十万美元。

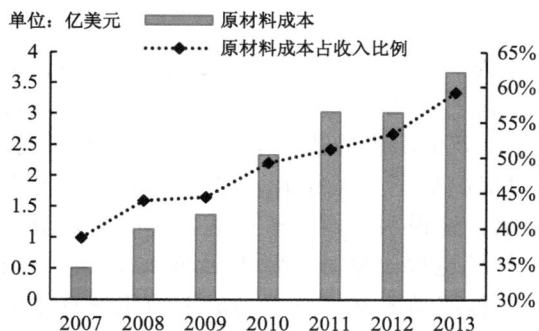

图 1-6　2007 ~ 2013 年雷士照明原材料
成本及其占销售收入比重

资料来源：依据雷士照明 2010 ~ 2013 年度报
告与招股说明书整理。

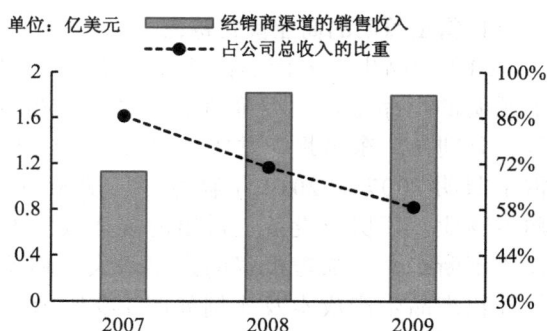

图 1-7　2007 ~ 2009 年雷士照明经销商
渠道的销售收入及其占比

资料来源：依据雷士照明招股说明书整理。

（3）公司向供应商提供货款价格优惠、付款期限保障等形式的财务支持。原材料价格一般是由雷士照明与供应商事先商定，但是供应商可以依据市场价格波动与公司商讨调整价格，并且公司通常会满足供应商的调价要求。供应商给予雷士照明的商业信用期限为 30 ~ 90 天，而依据雷士照明招股说明书，2007 ~ 2009 年公司的应付账款周转天数分别为 73.1 天、49.9 天和 70.9 天。公司通常及时支付材料货款，很少出现拖欠货款的情况，甚至还会预支货款以缓解部分供应商的资金压力。

（4）公司向经销商提供开店补贴、商业授信、缩短交货期等形式的财务支持。第一，雷士照明给予经销商开店补贴。对加盟开专卖店的经销商，公司不仅没有收取加盟费，还会依据销量的大小、在当地的影响度等采取事先垫付、共同出资装修以及通过货款返还等多种形式补贴装修费，使经销商专卖店能够免费开张。平均每开一家专卖店，雷士照明补贴 3 万元。但是，公司要求加盟经销商第一单进货规模不能够少于 10 万元。第二，雷士照明给予经销商商业授信。公司对经销商的单一授信额度最高可达 2 000 万元。当经销商遇到资金问题时，可以向公司申请商业授信并至下个月返还，如需延长授信期限，则要继续申请。2008 年金融危机时，其他企业均缩减现金开支，雷士照明却支出 2 亿元以商业授信的形式帮助经销商缓解资金压力。2011 年，雷士照明对经销商的商业授信相比 2008 年翻了一倍，达到 4 亿元，占当年公司销售收入的 10.53% ⊖。第三，雷士照明缩短了向经销商的交货期。照明产品市场上的平均交货期为 30 天，为了提升经销商的竞争力，加速货物周转，公司将经销商下单至货物交付的交货期控制在 15 天。

1.2.3　雷士照明的商业模式与竞争优势

公司成功的商业模式是实现行业竞争优势，保持公司持续盈利与价值增长的关键。吴长江引领雷士照明建立了成功的商业模式，一度被评为"21 世纪中国最佳商业模式"⊖。那么，雷士照明的商业模式具有什么特色，实现了哪些行业竞争优势？

⊖　为了转移经销商的信用风险，雷士照明办理了"中信保险"的货款保险。一旦遇到经销商拒不还款的情况，雷士照明将通过保险公司获得经销商的应付账款。保险公司将代理雷士照明诉诸法律途径。

⊖　依据雷士照明官网于 2009 年 11 月 25 日发布的题为《雷士照明荣获"21 世纪中国最佳商业模式"奖》的报道，公司在 2009 年 11 月 19 日举行的"第五届中国商业思想论坛暨 21 世纪中国商业模式创新盛典"上被评为"21 世纪中国最佳商业模式"。

1. 雷士照明的商业模式特色

（1）产品生产方面的商业模式特色：产能自建为主、业务外包为辅。2006 年之前，雷士照明的产品生产主要靠外包完成。2006 年起，雷士照明开始逐步将产能外包转变为自建，分别在广东惠州、重庆万州、浙江江山（两个）及上海青浦建造了五个大型生产基地。雷士照明 2007 ～ 2013 年物业、厂房及设备购建情况如图 1-8 所示。2007 年起，公司在购买物业、厂房及设备上付出的现金数量不断增加，这说明公司用于产能自建的固定资产投资不断扩大。随着投资的逐年增大，相关资产规模也逐年攀升。雷士照明 2007 ～ 2012 年外包产品生产成本及比例如图 1-9 所示。公司外包产品成本占总产品成本的比例总体上逐年下降，这说明随着各生产基地的陆续建成投产，雷士照明的产品生产逐渐从外包转为自产。

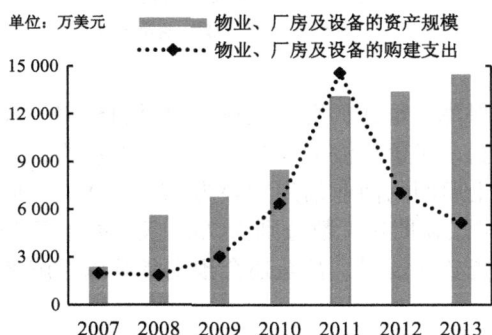

图 1-8　2007 ～ 2013 年物业、厂房及设备购建情况
资料来源：雷士照明招股说明书及公司年报。

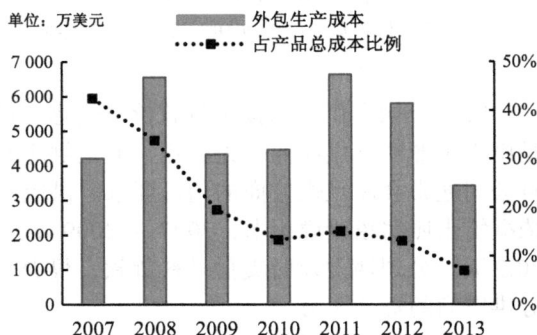

图 1-9　2007 ～ 2013 年外包生产成本及比例
资料来源：雷士照明招股说明书及公司年报。

（2）销售渠道方面的商业模式特色：成立运营中心、搭建分销网络。公司成立了 37 个运营中心，由各片区域内规模最大的经销商担任运营中心总经理，除了继续原有的终端销售外（即原来直接卖货给自己客户的还继续卖），还负责区域内的产品配送、品牌服务、市场秩序维护和销售规划。为了加强对渠道的控制，雷士照明在各运营中心设立办事处，协助运营中心管理经销商和专卖店。运营中心所在区域内其他规模较小的经销商均划归到该区域的运营中心直接管理。成立运营中心的实质是将经销权集中、管理权下放，由之前的小区域独家经销制和专卖店体系向运营中心负责制转化。

（3）销售终端方面的商业模式特色：发展雷士门店、实现产品专卖。雷士照明的产品销售形式主要有经销商销售、ODM 销售和直销销售三种，其中，经销商销售的主要途径之一是通过雷士门店进行产品的终端销售。雷士门店一方面是面向零售终端客户的专卖店，另一方面也是向专业终端提供销售支持、设计和售后服务的平台⊖。2000 年 7 月，第一家雷士门店在沈阳开张，随后，每年的雷士门店增长数量快速增加。2007 ～ 2013 年雷士照明门店增长情况如图 1-10 所示。2007 年，雷士门店数量为 1 853 家，此后每年稳步增长，2013 年的雷士门店数量已达 3 299 家。通过专卖店销售产品有助于雷士照明树立品牌形象，这一方面避开了和国际大品牌的正面竞争，另一方面摆脱了国内众多小品牌的杂乱局面。

⊖　依据雷士照明招股说明书，零售终端客户是指在雷士门店购买少量照明产品的家庭消费者。专业终端客户主要包括零售连锁店（如餐厅和品牌服装店）、百货公司、办公楼宇、酒店运营商、公共基础设施和建设项目等。

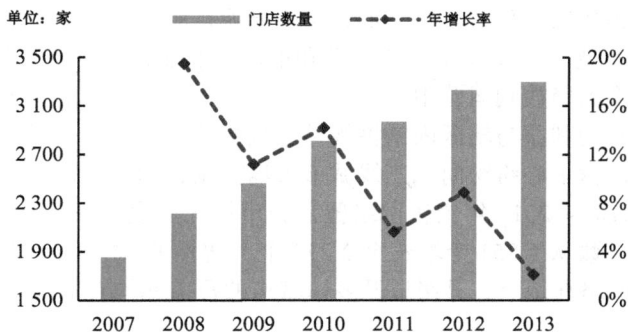

图 1-10 2007 ～ 2013 年雷士照明门店增长情况

资料来源：依据雷士照明 2010 ～ 2013 年年报与招股说明书整理。

（4）业务增收方面的商业模式特色：开发隐形渠道、增加业务收入。所谓隐形渠道，是指通过家装公司、工装公司、设计院、设计师、装修工、电工等的推荐与引导，来实现产品销售。雷士照明一直注重隐形渠道的开发，借以实现销售收入的增加。公司开发隐形渠道的途径主要有三种：一是对当地装修公司和设计院进行跟踪和拜访，加强与专业设计人员的联络；二是定期邀请装修公司及设计院的专业人士参观企业，加深他们对企业及产品的了解；三是对设计公司及设计院的活动提供赞助，举办行业内活动（如设计师交流会、设计师论坛、设计大赛等）。虽然缺少具体数据准确估计雷士照明的隐形渠道对公司营收的贡献，但是从公司收入结构可以判断隐形渠道的重要性。雷士照明的收入主要来源于商业照明和工程照明领域，家居照明领域的收入比重较少，而商业照明和工程照明是隐形渠道能够创造收入的主要领域。此外，隐形渠道还使雷士照明在重点工程项目竞标上取得优势。例如，上海运营中心借助设计师，获得环球金融中心、交银大厦、德国拜耳药业、荷兰银行等工程的照明项目；2006 年北京奥运会工程招标，雷士照明聘请了行业顶级设计专家（包括清华大学美术学院、复旦大学电光源系等）作为奥运工程灯具研发及团队的顾问，拿下 7 000 万元的照明工程大单。

2. 雷士照明的行业竞争优势

（1）雷士照明的生产产能优势。2012 年，雷士照明灯具产品的总产能达到 1.37 亿支，光源产品的总产能达到 3.88 亿支，照明电器总产能 1188 万支[⊖]。依据雷士照明招股书，公司在 2008 年便已成为中国最大的节能灯制造商、T4/T5 灯架制造商、电子镇流器制造商。随着自建产能的不断扩大，公司的产能优势将更加明显。2012 年，雷士照明广东惠州、重庆万州、浙江江山（两个）、上海青浦五大生产基地的产能情况如表 1-1 所示。

表 1-1 雷士照明 2012 年各生产基地的产能情况

产品类型	灯具生产		光源生产		照明电器生产
地点	广东惠州	重庆万州	浙江江山	浙江江山	上海青浦
开始生产日期	1998 年 11 月	2006 年 12 月	1994 年 9 月	2007 年 9 月	2006 年 3 月
设计年产能（单位：万支）	6 979	6 800	27 313	11 544	1 188
实际年产量（单位：万支）	5 805	5 723	16 579	10 097	1 105

资料来源：雷士照明 2012 年年度报告。

⊖ 依据雷士照明招股说明书，公司生产的灯具产品主要包括射灯、筒灯、支架、LED 等整套照明器材，光源产品主要包括节能灯光源、HID 光源、荧光光源、LED 光源的各种灯泡和灯管，照明电器产品主要包括电子变压器、荧光和 HID 光源的电子与电感镇流器以及 HID 镇流器盒。

（2）雷士照明的销售渠道优势。一方面，雷士照明摆脱了直接管理上千家经销商的繁杂事务，可以专注于产品制造、研发和品牌的建设和推广，明显提升了下游经销商渠道管理效率，并使管理成本一定程度上释放到运营中心上。另一方面，运营中心由雷士照明选定授权，并非一成不变，且运营中心的利益与辖区内销售规模息息相关，有效调动了其积极性。在利益和权力的双重驱动下，各运营中心纷纷向二三线城市市场扩张，加速了雷士照明全国分销网络的搭建步伐。雷士照明 2010 ~ 2013 年销售网络覆盖城市情况如表 1-2 所示。2010 ~ 2013 年，公司销售网络覆盖城市总数从 1 851 个增长至 2 272 个，增长了 22.74%。在保持省会城市覆盖率的基础上，公司销售网络在地级、县级以及乡镇城市的覆盖率均有不同程度的提升。

表 1-2　雷士照明 2010 ~ 2012 年销售网络覆盖城市情况

	2010 年	2011 年	2012 年	2013 年
省会城市覆盖个数	31	31	31	31
省会城市覆盖率（%）	100	100	100	100
地级城市覆盖个数	264	278	276	278
地级城市覆盖率（%）	91.35	97.54	97.18	96.5
县级城市覆盖个数	1 154	1 217	1 285	1 284
县级城市覆盖率（%）	58.43	61.40	65	65.9
乡镇城市覆盖个数	402	488	657	679
乡镇城市覆盖率（%）	1.18	1.43	1.92	2.3

资料来源：依据雷士照明 2010 ~ 2013 年年报整理。

（3）雷士照明的品牌价值优势。随着销售门店数量的增加以及公司其他品牌推广方式的力度增大，雷士品牌在大众领域和专业领域的知名度与影响力得以巩固并持续提升，形成了公司的品牌优势。作为国内商业照明领域的第一品牌，公司产品先后被应用在北京、伦敦奥运会、亚运会和世博会等著名赛事与建筑体上，并且被希尔顿、喜来登、洲际等星级酒店，宾利、宝马、丰田等汽车品牌，以及美特斯·邦威、鄂尔多斯等服装品牌所选择[○]。图 1-11 展示了 2010 ~ 2014 年世界品牌实验室对雷士照明品牌价值的评估情况。自 2010 年上市至 2014 年，雷士照明连续 5 年雄踞国内照明行业第一品牌。其品牌价值从 2010 年的 25.18 亿元增长至 2012 年的 33.93 亿元，并于 2013 年猛增突破 80 亿元。2014 年，雷士照明的品牌价值逼近百亿，达到 95.56 亿元，相比于 2010 年翻了近 4 倍。

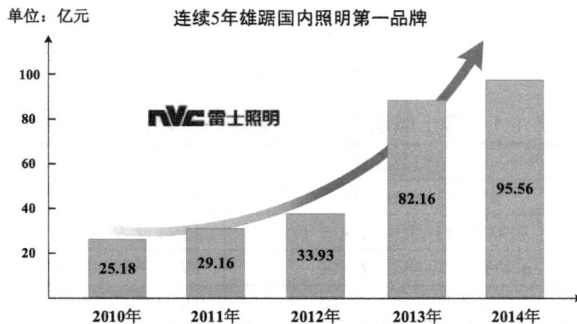

图 1-11　2010 ~ 2014 年雷士照明品牌价值情况

资料来源：依据世界品牌实验室 2010 ~ 2014 年《中国 500 最具价值品牌》排行榜整理。

○　依据宏源证券 2012 年 12 月 27 日研究报告。

（4）雷士照明的销售规模优势。一方面，雷士照明的收入规模稳居第一。2008～2013年，雷士照明、佛山照明和阳光照明的营业收入对比情况如图1-12所示⊖。2007年，雷士照明的营业收入还仅仅是佛山照明的63.51%⊖。2008年，雷士照明的营业收入为17.52亿元，相比于行业主要竞争对手佛山照明的17.19亿元和阳光照明的18.91亿元差距并不明显。然而，从2009年开始，雷士照明的营业收入实现快速增长，2010～2012年的营业收入分别为31.23亿元、37.98亿元和35.46亿元，始终为佛山照明营业收入的1.59倍以上，是阳光照明营业收入的1.36倍以上。2013年，三者的收入规模差距有所减小，但是，雷士照明的营业收入依然比佛山照明高出49%，比阳光照明高出19%。

另一方面，雷士照明的收入增速行业领先。2008～2013年，雷士照明与佛山照明、阳光照明的营业收入增长率如图1-13所示。2008年，雷士照明的营业收入增长率高达84.45%，分别是佛山照明和阳光照明的5.68倍和10.10倍。2009年受到金融危机影响，佛山照明与阳光照明都出现负增长，而雷士照明依然实现了19.13%的营业收入增长水平。2011年，雷士照明的营业收入增速有所放缓，相比于2010年的增长率为18.86%，比佛山照明高出3.27%，比阳光照明高出10.38%。2012年由于控制权纷争引致的企业生产停滞和经营危机，雷士照明的收入增长虽然首次落后于佛山照明和阳光照明，但是其收入规模依然明显领先。

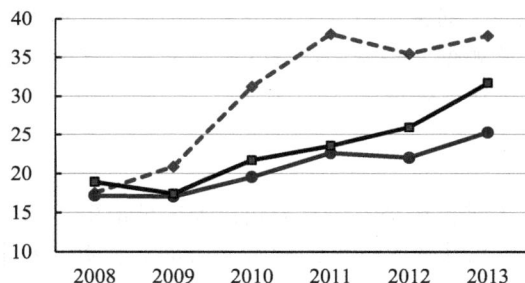

图1-12 2008～2013年雷士照明、佛山照明和
阳光照明的营业收入
资料来源：依据雷士照明招股说明书及三家公司年报整理。

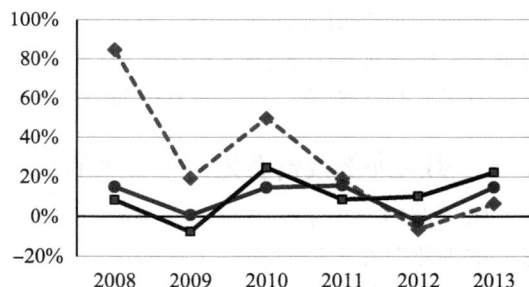

图1-13 2008～2013年雷士照明、佛山照明与
阳光照明的营业收入增长率
资料来源：依据雷士照明招股说明书及三家公司年报整理。

（5）雷士照明的盈利能力优势。一方面，雷士照明的利润规模行业领先。2008～2013年，雷士照明与佛山照明、阳光照明的净利润如图1-14所示。2007～2009年，雷士照明的净利润低于行业主要竞争对手佛山照明和阳光照明。2010年和2011年，雷士照明的净利润实现了大幅增长，分别达到4.89亿元和5.71亿元，一举超越佛山照明和阳光照明。经历2012年的控制权纷争，2013年，雷士照明的利润规模重回行业领先地位，实现净利润为2.82亿元，高于佛山照明的2.52亿元和阳光照明的2.32亿元。

另一方面，雷士照明的利润指标增长强劲。2008～2013年，雷士照明与佛山照明、阳光照明的净利润增长率如图1-15所示。六年之中，雷士净利润的平均增长率高达134.44%，相比之下，佛山照明为-3.32%，阳光照明只有12.28%。2008年、2010年及2013年，雷士照明

⊖ 考虑到2010年和2011年雷士照明的年报数据均以美元列示，其中，2011年的数据在2012年年报中按照人民币进行重列，因此，针对2010年的年报数据，按照2010年12月31日的人民币对美元汇率1：6.62进行换算。

⊖ 在2007年和2011年，佛山照明的营业收入分别为149 607.27万元和226 092.99万元，雷士照明的营业收入分别为95 009.47万元和371 336.61万元。（资料来源：wind金融资讯终端）

的利润增速都明显高于佛山照明和阳光照明。其中，2010 年和 2013 年，雷士净利润的增长率分别逼近 400% 和 500%，利润增速高居行业第一。

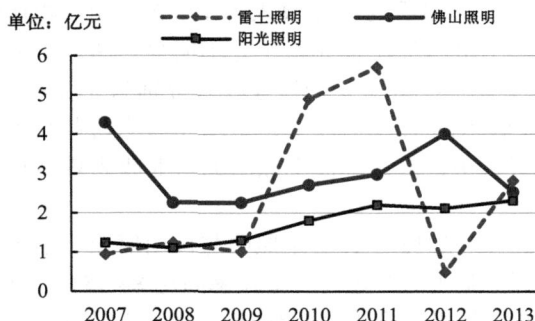

图 1-14　2008 ~ 2013 年雷士照明、佛山照明和阳光照明的净利润

资料来源：依据雷士照明招股说明书及三家公司年报整理。

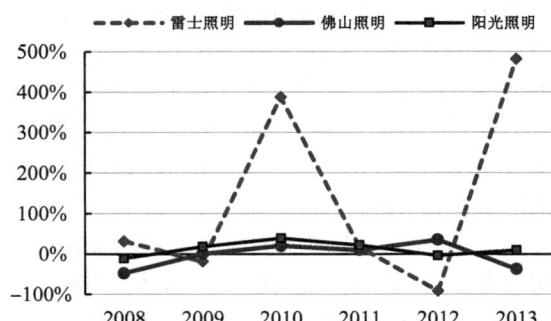

图 1-15　2008 ~ 2013 年雷士照明、佛山照明与阳光照明的净利润增长率

资料来源：依据雷士照明招股说明书及三家公司年报整理。

1.3　雷士照明引入外部投资者带来的资源及影响

民营企业在引入外部投资者解决资金问题的同时，通常还引入了业务发展和治理改善所需的资源。雷士照明在发展过程中先后引入了赛富、施耐德、德豪润达等外部投资者，这为雷士照明带来了什么资源，对业务发展与公司治理产生了什么影响？

1.3.1　引入外部投资者为雷士带来的资源

雷士照明在引资的过程中，创始人股东吴长江不惜稀释个人持有股权以换取外部资本的投资。雷士照明在引资时面临怎样的困境甚至危机，在解决资金问题的同时又为雷士照明带来什么其他资源？针对上述问题，我们从引资解决的问题、引资对象、引资规模、引入的资源四个方面进行分析，具体内容如表 1-3 所示。

表 1-3　雷士照明引入外部投资者解决的问题及带来的资源

时间	引资目的	引资对象	引资规模	引入的资源
2006 年 6 月	解决公司资金危机，支付杜刚、胡永宏二人股权转让费	毛区健丽、陈金霞、吴克忠、姜丽萍	毛区健丽投资 494 万美元，其余三人投资 400 万美元，折算的融资顾问费 100 万美元	资本运作专业团队
2006 年 8 月	解决公司资金危机，填补经营与发展所需的资金缺口	赛富	赛富投资 2 200 万美元	资本市场网络关系
2011 年 7 月	第一，拓展海外销售市场；第二，拓展工程照明业务	施耐德	施耐德斥资 12.75 亿港元购入雷士股份	国际化品牌、工程照明客户关系
2012 年 12 月	第一，拓展 LED 照明业务 第二，对赛富、施耐德形成股权制衡	德豪润达	德豪润达投资 21.56 亿港元购入雷士股份	LED 核心技术、LED 完整产业链

资料来源：依据雷士照明年报、公司公告以及有关财经评论整理。

1. 雷士照明引入毛区健丽获取的资源

（1）雷士照明引入毛区健丽的目的是什么？2005 年 11 月，雷士照明爆发了创始人股东之间的控制权纷争。虽然吴长江凭借经销商、供应商的支持重掌雷士照明，但是需要向杜刚、胡永宏各支付 8 000 万元的股权转让费，其中 5 000 万元在一个月之内支付，剩余 3 000 万元在半年内付清，否则两位创始人股东将拍卖所持股份及雷士照明品牌。在兑现了 1 亿元的股东款之后，公司账面只剩下几十万元现金，面临严重的资金短缺问题。为了获取支付股权转让费急需的资金，雷士照明引入了毛区健丽。

（2）雷士照明引入毛区健丽获取了什么资源？一是为雷士照明解决了资金危机。2006 年 6 月，毛区健丽联合陈金霞、吴克忠、姜丽萍三人以 994 万美元投资入股雷士照明。其中，毛区健丽出资 494 万美元，陈金霞、吴克忠、姜丽萍三人出资 400 万美元，还有 100 万美元由融资顾问费折算。二是为雷士带来了资本运作的专业团队。自 2005 年底与吴长江接触之后，毛区健丽协助其进行了一系列的资本运作，包括在境外设立离岸公司（上市公司前身），搭建离岸股权架构，引进资本方，设计融资交易结构等⊖。三是为雷士照明带来了资本市场机构及投资者中的网络关系。2006 年 8 月引入赛富的过程中，毛区健丽起到了引荐的重要作用。

2. 雷士照明引入赛富获取的资源

（1）雷士照明引入赛富的目的是什么？雷士照明引入毛区健丽，解决了由高额股权转让费引致的燃眉之急，然而依然未能完全摆脱资金危机。在支付 6 000 万元的剩余股权转让费之后，公司账面资金所剩无几，难以满足日常经营与未来发展的资金需求。为了填补经营性资金缺口，雷士照明引入了机构投资者赛富。

（2）雷士照明引入赛富获取了什么资源？一是为雷士照明解决了资金危机。2006 年 8 月，通过毛区健丽的引荐，赛富以 2 200 万美元投资入股雷士照明，填补了经营性资金缺口。二是为雷士照明带来了专业的资本运作团队，熟悉资本市场运作规则，能够协助企业实现集团资本运作与产业链收购。赛富投资入股之后，协助雷士照明进行了一系列的资本运作，包括投资成立控股子公司以布局经营业务，以及协助收购产业链上下游的企业。其中较为典型的是 2008 年 8 月收购世通投资和 2009 年 2 月收购电子镇流器生产商上海阿卡得⊜。在两次收购中，赛富进行实地调研与可行性分析，并且参与后期谈判，在并购条款方面做指导。三是为雷士照明带来了资本市场机构及投资者的网络关系，能够为企业引荐外部资本，缓解融资约束。2008 年，雷士照明引入高盛的过程中，赛富一方派出的代表谈鹰起到了引荐和洽谈的重要作用⊜。2011 年雷士照明引入施耐德的过程中，赛富管理合伙人阎焱也可能起到了引荐的作用，其与施耐德中国区低压终端运营总监张开鹏同为南京航空航天大学的校友。

3. 雷士照明引入施耐德获取的资源

（1）雷士照明引入施耐德的目的是什么？一是为了拓展海外销售市场。雷士照明创立之

⊖ 资料来源：2012 年 7 月 18 日，《新财富》发布的题为《资本主导股权连环局　雷士照明创始人三振出局》的文章。此外，雷士照明招股说明书对此也有披露：2006 年 3 月 2 日，吴长江通过毛区健丽在英属维尔京群岛注册成立了雷士照明控股有限公司。

⊜ 依据《融资中国》于 2012 年 9 月 17 日发布的题为《雷士风波思考》的报道，阎焱接受该杂志采访时称："赛富在投资雷士照明以后，开始帮助其展开一系列产业链上的收购。最初赛富盯住厦门的一家 GE 旗下的节能灯公司，已做完尽职调查。后来得知浙江江山有一家做节能灯最好最大的企业是浙江三友，这是一家可以做全自动节能灯的企业，而当时全世界还没有一家企业的节能灯能做到全自动。于是我亲自去浙江三友调研。我们看了以后非常震撼，就决定把它收购进来。另外，我们又在上海收购了专门为美国做镇流器的一家企业阿卡得。所以我觉得，这些年雷士的高速增长，是因为我们把价值链上最重要的几个环节的企业都兼并下来了。"

⊜ 依据《商界评论》于 2010 年 10 月 15 日发布的题为《雷士吴长江：倔强上市路　游刃于企业资本之间》的报道。2008 年，吴长江和 CFO 谈鹰到广州开会，期间，高盛代表联系谈鹰并通过其约见吴长江。在双方答成引资的框架性共识之后，谈鹰则留下继续洽谈引资细节。

初便树立了"创世界品牌"的战略目标,国际化一直是公司重要的发展战略。然而,雷士照明品牌在国际市场的影响力有限,需要借助国际化品牌以拓展海外市场。依据公司 2010 年年报,2010 年之前在欧美等成熟市场的销售业务主要以 OED 形式为主,雷士照明自身品牌的销售量较少。2009 年和 2010 年,雷士照明海外销售收入占公司总销售收入的比重只有五分之一。二是为了拓展工程照明业务。工程照明市场的重要性日渐增加。然而,雷士照明的经营业务以商业照明为主,工程照明相对薄弱。

(2)雷士照明引入施耐德获取了什么资源?一是为雷士照明拓展海外市场带来了国际化品牌资源。施耐德是世界 500 强企业,业务遍及全球 100 多个国家,被称为"全球能源管理专家"。雷士照明引入施耐德能够借助其国际化品牌优势,推进自身国际化发展战略,拓展海外销售业务。正如公司 2011 年年报所披露:"引入施耐德能够借其国际品牌的优势为公司开拓海外版图助力。"二是为雷士照明拓展工程照明业务带来客户关系资源。雷士照明原本的经销商渠道以零售为主,对于大型工程项目的照明产品销售较少。施耐德在工程领域拥有稳定的市场和丰富的客户资源,其电气工程项目能够相应配套雷士的照明解决方案,二者形成协同效应。因此,雷士照明能够借助施耐德在工程领域的现有市场进行照明方案的捆绑式销售,实现工程照明业务的增长。

4. 雷士照明引入德豪润达获取的资源

(1)雷士照明引入德豪润达的目的是什么?一是为了拓展 LED 照明业务。LED 照明一直是雷士照明的重要发展战略,早在 2006 年,公司便开始从传统照明向 LED 照明战略转型。然而,雷士照明在该领域的发展相对缓慢。经过六年的发展,2012 年实现的 LED 产品销售收入依然只有 2.48 亿元,仅占企业总销售收入的 7.01%;销售毛利也只有 4 471.4 万元,仅占企业总销售毛利 7.61 亿元的 5.87%。二是为了对赛富、施耐德等资本方形成股权制衡。2012 年,吴长江在与阎焱爆发矛盾冲突的过程中,因股权弱势险被第一大股东赛富驱逐,丧失雷士控制权。为了提高股权影响力,制衡赛富、施耐德等资本方,吴长江通过股权置换引入了德豪润达。依据雷士照明 2012 年 12 月 27 日公告,完成股权置换后,吴长江的持股比例为 6.79%,德豪润达则持有 20.05% 的股份,二者合计持股比例达到 26.84%,而雷士照明 2012 年年报披露的赛富与施耐德的合计持股比例为 27.72%。

(2)雷士照明引入德豪润达获取了什么资源?一是为雷士照明推进 LED 产品研发带来了先进的核心技术。德豪润达在 LED 照明领域一直保持领先的技术优势。相比之下,雷士照明在 LED 产品研发方面缺乏核心技术,导致产品缺乏市场竞争力,即使有完善的经销商渠道,也难以实现 LED 销售收入的突破增长。依据雷士照明 2012 年年报披露,公司联合德豪润达意在"整合德豪润达在 LED 照明领域的核心技术优势"。二是为雷士照明拓展 LED 照明业务带来完整的产业链资源。德豪润达是国内唯一一家 LED 全产业链研发与生产企业。依据公司 2012 年 12 月 27 日公告,公司已经初步形成规模优势和较为完整的 LED 产业链。相比之下,雷士照明并未建成完整的 LED 产业链,尤其是上游产品(如 LED 芯片、LED 外延片)的制造主要依赖外包生产,产能不足限制了 LED 产品的销量。因此,引入德豪润达能够为雷士照明带来完整的产业链资源,进而保障充足的产能,促进产品销售。

1.3.2 引入外部投资者对业务发展的影响

引入外部投资者不仅为雷士照明带来了财务资源,解决了当时面临的资金问题,还带来了资本市场运作能力、国际化品牌、LED 照明技术等无形资源。在此基础上,这对企业的业务发展产生了什么影响？针对这一问题，分别分析雷士照明引入赛富、施耐德、德豪润达等对业务发展的影响。

1. 引入赛富对雷士照明业务发展的影响

（1）实现节能灯灯管自产，提升光源产品毛利率。2008 年 8 月，赛富协助雷士照明收购了世通投资及其三家全资子公司（江山三友、江山菲普斯、漳浦菲普斯）。在收购世通投资之前，雷士照明从独立第三方供货商处采购灯管，自身并不从事节能灯灯管的生产；而在收购之后，灯管由三家子公司进行生产，使得公司光源产品的毛利率水平明显提升。图 1-16 反映了 2007 ~ 2013 年间光源产品的毛利及毛利率变化情况。雷士照明收购世通明显降低了外包生产成本，使节能灯项目上的毛利率由 2008 年的 14.4% 增加至 2009 年的 21.6%；光源产品的毛利从 2008 年的 1 730 万美元增至 2009 年的 3 440 万美元，增幅达 98.6%；光源产品的毛利率从 2008 年的 21.7% 增至 2009 年的 29.1%。

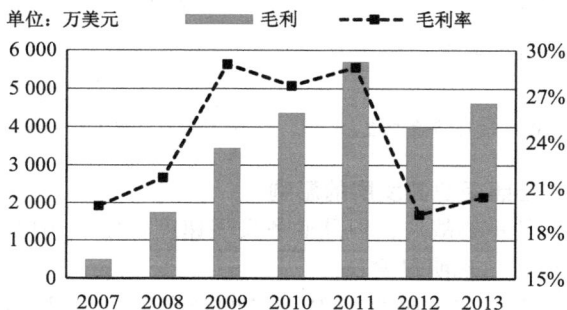

图 1-16　2007 ~ 2013 年雷士照明光源产品毛利率

资料来源：依据雷士照明招股说明书及公司年报整理。

（2）扩大电子镇流器产能，提升电子镇流器毛利率。2009 年 2 月，雷士照明收购了电子镇流器生产商上海阿卡得。在收购上海阿卡得之前，雷士照明自身也从事电子镇流器的生产，但产量很小，电子镇流器大部分从第三方供货商处采购；而收购之后，雷士照明成为国内最大的电子镇流器制造商。仅需从第三方供货商处采购小部分，并同时能够向 ODM 客户销售电子镇流器，电子镇流器的毛利率由 2008 年的 5.1% 增至 2009 年的 16.0%。收购上海阿卡得大幅增强了雷士照明在电子镇流器上的生产能力，有效降低了对外部供货商的倚赖，提高了生产垂直整合程度，有利于公司更好地控制产品质量。

2. 引入施耐德对雷士照明业务发展的影响

雷士照明引入施耐德作为战略投资者，一方面有利于拓展工程照明业务，扩大产品组合，在项目招标中争取更有利位置，为经销商拓展收入来源，从而扩大经销网络。另一方面有望借助施耐德的国际化品牌优势拓展海外市场，推进雷士照明国际化战略的实施。

（1）雷士照明海外销售规模稳定增长。2010 ~ 2013 年，雷士照明的海外销售收入及增长率如图 1-17 所示。2010 ~ 2013 年，雷士照明的海外销售收入保持稳步增长。施耐德投资入股之后，2011 ~ 2013 年的海外销售收入分别为 8.43 亿元、10.49 亿元和 12.57 亿元，增长率分别为 27.73%、24.52% 和 19.80%。即使在爆发控制权纷争、生产经营受影响的 2012 年，海外销售收入依然保持增长。

（2）雷士照明海外销售业务的盈利能力稳定提升。2010 ~ 2013 年，雷士照明的海外销售毛利如图 1-18 所示，四年之中，以 20% 左右的增长率保持稳步增长，其中，在施耐德战略投资入股的 2011 年，海外销售毛利的增长率达到 31.64%。2010 ～ 2013 年，雷士照明的海外销售毛利分别为 1.30 亿元、1.71 亿元、2.15 亿元和 2.49 亿元，销售毛利率一直稳定在 20% 上下。

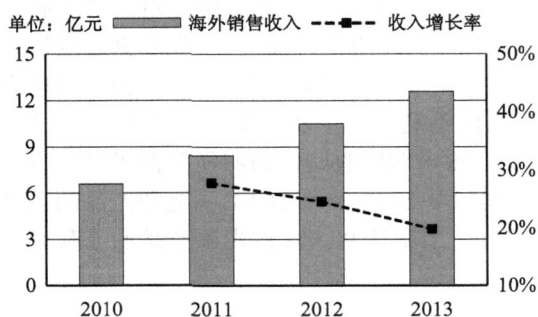

图 1-17　2010 ～ 2013 年雷士照明海外销售收入及增长率

资料来源：依据雷士照明 2010 ～ 2013 年年报整理。

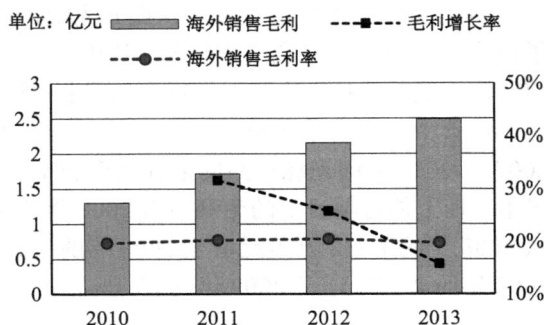

图 1-18　2010 ～ 2013 年雷士照明海外销售毛利情况

资料来源：依据雷士照明 2010 ～ 2013 年年报整理。

3. 引入德豪润达对雷士照明业务发展的影响

LED 照明是雷士照明的重要战略，但是业务发展速度较慢。2012 年 12 月，引入德豪润达之后，雷士照明的 LED 业务出现明显增长。

（1）引入德豪润达之后，雷士照明 LED 业务的销售规模实现突破。2010 ～ 2013 年，雷士照明的 LED 销售收入及其占比如图 1-19 所示。2010 ～ 2012 年，雷士照明的 LED 销售收入虽然逐年增长，但增幅并不明显。2012 年实现的 LED 销售收入只有 2.48 亿元，仅占公司总销售收入的 7.01%。德豪润达战略投资入股之后，2013 年，雷士照明的 LED 销售收入达到 7.39 亿元，相比于 2012 年增长了 197.60%，占公司总销售的比例也达到 19.59%。

（2）引入德豪润达之后，雷士照明 LED 业务的盈利规模也明显增大。2010 ～ 2013 年，雷士照明的 LED 毛利及其占比如图 1-20 所示。与 LED 销售收入的变化情况相似，2013 年之前，LED 毛利增幅并不明显，占公司总销售毛利的比例也不超过 6%。2013 年，雷士照明的 LED 毛利首次突破亿元大关，达到 1.21 亿元，相比于 2012 年增长了 171.15%，占公司总销售毛利的比例也达到 15.20%。

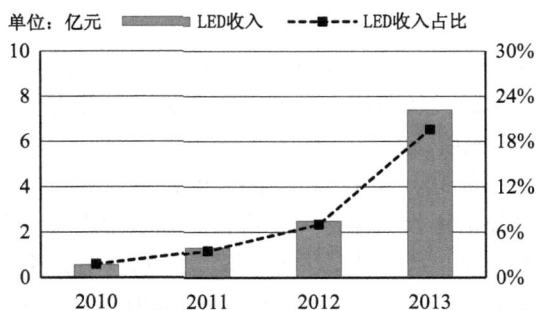

图 1-19　2010 ～ 2013 年雷士照明 LED 销售收入及其占比

资料来源：依据雷士照明 2010 ～ 2013 年年报整理。

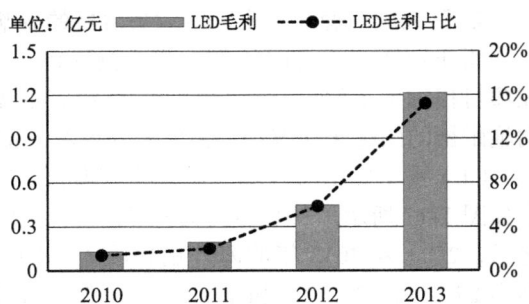

图 1-20　2010 ～ 2013 年雷士照明销售收入及其占比

资料来源：依据雷士照明 2010 ～ 2013 年年报整理。

1.3.3　引入外部投资者对公司治理的影响

民营企业引入外部投资者不仅能够解决资金问题，带来业务发展所需的互补资源，还能够直接影响治理结构，带来治理机制改善所需的资源。雷士照明引入外部投资者对公司治理产生什么影响？针对这一问题，从治理结构和治理机制两个方面进行分析。一方面，分析雷士照明引入赛富、施耐德、德豪润达等对股权结构、董事会结构的影响；另一方面，分析对治理机制的互补改善作用。

1. 引入毛区健丽与赛富对治理结构的影响

（1）引入毛区健丽与赛富对股权结构产生了什么影响？ 2006 年杜刚和胡永宏将股权转让给吴长江之后，雷士照明的股权结构从原来的三位创始人股东共同持股变为吴长江个人 100% 持股。公司的所有权结构过于单一，缺乏有效的权力制衡。在雷士照明第一轮融资的过程中，毛区健丽和赛富等外部投资者的进入打破了公司一股独大的单一股权结构。2006 年 6 月，毛区健丽联合陈金霞等另外三位外部投资者投资 994 万美元入股雷士照明，占当时公司股份的 30%。两个月后，赛富投资 2 200 万美元入股雷士照明，占当时公司股份的 35.71% [一]，成为仅次于吴长江的第二大股东。此时吴长江的持股比例从 100% 降至 41.79%，虽然失去了绝对控股地位，但是依然拥有相对控股优势。雷士照明第一轮融资后的股权结构如图 1-21 所示。

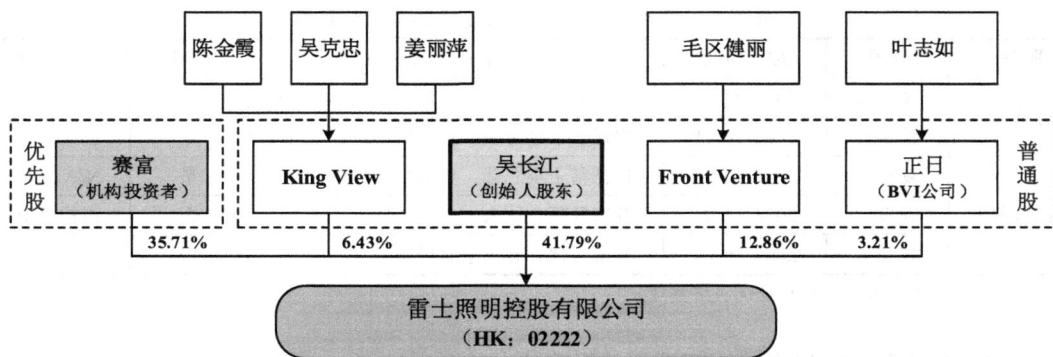

图 1-21　2006 年雷士照明第一轮融资后的股权结构

资料来源：依据雷士照明招股说明书整理。

为什么第一轮融资会导致吴长江的持股比例被大幅稀释？原因在于，雷士照明的价值被明显低估，毛区健丽和赛富廉价购入了公司股份。当企业融资金额确定时，如果股份价格越低，则投资者购入的股份数量越高。2006 年，雷士照明第一轮融资过程中外部股东的入股情况与购股价格如表 1-4 所示。以雷士照明 2005 年的净利润 700 万美元推算，毛区健丽的投资市盈率约为 4.7 倍，赛富的投资市盈率约为 8.8 倍。毛区健丽和赛富的投资在时间上仅相差 2 个月，但市盈率几乎翻了一倍。然而，赛富在投资入股时附加了一份认股权证协议，约定未来能以每股 51.48 美元购买雷士照明 97 125 股股份。如果未来雷士新一轮融资的股价低于每股 51.48 美元，则赛富将可以放弃行权；如果高于该价格，则赛富可以以较低的成本购入相应股份。

[一] 2006 年 8 月 1 日，雷士照明与赛富及其关联方赛富天津订立了股份购买和股份认购协议。协议规定，雷士照明以 2 000 万美元的对价向赛富发行 505 051 股优先股（占 32.46%），以 200 万美元的对价向赛富天津发行 50 505 股优先股（占 3.246%）。2007 年 10 月 25 日，赛富天津以 217.5 万美元的价格将其全部股份转让给赛富。转让完成后，赛富取得雷士照明 35.71% 的股权。

表 1-4　雷士照明第一轮融资过程中外部股东的入股情况与购股价格

外部股东	投入资金	持股比例	股数	估价	市盈率
毛区健丽	994 万美元	30.00%	3 000 股	3 313.33 美元	4.73
赛富	2 200 万美元	35.71%	555 556 股	6 161.43 美元	8.80

注：市盈率按照雷士照明 2005 年净利润 700 万美元计算。
资料来源：依据雷士照明招股说明书整理。

（2）引入毛区健丽与赛富对董事会结构产生了什么影响？2006 年 3 月，雷士照明设立了公司董事会。但是引入机构投资者赛富之前，董事会只有吴长江一人担任执行董事，结构过于单一。董事会形同虚设，缺乏集体决议程序及投票决策机制。引入赛富之后，公司董事会结构初步改善。董事会中出现了创始人、公司高管以及机构投资者代表，董事会成员类型也分为了执行董事和非执行董事两类。

雷士照明第一轮融资之后的董事会结构如表 1-5 所示。吴长江与穆宇出任执行董事[⊖]一职，其中穆宇于 1999 年（即公司创办第二年）便已进入公司并出任副总裁，是吴长江管理团队的核心成员，可视为吴长江的一致行动人。公司副总裁夏雷和来自赛富的阎焱、林和平出任非执行董事。创始人股东利益方占据两个席位，外部投资者同样占据两个席位。

表 1-5　雷士照明第一轮融资后的董事会结构

职务	人员	加入时间	个人情况	是否高管	利益代表方
执行董事	吴长江	2006-03-02	雷士创始人股东，担任董事长与 CEO	是	创始人
	穆宇	2006-10-01	担任雷士副总裁，负责生产过程管理	是	创始人
非执行董事	夏雷	2006-10-01	担任雷士副总裁，负责公司投资业务	是	N/A
	阎焱	2006-10-04	赛富管理合伙人	否	机构投资者
	林和平	2006-10-04	赛富合伙人和董事总经理	否	机构投资者

资料来源：依据雷士照明招股说明书整理。

2. 引入高盛及赛富增资对治理结构的影响

（1）引入高盛及赛富增资对股权结构产生了什么影响？雷士照明的第一轮融资打破了创始人单一持股的股权结构，但是股权结构依然较为集中，吴长江与外部投资者赛富合计持有公司股份高达 77.5%。2008 年，雷士照明以现金加股票的方式收购世通投资。为了解决资金问题，公司进行了第二轮外部股权融资。在此过程中，高盛出资 3 656 万美元，同时赛富追加投资 1 000 万美元。雷士照明第二轮融资之后的股权结构如图 1-22 所示。雷士照明的前四大股东持股比例分别为赛富 30.73%，吴长江 29.33%，世纪集团 14.75%，高盛持股 9.39%，股权结构进一步分散化。此时的吴长江失去了第一大股东地位，并且持股比例不到公司总股本的三分之一，失去了在股东大会决议中的一票否决权。然而，吴长江的股权劣势并不明显，相比于赛富的持股比例只低 1.4%，同时，公司第三大股东世纪集团董事长吴建农也是吴长江可以争取的对象。

⊖ 非执行董事是指在公司中没有行政或管理责任的董事，反之则为执行董事；如果非执行董事独立与管理层，并且除董事酬金之外并未从公司收取其他利益，则为独立非执行董事。参见香港董事学会《Guide for INE Director，5th Edition》。

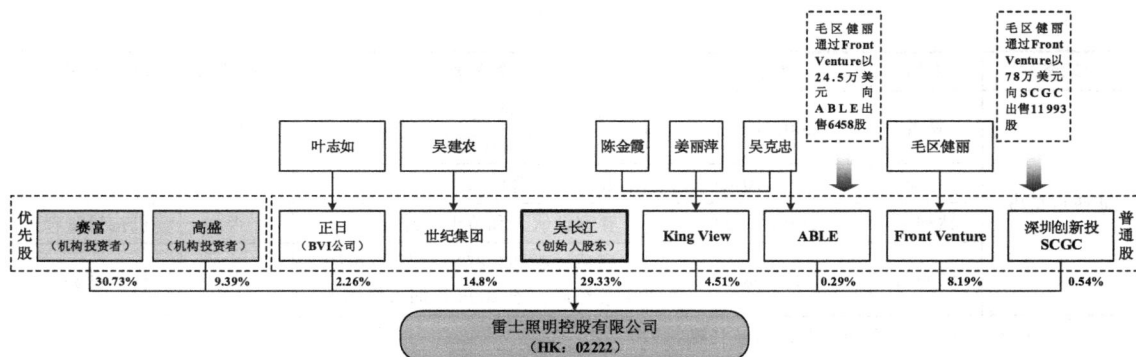

图 1-22 2008 年第二轮融资之后雷士照明股权结构

资料来源：依据雷士照明招股说明书整理。

吴长江为何在第二轮融资中失去第一大股东地位？原因在于雷士照明的股份定价依然偏低，赛富通过行使认股权证以较低的价格增持了公司股份。2008 年 8 月，雷士照明第二轮融资中外部股东的入股情况与购股价格如表 1-6 所示。行使认股权证让赛富以 51.48 美元 / 股的价格轻松获得 4.38% 的股份，仅仅是高盛注资单价 175.62 美元的 30%，即使另外 500 万美元注资单价与高盛一致，但平均而言，赛富的购入价格也只有 79.62 美元 / 股，仅仅是高盛的 45%。因此，赛富在此轮融资中是以较低的成本获得了较多的股权。

表 1-6 雷士照明第二轮融资中外部股东入股情况与购股价格

股东	注资时间	股份数量	所占比例	投入资金	每股价格	平均每股价格
吴长江	—	650 000 股	29.33%	—	—	—
赛富	2006 年 8 月	555 556 股	25.07%	2 200 万美元	39.60 美元	39.60 美元
	2008 年 8 月（行权）	97 125 股	4.38%	500 万美元	51.48 美元	79.62 美元
	2008 年 8 月（新购）	28 471 股	1.28%	500 万美元	175.62 美元	
高盛	2008 年 8 月	208 157 股	9.39%	3 656 万美元	175.62 美元	175.62 美元
世纪集团	2008 年 8 月	326 930 股	14.75%	—	—	—

资料来源：依据雷士照明招股说明书整理。

（2）引入高盛及赛富增资对董事会结构产生了什么影响？雷士照明第二轮融资之后，董事会人数增加，决策决议的合理性与权力制衡程度有所加强，董事会结构进一步改善。公司第二轮融资后的董事会结构如表 1-7 所示。第三大股东世纪集团创始人吴建农担任执行董事。同时新投资入股的高盛派出其高管许明茵担任非执行董事。公司董事会成员人数从原来的 5 人增加至 7 人，决策决议的合理性加强。创始人股东与机构投资者原来 2：2 的席位比例变成了 2：3。

表 1-7 雷士照明第二轮融资后的董事会结构

职务	人员	加入时间	个人情况	是否高管	利益代表方
执行董事	吴长江	2006-03-02	雷士创始人股东，担任董事长与 CEO	是	创始人
	穆宇	2006-10-01	担任雷士副总裁，负责生产过程管理	是	创始人
	吴建农	2008-08-27	世纪集团控股股东	否	N/A

（续）

职务	人员	加入时间	个人情况	是否高管	利益代表方
非执行董事	夏雷	2006-10-01	副总裁，负责公司投资业务，2006年4月加入雷士照明	是	N/A
	阎焱	2006-10-04	赛富管理合伙人	否	机构投资者
	林和平	2006-10-04	赛富合伙人和董事总经理	否	机构投资者
	许明茵	2008-08-27	高盛（亚洲）有限责任公司的董事总经理，于2008年加入集团	否	机构投资者

资料来源：依据雷士照明招股说明书整理。

3. 引入施耐德对治理结构的影响

（1）引入施耐德对股权结构产生了什么影响？ 2011年7月21日，雷士照明引进法国施耐德电气作为战略性股东，由赛富、高盛联合吴长江等六大股东，以4.42港元/股（较当日收盘价溢价11.9%）的价格，共同向施耐德转让2.88亿股股票。施耐德耗资12.75亿港元获得公司9.22%的股份，成为雷士照明第三大股东。雷士照明2011年的股权结构如图1-23所示。引入施耐德之后，雷士股权结构进一步分散化。前五大股东合计持股仅有57.99%。第一大股东赛富的持股比例被稀释至18.33%，创始人吴长江的持股比例也被稀释至15.94%，相比于赛富的持股比例差距从原本的1.4%进一步拉大至2.39%。

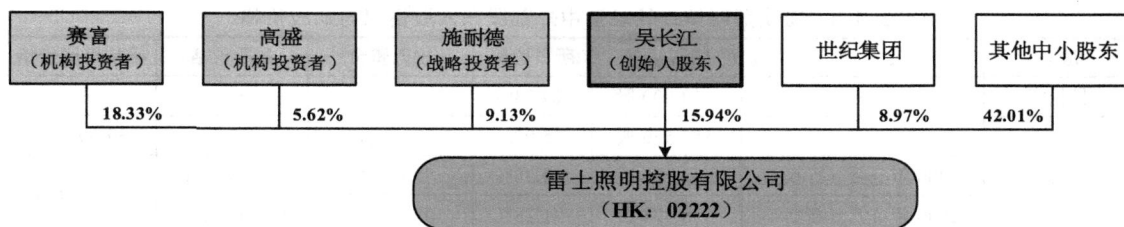

图1-23　2011年雷士照明股权结构图

资料来源：依据雷士照明2011年年度报告整理。

（2）引入施耐德对董事会结构产生了什么影响？施耐德投资入股之后，雷士照明董事会成员人数减少，独立非执行董事比例提升，董事会结构进一步规范。2011年，雷士照明的董事会结构如表1-8所示。董事会总席位数从原本的10个减少至9个，这使得独立非执行董事人数占比达到三分之一，董事会结构进一步规范化⊖。外部投资者一方的董事会席位数从3席增加至4席。施耐德中国区总裁朱海进入董事会出任非执行董事。相比之下，创始人股东一方的董事会席位数仍然为2席。外部投资者利益方与创始人股东利益方的董事会席位比为4∶2，外部投资者在董事会席位上也取得了优势，对创始人股东的决策制衡进一步加强。原本的执行董事吴建农和非执行董事夏雷分别在施耐德进入雷士照明的前后1个月辞任。

⊖　依据《企业管制常规守则》A.3.2，上市发行人所委任的独立非执行董事应占董事会成员人数至少三分之一。

表 1-8 2011 年雷士照明董事会结构

职务	人员	加入时间	个人情况	是否高管	利益代表方
执行董事	吴长江	2006-03-02	雷士创始人股东,担任董事长与 CEO	是	创始人股东
	穆宇	2006-10-01	担任雷士副总裁,负责生产过程管理	是	创始人股东
非执行董事	阎焱	2006-10-04	赛富管理合伙人	否	机构投资者
	林和平	2006-10-04	赛富合伙人和董事总经理	否	机构投资者
	许明茵	2008-08-27	高盛(亚洲)有限责任公司的董事总经理	否	机构投资者
	朱海	2011-10-20	施耐德中国区总裁	否	战略投资者
独立非执行董事	Alan Russell POWRIE	2010-03-24	苏格兰特许会计师协会及香港会计师公会会员	否	N/A
	Karel Robert DEN DAAS	2010-03-24	多家上市公司董事,美国电气制造商协会总监	否	N/A
	王锦燧	2010-03-24	曾担任中国照明学会理事长	否	N/A

资料来源:依据雷士照明 2011 年年度报告整理。

4. 引入德豪润达对治理结构的影响

(1)引入德豪润达对股权结构产生了什么影响?吴长江与德豪润达股权置换过程及雷士照明持股变化如图 1-24 所示。2012 年 12 月 11 日至 12 月 21 日之间,德豪润达先期购入雷士照明 2.6 亿股,占比约为 8.24%。随后 12 月 26 日,吴长江全资控股公司 NVC Inc.,与德豪润达全资子公司香港德豪润达签订股权转让协议,向其转让 372 921 000 股,占比约为 11.81%。股份转让完成后,德豪润达以 20.05% 的持股比例成为雷士第一大股东,吴长江的持股比例则降至 6.79%。2014 年 4 月 20 日,NVC Inc. 再次向香港德豪润达转让 214 508 000 股,约占雷士照明已发行股本的 6.86%,此时德豪润达持有雷士照明股权比例达到 27.10%,相比之下,吴长江的持股比例仅为 2.54%。在转让雷士照明股份之后,吴长江以定向增发的方式战略入股德豪润达,并成为其第二大股东⊖。

(2)引入德豪润达之后对董事会结构产生了什么影响?德豪润达投资入股之后,雷士照明董事会结构的变化如表 1-9 所示。2013 年 1 月 13 日,德豪润达董事长王冬雷进入雷士董事会担任董事长并兼任非执行董事。此时,创始人吴长江经历与机构投资者赛富的控制权纷争之后尚未回归董事会任职,但是重新担任公司 CEO。2013 年 6 月 21 日,吴长江回归公司担任执行董事,同时德豪润达进一步派驻王冬明进入雷士照明董事会担任执行董事。第一大股东德豪润达在雷士照明董事会中占有 2 席,与创始人吴长江持平。2014 年 5 月 29 日,雷士照明董事会结构再次发生变化,德豪润达在董事会中的席位进一步增加。吴长江旧部穆宇辞去执行董事一职,同时,来自德豪润达的肖宇和王学先分别出任非执行董事和独立董事。自此,德豪润达在雷士照明 12 人董事会中占有 4 席,而吴长江仅有 1 席,德豪润达实现了对董事会的初步控制。

⊖ 2012 年 12 月 27 日,德豪润达发布关于《非公开发行股票预案》的公告。公司将以 5.86 元/股的价格非公开发型股票数量不超过 2.3 亿股。发行对象为公司控股股东芜湖德豪投资和拟引进的战略外部投资者吴长江,其中,控股股东芜湖德豪投资认购 1 亿股,吴长江认购 1.3 亿股。

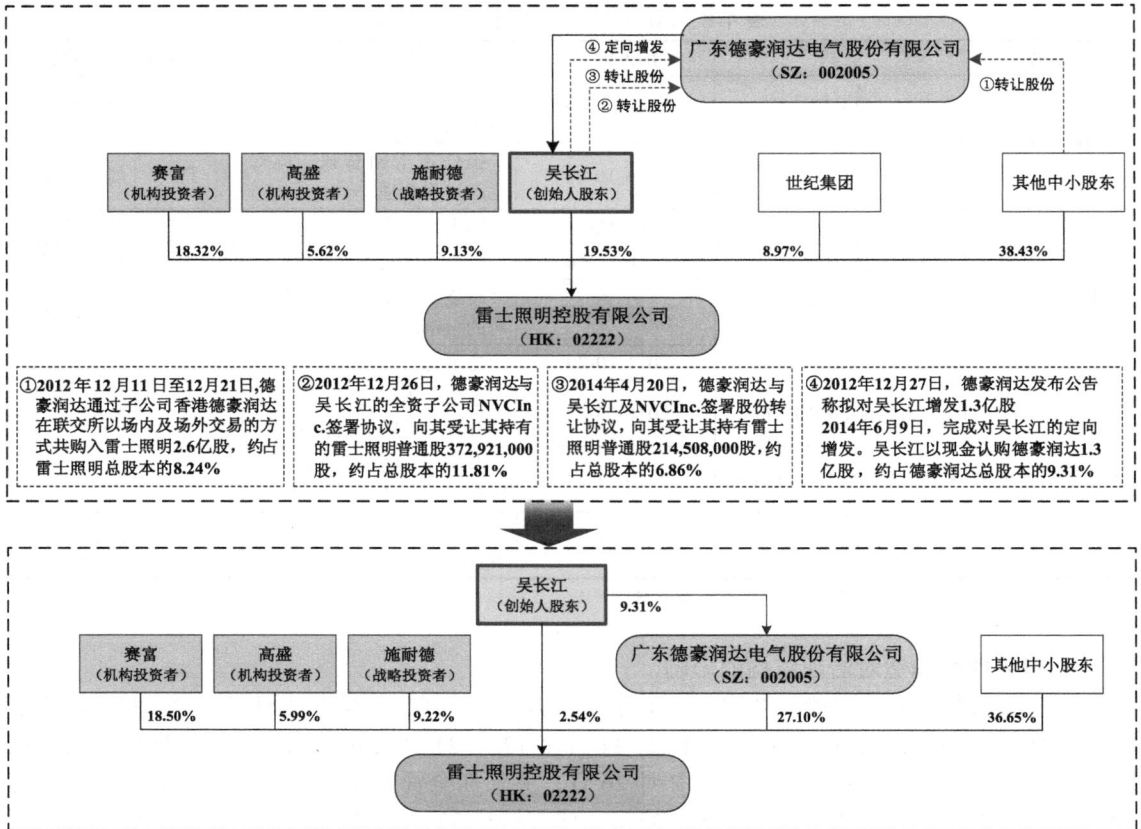

图 1-24　吴长江与德豪润达之间的股权置换过程及雷士照明持股结构变化

资料来源：依据雷士照明 2012 年半年报、2012 年 12 月 27 日、2014 年 4 月 28 日公告；德豪润达 2012 年 12 月 27 日、2014 年 6 月 13 日公告整理。

表 1-9　德豪润达投资入股之后雷士照明董事会结构的变化

职务	人员	加入时间	个人情况	利益代表方
2013 年 1 月 13 日雷士照明董事会结构				
执行董事	穆宇	2006-10-01	担任雷士副总裁，负责生产过程管理	创始人
非执行董事	阎焱	2006-10-04	赛富管理合伙人	赛富
	林和平	2006-10-04	赛富合伙人和董事总经理	赛富
	朱海	2011-10-20	施耐德中国区总裁	施耐德
	王冬雷	2013-01-13	雷士照明董事长，兼任德豪润达董事长	德豪润达
独立非执行董事	王锦燧	2010-03-24	曾担任中国照明学会理事长	N/A
	戎子江	2012-11-08	多家上市公司董事，拥有丰富的管理经验	N/A
	李港卫	2012-11-28	曾任安永会计事务所合伙人，财务会计专家	N/A
2013 年 6 月 21 日雷士照明董事会结构				
执行董事	吴长江	2013-06-21	雷士创始人、CEO，负责企业整体的经营管理	创始人
	穆宇	2006-10-01	担任雷士副总裁，负责生产过程管理	创始人
	王冬明	2013-06-21	王冬雷弟弟，德豪润达执行董事	德豪润达

（续）

职务	人员	加入时间	个人情况	利益代表方
非执行董事	林和平	2006-10-04	赛富合伙人和董事总经理	赛富
	朱海	2011-10-20	施耐德中国区总裁	施耐德
	王冬雷	2013-01-13	雷士照明董事长，兼任德豪润达董事长	德豪润达
独立非执行董事	王锦燧	2010-03-24	曾担任中国照明学会理事长	N/A
	李港卫	2012-11-28	曾任安永会计事务所合伙人，财务会计专家	N/A
	吴玲	2013-06-21	半导体照明行业专家	N/A
2014 年 5 月 29 日雷士照明董事会结构				
执行董事	吴长江	2013-06-04	雷士照明创始人、总裁，负责企业整体的经营管理	创始人
	王冬明	2013-06-04	王冬雷弟弟，德豪润达控股子公司执行董事	德豪润达
非执行董事	林和平	2006-10-04	赛富合伙人和董事总经理	赛富
	朱海	2011-10-20	施耐德中国区总裁	施耐德
	王冬雷	2013-01-13	雷士照明董事长，兼任德豪润达董事长	德豪润达
	肖宇	2014-05-29	德豪润达总裁顾问，多家德豪润达控股子公司董事	德豪润达
	李伟	2014-05-29	银河证券董事总经理，经济与金融专家	N/A
独立非执行董事	王锦燧	2010-03-24	曾担任中国照明学会理事长	N/A
	李港卫	2012-11-28	曾任安永会计事务所合伙人，财务会计专家	N/A
	吴玲	2013-06-04	半导体照明行业专家	N/A
	王学先	2014-05-29	德豪润达独立董事，法律专家	德豪润达
	魏宏雄	2014-05-29	广东华商律师事务所专职律师，法律专家	N/A

资料来源：依据雷士照明 2013 年 1 月 13 日公告、2013 年 6 月 23 日公告、2014 年 5 月 29 日公告整理。

5. 引入外部投资者对治理机制的影响

公司治理的内部机制是保障治理结构能够有效运作的一系列政策、原则、程序等。雷士照明引入外部大股东不仅获取了业务发展所需的资源，也对治理机制也起到了互补改善作用。

（1）改善董事会决议与决策机制。在雷士照明引资之前，由于杜刚、胡永宏两位创始人股东退出，雷士的重要决策与经营管理呈现吴长江"一言堂"的格局。董事会只有吴长江 1 人，缺乏科学的决议与决策机制，难以防止创始人可能出现的重大决策失误。赛富、高盛等投资入股之后，向雷士照明派驻代表担任非执行董事并参与决策，董事会形成了集体决议机制和"一人一票"的投票决策机制，提升了决策的科学性，降低了决策失误的风险。

（2）改善董事会监督与制衡机制。外部投资者派驻的董事通常秉承契约治理精神以及拥有丰富的董事会任职经验，能够更好地发挥董事会对管理层的监督与制衡机制。以赛富管理合伙人阎焱为例，当其谈及雷士风波时认为，企业实施制度化管理与企业家具有契约精神十分重要："中国的民营企业需要有制度化管理，按照程序、按照规则办事，企业家应该具有契约精神⊖。"阎焱同时在多家上市公司董事会任职，拥有丰富的公司治理经验。依据雷士照明 2012

⊖ 资料来源：2013 年 3 月 30 日，《腾讯科技》发布题为《阎焱谈雷士照明事件：某些人做了不该做的事》的报道。网址 http://tech.qq.com/a/20130330/000088.htm。

年年报，阎焱担任雷士照明非执行董事的同时，也在中国石化、蒙牛、复星国际、神州数码、汇源果汁等 13 家上市公司当任非执行董事或独立非执行董事。2001 ~ 2011 年曾在盛大、中海油等 6 家公司担任独立非执行董事。表 1-10 显示了 2010 ~ 2012 年阎焱在上市公司董事会的任职情况。

表 1-10　2010 ~ 2012 年阎焱在上市公司董事会的任职情况

公司名称	董事会职位	公司名称	董事会职位
2012 年之前在上市公司董事会任职情况		目前在上市公司董事会任职情况	
四通控股有限公司	2001 ~ 2009 年担任独立非执行董事	橡果国际	担任非执行董事
		ATA Inc.	担任非执行董事
中海油田服务股份有限公司	2002 ~ 2009 年担任独立非执行董事	中国蒙牛乳业有限公司	担任非执行董事
		神州数码控股有限公司	担任非执行董事
盛大互动娱乐有限公司	2003 ~ 2005 年担任独立非执行董事	摩比发展有限公司	担任非执行董事
		中国汇源果汁集团有限公司	担任非执行董事
东方通信股份有限公司	2003 ~ 2006 年担任独立非执行董事	丰德丽控股有限公司	担任非执行董事
		国电科技环保集团股份有限公司	担任非执行董事
		怡亚通供应链股份有限公司	担任非执行董事
中华数字电视控股有限公司	2004 ~ 2008 年担任独立非执行董事	巨人网络集团有限公司	担任独立非执行董事
		华润置地有限公司	担任独立非执行董事
环球天下教育科技有限公司	2007 ~ 2011 年担任独立非执行董事	复星国际有限公司	担任独立非执行董事
		中国石油化工有限公司	担任独立非执行董事

资料来源：依据雷士照明 2010 ~ 2012 年年报整理。

1.3.4　创始人与外部股东的双重代理关系

民营企业创始人通常是作为股东与作为核心高管的身份合一的，一方面随着其持股比例的降低，从控制性大股东向持有少数所有权的股东转化，另一方面始终拥有核心高管的决策地位。创始人作为股东和核心高管与外部股东之间形成了双重代理关系，并且随着企业的所有权逐步多元化与公众化，使其从身份以控制性大股东为主向以内部经理人为主转变，导致双重代理关系之间的侧重点也随之发生转化。首先，在雷士照明引资过程中吴长江的股东身份如何转化？其次，为什么吴长江在持股比例逐步降低的同时始终保持雷士照明核心高管的决策地位？最后，吴长江作为股东和经理人与外部股东之间形成了怎样的双重代理关系以及如何转化？

1. 在雷士照明引资的过程中吴长江的股东身份如何转化

随着雷士照明的所有权逐步多元化与公众化导致吴长江的持有股份被逐渐稀释，使其身份从绝对控股股东向持有少数所有权的股东转化。图 1-25 显示了雷士照明引资过程中吴长江股东身份的转化。

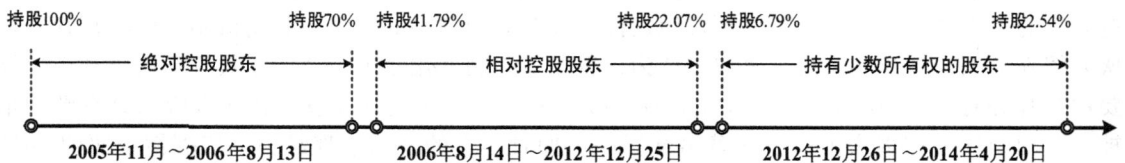

图 1-25　雷士照明引资过程中吴长江股东身份的转化

资料来源：依据雷士照明招股说明书、相关公告整理。

（1）吴长江作为雷士照明绝对控股股东。在雷士照明引入外部资本之前，由于杜刚、胡永宏两位创始人股东向吴长江转让股份，使其在雷士照明的持股比例达到100%。2006年6月，雷士照明首次进行外部股权融资引入毛区健丽等4名个人投资者，吴长江的持股比例被稀释至70%。在雷士照明引入赛富之前，吴长江作为绝对控股股东，主要通过实施资本多数决定机制拥有对雷士照明的控制权优势。

（2）吴长江作为雷士照明相对控股股东。2008年8月14日，雷士照明引入机构投资者赛富，吴长江的持股比例被稀释至41.79%，其股东身份随之发生转化，从绝对控股股东转化为相对控股股东。此后，随着雷士照明上市以及后续引资，吴长江的持有股份被逐步稀释。在雷士照明引入德豪润达之前，吴长江的持股比例为22.07%，依然是雷士照明的相对控股股东。

（3）吴长江作为雷士照明持有少数所有权的股东。2012年12月26日，吴长江向德豪润达转让股份，其持股比例大幅降低至6.79%，其股东身份随之发生转化，从相对控股股东转化为持有少数所有权的股东。2014年4月20日，吴长江再次向德豪润达转让股份，其持股比例进一步降至2.54%。

2. 为什么吴长江持有股份被逐步稀释却始终拥有核心高管的决策地位

在雷士照明引资的过程中，虽然吴长江的持有股份被逐步稀释，但是其始终拥有核心高管的决策地位。图1-26显示了雷士照明发展过程中吴长江担任高管职务情况。从1998年创立雷士照明至2014年8月8日被董事会罢免CEO职务之前，吴长江一直担任雷士照明的核心高管，负责企业日常经营的整体管理。其中，在2012年雷士照明风波期间，赛富、施耐德等主导的雷士照明董事会难以解决生产经营停滞的困局，最终与吴长江妥协和解，任命其为临时运营委员会负责人。

图1-26　雷士照明发展过程中吴长江担任高管职务情况

资料来源：雷士照明2010～2013年年报。

为什么吴长江股权被逐步稀释始终拥有核心高管的决策地位？一方面，吴长江具有来自外部经销商、供应商与内部管理层的网络关系资源，对雷士照明保持正常运作与持续经营具有重要影响力。另一方面，吴长江具有丰富的照明行业经验与敏锐的市场机会判断能力，对雷士照明实现科学战略决策与行业竞争优势具有不可替代的重要作用。正如雷士照明招股说明书中在披露企业面临的风险因素时提到："雷士的成功依赖于高管管理团队和其他主要人员，特别是创始人吴长江，一直是雷士照明发展和进步的中心。如果吴长江及其管理团队无法或不愿继续留任目前的职位，可能无法找到合适的替代人员。雷士照明的业务可能中断，而财务状况及经营业绩可能受到重大不利影响。"

（1）吴长江在雷士照明外部的经销商、供应商中具有网络关系资源。一方面，吴长江是搭建与维系雷士照明与供应商、经销商之间战略联盟与利益共赢的关键人物，一贯坚持"利益共赢"的理念，并基于共赢理念形成了雷士照明的企业文化[○]。在吴长江的主张与推行下，雷士照明与供应商、经销商之间形成了互惠共赢的利益关系。供应商保障生产，经销商贡献收入，雷

○　吴长江在2011年中国CEO年会以及2013年7月11日接受《支点》杂志采访时都曾提及：对供应商、经销商、员工、股东等都坚持一个利益共赢的理念，基于共赢理念的企业文化是雷士照明的核心竞争力。

士照明则对供应商、经销商的利益提供一定的财务支持。正如吴长江提及对经销商的商业授信时认为："我支持经销商，是多赢。不支持，公司可能赚的钱更少。公司融资，可以贷款，但经销商贷款很难[○]。"另一方面，吴长江与经销商之间还存在着私人利益连带关系。依据雷士照明2012年8月14日公告，吴长江从10名经销商处取得了一定额度的个人贷款，与此同时为经销商介绍业务机会作为回报。

（2）吴长江在雷士照明内部的管理层中具有网络关系资源。表1-11显示了吴长江与部分管理层人员的网络关系，主要有以下三种形式。一是具有血缘关系的家族成员。吴长江的弟弟吴长勇担任雷士照明副总裁，负责公司采购和物流管理的核心业务。二是吴长江管理团队的核心成员。穆宇、杨文彪、王明华三人在外部投资者进入之前入职雷士照明担任副总裁，其中，穆宇和杨文彪早在1999年（公司创办的第二年）便已加入。三是在吴长江关联公司中任职。雷士照明电工事业部总经理熊大勇在吴长江岳母控股的重庆恩林中担任法人代表。户外事业部总经理刘翔不仅担任长江灯具的法人代表，还在吴长江岳父控股的重庆恩纬西中持股24%。雷士照明研发系统总经理王邵灵是吴长江同学，曾先后出任重庆天溢和重庆恩纬西的法人代表。

表1-11　创始人吴长江与部分管理层人员的网络关系

人员	职务	与吴长江关系描述
吴长勇	公司副总裁	1998年加入雷士照明，吴长江弟弟
穆宇	公司副总裁	1999年加入雷士照明，吴长江管理团队的核心成员
杨文彪	公司副总裁	1999年加入雷士照明，吴长江管理团队的核心成员
王明华	公司副总裁	2005年加入雷士照明，吴长江管理团队的核心成员
熊大勇	电工事业部总经理	长期出任吴长江岳母控股公司重庆恩林的法人代表
刘翔	户外事业部总经理	长期出任吴长江个人控制公司长江灯具的法人代表，同时在吴长江岳父控股公司重庆恩纬西持股24%
王邵灵	研发系统总经理	吴长江同学，先后出任重庆天溢和重庆恩纬西的法人代表

资料来源：依据雷士照明2011年年报及《二十一世纪商业评论》2012年第16期题为《另一个雷士》的报道整理。

（3）吴长江具有丰富的照明产品行业经验。从1998年创办雷士照明，吴长江拥有逾20年的照明产品行业经验，其简要经历如图1-27所示。1992年，吴长江从陕西汉中航空公司辞职，南下深圳寻求创业机会。在行业内几经波折之后，1998年，吴长江联合杜刚、胡永宏两位高中同学以总资本100万元创立了雷士照明，并担任公司总经理，负责日常经营的整体管理。2006年引入毛区健丽、赛富等外部资本之后，吴长江兼任雷士照明董事长与CEO，负责公司战略和整体业务管理，直至2012年5月24日辞职。2013年1月13日，雷士照明董事会重新任命吴长江为CEO，亦是考虑到其拥有的丰富行业经验和经营领导力对于公司经营发展的重要性[○]。

（4）吴长江具有敏锐的市场机会判断能力。丰富的行业经验与对行业市场的深入了解赋予了吴长江对市场机会的判断能力，能够准确把握市场的发展趋势，快速抢占市场先机。一方面是对地域分布的市场机会判断。2012年，雷士照明在省会城市、地级城市的覆盖率分别高达100%和97.18%，但是，在县级城市和乡镇城市的覆盖率分别只有65%和1.92%。实际上，创始人吴

○ 资料来源：2012年8月1日，《第一财经日报》发布的题为《雷士撕裂，吴长江回归仍未决》的报道。
○ 依据公司2013年1月13日公告，董事会重新任命吴长江为CEO，并指出董事会相信吴长江在照明产品行业的丰富经验及其作为CEO的领导力，将有助于公司继续有效利用、增强及拓展其在中国的分销网络。

长江很早便察觉到了蕴藏在县级、乡镇及农村等三四级市场中的庞大发展空间。在 2008 ～ 2012 年雷士照明营销系统的年度会议上，吴长江四次强调三四级市场开发的重要性⊖。这也符合国家扶持小城市建设、农村城镇化的政策导向。另一方面是对产品结构的市场机会判断。吴长江及时发现了 LED 照明市场的重要发展机遇，不仅能够符合国家提倡节能环保的政策导向，获取半导体照明的政策优惠，还能够迎合客户对照明产品环保质量的需求。早在 2006 年，雷士照明已经进行了更低碳节能的 LED 产品的技术研发，开始从传统照明向 LED 照明战略转型。随后 2008 年，雷士照明通过收购世通投资实现了公司 LED 灯业务的正式扩张，从而抢占市场先机。2012 年 12 月 10 日，在雷士照明国内营销年度会议上，创始人股东吴长江指出："当前照明行业的发展趋势已发生改变，传统照明转向 LED 照明是大势所趋。国家政策提倡节能环保，LED 逐渐成为主流，明年我们将重点推动 EMC 项目运作，加快推进 LED 战略。"

吴长江拥有逾20年的照明产品行业经验

1992年从陕西汉中航空公司辞职，南下深圳在某灯饰厂先后从事技工、设计、管理等工作	1994年从灯饰厂辞职，联合其他5人创立了惠州明辉电器公司。1994～1997年担任总经理，全面负责经营	1997～1998年担任宝安区沙井沙四恒裕灯饰制品厂的总经理	1998年从灯饰厂辞职，联合杜刚、胡永宏两人创立了雷士照明。1998～2006年担任总经理，负责公司日常经营的整体管理	外部投资者进入雷士照明之后，兼任董事长与CEO，负责公司战略和整体业务管理	2012年5月24日，因不明原因辞去董事长与CEO职务。9月4日回归公司担任临时运营委员会负责人	2013年1月13日，重新担任公司CEO。6月4日，重新担任执行董事	2014年8月8日，被董事会罢免CEO职务。8月29日，被股东大会罢免执行董事
1992年	1994年	1997年	1998年	2006年	2012年	2013年	2014年

图 1-27　吴长江在照明产品行业的简要经历

资料来源：依据雷士照明招股说明书及有关公司公告整理。

3. 吴长江与外部股东之间的双重代理关系及其转化

雷士照明创始人吴长江是作为股东和核心高管的身份合一的，并与外部股东之间形成了双重代理关系。一是吴长江作为股东与外部股东之间的资本代理关系，二是其作为核心高管与外部股东之间的经营代理关系。随着雷士的所有权逐步多元化与公众化导致吴长江持有股份被逐渐稀释，使其从身份以控制性大股东为主向以内部经理人为主转变，双重代理关系之间的侧重点也随之发生转化。

（1）吴长江作为股东与外部股东之间的资本代理关系。一方面，外部股东对照明行业的市场前景与雷士照明管理团队的能力具有投资信心，因而向雷士照明投入资金并委托吴长江实现资本增值，预期在未来获得较好的资本回报。其中，赛富、施耐德、德豪润达等外部投资者在解决雷士照明资金问题的同时，还为雷士的快速发展提供了其他资源。赛富作为机构投资者不仅为雷士照明提供了专业的资本运作团队，协助雷士照明收购了产业链上下游的其他企业，还通过在资本市场机构及投资者中的网络关系为雷士照明引荐了高盛和施耐德。施耐德、德豪润达作为战略投资者分别为雷士照明提供了工程照明市场的客户关系资源和 LED 照明业务的核心技术。另一方面，创始人股东吴长江拥有对雷士的控制权优势，受托代理外部股东投入资本的价值增长。正如吴长江曾提到："投资机构投资雷士照明是希望给他们带来更大的回报。他

⊖　依据雷士照明官方网站的新闻整理，包括：2007 年 12 月 13 日题为《"携手共赢、决胜 2008"，雷士 2008 年度运营商大会召开》的新闻；2008 年 11 月 3 日题为《雷士照明 "赢在中国" 2009 年国内营销规划会议召开》的新闻；2012 年 2 月 7 日题为《雷士照明，2012 的到来是一次更加彻底的机遇》的新闻；2012 年 12 月 18 日题为《变革中谋大发展——雷士照明 2012 国内营销年度会议召开》的新闻。

们非常认同我，非要我来做雷士不可[⊖]。"表 1-12 显示了雷士照明主要外部股东投入资本的价值增长情况。由于雷士照明控制权纷争损害了企业价值，对外部股东投入资本的增值也造成了负面影响。赛富目前投入资本的价值翻了近 5 倍，高盛也实现了 70% 的投入资本回报率，而施耐德与德豪润达的投入资本回报率依然为负。

表 1-12　雷士照明主要外部股东投入资本的价值增长情况

外部股东	投入资金	股份交易资本利得①	持有股份目前市值②	投入资本的回报率③
赛富	3 200 万美元	4.53 亿港元	10.24 亿港元	495%
高盛	3 656 万美元	1.51 亿港元	3.32 亿港元	70%
施耐德	12.75 亿港元	N/A	5.10 亿港元	−60%
德豪润达	21.56 亿港元	N/A	14.97 亿港元	−31%

　　① 2011 年 7 月 21 日在雷士引入施耐德时，赛富和高盛分别向施耐德转让 102 441 000 股和 31 306 000 股，转让价格为每股 4.42 港元。此外，高盛在 2010 ～ 2013 年期间还数次增持与减持雷士照明股份。
　　② 持有股份的目前市场价值 = 投资者持有股份数 × 1.77 港元 / 股，雷士照明 2014 年 8 月 8 日收盘价为 1.77 港元，8 月 9 日起开始停牌）。
　　③ 投入资本的回报率 =（股份交易资本利得 + 持有股份的目前市场价值 – 投入资金）÷ 投入资金 × 100%，其中，赛富与高盛的投资回报率按照 2014 年 8 月 8 日的汇率 1 美元等于 7.751 1 港元进行折算。
　　资料来源：依据雷士照明照顾说明书、2014 年半年报、相关公告整理。

（2）吴长江作为核心高管与外部股东之间的经营代理关系。一方面，吴长江作为核心高管拥有对雷士的经营权，对雷士保持正常运作与持续经营具有重要影响力，受托代理企业的日常经营管理。正如雷士照明 2013 年年报对吴长江担任 CEO 的职务披露："负责雷士业务发展、整体日常管理以及运营工作。"另一方面，赛富、施耐德、德豪润达等外部投资者向雷士照明派驻代表担任董事，在提供决策咨询的同时行使对吴长江及其管理团队的监督与制衡，防止其可能的私利行为，并降低决策失误的风险。表 1-13 反映了创始人股东与外部投资者代表参与董事会决策的情况。2010 年 5 月 20 日雷士照明上市之后，召开了两次董事会会议，出席率为 100%。2011 ～ 2013 年董事会会议次数保持四次以上[⊜]，也保持较高的出席率。

表 1-13　雷士照明 2010 ～ 2013 年董事会会议次数及主要股东代表的出席情况

董事会成员	股东背景	2010 年 出席 / 会议次数①	2011 年 出席 / 会议次数	2012 年 出席 / 会议次数	2013 年 出席 / 会议次数
吴长江	创始人股东	2/2	5/5	3/4	5/5
穆宇	创始人股东	2/2	5/5	9/9	1/2
阎焱	赛富	2/2	4/5	9/9	2/3
林和平	赛富	2/2	4/5	8/9	5/5
许明茵	高盛	2/2	4/5	7/7	N/A
朱海	施耐德	N/A	1/1	8/9	4/5
王冬雷	德豪润达	N/A	N/A	N/A	5/5
王冬明	德豪润达	N/A	N/A	N/A	2/2

　　① 出席 / 会议次数是指"该董事出席董事会次数 / 该董事任职期间召开的董事会次数"。
　　资料来源：依据雷士照明 2010 ～ 2013 年年报整理。

　　分散的社会公众中小股东对雷士照明重要决议的影响力较小，只能被动接受大股东做出的决策，难以有效保护自身利益。一方面，雷士照明未设置社会公众中小股东对重大事项的类别

　　⊖ 资料来源：2010 年 7 月 16 日，《新营销》发布的题为《吴长江隐秘的内心世界》的报道。
　　⊜ 依据《企业管制常规守则》A.1.1，上市发行人每年至少召开四次定期董事会会议，至少每季度召开一次，且大多数董事须积极参与会议（无论亲身或通过其他电子通信方式）。

表决制度[⊖]。在通常的一股一票制度之下，分散的社会公众中小股东所持股份具有的表决权对股东大会决议的影响力较小。另一方面，社会公众中小股东难于实质性参与雷士照明股东大会的重要决议，并行使所持股份的表决权。表 1-14 显示了 2014 年 5 月 29 日雷士照明周年股东大会出席情况。出席雷士周年股东大会并行使表决权的股份数量只有近 12.7 亿股，仅占公司总股本 31.28 亿股的 40.60%。然而，这一比例小于德豪润达、赛富、施耐德等雷士照明主要股东的持股比例 63.28%。这表明，雷士照明主要股东并未全部出席 2014 年周年股东大会，社会公众中小股东能够出席股东大会并行使表决权的股份数目十分有限。

表 1-14　2014 年 5 月 29 日雷士照明周年股东大会出席情况

股东名称	股东性质	持股比例
德豪润达	战略投资者	27.03%
赛富	机构投资者	18.50%
施耐德	战略投资者	9.22%
高盛	机构投资者	5.99%
吴长江	创始人股东	2.54%
主要股东合计持股比例	63.28%	
股东大会行使表决权股东持股比例	40.60%（股东大会行使表决权的股份数量 1 270 036 083 股，总股本 3 128 448 000 股）	

资料来源：依据雷士照明 2014 年半年报、2014 年 5 月 29 日公告整理。

（3）随着雷士照明的所有权逐步多元化与公众化导致吴长江持有股份被逐渐稀释，创始人与外部股东之间的双重代理关系的侧重点从股东资本代理向经理经营代理转化，如图 1-28 所示。

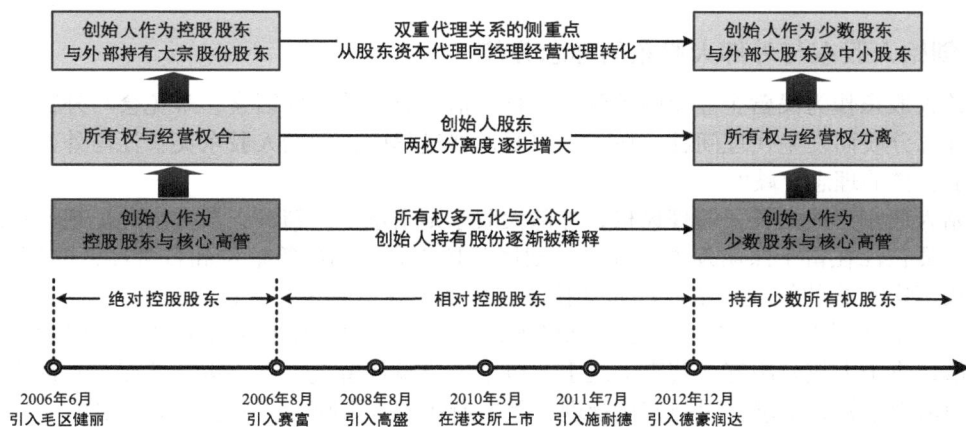

图 1-28　雷士照明引资过程中创始人股东与外部股东双重代理关系的转化

资料来源：依据雷士照明招股说明书、相关公告整理。

首先，创始人吴长江持有的股份被稀释使其股东身份逐渐弱化，但是始终保持核心高管地位。2006 年 6 月，雷士照明引入毛区健丽等外部资本之后，吴长江以 70% 的持股比例作为绝对控股股东，并担任雷士照明董事长与 CEO，保持核心高管地位。随着雷士照明先后引入

⊖　类别表决制度，是指股东按其持有的不同类别的股份分开表决。2004 年 12 月 7 日，中国证监会发布了《关于加强社会公众股股东权益保护的若干规定》，试行了公司重大事项社会公众股股东表决制度。即再融资、以股抵债、重大资产重组等重大事项需经全体股东大会表决通过，并经参加表决的社会公众股股东所持表决权的半数以上通过，方可实施或提出申请。

赛富、施耐德、德豪润达等外部资本，吴长江的持有股份被逐步稀释，其股东身份随之逐渐弱化，从原本的绝对控股股东转变为相对控股股东，并最终以 2.54% 的持股比例成为持有少数所有权的股东。与此同时，吴长江因其具备特有的企业家能力与创业创新精神，始终保持核心高管地位，负责企业的日常经营管理。

其次，创始人吴长江对雷士的所有权与经营权的分离程度逐步增大。在雷士照明引资的初期，吴长江对雷士照明拥有高度集中的所有权和经营权而保持两权合一的状态，并由此形成其对雷士照明稳定的控制权优势。随着吴长江持有股份被逐渐稀释使其对雷士照明的所有权不断降低，但是始终保持核心高管地位并拥有经营权，由此导致所有权与经营权的分离程度逐步增大。

最后，创始人吴长江与外部股东之间双重代理关系的侧重点发生转化。在雷士引资的初期，双重代理关系主要侧重于吴长江作为控股股东与外部持有大宗股份股东之间的资本代理。随着雷士的所有权逐步多元化与公众化，吴长江与外部股东之间双重代理关系的侧重点也从股东资本代理向经理经营代理转化。此外，与引资初期相比不同的是，外部股东作为资本代理与经营代理的委托人，不仅包括外部大股东（赛富、德豪润达）和持有大宗股份的外部股东（高盛、施耐德），还包括分散的社会公众中小股东。

1.4 为什么雷士照明难以实现公司治理的持续稳定状态

雷士照明在资本市场上市之后，先后爆发了吴长江与赛富、吴长江与德豪润达之间的控制权纷争，严重损害了企业生产经营活动的持续性与稳定性。为什么雷士照明难以实现公司治理的持续稳定状态？针对这一问题，先分析吴长江与赛富、德豪润达之间出现理念分歧与利益冲突而发生的代理问题，然后分析控制权纷争暴露出的治理机制缺陷。

1.4.1 创始人股东与外部大股东的理念分歧

创始人股东作为民营企业家因其管理风格、治理意识等方面因素，难免会与外部大股东之间出现理念分歧而发生代理问题。在雷士照明发展过程中，创始人股东吴长江与外部大股东之间出现了怎样的理念分歧？

创始人股东形成家长式管理风格，外部大股东则秉承契约精神，双方由此出现治理理念上的分歧。吴长江在雷士照明发展过程中长期居于核心高管的决策地位和日常经营的领导地位，因而形成了家长式的管理风格。正如吴长江在接受《京华时报》采访时认为："雷士照明是我的孩子，我不能不管"⊖。在这一管理风格下，创业的成功、长期接收的赞誉等因素容易使其过于自信，将个人权威凌驾于董事会之上，以个人决策代替董事会决策。然而，外部大股东则秉承契约治理精神，要求公司制度化管理，严格遵守上市规则与董事会议事规则。

（1）吴长江违背董事会决策搬迁雷士照明总部。2011 年下半年，吴长江提议将雷士照明总部从惠州搬迁至重庆。随后雷士照明董事会经决议否决了总部搬迁方案，仅授权吴长江在重庆成立一家销售公司。然而，董事会决策并未得到实际执行，吴长江通过其个人影响力依然推动了雷士照明总部搬迁行动。2011 年 11 月 7 日和 2012 年 3 月 14 日，吴长江先后在重庆市南岸区设立了重庆雷士实业有限公司和重庆雷士科技发展有限公司，二者均为其个人控制公司。2012 年春节过后，吴长江推动雷士进行总部搬迁。搬迁员工工资上调 8%，还增加了住房、伙食和交通补贴。依据雷士照明 2012 年 8 月 14 日公告，公司总部的 CEO 办公室以及部分的人力资源、法律、国内销售及市场推广、采购、研发、财务等部门已经迁至重庆的租赁大楼。雷士照明董

⊖ 资料来源：2012 年 8 月 20 日，《京华时报》发布题为《雷士照明吴长江：我的孩子我不能不管》的报道。

事会多数成员（主要指外部股东派驻的董事及独立非执行董事）对此却并不知情。正如阎焱在接受采访时认为："这就像，你回家时发现家不见了，你家人在没跟你商量的情况下搬走了[⊖]。"

（2）吴长江未经董事会决议擅自发放高管奖金。2010年年末，为了庆祝雷士成功上市，吴长江通过其个人影响力，在春节之前给高管发放了奖金。然而，吴长江擅自发放高管奖金的行为并不符合规范程序。一方面，未经雷士董事会正常的决议程序。董事会成员对此并不知情，直至奖金实际发放之后才知晓。正如阎焱在接受采访时认为："董事会没一个人知道，奖金就已经发了[⊜]。"另一方面，高管奖金在审计结果出具之前已经发放。吴长江认为雷士自2006年请安永审计以来审计结果一直正常，因而2010年也不会出问题。

1.4.2　创始人股东与外部大股东的利益冲突

随着民营企业所有权与控制权的分离程度逐步增大，创始人股东可能因其私利行为与外部大股东之间出现利益冲突而发生代理问题。在雷士照明发展过程中，创始人股东吴长江与外部大股东之间出现了怎样的利益冲突？

（1）吴长江的关联公司拖欠雷士应付款项。首先，圣地爱司、重庆恩林和山东雷士均为吴长江的关联公司。三家公司的控股股东为吴长江岳母陈敏，持股比例分别为40.93%、36.3%和48%。其次，三家公司与雷士的关联交易内容。圣地爱司、重庆恩林、山东雷士与雷士照明签订了商标许可协议，可以使用雷士商标销售产品。同时，三家公司每年向雷士照明支付商标许可费，金额为使用雷士商标销售额的3%。其中，圣地爱司、山东雷士还与雷士照明签订了销售管理协议，可以使用雷士照明经销商渠道销售产品。同时，二者每年向雷士照明支付分销金，金额为渠道销售额的6%~8%。最后，三家公司与雷士的关联交易有失公允。依据雷士照明2012年8月14日公告，圣地爱司、重庆恩林和山东雷士自2012年初开始对雷士照明存在较为严重的拖欠应付账款的问题，导致上市公司资金被占用，损害了外部股东的利益。上述三家吴长江关联公司对雷士照明的应付账款拖欠情况如表1-15所示。截至2012年8月7日，圣地爱司和山东雷士拖欠的应付账款分别约为1 970万元和2 440万元。

表1-15　吴长江三家关联公司对雷士照明的应付账款拖欠情况　（单位：元）

公司名称	关联关系	关联交易内容	截至2012年6月30日拖欠的应付账款	截至2012年8月7日拖欠的应付账款
圣地爱司	吴长江岳母陈敏持股40.93%	使用雷士商标与渠道销售产品，每年支付商标许可费与分销金	36 509 102	19 695 872
重庆恩林	吴长江岳母陈敏持股36.3%	使用雷士商标销售产品，每年支付商标许可费	937 612	0
山东雷士	吴长江岳母陈敏持股48%	使用雷士商标与渠道销售产品，每年支付商标许可费与分销金	11 708 780	24 404 652

资料来源：依据雷士照明2012年8月14日公司公告整理。

（2）吴长江未经董事会决议擅自延长关联公司的雷士商标使用期限，并且新增授权重庆恩纬西使用雷士商标销售产品。首先，山东雷士、圣地爱司、重庆恩纬西均为吴长江的关联公司。其中，山东雷士、圣地爱司的控股股东为吴长江岳母陈敏，持股比例分别为40.93%和

⊖　资料来源：2012年7月14日，《新世纪》周刊发布题为《雷士超限战》的报道。

⊜　针对吴长江提前发放奖金的行为，阎焱于2012年10月9日接受《第一财经日报》记者采访时称："为什么会有不同的看法？老吴是先斩后奏。比如春节到了，如果他给我打电话说，春节能否给大家先发奖金，如果审计结果有出入再收回来，我觉得可以理解。问题是董事会没一个人知道，奖金就已经发了。我们需要是事前商量而不是事后商量，我们的分歧就在这里。"

48%。重庆恩纬西控股股东为吴长江岳父吴宪明，持股比例为49.67%，同时，其法人代表为吴长江大学同学、雷士照明产品规划研发部副总经理王邵灵。其次，三家公司与雷士的关联交易内容。依据雷士照明2014年8月8日公告，吴长江在2012年代表惠州雷士光电科技有限公司（雷士照明控股子公司，简称"惠州雷士"）与山东雷士、重庆恩纬西、圣地爱司各签署了一份商标许可协议，授予三家公司使用雷士商标权利，期限是20年。最后，三家公司与雷士的关联交易有失公允。一方面，吴长江未经董事会决议擅自新增授权重庆恩纬西使用雷士商标销售产品。依据雷士照明招股说明书，公司与山东雷士、重庆恩林、圣地爱司签订了商标许可协议，授权三者使用雷士商标销售产品的权力。重庆恩纬西只是为雷士提供贴牌生产服务，并未与雷士签订商标许可协议。另一方面，吴长江未经董事会决议擅自延长关联公司的雷士商标使用期限。依据雷士照明2012年12月19日公告，公司与山东雷士、重庆恩林、圣地爱司续签了商标许可协议，将雷士商标使用期限延长至2015年12月31日，即仅仅延长了3年而非20年。吴长江的上述控制权私利行为容易造成三家公司对雷士商标使用权的"固化"，增大雷士商标被滥用的风险，对外部股东利益造成了潜在的侵害。

（3）吴长江未经董事会决议擅自通过雷士控股子公司进行违规借款担保。依据雷士照明2014年10月8日、2014年11月6日公告，吴长江通过雷士照明（中国）有限公司（雷士控股子公司，简称"雷士中国"）账户，先后为其关联公司及其他公司提供担保，涉及银行借款总额约6.398亿元，其中：吴长江通过雷士中国为重庆雷立捷提供6次借款担保，涉及银行借款金额达3.018亿元；为重庆华标提供3次借款担保，涉及银行借款金额为2.08亿元；为重庆江特、重庆无极、重庆恩纬西各提供一次担保，涉及银行借款金额分别为1亿元、2000万元和1000万元。重庆无极和重庆恩纬西为吴长江的关联公司，重庆无极的法定代表人为吴长江妻子吴恋。依据雷士照明2014年11月19日公告和德豪润达11月7日公告，雷士中国向中国银行、工商银行、民生银行存入保证金共计5.755亿元作为担保质押，其中因履行担保责任已被银行划扣的资金达5.49亿元。此外，雷士中国在建设银行的存款0.538亿元已被法院冻结。图1-29显示了吴长江未经董事会决议擅自通过雷士中国进行违规借款担保情况。

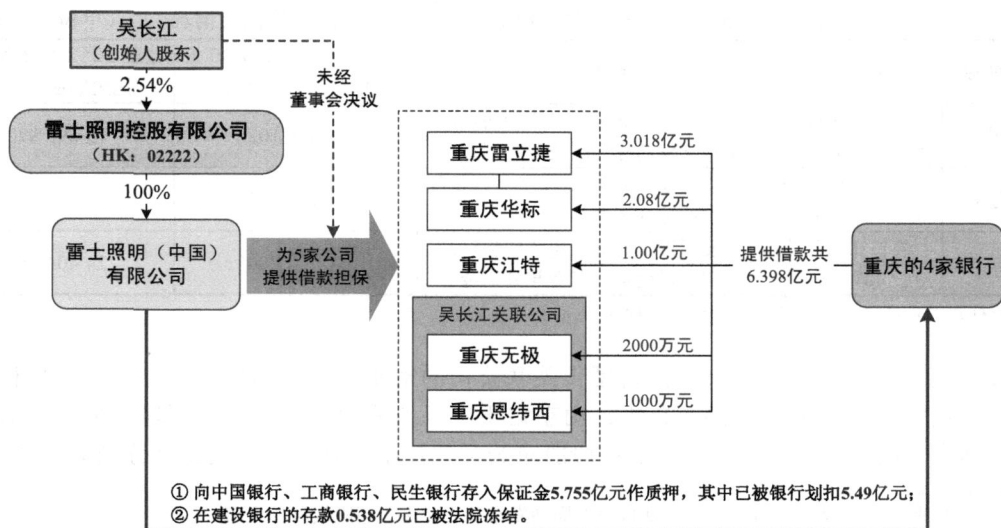

图1-29　吴长江擅自通过雷士中国进行违规借款担保情况

资料来源：依据雷士照明2014年10月8日、2014年11月6日、2014年11月19日公告，德豪润达2014年11月7日公告整理。

吴长江涉及的上述担保事项损害了外部股东利益，并违反了有关法律规定。一方面，吴长江涉及的担保事项损害了外部股东利益。借款方重庆雷立捷、重庆华标、重庆江特、重庆无极四家公司借款获得的资金去向不明○，吴长江也因此涉嫌挪用资金被惠州公安局立案侦查并被刑事拘留○。担保方雷士中国因履行担保责任已被银行划扣 5.49 亿元。如果雷士照明董事会无法追索，则可能造成上市公司的大额经济损失，并损害股东利益。其中德豪润达作为雷士第一大股东，按其持股比例 27.03% 计算的最大可能损失金额约为 1.48 亿元。另一方面，吴长江涉及的担保事项违反了《香港联合交易所有限公司证券上市规则》（简称"上市规则"）的有关规定。一是未及时对外披露担保事项的有关信息。上市规则规定，上市公司控股子公司对关联方提供担保需要向股东与港交所发布通函，披露担保事项有关的详细资料○。然而，在雷士中国的担保事项发生期间，吴长江并未通过雷士照明发布通函对有关信息进行披露。雷士照明 2014 年 11 月 19 日公告也指出："须遵从申报、公告及年度审查要求，但豁免遵守上市规则第 14 章项下的独立股东批准要求○。"二是未经过正常的董事会决议程序。上市规则规定，上市公司控股子公司对关联方提供担保需经董事会会议批准○。然而，雷士照明 2014 年 11 月 6 日公告指出，董事会对吴长江通过雷士中国为其关联公司及其他公司提供借款担保的事项"毫不知情"。

1.4.3 控制权干预对治理机制的双重影响

外部大股东因和创始人股东的理念分析与利益冲突而行使控制权干预，并对治理机制造成双重影响。一方面，创始人可能因缺乏治理意识进行擅自个人决策，或者利用核心高管地位发生控制权私利行为。从保护股东利益出发，外部大股东适度控制权干预是对治理机制能够有效运行的矫正。另一方面，创始人通常具备不可替代的企业家能力和创业创新精神。从企业实现科学战略决策与行业竞争优势出发，外部大股东对控制权过度干预导致爆发控制权纷争，企业生产经营停滞，是对治理机制发挥合理作用的扭曲。赛富、德豪润达如何通过控制权干预对治理机制造成双重影响？

1. 赛富控制权干预对治理机制能够有效运行的矫正

吴长江因缺乏治理意识而违背董事会议事规则进行擅自个人决策，并利用核心高管地位发生控制权私利行为。对此，赛富合伙人阎焱在吴长江辞职之后向其提出了重回雷士照明需满足的三个条件○，对吴长江及其管理团队的监督与制衡机制能够有效运行进行矫正，保护外部股东的利益。

针对吴长江关联公司拖欠应付账款的控制权私利行为，赛富提出的条件是"处理好所有

○ 德豪润达 2014 年 11 月 7 日公告称："重庆雷立捷、重庆华标、重庆江特、重庆无极四家公司向银行借款的资金去向不明，雷士中国已经被相关银行强制履行了大额连带担保责任。"
○ 依据《新浪财经》2014 年 12 月 16 日发布的题为《惠州警方证实吴长江被刑拘 涉嫌挪用资金》的报道，惠州市公安局于报道当日已向各大媒体证实吴长江被刑事拘留。
○ 详见《香港联合交易所有限公司证券上市规则》第 14.25（3）条、第 14.29 条、第 14.30 条规定。
○ 依据《香港联合交易所有限公司证券上市规则》第 14.26 第（6）条规定，上市公司控股子公司对关联方提供担保需要经过股东大会审议和批准，但是按照一般商务条款进行交易的除外。所谓的一般商务条款，上市规则并未对此明确规定如何判断的标准，而依据第 14.32 条规定，一般由董事会作出判断并对外披露。
○ 详见《香港联合交易所有限公司证券上市规则》第 14.32 条规定。
○ 依据《财新网》于 2012 年 7 月 9 日发布的题为《阎焱回应雷士照明上位风波》的报道，阎焱在接受采访时称："吴长江完全可以回来，只要满足三个条件。第一，必须跟股东和董事会解释清楚被调查事件；第二，处理好所有上市公司监管规则下不允许的关联交易；第三，必须严格遵守董事会决议。"

上市公司监管规则下不允许的关联交易",防止上市公司资金被进一步占用,保护外部股东的利益。依据雷士照明 2012 年 8 月 14 日公告,吴长江的三家关联公司(圣地爱司、山东雷士和重庆恩林)自 2012 年年初开始对雷士照明的应付账款存在重大延迟。截至 2012 年 6 月 30 日,已有超过一半的未付款项被偿付。此外,三家公司在公告日近期恢复支付剩余的未付款项,吴长江也表示将继续促使剩余未付款项尽快偿付。

针对吴长江违背董事会议事规则的擅自决策行为,赛富提出的条件是"严格遵守董事会决议",防止吴长江将个人权威凌驾于董事会之上,降低决策失误的风险。依据雷士照明 2013 年 9 月 4 日公告,董事会下设了临时运营委员会,负责企业的经营管理与日常运作。同时,董事会任命吴长江为临时运营委员会的负责人。公告中指出:"吴长江已向董事会确认其会遵守上市规则以及相关所有的法律法规,同时遵守董事会作出的所有决议和决定。"

2. 赛富的控制权过度干预对治理机制发挥合理作用造成扭曲

赛富通过资本多数决定机制对控制权过度干预导致爆发控制权纷争,雷士照明生产经营停滞,对治理机制发挥合理作用造成扭曲。

(1)吴长江辞职之后,赛富联合施耐德向雷士照明"空降"高管,导致爆发控制权纷争及雷士照明生产经营停滞。2012 年 5 月 24 日,吴长江辞去雷士照明一切职务。阎焱接任董事长,而施耐德派出的张开鹏则"空降"雷士照明接任 CEO,两人同为南京航空航天大学的校友。然而,吴长江辞职时,雷士照明高管中并不乏能够胜任 CEO 职务的人选。表 1-16 显示了高管人员列表,有 6 名人员担任副总裁职务负责公司重要业务,并且任期在 5 年以上。其中,吴长勇(吴长江弟弟)、穆宇(兼任执行董事)和杨文彪进入雷士照明长达 13 年,拥有丰富的运营管理经验。2012 年 6 月 1 日,施耐德进一步派出李瑞(施耐德亚太区灯控事业部总监)担任雷士照明战略业务系统、海外销售系统首席运营官,这一职位原本由副总裁杨文彪担任⊖。然而,外部大股东的"外行领导内行"并没有改善雷士照明的经营状况,反而导致爆发控制权纷争。经销商暂停发出订单,重庆总部、万州工厂与惠州工厂员工罢工,供应商暂停供应原材料,导致雷士照明生产经营活动停滞,陷入经营危机。

表 1-16 吴长江辞职时雷士照明的高管人员

人员	职务	个人说明
吴长勇	公司副总裁	1998 年加入雷士照明,负责公司采购和物流管理,吴长江弟弟
穆宇	公司副总裁、执行董事	1999 年加入雷士照明,负责公司产品研发和生产管理
杨文彪	公司副总裁	1999 年加入雷士照明,负责公司国内和海外销售工作
王明华	公司副总裁	2005 年加入雷士照明,负责人力资源、行政和信息科技部门
谈鹰	公司副总裁、首席财务官	2006 年加入雷士照明
殷慷	公司副总裁	2007 年加入雷士照明,负责公司投资并购工作
徐凤云	公司副总裁	2011 年 1 月加入雷士照明,负责市场、品牌及大项目管理
李新宇	公司副总裁	2011 年加入雷士照明,负责公司战略业务发展工作

资料来源:依据雷士照明 2011 年年报整理。

(2)赛富拒绝吴长江重回雷士导致冲突升级,部分高管与董事辞职,董事会难以正常运行。2012 年 8 月 14 日,雷士照明发布公告称"董事会认为重新委任吴长江为董事长及董事并不妥当",明确拒绝吴长江重回雷士,导致双方的冲突进一步升级。部分高管与董事于公告日

⊖ 资料来源:2012 年 7 月 18 日《新财富》发表的题为《资本主导股权连环局 雷士照明创始人三振出局》的报道。

近期辞职，管理层剧烈动荡，董事会难以保持正常运行。2012 年 8 月 9 日，独立董事 Karel Robert Den Dass 辞职，并表示："雷士照明深陷混乱，董事会否决了我拯救公司的方案。除了辞职，我别无他法。" 8 月 10 日，雷士照明副总裁、市场管理系统首席运营官徐风云辞职并表示："对公司董事会在处理有关事情的方式和方法上感到绝望，对公司的未来发展看不到任何希望。" 随后 8 月 24 日和 8 月 29 日，非执行董事许明茵和独立董事 Alan Russell Powrie 也先后辞职。雷士照明 2012 年 8 月 30 日的董事会结构如表 1-17 所示。董事会的人数从 2011 年 12 月 30 日的 9 人减少至 5 人，难以保持正常运行。一方面，董事会中具备照明产品行业经验、熟悉照明业务的董事只有穆宇 1 人，难以保障科学的经营战略决策。另一方面，独立非执行董事也只有王锦燧 1 人，不足董事会人数的三分之一，并不符合港交所《企业管制常规守则》的规定[⊖]。

表 1-17 2012 年 8 月 30 日雷士照明董事会结构

职务	人员	加入时间	个人情况	是否高管	利益代表方
执行董事	穆宇	2006-10-01	副总裁；负责生产过程管理；1999 年进入雷士照明	是	创始人股东
非执行董事	阎焱	2006-10-04	赛富亚洲投资基金管理合伙人	否	机构投资者
	林和平	2006-10-04	赛富亚洲投资基金的合伙人和董事总经理	否	机构投资者
	朱海	2011-10-20	施耐德中国区总裁	否	战略投资者
独立非执行董事	王锦燧	2010-03-24	曾担任中国照明学会理事长	否	N/A

资料来源：依据雷士照明 2012 年年报整理。

3. 德豪润达控制权干预对治理机制能够有效运行的矫正

吴长江通过擅自授予关联公司 20 年雷士商标使用权、提供违规担保等谋取控制权私利。对此，德豪润达通过行使控制权干预，对吴长江及其管理团队的监督与制衡机制能够有效运行进行矫正，保护外部股东的利益。

（1）针对吴长江擅自授予关联公司 20 年雷士商标使用权的控制权私利行为，德豪润达通过雷士董事会对三家公司使用雷士商标的情况实施监督，防止雷士商标被滥用，保护外部股东的利益。2012 年吴长江未经董事会决议，擅自通过惠州雷士与山东雷士、重庆恩纬西、圣地爱司各签署了一份商标许可协议，授予三家公司长达 20 年的雷士商标使用权。然而，这容易造成三家公司对雷士商标使用权的"固化"，增大雷士商标被滥用的风险，对外部股东利益造成了潜在的侵害。针对吴长江的控制权私利行为，德豪润达通过雷士董事会对三家公司使用雷士商标的情况实施监督。正如雷士照明 2014 年 8 月 8 日公告中指出："如果三家公司滥用雷士或其控股子公司的任何品牌名、商标或其他知识产权，将采取所有必要的法律行动以保护雷士及其股东的利益。"

（2）针对吴长江通过雷士中国提供违规担保的控制权私利行为，德豪润达暂停雷士中国银行账户的支付并取得其实际控制权，防止公司资金被进一步滥用，保护外部股东的利益。2013 年至 2014 年期间，吴长江通过雷士中国擅自为重庆雷立捷、重庆华标等五家公司提供借款担保，由于借款方公司获得的资金去向不明，担保方雷士中国因履行担保责任已被银行划扣 5.49 亿元，被法院冻结的资金为 0.53 亿元。如果董事会无法追索借款资金，将导致上市公司遭受经济损失，并损害股东利益。针对吴长江的控制权私利行为，一方面，德豪润达暂停雷士中国

⊖ 依据《企业管制常规守则》A.3.2，上市发行人所委任的独立非执行董事应占董事会成员人数至少三分之一。

银行账户的支付。雷士照明 2014 年 8 月 14 日公告指出："为了防止公司资金被滥用，已经通知相关银行暂停雷士中国银行账户的一切支付。"另一方面，取得雷士中国的实际控制权。依据雷士照明 10 月 27 日公告，雷士中国于 10 月 22 日将法定代表人由吴长江变更为王冬雷，同日，雷士照明恢复对雷士中国的实际控制，并恢复日常运作。

4. 德豪润达的控制权过度干预对治理机制发挥合理作用造成扭曲

德豪润达通过资本多数决定机制对控制权过度干预，导致爆发控制权纷争，雷士生产经营停滞，对治理机制发挥合理作用造成扭曲。

（1）德豪润达罢免吴长江及其管理团队，导致爆发控制权纷争，雷士高管出现严重缺位。雷士照明 2014 年 8 月 8 日发布公告，董事会通过决议罢免吴长江 CEO 职务，由王冬雷接任临时 CEO。同时，吴长江管理团队的核心成员吴长勇、穆宇以及王明华 3 人的副总裁职务也被罢免。雷士再度陷入创始人股东与外部大股东的控制权纷争，导致公司高管严重缺位，难以保证业务的正常运营。吴长江及其管理团队被罢免前后的雷士高管人员如表 1-18 所示。依据雷士照明 2013 年年报，吴长江担任 CEO，负责整体企业战略及管理。吴长勇、穆宇、王明华、谭鹰四人担任副总裁，分管采购与物流、研发与生产、人力资源、财务等领域。吴长江及其管理团队被罢免之后，雷士副总裁仅剩谭鹰一人，而其主要分管企业财务，对照明业务并不熟悉。

表 1-18　吴长江及其管理团队被罢免前后的雷士高管人员

人员	职务	个人说明
吴长江及其管理团队被罢免之前的高管人员		
吴长江	CEO、执行董事	雷士照明创始人，负责整体企业战略及管理
吴长勇	公司副总裁	1998 年加入雷士照明，负责公司采购和物流管理，吴长江弟弟
穆宇	公司副总裁、执行董事	1999 年加入雷士照明，负责公司产品研发和生产管理
王明华	公司副总裁	2005 年加入雷士照明，负责人力资源、行政和信息科技部门
谈鹰	公司副总裁、首席财务官	2006 年加入雷士照明
吴长江及其管理团队被罢免之后的高管人员		
谈鹰	公司副总裁、首席财务官	2006 年加入雷士照明

资料来源：依据雷士照明 2013 年年报整理。

（2）德豪润达干预对雷士照明控制权的目的也可能是为了控制雷士照明资源以扭转自身不良业绩。正如王冬雷在 2014 年 11 月 5 日在惠州新闻发布会上称："德豪收购雷士股份目的即为整合上下游，但此前受到吴长江的阻力，德豪 2013 年卖给雷士的芯片在雷士总采购额中仅占 6%，未来将加速二者整合，明年德豪芯片将占雷士采购额 90% 以上。雷士 50 亿市值很低，不排除对其私有化[⊖]。"

德豪润达盈利能力持续下滑。公司 2009 ~ 2014 上半年的净利润及净利润率如图 1-30 所示。2012 年德豪润达的净利润只有 1.59 亿元，同比大幅下降了 58.67%，净利润率也从 2011 年的 12.56% 降至 2012 年的 5.77%。2013 年，德豪润达的净利润进一步降至 462.49 万元，同比大幅降了 97.09%，净利润率也只有 0.15%。2014 年上半年实现净利润 3385.87 万元，净利润率为 1.75%，情况似乎有所好转，但事实真的是这样吗？

⊖ 资料来源：2014 年 11 月 5 日，《新浪财经》发布的题为《王冬雷加速整合雷士德豪　称雷士市值很低不排除私有化》的报道。

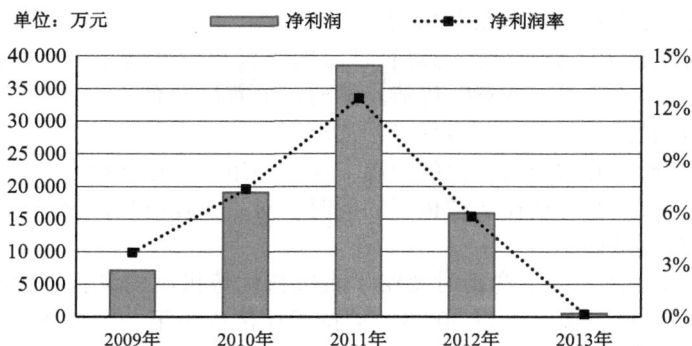

图 1-30　德豪润达 2009 ~ 2013 年净利润及净利润率

资料来源：依据德豪润达 2009 ~ 2013 年年报、2014 年半年报整理。

德豪润达长期依赖政府补贴增厚业绩。公司 2009 ~ 2014 上半年净利润与政府补贴情况如表 1-19 所示。2009 ~ 2014 上半年，累计计入期末报表损益的政府补贴高达 11.04 亿元，同期累计实现的净利润却仅为 8.45 亿元，累计政府补贴比累计净利润高出 2.59 亿元。其中，2010 年、2012 年、2013 年以及 2014 上半年，德豪润达的净利润虽然为正，但是扣除政府补贴后的净利润均为负。因此，政府补贴增厚了德豪润达的经营业绩，实际上，公司近三年均处于亏损状态。

表 1-19　德豪润达 2009 ~ 2014 上半年净利润与政府补贴情况　（单位：万元）

项目	2009 年	2010 年	2011 年	2012 年	2013 年	2014 上半年
净利润	7 122.42	19 092.68	38 491.38	15 907.86	462.49	3 385.87
政府补贴	325.77	26 956.04	31 026.44	22 422.39	23 200.40	6 443.09
扣除政府补贴后的净利润	6 796.65	−7 863.36	7 464.94	−6 514.53	−22 737.91	−3 057.22
各年累计净利润	7 122.42	26 215.10	64 706.49	80 614.34	81 076.83	84 462.70
各年累计政府补贴	325.77	27 281.81	58 308.25	80 730.63	103 931.03	110 374.12

资料来源：依据德豪润达 2009 ~ 2013 年年报、2014 年半年报整理。

1.4.4　雷士照明暴露出的公司治理机制缺陷

雷士照明创始人股东与外部大股东之间出现理念分歧与利益冲突而发生代理问题，并且企业缺少有效运行的公司治理机制导致双方的矛盾升级。雷士照明难以实现公司治理的持续稳定状态暴露出治理机制有什么缺陷？

1. 董事会未能发挥有效监督与制衡机制

董事会是企业战略与重要经营事项的决策机构，也是监督管理层的公司治理核心。一方面，创始人股东通过董事会主导战略决策，引领企业战略发展方向。另一方面，外部大股东主要通过董事会提供决策咨询以及实现对管理层的监督。

雷士照明董事会未能发挥有效监督与制衡机制，创始人吴长江将个人权威凌驾于董事会之上，以个人决策代替董事会决策。较为典型的事件有以下几个。第一，吴长江提出搬迁雷士照明总部至重庆，经董事会决议后遭到否决。然而，吴长江依然能够凭借个人影响力实施总部搬迁行动，董事会决议并未得到有效执行。第二，吴长江在事务所出具审计结果之前发放高管奖金，并且未经董事会正常决议程序，直至奖金实际发放之后董事会成员才知晓。第三，吴长江未经董事会决议擅自延长山东雷士、圣地爱司两家关联公司的雷士商标使用期限，并且新增授权重庆恩纬西使用雷士商标销售产品。

2. 未设置创始人股东的表决权优势机制

　　良好的公司治理不仅仅是通过实施对管理层的监督与制衡防止可能的代理问题，更需要关注如何实现科学战略决策与行业竞争优势。然而，随着民营企业的所有权逐步多元化与公众化，创始人股东的持股比例难免被逐步稀释，甚至失去第一大股东地位。因此，设置创始人的表决权优势机制以实现所有权与表决权的分离，保持创始人股东的控制权优势与核心高管的决策地位十分重要。吴长江在持股比例被稀释的同时，对雷士控制权的保持表现得过于自信，忽略了表决权优势机制的设置。

　　（1）吴长江引入外部大股东赛富时忽略了表决权优势机制的设置。2008 年 8 月，赛富向雷士照明追加投资 1 000 万美元，以 30.73% 的持股比例成为第一大股东，而吴长江的股权被稀释至 29.33%。2010 年雷士照明上市之后，吴长江的股权被进一步稀释至 21.21%。然而，对于自身持股比例被稀释以及潜在的控制权旁落风险，吴长江却表现得过于自信，未设置能够克服自身股权弱势的表决权优势机制。正如吴长江认为："很多人都这样问我，你的股权稀释了，你怎么控制这个公司？他们担心公司会失控，我说我从来不担心这一点⊖。"

　　（2）吴长江引入外部大股东德豪润达时依然忽略了表决权优势机制的设置。2012 年 12 月，德豪润达在股票市场先期购入雷士照明 8.24% 的股份，随后通过与吴长江的股权置换再度增持 11.81%，以 20.05% 的持股比例成为雷士第一大股东。2014 年 4 月 20 日，吴长江再次向德豪润达转让股权，自身股权被进一步稀释至 2.54%。虽然吴长江通过股权置换获得了德豪润达的股份，但是依然处于明显的股权弱势。依据德豪润达 2014 年 6 月 13 日公告，实施定向增发之后吴长江在德豪润达的持股比例仅为 9.31%，明显落后于第一大股东芜湖德豪及其一致行动人王晟的合计持股比例 27.20%。然而，吴长江在股权被大幅稀释的同时，依然忽略了对表决权优势机制的设置，对自身具备的雷士经营控制力和渠道影响力表现得过于自信。正如 2014 年 8 月 20 日其接受《证券日报》采访时认为："我做这个事情太自信，我觉得雷士没有我的话，他（王冬雷）玩儿不转。"

3. 创始人股东与外部大股东之间缺少良好沟通机制

　　发挥董事会的有效监督与制衡机制只能防止创始人主观的道德风险引致的利益冲突，而不能有效解决客观存在的理念分歧。如果双方之间缺少良好沟通机制，一方面难以及时解决理念分歧，可能导致矛盾升级、爆发冲突；另一方面容易出现董事会决策的分歧，不利于董事会决策机制发挥合理的作用。

　　（1）创始人股东与外部大股东之间缺少充分沟通。虽然赛富、施耐德等外部大股东派驻代表担任雷士照明董事，但是与创始人股东缺乏充分的沟通，董事会会议成为了双方有限的沟通渠道，并且沟通频率与沟通时间也有限。吴长江在接受采访时指出阎焱与公司管理层的沟通时间十分有限："阎焱与我们沟通的时间太少，每次开会就一个小时、半个小时⊜。"施耐德总裁朱海在总结雷士风波的经验时也提到："我们需要更多的沟通⊜。"

　　（2）创始人股东与外部大股东之间缺少事先的非正式沟通。创始人由于创业的成功、长期接收的赞誉等因素容易过于自信，在正式的董事会决议过程中被否决难免不适应、容易激化矛盾。有效的解决方法是在正式沟通之前进行事先的非正式沟通，作为正式沟通的基础。正如赛富合伙人阎焱谈及与吴长江的矛盾冲突时提到事先沟通的重要性："大部分民营企业家做到后面，都是成功者，都是当年小圈子里做成功才会做大。创业者和投资人，在很多问题上产生不同看法是非常正常的事情，这就要求我们当事人在出现这种情况的时候，多一些事先的沟通㊨。"

　　⊖　资料来源：2010 年 7 月 16 日，《新营销》发布的题为《吴长江隐秘的内心世界》的报道。
　　⊜　资料来源：2012 年 10 月 9 日，《第一财经日报》发布的题为《雷士三剑客相互点评》的报道。
　　⊜　资料来源：2012 年 10 月 8 日，《新浪财经》发布的题为《雷士三巨头再聚首称没有权力利益斗争》的报道。
　　㊨　资料来源：2012 年 10 月 8 日，《新浪财经》发布的题为《雷士三巨头再聚首称没有权力利益斗争》的报道。
　　　　网址 http://finance.sina.com.cn/stock/hkstock/ggscyd/20121008/050413300767.shtml。

（3）创始人股东与外部大股东之间的决策分歧。一是收购英国照明企业的决策分歧。2007年，吴长江提出收购英国一家濒临破产的照明企业，认为该企业拥有雷士照明需要的诸多专利技术，收购价格较低。并且，从企业长远发展来看，收购该企业有利于开拓雷士照明海外市场。但是，赛富则认为海外收购少有成功的先例，贸然收购风险较大，因而在董事会决议中否决了该收购议案。随后吴长江依然坚持自身判断，代表公司与英国一家濒临破产的照明企业签订了收购协议，并利用个人资金出资10万英镑收购该企业，成立雷士照明英国分公司（NVCUK）。该公司被收购之后业绩快速增长，2011年，实现销售收入1 800万英镑（相比2010年增长70%），跻身英国照明企业前10。二是进入家居照明与户外照明领域的决策分歧。2008年，吴长江提出进军家居照明领域，拓展雷士业务。赛富经过调查后认为家居照明业务不够成熟、风险较高，并且该业务领域对个性化要求较多，不易形成规模效应。吴长江最终以其个人名义联合他人对家居照明业务进行了投资。类似的事件还发生在户外照明业务上。赛富认为户外照明业务的投资金额较大、实现盈利较慢、投资回收期长，因此在董事会决议中否决了投资户外照明业务的方案。吴长江最终也以其个人名义联合他人投资成立了雷士照明荣昌户外照明基地。

1.5 控制权纷争对雷士照明业绩与价值的影响

雷士照明难以实现公司治理的持续稳定状态，先后两次爆发创始人股东与外部大股东的控制权纷争。然而，吴长江具备特有的企业家能力和创业创新精神，对雷士照明实现科学战略决策与行业竞争优势具有不可替代的重要作用。控制权纷争难免导致雷士照明管理层动荡、生产经营停滞，这对企业的业绩与价值产生什么影响？

1.5.1 创始人与外部大股东的控制权纷争

在雷士上市之后，吴长江与外部大股东先后爆发了两次备受瞩目的控制权纷争，并被逐出公司：一是2012年吴长江与机构投资者赛富之间的矛盾冲突，二是2014年吴长江与战略投资者德豪润达之间的矛盾冲突。

1. 2012年吴长江与赛富之间的控制权纷争

吴长江与赛富之间的控制权纷争过程可以分为创始人辞职、双方公开对峙、双方妥协和解三个阶段，如图1-31所示。

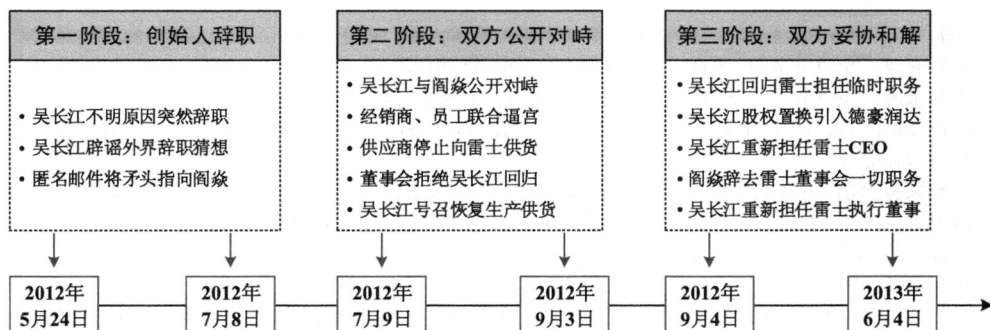

图1-31 创始人股东吴长江与机构投资者赛富之间的控制权纷争过程

资料来源：依据雷士照明的相关公告与相关媒体报道整理。

（1）第一阶段：创始人辞职（2012 年 5 月 24 日～2012 年 7 月 8 日）

吴长江不明原因突然辞职。2012 年 5 月 24 日，创始人吴长江因不明原因辞去公司董事长、CEO 及其他一切职务。由来自赛富的阎焱和施耐德的张开鹏分别接任董事长和 CEO。

吴长江辟谣外界辞职猜想。2012 年 5 月 25 日，针对外界猜测的对赌出局，吴长江发表微博辟谣，称辞职目的是想休整一段时间，与董事、股东之间没有任何分歧⊖。2012 年 6 月 14 日，针对被重庆检方带走调查的传言，吴长江再次发表微博辟谣否认卷入重庆案件⊜。

匿名邮件将矛头指向阎焱。2012 年 7 月 2 日，各大媒体收到匿名邮件爆料，吴长江出走的背后是阎焱联合施耐德逼迫所导致。同时指出，在吴长江辞职公告发布前，阎焱提前向亲近人士与同行机构泄露消息，告知可以逢低抄底雷士，因此涉嫌操纵公司股价⊝。随后，阎焱均予否认㊃。

（2）第二阶段：双方公开对峙（2012 年 7 月 9 日～2012 年 9 月 3 日）

吴长江与阎焱公开对峙。2012 年 7 月 9 日，阎焱代表董事会首次公开提出吴长江回归雷士照明的三个条件：第一，必须跟股东和董事会解释清楚被调查事件；第二，处理好所有上市公司监管规则下不允许的关联交易；第三，必须严格遵守董事会决议。7 月 12 日，吴长江回应指出阎焱所提的三个条件是罪证，而其不会接受。同时称，自己辞去雷士照明董事长职务只因阎焱等要求，不该让外行进入董事会㊄。吴长江辞职之后首次与阎焱正面对峙，双方矛盾公开。

经销商暂停订单，三地员工罢工。2012 年 7 月 12 日，雷士照明员工、经销商、供应商代表与董事会成员进行谈判，提出"吴长江回归、改组公司董事会、给予员工更多期权、施耐德退出"四点诉求，董事长阎焱答复"在 8 月 1 日前给予回复"。7 月 13 日，36 家区域运营中心同时暂停发出订单，并提出可能新设品牌，利用现有渠道销售。同时，雷士照明重庆总部、万州工厂以及惠州工厂的员工全面罢工。2012 年 7 月 27 日，员工方代表与董事会达成了一项临时复工协议，将原定的谈判最后期限（8 月 1 日）推迟至 8 月 10 日。当日重庆与万州员工恢复正常工作，惠州员工也承诺恢复工作，但要求董事会就四点诉求作出回应㊅。7 月 28 日，经销商全部恢复发出订单。

供应商暂停向雷士供货。2012 年 8 月 10 日，雷士照明董事会并未就吴长江回归董事会和施耐德退出管理层等事项如约做出答复。当日部分供应商开始停止向雷士照明供应生产所需材料。万州工厂和惠州工厂共有 50 名关键供应商，其中 25 名关键供应商暂停向公司供应原材料，占关键供应商总数的 50%。公司高管表示这部分供应商占供应份额的 85%，库存只能维持工厂 4 天的运营㊆。

董事会公告拒绝吴长江回归。2012 年 8 月 14 日，雷士照明发布公司公告，针对吴长江离职事件的调查结果、经销商停止订单与新设品牌、供应商停止供货、公司员工罢工等事件进行

⊖ 资料来源：2012 年 5 月 25 日，吴长江发表的新浪微博内容，地址 http://weibo.com/u/1834976237。

⊜ 资料来源：2012 年 6 月 14 日，吴长江发表的新浪微博内容。

⊝ 资料来源：2012 年 7 月 2 日，人民网财经新闻发布的题为《匿名邮件爆料：阎焱逼走吴长江》的报道，地址 http://finance.people.com.cn/n/2012/0705/c70846-18448573.html。此外，《重庆晨报》《羊城晚报》、新华网等媒体均有报道。

㊃ 资料来源：2012 年 7 月 5 日，香港《信报》发布题为《阎焱否认逼走吴长江，称操控雷士股价是彻底的谎言》的报道，称阎焱接受该报采访时否认逼走吴长江，并指出媒体报道所称的操纵股价完全与事实不符。这一报道被凤凰财经、网易财经、腾讯财经等多家媒体转载。

㊄ 资料来源：2012 年 7 月 12 日，吴长江发表的新浪微博内容。

㊅ 依据雷士照明 8 月 14 日公告，惠州工厂员工在承诺恢复工作的同时要求董事会在 8 月 9 日之前就以下四点要求作出回应：第一，先前为施耐德雇员的管理层成员应当辞职；第二，重新选举吴长江回到董事会；第三，将员工的报酬提高 15%～25%；第四，公司不会对员工采取任何报复行动。

㊆ 资料来源：2012 年 8 月 12 日，《腾讯财经》发表的题为《雷士供应商停止供货，工厂生产仅能维持 4 日》的报道。

了说明，并明确表示重新委任吴长江为董事长及董事并不妥当。吴长江希望重回董事会的申请遭到了公司董事会的明确拒绝。

吴长江号召恢复生产供货。2012 年 8 月 17 日，吴长江前往惠州工厂安抚工人，号召维持正常生产活动。8 月 20 日上午，吴长江召集雷士照明总部及工厂主要生产经营管理人员开会，以期解决目前雷士生产停顿的状态，停止员工与董事会的对峙。当日下午，吴长江与 40 家供应商召开沟通交流会，号召恢复供货。部分供应商表示会响应其要求，有条件恢复供货。

（3）第三阶段：双方妥协和解（2012 年 9 月 4 日 ~ 2013 年 6 月 4 日）

吴长江回归雷士照明担任临时职务。2012 年 9 月 4 日雷士照明发布公告，董事会决定设立临时运营委员会以负责公司日常运营的管理。运营委员会由吴长江、非执行董事朱海、CEO 张开鹏、执行董事兼副总裁穆宇、副总裁兼首席财务官谈鹰、副总裁王明华六人组成。其中吴长江担任委员会负责人，这是自其辞职三个多月后首次回归任职。公告称，吴长江已向董事会确认其会遵守上市规则以及相关所有的法律法规，同时遵守董事会作出的所有决议。2012 年 9 月 29 日，吴长江、赛富合伙人阎焱以及施耐德总裁朱海共同接受采访时称矛盾已经和解[○]。

吴长江股权置换引入德豪润达。2012 年 12 月 11 日至 12 月 21 日之间，德豪润达先期购入雷士照明 2.6 亿股，约占雷士照明总股本 8.24%。随后 12 月 26 日，吴长江与德豪润达签订股权转让协议，以 2.55 港元每股转让 3.73 亿股，约占雷士照明总股本 11.81%。随后吴长江以定向增发方式战略入股德豪润达成为其第二大股东。股权置换完成后，德豪润达持有雷士照明的股份比例达 20.05%，成为第一大股东。

阎焱辞职，吴长江重掌雷士照明。2013 年 1 月 11 日，雷士照明董事会重新任命创始人吴长江为 CEO。同时解散临时运营委员会，其职责由董事会和 CEO 接管。2013 年 4 月 5 日，雷士照明发布公告，阎焱辞去董事长、非执行董事及薪酬委员会成员等职务，由非执行董事王冬雷接任董事长。随后 6 月 4 日公司发布公告，将于 6 月 21 日的股东大会中选举吴长江担任执行董事。在股东大会当天，占投票股东所持股数的 99.92% 赞成选举吴长江为执行董事。时隔近一年，吴长江重新进入雷士照明董事会，创始人股东与机构投资者的矛盾冲突也随之平息。

2. 2014 年吴长江与德豪润达之间爆发的控制权纷争

吴长江与德豪润达之间的控制权纷争过程可以分为双方矛盾积累、双方公开对峙、创始人出局三个阶段，如图 1-32 所示。

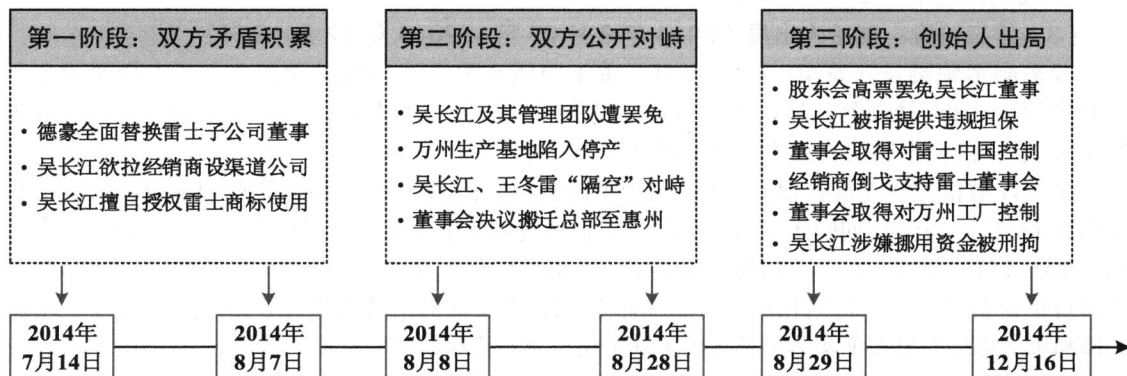

图 1-32 创始人股东吴长江与战略投资者德豪润达之间的控制权纷争过程

资料来源：依据雷士照明的相关公告与媒体报道整理。

○ 资料来源：2012 年 10 月 8 日，《新浪财经》发布的题为《雷士三巨头再聚首称没有权力利益斗争》的报道。

（1）第一阶段：双方矛盾积累（2014年7月14日～2014年8月7日）

德豪润达全面替换雷士照明子公司董事。2014年7月14日，雷士照明发布公告，旗下11家控股子公司董事会成员进行重大调整。雷士照明创始人吴长江及其管理团队的核心成员吴长勇、穆宇、杨文彪等人全面退出了子公司董事会，接替的人员均来自德豪润达、赛富以及施耐德三方。

吴长江欲联合经销商另设渠道公司。面对德豪润达对控制权构成的威胁，吴长江欲联合区域经销商共同出资设立一家销售渠道公司，整合并装入雷士照明经销商的资产。完善的销售渠道是雷士的核心竞争优势，吴长江通过设立渠道公司能够基于股权资本与经销商的网络关系实现对雷士销售渠道的双重控制。

吴长江被指擅自授予关联公司20年雷士商标使用权。吴长江通过内部邮件知悉雷士董事会，其在2012年通过惠州雷士与山东雷士、圣地爱司、重庆恩纬西分别签订了商标许可协议，授予三家公司使用雷士商标，为期20年。对此，雷士照明于2014年7月25日发布公告，称董事会并未对任何公司或个人做出20年的雷士商标使用许可，任何未经董事会合法授权而许可均为非法和无效。

（2）第二阶段：双方公开对峙（2014年8月8日～2014年8月28日）

吴长江及其管理团队遭罢免。2014年8月8日，雷士照明发布公告，董事会通过决议罢免吴长江CEO职务，并任命董事长王冬雷担任临时CEO。同时，董事会通过决议罢免吴长勇、穆宇以及王明华三人的副总裁职务，并拟召开临时股东大会提议罢免吴长江执行董事职务。吴长江与德豪润达之间的矛盾冲突浮出水面。

万州生产基地陷入停产。2014年8月8日下午，雷士照明五大生产基地之一的万州工厂陷入停产，而惠州工厂、浙江工厂（两个）与上海工厂则保持正常生产。随后，8月14日，雷士照明发布公告，暂停万州工厂银行账户的一切支付（员工工资或必须向政府支付的款项除外）。

吴长江、王冬雷"隔空"对峙。2014年8月11日，吴长江与王冬雷分别在重庆和北京召开新闻发布会。双方就"越权""罢免是否合法""涉赌""大雷士""君子协议"等争议问题进行公开对峙。

董事会决议搬迁总部至惠州。2014年8月20日，雷士照明发布公告，暂停重庆总部的运作，并在惠州建立临时总部。同日，吴长江在其微博上曝光了与王冬雷在2012年底签订的"秘密协议"。8月23日，惠州临时总部正式投入运营，并召开全国运营中心会议，雷士照明37家一级经销商中有29家代表参加。

（3）第三阶段：创始人出局（2014年8月29日～2014年12月16日）

股东会罢免吴长江董事。8月29日，雷士照明在香港召开临时股东大会，占投票股东所持股份的95.84%赞成罢免吴长江执行董事及委员会职务。本次股东大会参与表决的股份数为21.73亿股，占雷士照明总股本31.28亿股的69.5%。

吴长江被指提供违规担保。依据雷士照明2014年10月8日、2014年11月6日公告，吴长江在2013年至2014年期间未经董事会决议擅自通过雷士中国账户，先后为重庆雷立捷、重庆华标、重庆江特、重庆无极、重庆恩纬西五家公司提供借款担保，涉及银行借款总额约6.398亿元，因履行担保责任已被银行划扣的资金达5.49亿元，被法院冻结的资金为0.53亿元。其中，重庆无极和重庆恩纬西已被证实为吴长江的关联公司，重庆无极的法定代表人为吴长江妻子吴恋。

董事会取得对雷士中国控制。2014年10月10日，德豪润达控制下的雷士董事会完成了对子公司雷士中国的法人变更程序，法定代表人由吴长江变更为王冬雷[⊖]。随后10月22日，

⊖ 资料来源：2014年10月11日，《新京报》发布的题为《雷士（中国）法人变更为王冬雷》的报道。

董事会恢复对雷士中国的实际控制，并于同日恢复日常运作[⊖]。

经销商倒戈支持雷士董事会。2014年10月30日，雷士照明在惠州临时总部召开经销商大会，参会的36家一级经销商联名向重庆市政府发出公开信，指吴长江非法占有雷士万州工厂，要求重庆政府督促其归还。同时，上述经销商还联名发布了债权申报说明和公开谴责声明。经销商指出在与雷士合作期间曾向吴长江提供借款，要求雷士照明公司协助催讨债务。此外，经销商联名谴责吴长江的控制权私利行为，并维护董事会的决议和决定。

董事会取得对万州工厂控制。11月3日，德豪润达控制下的雷士照明董事会对万州工厂完成接管工作。该工厂为雷士照明五大生产基地之一，此前一直处于吴长江的实际控制之中。

吴长江涉嫌挪用资金被刑拘。依据德豪润达2014年11月7日公告，重庆雷立捷、重庆华标、重庆江特、重庆无极四家公司向银行借款的资金去向不明，对此，惠州市公安局对吴长江可能挪用资金进行立案调查。随后12月16日，惠州市公安局向各大媒体证实吴长江涉嫌挪用资金已经被刑事拘留。

（4）创始人股东吴长江出局之后双重代理关系发生的转化

创始人吴长江先后被罢免CEO和执行董事职务，雷士中存在的双重代理关系随之发生转化。一方面，王冬雷取代吴长江获得对雷士的经营权，作为核心高管与外部股东之间形成经营代理关系。吴长江被罢免CEO和执行董事之后，失去了对雷士的经营权。王冬雷自2013年1月11日起一直担任雷士董事长，并在吴长江被罢免之后担任临时CEO，取得了对雷士的经营权，受托代理企业的日常经营管理。另一方面，王冬雷取代吴长江获得对雷士的控制权，作为第一大股东与外部股东之间形成资本代理关系。吴长江在雷士的持股比例只有2.54%，并且没有设置同股不同权的表决权优势机制。因而其被罢免失去核心高管地位的同时，也失去了对雷士的控制权。王冬雷作为德豪润达的实际控制人，通过德豪润达以27.03%的持股比例位居雷士照明第一大股东。资本多数决定机制与核心高管地位使其取代吴长江获得对雷士的控制权，受托代理外部股东投入资本的价值增长。

1.5.2 控制权纷争对雷士照明业绩的影响

创始人股东吴长江先后与外部大股东赛富、德豪润达的控制权纷争难免会损害雷士生产经营活动的持续性与稳定性，这对企业的业绩产生了什么影响？针对这一问题，先分析控制权纷争对雷士销售收入的影响，然后分析控制权纷争对雷士盈利能力的影响。

1. 控制权纷争对雷士销售收入的影响

销售收入反映了企业的业务规模，企业生产经营停滞将直接影响收入的实现。因此，先分析控制权纷争前后雷士照明总体销售收入的变化，然后进一步比较雷士照明的国内销售收入和海外销售收入的变化。

（1）雷士照明总体销售收入的变化。雷士照明2010～2013年的总销售收入情况如图1-33所示。雷士照明2010年和2011年的销售收入保持良好增长，分别实现了销售收入31.24亿元和37.13亿元，同比增长率分别为54.27%和24.90%。然而，2012年，公司销售收入突然出现下滑至35.46亿元，同比增长率为-6.6%，首次出现了负增长。2013年公司销售收入为37.74亿元，相比2012年同比增长6.42%，有企稳回升的迹象。

⊖ 资料来源：雷士照明2014年10月27日公司公告。

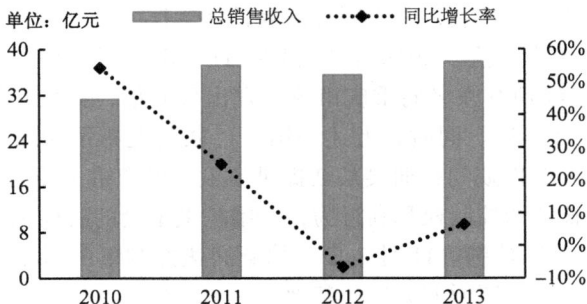

图 1-33　雷士照明 2010 ~ 2013 年总销售收入变化

资料来源：依据雷士照明 2010 ~ 2013 年年报计算得出。

　　雷士照明 2012 年销售收入的负增长是公司自 2006 年引进外部资本以来从未出现的情况，一定程度上反映出公司控制权纷争对经营绩效的负面影响。第一，雷士照明销售收入下滑、回升的时期与公司控制权纷争爆发、平息的时期恰好吻合。2012 年 5 月 24 日，创始人吴长江离职后，公司爆发了员工罢工、经销商停止订单、供应商停止供货等一系列事件。在经过四个月的纷争之后，创始人与投资人在 9 月 4 日达成妥协，即雷士照明设立临时运营委员会，并任命吴长江为这个委员会的负责人，管理公司日常运营。随后，公司生产经营活动逐渐恢复正常。第二，经销商、供应商是公司创造收入的关键性环节。一方面，供应商材料供给是公司生产的基本保障，2007 ~ 2013 年，产品原材料成本占销售收入比重逐年增大，从 2007 年的 38.7%增加至 2012 年和 2013 年的 53.4% 和 59.2%。另一方面，经销商渠道销售是公司收入的主要来源。依据雷士照明招股说明书，2007 ~ 2009 年，经销商销售收入占公司总收入的比重分别高达 86.5%、70.8% 和 56.7%。第三，管理层证实销售收入下滑与控制权纷争有关。针对公司销售收入下滑的现象，管理层在 2012 年年报中做出了两大原因的说明⊖：一是由于国家房地产调控政策使得基础建设投资减少，进而导致照明行业整体的增长放缓；二是创始人吴长江离职后引发的罢工、停止订单、停止供货、高管离职等一系列事件导致公司业务一度中断。

　　（2）雷士国内销售收入与海外销售收入的变化。考虑到雷士照明风波中停止订单的 36家一级经销商仅仅负责国内各地区的销售代理，因此，进一步基于销售收入结构分析公司国内销售收入与海外销售收入情况，进而证明公司治理不稳定对经营绩效的负面影响。图 1-34 和图 1-35 分别展示了 2010 ~ 2013 年雷士照明中国地区和海外地区的销售收入变化。

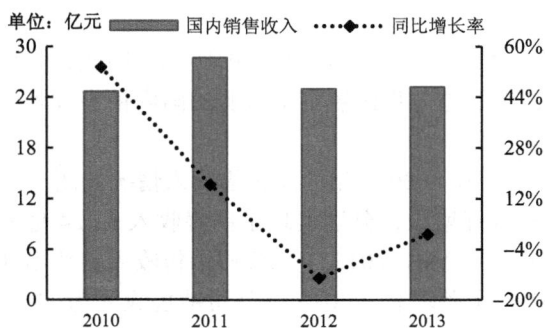

图 1-34　2011 ~ 2013 年雷士照明国内销售收入变化

资料来源：依据雷士照明 2010 ~ 2013 年年报整理。

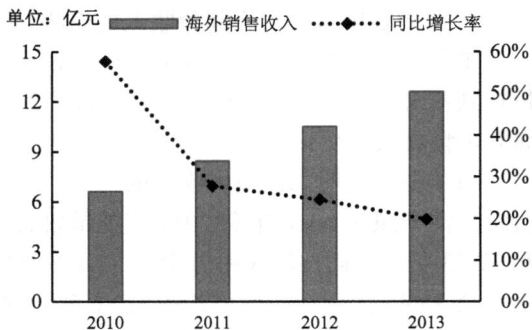

图 1-35　2011 ~ 2013 年雷士照明海外销售收入变化

资料来源：依据雷士照明 2011 ~ 2013 年年报整理。

　　⊖　雷士照明 2012 年年报中的"管理层讨论与分析"部分对公司 2012 年销售收入下滑作出了说明。

雷士照明国内销售收入与公司总体销售收入的变化趋势十分类似，而海外销售收入则保持持续增长。2010 年和 2011 年国内销售收入保持良好增长，分别为 24.64 亿元和 28.71 亿元，同比增长率分别为 53.39% 和 16.49%。2012 年，国内销售收入突然下滑至 24.97 亿元，相比于 2011 年下降了 –13.02%，降幅大于公司总销售收入的降幅 –6.6%。相比之下，2010 年至 2012 年海外销售收入则保持持续增长，即使在爆发控制权纷争的 2012 年，雷士照明依然实现了 10.49 亿元的海外销售收入，同比增长率为 24.52%。

经过以上分析可知，雷士照明 2012 年总销售收入出现下滑是由国内销售收入的下滑所致，进一步反映出公司控制权纷争对经营绩效的负面影响。第一，经销商停止订单、员工罢工等事件主要影响国内销售。在控制权纷争中停止订单的 36 家一级经销商掌控的是国内市场的销售渠道，负责国内各地区的销售代理。经销商渠道在国内市场更加重要。依据雷士照明招股说明书，2007 ~ 2009 年，其中国市场的经销商渠道收入占中国市场总收入的比重分别为 94.5%、85.8% 和 74%。而在雷士照明的海外市场，来自经销商渠道的销售收入则只有几十万美元。第二，管理层同样证实国内销售收入下滑与控制权纷争有关。公司管理层在 2012 年半年报中指出，国内销售收入的明显下滑是由于国内经济增速放缓以及吴长江离职后的一系列事件对公司生产经营带来的负面影响。2013 年 3 月 27 日，雷士照明召开 2012 年业绩发布会，公司创始人、重新担任 CEO 的吴长江在业绩发布会中也指出控制权纷争对公司业绩的负面影响："如果去年不是闹出股东内讧风波，导致部分厂区出现罢工情况，公司同比收入应该可以增长 20% 至 30%。"

2. 控制权纷争对雷士盈利能力的影响

吴长江与赛富爆发的控制权纷争导致雷士销售收入出现了明显下滑，这是否进一步对公司的盈利能力也造成负面影响？针对这一问题，先分析控制权纷争前后雷士净利润指标的变化，然后分析 EBITDA 和 ROE 指标的变化。

（1）雷士净利润与净利润率的变化。图 1-36 展示了 2010 ~ 2013 年雷士照明净利润与净利润率。2010 年和 2011 年公司盈利水平基本保持稳定，净利润分别为 4.89 亿元和 5.71 亿元，净利率分别为 15.66% 和 15.37%。然而，2012 年公司盈利水平明显降低，净利润和净利率分别只有 0.49 亿元和 1.37%，相比于 2011 年的净利率均下降了 14%。2013 年，公司盈利水平有所回升，净利润和净利率分别为 2.82 亿元和 7.48%。

（2）雷士净利润的同比增长率变化。2010 ~ 2013 年雷士照明净利润的同比增长率如图 1-37 所示，可以更直观地观察净利润的变化趋势。雷士照明 2010 年和 2011 年的净利润保持增长，同比增长率分别为 403.02% 和 16.61%。2012 年，公司净利润首次出现负增长，同比增长率骤降至 –91.49%。2013 年，公司净利润企稳回升，同比增长率达 481.41%。

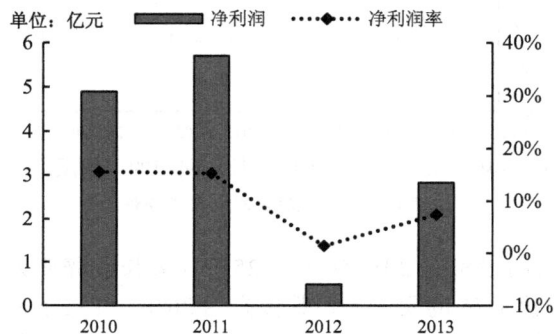

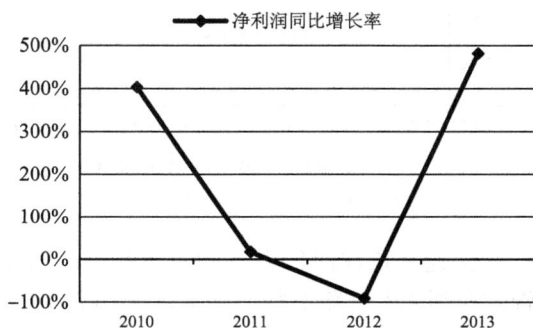

图 1-36   2010 ~ 2013 年雷士照明净利润与净利润率
资料来源：依据雷士照明 2010 ~ 2013 年年报整理。

图 1-37   2010 ~ 2013 年雷士照明净利润同比增长率
资料来源：依据雷士照明 2010 ~ 2013 年年报整理。

（3）雷士 EBITDA 与 ROE 指标的变化。2010 ~ 2013 年，雷士照明 EBITDA 与 ROE 指标如图 1-38 所示。二者的变化趋势与公司净利润相似。2010 年和 2011 年，公司的 EBITDA 分别为 6.50 亿元和 7.25 亿元，ROE 分别为 14.89% 和 15.41%。2012 年，两项指标均出现明显下滑，EBITDA 降至 2.46 亿元，相比于 2011 年下降了 66.02%。ROE 降至 1.35%，相比于 2011 年下降了 14.06%。2013 年，两项指标均有所回升，EBITDA 为 4.77 亿元，ROE 为 3.57%。

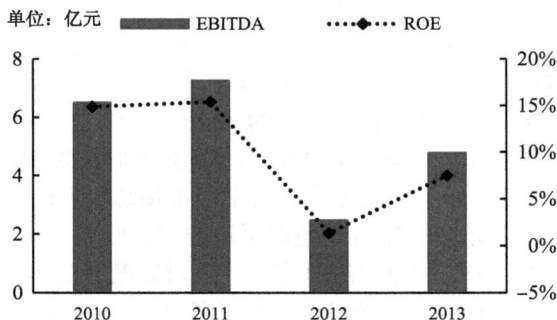

图 1-38　2010 ~ 2013 年雷士照明 EBITDA 与 ROE

资料来源：依据雷士照明 2010 ~ 2013 年年报整理。

1.5.3　控制权纷争对雷士照明价值的影响

创始人股东与外部大股东的控制权纷争导致雷士照明业绩出现明显下滑，进一步对企业价值产生了什么影响？针对这一问题，先采用事件研究法具体性分析公司股票累计收益率的变化，然后采用企业价值评估指标总体性分析企业价值的变化。

1. 基于事件研究法的具体性分析

（1）创始人缺位导致公司价值受损。图 1-39 和图 1-40 分别反映了吴长江辞职和董事会公告拒绝吴长江回归这两个重要事件的市场反应。

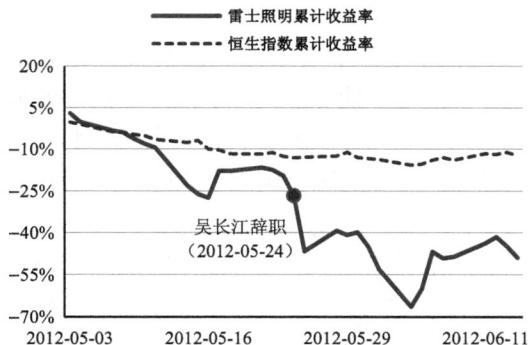

图 1-39　吴长江辞职事件的市场反应

资料来源：依据锐思数据库分析。

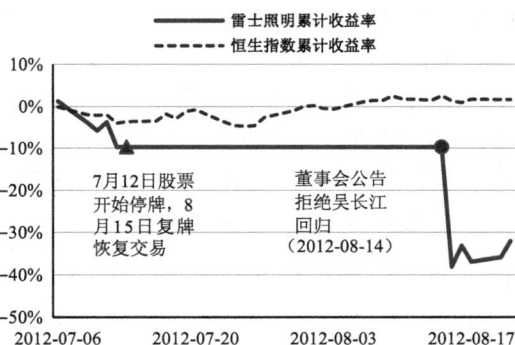

图 1-40　董事会公告拒绝吴长江回归的市场反应

资料来源：依据锐思数据库分析。

受到吴长江辞职事件的重大影响，雷士照明的股价在 2012 年 5 月 25 日（吴长江辞职公告发布当天）一路下跌，开盘价 2.16 港元，收盘价 1.76 港元，当日跌幅高达 20%。在接下来的一个多月里，股价持续走低，截至 2012 年 6 月 29 日，雷士照明的收盘价为 1.46 港元，相较于辞职公告发布日下跌了 32%，公司市值蒸发了 22 亿港元。2012 年 8 月 14 日，雷士照明发布公司公告明确拒绝吴长江回归，次日停牌近 1 个月的雷士照明恢复交易，直接以 0.8 港元开盘，相比于停牌前的 1.41 港元下跌了 43%，盘中股价跌至历史最低点 0.71 港元，当日收盘价为 1.01 港元。从吴长江辞职至董事会拒绝其回归的两个多月，雷士照明超额累计收益率从 −10.67% 下降至 −84.58%，公司市值蒸发高达 37.59 亿港元，公司价值严重受损。

（2）创始人重回雷士照明带来企业价值回升。图 1-41 ～图 1-42 分别显示了吴长江重回雷士照明管理层与重回董事会有关事件的市场反应。

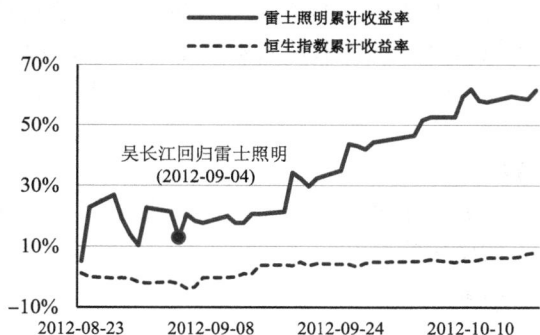

图 1-41　吴长江担任临时运营委员会负责人的市场反应
资料来源：依据锐思数据库分析。

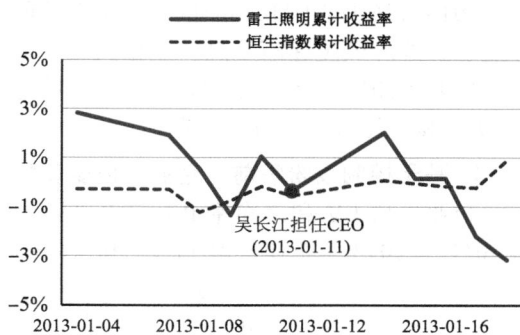

图 1-42　董事会任命吴长江为 CEO 的市场反应
资料来源：依据锐思数据库分析。

一方面，吴长江重回雷士照明管理层对企业价值产生正面影响。2012 年 9 月 4 日晚雷士照明发布公告，董事会任命吴长江为临时运营委员会负责人，标志着吴长江与赛富爆发矛盾冲突之后双方的关系破冰。受此事件的积极影响，雷士照明的股价在次日上涨 7.69%，并在随后 30 个交易日的时间里逐步攀升。截至 2012 年 10 月 18 日，公司股票收盘价为 2.07 港元，相比于吴长江重回雷士当日（1.3 港元）大幅上涨了 59.23%。2013 年 1 月 11 日，雷士照明发布公告，董事会决定任命吴长江担任 CEO，任命王冬雷担任非执行董事，同时临时运营委员会解散，其职能由董事会与 CEO 接管。这是吴长江重回雷士照明后正式担任高管职务，说明双方分歧进一步缓解，公司逐步转入正常运营轨道。受此事件的积极影响，雷士照明的股价在次日上涨 2.37%。

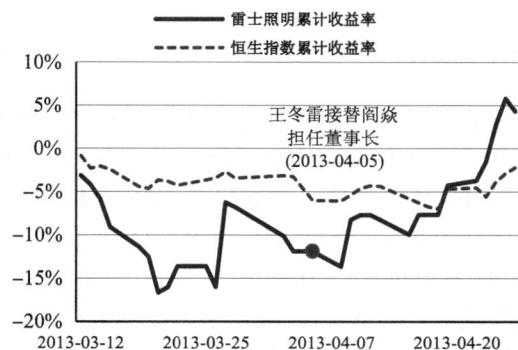

图 1-43　王冬雷接替阎焱担任董事长的市场反应
资料来源：依据锐思数据库分析。

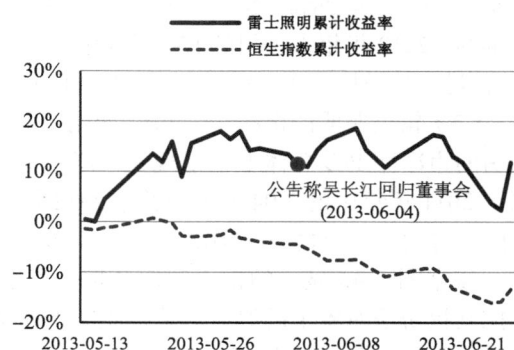

图 1-44　公司公告称吴长江将回归董事会的市场反应
资料来源：依据锐思数据库分析。

另一方面，吴长江重回雷士董事会对企业价值产生正面影响。2013 年 4 月 5 日，雷士照明发布公告，来自赛富的阎焱辞任董事长、非执行董事及薪酬委员会成员，同时，王冬雷接替阎焱担任董事长。受此事件的积极影响，雷士照明的股价在随后的30个交易日快速上涨。截至2013年5月20日，公司股票收盘价为2.52港元，相比于事件公告日（1.7港元）大幅上涨了48.24%。2013年6月4日，雷士照明发布公告，公司股东推选吴长江为执行董事，并于6月21日股东大会进行决议[⊖]。受此事件的积极影响，雷士照明的股价从6月4日的2.45港元上涨至6月18日的2.59港元，短期内上涨了5.71%。

2013年6月21日，雷士照明召开股东大会，吴长江以99.95%的赞成率顺利担任公司执行董事。雷士风波逐渐平息，创始人股东与机构投资者之间的矛盾冲突随之平息。从2012年9月4日至2013年6月21日，雷士照明的超额累计收益率从−52.20%提高至15.25%，提高了67.45%，公司价值明显回升。

2. 基于控制权纷争前后企业价值变化的总体分析

企业价值EV和市净率P/B是企业价值评估较为常用的两个指标，图1-45展示了雷士照明2011 ~ 2013年企业价值（EV）和市净率（P/B）的变化情况[⊖]。

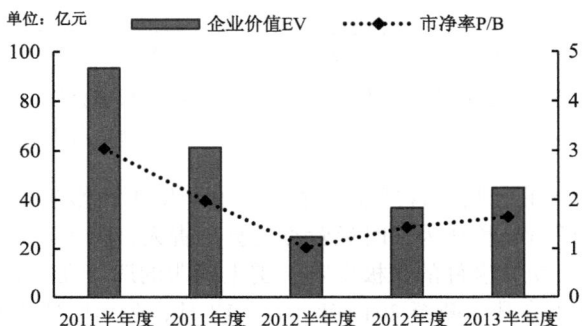

图1-45　雷士照明2011 ~ 2013年企业价值（EV）和市净率（P/B）变化
资料来源：依据雷士照明2011 ~ 2013年半年报、年报整理。

（1）雷士照明的企业价值（EV）变化。2011 ~ 2013年，雷士照明的企业价值EV总体上呈先下降后上升的趋势。2011年年中，雷士照明的公司价值EV为93.36亿元，2011年年末降至61.25亿元，下降了34.39%。2012年年中，公司的EV值下降至24.84亿元，相比于2011年年中下降了59.44%。2012年年末公司的EV值回升至36.74亿元，相比年中增长了47.87%。2013年，公司的EV值进一步增长了22.07%，达到44.84亿元。

（2）雷士照明的市净率（P/B）变化。与企业价值EV的变化趋势类似，2011 ~ 2013年雷士照明的市净率P/B总体上也呈现先下降后上升的趋势。2011年年末，公司的市净率为1.98，相比于2011年年中的3.04有所下降。2012年年中，公司的市净率进一步下降至1.03，只有2011年同一时期的三分之一。2012年年末和2013年年中均有所回升，市净率分别为1.44和1.66。

依据图1-46显示的雷士照明和恒生指数的累计收益率可知，2012年，吴长江与赛富爆发的控制权纷争对雷士的股票价值产生了严重的负面影响，并导致2012年年中雷士的EV和P/B也随之下降。吴长江辞职之前，公司股价与恒生指数走势基本一致。这说明雷士照明2011年

⊖ 依据雷士照明公告，推选吴长江为执行董事的股东同时还推选王冬明担任执行董事，吴玲担任独立非执行董事。其中王冬明是王冬雷的弟弟。由此推断，本次推选董事的股东可能是雷士照明第一大股东德豪润达。

⊖ 这里没有选用P/E、EV/EBITDA、EV/EBIT等指标，原因是计算之后发现雷士风波的发生不仅使得公司的市场价值降低，还使得公司的盈利水平也同样降低，这影响了上述指标的准确性（分子分母都减少）。

年末企业价值 EV 和市净率 P/B 相比于 2011 年年中下降的主要原因是恒生指数整体下跌导致公司股价随大盘下跌，公司价值受损。然而，吴长江辞职以及随后爆发的控制权纷争导致公司股价大幅下挫，明显偏离了恒生指数走势。2011 年年末（交易日时间为 12 月 30 日），恒生指数的累积收益率为 –21.54%，雷士照明的累计收益率为 –21.68%，二者几乎没有差别。形成鲜明比较的是，2012 年年中（交易日时间为 6 月 29 日），恒生指数的累计收益率为 –15.42%，而雷士照明的累积收益率为 –79.01%，超额累计收益率为 –63.59%。

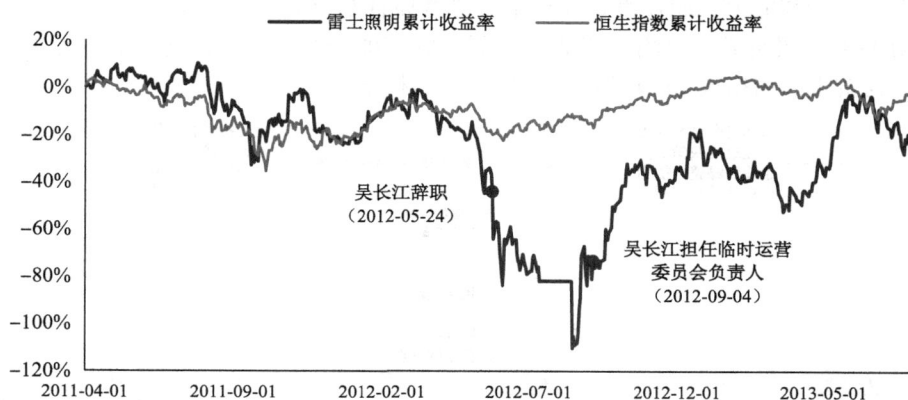

图 1-46　2011 年 4 月 ~ 2013 年 7 月雷士照明和恒生指数的累计收益率
资料来源：依据锐思数据库分析。

1.6　案例讨论与总结

▶ **案例讨论**

民营企业的创始人通常是作为股东与作为经理人的身份合一的，并与引入的外部股东之间形成了双重代理关系。随着创始人持股比例的降低，使其从身份以控制性大股东为主向以内部经理人为主转变，导致双重代理关系的侧重点也随之发生转化。雷士照明以及诸如阿里巴巴、腾讯、人人网、迅雷等企业创始人不再是第一大股东，要么继续实施资本多数决的治理机制，要么设置了合伙人治理机制、AB 股票差异表决权机制拥有对企业的控制权优势与保持核心高管的决策地位。外部大股东则派驻代表担任企业董事，提供决策咨询，并行使对创始人及其管理团队的监督与制衡。创始人股东与外部大股东的资源互补以及治理特征如图 1-47 所示。

1. 资源优势互补同时伴随着对治理机制的互补改善

外部大股东投资民营企业解决其资金问题的同时，通常也为企业的战略发展提供所需的其他资源，并与创始人股东之间形成了资源优势互补的关系。在双方战略合作的过程中，资源优势互补主要表现为能力的互补。在资源优势互补的基础上，创始人股东与外部大股东对治理机制也具有互补改善作用。

（1）创始人股东与外部大股东之间形成的资源优势互补，包括关系资本的互补与人力资本的互补。第一，双方的关系资本互补。一方面，创始人股东作为企业的创办者和长期的经营领导者，通常在企业内部管理层、外部产业链中拥有广泛的网络关系。正如吴长江在雷士照明经销商、供应商以及管理层中拥有的网络关系，使其对雷士的正常运营和经济利益的实现具有重要影响力。另一方面，外部大股东通常在资本市场机构及投资者中拥有广泛的网络关系，能够为企业的后续融资引荐新的投资方。正如赛富先后为雷士照明引荐了高盛、施耐德等外部投资者。第二，双方的人力资本互补。一方面，创始人股东通常具备特有的企业家能力和创业创新精神，对企业实现科学战略决策与行业竞争优势具有不可替代的重要作用。正如吴长江具备丰富的照明产品行业经验与敏锐的市场机会判断能力，引领雷士照明进行了成功的战略变革，建立了完善的产业链结构与独特的商业模式。另一方面，外部大股东向企业派驻的董事及其背后的团队通常拥有专业经验与能力、职业声誉等。正如赛富拥有专业的资本运作团队，熟悉资本市场运作规则，协助雷士照明成功收购了产业链上下游的其他企业。德豪润达拥有专业的 LED 技术研发团队，为雷士照明拓展 LED 照明业务提供核心技术。

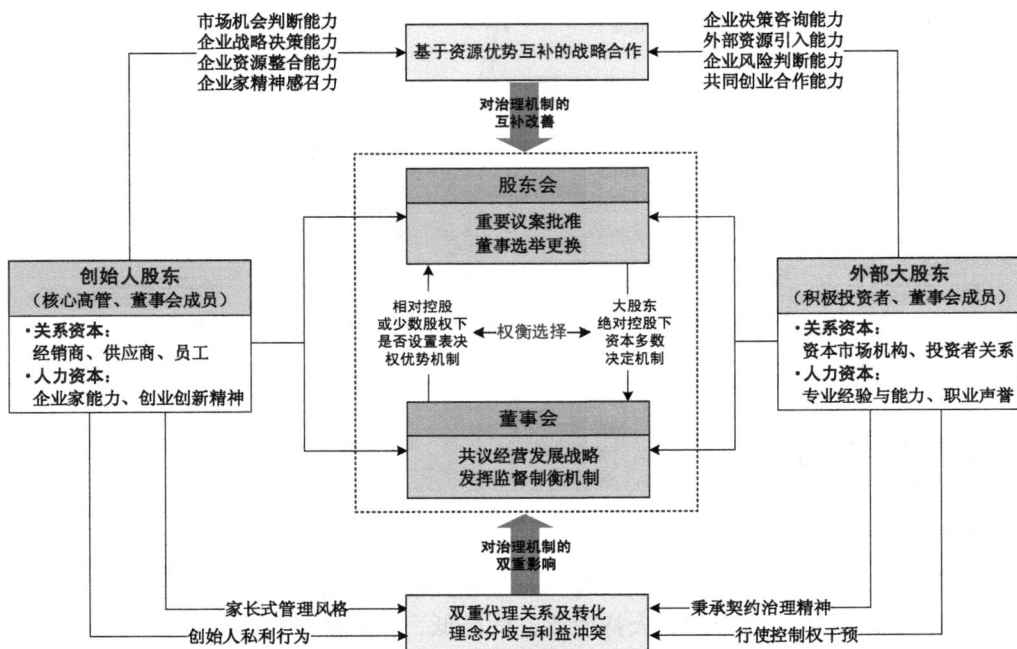

图 1-47　创始人股东与外部大股东的资源互补以及治理特征

（2）在战略合作的过程中，双方资源的互补主要体现为能力的互补。第一，企业战略的咨询与决策。创始人股东具备企业战略决策能力，能够提出好的战略构想，引领企业的战略发展方向。外部大股东则在董事会决议过程中提供专业性的决策咨询，弥补创始人在专业领域的知识欠缺。第二，市场机会与潜在风险的判断。创始人股东拥有丰富的市场行业经验，具备敏锐的市场机会判断能力，能够准确把握市场的发展趋势，快速抢占市场先机。外部大股东则更加重视投入资本的回报以及对风险的规避，判断市场机会背后潜在的风险，降低决策失误的风险。第三，企业资源的引入与整合。外部大股东不仅能够为企业解决资金问题，还能够为企业的快速发展提供所需的其他资源。创始人股东则关注于对企业资源进行整合与合理配置，通过建立完善的产业链结构与成功的商业模式将企业拥有的资源转化为行业竞争优势，实现企业快速发展与股东投入资本的增值。第四，企业家精神感召与投资人合作创业。当企业发展受滞甚至陷入经营困境时，创始人股东的企业家精神感召力与外部大股东的共同合作创业能力对于保障企业的持续经营、维持战略合作的稳定十分重要。创始人股东的企业家精神感召力能够在企业内部形成员工的凝聚力和向心力，保障企业生产运营活动的稳定、提升管理效率与决策执行力。外部大股东则在企业发展困难时期依然能够维持对创始人及其管理团队的信任与合作，协助解决问题、摆脱困境。

（3）在资源优势互补的基础上，创始人股东与外部大股东对治理机制也具有互补改善作用。良好的公司治理不仅仅是通过监督与制衡经理人或大股东以降低代理成本、保护股东利益，更需要着眼于企业战略与市场竞争力，实现科学战略决策与行业竞争优势。正如欧洲管理学大师 Malik（2013）认为，公司治理应当与企业战略和政策构成一个整体，成为企业正确决策的基础，并有助于于维持企业的市场竞争力，而非仅仅保护股东利益抑或利益相关者利益⊖。一方面，外部大股东派驻的董事通常拥有丰富的董事会任职经验并秉承契约治理精神，能够更好地发挥董事会对管理层的监督与制衡机制。在雷士照明的案例中，赛富合伙人阎焱同时在多家上市公司担任董事，拥有丰富的治理经验并始终坚持在雷士照明推行制度化管理，对吴长江及其管理团队的监督与制衡发挥了重要作用。另一方面，创始人股东具备特有的企业家能力与创业创新精神，能够更好地发挥董事会决策机制，实现科学的战略决策。

2. 创始人股东与外部股东之间的双重代理关系及其转化

民营企业的创始人通常是作为股东与作为经理人的身份合一的，并与引入的外部股东之间形成了双重代理关系。随着创始人持股比例的降低，使其从身份以控制性大股东为主向以内部经理人为主转变，导致双重代理关系之间的侧重点也随之发生转化。

（1）创始人作为股东与外部股东之间形成了资本代理关系。一方面，外部股东向企业投入资金并委托创始人实现资本增值，预期在未来获得较好的资本回报。其中外部大股东在解决企业资金问题的同时，通常还能为企业的快速发展提供其他资源。另一方面，创始人拥有对企业的控制权优势，受托代理外部股东投入资本的价值增长。在雷士照明的案例中，赛富、德豪润达等外部大股东向雷士投入资金并提供资本运作团队、LED 核心技术等资源，吴长江及其管理团队通过引领雷士照明快速发展利用资本创造价值，双方之间形成了资本代理关系。

（2）创始人作为经理人与外部股东之间形成了经营代理关系。一方面，创始人作为经理人拥有对企业的经营权，受托代理企业的日常经营管理。另一方面，外部大股东向企业派驻代表担任董事，在提供决策咨询的同时行使对创始人及其管理团队的监督与制衡，防止其可能的私利行为，并降低决策失误的风险。分散的社会公众中小股东通过行使表决权对股东大会重要决议的影响力较小，通常只能被动接受大股东做出的决策，难以有效保护自身利益。在雷士照明的案例中，吴长江始终担任核心高管，负责公司的业务发展、整体日常管理以及运营工作，成为赛富、德豪润达等外部大股东以及其他中小股东的经营代理人。

（3）随着创始人持股比例的降低，其与外部股东之间双重代理关系的侧重点随之发生转化。在民营企业引资的初期，创始人通常处于绝对控股地位，并担任企业的核心高管，对企业的所有权与经营权保持合一状态，由此形成稳定的控制权优势。此时，双重代理关系主要侧重于创始人作为控制性大股东与外部股东之间的资本代理。随着企业的所有权逐步多元化与公众化，创始人的持股比例在引资过程中被逐步稀释，但是始终保持核心高管地位，对企业所有权与经营权的分离程度逐步增大。创始人的股东身份逐步弱化，经理人身份逐步凸显，双重代理关系之间的侧重点从股东资本代理向经理经营代理转化。在雷士照明引资的过程中，吴长江的股东身份从绝对控股转化为相对控股，乃至成为持有少数所有权的股东。然而，吴长江始终担任雷士照明的核心高管，使其从身份以控制性大股东为主向以内部经理人为主转变，导致双重代理关系之间的侧重点也随之发生转化。

⊖　Malik，Fredmund（著），朱键敏（译），2013，《正确的公司治理》，机械工业出版社。

3. 创始人股东与外部股东之间的理念分歧、利益冲突及对治理机制的双重影响

创始人股东作为民营企业家可能因其管理风格、治理意识等方面因素与外部股东之间出现理念分歧和利益冲突而发生代理问题。随着企业的所有权逐步多元化与公众化，双方之间的代理问题逐步凸显。外部大股东由于和创始人股东的理念分歧或利益冲突而对其失去信任，或者为了控制被投资企业的资源并谋取自身利益，可能行使控制权干预并对治理机制造成双重影响。

（1）创始人股东与外部大股东可能出现的理念分歧。创始人股东从企业创办、引资以及在资本市场上市，长期保持核心高管的决策地位，通常形成了家长式的管理风格，难以适应规则的束缚。在这一管理风格下，创业的成功与媒体赞誉等因素容易使其过于自信，缺乏公司治理意识，将个人权威凌驾于董事会之上，导致董事会监督与决策机制难以有效运行。相比之下，外部大股东通常秉承契约治理精神，要求企业运作能够制度化、透明化，严格遵守上市规则与董事会议事规则。在雷士照明的案例中，吴长江违背董事会决策结果搬迁公司总部、未经董事会决议擅自发放高管奖金等均体现了其家长式管理风格，并因此与外部大股东赛富出现治理理念的分歧。

（2）创始人股东与外部大股东及中小股东可能出现的利益冲突。创始人为了攫取控制权私利，可能通过关联交易转移优质资产、转移利润、占用现金、违规担保等，侵占了上市公司利益，引致与外部大股东及中小股东的利益冲突。在雷士照明的案例中，吴长江的关联公司拖欠雷士照明应付账款，擅自授予关联公司长达20年的雷士商标使用权，通过雷士照明控股子公司提供违规担保等均属于吴长江的私利行为，并引致与赛富、德豪润达以及其他中小股东的利益冲突。

（3）随着企业的所有权逐步多元化与公众化，创始人股东与外部股东之间因理念分歧与利益冲突而发生的代理问题逐步凸显。一方面，是治理理念分歧的逐步凸显。在企业上市之前，通常处于快速发展与扩张阶段。创始人能够捕捉市场机会，并通过效率决策抢占市场先机可能更为重要。在企业上市之后，需要面临制度化、透明化运作的要求。创始人可能难以及时转变家长式的管理风格，适应规则的束缚，并与外部大股东之间出现治理理念分歧。另一方面，是利益冲突的逐步凸显。在企业上市之前，创始人的持股比例通常较高，与外部股东之间形成股东利益捆绑，具有较高的利益一致性。随着企业上市以及后续引资，创始人的持有股份被逐步稀释，导致所有权与控制权的分离程度增大。此时，创始人作为实际控制人更容易产生私利动机，如果缺乏公司治理意识和有效监督机制，则可能因其私利行为与外部股东之间出现利益冲突。在雷士照明的案例中，吴长江与外部大股东赛富、德豪润达出现治理理念分歧与利益冲突亦主要发生在雷士照明上市之后。

（4）外部大股东由于和创始人股东的理念分歧或利益冲突而对其失去信任，或者为了控制被投资企业的资源并谋取自身利益，可能行使控制权干预并对治理机制造成双重影响。一方面，是通过控制权干预对治理机制能够有效运行进行矫正。创始人股东形成家长式的管理风格，容易将个人权威凌驾于董事会之上，导致董事会监督与制衡机制难以有效运行。或者创始人股东利用其核心高管的地位，发生控制权私利行为，例如，通过关联交易或违规担保等损害外部股东的利益。从保护股东利益出发，外部大股东通过资本多数决定机制行使控制权干预，是对治理机制能够有效运行进行矫正，推进企业向市场化治理转型。另一方面，可能是对治理机制发挥合理作用的扭曲。外部大股东由于对创始人股东完全失去信任，或者为了控制被投资企业的资源并谋取自身利益，如控制被投资企业的销售渠道以销售自身产品，控制被投资企业的采购体系以消化自身产能等，可能通过资本多数决定机制强行罢免创始人及其管理团队。然而，创始人通常具有特有的企业家能力和创业创新精神。从实现企业科学战略决策与行业竞争

优势出发，外部大股东对创始人控制权的破坏性干预导致爆发控制权纷争，容易扭曲治理机制发挥合理的作用，损害企业的可持续发展。在雷士照明的案例中，外部大股东赛富、德豪润达先后由于和吴长江的理念分歧和利益冲突而行使控制权干预，对董事会能够有效发挥监督与制衡机制进行矫正，推进了雷士照明向市场化治理转型。然而，吴长江也因此先后两次被逐出雷士照明，导致雷士照明两度爆发控制权纷争，陷入生产经营停滞，对治理机制发挥合理作用造成扭曲。

4. 资本多数决定机制抑或表决权优势机制的权衡选择

良好的公司治理不仅仅是关注如何解决代理问题与保护股东利益，更需要关注如何实现企业的科学战略决策与行业竞争优势。因此，民营企业在不同发展阶段需要进行权力配置机制的权衡选择，保持创始人的控制权优势与核心高管的决策地位。正如美国芝加哥大学教授 Rajan and Zingales（2000）认为，企业中的人力资本赋予的权力超过了股权资本赋予的权力并且成为企业价值创造的源泉。公司治理不能单纯地只关注如何解决代理问题与保护股东利益，而应该更多地关注如何通过有效的治理机制协调关键性人力资本之间的关系以及如何将其留在企业，从而可以持续稳定地为企业创造价值⊖。

（1）"一股一票"不应作为民营企业权力配置的刚性原则。我国《公司法》第 132 条规定："国务院可以对公司发行本法规定以外的其他种类的股份，另行作出规定"。由此可见，《公司法》制定时已经考虑为优先股等不同表决权股份的发行预留空间。坚守一股一票原则会造成公司股权结构的僵化，企业不能根据具体情况作出更适合其发展的契约安排，不利于良性发展。阿里巴巴未能在香港上市的主要原因之一是由于港交所坚持一股一票原则，不能接受阿里巴巴的合伙人治理机制。正如港交所主席周松岗认为："理解阿里维持企业精神的意愿，但同时港交所也必须保障广大小投资者的利益，不能因为一小撮人的方便而没有制衡⊖。"

（2）民营企业在不同发展阶段进行权力配置机制的权衡选择。在企业发展初期，创始人处于绝对控股时，企业的权力配置机制通常是传统创始人股东的资本多数决定机制。随着企业的所有权逐步多元化与公众化，创始人股权被稀释而处于相对控股或持有少数所有权。如果企业未设置创始人表决权优势机制，则外部大股东可能通过资本多数决定机制行使控制权干预，对创始人股东的控制权构成潜在威胁。吴长江在引入外部大股东的过程中，忽略了对表决权优势机制的设置，使其先后两次被逐出雷士照明，也损害了企业的持续稳定经营。相比于雷士照明，诸如阿里巴巴、百度、人人网等民营企业的创始人在其持有少数所有权时，设置了合伙人治理机制、AB 股票差异表决权机制实现所有权与表决权的分离，拥有控制权优势与保持核心高管的决策地位。

一是阿里巴巴的合伙人治理机制。为了防止创始人及其管理团队的控制权旁落，阿里巴巴于 2010 年 7 月正式建立了合伙人治理机制。首先，合伙人的董事提名权。合伙人有权提名董事会多数席位，而不受管理层或合伙人实际持股比例的制约，并且 CEO 必须从合伙人中选任。阿里上市之后，合伙人将获得董事会 9 个席位中 5 席的提名权。如果合伙人提名的某一董事候选人未获得股东大会通过或者中途离任，则有权委任另一名临时董事，直到下一年股东大会召开。关于合伙人对董事提名权的规定，在阿里上市之后写入公司章程，如要修改则需获得全部股份中的 95% 表决通过。其次，合伙人的提名与选举。新合伙人由现有合伙人提名与选举，并需要 3/4 以上表决通过。新合伙人获得提名的条件是：高标准的个人操守；在阿里集团或关联公司任

⊖ Rajan, Raghuram G., and Luigi Zingales, 2000. The Governance of the New Enterprise. *Published in Corporate Governance*, *Theoretical & Empirical Perspectives*, Cambridge University Press.

⊖ 资料来源：依据香港《信报》2013 年 9 月 12 日发表的题为《周松岗冀阿里来港上市 唯需保障投资者》的报道。

职至少 5 年；拥有突出的业绩贡献；高度认同公司文化，愿意为公司使命、愿景和价值观竭尽全力。合伙人任职期间需要持有一定数量的阿里股份。最后，合伙人的退出与罢免。除了永久合伙人，其他合伙人则在他们离职或退休时视为自动失去合伙人资格。现有合伙人中，如果遭到半数现有合伙人投票罢免，同样也将失去合伙人资格。

二是人人网、百度等企业的 AB 股票差异表决权机制。人人网于 2011 年赴美（纽交所）上市时设置了 AB 股票差异表决权机制。其中，A 类股票的表决权为每股 1 票，B 类股票的表决权则为每股 10 票，实现了所有权与表决权的分离。人人网 2013 年股权结构如图 1-48 所示。第一大股东软银集团的持股比例为 37.6%，其中 12.5% 为 B 类股。虽然创始人陈一舟持股比例仅为 25.7%，但是持有 15.7% 的 B 类股。因此，陈一舟拥有的表决权为 47.2%，高于软银集团的 42.4%。此外，百度在纳斯达克上市时，也设置了 AB 股票差异表决权机制。

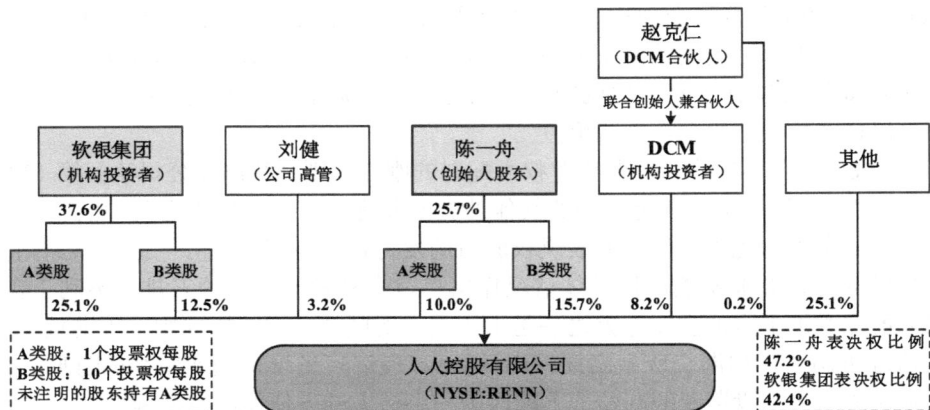

图 1-48　人人网 2013 年股权结构

资料来源：依据人人网 2013 年年报整理。

5. 如何对创始人可能发生的私利行为与决策失误风险实施有效监督与制衡

诸如合伙人治理机制、AB 股票差异表决权机制等虽然能够使创始人拥有控制权优势与保持核心高管的决策地位，但是也存在潜在的弊端。创始人可能发生私利行为或者重要决策的失误，此时这类表决权优势机制容易形成创始人作为核心高管的"盘踞"特征。因此，在防止创始人控制权旁落以发挥其特有资源优势的同时，如何还能对其可能发生的私利行为与决策失误风险实施有效监督与制衡以保护股东利益是值得进一步讨论的问题。

（1）发挥企业内部的董事会监督与制衡机制。董事会是企业战略与重要经营事项的决策机构，也是监督管理层的公司治理核心，外部大股东主要通过派驻代表进入董事会提供决策咨询并监督创始人及其管理团队。一方面，发挥董事权力制衡机制以保障董事会运行独立性，防止创始人将个人权威凌驾于董事会之上。如建立科学、透明的董事会成员选任制度，避免创始人任人唯亲，增强独立董事在创始人股东与外部大股东之间的制衡作用。另一方面，发挥董事会监督机制以保障决策执行力。董事会是衔接股东与管理层的重要决策机构。然而，如果决策未能实际贯彻执行，则会导致董事会丧失权威性，股东与管理层脱节，难以保障外部股东的利益。雷士照明董事会未能发挥有效的监督与制衡机制。在吴长江数次违背董事会决策结果或未经董事会决议程序的行为中，多数董事却并不知情，独立董事也从始至终处于"失声"状态。

（2）发挥企业外部的市场环境与法律环境的监管约束机制。公司治理改善的方向并不是坚守"一股一票"的刚性原则,而是建立健全外部市场环境与法律环境的监管约束机制,从而消除表决权优势机制潜在的弊端,缓解创投双方的利益冲突。阿里巴巴、百度、人人网等企业的表决权优势机制能够被美国资本市场接受,原因在于美国拥有更为成熟的资本市场、经理人市场、产品市场,以及更为完善的信息披露制度、诉讼制度等。创始人及其管理团队在拥有控制权优势与保持核心高管的决策地位的同时,也需要面临更为严格的外部市场环境与法律环境的监管约束。

(3)建立创始人股东与外部大股东的良好沟通机制。发挥企业内外的监督与制衡机制只能解决创始人主观性的道德风险问题,而不能解决客观存在的理念分歧,建立双方的良好沟通机制十分重要。正如万事利集团创始人兼 CEO 李建华在达沃斯论坛上认为:"创始人和投资人之间的问题要靠沟通去解决,分歧是在沟通中的技术问题,沟通才是解决问题的方法。如果只做股权和法律方面的限制会伤害整个企业的发展。对于雷士照明的问题,沟通最为重要⊖。"一方面,保障沟通的充分性,包括拓宽双方的沟通渠道,规范合理的沟通频率与沟通时间,以及确保信息全面的沟通内容。另一方面,重视非正式沟通机制的建立。除了正式沟通(如董事会会议、高管会议等)之外,事先的、非正式的沟通同样重要。创始人在正式的董事会决议过程中被否决难免不适应、容易激化矛盾,而非正式沟通则是保障有效正式沟通的基础。在雷士照明的案例中,吴长江与外部大股东之间缺少良好沟通机制,导致双方出现的理念分歧未能及时解决,矛盾升级之后爆发控制权纷争。

(4)建立创始人股东与外部大股东的充分信任机制。信任作为正式契约安排之外的非正式治理机制,对于保障良好沟通、解决理念分歧与利益冲突问题十分重要。正如在 2012 年中国企业领袖年会上,摩立特集团中国区董事长霍泰德认为:"投资人和企业家形成的合作伙伴关系有三个基石:第一是共同的信任,第二是投资人和企业家就共同的目标达成一致,第三是持续沟通。"一方面,创始人股东及时转变家长式的管理风格,适应秉承契约精神的规范治理。随着企业逐步做大以及在资本市场上市,创始人家长式的管理风格容易增加决策失误的风险,严重时可能导致企业破产⊜。并且这与外部大股东秉承的契约精神相悖,容易出现双方的理念分歧。另一方面,外部大股东恪守资本投资人的道德红线,避免盲目"越线"干预企业的日常经营。外部大股东通常不具备市场行业经验、市场机会判断能力等资源,对企业的具体经营业务也并不熟悉。"外行领导内行"的情况下不利于形成合理的经营决策与企业的良性发展,并且可能引发创投双方的控制权纷争,损害企业的持续经营。雷士创始人吴长江与外部大股东之间未建立充分信任机制,缺少保持良好沟通与合作稳定的基础,导致双方出现理念分歧或利益冲突难以共同解决。

▶ 案例总结

基于案例分析过程的主要结论有以下几点。

(1)雷士引入外部投资者形成了基于资源优势互补的战略合作以及治理机制的互补改善。第一,双方形成了基于优势互补的战略合作。一方面,吴长江在外部产业链、内部管理层中拥有广泛的网络关系,并且具有丰富的照明行业经验、敏锐的市场机会判断能力,对雷士照明实现科学战略决策与行业竞争优势具有不可替代的重要作用。另一方面,外部投资者为雷士照明的快速发

展提供了所需资源。例如，赛富在资本市场机构及投资者中拥有广泛的网络关系，为雷士照明引荐了高盛、施耐德等资本方，并且拥有专业的资本运作团队，协助雷士照明成功收购了产业链上下游的其他企业。德豪润达拥有LED照明的核心技术与完整的产业链，拓展了雷士的LED业务。第二，在资源优势互补的同时，双方对治理机制形成了互补改善。赛富、施耐德等外部投资者派驻的董事拥有丰富的董事会任职经验以及秉承契约治理精神，能够更好地发挥董事会对管理层的监督与制衡机制。吴长江具有不可替代的战略决策能力，能够更好地发挥董事会决策机制，实现科学战略决策。

（2）吴长江与外部股东之间形成了双重代理关系，并因理念分歧与利益冲突而发生代理问题，雷士照明缺少有效运行的公司治理机制导致矛盾升级爆发控制权纷争。第一，吴长江作为股东和作为经理人与外部股东之间形成了双重代理关系。随着吴长江持股比例在引资过程中逐步被稀释，使其对雷士照明所有权与经营权的分离程度增大，从身份以控制性大股东为主向以内部经理人为主转变，导致双重代理关系的侧重点也随之发生转化。第二，吴长江因其管理风格、治理意识等方面因素，与外部股东之间出现理念分歧和利益冲突而发生代理问题。外部大股东赛富、德豪润达因而行使控制权干预，并对治理机制造成双重影响。第三，雷士照明缺少有效运行的公司治理机制以实现治理的持续稳定状态。一方面，未设置创始人的表决权优势机制，吴长江在持股比例被稀释之后缺少正式制度以保持控制权优势与核心高管决策地位的稳定，因而难以实现科学战略决策与行业竞争优势。另一方面，董事会未能发挥有效的监督与制衡机制，创始人股东与外部大股东之间也缺乏良好沟通机制，因而难以解决理念分歧，防止利益冲突。

（3）创始人股东与外部大股东之间的控制权纷争损害了雷士的业绩与价值。第一，控制权纷争导致雷士照明业绩明显下滑。雷士照明2012年销售收入的同比增长率为-6.6%，首次出现了负增长。盈利能力下降更为严重，2012年实现的净利润仅为0.49亿元，相比于2011年的5.71亿元骤降了-91.49%。EBITDA和ROE同比也出现明显下滑。第二，控制权纷争导致雷士价值大幅下降。从吴长江辞职至董事会拒绝其回归的期间，雷士照明的超额累计收益率从-10.67%下降至-84.58%，公司市值蒸发高达37.59亿港元。企业的EV值和市净率也出现大幅下降，2012年半年度的EV值和市净率分别为24.84亿元和1.03，均不及2011年同一时期（93.26亿元和3.04）的三分之一。

基于雷士照明案例分析结论的启示：民营企业实现快速发展需要解决资金问题以及引入外部资源，而维持持续、稳定的经营则需要解决引资之后的治理问题。良好的公司治理不仅仅是通过对经理人抑或大股东的监督与制衡以解决代理问题，并保护股东抑或利益相关者的利益，更需要着眼于企业战略与市场竞争力，形成各方的资源优势互补与长期战略合作，实现科学战略决策与行业竞争优势。

第一，"一股一票"不能作为民营企业权力配置的刚性原则，需要在企业发展的不同阶段进行权力配置机制的权衡选择。在企业引资初期，创始人处于绝对控股时，企业的权力配置机制通常是传统创始人股东的资本多数决定机制。然而，当创始人持有股份在引资过程中被逐步稀释而处于相对控股或持有少数所有权时，则是外部大股东行使资本多数决定机制，对创始人股东的控制权构成潜在威胁。此时，创始人股东可以通过建立表决权优势机制以实现所有权与表决权的分离，拥有控制权优势与保持核心高管的决策地位，如阿里巴巴的合伙人治理机制以及百度、人人网的AB股票差异表决权机制。

第二，为了克服表决权优势机制潜在的弊端，在创始人股东与外部大股东建立充分信任机制的基础上，一方面通过发挥企业内部董事会、外部市场与法律的监管约束机制防止可能的利益冲突，另一方面通过良好沟通机制防止可能的理念分歧。

▶ 问 题 讨 论

讨论问题一： 民营企业在成长过程中，需要不断通过引入外部资本解决融资约束以实现快速发展。试讨论在引资过程中创始人股东如何与外部投资者形成资源优势互补和长期战略合作，并实现对治理机制的互补改善。

讨论问题二： 民营企业在引入外部资本的过程中，其创始人始终作为核心高管，但持有股份被逐步稀释，从绝对控股股东转化为持有少数所有权的股东。同时，企业的所有权逐步多元化与公众化。试讨论在这一过程中，创始人股东如何提高公司治理意识，适应从家族式治理向基于契约精神的市场化治理转型。

讨论问题三： 许多民营企业如阿里巴巴、百度、人人网等，已经发展成为公众上市公司。战略投资者或者机构投资者成为第一大股东。创始人作为持有少数所有权的股东，通过合伙人治理机制、AB股票差异表决权机制等实现所有权与表决权的分离，拥有控制权优势和保持核心高管的决策地位。试讨论这类民营企业如何在实现科学战略决策与行业竞争优势的同时，也能够规范创始人股东作为核心高管的治理行为，从而有效地保护外部股东利益。

市场竞争优势策略与企业价值创造效率的权衡

基于中兴通讯的案例分析

▶ 引 例

近几年来通信行业的竞争愈发激烈，中兴通讯股份有限公司（简称：中兴通讯：SZ000063；HK：00763）作为目前中国最大的通信设备制造业的上市公司，自 2009 年至 2012 年，中兴通讯的经济增加值持续保持正值，说明其为股东创造了财富，但为什么衡量企业价值创造效率的经济增加值动量（EVA Momentum）[⊖]指标却持续下降。在充满竞争的行业环境中，如何判断企业为股东创造价值的能力呢？

经济增加值代表考虑了资本成本的企业实际为股东创造的财富增量，但使用经济增加值对企业进行评价时，难以避免会受到企业规模、所处行业，以及企业所处的经营阶段等因素的影响，忽视了企业价值创造效率。Bennett Stewart 在 2009 年提出的经济增加值动量即关注企业价值创造效率的变化。管理层关注的问题是为什么中兴通讯 2009～2012 年经济增加值保持正值但经济增加值动量却持续下降？

在以企业价值最大化为核心的企业管理目标下，股东不仅要关注企业本期的价值创造总量，也应关注企业价值创造效率的变化，以了解未来企业创造价值的潜力。如何衡量企业的价值创造效率？经济增加值动量衡量单位营业收入所创造的经济增加值增量，并将价值创造效率分解为生产运营效率与市场盈利效率，为公司管理层基于提升价值创造效率的视角进行企业价值管理提供了参考与决策依据。

2.1 案例概况

中兴通讯股份有限公司（以下简称中兴通讯）成立于 1985 年，在深圳与香港两地交易所上市[⊖]，实际控制人为中兴新通讯股份有限公司。2012 年年底，上市母公司以全资、控股、合

⊖ Bennett Stewart，2009，EVA Momentum：The One Ratio That Tells the Whole Story，*Journal of Applied Corporate Finance*，21，74-86. Stewart 在此文中首次提出 EVA Momentum。Bennett Stewart 不仅是 Stern Stewart 公司（经济增加值提出者）的联合创始人，还是 EVA Dimension 公司的创始人。EVA Dimension 公司向 Stern Stewart 公司收购了 EVA 品牌和相关技术，致力于提供财务基准数据和绩效评估管理软件。

⊖ 中兴通讯股份有限公司 1997 年 11 月 18 日于深圳证券交易所上市，2004 年 12 月 9 日于香港联交所上市。在深圳证券交易所上市的股份占股份总数的 81.19%，在香港联交所上市的股份占股份总数的 18.30%，其余 0.51% 为有限售条件股份，境内自然人与高管分别持股 0.27% 与 0.24%。

营及联营等方式参与经营的公司共34家，其中全资子公司及控股子公司5家，控股子公司6家，联营及合营公司23家。公司业务主要包括通讯产业、计算机产业以及其他领域业务；三大类业务收入来源分别为运营商网络业务、电信软件系统及其他产品业务、终端业务，在国内通信行业排名中规模仅次于华为技术有限公司（以下简称华为）[一]，如图2-1所示。

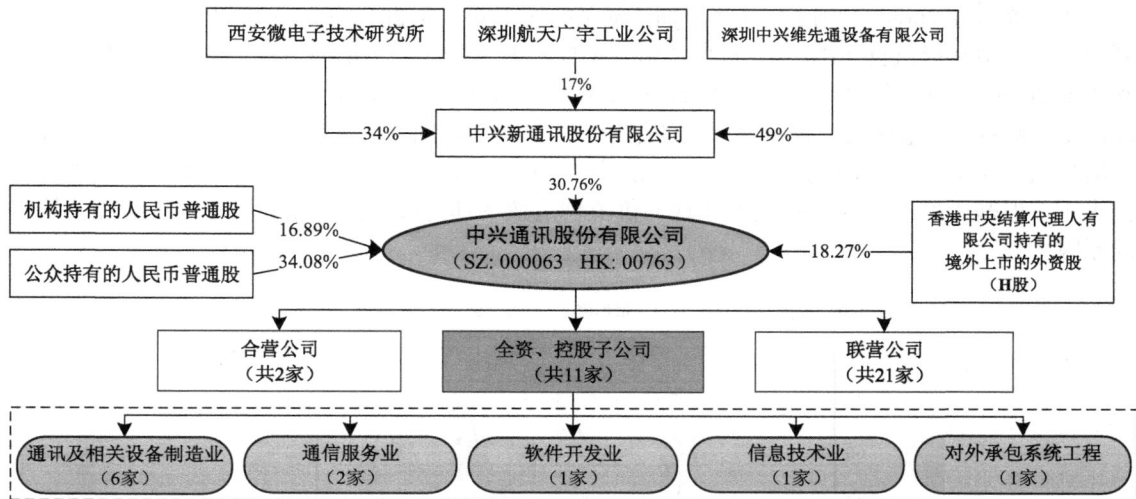

图 2-1　中兴通讯股权及业务分布结构[二]

资料来源：根据中兴通讯（000063）2012年年度报告信息整理。

中兴通讯作为通信及相关设备制造行业的领军者，业绩表现究竟如何呢？中兴通讯2007 ～ 2012年的净利润、经济增加值变化如图2-2所示。净利润和衡量企业为股东创造价值的经济增加值指标在2007 ～ 2011年之间持续均为正。然而，结合图2-3中净资产收益率的变化可知：在2012年净利润亏损26亿元、净资产收益率下降至 –10% 以下的情况下，同年，中兴通讯的经济增加值虽较2011年有所下降，却仍保持在60亿元以上。

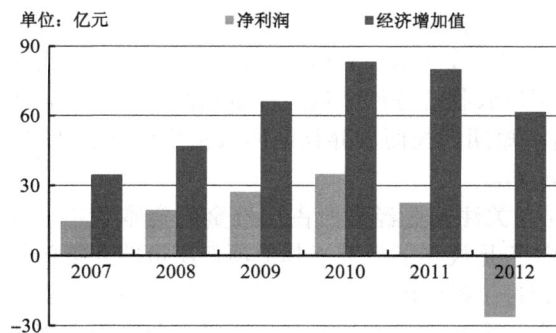

图 2-2　中兴通讯 2007 ～ 2012 年净利润与经济增加值变化

资料来源：中兴通讯 2007 ～ 2012 年年度报告。

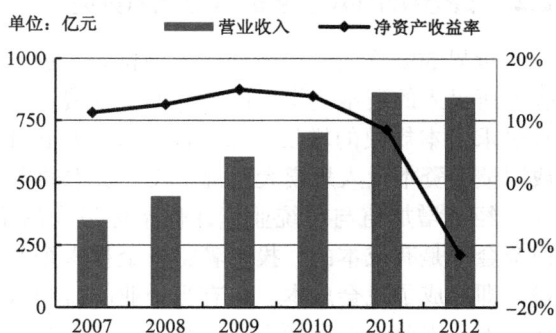

图 2-3　中兴通讯 2007 ～ 2012 年营业收入与净资收益率变化

资料来源：中兴通讯 2007 ～ 2012 年年度报告。

[一] 华为技术有限公司为国内规模最大的通信公司（未上市），在资产规模和营业收入上均与中兴通讯具有可比性，因此本案例采用华为技术有限公司作为行业内与中兴通讯进行比较的公司。

[二] 香港中央结算代理人有限公司（Hong Kong Securities Clearing Company，简称HKSCC）是中兴通讯的外资股东。香港中央结算有限公司是香港交易及结算所的全资附属公司。实际上，香港中央结算代理人有限公司所持有的股份为其代理的在香港中央结算（代理人）有限公司交易平台上交易的H股股东账户的股份总和。

以经济增加值与经济增加值动量衡量企业经营业绩为什么会出现不同的结果呢？经济增加值仅是股东财富增值绝对量的指标，却无法考量相对于营业收入的企业价值增加量，即未考虑价值创造效率的变化。企业经营规模的增大与价值创造效率的提升都能够影响企业的价值创造总量，而能够体现企业未来价值创造增量的是价值创造效率的变化。

中兴通讯在 2009～2012 年经济增加值动量持续下降，在 2011 年起连续两年为负，如图 2-4 所示，说明中兴通讯自 2010 年起价值创造效率就不断下降。经济增加值动量的含义是什么？中兴通讯 2009～2012 年经济增加值动量持续下降的原因有哪些？为什么基于经济增加值和经济增加值动量衡量企业业绩会出现截然相反的结论呢？针对上述问题，本案例将基于经济增加值和经济增加值动量对中兴通讯创造能力的变化进行分析，并探究中兴通讯 2009～2012 年经济增加值为正，但基于经济增加值动量所体现的价值创造效率却持续下降的相关财务政策与经营策略的原因。

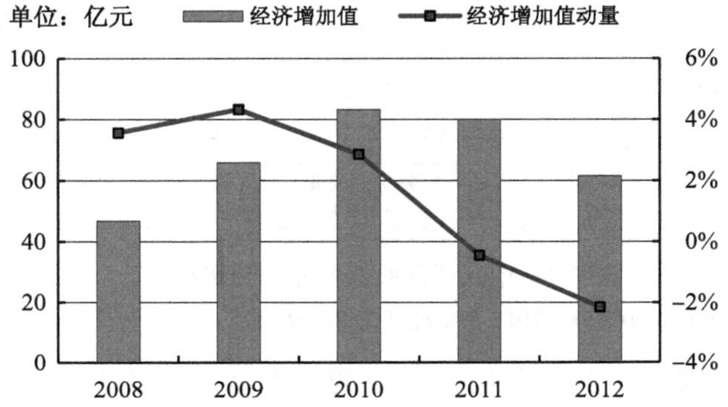

图 2-4　中兴通讯 2008～2012 年经济增加值、经济增加值动量变化对比

资料来源：中兴通讯 2008～2012 年年度报告。

2.2　经济增加值与企业价值创造

世界 500 强公司以营业收入为排名依据，但以营业收入总额为衡量指标，忽视了创造营业收入所投入的资本规模、所产生的成本费用；使用每股收益等相对量指标虽然避免了引导企业只追求资本规模的增长，却可能使管理层由于追求短期增长而放弃长期回报更优的投资机会，或因债务资本投入规模大忽视了投入资本的资本成本。

经济增加值与传统业绩评价指标最大的不同是关注企业经营所占用资金的资本成本。任何资金都是有成本的，投资者将资金投入企业，等于是放弃了投资于其他项目所可能获得的收益，即形成了机会成本。只有当企业的盈利水平超过了投资的机会成本时，股东的财富才真正地增加。因此，在衡量企业业绩时，有必要扣除全部资本的成本，剩余的才是企业为股东创造出的新价值，即经济增加值。

EVA Dimension 公司每季度会发布 500 家上市公司的营业收入、经济增加值等财务指标。以经济增加值为标准的排序结果，往往与以营业收入为标准的排序结果大相径庭，这引起了投资者、管理层的广泛关注。

如表 2-1 所示，营业收入排名靠前的公司，其经济增加值并不一定高于排名靠后的公司。例如，2010 年沃尔玛的营业收入排名第一，但是其经济增加值却低于排名 115 的微软。根据经济增加值的原理，判断企业价值增值的标准是，其经营活动取得的收益是否超过了所用资本的成本。若资本收益大于资本成本，经济增加值为正，表明企业投入资本所创造的价值，扣除了所有费用和成本项目后仍有剩余，企业价值增加；反之，资本收益小于资本成本，经济增加值为负，企业价值减少。

表 2-1　2010 年年度部分公司营业收入与经济增加值排名

公司名称	营业收入（亿美元）	营业收入排名	经济增加值（亿美元）	经济增加值排名
沃尔玛（Wal-Mart）	4 082	1	87	6
微软（Microsoft）	584	115	162	2
百事公司（Pepsi-Cola）	432	171	40	19
谷歌（Google）	237	355	53	10

资料来源：EVA Dimensions 公司网站（http://www.evadimensions.com/Forbes）。

以经济增加值排名与以营业收入排名结果不同的原因即是经济增加值考虑了企业进行生产经营所占用资金的资本成本。例如沃尔玛位列营业收入排行榜榜首，但经济增加值排名大大靠后，表明其虽然营业规模较大，但为股东创造的价值却相对较少；而微软恰好与其相反，虽然营业收入只排在第 115 位，却在经济增加值排行榜上位列第 2 位。可见，考虑企业开展经营活动的资本成本对于衡量企业价值创造能力至关重要，而这也正是经济增加值对于传统业绩评价指标的最大改进。

2.2.1　经济增加值的核心思想

经济增加值与传统的业绩评价指标关注的企业经营重点不同。图 2-5 显示了经济增加值与经营利润、剩余收益等业绩评价指标的区别与联系[○]。经济增加值（EVA）是基于剩余收益基础上进行改进的业绩评价指标，它不仅考虑了企业进行生产经营的全部资本成本，并且对依据权责发生制记录的会计项目进行了调整。

经济增加值 = 净利润 + 税后利息 − 资本成本 + 会计调整事项

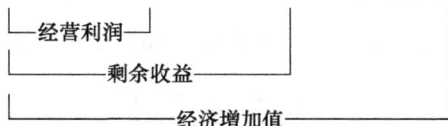

图 2-5　经济增加值组成部分

经济增加值的核心思想是：只有当企业经营取得的税后净经营利润（Net Operating Profit After Tax，NOPAT）补偿了全部投入资本（Capital Employed，CE）的成本以后，余下的收益才能使股东的财富增加，这个余额即是经济增加值（EVA）。投入资本的成本等于其总额乘以企业加权平均资本成本（Weighted Average Cost of Capital，WACC）。

经济增加值的计算公式为：

经济增加值 = 税后净经营利润 − 投入资本 × 加权平均资本成本[○]

$$EVA = NOPAT - CE \times WACC$$

○ Biddle, G., R. Bowen, J. Wallace, 1997, Does EVA Beat Earning?-Evidence on Associations with Stock Returns and Firm Values, *Journal of Accounting and Economics*, 24, 301-336. 在这篇文章中，作者以算式的方式体现了经济增加值与净利润、税后利息、资本成本及会计调整事项之间的关系，本案例将文章中的算式翻译了，如图 2-5 所示。
○ 加权平均资本成本是指考虑企业用各种融资方式取得的单项资本成本（债务资本成本、权益资本成本），以各单项资本占总资本的比例为权重，计算出的反映企业综合资本成本的指标。

与传统的业绩评价指标相比，经济增加值的优势主要体现在以下三个方面：

第一，区分经营决策与财务决策。以会计利润为基础的企业业绩评价指标将多种决策的结果反映于盈利能力指标，而经济增加值将企业经营业绩区分为经营决策结果与财务决策结果两部分，有效的经营决策能够提升企业的税后净经营利润，有效的财务决策能够降低企业的资本成本。因此，以经济增加值衡量企业经营业绩，企业所有者与管理者能清晰地区分不同类型的决策所导致的经营结果，并针对性地加以调整。

第二，权衡短期利益与长期利益。以会计利润为基础的企业业绩评价指标可能导致企业管理层重视短期业绩表现，而放弃对于企业长期有益或能够为企业创造价值的投资（例如放弃能够为企业创造价值但投资回报率低于企业现有的平均投资回报率的项目），而经济增加值将有利于企业长期业绩表现的支出视为企业的投入资本而不是费用（例如研发投入、重组支出等），消除管理层顾虑。因此，以经济增加值衡量企业经营业绩，避免了管理层以短期利益为出发点而忽视了企业长期利益。

第三，重视投入资本与资本成本。以会计利润为基础的企业业绩评价指标忽视了企业经营占用资本的资本成本，而经济增加值则认为只有当所获得的税后净经营利润弥补了投入资本的资本成本后，即企业只有弥补了经营所占用资本的资本成本后，管理层才真正为企业创造了价值。因此，以经济增加值衡量企业经营业绩，能够直接反映企业价值创造，避免了管理层追求提升的业绩指标与企业价值创造实际背离。

总之，提高经济增加值是创造财富的重要手段。因为经济增加值已经充分考虑了企业获得收益时所投入资本的资本成本，因此企业未来每一期预计得到的经济增加值的现值在数值上等于市场增加值（Market Value Added，MVA）$^{\ominus}$，即经济增加值的提高能够最直接地反映企业财富的创造。而这也为企业管理带来了全新的价值导向。

2.2.2 经济增加值的管理导向

经济增加值管理导向主要体现在三个方面，如图 2-6 所示。

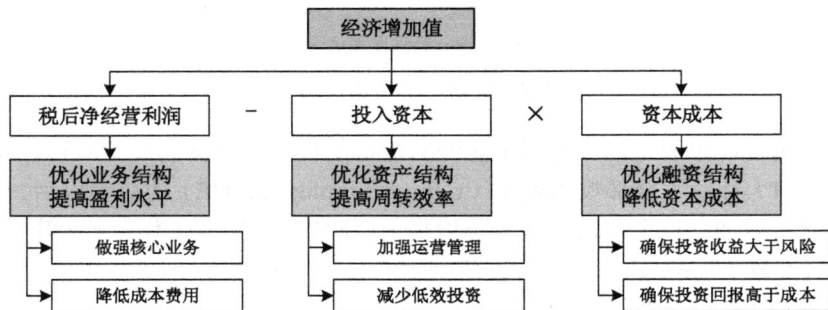

图 2-6 经济增加值导向及提升手段一览

第一，优化产品结构，提高盈利水平。经济增加值引导企业关注核心主业、关注稳定和可

$\ominus$ Al Ehrbar, 2011, Five EVA Metrics That Every CFO Should Know, http://www.evadimensions.com/5EVAMetricsCFO. 市场增加值（Market Value Added，MVA），指企业权益的市值与投入资本之间的差额。它代表企业自成立以来为股东创造的价值总量；也代表企业的经营价值，即将企业视作持续经营时比将企业视作清算时所增加的价值。因此，市场增加值是衡量企业是否有效地通过资产配置与管理增加了企业净现值的重要指标之一。

持续发展的业务；引导管理层通过提升主营业务收入、降低成本来提升企业的价值创造水平，以此确保股东财富的增值。

第二，优化资产结构，提高周转效率。经济增加值鼓励研发投入与主业固定资产投资，以提升主营业务的竞争能力；引导管理层通过处置不必要的资产、小股权轻资产运营模式、业务整合或外包来优化资产配置、提高资产运营效率，减少低效投资。

第三，优化融资结构，降低资本成本。经济增加值引导企业关注投入资本的机会成本，即资本成本；引导管理层优化融资结构，抑制过度的权益融资；引导管理层通过权衡投资的收益与风险，回报与成本来进行决策。

经济增加值带来的新价值导向能够引导企业真正地关注价值创造本身，那么经济增加值究竟如何衡量企业价值创造呢？

2.2.3　经济增加值的计算调整

经济增加值的计算方法中，基于企业财务报表的调整可归纳为两类：①将按权责发生制会计准则计量的资产总额调整为企业为 EVA 计算中的投入资本；②将权责发生制会计准则计量的净利润调整为 EVA 计算中的税后净经营利润。中兴通讯 2012 年利润考核与经济增加值考核结果截然不同，即是因为经济增加值原理下的经营活动取得的税后净经营利润、投入资本与权责发生制下的利润、资产等不同。

（1）税后净经营利润的计算调整

税后净经营利润，指销售收入减去除债务利息以外的全部经营成本和费用后的净值。以净利润为起点[一]，将利润表中的净利润调整为经济增加值观念下的税后净经营利润主要的调整项目如表 2-2 所示。

表 2-2　税后净经营利润调整目的与项目对应

调整目的	调整范围	调整项目
始于：净利润		税前净经营利润
		＝净利润
1. 将净利润调整为经营利润	（1）调增债务利息、所得税的影响	＋债务利息、所得税费用
	（2）调增表外融资产生的利息费用	＋经营租赁隐含的利息费用
		－经营租赁资产的实际折旧费用
2. 将经营利润调整为剩余收益	（3）调增因预期能够产生多期经济利益而应资本化的费用	＋当期研发支出的费用化部分①市场开拓费用、重组费用
		－当期应摊销的研发支出费用化部分、市场开拓费用、重组费用
3. 将剩余收益调整为经济增加值	（4）调增因应计制而从利润中扣除却并未实际发生的费用	＋资产减值准备
		＋坏账准备
		＋担保金准备
	（5）调减不能持续影响多期经济利益的非经常性损益	＋非经常性损益（不包括减值准备）
	（6）调减递延所得税资产增加额、调增递延所得税负债增加额	＋递延所得税负债增加额
		－递延所得税资产增加额

税后净经营利润＝税前净经营利润 ×（1－所得税税率）

①根据我国会计准则，研发支出分为研究阶段的支出与开发阶段的支出两部分。其中，研究阶段支出全部费用化，计入当期损益；而开发阶段的支出符合一定条件的可以资本化，不符合条件的费用化。

　　㊀　税后净经营利润既可以始于净利润计算，如本案例；也可以始于销售收入计算，即从经营收入中扣除实际发生的经营成本与费用，再加回经营租赁中隐含的利息费用而得到税后净经营利润。

　　税后净经营利润与净利润对于收益的定义差别较大。以非经常性损益为例，非经常性损益对于当期利润有影响却无法将影响持续至多期，主要是由于非经常性损益与通常企业的主业无关，是偶然或特殊业务所引发的对企业当期经济利益的影响，无法将其视为对于企业价值的增加。例如中兴通讯自2010年起非经常性损益大幅度上升，对利润的贡献逐年上升，如表2-3所示，但并不能因此判断企业实际的价值创造能力提升了。因此在进行经济增加值考核时，税后净经营利润部分往往将非经常性损益等项目扣除而只考虑与企业主业相关的经济利益流入。

表2-3　中兴通讯非经常性损益与净利润对比　　　　　　（单位：亿元）

项目	2007年	2008年	2009年	2010年	2011年	2012年
非经常性损益	0.06	1.12	-0.27	5.17	9.93	13.49
净利润	14.51	19.12	26.96	34.76	22.43	-26.05
扣除非经常性损益后的利润	14.45	18.00	27.22	29.59	12.50	-39.54
非经常损益占利润比重	0.43%	5.86%	-0.99%	14.88%	44.27%	-51.81%

　　资料来源：根据中兴通讯2007～2012年年度报告整理。

　　经济增加值剔除了非经常性损益对收益的影响，引导企业做强主业。对于税后净经营利润的影响主要来源于主营业务，税后净经营利润越大，经济增加值越大。因此，经济增加值将引导企业增强主营业务，通过提升主业的盈利能力和市场占有率来提升企业的经济增加值表现，抑制了通过非经常性损益来调节利润的倾向。

　　中兴通讯的税后净经营利润$^{\ominus}$计算过程如表2-4所示。

表2-4　中兴通讯税后净经营利润计算　　　　　　（单位：百万元）

项目	2007年	2008年	2009年	2010年	2011年	2012年
净利润	1 451.45	1 911.94	26 95.66	34 76.48	2 243.09	-2 604.62
+ 债务利息	328.30	690.17	751.74	728.55	1 374.16	1 888.48
+ 所得税费用	276.28	350.61	629.08	883.72	392.04	621.42
+ 当期研发支出的费用化部分	3210.43	3 994.15	5 781.58	7 091.97	8 492.62	8 829.19
- 当期应摊销额研发支出费用化部分	321.04	399.41	578.16	709.20	849.26	882.92
+ 经营租赁隐含的利息费用	24.19	27.71	14.15	60.28	50.04	47.03
- 经营租赁资产的实际折旧费用	17.47	22.59	28.65	120.44	100.12	94.62
+ 坏账准备、资产减值准备	1 908.62	1 702.25	18 54.95	2 182.95	2 682.08	2 979.41
+ 非经常性损益（不包括减值准备）	6.30	112.10	-26.74	517.37	992.98	1 349.49
+ 递延所得税负债增加额	0.00	5.02	-1.10	85.24	-89.17	139.90
- 递延所得税资产增加额	84.83	104.52	243.65	11.33	473.59	89.77
= 税前净经营利润	6 782.24	8 267.42	10 848.86	14 185.60	14 714.88	12 183.00
税后净经营利润（NOPAT）[①]	5 764.90	7 027.30	9 221.53	12 057.76	12 507.65	10 355.55

　　①中兴通讯作为高新技术产业，享受国家高新技术产业减税政策，因此所得税税率为15%。
　　资料来源：根据中兴通讯2007～2012年年度报告计算。

　　中兴通讯的税后净经营利润自2007年至2011年均不断上升，在2012年下降。以税后净经营利润来衡量企业业绩没有考虑获得经济利润时所使用资本的资本成本。税后净经营利润的计算调整引导企业以新的视角看待收益，那么计算投入资本又需要怎样的调整呢？

　　（2）投入资本的计算调整

　　投入资本是指所有出资者投入公司经营的全部资金的账面价值，包括债务资本和权益资

　　$\ominus$　中兴通讯税后净经营利润计算的调整范围、调整项目、计算方法与资料来源对应等详见附录2A中的表2A-1。

本。以所有者权益为起点，如表 2-5 所示，将传统概念下的资产调整为经济增加值概念下的投入资本需要进行以下调整[一]：

表 2-5　投入资本调整目的与项目对应

调整目的	调整范围	调整项目
始于：股权资本 + 有息债权资本		投入资本
		= 所有者权益 + 有息负债
1. 将归类于费用或损益的项目重分类为投入资本	（1）调增当期显现为费用，但因能够产生多期经济利益而应资本化的项目	+ 累计研发支出的费用化部分、市场开拓费用、重组费用
		− 累计摊销的研发支出费用化部分、市场开拓费用、重组费用
	（2）调减递延所得税资产、调增递延所得税负债	+ 递延所得税负债
		− 递延所得税资产
	（3）调增资产按会计准则计提的减值准备，即资产应按未计提减值准备前的价值计入投入资本	+ 资产减值准备
		+ 坏账准备
		+ 担保金准备
2. 将资产按是否投入生产经营进行重分类	（4）调增资产负债表外投入当期实际生产经营的资产	+ 经营租赁租入资产现值
	（5）调减被企业拥有或控制但未投入当期生产经营的资产项目	− 应收补贴款、受托代销产品、经营租赁租出资产现值
		− 待处理财产损溢、固定资产清理
		− 在建工程、工程物资
		− 交易性金融资产、可供出售金融资产

投入资本与资产对于获得收益占用的资本的定义差别较大。以研发支出为例，中兴通讯 2006 ~ 2012 年研发支出不断上升，始终超过利润的 2 倍以上；在亏损 26 亿元的 2012 年，中兴通讯的研发支出为 88 亿元，如表 2-6 所示。在传统业绩考核体系下，研发支出是从研发支出费用化、研发支出资本化的摊销这两方面减少企业当期利润，但在经济增加值体系中研发支出是被认为能够为在未来产生多期经济利润，应视为投入资本的一部分，因此中兴通讯 2009 ~ 2011 年研发支出的大幅度上升不仅没有削弱，反而增强了它的经济增加值表现。重组投入、市场拓展费用等在当期显现为费用，但预期产生多期经济利益的项目在经济增加值体系下都被认为是投入资本的一部分。

表 2-6　中兴通讯净利润与研发支出对比　　　　（单位：亿元）

项目	2007 年	2008 年	2009 年	2010 年	2011 年	2012 年
净利润	14.51	19.12	26.96	34.76	22.43	−26.05
研发支出	32.10	39.94	57.82	70.92	84.93	88.29
研发支出占营业收入的比重	9.23%	9.02%	9.59%	10.14%	9.85%	10.48%

资料来源：根据中兴通讯 2007 ~ 2012 年年度报告整理。

经济增加值将研发支出等费用视为投入资本的理念，引导企业重新看待能够影响多期的支出。仍以研发支出为例，经济增加值将其视为投入资本而非费用，使得企业不再顾虑由于加大研发支出而造成的利润降低，而只需考虑研发支出所投入资本的资本成本。同时，由于所有的投入资本均需考虑资本成本，因此引导企业高效投资，淘汰收益低的投资。中兴通讯投入资本[二]计算如表 2-7 所示。

[一]　投入资本既可以始于总资产计算，如本案例（总资产 − 无息负债 = 股权资本 + 有息负债）；也可以始于营业资产净值计算，即在营业资产净值基础上，增加固定资产、无形资产和其他资产净值、经营租赁资产的现值，加回计提的减值准备，资本化研发支出的费用化部分而得到投入资本。

[二]　中兴通讯投入资本（CE）计算的调整项目、计算方法与资料来源对应详见附录 2A 中表 2A-2。

表 2-7　中兴通讯投入资本计算　　　　　　　　（单位：百万元）

项目	2007 年	2008 年	2009 年	2010 年	2011 年	2012 年
所有者权益	12 888.41	15 183.55	17 948.87	24 962.00	26 288.78	22 638.73
+ 短期借款	2 893.86	3 882.48	4 906.50	6 578.41	11 183.35	17 923.61
+ 长期借款	2 085.23	1 292.55	2 396.39	1 719.31	6 940.70	989.99
+ 一年内到期的非流动负债	1 509.57	1 782.01	1 939.97	1 322.82	693.10	4 524.42
+ 应付债券	3 142.71	3 514.65	3 632.68	3 755.79	3 884.20	6 107.99
+ 累计研发支出的费用化部分	3 210.43	3 994.15	5 781.58	7 091.97	8 492.62	8 829.19
− 累计摊销的研发支出费用化部分	604.31	1 003.73	1 581.88	2 291.08	3 140.34	4 023.26
+ 资产减值准备、坏账准备	1 908.62	1 702.25	1 854.95	2 182.95	2 682.08	2 979.41
+ 经营租赁租入资产现值	358.43	410.46	404.25	1 722.36	1 429.81	1 343.78
− 经营租赁租出资产现值	40.42	33.49	0.00	0.00	0.00	0.00
− 在建工程	931.09	817.09	1 332.74	1 146.74	1 580.46	824.39
− 交易性金融资产	123.64	0.00	0.00	123.37	95.62	106.30
− 可供出售金融资产	43.46	251.15	253.76	342.71	819.97	1 092.34
+ 递延所得税负债	0.00	5.02	3.92	89.17	0.00	139.90
− 递延所得税资产	295.75	400.27	643.92	655.25	1 128.84	1 218.61
投入资本（CE）	25 958.58	29 261.39	3 5056.82	44 865.64	54 829.40	58 212.14

资料来源：根据中兴通讯 2007 ~ 2012 年年度报告计算。

基于已有的会计数据对于计算税后净经营利润与投入资本进行调整后，才进一步进行经济增加值的计算。

（3）经济增加值的计算

企业当期的经济增加值代表企业所创造的价值创造总量，中兴通讯 2007 ~ 2012 年经济增加值计算如表 2-8 所示。

表 2-8　中兴通讯经济增加值计算　　　　　　　　（单位：百万元）

项目		2007 年	2008 年	2009 年	2010 年	2011 年	2012 年
价值创造总量	税后净经营利润	5 764.90	7 027.30	9 221.53	12 057.76	12 507.65	10 355.55
	− 投入资本	25 958.58	29 261.39	35 056.82	44 865.64	54 829.40	58 212.14
	× 资本成本[①]	8.96%	8.03%	7.50%	8.33%	8.21%	7.22%
	= 经济增加值	3 439.69	4 678.60	6 593.20	8 318.85	8 004.12	6 150.08

① 资料来源与计算方法详见附录 2A。

经济增加值通过与以往不同的计算方式和考核方法，给企业价值创造带来了全新的管理导向，但以经济增加值衡量企业价值创造是否也有缺陷呢？

2.3　经济增加值动量与企业价值创造效率

经济增加值虽然考虑了企业的全部投入资本成本，但仍然是以规模指标对企业进行评价，难以避免因企业规模、企业阶段、所处行业等因素差异产生的影响，忽视了企业价值创造效率，易出现规模越大、营业收入越多的企业经济增加值也越大；成熟阶段的企业比初创阶段的企业经济增加值大；不同行业的经济增加值没有可比性等情况。

Bennett Stewart 在 2009 年提出的经济增加值动量（EVA Momentum）业绩评价指标，继承了经济增加值能够衡量企业真实价值创造的优点，并且改进了其忽视价值创造效率的缺点，能够更准确地衡量企业创造经济增加值的效率。

EVA Dimension 公司每季度会刊登 500 家上市公司的营业收入、EVA、EVA Momentum 等排名，如表 2-9 所示。不同标准的排序结果大相径庭，引起了投资者、管理层的广泛关注。

表 2-9　2010 年年度部分公司经济增加值、经济增加值动量排名及主要财务指标对比

公司名称	经济增加值排名	经济增加值动量排名	ROA	ROE	EPS
沃尔玛（Wal-Mart）	6	270	7%	20%	3.71
微软（Microsoft）	2	54	22%	41%	2.1
百事公司（Pepsi-Cola）	19	189	9%	30%	3.91
谷歌（Google）	10	6	14%	18%	26.31

资料来源：EVA Dimensions 公司网站（http://www.evadimensions.com/ForbesEVAMomentumRank），纳斯达克股票交易所网站（http://www.nasdaq.com/symbol/）。

以沃尔玛为例，虽然在营业收入和 EVA 这两项规模评价指标的排名中都高于科技公司谷歌，但以经济增加值动量来衡量时却远不及谷歌。而这也符合事实判断：高科技公司为股东创造价值的效率通常高于普通公司。

经济增加值动量如何衡量企业业绩，对于企业价值管理又有怎样的启示呢？

2.3.1　经济增加值动量的核心思想

经济增加值动量关注企业市场行为所带来的价值创造效率提升，改进了经济增加值以规模为导向的缺陷。经济增加值动量的计算公式为：

$$经济增加值动量 = \frac{本期经济增加值增量}{上一期营业收入}$$

经济增加值动量的核心思想是：只有当企业本期获得的单位经济增加值超过投资者预期能够获得的单位经济增加值时，才能表明企业的价值创造效率得到提升，体现在以下三个方面。

第一，经济增加值关注企业经营获得的经济增加值增量。经济增加值为正代表企业本期经营为股东创造了价值，因此经济增加值的增量能够能直观反映企业创造价值的变化。如果企业本期经济增加值增量为正，说明创造的价值获得提升或毁损的价值得到减少。

第二，经济增加值动量关注企业价值创造效率的变化。经济增加值动量不仅反映了企业价值创造总量的变化，还通过将营业收入作为产出，衡量产出为价值创造所做出的贡献程度，即通过单位营业收入创造的经济增加值增量来代表企业的价值创造效率。企业单纯扩大规模可能能够提升营业收入或经济增加值，但只有价值创造效率提高才能够提高经济增加值动量。

第三，经济增加值动量将企业的价值创造效率与股东预期相结合。经济增加值动量衡量经济增加值增量时，采用上一期营业收入作比较，即股东可将上一期经济增加值作为参考值，只有企业经营以上一期营业收入为基准的单位经济增加值提高时才能表示企业的价值创造效率得到提升。

与经济增加值相比，经济增加值动量主要由以下三点改进。

第一，经济增加值动量消除了企业规模的影响。经济增加值的大小会受到公司业务规模和营业收入大小的影响，无法直接比较不同规模企业的价值创造能力，也无法对比同一企业在不同经营期间的价值创造能力。而经济增加值动量指标将经济增加值的增量用代表规模的销售收入进行平均，即剔除了企业规模对业绩评价产生的影响。

第二，经济增加值动量使不同行业的企业具有可比性。经济增加值受到公司规模及经济环境的影响，无法对比不同行业。而经济增加值动量是基于单位营业收入的经济利润的变化，能够通过相对值消除行业和市场环境的影响。

第三，经济增加值动量的经济含义更加明确。经济增加值只要为正即表明企业创造了价

值，但企业投资者很难确定应该要求企业创造多少价值。而经济增加值动量的数值能够明确企业价值创造效率的变化，便于成为业绩目标与激励手段。经济增加值动量为零表明企业没有增加或降低经济利润，价值创造效率没有变化；经济增加值动量为正表明企业创造价值效率提升，为企业投资者创造了比上期更多的单位营业收入的经济利润；经济增加值动量为负则表示企业价值创造效率下降，预警企业管理者和所有者。

综上，经济增加值动量直接反映了企业的价值创造效率，经济增加值动量值越大，企业价值创造效率越强。因此，经济增加值动量能够衡量衡量的企业价值创造效率，并体现出市场业绩目标与价值增值目标的内在联系的特点。它可以基于投资者的预期设立财务目标，引导管理者创造价值，使企业整体向着一个明确的财务目标奋斗，以便实现公司绩效的优化和股东财富的最大化。

经济增加值动量对于经济增加值的继承和改进是如何体现的，又如何起到反映价值创造效率的作用呢？

2.3.2 经济增加值动量的分解分析

经济增加值动量摒除规模导向，能够引导企业关注价值创造效率。企业经营规模的增大与价值创造效率的提升都能够影响企业的价值创造总量，以规模为导向易使得企业过于关注规模，但能够体现企业未来发展潜力的是价值创造效率的变化。经济增加值动量一方面强调对于所有投入资本的资本成本都予以考虑，另一方面关注企业基于营业收入的企业价值增值效率，以防止企业盲目做大，引导企业管理层权衡考虑。通过经济增加值动量的分解，可以将企业的价值创造效率分为生产运营效率与市场盈利效率，如图 2-7 所示[⊖]。

（1）经济增加值动量的公式分解

$$经济增加值动量 = \Delta\left(\frac{经济增加值}{营业收入}\right) + \frac{经济增加值}{营业收入} \times 营业收入增长率$$

经济增加值动量通过经济增加值营业收入比率的变动来衡量企业生产运营效率。经济增加值动量将经济增加值和营业收入这两个产出指标相比，消除规模影响，本年度与上一年度经济增加值营业收入比率的差值，即是企业价值生产运营效率的变化情况，如图 2-8 所示。通过这样的改进，经济增加值动量独立于企业前期的经营状况、行业类型和规模大小，只有当管理者真正合理配置资源并产生具有经济意义的收益时生产运营效率才会提升。

经济增加值动量在经济增加值营业收入比率基础上，加入营业收入增长率来衡量企业市场盈利效率。以会计指标的绝对量衡量企业未来发展有一定的滞后性，以变化率衡量更具有参考价值；而在所有指标中，营业收入与市场联系最紧密、对市场变化的反应最为敏感，因此将营业收入增长率与经济增加值营业收入率比相乘，可以反映企业市场盈利效率的变化趋势，抑制企业盲目快速扩大市场而忽视价值创造。

⊖ 经济增加值动量可分解为经济增加值营业收入比率与营业收入增长率，其中，经济增加值营业收入比率为企业本期经济增加值与上一期营业收入的比值；经济增加值营业收入比率与经济增加值动量的区别在于，前者是企业本期经济增加值与本期营业收入的比值，后者是本期经济增加值与上期营业收入的比值。推导过程如下（以 EVA 代表经济增加值，以 Sales 代表营业收入）：

$$\frac{EVA_t - EVA_{t-1}}{Sales_{t-1}} = \frac{EVA_t}{Sales_{t-1}} - \frac{EVA_{t-1}}{Sales_{t-1}} = \frac{EVA_t}{Sales_{t-1}} \cdot \frac{Sales_t}{Sales_t} - \frac{EVA_{t-1}}{Sales_{t-1}} = \frac{EVA_t}{Sales_t} \cdot \frac{Sales_t}{Sales_{t-1}} - \frac{EVA_{t-1}}{Sales_{t-1}}$$

$$= \frac{EVA_t}{Sales_t} \cdot \left(\frac{Sales_t}{Sales_{t-1}} - \frac{Sales_{t-1}}{Sales_{t-1}} + 1\right) - \frac{EVA_{t-1}}{Sales_{t-1}}$$

$$= \frac{EVA_t}{Sales_t} \cdot \frac{Sales_t - Sales_{t-1}}{Sales_{t-1}} + \frac{EVA_t}{Sales_t} - \frac{EVA_{t-1}}{Sales_{t-1}} = \frac{EVA_t}{Sales_t} - \frac{EVA_{t-1}}{Sales_{t-1}} + \frac{EVA_t}{Sales_t} \cdot \frac{Sales_t - Sales_{t-1}}{Sales_{t-1}}$$

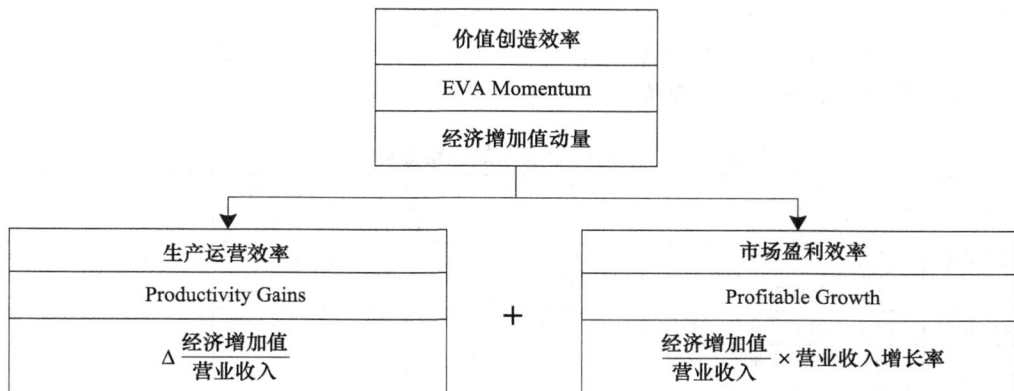

图 2-7　经济增加值动量分解[⊖]

（2）价值创造效率的因素分解

管理层可以通过经济增加值动量更好地分析企业价值创造效率并针对性地进行改进。

即使两家企业的经济增加值动量相同，其价值创造效率得到提升的驱动因素也可能不同，如图 2-8 所示，A 企业与 B 企业以经济增加值动量表示的价值创造效率虽然都为 5%，但 A 企业的价值创造效率全部来源于市场盈利效率，而 B 企业则全部来源于生产运营效率。通过经济增加值动量的分析，A 企业管理层应当通过改进生产运营效率来提高价值创造效率，而 B 企业管理层则应当通过改进市场盈利效率来提高价值创造效率。

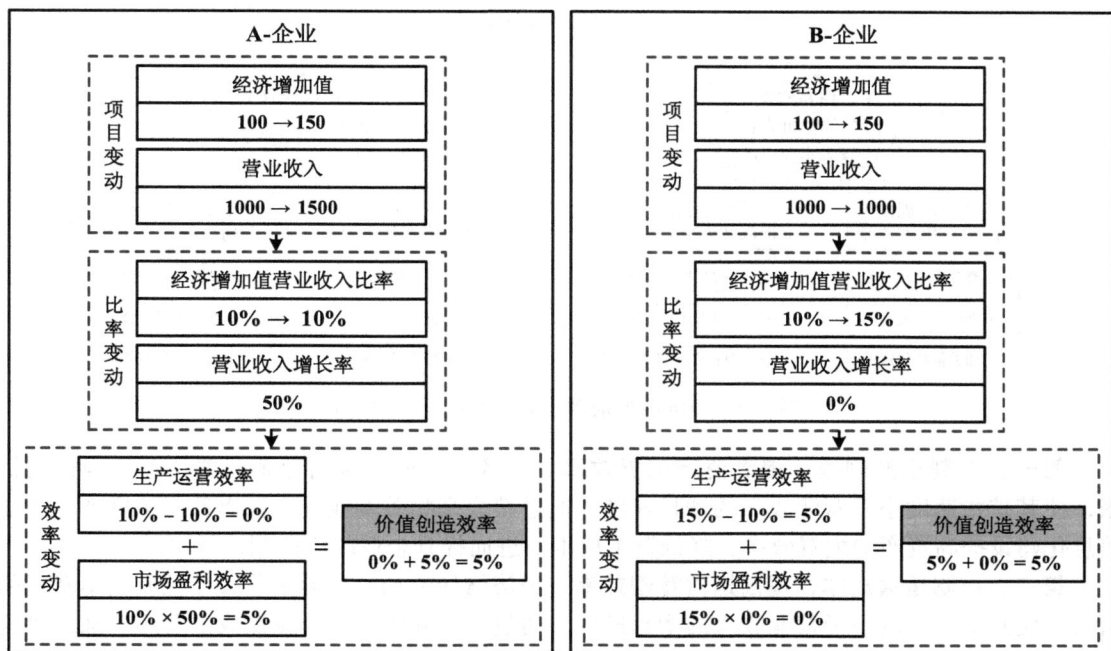

图 2-8　价值创造效率因素分解与两个企业对比（单位：亿元）

⊖　How to Measure and Improve the Financial Value of Business Plans with EVA Momentum，2011，Bennett Stewart，（http://www.evadimensions.com/learnEVA_Corporate）. 该文章刊登于 EVA Dimension 公司网页上。文章在最末页将生产运营效率与市场盈利效率进行分解，并针对性的列举了驱动因素。本案例结合中国企业经营实际对于原图进行了修改，如图 2-7 及图 2-9 所示。

中兴通讯 2008 ~ 2012 年生产运营效率与市场盈利效率对价值创造效率的贡献如表 2-10 所示，生产运营效率和市场盈利效率均在 5 年中波动变化，而总体的价值创造效率自 2009 年后不断下降，警示管理层关注企业价值创造效率的变化。

表 2-10　中兴通讯经济增加值动量计算及其分解　　（单位：百万元）

项目		2008 年	2009 年	2010 年	2011 年	2012 年
价值创造效率	经济增加值增量	1 238.91	1 914.60	1 725.65	−314.73	−1 854.04
	营业收入	44 293.43	60 272.56	69 906.69	86 254.46	84 219.36
	经济增加值动量	**3.56%**	**4.32%**	**2.86%**	**−0.45%**	**−2.15%**
生产运营效率	经济增加值营业收入比率增量	0.67%	0.38%	0.96%	−2.62%	−1.98%
市场盈利效率	经济增加值营业收入比率 × 营业收入增长率	2.89%	3.95%	1.90%	2.17%	−0.17%

对于管理层而言，经济增加值动量对于企业产生了怎样新的价值导向呢？

2.3.3　经济增加值动量的管理导向

经济增加值由企业当期产生的经济增加值绝对额决定，但由于企业上期营业收入已经确定，因此经济增加值动量取决于当期经济增加值的增量，为企业带来了新的价值管理导向，主要体现在四方面，如图 2-9 所示。与经济增加值的导向相比，经济增加值动量更加强调不同影响因素之间的权衡。

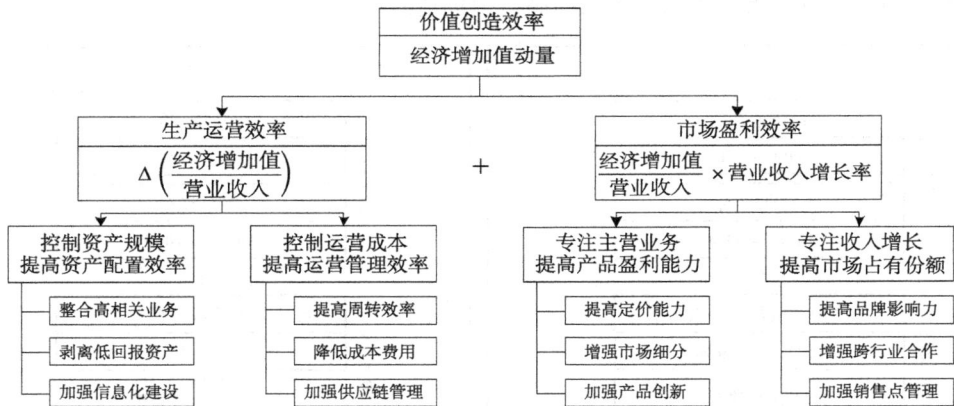

图 2-9　经济增加值动量导向及提升手段一览

第一，控制资产规模，提高资产配置效率。经济增加值动量引导企业关注资产规模的扩张，使其扩张速度小于营业收入的增长速度。通过整合高相关度业务、剥离低回报资产、加强信息化建设提高资产的配置效率，降低资本成本，进而提升企业的价值创造效率。

第二，控制运营成本，提高运营管理效率。经济增加值动量引导企业关注控制成本费用的增长，使其增长速度小于营业收入的增长速度。通过提高周转效率、减低成本费用、加强供应链管理提高运营管理效率，进而提升企业的价值创造效率。

第三，专注主营业务，提高产品盈利能力。经济增加值动量引导企业专注于主营业务，通过提高定价能力、增强市场细分、加强产品创新等增强主营业务的盈利能力，进而提升企业的价值创造效率。

第四，专注收入增长，提高市场占有份额。经济增加值动量引导企业专注于收入的扩张，通过提高品牌影响力、增强跨行业合作、加强销售点管理来提高市场占有份额，进而提升企业的价值创造效率。

经济增加值动量与经济增加值对企业价值创造的管理导向有相通之处，主要表现在：第一，引导企业提升核心业务的盈利能力；第二，引导企业提高已有资产的利用效率；第三，引导企业重视投入资本的资本成本。

在此基础上，**经济增加值动量更加强调的是针对不同价值创造效率影响因素的权衡**。

第一，生产运营效率内部的权衡。例如加强供应链管理能够有效地提升运营管理效率，但所投入的人力及资源可能增大当期的期间费用，二者对于生产运营效率的综合影响需要管理层做出权衡。第二，市场盈利效率内部的权衡。例如，加强产品创新能够增强新产品的盈利能力，但新产品在上市后短期内如果市场占有率较小，二者对于市场盈利效率的综合影响也需要管理层做出权衡。第三，生产运营效率和市场盈利效率的权衡。例如，提高市场占有份额能够提高市场盈利效率，进而提高企业的价值创造效率；但所采用的措施可能会提高成本费用，降低生产运营效率，进而对于企业价值创造效率的提高起负面作用。

总之，企业在进行价值创造效率管理时，需要根据自身情况分析制约价值创造效率的因素，权衡不同影响因素造成的综合影响，进而做出提升价值创造效率的改进决策。Stewart 将根据经济增加值动量进行分解的价值创造效率管理体系称为"**新杜邦体系**"，企业管理者通过经济增加值动量可以从生产运营效率和市场盈利效率两个维度综合考虑来进行决策，为提升价值创造效率提供较为精准的依据。

2.4　生产运营效率如何驱动价值创造效率变化

通过经济增加值动量衡量企业的价值创造效率变化，首先要关注企业的生产运营效率。当企业在生产运营中保持投入资本的增长与营业收入的增长相适应、成本费用的增长与营业收入的增长相匹配时，才能够提升企业的生产运营效率。相应地，企业的生产运营效率可分解为资产配置效率与运营管理效率，中兴通讯 2010 ～ 2012 年的资产配置效率和运营管理效率是否有效，又是哪些因素对其产生了影响呢？

2.4.1　专注主业经营投入重点明确

以经济增加值动量为基础的价值创造效率通过衡量投入资本的增长速度与营业收入的增长速度是否匹配来衡量企业的资产配置效率，资产配置效率是生产运营效率的重要影响因素。

中兴通讯 2008 ～ 2012 年投入资本与营业收入比较如表 2-11 所示。除 2010 年外，中兴通讯的投入资本增长率一直小于营业收入增长率，对于经济增加值动量一直起到正向作用，即中兴通讯的资产配置效率促进了价值创造效率的提高。

表 2-11　中兴通讯投入资本与营业收入比较

项目	2008 年	2009 年	2010 年	2011 年	2012 年
投入资本（亿元）	293	351	449	548	582
营业收入（亿元）	443	603	699	863	842
投入资本增长率	12.72%	19.81%	27.98%	22.21%	6.17%
营业收入增长率	27.36%	36.08%	15.98%	23.39%	-2.36%
对经济增加动量影响	提高	提高	降低	提高	提高

资料来源：根据中兴通讯 2008 ～ 2012 年年报数据整理。

那么中兴通讯资产配置有哪些特点呢？本案例将基于对资产的组合和投资两个视角从业务重组、多元化投资、研发投入三个方面进行分析。

（1）业务重组效果显著

业务整合是否有效是资产配置效率的重要影响因素。中兴通讯的业务整合是否为业务拓展起到了积极作用呢？2009年4月，中兴通讯将针对欧洲和北美两大高端市场的办事处合并为事业部，拓展欧美等重点市场。事业部的成立对于中兴通讯在欧美等市场的开拓起到了显著的推进作用。2010年起，中兴通讯欧美及其他市场经营情况良好：营业收入不断上升，平均营业收入增长率为18.73%；即使在整体行业形势较差的2012年仍保持了营业收入的增长，如表2-12所示。营业收入占总收入比重连续3年上升，2012年已接近整体业务收入的25%，说明中兴通讯的业务重组有效，对于提高资产配置效率起到了积极作用。

表2-12　中兴通讯欧美及其他市场经营分析

项目	2010 年	2011 年	2012 年
营业收入（亿元）	147.4	204.47	207.8
营业收入占总收入比重	21.08%	23.71%	24.67%
营业收入增长率	16.58%	38.72%	1.63%

资料来源：根据中兴通讯2010～2012年年报数据整理。

（2）多元化投资收益有限

中兴通讯2007～2008年共新设立各类子公司31家，经营范围全部为通讯及相关产品。然而自2009年起，中兴通讯开始涉足投资、酒店、传媒等行业[⊖]，但多元化的经营并未给中兴通讯带来明显的收益。

中兴通讯的子公司对于非主业收入的贡献程度较小，通过联营、合营公司获得的投资收益对于利润的贡献幅度也较小。中兴通讯的营业收入仍主要来源于通信设备制造相关行业，其中子公司主营业务收入对主营业务收入总额的贡献程度呈上升趋势，从2008年的8%上升到2012年的22%，但2008～2012年子公司带来的其他业务收入额平均仅为3亿元，占营业收入总额的比例平均为0.16%，对营业收入总额贡献幅度较小；而中兴通讯2008～2012年通过联营、合营公司带来的投资收益平均仅为0.42%，占利润总额比例平均仅为0.59%，如表2-13所示。

表2-13　中兴通讯2008～2012年子公司与联营、合营公司带来的收益变化

（单位：亿元）

项目	2008 年	2009 年	2010 年	2011 年	2012 年
子公司带来的主营业务收入[①]	35.36	50.61	159.41	142.27	188.46
子公司带来的其他业务收入[②]	2.45	2.02	4.12	3.88	2.48

⊖　中兴通讯2009～2012年未发生收购交易，2009年新设立子公司11家，2010年度新设立子公司18家，2011年度新设立子公司16家，2012年度新设立子公司22家。其中2010年新设立的子公司有3家属于投资行业（深圳市中兴创业投资基金管理有限公司、惠州市长飞投资有限公司、深圳市中和春生壹号股权投资基金合伙企业），2011年新设立的子公司有2家属于酒店行业（上海市和而泰酒店投资管理有限公司、南京中兴和泰酒店管理有限公司），2012年分别设立1家传媒公司（安徽中兴通讯传媒有限责任公司）和1家旅行公司（深圳小蜜蜂旅行社有限公司）。除子公司外，中兴通讯的合营与联营企业中还包含能源公司（中兴能源有限公司）和广告公司（上海欢流传媒有限公司），均与其主业无关。

（续）

项目	2008 年	2009 年	2010 年	2011 年	2012 年
子公司带来的主营业务收入占主营业务收入总额的比例	8.03%	8.43%	22.94%	16.57%	22.44%
子公司带来的其他业务收入占营业收入总额的比例	0.55%	0.34%	0.59%	0.45%	0.29%
联营和合营企业带来的投资收益	0.20	0.26	0.44	0.71	0.48
联营和合影企业带来的投资收益占利润总额比例	0.88%	0.78%	1.01%	2.69%	−2.42%

①此处子公司带来的主营业务收入通过合并报表的主营业务收入减去母公司报表的主营业务收入计算所得，由于缺乏应抵消的母公司通过与子公司的关联交易获得主营业务收入的数据，因此所得数字可能存在误差，真实数据应高于计算所得数据。

②此处子公司带来的其他业务收入即合并报表的其他业务收入，由于缺乏母公司及子公司其他业务收入的明细资料，因此所得数字可能存在误差，真实数据应低于计算所得数据。

资料来源：中兴通讯 2008 ~ 2012 年年度报告。

以长飞投资有限公司为例，如表 2-14 所示，2010 年至 2012 年被出售，长飞投资经营状况良好，2011 年与 2012 年平均净利润为 1.85 亿元；但并未向中兴通讯分配现金红利。

表 2-14　长飞投资净利润与分红情况　　　　　　　（单位：亿元）

项目	2010 年	2011 年	2012 年
净利润	未披露	1.53	2.17
现金红利	0	0	0

资料来源：根据中兴通讯 2010 ~ 2012 年年度报告整理。

长飞投资公司所投资的公司与中兴通讯早期的员工联系密切，或许是其不能向中兴通讯派发现金红利的原因之一。长飞投资所投资的睿德电子由中兴通讯的早期员工直接或间接投资，如图 2-10 所示。

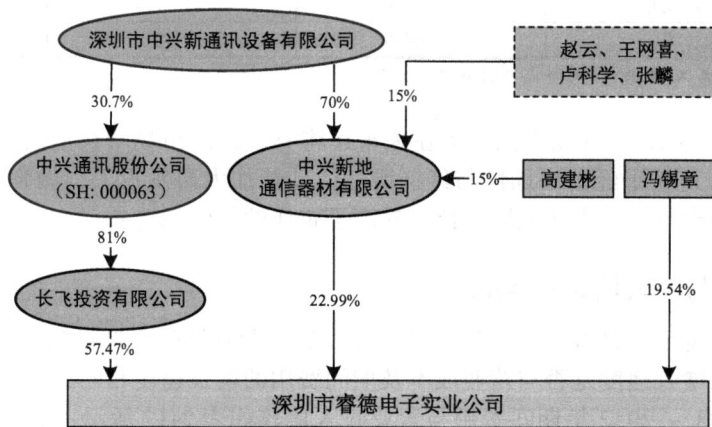

图 2-10　长飞投资有限公司 2012 年出售时股权结构①

①赵云 2012 年任中兴通讯总裁助理兼企业发展部部长；王网喜 2012 年任中兴通讯高级副总裁助理兼行政部部长；卢科学 2012 年任中兴通讯无线研究院院长；张麟 2012 年任第二营销事业部工程副总助理。高建彬曾任中兴新地通信器材有限公司总经理。冯锡章为睿德电子实业公司法人代表。

睿德电子的投资方之一是中兴新地通信器材有限公司，与中兴通讯的现任及前任员工均关系密切，长飞投资有限公司对瑞德电子实业公司的投资被推测为是特殊员工激励机制的表现[⊖]。长飞投有限公司对于母公司贡献不足，反而占用投资资金，降低了中兴通讯的资产配置效率。

（3）研发投入重点明确

经济增加值将研发投入作为投入资本而非支出，在一定程度上起到了激励研发投入的作用；而经济增加值动量又强调提高资产配置效率，即研发投入需与业务的开拓相适应。那么中兴通讯的研发投入是否重点明确，真正促进了企业价值创造效率的提升呢？

中兴通讯研发支出占投入资本比重逐年增大，而其中开发支出对于业务影响较大，2010年起，中兴通讯不断加大对于手机产品的开发，如表 2-15 所示。系统产品的开发支出在2008 ~ 2012 年始终在 1 ~ 3 亿元之间，而 2012 年手机产品的开发支出已达到 21.56 亿元，超过 2009 年手机产品开发支出的 3 倍。

表 2-15　中兴通讯开发支出明细　　　　　　　　　　　（单位：亿元）

产品	2008 年	2009 年	2010 年	2011 年	2012 年
系统产品	0.96	1.68	1.87	2.39	2.91
手机产品	3.80	6.11	12.79	16.87	21.56
合计	4.76	7.78	14.67	19.26	24.47

资料来源：根据中兴通讯 2008 ~ 2012 年年度报告数据整理。

而与此对应的是，以智能手机为主的终端产品在 2010 年起营业收入不断上升，占营业收入总额比重也不断上升，如表 2-16 所示。终端业务的营业收入占收入总额比重已从 2010 年的不足 15% 提高到 2012 年的超过 20%。

表 2-16　中兴通讯终端业务的营业收入变化

项目	2010 年	2011 年	2012 年
营业收入（亿元）	176.46	269.34	258.39
占营业收入总额比重	14.09%	21.51%	20.63%
营业收入增长率	35.04%	52.58%	−4.05%

资料来源：中兴通讯 2010 ~ 2012 年年度报告。

相关研究报告显示[⊖]，智能手机业务在未来还将有较大的市场增长潜力，可见中兴通讯研发投入目的明确，遵循了经济增加值与经济增加值动量加大研发投入，做强核心主业的导向，因此经济增加值表现较好，资产配置也持续提高了企业的价值创造效率。

2.4.2　成本费用与收入增长不匹配

生产运营效率除受资产配置效率影响外，还受到运营管理效率的影响。运营管理效率表现为企业的营业收入增长速度是否与营业成本及期间费用的增长速度相匹配。

中兴通讯 2008 ~ 2012 年期间费用与营业收入比较如表 2-17 所示。2011 年以后，中兴通讯的营业收入增长率一直小于成本费用增长率，对于经济增加值动量一直起到负向作用，而其竞争对手华为除 2011 年外营业收入增长率均明显高于成本费用增长率。

⊖　资料来源：每日经济新闻 http://epaper.nbd.com.cn/shtml/mrjjxw/20121128/2436852.shtml。
⊖　民生证券：中兴通讯 2012 年年度报告点评。

表 2-17　中兴通讯营业收入与成本费用分析①

项目	2008 年	2009 年	2010 年	2011 年	2012 年
营业收入（亿元）	442.93	602.73	699.07	862.54	**842.19**
营业成本（亿元）	294.93	406.23	230.05	294.93	406.23
营业成本与期间费用（亿元）	373.24	509.74	588.35	735.42	775.54
营业收入增长率	27.36%	36.08%	15.98%	23.39%	-2.36%
成本费用增长率	24.55%	36.57%	15.42%	26.61%	4.74%
营业收入增长率（华为）	—	19.04%	22.46%	11.71%	7.98%
成本费用增长率（华为）	—	17.26%	18.75%	22.05%	7.98%
对价值创造效率影响	提高	降低	提高	降低	降低

①财务费用涉及资产配置与资本成本等，因此在运营管理分析中着重与管理费用与销售费用，表中成本费用指营业成本与销售费用、管理费用、资产减值损失之和。

资料来源：中兴通讯 2008 ~ 2012 年年度报告。华为公司 2009 ~ 2012 年年度报告。

那么，中兴通讯运营管理在哪些方面对于价值创造效率产生了负向影响呢？本案例将从成本与收入匹配程度、成本构成、与费用构成等方面进行分析。

（1）业务板块成本与收入不匹配

中兴通讯营业成本占营业收入的比重始终高于竞争对手华为，如图 2-11 所示，且中兴通讯三大类业务营业成本占营业收入的比重 2009 年起呈持续上升的趋势，如图 2-12 所示。是哪类业务的成本对中兴通讯影响最大，各类业务销售成本与其销售收入又是否匹配呢？

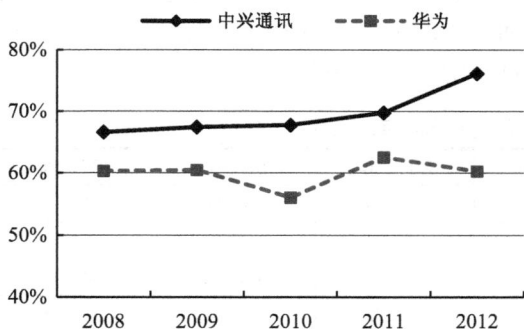

图 2-11　中兴通讯 2008 ~ 2012 年营业成本占营业收入比率与华为对比

资料来源：中兴通讯 2008 ~ 2012 年年度报告与华为 2009 ~ 2012 年年度报告。

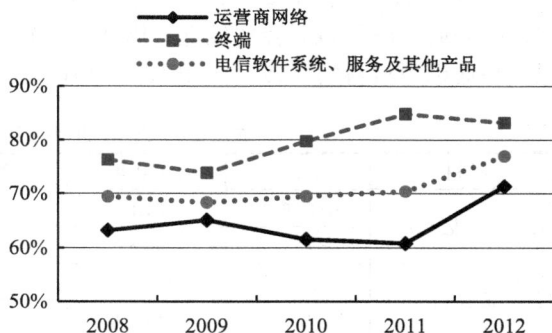

图 2-12　中兴通讯 2008 ~ 2012 年三大业务营业成本占营业收入比率对比

资料来源：中兴通讯 2008 ~ 2012 年年度报告。

中兴通讯业务主要分为运营商网络、终端和电信软件系统与服务等三部分，如表 2-18 所示，其中，终端为增长速度最快的业务。

表 2-18　中兴通讯营业成本分析

产品	项目	2008 年	2009 年	2010 年	2011 年	2012 年
运营商网络	营业收入增长率	28.34%	38.04%	4.99%	10.83%	-10.57%
	营业成本比增长率	36.71%	42.15%	-0.70%	9.49%	4.84%
终端	营业收入增长率	26.78%	34.86%	35.00%	52.63%	-4.07%
	营业成本增长率	24.47%	30.59%	48.06%	59.80%	-5.89%
电信软件系统、服务及其他产品	营业收入增长率	23.49%	28.06%	42.47%	24.46%	31.09%
	营业成本增长率	3.18%	30.36%	45.69%	25.35%	43.37%

资料来源：根据中兴通讯 2008 ~ 2012 年年度报告整理。

然而，中兴通讯三大类业务对营业收入和营业成本的影响并不匹配。来源于运营商网络业务的收入占总收入的比重最高，但其营业成本占总成本的比重却始终小于营业收入占总收入的比重；终端业务恰好相反，且终端业务 2010 ~ 2011 年营业成本增长率始终高于其营业收入增长率；电信软件系统等业务 2009 ~ 2012 年营业成本增长率也始终高于其营业收入增长率。

上述事实表明，中兴通讯营业收入与营业成本不匹配，营业总成本增长率在 2009 ~ 2012 年始终高于总营业收入增长率，对于运营管理效率始终起负向作用。

（2）资产周转效率低于行业领先者

进一步分析中兴通讯的经营成本，可以发现其中原材料所占比总最大，如表 2-19 所示，2011 年原材料占经营成本比重为 82.69%，2012 年这一比例虽然略有下降，但仍然高达 82.50%。

表 2-19 中兴通讯主要经营成本构成

项目	2011 年		2012 年	
	金额（亿元）	占营业成本比重	金额（亿元）	占营业成本比重
原材料	497.42	82.69%	528.76	82.50%
工程成本	95.37	15.85%	102.83	16.04%
合计	592.79	98.54%	631.6	98.54%

资料来源：根据中兴通讯 2011 ~ 2012 年年度报告整理。

中兴通讯原材料主要为机箱、配线设备、天线、射频器件等通信设备基础元件，与华为相比，中兴通讯原材料周转率较低，周转效率较差，如表 2-20 所示。2010 年差距虽然有所缩小，但中兴通讯原材料的周转率在 2010 ~ 2012 年始终低于华为原材料的周转率。

表 2-20 中兴通讯与华为的原材料周转率[①]对比

项目	企业	2008 年	2009 年	2010 年	2011 年	2012 年
原材料（亿元）	中兴通讯	21.67	28.19	36.27	41.67	35.16
	华为	44.87	50.15	64.71	58.96	63.13
营业成本（亿元）	中兴通讯	294.93	406.23	473.35	601.57	640.92
	华为	754.59	900.90	1 021.95	1 274.81	1 326.21
原材料周转率	中兴通讯	13.61	14.41	14.69	15.44	16.68
	华为	16.82	17.96	15.79	20.62	21.73

① 计算周转率既可以以营业收入为口径，也可以以营业成本为口径；前者主要用于分析企业的盈利能力，后者主要用于分析企业的运营能力。

资料来源：根据中兴通讯与华为 2008 ~ 2012 年年度报告数据整理。

中兴通讯 2008 ~ 2012 年的平均原材料周转率为 14.97，明显低于华为 2018 ~ 2012 年的平均原材料周转率 18.58。原材料周转率较低降低了中兴通讯的资产配置效率，进而降低了价值创造效率。那么资产周转较差是否仅仅体现在原材料一项中呢？中兴通讯与华为周转率对比如表 2-21 所示，中兴通讯 2008 ~ 2012 年的流动资产周转率、总资产周转率均明显低于华为。

表 2-21 中兴通讯与华为周转率比较

项目	企业	2008 年	2009 年	2010 年	2011 年	2012 年	平均值
存货周转率（营业成本 / 存货）	中兴通讯	3.28	4.36	3.91	4.01	5.60	4.23
	华为	3.27	3.61	3.71	4.93	5.96	4.30

（续）

项目	企业	2008 年	2009 年	2010 年	2011 年	2012 年	平均值
存货周转率（营业收入/	中兴通讯	4.93	6.46	5.78	5.75	7.36	6.06
存货）	华为	5.43	5.98	6.62	7.88	9.90	7.16
流动资产周转率	中兴通讯	1.04	1.08	1.07	1.02	1.07	1.06
	华为	1.18	1.2	1.2	1.28	1.05	1.18
总资产周转率	中兴通讯	0.87	0.88	0.83	0.82	0.78	0.84
	华为	1.06	1.07	1.02	1.06	1.05	1.05

资料来源：根据中兴通讯与华为 2008～2012 年年度报告数据整理。

从营业成本角度比较中兴通讯与华为的存货周转率，发现二者已经实现销售的产品成本与现有存货成本之比差距较小，说明中兴通讯与华为在销货成本上差距较小；而从营业收入角度比较，则发现华为 2008～2012 年的存货周转率一直高于中兴通讯，说明二者在毛利润方面差距较大。综合不同角度的周转率分析可以发现，中兴通讯通过管理资产控制成本的能力与华为无明显差距，但资产周转效率对于企业价值创造能力的正向影响弱于华为，抑制了生产运营效率的提升。

（3）销售费用增长与收入不匹配

资产的配置效率与周转速度均会影响到企业的费用支出，中兴通讯资产配置较好，但资产周转效率低于行业领先者，这对于其费用又会产生哪些影响呢？

中兴通讯的营业收入在 2011 年前一直不断上升，然而对比营业收入增长率与期间费用增长率可以发现，自 2011 年起，中兴通讯的营业费用增长率一直高于营业收入增长率，如表 2-22 所示，制约了自身运营效率的提升。

表 2-22　中兴通讯营收入与销售费用及管理费用费用分析[①]　（单位：亿元）

项目	2008 年	2009 年	2010 年	2011 年	2012 年
营业收入	442.93	602.73	699.07	862.54	842.19
销售费用与管理费用之和	74.13	96.12	111.65	133.85	134.62
其中：销售费用	53.13	70.44	87.55	109.53	111.81
管理费用	21.00	25.68	24.10	24.32	22.81
营业收入增长率	27.36%	36.08%	15.98%	23.39%	-2.36%
期间费用增长率	20.08%	29.68%	16.15%	19.88%	0.58%
对生产运营效率影响	提高	提高	提高	降低	降低

①财务费用对于价值创造效率的影响主要体现于资本成本中，表现为不同筹资方式的组合会带来筹资费率的变化，而与企业的运营管理无关。因此在运营管理分析中着重在管理费用与销售费用。

资料来源：中兴通讯 2008～2012 年年度报告。

通过对销售费用的具体分析可以发现，销售费用率在 2009～2012 年持续上升。自 2009 年以来，销售费用不断上升，明显高于管理费用和财务费用的上升幅度，如图 2-13 与图 2-14 所示，销售费用年平均增长率为 16.65%。销售费用率也不断上升，2012 年销售费用率已超过 13%。

中兴通讯销售费用激增主要是源于咨询及服务费、工资福利及奖金的不断上升，如表 2-23 所示，其中又以工资福利及奖金占销售费用的比例最高，2012 年已近销售费用的 40%。

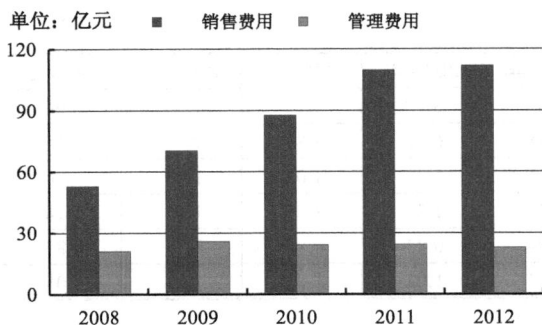

图 2-13 中兴通讯 2008 ~ 2012 年销售费用与
管理费用

资料来源：中兴通讯 2008 ~ 2012 年年度报告。

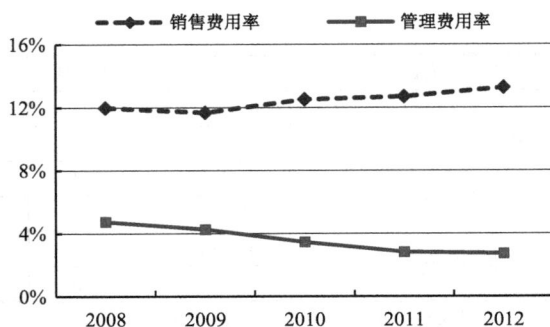

图 2-14 中兴通讯 2008 ~ 2012 年销售费用率与
管理费用率

资料来源：中兴通讯 2008 ~ 2012 年年度报告。

表 2-23 中兴通讯销售费用构成 （单位：亿元）

项目	2009 年	2010 年	2011 年	2012 年
工资福利及奖金	22.19	27.62	38.51	40.54
咨询及服务费	13.30	17.18	24.49	29.94
差旅费	7.69	10.43	10.36	7.91
运输及燃料费	5.94	5.60	5.08	5.52
办公费	3.53	3.49	2.85	3.60
广告宣传费	2.36	3.10	4.15	5.16
租赁费	1.88	2.61	3.13	4.61
通信费	1.01	1.14	1.22	1.32

资料来源：中兴通讯 2009 ~ 2012 年年度报告。

大力投入市场拓展带来了销售人员队伍庞大问题，销售人员的效率提升有限。在中兴通讯的员工队伍中，销售人员占比一直较高，2009 年起随着市场拓展力度的加大，市场销售队伍又进一步得到扩充，如表 2-24 所示。2007 ~ 2012 年市场销售人员占员工比重平均为 15.28%，远远高于华为市场销售人员 11%（2010 ~ 2012 年平均值）的比例。但中兴通讯销售人员的人均销售收入一直远低于华为销售人员的人均销售收入，虽然逐年得到提升，但效率仍然较低。

表 2-24 中兴通讯与华为的销售人员及人均营业收入对比

项目	企业	2009 年	2010 年	2011 年	2012 年
销售人员数量	中兴通讯	9 989	12 987	13 274	11 867
	华为	—	12 100	16 060	15 765
销售人员占员工比	中兴通讯	14%	15%	15%	15%
	华为	—	11%	11%	10.51%
销售人员人均营业收入（亿元）	中兴通讯	0.05	0.05	0.06	0.07
	华为	—	0.15	0.13	0.14

资料来源：中兴通讯 2009 ~ 2012 年年度报告与华为 2009 ~ 2012 年年度报告。

2012 年的销售困境已经使中兴通讯管理层认识到销售效率较低所带来的弊端，自 2012 年第四季度起，中兴通讯进行了裁员，对于销售人员、生产人员进行了精简，销售人员、生产人员、行政管理人员裁员幅度均超过 10%，可见提升运营效率的决心已开始落实。

综合考虑生产运营效率的影响因素可以发现，除 2010 年外，2008 ~ 2012 年资产配置效率均促进了中兴通讯生产运营效率的提高[一]，如表2-25所示；而2010～2012年运营管理效率均制约了中兴通讯生产运营效率的提高。在二者的综合作用下，生产运营效率在2008～2012年呈波动变化，对于价值创造效率的影响也呈波动变化。除生产运营效率外，企业的价值创造效率还受到市场盈利效率的影响，那么中兴通讯2008～2012年市场盈利效率如何呢？

表2-25 中兴通讯生产运营效率变化分析

项目	2008年	2009年	2010年	2011年	2012年
生产运营效率	0.67%	0.38%	0.96%	-2.62%	-1.98%
资产配置效率对价值创造效率影响	提高	提高	降低	提高	提高
运营管理效率对价值创造效率影响	提高	降低	提高	降低	降低

2.5 市场盈利效率如何驱动价值创造效率变化

企业市场盈利效率的变化不仅与企业本身的市场策略、竞争优势等情况有关，也与经济环境、行业环境密切相关。中兴通讯2010～2012年盈利能力与营业收入出现波动的原因是什么，是哪些因素对其产生了影响呢？

2.5.1 受限低价策略盈利能力下降

中兴通讯在2009～2012年的盈利状况是受到什么因素影响而产生变化的呢？

中兴通讯自2009年以来盈利能力不断下滑，如表2-26所示。占收入比重最大的运营商网络的毛利率已从2008年的36.76%滑落到2012年的28.67%，占收入比重第二的终端业务毛利率从2008年的23.73%滑落到2012年的16.80%。

表2-26 中兴通讯的三大类业务营业收入及毛利率变化

项目		2008年	2009年	2010年	2011年	2012年
毛利率	运营商网络	36.76%	34.88%	38.43%	39.16%	28.67%
	电信软件系统、服务及其他产品	32.87%	31.66%	30.54%	29.62%	23.02%
	终端	23.73%	26.14%	20.26%	15.18%	16.80%
占营业收入总额比重	运营商网络	65.39%	66.34%	59.76%	53.94%	49.40%
	电信软件系统、服务及其他产品	12.73%	11.98%	14.72%	14.84%	19.92%
	终端	21.88%	21.69%	25.51%	31.23%	30.68%

资料来源：中兴通讯2008～2012年年度报告。

通过与国内外行业领先公司对比可发现，中兴通讯的盈利能力下滑不仅是由于通信行业整体环境的影响。首先，中兴通讯的盈利能力一直弱于华为等行业内领先公司。中兴通讯的毛利率与营业收入净利率在2008～2012年均低于华为。中兴通讯与华为2008～2012年毛利率对比如图2-15所示，净利率对比如图2-16所示。不仅如此，爱立信和阿尔卡特朗讯作为国外通信行业的典型代表，2008～2012年平均毛利率分别为34.57%和32.32%[二]，均高于中兴通讯。其次，中兴通讯的盈利能力一直呈下滑趋势。华为的毛利率与净利率仅在2011年有波动，但

[一] 本案例仅考虑了当期的资产配置效率对于当期生产运营效率的影响。如果当期投入的资产中在未来期间投产并产生收益的比重较大，则资产配置效率对于生产运营效率的影响需要进一步分析。
[二] 资料来源：根据爱立信、阿尔卡特朗讯2008～2012年年度报告中的毛利率与净利率数据计算。

中兴通讯不论是毛利率还是净利率均呈不断下滑趋势，如图 2-15、图 2-16 所示。最后，中兴通讯 2012 年通过出售子公司获得了 13 亿元的投资收益，如果不考虑这部分非经常性损益，中兴通讯在 2012 年亏损额不只 26 亿元，可见，中兴通讯净利率的下滑不仅是行业整体环境的影响。那么中兴通讯盈利能力弱于华为是否与其定价有关呢？

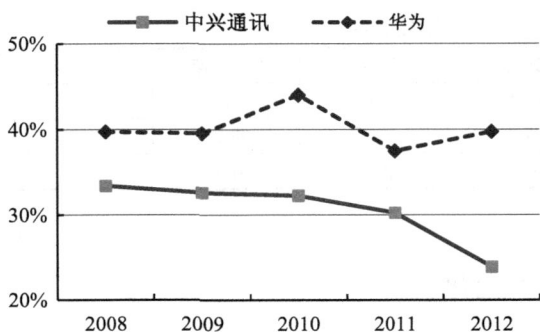

图 2-15 中兴通讯与华为 2008 ～ 2012 年毛利率对比
资料来源：中兴通讯与华为 2008 ～ 2012 年年度报告。

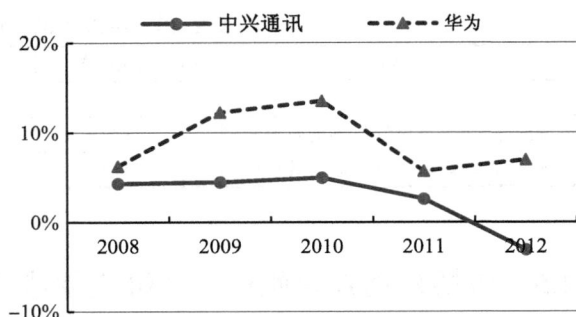

图 2-16 中兴通讯与华为 2008 ～ 2012 年净利率对比
资料来源：中兴通讯与华为 2008 ～ 2012 年年度报告。

中兴通讯 2009 ～ 2011 年毛利率的下降主要是受以价格换市场的经营策略影响，即中兴通讯在 2012 年年度报告中董事长报告书中所说的"激进的销售策略"。中兴通讯为抢占市场份额，不惜大举"价格战"的大刀，试图通过低价策略快速扩大市场份额，终端市场通过低价合约机的方式，运营商网络市场通过远低于对手的竞争价格投标竞争。仅以 2012 年年初印度国有电信运营商 BSNL 的网络扩容设备合同竞标○为例，合同价值约为 10.9 亿美元，诺基亚、西门子出价为 25 亿美元，爱立信出价 23 亿美元，阿尔卡特朗讯出价 18 亿美元，华为出价为 13 亿美元，而中兴通讯出价仅为 8.4 亿美元。仅为最高出价额的 1/3，最终与阿尔卡特朗讯一起获得此项合同。

在利润空间不断减小的压力下，中兴通讯非经常性损益的变化幅度逐渐增大，如图 2-17 所示，其中又以出售控股子公司股权获得的投资收益变化幅度最大。中兴通讯出售子公司股权是否出于抛售不良资产的目的呢？

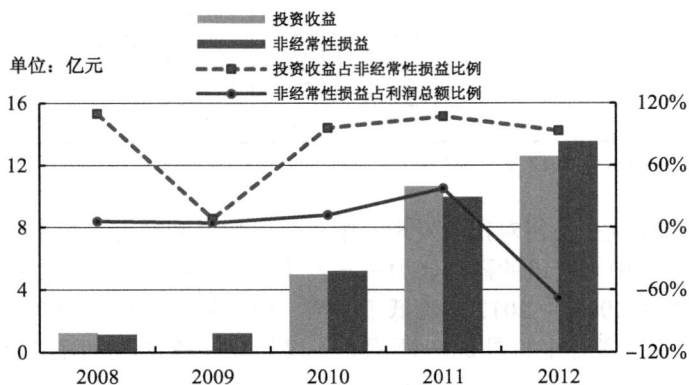

图 2-17 中兴通讯 2008 ～ 2012 年投资收益、非经常性损益变化○
数据来源：中兴通讯 2008 ～ 2012 年年度报告。

○ 资料来源：网易科技。http://tech.163.com/12/0620/11/84EJ5OSB00094MOK.html。
○ 2012 年所占比例指占亏损额的比例。

中兴通讯 2012 年所出售的子公司并不存在经营不善等问题。2012 年第四季度，中兴通讯相继出售了控股子公司子公司中兴特种 68% 的股权、长飞投资 81% 的股权，而这两家公司自 2012 年期初至出售日为中兴通讯贡献的净利润均为正值，合计约 1 亿元，如表 2-27 所示，可见中兴特种与长飞投资并不存在经营不善等问题。那么中兴通讯为何出售控股子公司股权呢？

表 2-27　中兴通讯出售的控股子公司股权与收益

被出售资产	协议签署日	交易价格	本期初起至出售日该资产为上市公司贡献的净利润	出售产生的损益	出售产生的损益占当年利润总额的比例（%）[①]
中兴特种 68% 的股权	2012-09-21	5.61	0.30	4.36	−22.01
长飞投资 30% 的股权	2012-11-16	4.80	0.29	2.80	−14.15
长飞投资 51% 的股权	2012-11-16	8.16	0.49	4.77	−24.06
合计		18.57	1.08	11.93	−60.22

① 由于 2012 年中兴通讯利润总额为负数，因此出售产生的损益占当年利润总额的比例为负数。
资料来源：中兴通讯 2012 年年度报告。

2.5.2　市场份额扩大收入增长放缓

以低价换市场的策略的确为中兴通讯争取到了市场份额的提升。中兴通讯作为当时全球第四大通信设备制造商，在国内的主要竞争对手是华为（当时全球第二大通信设备制造商），在国外的竞争对手有爱立信、阿尔卡特朗讯、诺基亚、西门子等，国内国外竞争态势均异常激烈。但在激烈的竞争中，中兴通讯仍保持了营业收入的不断增长与主要业务市场份额的扩大，如图 2-18 与图 2-19 所示，2008 ~ 2011 年营业收入不断攀升。2008 年，中兴通讯在全球通信设备制造市场中排名第六，市场份额约为 5%，而到 2011 年，它已成为全球第五大通信设备制造商，光网络更是连续两年市场份额增速第一，为全球市场第三位[⊖]。可见，它通过价格战的确抢夺了一定的市场份额。那么，市场份额的扩大是否一定意味着中兴通讯的收入在不断地高速增长呢？

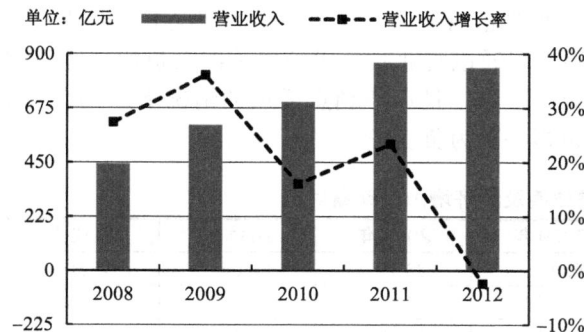

图 2-18　中兴通讯 2008 ~ 2012 年营业收入增长率变化
资料来源：中兴通讯 2008 ~ 2012 年年度报告。

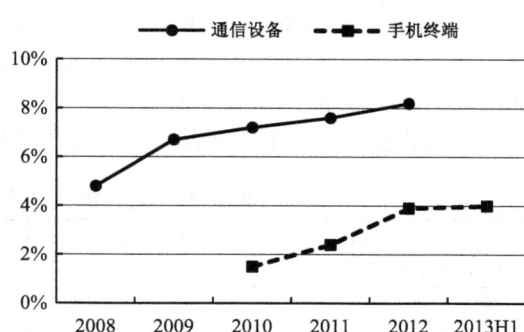

图 2-19　中兴通讯 2008 ~ 2012 年部分业务市场份额变化
资料来源：中国中投证券中兴通讯研究报告（2013.08.27）。

受行业环境影响，2012 年，全球通信巨头业绩均有不同程度的下滑。华为实现营业收入 2 202 亿元，营业收入增长率下降超过 3%；爱立信实现营业收入 2 230 亿元，微增 0.4%；利润同

⊖　资料来源：中兴通讯公司网站。http://www.zte.com.cn/cn/press_center/news/201102/t20110214_346269.html。

比下滑 53%[⊖]。阿尔卡特朗讯实现营业收入 1 448 亿元，同比下降 5.7%；亏损 109.15 亿元[⊖]。那么在这样的行业环境下中兴通讯的营业收入增长率如何呢？中兴通讯 2012 年营业收入增长率为负，其中占营业收入比重最大的运营商网络营业收入下降超过 10%，如表 2-28 所示。

表 2-28　中兴通讯三大类业务营业收入变化

项目		2008 年	2009 年	2010 年	2011 年	2012 年
营业收入 （亿元）	运营商网络	289.64	399.82	419.9	465.22	416.02
	终端	96.93	130.72	179.27	269.34	258.39
	电信软件系统、服务及其他产品	56.37	72.188	103.46	127.99	167.78
占营业收 入总额比重	运营商网络	65.39%	66.34%	59.76%	53.94%	49.40%
	终端	21.88%	21.69%	25.51%	31.23%	30.68%
	电信软件系统、服务及其他产品	12.73%	11.98%	14.72%	14.84%	19.92%
营业收入 增长率	运营商网络	28.34%	38.04%	5.02%	10.79%	−10.58%
	终端	26.78%	34.86%	37.14%	50.24%	−4.07%
	电信软件系统、服务及其他产品	23.49%	28.06%	43.32%	23.71%	31.09%

资料来源：中兴通讯 2008 ~ 2012 年年度报告。

　　行业因素使中兴通讯经营策略的实施受阻。在海外，中兴通讯一直试图以低价夺取的欧洲市场在 2012 年遭遇欧债危机，传统优势市场非洲市场竞争加剧而需求减少；在国内，通信设备投资在 2012 年下滑。双重因素导致中兴通讯 2012 年营业收入首次陷入负增长。管理费用、财务费用由于受到追求市场份额的战略影响，无法迅速得到调整，以至于出现营业收入与利润大幅度下滑，费用率上升的情况。

　　不仅如此，2012 年中兴通讯最主要的运营商网络业务下滑严重。运营商网络业务 2008 ~ 2012 年占中兴通讯营业收入比重超过 50%，2012 年占营业收入比重也高达 49.40%，但 2012 年其营业收入增长率却下降超过 10%；而华为来源于运营商网络业务的营业收入却在国内形势较差的情况下从 150 亿元增加到 160 亿元，增幅约 7%[⊜]。可见在此业务领域，中兴通讯所期待的"低价换市场"策略在 2012 年不仅没有起效，甚至还被竞争对手超越。

　　从经济增加值动量的计算公式可知，在经济增加值营业收入比率一定的情况下，营业收入增长率越大，经济增加值动量越大，而 2012 年中兴通讯营业收入增长率首次为负使得经济增加值动量变为负值，如表 2-29 所示。在盈利能力下降，且债务利息增加的情况下，2012 年，中兴通讯营业收入的下降使其经济增加值动量也再一次为负。

表 2-29　中兴通讯经济增加值及经济增加值动量对比

项目	2008 年	2009 年	2010 年	2011 年	2012 年
经济增加值（亿元）	46.79	65.93	83.19	80.04	61.50
经济增加值动量	3.56%	4.32%	2.86%	−0.45%	−2.15%
营业收入增长率	27.36%	36.08%	15.98%	23.39%	−2.36%
经济增加值营业收入比率	10.56%	10.94%	11.90%	9.28%	7.30%
经济增加值营业收入比率增量	0.67%	0.38%	0.96%	−2.62%	−1.98%

资料来源：根据中兴通讯 2008 ~ 2012 年年度报告计算。

　　中兴通讯的盈利能力 2011 ~ 2012 年持续降低中兴通讯的市场盈利效率，如表 2-30 所示；

⊖　资料来源：网易科技。http://tech.163.com/13/0131/15/8MIBEBHP000915BE.html。
⊖　资料来源：新浪财经。http://finance.sina.com.cn/world/20130207/190614533524.shtml。
⊜　资料来源：华为 2012 年年度报告。

而市场份额的扩大在 2009 年与 2011 年都对于提升市场盈利效率做出了贡献。在二者的综合作用下，市场盈利效率呈波动变化。

表 2-30　中兴通讯市场盈利效率分析

项目		2008 年	2009 年	2010 年	2011 年	2012 年
市场盈利效率		2.89%	3.95%	1.90%	2.17%	-0.17%
盈利能力对市场盈利能力的影响	经济增加值营业收入比率	10.56%	10.94%	11.90%	9.28%	7.30%
	对市场盈利效率影响	—	提高	提高	降低	降低
市场份额对市场盈利能力的影响	营业收入增长率	27.36%	36.08%	15.98%	23.39%	-2.36%
	对市场盈利效率影响	—	提高	降低	提高	降低

2.6　如何使用经济增加值动量判断企业成长类型

经济增加值动量不仅可以衡量企业价值创造效率，并且可以为管理层判断企业的成长类型提供依据，以便更好地进行价值管理。中兴通讯 2008 ~ 2011 年均保持了增值型成长，却在 2012 年转变为衰退型成长；而其竞争对手华为在 2008 ~ 2012 年持续为增值型成长。如何判断企业的成长类型，又是什么原因造成二者成长类型的变化趋势不同呢？

2.6.1　企业成长类型判断

经济增加值动量不仅受到单位营业收入创造的价值影响，还受到营业收入增长率的影响，经济增加值动量为管理层提供了通过这两个指标判断企业成长类型的方法，如图 2-20 所示。

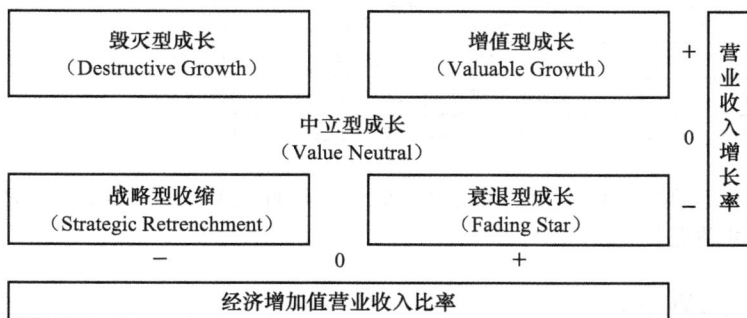

图 2-20　企业成长类型[①]

[①] Bennett Stewart, 2009, EVA Momentum：The One Ratio That Tells the Whole Story, *Journal of Applied Corporate Finance*, 21, 81. 文章提出经济增加值动量不仅是衡量企业价值创造效率的指标，更可以通过经济增加值与营业收入比率和营业收入增长率将企业成长类型分为毁灭型成长、增值型成长、战略型收缩、衰退型成长、中立型成长五种情况，成为企业进行价值创造效率管理的工具。

中立型成长（Value Neutral），指营业收入增长率和经济增加值营业收入比率二者中有一个为零，二者乘积对于经济增加值动量无影响。从营业收入增长率角度来考虑，极少企业会出现营业收入与上一期完全相同的情况；而从经济增加值营业收入比率角度来考虑，管理者需要分析造成经济增加值为零的原因，在下一期经营中提升企业价值创造能力。

毁灭型成长（Destructive Growth），指虽然营业收入增长率为正，但经济增加值营业收入比率增加值为负，由于单位营业收入创造的经济增加值为负，因此企业销售额越高，价值毁灭程度越高。管理者应当极力避免出现这类组合。

战略性收缩（Strategic Retrenchment），指营业收入增长率和经济增加值营业收入比率均为负值，营业收入增长率为负代表企业所在市场萎缩，而经济增加值营业收入比率同样为负则代表企业营业收入的获得伴随着价值毁损。这样的组合表示企业的经营规模发生了收缩，有可能是出售部分业务所造成，也有可能是经营受到阻碍所造成。

增值型成长（Valuable Growth），增值型成长指营业收入增长率和经济增加值营业收入比率均为正。营业收入增长率为正代表企业所在市场不断扩大，或市场占有率在不断加大；而经济增加值营业收入比率为正说明企业价值创造的效率也在提升，在经济增加值营业收入比率为正的情况下，只要提高营业收入就可以提高所创造的经济增加值。这样的组合是企业经营的最佳状态，管理者应使企业继续保持这种状态。

衰退型成长（Fading Star），衰退型成长指虽然经济增加值营业收入比率为正，但营业收入增长率为负，说明企业的销售增长同时在为股东带来价值增值，但市场竞争能力在下降。

通过对中兴通讯的经济增加值动量分解分析可以发现，中兴通讯的营业收入增长率起伏较大，说明企业市场份额变化较大；而 2010 ～ 2012 年经济增加值营业收入比率在逐渐减小，表明中兴通讯的产出为价值创造做出贡献的能力自 2010 年起就逐渐下降，如表 2-31 所示，且一直低于华为的营业收入为价值创造做出贡献的能力。

表 2-31　中兴通讯与华为成长类型判断

公司	项目	2008 年	2009 年	2010 年	2011 年	2012 年
中兴通讯	经济增加值营业收入比率	10.56%	10.94%	11.90%	9.28%	7.30%
	营业收入增长率	27.36%	36.08%	15.98%	23.39%	-2.36%
	成长类型	增值型成长	增值型成长	增值型成长	增值型成长	衰退型成长
华为	经济增加值营业收入比率	14.01%	17.04%	18.39%	12.65%	14.25%
	营业收入增长率	7.14%	19.04%	22.47%	11.71%	7.98%
	成长类型	增值型成长	增值型成长	增值型成长	增值型成长	增值型成长

资料来源：根据中兴通讯 2008 ～ 2012 年年度报告与华为 2008 ～ 2012 年年度报告数据整理计算。

为什么中兴通讯 2012 年突然陷入衰退型成长，这样的转变在 2008 ～ 2011 年的增值型成长阶段是否有迹可循呢？

2.6.2　企业成长趋势分析

通过经济增加值动量的分解指标判断企业类型，不仅要关注其每年所处的成长阶段，还要关注其每年的变化趋势。那么中兴通讯成长类型的变化趋势能够说明其成长中面临了哪些问题呢？

（1）中兴通讯与华为的成长趋势对比分析

企业成长类型的趋势变化与当年的市场环境、企业经营相关，能够直接反映引起经济增加值动量变化的原因。中兴通讯 2009 年增值型成长程度增加，如图 2-21 所示，2010 年向衰退型成长方向转变，2011 年转向战略性收缩方向转变，2012 年陷入衰退型成长。管理层面对这样的成长类型变化应该做出怎样的决策呢？

2008 ～ 2009 年中兴通讯属于增值型成长，且增值型成长的程度加深，说明在营业收入保持增长的基础上，企业的营业收入为价值创造做出贡献的程度也在提高，管理层使企业保持这样的状态有助于价值创造效率的逐年提升。但值得注意的是，中兴通讯各年的经济增加值营业收入比率均低于同年华为的经济增加值营业收入比率，两公司在 2008 ～ 2012 年平均相差

5.27%，2010 年中兴通讯的经济增加值营业收入比率为 2008 年以来的最大值，但也仍然低于 2011 年华为经济增加值营业收入比率的最低值。这说明了中兴通讯虽然扩大了营业收入规模，但创造价值能力的提升速度却与营业收入增长速度不匹配，提醒管理层除关注营业收入规模、经济增加值规模以外，也要关注价值创造效率的提升。

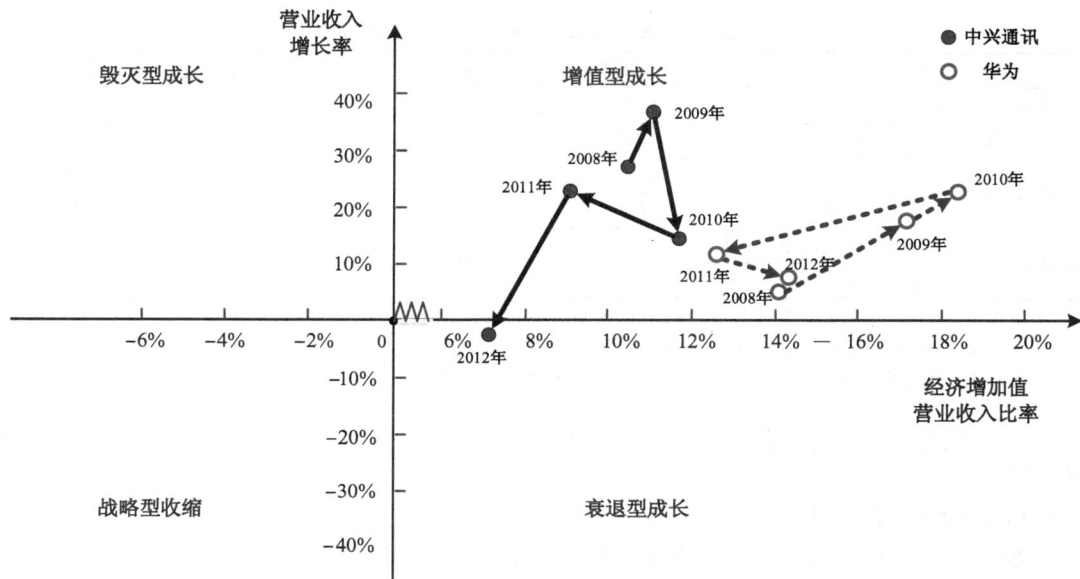

图 2-21　中兴通讯与华为成长类型变化对比

资料来源：根据中兴通讯 2008 ~ 2012 年年度报告与华为 2008 ~ 2012 年年度报告数据计算。

　　2009 ~ 2010 年中兴通讯虽然属于增值型成长，但向衰退型成长方向转变，说明企业的销售增长的确在为股东带来价值增长，表现为经济增加值营业收入比率增加，为价值创造效率的提升提供了直接动力；但营业收入增长率的减小使得方向有所转变，提示管理层评估营业收入增长率减小的原因是市场原因还是自身原因，针对市场变化做出应对策略，针对自身不足进行改进。

　　2010 ~ 2011 年中兴通讯仍属于增值型成长，但已向毁灭型成长方向转变，说明企业的营业收入增长率得到提高，但通过单位营业收入创造的经济增加值正在减小，市场扩张速度的扩大已经不能够为股东带来价值增长速度的增长，提示管理层在稳固现有市场份额基础上通过改进效率等方法提升单位营业收入为价值创造做出贡献的能力。

　　2011 ~ 2012 年营业收入增长率转为负值导致中兴通讯陷入了衰退型成长，说明虽然营业收入仍在为价值创造做出贡献，但由于营业收入增长率下降使得市场盈利效率下降，拖累了价值创造效率。综合 2008 ~ 2012 年间中兴通讯与华为营业收入增长率的变化可以发现，中兴通讯营业收入增长率的波动较大。一方面，说明中兴通讯市场竞争策略自 2009 年起发挥了一定的作用，另一方也体现了其市场盈利效率的不稳定性，例如营业收入增长率在 2009 年迅速提升后，2010 年又滑落到 2008 年的营业收入增长率以下；而华为 2010 年的营业收入增长率仍保持提升。

　　综合经济增加值营业收入比率与营业收入增长率可以发现，企业成长类型趋势的变化与经济增加值动量的变化密切相关。横轴（即经济增加值营业收入比率）的变化值即为生产运营效率，因此当企业成长变化的箭头在横轴方向呈现左转变化时（如中兴通讯 2010 ~ 2011 年、

2011 ～ 2012 年；华为 2010 ～ 2011 年），企业的生产运营效率即为负值，如表 2-32 所示；又由于市场盈利效率的变化也会受到经济增加值营业收入比率的影响，因此当企业成长变化的箭头在横轴方向左转时，代表价值创造效率的经济增加值动量整体将会减小。管理层可以通过企业成长类型变化图初步判断企业价值创造效率的变化。

表 2-32　中兴通讯与华为价值创造效率对比[①]

项目		2009 年	2010 年	2011 年	2012 年
经济增加值动量 （价值创造效率）	中兴通讯	4.32%	2.86%	−0.45%	−2.15%
	华为	6.27%	5.49%	−4.26%	2.73%
生产运营效率	中兴通讯	0.38%	0.96%	−2.62%	−1.98%
	华为	3.03%	1.35%	−5.74%	1.59%
市场盈利效率	中兴通讯	3.95%	1.90%	2.17%	−0.17%
	华为	3.24%	4.13%	1.48%	1.14%

①由于华为 2009 年以前的年度报告中仅披露主要财务数据，自 2009 年起在年报中披露详细财务报表，因此无法对比 2008 年年度中兴通讯与华为的经济增加值动量。
资料来源：根据中兴通讯与华为 2009 ～ 2012 年年度报告数据计算。

中兴通讯与华为同为通信行业中的领先者，为什么成长趋势会有不同，其背后的经营原因又有哪些呢？

（2）企业成长趋势背后的经营因素

从整体上看，中兴通讯对市场变化的敏感度要高于华为，而营业收入为价值创造做出贡献的能力弱于华为，这既与中兴通讯主动选择低价格策略有关，又与外部市场环境变化有关。

中兴通讯的经济增加值营业收入比率的变动主要与其主动选择激进的市场策略有关。自中兴通讯 2009 年起采用低价格换市场策略以来，通过增加营业收入获得经济增加值的能力明显降低，与华为的经济增加值营业收入比率变动趋势明显不同。由于受到通信行业收入确认通常晚于工程建设特点影响，其经济增加值营业收入比率的降低主要反映于 2010 年以后，2011 年的经济增加值营业比率已低于其 2008 年的经济增加值营业收入比率。在 2011 年中兴通讯的董事会报告中，管理层明确表示其毛利率及净利润下降是受 "本集团推行市场规模扩张策略的影响"；而 2012 年由于前期签订的非洲、南美、亚洲及国内较多的低毛利订单合同的集中确认，中兴通讯的盈利能力更是急速下降，管理层也在其董事长报告书中明确表示这与其激进的市场策略有关。

中兴通讯营业收入增长率的变动除了与其主动选择的激进市场策略有关，也与通信行业整体的经营环境密切相关。

首先，中兴通讯激进的市场扩张策略的确为其带来了市场份额的显著上升，如图 2-22 所示，以通信设备为例，中兴通讯自 2008 以来在全球通信设备市场份额不断上升；2010 ～ 2012 年手机市场份额也不断上升[⊖]。低价格策略所占有的市场份额也协助中兴通讯抵挡了 2011 年行业整体的收入下滑，其收入逆势上扬，如图 2-23 所示。

其次，也正是由于中兴通讯所抢占的市场主要为传统的通信设备、运营商网络等传统市场，导致其对传统业务市场萎缩时的应对能力不足，营业收入发生急剧下降。2011 年起通信行业传统的运营商网络等业务市场发生萎缩，华为在传统业务环境开始恶化时，即关注智能手机市场和云开发市场，并通过全资子公司——华为终端（香港）有限公司开发手机、移动宽带、

⊖　资料来源：中国中投证券中兴通讯研究报告——2013 半年报点评（2013.08.27）。中兴通讯 2009 ～ 2012 年手机市场份额分别为 1.8%、3.2%、3.9%、4.9%。

融合终端、视讯等多种形态的职能终端产品。然而中兴通讯在 2011 年终端市场的营业收入虽然也大幅度上升，然而由于运营商网络业务占中兴通讯营业收入的比例仍然较高（33.22%），而 2012 年该业务市场萎缩，导致中兴通讯的此类业务营业收入增长率为负，直接导致整体的营业收入增长率为负值，陷入衰退型成长。

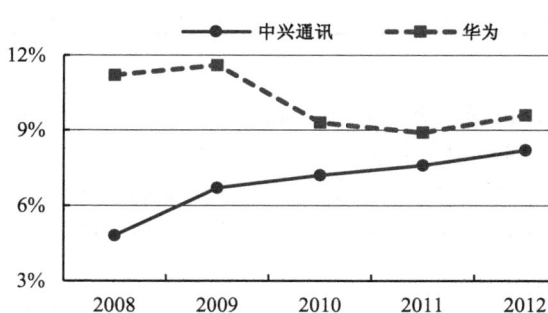

图 2-22　中兴通讯与华为 2008 ~ 2012 年全球通信设备市场份额变化对比

资料来源：中国中投证券中兴通讯研究报告（2013.08.27）。

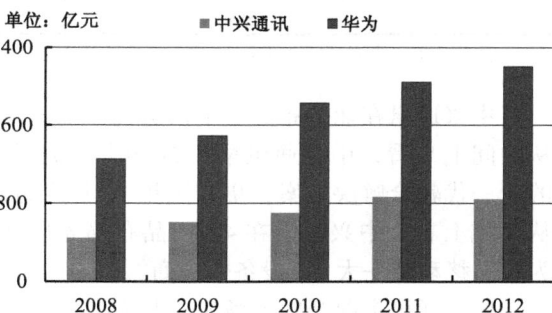

图 2-23　中兴通讯与华为 2008 ~ 2012 年营业收入变化对比

资料来源：中兴通讯（000063）与华为 2008 ~ 2012 年年度报告。

通过对企业经营因素的分析可以发现，一项决策可能对于价值创造效率的不同方面产生影响，那么管理层应当如何对于价值创造效率进行权衡决策呢？

2.7　管理层对价值创造效率的权衡决策

通过基于经济增加值动量管理提升企业价值创造效率，不仅需要权衡当期生产运营效率和市场盈利效率，还需要权衡当期经济增加值动量和未来经济增加值动量。提前对潜在业务市场进行开发会对业务布局产生影响，进而提升企业未来的市场盈利效率；提前对潜在业务市场进行投入会降低企业的生产运营效率，进而保持技术领先地位。因此，管理层需要综合权衡当期与未来的生产运营效率、市场盈利效率，做出能够对于企业经济增加值动量的提升最有效的决策。

2.7.1　权衡业务布局提前开发市场

企业管理层不仅要关注现有业务，管理当前价值创造效率；还需要提前开发市场，考虑未来价值创造效率的变化。权衡现有业务与潜在业务，是管理层进行价值管理提升，价值创造效率，尤其是市场盈利效率时需要权衡的因素之一。

在中兴通讯三大类业务板块中，运营商网络业务自 2010 年以来一直是占总营业收入比重最大的收入来源。2008 ~ 2012 年运营商网络业务占营业收入总额的比重平均为 59%，如表 2-33 所示。运营商网络业务的产品主要为无线产品、有线及光通信产品，无线产品又以传统的 2G/3G 产品为主。

表 2-33　中兴通讯三大类的业务收入对比

项目	业务	2008 年	2009 年	2010 年	2011 年	2012 年
营业收入（亿元）	运营商网络	289.64	399.82	419.76	465.22	416.02
	电信软件系统、服务及其他产品	56.37	72.19	103.46	127.99	167.78
	终端	96.93	130.72	179.27	269.34	258.39

（续）

项目	业务	2008 年	2009 年	2010 年	2011 年	2012 年
占总营业 收入的比重	运营商网络	65.39%	66.34%	59.76%	53.94%	49.40%
	电信软件系统、服务及其他产品	12.73%	11.98%	14.72%	14.84%	19.92%
	终端	21.88%	21.69%	25.51%	31.23%	30.68%

资料来源：中兴通讯 2008 ～ 2012 年年度报告。

　　中兴通讯在业务布局上不仅重视传统的 2G/3G 市场，更提前对潜在的 4G [⊖] 市场进行开发。从时间上来看，中兴通讯早在 2009 年 2 月的全球移动大会展会上就重点了展示面向 4G 网络的新一代融合解决方案，更在同年 12 月成为首批获准进入 4G 技术试验场外测试的系统厂家。从地域上看，中兴通讯在 4G 产品布局先后涉及欧洲、马来西亚、香港等地，并在 2012 年成为中国移动第一大 4G 设备供应商[⊜]。

　　中兴通讯提前开发市场为未来营业收入的上升打下了良好的基础。仅凭借中国移动对于 4G 网络的投资，中兴通讯 2013 年即可预计获得 43 亿元[⊜]的营业收入，如表 2-34 所示，超过往年运营商网络业务收入整体的 10%；预计可获得利润为 5.51 亿元，通过 4G 网络主设备订单，中兴通讯不仅可以弥补非 4G 网络主设备订单带来的损失，还可以带来超过 2012 年亏损额 2 倍的利润。

表 2-34　中国移动 2013 年网络投资对中兴通讯收入影响测算　　（单位：亿元）

项目	非 4G 网络主设备	4G 网络主设备	合计
投资金额	112	216	328
市场份额	25%	20%	—
营业收入	28	43	71
毛利率	20%	40%	32%
费用率^①	25%	25%	25%
所得税率	15%	15%	15%
净利润^②	-1.19	5.51	4.32

①包括管理费用、销售费用、财务费用等。
②净利润＝投资金额 × 市场份额 × （毛利率－费用率）×（1－所得税率）。
资料来源：长城证券研究报告《今后 2 ～ 3 年将逐步受益国内 4G 建设——中兴通讯年报点评》（2013 年 3 月 28 日）。

　　由此可见，提前开发市场对于未来营业收入增长率和盈利能力都会产生积极的影响，进而提升市场盈利效率。因此，企业管理层在进行价值创造效率管理时，不仅要关注当前市场，还要权衡业务布局，提前开发市场。

2.7.2　权衡生产运营提前投入研发

　　为了支持对于市场的提前开发，企业管理层需要前瞻性和针对性地进行研发投入，但对暂时并不能产生回报的业务进行研发投入可能影响企业的生产运营效率。因此，研发投入对生产运营效率产生的影响，是管理层管理价值创造效率时需要权衡的另一因素。

⊖　4G 是第四代移动通信及其技术的简称，是继 GMS 与 CDMA、GPRS、3G 后新一代的通信技术。4G LTE(Long Term Evolution，LTE) 系统能够以 100Mbps 的速度下载，比拨号上网快 50 倍。
⊜　2010 年，中兴通讯 LTE 产品在欧洲实现了规模部署，与西班牙电话公司 Telefonica 等展开合作。2011 年 4 月，挪威电信公司 Telenor 选择中兴通讯在马来西亚部署 5 000 个 HSPA+/LTE 站点。2012 年 12 月，中兴通讯助力中国移动香港推出亚洲首个 TD-LTE/FDD-LTE 融合网络。
⊜　根据中信建投证券研究报告（同⊜）的预测，中兴通讯从中国移动 4G 网络投资主设备采购中可获得 6 ～ 10 亿元的利润。本案例仅以 5.5 亿元进行讨论。

中兴通讯对于潜在的 4G 技术与智能终端技术较早地进行了研发投入，在 3G 技术还未广泛应用的 2008 年就已经开始投资 4G 技术。2008 年中兴通讯发行了规模达 65.5 亿元⊖的认股权与债券分离交易的可转换公司债券，在募集资金投资项目中，与 4G 技术和智能终端技术有关的项目所占拟投资额的比重较大，如表 2-35 所示，终端技术项目拟投资额为 17.5 亿元，约占募集资金总额的 27%。

表 2-35 中兴通讯可分离交易可转债募集资金投资项目 （单位：亿元）

项目	拟投资额	占募集资金总额比例
4G 技术相关项目：		
TD 后向演进技术产业化项目①	6.73	10.28%
下一代宽带无线移动软基站平台项目②	5.33	8.14%
智能终端相关项目：		
创新手机平台建设项目	17.49	26.70%

① TD 演进技术是 4G 的发展方向，该项目既包括相关技术的研发，也包括相关技术的产业化。
② "软基站"是指通过更换不同的软件，使得同一个基站硬件能够实现不同标准制式，或多种标准制式能够共存于一个基站。该项目目的是解决无线通信从 2G 向 3G、4G 演进过程中出现多接口形态共存的问题。
资料来源：中兴通讯认股权与债券分离交易的可转换公司债券募集说明书。

对于潜在市场提前进行研发投入将对资产配置效率和运营管理效率产生影响。2008 年中兴通讯营业收入的最大来源为运营商网络，如表 2-36 所示，运营商网络占营业收入总额比例为 65%。而此时 4G 网络技术并没有进行商用，因此中兴通讯运营商网络收入全部来源于 2G 网络或 3G 网络；终端也多为 3G 网络终端，而非智能手机。对于还未产生营业收入的业务进行研发投入，不仅使企业整体资产规模上升，影响资产配置效率；还会降低企业的资产周转效率，影响运营管理效率。

表 2-36 中兴通讯 2008 年营业收入构成

项目	营业收入（亿元）	占总营业收入比例
运营商网络	289.64	65.39%
终端	96.92	21.88%
电信软件系统、服务及其他产品	56.37	12.73%
合计	442.93	100%

资料来源：根据中兴通讯 2008 年年度报告数据整理⊜。

中兴通讯提前进行研发投入起到了保持技术领先的作用。由于长期重视对于 4G 技术的研发投入，中兴通讯比同行业更早地具备了成熟的 4G 网络技术与 4G 终端技术。早在 2010 年 11 月，中兴通讯就与香港移动通讯有限公司合作推出了全球首个商用的 LTE/DC-HSPA+ 网络⊜，4G 网络技术而位居世界前列；而 2013 年 9 月首批获得工信部发放入网许可的 4 款手机（TD-LTE 网络制式）⊛中，包括中兴通讯的 U9815 型智能手机⊛，说明中兴通讯的 4G 终端制造技术

⊖ 根据募集说明书，本次发行可分离交易可转债募集资金约 65.5 亿元，其中债券募集资金 40 亿元，权证若全部行权预计募集资金约 25.5 亿元。
⊜ 中兴通讯 2008 年年度报告中并没有分业务披露营业收入，因此根据其 2009 年年度报告中的上一年数字整理。
⊜ 资料来源：中兴通讯 2010 年年度报告——集团大事记。
⊛ 工业与信息化产业部 – 电信设备进网许可审批结果。http://gzly.miit.gov.cn：8080/datainfo/miit/jwxkml.jsp。
⊛ 其他三款手机分别为：索尼 M35t、三星 GT-N7108D、华为 D2-6070。

也位于世界前列。

　　虽然对潜在市场进行研发投入会降低企业的资产配置效率和运营管理效率，影响企业的生产运营效率，降低企业的经济增加值动量，但提前进行研发投入能够保持企业的技术领先地位。因此，企业管理层在进行价值创造效率管理时，不仅要关注当前市场业务的研发投入，还要在权衡生产运营效率后，对潜在业务市场提前进行研发投入。

2.8　案例总结与讨论问题

▌案│例│总│结

　　通过针对中兴通讯价值创造效率的分析与论证，可以得出以下四个方面的发现。

　　第一，基于经济增加值动量的分析可以发现，中兴通讯2009～2012年经济增加值为正，但经济增加值动量却持续下降的原因是：经济增加值动量改进了经济增加值的规模导向，能够在价值创造总量基础上进一步衡量企业的价值创造效率。中兴通讯2009～2012年创造价值的能力增长与创造收入的能力增长不匹配，因此经济增加值动量不断下降。

　　第二，基于经济增加值动量的分解可以发现，经济增加值动量能够将价值创造效率分解为生产运营效率和市场盈利效率，为管理层有针对性地改进企业存在问题提供参考依据。中兴通讯2009～2012年的生产运营效率主要受到运营管理效率的拖累，降低了价值创造效率；而市场盈利能力受到市场份额与盈利能力相互制约的影响呈波动变化。因此受企业生产运营效率与市场盈利效率的综合影响，中兴通讯2009～2012年以经济增加值动量为基础的价值创造效率持续下降。

　　第三，基于中兴通讯经营决策的分析可以发现，企业需权衡经营决策对于价值创造总量与企业价值创造效率的影响。中兴通讯的低价格策略虽然影响了盈利能力，但提高了现有市场的市场占有能力，对于经济增加值动量产生了先积极后消极的影响；同时，提前开发市场并进行研发投入虽然对生产运营效率有所影响，但为未来价值创造效率的提升打下了基础，因此管理层在决策中需要考虑生产运营效率与市场盈利效率、现有业务与未来业务对价值创造效率的综合影响。

　　第四，经济增加值动量可成为企业股东、管理层、投资者衡量经营业绩、执行业绩考核新的指标。通过经济增加值动量的正负数值，股东可判断自身财富是否获得增值、增值的效率是否得到提升；通过经济增加值动量的分解，管理层可判断企业拖累价值创造效率的弱点并针对性地加以改进；通过经济增加值动量的横向与纵向比较，投资人可判断企业经营是否有效。在经济增加值动量引导下，企业应权衡价值创造效率不同驱动因素的综合影响，以企业价值创造效率为出发点做出决策。

▌讨│论│问│题

　　讨论问题一：从中兴通讯管理层决策的视角，针对案例中所展现的中兴通讯与华为价值创造效率的不同特点，试讨论制定怎样的经营与财务策略超越竞争对手，提高价值创造效率。

　　讨论问题二：请查阅目前中兴通讯与华为最新的公告与年度报告，分析其发展战略与市场策略，应用附录2B中国务院国资委针对中央企业计算EVA的方法，并讨论现有战略或策略会对价值创造效率产生哪些影响。

　　讨论问题三：请寻找某一行业中互为竞争对手的两家企业，并在分析其价值创造的企业特征与行业特征的基础上，试讨论其价值创造效率最主要的影响因素是什么。

Appendix 2A

附录 2A

经济增加值计算调整方法

调整计算税后净经营利润

税后净经营利润，指销售收入减去除债务利息以外的全部经营成本和费用后的净值。根据财务报表调整税后净经营利润应依据以下原则：

（1）调增债务利息、所得税的影响；

（2）调增因预期能够产生多期经济利益而应资本化的费用；

（3）调增表外融资产生的利息费用；

（4）调增因权责发生制而从利润中扣除却并未发生的费用；

（5）调减不能持续影响多期经济利益的非经常性损益；

（6）调减递延所得税资产、调增递延所得税负债。

下面进行具体解释。

（1）**调整债务利息、所得税的影响。**债务利息支出属于资本成本的一部分，统一在资本成本中核算，因此不计入税后净经营利润中，否则将导致资本成本和费用的重复计算。经济增加值概念中的营业所得税是息税前利润（EBIT）乘以公司所得税税率，这与利润表中的所得税费用存在差异，因此应在进行其他项调整后重新计算所得税费用，并将其从税前净经营收益中扣除得到税后净经营利润。

（2）**调增表外融资产生的利息费用。**如经营租赁资产产生的费用。经营租赁作为资产负债表外融资，其租金中既包括经营费用（即使用租入资产产生的费用）也包括资本成本（即进行资产负债表外融资产生的借款利息），因此将经营租赁费用全部费用化与实际不符。因此，进行税后净经营利润调整时，应将经营租赁中隐含的利息费用作为税后净经营利润的加项，将经营租赁资产的折旧费用作为减项。经营租赁租出资产做相反处理。

（3）**调增因预期能够产生多期经济利益而应资本化的费用。**如研发支出的费用化部分、市场拓展费用、重组费用等。这些费用的投入虽然在当期，但对企业获得收益（或防止收益持续流失）、创造现金流的影响是长期的。经济增加值视角下，将其视作投入资本，即应当做资本化处理。会计准则将其费用化将造成当期经济利润被低估，因此在进行税后净经营利润调整时，将每期此类费用作为税后净经营利润的加项，并将每期摊销额作为税后净经营利润的减项。

（4）**调增因权责发生制而从利润中扣除却并未发生的费用。**按照企业会计准则，所计提的减值准备、担保准备金余额的变化计入当期费用冲减利润，但减值准备是将并未发生、未来有可能发生的资产减值在当期进行计提，减值准备金的变化不是公司当期费用的现金支出，低估了公司的现金利润。计算经济增加值进行会计调整时，将减值准备金的余额变化加回税后净经营利润。

（5）**调减不能持续影响多期经济利益的非经常性损益。**如大部分非经常性损益。非经常性损益与生产经营无直接关系，或虽与生产经营相关，但其性质、金额或发生频率，影响了真实、公允地评价上市公司当期的经营成果和获利能力。因此将此类非损益净额作为税后净经营利润的减项进行处理。其中，不应进行调整的非经常性损益包括：①减值准备及其转回。此类支出已经在调整权责发生制为收付实现制时进行调整；②企业重组费用。此类支出已经在调整应计入投入资本的项目时进行调整。

（6）**调减递延所得税资产、调增递延所得税负债**。递延所得税资产和递延所得税负债表明企业已交纳的税款与企业应交纳的税款存在差异，造成税后净经营利润与实际不符。因此在进行投入税后净经营利润调整时，将本期递延所得税资产增加额作为税后净经营利润的加项，将本期递延所得税负债增加额作为税后净经营利润的减项。

表 2A-1　中兴通讯税后净经营利润计算的调整范围、调整项目、计算方法与数据来源对应表

调整范围	调整项目	计算方法	数据来源
始于：净利润		净利润	合并利润表（净利润）
①调增债务利息、所得税的影响	+ 债务利息	利息支出 – 已资本化的利息费用①	合并财务报表附注（财务费用）
	+ 所得税费用	所得税费用	合并利润表（所得税费用）
②调增因预期能够产生多期经济利益而应资本化的费用	+ 研发费用	当期研发支出费用化部分 –（以前年度研发支出费用化部分的本年应计摊销 + 本年研发支出费用化部分的本年摊销）	①中兴通讯 2007 ~ 2009 披露于合并财务报表附注（支付的与其他经营活动有关的现金），2010年、2011 年披露于董事会报告 ②摊销年限参考研发所形成的资产在所研发公司的摊销年限
	+ 重组费用	当期重组费用 –（以前年度重组费用本年摊销 + 本年重组费用的本年摊销）	中兴通讯无
	+ 市场拓展费用	当期广告费 –（以前年度广告费本年应摊销 + 本年市场广告费本年摊销）	中兴通讯无
③调增表外融资产生的利息费用	+ 经营租赁租入资产隐含的利息费用	隐含利息费用 = 现值 × 实际利率 经营租赁资产现值 = 每年最低租赁付款折现值	①最低租赁付款额来源于合并财务报表附注（经营租赁承诺） ②经营租赁折现利率参考相同资产融资租赁实际利率 ③折旧率参考所在公司与租入资产同类型资产的折旧率
	– 经营租赁租入资产的实际折旧费用②	资产上年年末现值 × 折旧率	
④调增因权责发生制而从利润中扣除却并未实际发生的费用	+ 资产减值准备	资产减值准备	合并财务报表附注（资产减值准备明细）
	+ 担保金准备	担保金准备	合并财务报表附注
⑤调减不能持续影响多期经济利益的非经常性损益	+ 非经常性损益	非经常性损益总额 – 计入非经常性损益的减值准备 – 计入非经常性损益的重组费③	合并财务报表附注（非经常性损益明细）
⑥调减递延所得税资产增加额、调增递延所得税负债增加额	+ 递延所得税负债增加额	递延所得税负债年末余额 – 递延所得税负债年初余额	合并资产负债表
	– 递延所得税资产增加额	递延所得税资产年末余额 – 递延所得税资产年初余额	合并资产负债表

税后净经营利润 ≈ 税前净经营利润 ×（1– 所得税税率）

① 根据我国会计准则，利息费用可以资本化。资本化的利息费用在财务费用中披露并从中扣除，没有造成利润的减少，因此在将债务利息加回利润时不予考虑。

② 经营租赁租出资产的折旧费用做相反处理，因此类资产未投入当期实际生产经营，却因计提其折旧而造成利润减少；但隐含的利息收入不予扣除，因此类收入已计入当期损益，且不影响资本成本。

③ 资产减值准备和重组费用已经予以调整，因此进行非经常性损益调整时不再重复调整。

调整计算投入资本

投入资本是指所有出资者投入公司经营的全部资金的账面价值，包括债务资本和权益资本（由于无息负债没有资本成本，因此在计算经济增加值的会计调整中不予考虑）。根据财务报表调整投入资本应依据以下原则：

（1）调增当期显现为费用，但因能够产生多期经济利益而应资本化的项目；

（2）调增资产负债表外投入当期实际生产经营的资产；

（3）调增资产按会计准则计提的减值准备，即资产应按未计提减值准备前的价值计入投入资本；

（4）调减被企业拥有或控制但未投入当期生产经营的项目；

（5）调减递延所得税资产，调增递延所得税负债。

下面进行具体分析。

（1）**调增当期显现为费用，但因能够产生多期经济利益而应资本化的项目。**包括研发费用、市场拓展费用、重组费用等。这些费用的投入虽然在当期，但对企业获得收益（或防止收益持续流失）、创造现金流的影响是长期的。经济增加值视角下，将其视作投入资本，即是承认它们对企业未来产生经营利润是有利的。进行投入资本调整时，将每期未摊销的此类费用作为投入资本的加项进行处理。

以研发支出为例，研发支出是对于未来产品和流程的投资，在当期将其视为费用一方面使研发带来的收益与支出在各期不匹配；另一方面若管理层为了增加当期利润而压缩对未来有利的研发支出，将造成公司放弃回报大于资本成本的投资，从而牺牲了股东利益。根据我国会计准则的要求，对于企业进行的研究开发项目区分研究阶段与开发阶段两个部分分别进行核算。研究是指为获取新的技术和知识等进行的有计划的调查，该阶段支出在发生时应当费用化计入当期损益；开发是指在进行商业性生产或使用前，将研究成果或其他知识应用于某项计划或设计，以生产出新的或具有实质性改进的材料、装置、产品等，该阶段支出符合一定条件[一]的资本化，不符合条件则费用化。会计准则对研发支出的规定是基于"成功努力会计法"，资产负债表上只应包括成功的投资（即确定能够带来未来收益的研发支出资本化部分），不成功的投资（即还不能确定能够带来未来收益的研发支出费用化部分）必须从账面冲销。但Stewart[二]指出，从股东角度看，所有的投资均为投入资本，需要未来的资本收益补偿；同时，研究阶段支出是必需的，如果没有其为开发阶段所做的调研准备，则开发阶段就无法进行。因此，EVA方法将未资本化的研发支出也视为投入资本的一部分，并按一定年限进行摊销。

（2）**调增资产按会计准则计提的减值准备，即资产应按未计提减值准备前的价值计入投入资本。**减值准备[三]及担保准备金等是将并未发生、未来有可能发生的资产减值在当期进行计提。

[一] 根据《企业会计准则2010》的规定，开发阶段判断是否将支出资本化的条件为：第一，完成该无形资产以使其能够使用或出售在技术上具有可行性。第二，具有完成该无形资产并使用或出售的意图。第三，无形资产产生经济利益的方式，包括能够证明运用该无形资产生产的产品存在市场或无形资产自身存在市场；无形资产将在内部使用的，应当证明其有用性。第四，有足够的技术、财产资源和其他资源支持，以完成该无形资产的开发，并有能力使用或出售该无形资产。

[二] Bennett Stewart, 2003, How to Fix Accounting-Measure and Report Economic Profit, *Journal of Applied Corporate Finance*, 15, 62-82.

[三] 根据《企业会计准则2010》的规定，减值准备包括：坏账准备、存货跌价准备、长期股权投资减值准备、投资性房地产减值准备、可供出售金融资产减值准备、持有至到期投资减值准备、固定资产减值准备、在建工程减值准备、无形资产减值准备、商誉减值准备等。

按照会计准则计提减值准备是依据稳健性原则对公司的不良资产进行适时披露；但对于公司管理者而言，这些减值准备金不是公司当期资产的实际减少，所以造成资产价值被低估。在进行投入资本计算的会计调整时，资产应按未计提减值准备前的价值计入投入资本。

（3）**调增资产负债表外投入当期实际生产经营的资产**。如经营租赁租入资产。经营租赁作为资产负债表外融资，其租入资产在租赁期间参与了企业生产经营，应被视为对企业经营过程的实质性资本投入。在经济增加值视角下，进行投入资本调整时，应将经营租赁租金折现值作为投入资本的加项进行处理。

（4）**调减被企业拥有或控制但未投入当期生产经营的项目**。包括：不属于企业本身的经营性资产，如应收补贴款、受托代销商品、经营租赁租出资产；没有能力继续参与公司经营的资产，如待处理财产损溢、固定资产清理；因未完工验收而没有加入生产经营过程的资产，如工程物资、在建工程；作为剩余资金的一种形式，如交易性金融资产和可供出售金融资产。在经济增加值视角下，进行投入资本调整时，应将上述项目作为投入资本的减项进行处理。

（5）**调减递延所得税资产，调增递延所得税负债**。递延所得税资产和递延所得税负债并没有构成对外部现金流的实际支付或收入，仍是企业可利用的资本。因此计算经济增加值时的调整方法为将递延所得税负债重新加入投入资本，将递延所得税资产从投入资本中减去。

表 2A-2 中兴通讯投入资本（CE）计算的调整原则、调整项目、计算方法与数据来源对应表

调整范围	调整项目	计算方法	数据来源
股权资本	所有者权益	所有者权益合计	合并资产负债表
+有息债权资本	+短期借款	短期借款	合并资产负债表
	+长期借款	长期借款	合并资产负债表
	+一年内到期的非流动负债	一年内到期的非流动负债	合并资产负债表
	+应付债券	应付债券	合并资产负债表
①调增当期显现为费用，但因能够产生多期经济利益而应资本化的项目	+研发费用	当期研发支出费用化部分 -（以前年度研发支出费用化部分的本年应计摊销 +本年研发支出费用化部分的本年摊销）	①中兴通讯2007～2009年披露于合并财务报表附注（支付的与其他经营活动有关的现金），2010年、2011年披露于董事会报告 ②摊销年限参考研发所形成的资产在所研发公司的摊销年限
	+重组费用	当期重组费用 -（以前年度重组费用本年摊销 +本年重组费用的本年摊销）	中兴通讯无
	+市场拓展费用	当期广告费 -（以前年度广告费本年摊销 +本年市场广告费的本年摊销）	中兴通讯无
②调增资产按会计准则计提的减值准备，即资产应按未计提减值准备前的价值计入投入资本	+资产减值准备	资产减值准备	合并财务报表附注（资产减值准备明细）
	+担保金准备	担保金准备	合并财务报表附注（资产减值准备明细）

（续）

调整范围	调整项目	计算方法	数据来源
③调增资产负债表外投入当期实际生产经营的资产	+经营租赁租入资产现值	每年最低租赁付款额折现值	①最低租赁付款额数据来源为合并财务报表附注（经营租赁承诺） ②经营租赁折现利率参考相同资产融资租赁实际利率
④调减被企业拥有或控制但未投入当期生产经营的项目	−应收补贴款	其他应收款	合并资产负债表
	−受托代销商品	受托代销商品	合并资产负债表
	−经营租赁租出资产	通过经营租赁租出的固定资产	合并财务报表附注（固定资产）
	−固定资产清理	固定资产清理	合并资产负债表
	−在建工程	在建工程	合并资产负债表
	−工程物资	工程物资	合并资产负债表
	−交易性金融资产	交易性金融资产	合并资产负债表
	−可供出售金融资产	可供出售金融资产	合并资产负债表
⑤调减递延所得税资产、调增递延所得税负债	+递延所得税负债	递延所得税负债	合并资产负债表
	−递延所得税资产	递延所得税资产	合并资产负债表

中兴通讯加权平均资本成本计算过程如表 2A-3 所示。

表 2A-3　中兴通讯加权平均资本成本（WACC）计算　　（单位：百万元）

项目	2007 年	2008 年	2009 年	2010 年	2011 年	2012 年
短期借款	2 893.86	3 882.48	4 906.50	6 578.41	11 183.35	17 923.61
长期负债	6 737.51	6 589.21	7 969.04	6 797.92	11 518.00	11 622.40
股东投入资本	12 888.41	15 183.55	17 948.87	24 962.00	26 288.78	22 638.73
全部资本	22 519.77	25 655.23	30 824.41	38 338.33	48 990.12	52 184.74
短期负债比重	12.85%	15.13%	15.92%	17.16%	22.83%	34.35%
长期负债比重	29.92%	25.68%	25.85%	17.73%	23.51%	22.27%
权益比重	57.23%	59.18%	58.23%	65.11%	53.66%	43.38%
短期债务资本成本	7.47%	5.31%	5.31%	5.81%	6.56%	6.00%
长期债务资本成本	6.75%	6.75%	6.75%	3.50%	3.50%	3.50%
无风险报酬率①	4.14%	2.25%	2.25%	2.75%	3.50%	3.00%
风险溢价②	8.19%	8.19%	8.19%	8.19%	8.19%	8.19%
β 系数	0.80	0.88	0.78	0.95	0.97	0.96
权益资本成本	10.70%	9.48%	8.64%	10.54%	11.40%	10.82%
加权平均资本成本	**8.96%**	**8.03%**	**7.50%**	**8.33%**	**8.21%**	**7.22%**

①国际上通常采用短期国债利率或银行间同业拆借利率替代无风险利率。但我国利率还没有完全市场化，发行的短期国债也较少且回购交易大多是机构投资者，因此用国债利率或国债回购率代表无风险利率不太合适。本案例选用一年期银行存款利率来度量无风险收益率。

②我国证券市场发展还不成熟，存在交易数据较少、股利政策不稳定等客观因素，风险溢价容易受计算方法和计算期限选择的影响。本文通过国泰安中国股票市场交易数据库 1997 年至 2010 年的综合市场收益率数据，计算得出证券市场年度复合收益率为 11.19%，无风险资产年度复合收益率为 3.0%，则风险溢价为 8.19%。

资料来源：根据中兴通讯（601390）2007 ～ 2012 年年报及 CSMAR 数据库整理。

附录 2B

中央企业经济增加值计算方法

按照国有资产保值增值和股东价值最大化以及可持续发展的要求，2009 年 12 月 28 日国务院国有资产监督管理委员会颁布第 22 号令《中央企业负责人经营业绩考核暂行办法》，自 2010 年 1 月 1 日起在中央企业负责人经营业绩考核中加入 EVA 指标。在综合计分规则中，传统的利润指标基本分为 30 分，经济增加值基本分为 40 分，两个分类指标基本分各为 20 分。2012 年 12 月国务院国有资产监督管理委员会颁布第 30 号令《中央企业负责人经营业绩考核暂行办法》，对于经济增加值基本分比重进一步调高[⊖]，并使用资产周转率代替营业收入增长率，自 2013 年 1 月 1 日起实施。国务院国资委 EVA 考核的计算方法如下：

（1）经济增加值 = 税后净营业利润 – 资本成本 = 税后净营业利润 – 调整后资本 × 平均资本成本率[⊜]

（2）税后净营业利润 = 净利润 + （利息支出[⊜] + 研究开发费用调整项[⊕]）×（1–25%）

企业通过变卖主业优质资产等取得的非经常性收益在税后净营业利润中**全额**扣除。

（3）调整后资本 = 平均所有者权益 + 平均负债合计 – 平均无息流动负债[⊛] – 平均在建工程[⊗]

⊖ 军工、储备和科研企业经济增加值指标的基本分为 30 分；电力、石油石化企业经济增加值指标的基本分为 40 分；其他企业经济增加值指标的基本分为 50 分。

⊜ 资本成本率的确定：第一，中央企业资本成本率原则上定为 5.5%。第二，承担国家政策性任务较重且资产通用性较差的企业，资本成本率定为 4.1%。第三，资产负债率在 75% 以上的工业企业和 80% 以上的非工业企业，资本成本率上浮 0.5 个百分点。第四，资本成本率确定后，三年保持不变。

⊜ 利息支出是指企业财务报表中"财务费用"项下的"利息支出"。

⊕ 研究开发费用调整项是指企业财务报表中"管理费用"项下的"研究与开发费"和当期确认为无形资产的研究开发支出。对于为获取国家战略资源，勘探投入费用较大的企业，经国资委认定后，将其成本费用情况表中的"勘探费用"视同研究开发费用调整项按照一定比例（原则上不超过 50%）予以加回。

⊛ 无息流动负债是指企业财务报表中"应付票据"、"应付账款"、"预收款项"、"应交税费"、"应付利息"、"其他应付款"和"其他流动负债"；对于因承担国家任务等原因造成"专项应付款"、"特种储备基金"余额较大的，可视同无息流动负债扣除。

⊗ 在建工程是指企业财务报表中的符合主业规定的"在建工程"。

企业高速增长策略与营运资金管理效率的权衡

基于保利地产的案例分析

▶ | **引例**

　　房地产开发行业在市场利好的预期下普遍倾向于大规模"囤地"。保利房地产（集团）股份有限公司（SH：600048）自 2006 年成功上市以来，公司进入了加速扩张的阶段。保利地产自 2008 年起土地储备加速，管理层在 2010 年提出了"3～5 年再造一个保利"的口号。截止到 2011 年年末，土地储备总量已达到近 6000 万平方米。2008 至 2011 年，存货占总资产的比例均在 65% 以上，年平均增长率为 56.93%，存货增长迅速，导致存货周转率却逐年递减。保利地产高速的增长给公司带来很大的现金流压力，经营活动产生的现金流量连续 4 年为负值，同时，资产负债率持续走高，面临着较大的偿债压力。

　　保利地产管理层面临的权衡与决策问题是，如何在实施竞争优势战略、实现快速增长的同时，保持营运资金的良好周转效率，实现相对稳定的财务流动性。保利地产大规模储备土地，约占总资产的 70%，一方面为实现未来增长与低成本竞争优势储备了开发资源，另一方面，因开发周期长而占用资金影响了营运资金的周转效率。其中的财务问题是营运资金效率低下引发的银行贷款逐年增加、利息支出越来越多、资金链压力增大等问题。为储备土地使企业增加了双重资金成本，即资金占用的机会成本和外部债务融资的利息成本。在房地产繁荣期间，营运资金周转效率低与资金成本高等问题被高盈利能力所消化。但在国家政策调控趋紧⊖，银根有紧无松⊜，贷款利率上升⊜，资本市场融资受阻情况下，管理层则需高度重视营运资金效率的管理。

　　除保利地产实施激进的土地储备政策外，其他房地产开发商，例如万科（000002）、招商地产（000024）、金融街（000402）、金地集团（600383）、陆家嘴（600663）等也面临着同样的权衡与决策问题，即在房地产开发企业实现高成长性的背后，管理层应该如何权衡土地储备对实现竞争优势与对营业资金管理效率关系？

⊖ 2011 年 1 月 26 日，国务院召开集会出台了"新国八条"（《国务院办公厅关于进一步做好房地产市场调控工作有关问题的通知》（国办发〔2011〕1 号）。

⊜ 2011 年中国人民银行 6 次上调存款类金融机构人民币存款准备金率。

⊜ 2011 年中国人民银行分别于 2 月 9 日、4 月 6 日、7 月 7 日三次上调金融机构人民币贷款基准利率。其中贷款期限为 1-3 年（含 3 年）的年利率提高到 6.65%。

3.1 案例概况

保利地产在 2008 ~ 2011 年蝉联沪市深市房地产行业 A 股第二名，无疑是这个领域的重量级企业。保利地产成立于 1992 年，是中国保利集团控股的大型国有房地产企业，也是中国保利集团房地产业务的主要运作平台。2006 年 7 月 31 日，公司股票在上海证券交易所上市，成为在股权分置改革后，重启 IPO 市场的首批上市企业，上市时总股本为 5.5 亿股。公司第一大股东为保利南方集团有限公司，占总股本的比例为 42.14%。公司的主营业务是房地产开发、销售、租赁及其物业管理。

土地是房地产开发行业的重要资源，囤地的多少意味着房地产开发商未来盈利能力的强弱。保利地产为了储备土地，上市之后即借用资本市场之力进行扩张，上市后进行了 3 次再融资，如表 3-1 所示，这些融资为其快速发展带来了充裕的资金。在 2006 年至 2011 年期间实施了 4 次股本转增以及 1 次送股。在这一系列股本扩张后公司目前股本为 59.48 亿股。

表 3-1 保利地产上市以来融资、再融资概览

发行日期	融资方式	上市日期	融资规模（万元）	具体内容
2006.7.19	首次公开发行人民币普通股 A 股	2006-07-31	209 250	发行价格 13.95 元 / 股，发行数量 1.5 亿，发行后总股本 5.5 亿股
2007.8.1	公开增发人民币普通股 A 股	2007-08-09	700 000	发行价格 55.48 元 / 股，发行数量 1.26 亿，增发后总股本为 12.26 亿股
2008.7.11	公司债券"08 保利债"（第一期）	2008-07-21	430 000	发行数量 43 亿，本期债券 5 年期品种的票面年利率为 7%；债券面值 100 元，按年付息、到期一次还本
2009.7.6	非公开发行人民币普通股 A 股	2009-07-14	800 000	发行价格 24.12 元 / 股，发行数量 3.32 亿，增发后总股本为 35.2 亿股

资料来源：保利地产 2007 ~ 2011 年年度报告和公告。

截至 2011 年年底，全国共有 125 家房地产开发上市公司[一]，大规模囤地使得房地产公司营运资金具有如下特点：（1）存货占流动资产的比例高；（2）存货的周转效率低，资金占用周期较长，以致短期借款与商业信用融资对流动资产的融资不足，必须补充额外的长期资金；（3）存货的存量有持续增长的势头。保利地产在规模扩张的同时，盈利能力不断提高。在 2008 ~ 2011 年期间，保利地产的销售毛利率均超过 30%。[二]2011 年，房地产行业整体火爆，行业净资产收益率为 7.50%，A 股前 10 名企业的均值为 14.75%，而保利地产净资产收益率高达 20.11%（见表 3-2），约为行业均值的 3 倍，每股收益为 1.1 元 / 股。良好的盈利能力使得保利地产 2008 ~ 2011 年蝉联中国蓝筹地产企业[三]的称号。2011 年，保利地产资产总额为 1950.15 亿元，包括存货 1 521.07 亿元，占资产总额的 78%；流动负债仅为 985.86 亿元，占总资产的 50.56%，尚不能满足存货的融资需求。如图 3-1 所示，保利地产 2008 ~ 2011 年的营业收入增长率呈现下降的趋势，但是仍然高于万科、金融街、金地集团的增长率，表明保利地产是一个高成长性的公司。保利地产 2009 ~ 2011 年的存货增长率高于营业收入复合增长率（见

[一] 资料来源：上交所上市公司 66 家，深交所上市公司 59 家。
[二] 保利地产在 2003 ~ 2013 的 11 年间，销售毛利率从未低于 30%，个别年度达到甚至超过 40%。
[三] 资料来源："中国蓝筹地产评选"于 2004 年面世，入选企业均为目前国内年开发规模在 45 万平方米以上，年销售额为 50 ~ 300 亿元以上的大型企业，是中国城市化进程中住宅与商业建造的擎鼎中坚。

图 3-2 ），营运资金迅速扩张，囤地现象明显。

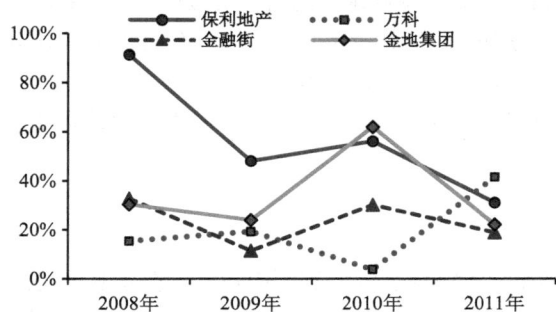

图 3-1　2008 ～ 2011 年保利地产营业收入
增长率

资料来源：保利地产、万科、金融街、金地集团 2007 ～
2011 年年度报告。

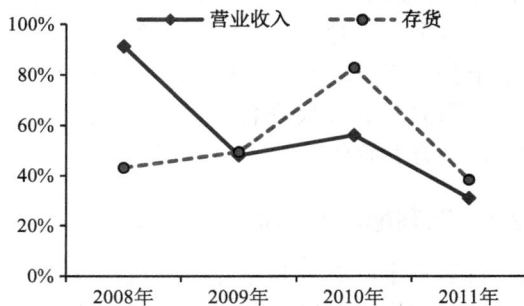

图 3-2　2008 ～ 2011 年保利地产存货、营业收入
年增长率

资料来源：保利地产 2007 ～ 2011 年年度报告。

表 3-2　2008 ～ 2011 年保利地产主要盈利能力指标

年度	保利地产		A 股前 10 名企业（除保利地产）平均值[①]	
	每股收益（元）	净资产收益率（%）	每股收益（元）	净资产收益率（%）
2008	0.91	17.22	0.33	12.33
2009	1.06	17.97	0.86	20.09
2010	1.08	17.96	0.93	18.90
2011	1.10	20.11	0.83	14.75

①资料来源：2011 年中国房地产上市公司综合实力排行榜由中国房地产研究会、中国房地产业协会与中国房地
产测评中心联合发布。A 股前十名分别为万科 A、保利地产、金地集团、招商地产、首开股份、金融街、华侨
城 A、雅戈尔、北京城建、嘉凯城。
资料来源：保利地产 2008 ～ 2011 年年度报告与 CSMAR 系列研究数据库。

营运资金的直接效率体现在营运资金对创造营业收入的保障能力上，直接效率的衡量指标有存货周转率、流动资产周转率以及营运资金周转率。间接效率是由直接效率引发的影响，包括对损益的影响、对融资成本的影响以及对整体财务流动性的影响。尽管保利地产的净营运资金在 2008 ～ 2011 年的年均增长速度为 43.51%，但在营运资金的直接效率（表现为存货、应收账款、流动资产周转率）连续 4 年逐年递减，效率递减进而给公司营运资金的间接效率等带来了不良的影响。

保利地产的资产负债率和经营活动产生的现金流量相对于主要竞争对手的几家房地产开发公司来说，处于最低位置。为了囤积土地，公司营运资金增长速度加快，公司大量举债，付出的利息成本逐年增多。虽然作为国有房地产企业，融资以及再融资较民营企业相对容易，但随着房地产市场的调控政策趋紧，新增贷款和股权融资等形式的外部融资也将面临市场制约。若不消化巨量库存，来获得更多资金，资金链的压力就会变得越来越重。

3.2　营运资金迅速扩张

保利地产大量囤地，使得流动资产规模增幅较大，营运资金的规模扩张得非常迅速。营运资

金的扩张带来存货积压、存货长期占用资金、公司流动性减弱、成本增加等一系列问题。究其原因，营运资金的过快增长是营运资金降低效率的根源。那么，**保利地产的营运资金是否迅速膨胀？**

从两个方面时营运资金进行论证：（1）保利地产的资产中约 3/4 是存货，存货的效率决定着整个公司资产的效率。相比与营业收入的增长，存货的增长速度高于营业收入的增长速度；（2）与深沪两市 A 股排名前 20 名的三家较大房地产开发企业横向比较，保利地产的营运资金的增长率处于最高位。

3.2.1　保利地产营运资金的结构

营运资金的管理是企业财务流动性管理的核心，保利地产的营运资金规模在迅速扩张的情形下，结构呈现以下特点：（1）流动资产占总资产的比例很高，均达到 96% 上；（2）保利地产存货的增长率高于主营业务收入的复合增长率，存货扩张过于迅速；（3）保利地产的应付项目一直明显超过应收项目。

2007 ~ 2011 年，保利地产的主营业务收入保持了年均 50% 的增长率，但是主营业务收入的增长也拉动了公司流动资产的增长，如表 3-3 所示。净营运资金由 2008 年的 336.96 亿元增至 2011 年的 894.05 亿元，存货占总资产的比例维持在 68% ~ 78% 左右，**存货的周转效率决定了企业整体资产的周转效率。**保利地产存货的增长率在 2009 ~ 2011 年均高于主营业务收入的增长率（如图 3-2），囤地现象明显。这种大量的土地储备，固然保证了对保利地产未来盈利能力的支撑能力，显示出其进一步扩张的决心，但是这种开发中的土地不仅资金回收期长，而且还需要长期持续的资金投入，融资面临着巨大的压力。

表 3-3　2007 ~ 2011 年保利地产净营运资金与营业收入　　（单位：亿元）

项目	2007 年	2008 年	2009 年	2010 年	2011 年
总资产	408.95	536.32	898.31	1 523.28	1 950.15
流动资产	406.22	532.11	885.04	1 466.72	1 879.91
流动资产占总资产比例	99.33%	99.22%	98.52%	96.29%	96.40%
存货	280.84	401.96	600.99	1 098.98	1 521.07
流动负债	189.10	195.15	382.33	688.97	985.86
净营运资金	217.12	336.96	502.71	777.75	894.05
主营业务收入	81.15	155.20	229.87	358.94	470.36

资料来源：保利地产 2007 ~ 2011 年年度报告。

为了更好地分析保利地产净营运资金的增长情况，对比深沪两市 A 股排名前 20 名的三家较大房地产公司，如图 3-3 所示，保利地产净营运资金的增长率在 2008 ~ 2010 年保持在 50% 左右，但因营业收入增长率明显下降在 2011 年减至 14%，可以看出公司业务增长速度放缓。而相比于选取的 3 家公司，净营运资金的增长率处于最高水平，说明了公司将管理层 "3 ~ 5 年再造一个保利" 增长目标付诸行动。

保利地产的应付项目一直明显大于应收项目，预收项目大于预付项目（如图 3-4、图 3-5），说明应付项目可以较好地弥补应收项目时资金的占用。分析主要应收、预付项目发现，90% 以上是预付账款，应付、预收项目 80% 以上是预收账款，保利地产使用预收账款来缓解融资压力。企业为了尽快回笼资金，往往采取预售方式进行销售，来缓解现金流的压力。

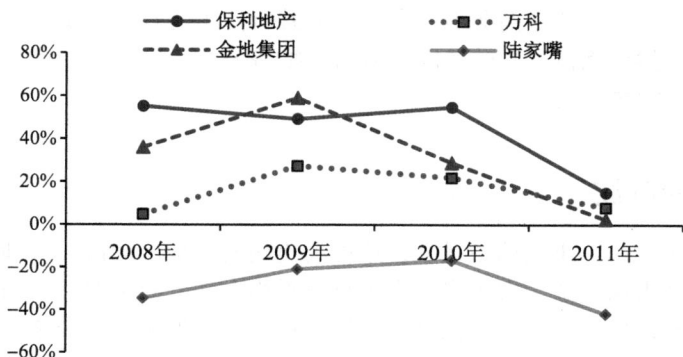

图 3-3 2008 ~ 2011 年保利地产净营运资金增长率

资料来源：保利地产、万科、金地集团、陆家嘴 2007 ~ 2011 年年度报告。

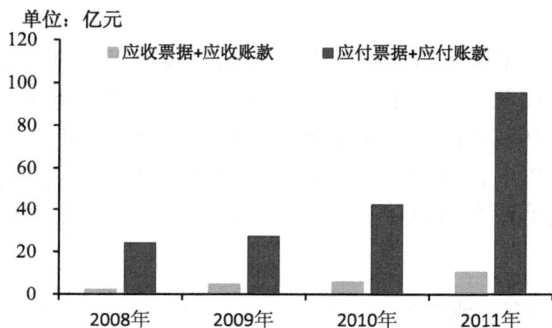

图 3-4 2008 ~ 2011 年保利地产应收应付项目

注：此应收应付项目只包括应收账款、应收票据、应付账款、预付票据项目。

资料来源：保利地产 2008 ~ 2011 年年度报告。

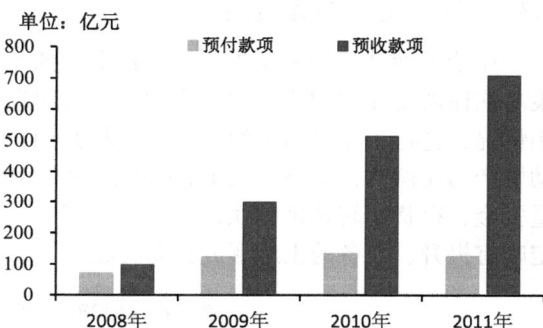

图 3-5 2008 ~ 2011 年保利地产预收预付项目

资料来源：保利地产 2008 ~ 2011 年年度报告。

3.2.2 保利地产收入结构

保利地产近几年来实施产品多元化的战略，以住宅和商业地产互为补充。面对住宅市场的调控，公司大力推进商业地产，报告期内商业物业实现签约销售金额超过 150 亿元，占公司营业总收入的 20.5%，商业地产已初具规模，公司呈现住宅开发与商业地产运营双轮驱动的态势。保利地产对外公布的 10 年发展规划显示要大幅度提升商业地产的比重[○]。为什么要扩张保利业务的商业地产呢？显然是因为商业地产的经营能给房地产开发商带来稳定的租金收益。住宅未来还有 10 ~ 20 年的黄金开发期，但过了这个时期企业如果还需要保持房地产行业内的竞争领先优势，商业地产是一个必然的选择。

商业地产需要的资金量大，回收期更长。住宅的销售可以加速资金的回笼，而商业物业的持有则是一种稳定的发展，对于公司抗风险有一定的好处。商业地产与住宅地产的占比差异会对公司营运资金有怎样的影响呢？

假设 2008 年住宅地产与商业地产的收入比例为 90%：10%，2011 年住宅地产与商业地产的收入比例为 70%：30%。收入比例应与存货比例成正比，反推住宅地产与商业地产的存货比

○ 2012 年 2 月 24 日，保利地产对外公布了其未来十年的发展计划，称在北京大幅提升商业地产比重，达到住宅与商业投资 "70：30" 的新投资结构。

例的趋势与收入比例保持一致。商业地产存货的上升所占用的资金也增加，由于商业地产回收期更长，周转速度必然会减慢。周转速度变慢后，维持公司运转的部分资金就要通过融资来实现，因此融资压力也随之增大。

3.3 存货资金的沉淀

保利地产存货占比高，土地储备量大，这种高比例的存货沉淀需要管理层权衡的两个方面影响：（1）存货长期占用资金，占用水平高于行业平均水平，导致存货的周转效率下降，使得公司财务流动性变差，也带来资金的机会成本损失；（2）土地存货是未来增长的资源储备。房地产开发企业在市场利好预期下，储备土地成为未来实现增长、提升市场份额、增加盈利必要条件。其中的财务问题是保利地产大规模土地存货给营运资金的效率带来什么影响？

3.3.1 保利地产的存货结构

企业的净营运资金增加时，营运资金的盈利性下降，流动性上升。因此，营运资金的持有策略往往需要在增加流动性和增加收益之间进行权衡。为了更好地分析保利地产土地资金的占用情况，进行了存货结构的分析（见表3-4）。保利地产的存货结构呈以下特点：（1）存货占流动资产的比例高，2008～2011年占比均在65%以上，作为房地产开发企业的重要资源占用大量资金，存货周转速度的快慢直接决定了企业流动资产的周转效率；（2）存货平均水平相对稳定略有提升，储备的土地形成长期沉淀。

表3-4　2008～2011年保利地产存货结构　（单位：万元）

项目	2008年	2009年	2010年	2011年
存货				
开发成本	3 640 215.20	5 614 409.59	10 633 291.5	14 629 720.3
房地产已完工开发产品	377 200.00	387 945.25	326 015.60	576 866.29
原材料存货	2 137.91	7 471.77	30 358.80	4 107.79
低值易耗品及其他	8.74	65.36	1 481 804.06	493 807.79
存货合计	4 019 561.85	6 009 891.97	10 989 814.2	15 210 744.9
开发成本占存货比例（%）	90.56%	93.42%	96.76%	96.18%

资料来源：保利地产2008～2011年年度报告。

由于房产及土地的价值较大，因此存货的金额较大，占流动资产的比例相应也较大。在保利地产的存货结构中，除了原材料存货、低值易耗品及其他已开发完成的商品房外，90%以上为开发成本，包括拟开发土地与在建开发产品，这一比例在2010年和2011年甚至达到了全部存货的96%以上。若在存货资产中，未完工开发产品占比过大，会相应地降低开发企业的盈利能力。

保利地产年度报告中未披露开发成本中拟开发土地和在建开发产品的详细信息，为了大致了解公司囤积土地的情况，也就是拟开发土地占存货的比例，不妨与2012年中国房地产上市公司评测百强榜单[○]中的招商地产、万科、中粮地产、苏宁环球4家公司进行对比分析（见表3-5）。

○ 2012年5月22日，由中国房地产研究会、中国房地产业协会、中国房地产测评中心联合主办的2012中国房地产上市公司测评成果发布会暨中国房地产金融论坛在上海召开，发布了2012年中国房地产上市公司排行榜。

表 3-5　2008 ~ 2011 年招商地产等公司拟开发土地占存货比例

公司	2008 年	2009 年	2010 年	2011 年
招商地产	19.15%	29.09%	22.87%	9.61%
万科	39.74%	48.02%	36.98%	30.23%
中粮地产	74.96%	41.98%	34.89%	14.69%
苏宁环球	46.12%	51.38%	65.39%	48.87%

资料来源：招商地产、万科、中粮地产、苏宁环球 2008 ~ 2011 年年度报告。

招商地产的拟开发土地占存货的比例 4 年平均占比为 20.18%，而依据万科公司的年报，拟开发土地占存货比例在四年依次是 39.74%、48.02%、36.98%、30.23%，四年平均 38.74%。中粮地产和苏宁环球囤积土地的现象更严重，2008 年中粮地产拟开发土地占存货的比例竟高达 74.96%。可见在房地产公司，囤积土地是一种普遍现象。在保利地产中的年度房地产项目汇总表中⊖，拟建项目的占地面积占总占地面积的比例在 2008 ~ 2011 年分别达到 23.01%、39.95%、32.22%、17.68%。保利地产虽未披露拟开发土地占存货的比重，但是经过对比分析，可推断保利地产拟开发土地占存货的比例在 20% 以上，占存货的比重较大，大量资金沉淀在土地中。这些土地是实现未来营业收入的重要资源储备，然而，这些土地储备到开发待售之前，还不能转化为实现营业收入现金流量，同时，这些土地储备要转化为可出售状态的房地产商品，还需要追加巨额的持续性资金流入。较高的土地储备可以为公司长期发展提供一定的保障，但是也面临着价格下跌带来的风险。

3.3.2　保利地产的存货资金占用高于行业水平

随着主营业务的迅速增长，保利地产的资产也相应增加。为了更明确地判断保利地产土地资金的占用情况，选取了深沪两市 A 股排名前 20 名的五家较大的房地产上市公司——万科、招商地产、金融街、金地集团和陆家嘴，进行了存货比例分析（见表 3-6）。四年间保利地产存货占总资产的比例维持在 65% 以上，比选取的五家公司的平均比例高 10% 左右。存货占用大量资金，沉淀可见一斑。大量的资金占用所付出的代价是相对于其他公司造成机会成本的损失，存货过度占用资金会导致相关费用成本增加而降低利润。存货的资金回收期很长，土地储备要转化为可出售状态的房地产商品，需要长期持续的资金投入。如果没有持续的资金投入，不仅无法实现账面利润，更无法保证资金回流、完成资金链的循环，保利地产的融资事实上面临着巨大考验。

表 3-6　2008 ~ 2011 年保利地产存货与总资产比例

项目	2008 年	2009 年	2010 年	2011 年
保利地产存货（亿元）	401.96	600.99	1 098.98	1 521.07
保利地产总资产（亿元）	536.32	898.31	1 523.28	1 950.15
保利地产存货占总资产的比例（%）	74.95%	66.90%	72.15%	78.00%
选取的 5 家公司存货占总资产的平均比例①（%）	62.04%	58.74%	56.63%	60.97%

①资料来源：选取的五家公司是行业中较大的五家上市公司，分别为万科 A（000002）、招商地产（000024）、金融街（000402）、金地集团（600383）、陆家嘴（600663）。

资料来源：保利地产、万科、招商地产、金融街、金地集团、陆家嘴的 2008 ~ 2011 年年度报告。

⊖　保利地产的年报未披露拟开发土地金额占存货金额的比例，但是在年报中的董事会报告中披露了年度房地产项目汇总表，可计算出拟建项目的占地面积占总占地面积的比例。

2011年，在对房地产最严厉的调控下，保利地产的增速明显放缓，2008～2010年，营业收入的增速分别91.24%、48.11%、56.15%，在2011年增速只有31.04%。在限购、限价和限贷等调控措施下销售趋缓，销售回款速度放慢，使存货占用的资金更多，从而损失更多的机会成本。

3.3.3 保利地产周转率指标的分析

由于储备的土地只有开发成商品房上市之后才能收回资金，转变成现金流的周期较长。保利地产房地产项目的开发周期大多在2～5年。因此，在房价飙升的大背景下，企业大量囤地、增加流动资产，实则是为了长远盈利而牺牲当前流动性的选择。我国房地产行业存在着存货比例过高的特点，因而作为房地产企业的主要资产，存货的管理举足轻重。保利地产的周转率指标**作为营运资金效率的直接测度指标**有何变化？

从表3-6的存货变化可以看出，2008～2011年，保利地产的存货分别以49.52%、82.86%、38.41%的比例迅速增长，而表3-7则显示，存货周转率、流动资产周转率却不断下降。可见，虽然保利地产的流动资产增长很快，但是主要资金沉淀在土地中，流动资产周转效率不断下降，不仅没能提高保利地产应对运营风险的能力，而且现金流压力巨大，营运资金的收益性和效率都不高。2011年存货周转率为0.359，意味着存货资金周转一次的时间约为3年。此外，应收账款周转率不断下降，造成营运资金周转期加长，降低营运资金管理绩效。存货与应收账款周转效率的双重下降，凸显了房地产企业对调控政策趋紧与市场销售趋缓的双重特征在财务流动性上的体现。

表 3-7 2008 ～ 2011 年保利地产资产周转率

年份	应收账款周转率	存货周转率	营运资金周转率	流动资产周转率
2008	81.513	0.455	0.560	0.331
2009	68.352	0.458	0.548	0.324
2010	68.096	0.422	0.561	0.305
2011	57.193	0.359	0.563	0.281

资料来源：保利地产 2008 ～ 2011 年年度报告。

3.3.4 保利地产大量囤积土地的原因

为什么开发商宁可造成高额的负债与紧张的短期现金流，仍然会利用银行贷款大量储备土地。这是因为开发商看到了未来房价的升值潜力，预见了房地产可能由于涨价给公司带来盈利，开发商开发好的地段楼盘，可以使利润结构更好。购房需求的不断增加，造成市场需求短期内强劲爆发，这样房价会进一步飙升。因此囤地的多少就意味着各房地产开发商未来盈利能力的强弱。如表3-8所示，2010年第4季度土地交易价格相对于2009年第4季度增长了16.5%，土地价格不断上涨。

表 3-8 保利地产 2008 ～ 2011 年第 4 季度土地价格等同比增长率①

项目	2008 年第 4 季度	2009 年第 4 季度	2010 年第 4 季度
土地交易价格	3.6%	13.8%	16.5%
住宅用地交易价格	3.4%	19.4%	21.7%
房屋租赁价格	0%	0%	2.1%

①从2011年1月份起，国家统计局开始实施《住宅销售价格统计调查方案》（以下简称《新方案》）。由于《新方案》对资料来源渠道、指标设置、计算方法等影响价格指数计算的主要因素都进行了相当大的调整，因此，2011年前11个月数据与以往历史数据不完全可比。

资料来源：国家统计局 2008 ～ 2010 年第 4 季度全国 70 个大中城市住宅销售价格变动情况。

假定消费者可以有储蓄与投资房地产两种选择，那么，当房价增长率超过存款利率且开发商预期这种情况将继续下去时，消费者的选择便是投资房地产，因为当前购入住房在将来的某个时候再出售的回报超过银行存款的回报率（名义利率）。于是对房地产的投资、投机需求便会迅速上升，这反过来又进一步助推房价上升。下面以 2008 年 1 月 ~ 2010 年 1 月为例，2008年 1 月 ~ 2010 年 1 月，全国 70 个大中城市房屋销售价格同比增长率分别为 11.3%、9.5%、9.5%，平均增长率为 10.1%[⊖]。相比之下，2007 年 1 月到 2010 年 1 月金融机构人民币存款基准利率（一年定期存款）分别为 2.52%、4.14%、2.50%[⊖]，明显低于同期的房价增长率，因此，开发商选择投资房产。虽然 2011 年数据与以前的数据不可比，但总体呈一直上升趋势，开发商有理由相信囤积土地是有利可图的。但在国家的大力调控下，政府加大了对房地产开发企业闲置土地和囤积土地的打击力度，房地产价格的增幅变缓，这就使保利地产相应地放缓了囤积土地的力度。

3.4　营运资金的融资保障

存货作为主要的流动资产是实现未来营业收入的重要资源储备而支持存货资金来源的一部分是债务融资。随着房地产行业银行信贷门槛的提高，高比例存货资金的沉淀对保利地产的融资政策提出了严峻的挑战。**保利地产现有的融资政策是什么，银行贷款能否给公司带来偿债压力？**

上述问题是否会导致以下三个方面的财务特征：（1）保利地产的所有者权益融资不足，需要用长期负债以及短期负债进行补充融资，而靠商业性融资是远远不够的，需要银行借款进行融资；（2）银行贷款给公司带来了偿债压力，公司偿还借款的能力不断减弱；（3）银行贷款使得公司的利息成本加重。

3.4.1　保利地产营运资金的融资策略

营运资金的融资问题主要反映在企业对流动资产的投资和对流动资产的管理上。流动资产的资金来源，一部分是短期来源，另一部分是长期来源。流动资产的筹资结构，可以用经营流动资产中长期筹资来源的比重来衡量，即易变现率。

保利地产在 2008 ~ 2011 年的易变现率均在 0.9 以上（见表 3-9），计算值较高，说明公司采用稳健型融资策略，利用长期融资及永久性短期融资，在对永久性流动资产和长期资产进行融资外，也对部分临时性流动资产进行融资。采用这种策略的优势体现在两个方面：（1）由于短期金融负债所占比重较小，所以企业无法偿还到期债务的风险较低，同时可以降低短期借款偿还的再融资风险；（2）可以减少未来利息成本的不确定性。不足体现在：（1）企业通常会借入比所需融资量更多的资金，造成资源浪费；（2）总的利息成本较高。因此这是一种风险和收益均较低的营运资金筹资政策。同时观察其他 3 大房地产公司，易变现率的值普遍都很高，这说明他们也采用比较宽松的融资策略，长期融资和永久性融资解决部分临时性流动资产的融资，流动负债对流动资产的融资不足。

表 3-9　2008 ~ 2011 年保利地产易变现率

项目	2008 年	2009 年	2010 年	2011 年
保利地产	0.919	0.955	0.950	0.926

⊖　资料来源：平均增长率 =10.1%。

⊖　资料来源：中国人民银行网站披露的金融机构人民币存款基准利率的历史数据。网址 http://www.pbc.gov.cn/

（续）

项目	2008 年	2009 年	2010 年	2011 年
万科	0.843	0.934	0.918	0.917
招商地产	0.836	0.937	0.943	0.912
金地集团	0.887	0.940	0.929	0.839

注：易变现率 =[（权益 + 长期债务 + 经营性流动负债）- 长期资产]/ 经营性流动资产，扣除交易性金融资产的流
　　动资产就是企业的经营性流动资产。
资料来源：保利地产、万科、招商地产、金地集团 2008 ~ 2011 年年报。

3.4.2　保利地产营运资金的融资来源

由于购地支出，房地产行业普遍需要用较高比例的长期负债和短期负债对流动资产进行融资，其负债比例明显高于其他行业。保利地产的融资来源有以下特点：（1）保利地产的所有者权益对流动资产的融资大约 1/4，剩下 3/4 靠流动负债与长期负债进行融资；（2）保利地产靠商业性融资不够，需要银行借款对其融资，短期借款、长期借款、一年内到期的非流动负债之和占流动资产的比例约为 1/3，造成了一定的利息压力。

所有者权益在总量规模上对流动资产的融资明显不足，如图 3-6 所示。近年来政府对房地产市场的宏观调控趋紧，资本市场涉及房地产业务的融资、再融资的难度明显增加。2010 年保利地产拟通过非公开增发 A 股股票融资近百亿元[⊖]，但没有得到证监会的批准。公司公告称"结合目前资本市场的融资环境，经与主承销商协商，同意公司撤回 2010 年非公开发行 A 股股票申请"。所有者权益的融资受阻，公司寄希望于流动负债与长期负债进行融资。在房地产行业，土地就是资本，优质土地更无疑会提高公司的盈利能力，因此，盈利能力很强的公司普遍净营运资金较多。然而，高盈利能力相应的代价是较高的融资成本和较长的资金链，大量净营运资金缺口需要依靠长期负债和短期负债进行补充。长期资金的到期日较远，到期不能还本付息的风险较小，但是长期资金的利息成本较高，并且缺乏弹性。

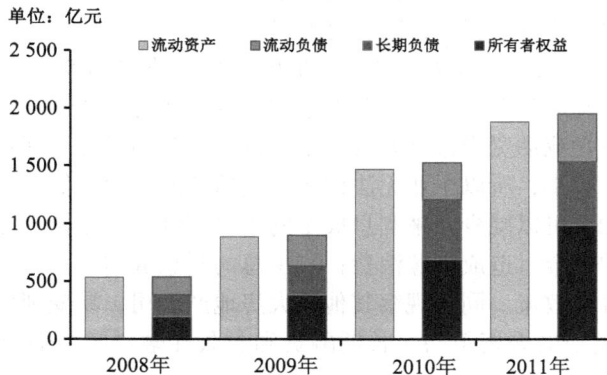

图 3-6　2008 ~ 2011 年保利地产营运资金的融资结构

资料来源：保利地产 2008 ~ 2011 年年度报告。

流动负债的融资结构一定程度上会影响它的增长速度。如表 3-10 所示，在流动负债内部，短期负债所占比例在 2008 ~ 2010 年不足 1%，而在 2011 年达到 2.15%，可见短期借款不是

⊖　资料来源：保利地产公告与 2011 年年度报告。

保利地产的主要融资方式。商业信用融资在保利地产的流动负债融资中占绝对优势，4 年均占到 50% 以上。商业信用融资中预收账款的融资 70% 以上，成为流动负债融资的主要方式，这是由于房地产行业采用预售房屋的销售方式。预收账款在一定程度上可以反映公司下期的经营收入情况。依据资产负债表显示的数据，2009 年保利地产预收账款较 2008 年增长 204.44%，2011 年增长却只有 37.61%，说明保利地产的盈利增速下滑。

表 3-10　2008 ~ 2011 年保利地产流动负债的融资占比

项目		2008 年	2009 年	2010 年	2011 年
短期借款		0.36%	0.81%	0.65%	2.15%
商业信用融资	应付票据	0	0.001%	0.011%	0
	应付账款	12.37%	7.12%	6.11%	9.68%
	预收款项	50.21%	78.02%	74.81%	71.95%
其他流动负债		37.06%	14.05%	18.41%	16.22%

资料来源：保利地产 2008 ~ 2011 年年度报告。

流动负债占流动资产的比例逐渐上升，表明保利地产的短期融资比例增加，长期融资的比例减少，长期融资的压力增大。短期借款大幅度上升，使公司必须频繁地向银行借款和还款，导致了短期借款长期化的融资特征，给公司的流动性带来了一定的压力，使得公司的利息负担加重，现金流趋紧。短期借款大幅度提升一方面说明了融资运作空间有所紧缩，另一方面也拉低了公司业绩。由于短期借款产生的利息费用不能资本化，从而导致利息资本化率由 2010 年的 99.09% 下降至 2011 年的 88.47%，拉低公司的每股收益约达 0.1 元。

保利地产的控股公司保利集团作为央企，拥有多种融资渠道，近几年的融资都较为顺畅。依据同花顺数据库的财务资料显示，保利地产在 2008 年发行了 43 亿元的公司债，在 2009 年通过定向增发方式融资 80 亿元，长期贷款在 2008、2009、2010、2011 年的净增加额分别为 50、62、268 和 29.5 亿元，融资总额逐年增加。

3.4.3　银行贷款给保利地产带来的偿债压力

保利地产现在较多的利用流动负债和长期负债进行融资，债务融资给公司带来一定的偿债压力：（1）短期偿债压力变大；（2）资产负债率高于其他几家龙头房地产企业；（3）融资成本不断加大，还款压力加重。贷款所付出的利息成本与营业收入的比例呈上升趋势，对损益的影响上升。

由于土地占用大量资金，保利地产必须通过银行贷款来缓解资金压力。保利地产的短期偿债指标流动比率与速动比率在 4 年间呈逐年递减的趋势（见表 3-11），资金回笼压力增大。速动比率偏低，主要是存货在流动资产中的比例过高造成的，加上企业在筹资过程中自由资金比率偏低，从而使得企业的短期偿债能力较差。

表 3-11　2008 ~ 2011 年保利地产偿债指标

项目	2008 年	2009 年	2010 年	2011 年
流动比率	2.727	2.315	2.129	1.907
速动比率	0.667	0.743	0.534	0.364
资产负债率	69.84%	70.28%	75.64%	78.67%
有息负债率	42.17%	31.74%	38.49%	34.97%

资料来源：保利地产 2008 ~ 2011 年年报和 CSMAR 系列研究数据库。

保利地产的主要资金来源为负债，约占负债与所有者权益总额的 3/4。其中，有息负债占所有负债的 1/3 左右，长期借款占有息负债的 2/3 左右。贷款基准利率继续下行的可能性较小，继续上升的可能性比较大，那么偿债利息会更高，导致偿债压力更大。大规模的负债使得公司必须频繁地向银行借款和还款。短期借款虽不是主要融资方式，但是 2011 年较 2010 年增长371.87%，面临着一定的短期偿债压力。

保利地产的资产负债率 4 年内逐年上升，负债水平有所提升，2010 年与 2011 年略高于行业平均值 75%。借款增长的同时也导致本期利息支出的大幅度增加，财务费用在 2011 年较2010 年增加 4.93 亿元。贷款所付出的利息成本不断加大，如表 3-12 所示，利息成本为估算值，2011 年的利息成本约为 2008 年的 4 倍，融资成本不断加大，还款压力加重。利息成本占营业收入比例呈上升趋势，在 2011 年略有下降。除 2008 年外，利息成本占营业收入比例 3 年间均高于选取的 5 家公司所占的平均比例。可见保利地产的利息负担较其他 5 家房地产公司偏重，利息成本对损益的影响较大。为了测度公司是否有能力偿还借款，引入 EBITDA 指标与利息保障倍数指标。

表 3-12　2008 ~ 2011 年保利地产偿债情况　　　（单位：亿元）

项目	2008 年	2009 年	2010 年	2011 年
短期借款	0.70	3.08	4.50	21.23
一年内到期的长期借款	42.44	36.91	68.84	118.02
长期借款	140.48	202.50	470.29	499.80
应付债券	42.53	42.62	42.72	42.82
短期借款利率①	5.31%	5.31%	5.81%	6.56%
长期借款利率②	5.76%	5.76%	6.22%	6.90%
贷款所付出的利息成本	10.57	13.95	33.80	44.02
利息成本占营业收入的比例	6.81%	6.07%	9.42%	9.36%
选取的 5 家公司③利息成本占营业收入的平均比例	7.75%	5.77%	8.61%	9.23%

注：贷款利息成本与利息成本占营业收入的比例均为估算值，贷款包括短期借款、长期借款、1 年内到期的长期借款。贷款利息成本 =（短期借款 +1 年内到期的长期借款）× 短期借款利率 + 长期借款 × 长期借款利率。
①资料来源：此处采用中国人民银行货币司发布的 2008 ~ 2011 年金融机构人民币贷款基准利率 6 个月至 1 年（包括 1 年）的利率，若年内进行多次调整，则采用该年最后调整的利率。
②资料来源：此处采用中国人民银行货币司发布的 2008 ~ 2011 年金融机构人民币贷款基准利率 3 年到 5 年（包括 5 年）的利率，若年内进行多次调整，则采用该年最后调整的利率。
③资料来源：选取的五家公司分别为万科 A（000002）、招商地产（000024）、金融街（000402）、金地集团（600383）、陆家嘴（600663）。
资料来源：保利地产、万科、招商地产、金地集团、金融街、陆家嘴 2008 ~ 2011 年度报告和 CSMAR 系列研究数据库。

EBITDA 是公司息税折旧及摊销前利润，是最接近公司主营业务现金流状况的盈利指标，能反映公司的偿债能力，其计算公式为：

EBITDA= 净利润 + 所得税费用 + 固定资产折旧 + 无形资产摊销 + 长期待摊费用摊销 + 偿付利息所支付的现金（费用化的利息支出）

EBITDA 计算如表 3-13 所示。

表 3-13 2008～2011 年保利地产 EBITDA 计算　（单位：百万元）

项目	2008 年	2009 年	2010 年	2011 年
净利润	3 043.67	4 007.73	5 505.28	7 367.20
所得税	979.61	1 371.32	1 899.30	2 706.89
固定资产折旧	19.24	47.06	194.28	220.60
无形资产摊销	0.54	0.47	1.98	2.93
长期待摊费用摊销	4.22	4.16	3.96	5.28
费用化利息所支付的现金	8.90	17.78	24.90	480.93
EBITDA	4 056.18	5 448.50	7 629.69	10 783.82

注：由于 4 年间保利地产的资本化利息占利息支出总额的 90% 以上，用财务费用中的利息支出近似替代费用化
　　利息所支付的现金。

资料来源：保利地产 2008～2011 年年报。

从表 3-14 中可以看出，保利地产的 EBITDA 逐年递增，表现出较好的盈利能力。EBITDA 是最接近于现金流量的会计利润，是更为有效的利息偿付保障，使用 EBITDA 利息倍数测度是否有充分的基于现金流量的利润保障支付利息费用。从表 3-14 中可以看出，保利地产各年度的 EBITDA 利息倍数均大于 1，说明公司有充分的盈利能力用于保障债务利息支付，降低了偿债风险，即公司利润在支付借款利息之余，还具有一定的余量可用于支持营业收入增长的资产投资。但由于 EBITDA 利息倍数呈现逐年递减的趋势，说明对债务融资利息保障的程度是下降的，偿债压力越来越大，偿债风险也会逐渐提升。

表 3-14 根据 EBITDA 计算的偿债能力指标　（单位：亿元）

项目	2008 年	2009 年	2010 年	2011 年
总债务	141.18	205.58	474.79	521.03
EBITDA	40.56	54.59	76.30	107.84
EBITDA/ 总债务	0.29	0.27	0.16	0.21
EBITDA 利息倍数	2.81	2.18	1.97	1.59

注：总债务为短期借款与长期借款之和。

资料来源：保利地产 2008～2011 年公司年报。

此外，表 3-15 显示的保利地产的利息保障倍数与 EBITDA 利息倍数一样具有相同的变化趋势，说明利息保障倍数逐年下降，公司拥有的偿还利息的缓冲资金越来越少，利息支付的保障越来越低，债务利息对损益的影响呈上升趋势，这个变化趋势使公司不得不重视偿债问题。但房地产开发企业从利润角度而言，并没有受到很大的影响，即高盈利能力掩盖了债务利息对损益与流动性的影响。

表 3-15 2008～2011 年保利地产利息保障倍数计算　（单位：亿元）

项目	2008 年	2009 年	2010 年	2011 年
净利润	30.44	40.08	55.05	73.67
利息费用[①]	14.02	24.03	37.37	64.41
所得税费用	9.80	13.71	18.99	27.07

（续）

项目	2008 年	2009 年	2010 年	2011 年
息税前利润	54.25	77.82	111.41	165.15
利息保障倍数	3.87	3.24	2.98	2.56

注：息税前利润 = 净利润 + 利息费用 + 所得税费用。
　①资料来源：财务费用不仅包括计入利润表财务费用的利息费用，还包括计入资产负债表存货等成本的资本化利息。
资料来源：保利地产 2008 ~ 2011 年公司年报。

3.5　现金流量的平衡能力

房地产开发企业的融资模式体现了三种特征：（1）债务融资规模明显超过权益融资；（2）商业信用融资规模明显超过有息债务；（3）银行借款规模明显超过债券融资。保利地产的管理层实施激进的囤地储备决策会给现金流造成明显的财务流动性压力吗？

3.5.1　保利地产的现金流量结构

从保利地产的现金流量结构来看，经营活动产生的现金净流量连年为负值。从保利地产经营活动现金流量支出，可以发现资金运营中的主要风险来自于"购买商品、接受劳务"的巨额现金支出。如表 3-16 所示，保利地产 2008 年与 2010 年购买商品、接受劳务支付的现金大于销售商品、提供劳务收到的现金。例如，2010 年仅用于商品和劳务的资金缺口达到 172.45 亿元。

表 3-16　2008 ~ 2011 年保利地产现金净流量结构　　（单位：亿元）

项目	2008 年	2009 年	2010 年	2011 年
经营活动产生的现金流量净额	−75.90	−11.44	−223.70	-79.22
其中：销售商品、提供劳务收到的现金	163.62	421.86	571.04	660.38
购买商品、接受劳务支付的现金	206.72	390.66	743.49	625.63
商品、劳务收入支出比率	0.792	1.080	0.768	1.056
投资活动产生的现金流量净额	−0.62	−4.03	−18.57	−4.48
筹资活动产生的现金流量净额	84.96	113.06	281.33	73.93
现金净流量	8.44	97.59	39.06	−9.77

注：商品、劳务收入支出比率 = 销售商品、提供劳务收到的现金 / 购买商品、接受劳务支付的现金。
资料来源：保利地产 2008 ~ 2011 年公司年报。

相对于经营活动和筹资活动，保利地产投资活动的现金流出量与现金流入量在规模上明显小于经营现金流的流入量与流出量，且 4 年内也均为负值。在经营活动和投资活动不利的情况下，对现金流量的需求便只能由筹资活动来满足。由于保利地产雄厚的资本后盾，融资比较顺畅，2008 年发行公司债券，2009 年在资本市场非公开增发，筹集到大量资金。但是 2011 年现金净流量出现负值，筹资活动产生的现金流相对于前几年明显减少，这与国家的宏观调控政策密切相关，筹资活动产生的现金流量不足以弥补经营以及投资产生的缺口。

近几年，保利地产筹资活动产生的现金流量结构变化较大（见表 3-17）。公司主要以取得借款为主要筹资方式，2008 ~ 2010 年取得借款收到的现金是逐年增加的，可是受到银根紧缩政策的影响，2011 年的长期贷款受到一定的限制，长期负债比例递减，促使取得借款收到的现金减少。在通过取得借款的筹资方式中，长期借款占借款总额的比例约为 3/4（见表 3-18），公司的债务主要依赖长期债务。

表 3-17　2008 ～ 2011 年保利地产筹资活动产生的现金流量结构分析（单位：亿元）

项目	2008 年	2009 年	2010 年	2011 年
吸收投资收到的现金	0.49	78.90	3.31	36.95
取得借款收到的现金	107.12	173.74	463.16	369.16
发行债券收到的现金	43.00	0	0	0
偿还债务支付的现金	48.81	121.70	152.45	277.69
分配股利、利润或偿付利息支付的现金	16.15	17.66	32.35	53.48
支付其他与筹资有关的现金（融资费用）	0.69	0.22	0.34	1.00
筹资活动产生的现金流量净额	84.96	133.06	281.33	73.93

资料来源：保利地产 2008 ～ 2011 年公司年报。

表 3-18　2008 ～ 2011 年保利地产借款项目与货币资金　　（单位：亿元）

项目	2008 年	2009 年	2010 年	2011 年
短期借款	0.70	3.08	4.50	21.23
长期借款	140.48	202.50	470.29	499.80
应付债券	42.53	42.62	42.72	42.82
一年到期的非流动负债	42.44	36.91	68.84	118.02
货币资金	54.70	152.28	191.51	181.53

资料来源：保利地产 2008 ～ 2011 年公司年报。

依据保利地产的年报，可以看出长期借款中有 80% 以上需要在 1 ～ 3 年内付清，而房地产开发项目的周期至少为 2 ～ 3 年，大型项目需要 5 ～ 10 年，债务需要偿付的周期相对于房地产项目的开发周期要短，这对企业的资金链是一个巨大的挑战，保利地产的现金流处于紧绷的状态。保利地产的母公司保利集团作为央企，拥有多种融资渠道，在 2008 ～ 2011 年间实现了债务融资规模增幅较大，长期贷款融资逐年增加（见表 19），表明保利地产具有较强的债务融资能力。受到央行提高信贷门槛等政策的影响，保利地产在 2011 年长期借款的增幅仅有 6.27%。保利地产在长期借款与短期借款在规模上呈现持续增加的趋势，并在资产负债表上形成了持续性较高规模的债务存量，短期借款与长期借款的合计规模超过了 500 亿元。虽然保利地产 2008 ～ 2011 年年末的货币资金存量和净利润是持续增加的，但是保障支付一年内到期的非流动负债、短期借款及债务利息，在经营现金流持续为负的情形下，依然有不可轻视的压力。

表 3-19　2008 ～ 2011 年保利地产短期借款与现金流的关系　　（单位：亿元）

项目	2008 年	2009 年	2010 年	2011 年
短期借款	0.70	3.08	4.50	21.23
长期借款	140.48	202.50	470.29	499.80
长期借款增加量[1]	50.10	62.02	267.80	29.51
取得借款收到的现金	107.12	173.74	463.16	369.16
短期借款本年累积量[2]	57.02	111.72	195.36	339.65

注：假设长期借款在一年内没有还款，短期借款本年累积量 = 取得借款收到的现金 - 长期借款增加量。
　　[1] 长期借款增加量 = 期末长期借款额 - 起初长期借款额
　　[2] 若短期借款本年累积量远大于资产负债表短期借款余额，则说明公司在不停地还款与借款，表明公司短期借款长期化的特征。

资料来源：保利地产 2008 ～ 2011 年年度报告。

通过发行债券的融资变化比较大，仅在 2008 年通过发行公司债券，实现融资 43 亿元，加之 107.12 亿元的银行贷款，当年实现现金流量 8.44 亿元的净流入，但是相对应的融资费用高达 0.69 亿元。到 2011 年年底，保利地产再设有新的债券融资，特别是随着房地产行业的相关调控政策"债券注册审批时主要关注国家的相关产业政策，要与相关产业政策符合"，房地产开发企业在市场下行与政策趋紧的情形下，很难通过发行债券实现大规模的融资。2009 年公司进行了非公开增发，共募集资金近 80 亿元。但是在 2010 年 4 月，国务院发布《关于坚决遏制部分城市房价过快上涨的通知》，明确要求"对存在土地闲置及炒地行为的房地产开发企业，商业银行不得发放新开发项目贷款，证监部门暂停批准其上市、再融资和重大资产重组"，非公开增发也受到限制。

3.5.2 保利地产的资金链状况

从房地产企业的自身还款能力、负债水平、债务期限三个方面，综合考察房地产上市公司的资金链状况，选取上市公司融资前的现金缺口、资产负债率、每股经营性现金流三项指标来反映公司的资金链状况，并通过 Z-Score 进行综合分析。

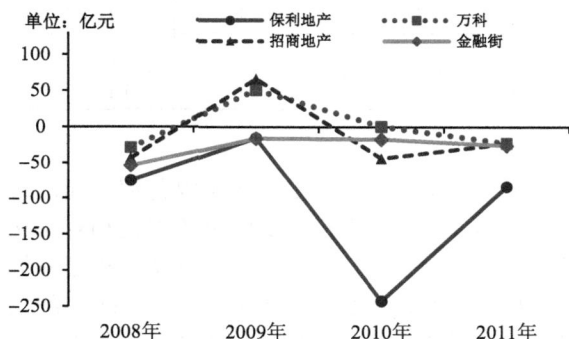

图 3-7　2008 ~ 2011 年保利地产经营与投资现金流净额
资料来源：保利地产、万科、招商地产、金融街 2008 ~ 2011 年年度报告。

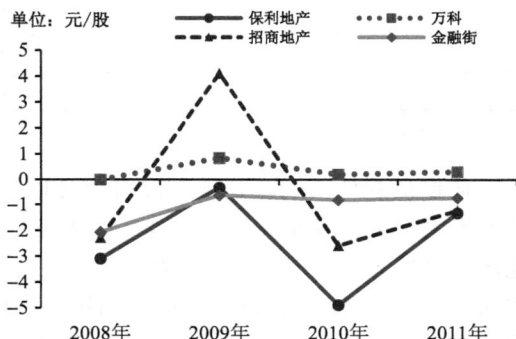

图 3-8　2008 ~ 2011 年保利地产每股经营现金流量
资料来源：保利地产、万科、招商地产、金融街 2008 ~ 2011 年年度报告。

国内企业在高存货、低周转的经营战略下经营活动产生的现金流量净额和投资活动产生的现金流量净额之和普遍呈现为持续负的现金流状态，是需要通过筹资现金流补充的。保利地产在 2010 年大规模囤地，经营与投资现金流量净额为负，达到 –242.27 亿元，这一数值表明了保利地产的融资缺口较大，需用大量融资支持其扩张（如图 3-9）。万科、招商地产、金融街 3 家房地产公司，也在 2011 年遇到同样的问题，即经营与投资现金流净额呈现负值。但由于国家对房地产公司再融资的限制[⊖]，以及央行货币供应对房地产相关贷款收紧，房地产企业在资本市场上无论是股权融资还是债务融资都较难实施，保利地产的融资面临着不小的压力，这将导致其现金流量也趋于紧张。

⊖ 资料来源：2010 年 10 月 15 日在其官方网站上宣布，为贯彻国家对房地产行业的调控政策精神，对所有涉及房地产业务的上市公司再融资的相关审核都需征求国土资源部意见。但如果发行人把房地产业务剥离、注销可以除外。虽然证监会没有明确对外宣布暂停房地产公司的再融资审批，但随着房企充足申请和再融资审批相继暂停，国内房企在中国资本市场的再融资大门已全部关闭。

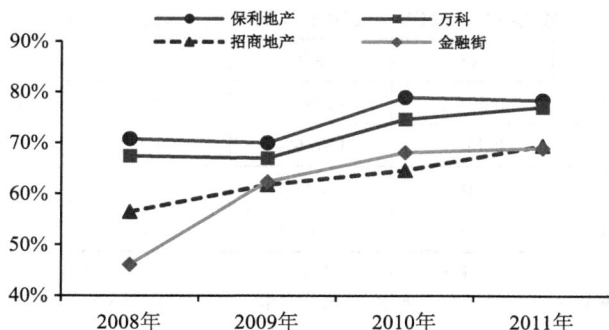

图 3-9　2008 ~ 2011 年保利地产资产负债率

数据来源：保利地产、万科、招商地产、金融街 2008 ~ 2011 年年度报告。

资金在房地产开发、建设和经营整个过程的结果最后集中反映在每股经营现金流量上。保利地产与万科、招商地产以及金融街几家地产公司相比，无论是每股经营现金流量（如图 3-8），还是资产负债率（如图 3-9），保利地产的融资特点是：第一，需要持续较大规模的债务融资；第二，大规模的负债使得公司必须频繁地向银行借款和还款，给公司资金链带来一定压力。

利用时任纽约大学助理教授 Edward Altman 于 1968 年提出的 Z-Score，能够综合反映企业财务风险与资金链状况。Z-Score 模型广泛应用于学术研究与企业财务管理实务。该模型的解释是，Z-Score 越小，企业失败的可能性越大，Z-Score 越大，企业财务状况越好。保利地产于 2008-2011 年 Z-Score 变动如表 3-20 所示：

表 3-20　2008 ~ 2011 年保利地产 Z-Score

年份	Z-Score	X1	X2	X3	X4	X5
2008	0.305 9	0.628 3	0.085 3	0.074 4	0.930 3	0.289 4
2009	0.272 9	0.559 6	0.076 4	0.059 1	1.254 1	0.255 9
2010	0.247 1	0.510 6	0.074 7	0.047 9	0.483 0	0.235 6
2011	0.251 8	0.458 5	0.086 1	0.053 7	0.388 9	0.241 2

注：Z-Score=0.012X1+0.014X2+0.033X3+0.006X4+0.999X5。其中，X1：营运资金/总资产。X2：留存收益/总资产。X3：息税前收益/总资产。X4：股东权益市场价值/负债账面价值。X5：营业收入/总资产。Z-Score<1.8，破产区；1.8 ≤ Z-Score<2.99，灰色区；2.99<Z-Score，安全区。

保利地产在 2008 ~ 2010 年期间财务风险逐年提升，Z-Score 呈现出明显的下滑趋势，2011 年 Z-Score 略有好转，但仍维持在较低的水平上。与 2008 年相比，2010 年营运资产/总资产、留存收益/总资产、息税前收益/总资产、股东权益市场价值/负债账面价值、营业收入/总资产五项指标全面下降，下跌幅度分别为 19%、12%、36%、48% 和 19%，表明保利地产的短期偿债能力、盈利能力、长期偿债能力、资产周转能力逐年恶化，资金链状况日趋紧张。

原始的 Z-Score 模型中，各项指标的权重及临界值采用近 50 年前美国上市公司数据测算，并不完全适用于当前中国证券市场。沿用 Altman 的方法，保持原财务指标不变，构建的新 Z-Score 模型结果如表 3-21 所示。

表 3-21　2008 ~ 2011 年保利地产新 Z-Score

年份	新 Z-Score	X1	X2	X3	X4	X5
2008	2.556 4	0.628 3	0.085 3	0.074 4	0.930 3	0.289 4
2009	2.277 7	0.559 6	0.076 4	0.059 1	1.254 1	0.255 9
2010	2.071 9	0.510 6	0.074 7	0.047 9	0.483 0	0.235 6
2011	1.914 1	0.458 5	0.086 1	0.053 7	0.388 9	0.241 2

注：采用 A 股 2010 ~ 2012 年 46 家制造业 ST/PT 中国上市公司及 46 家同年同行业、且规模相近的配对健康公司样本计算新 Z 值的权重及临界值。新 Z-Score=3.388 × X1+0.984 × X2+0.575 × X3+0.015 × X4+0.992 × X5。其中，X1：营运资金 / 总资产。X2：留存收益 / 总资产。X3：息税前收益 / 总资产。X4：股东权益市场价值 / 负债账面价值。X5：营业收入 / 总资产。新 Z-Score<-0.287，破产区；-0.287 ≤新 Z-Score<2.280，灰色区；2.280< 新 Z-Score，安全区。-0.287 ≤新 Z-Score<0.557，不确定，但很可能为财务危机公司；当 0.557 ≤新 Z-Score<2.280，不确定，但很可能为财务健康公司。

新 Z-Score 变动趋势基本与原 Z-Score 一致。自 2008 ~ 2011 年，保利地产财务风险逐年增加，资金链状况逐步恶化。其中，公司 2008 年新 Z-Score 为 2.556 5，高于临界值 2.280，财务状况较为健康。但是，自 2009 年起，公司新 Z-Score 均低于 2.280，且高于 0.557，表明企业财务状况已陷入灰色区域，具有一定的不确定性，虽然距离资金链断裂、企业破产仍有一定的距离，但已经需要管理层对企业资金链状况、财务状况及其变动趋势给予充分的重视。

3.6　宏观调控政策对保利地产的影响

房地产行业是一个受国家相关政策影响较大的行业，需要关注的问题是 2008 ~ 2011 年期间政府出台了哪些主要针对房地产行业的政策，对保利地产的业务会产生怎样的影响。

3.6.1　国家宏观调控政策

国家对房地产行业的宏观调控政策主要包括三个方面，第一，中央对房地产行业发展的调控政策；第二，金融政策主要包括房地产的信贷政策；第三，关于资本市场融资的政策。

2011 年 1 月 26 日国务院办公厅发布"新国八条"，标志着国家对房地产新一轮宏观调控的开始。"新国八条"就是希望通过住房限价令、住房限购令、严厉的信贷政策及税收政策，遏制打击投机炒房现象。2011 年 12 月 21 日，《闲置土地处置办法（修订草案）》公开征求意见，是自 1999 年的首次修订，2012 年 5 月 22 日国土资源部第一次部务会议修订，2012 年 6 月 1 日国土资源部令第 53 号发布，7 月 1 日开始施行，对房地产公司囤地行为采取重罚。表 3-22 列出了 2008 ~ 2011 年重大的房地产调控政策，可以看出最近几年国家对房地产行业的调控有紧无松。

表 3-22　2008 ~ 2011 年房地产重大调控政策概览

发布日期	政策文件	内容概述
2008 年 6 月 1 日	《国有建设用地使用权出让合同》示范文本	商品住宅开发不得超过三年，土地管理不作为将受严惩

（续）

发布日期	政策文件	内容概述
2008 年 8 月 25 日	《关于金融促进节约集约用地的通知》	央行银监会联合发文要求严格建设项目贷款管理
2009 年 12 月 17 日	《关于进一步加强土地出让收支管理的通知》	开发商拿地的首付款比例提高到五成，且分期缴纳全部价款的期限原则上不超过一年
2010 年 1 月 10 日	"国十一条"《关于促进房地产市场平稳健康发展的通知》	严格二套房贷款管理，首付不得低于 40%，加大地产贷款窗口指导。合理引导住房消费抑制投资投机性购房需求等
2010 年 3 月 10 日	《关于加强房地产用地供应和监管有关问题的通知》	开发商竞买保证金最少两成，一月内付清地价 50%，囤地开发商将被"冻结"
2010 年 4 月 17 日	"新国十条"《国务院关于坚决遏制部分城市房价过快上涨的通知》	对存在土地闲置及炒地行为的房地产开发企业，商业银行不得发放新开发项目贷款，证监部门暂停批准其上市、再融资和重大资产重组
2011 年 1 月 26 日	"新国八条"《国务院关于进一步做好房地产市场调控工作有关问题的通知》	把二套房贷首付比例提至 60%，贷款利率提至基准利率的 1.1 倍。2011 年，首套房商业贷款的首付为 30%，第三套及以上住房不发放商业贷款

3.6.2　宏观调控政策对公司的影响

　　面对紧缩的货币环境，限购、限贷、限价等严厉的房地产宏观调控，保利地产的销售额的增长率和资产增长率呈下降趋势（如图 3-10、图 3-11）。拿地节奏也明显放缓，2011 年公司新增项目数大幅减少 48.89%，新增房地产项目建筑面积大幅减少 40.18%。

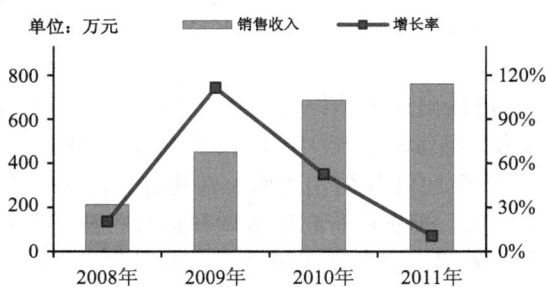

图 3-10　2008 ~ 2011 年保利地产销售金额
资料来源：保利地产 2008 ~ 2011 年年度报告。

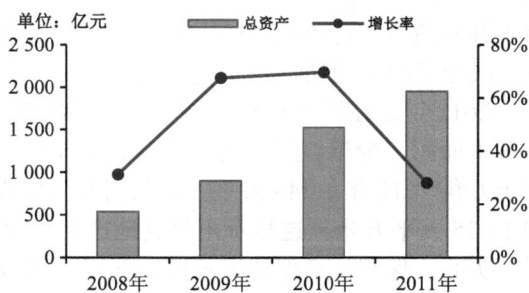

图 3-11　2008 ~ 2011 年保利地产资产规模
资料来源：保利地产 2008 ~ 2011 年年度报告。

　　储备土地为新开工面积提供了充足的可售货量，面对严厉的调控，在公司资金链较为紧张的时候，保利地产通过消化巨量库存来缓解资金压力。如图 3-12 所示，公司 2011 年新开工面积达 1 503 万平米，同比大幅增长 50%，甚至超过万科的开工量，供给量的大力推进将助于强势地位的巩固。但是，由于存货占总资产的比例极大，所有的资金回笼通过销售来体现，2011年销售收入增长率的下降趋势导致新开工面积的增长趋势放缓。

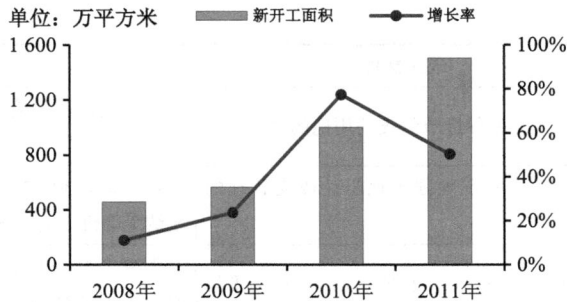

图 3-12　2008 ～ 2011 年保利地产新开工面积

资料来源：保利地产 2008 ～ 2011 年年度报告。

随着"新国八条"细则的落地，房地产销售放缓，保利地产的营业收入的增速从 2008 年的 91.24% 降低至 2011 年的 31%。保利地产若继续其激进的土地储备政策，如何在现金流量的收入与支出的数量规模与时点两个方面对接，实现良好的财务流动性，是管理层在实现企业战略目标的决策时需要同时考虑的财务问题。

3.7　竞争优势与营运资金效率的权衡

保利地产的管理层需要权衡与决策的问题是为做大企业规模，实现竞争优势，在实施激进的土地储备政策过程中，如何提高营业资金周转效率，保持良好的财务流动性？

3.7.1　资源优势提升竞争优势

房地产行业"囤地"的三个特征是：（1）土地作为稀缺性资源，对房地产开发的成本影响很大，为了保持行业竞争力，"囤地"意味着决定了房地产开发商未来的盈利能力。（2）房地产开发商开发的地段具有区域性，并受市场的影响。不同地段的土地价格差异很大，这就促使了开发商争抢优势地段的土地。（3）在房地产行业上升趋势明显，盈利水平居高不下的情形下，决定了对土地储备的乐观预期。

2011 年，在保利地产的销售面积（见图 3-16）增幅出现了萎缩情形下，仍然大幅度提升新开工面积，全年新开工面积却达到 1 503 万平方米，继续较上年大幅增长了 50%，同时已经高于万科 2011 年 1 448 万平方米的新开工面积，而万科 2011 年的销售面积却超过公司 65% 达到 1 075 万平方米。这显示出保利地产在行业调整时期，仍然没有忘记进取和追赶行业竞争对手的决心。保利地产保持大规模的新开工面积和在建面积，将有助于巩固其行业竞争优势打下坚实的基础。

房地产行业的各个公司通过"囤地"使得存货大规模增长。2011 年存货创历史新高，存货净额高达 12 622 亿元，年均复合增长率除了 2009 年有所下降，其他几年均维持在 40% 的增长（见图 3-13）。目前房地产开发行业完全通过占有优势土地资源来取得竞争优势，土地稀缺造成的供应不足，促使买地成本不断推高。由于土地及房产的成本具有时间差，早拿地比晚拿地节约了拿地的成本，抢先拿到优势地段土地可以获得利润优势。

保利地产的拿地势头显示出追赶龙头老大万科的决心，新开工面积保持绝对的增长，保证了销售金额的高速增长。保利地产自从 2006 年成功上市以来，其销售额与资产都实现了近十倍的增长，在连续两次融资之后，仅用了三年的时间其销售额就已逼近万科。2008 年保利

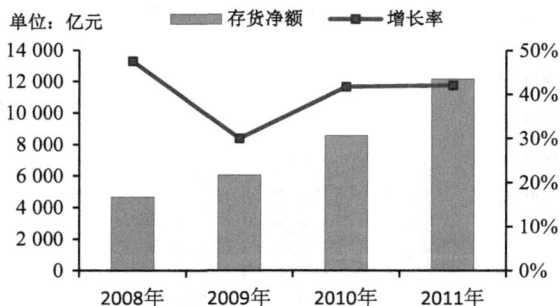

图3-13 2008～2011年上市房地产开发公司存货净额

资料来源：CSMAR上市公司数据库。

实现销售额为205亿元，拿地支出接近60亿元，在保利地产、招商地产、万科、金地集团4家开发商中，保利地产的土地储备最为激进。图3-14显示了保利地产与万科近年来拿地面积的对比。2008年与2009年都赶超龙头老大万科，在2011年公司已经开始放缓拿地节奏，并将关注点从拿地布局到流通环节。公司在2008年以较低的价格取得了590万平方米的土地储备，其楼面地价仅为每平方米1000元左右，项目后期的盈利能力非常强，同时公司在2008年并未下调新开工，新开工（见图3-15）仍然保持绝对的增长，这样才保证了公司在2009年、2010年实现了销售收入上的高速增长。2009年，公司销售额实现了翻番的增长，同时公司成功实现再融资78亿元。销售回款的增加与再融资资金的注入使得公司在土地市场上如鱼得水，获取权益土地储备超过1300万平方米，超过同期万科新增土地储备。

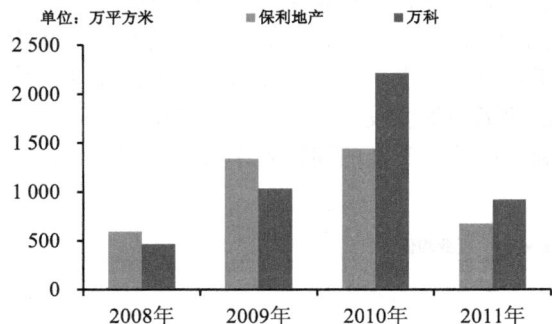

图3-14 2008～2011年万科、保利土地储备面积对比

资料来源：保利地产、万科2008～2011年年度报告与
公司公告。

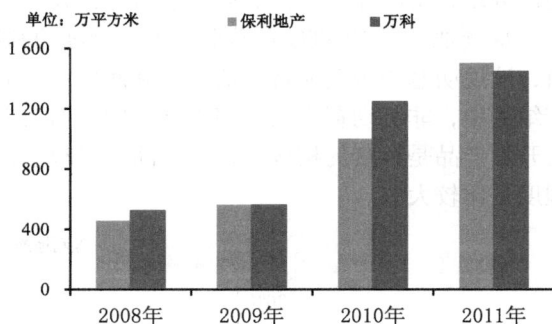

图3-15 2008～2011年万科、保利新开工面积对比

资料来源：保利地产、万科2008～2011年年度报告与
公司公告。

保利地产在销售面积出现萎缩的情况下，仍然大幅度提升新开工面积，这显示出保利地产在行业调整期时仍然没有忘记进取和追赶行业龙头的决心。2011年，虽然保利地产的销售面积（见图3-16）增幅出现了萎缩，但公司的全年新开工面积却达到1503万平方米，继续较上年大幅增长了50%，同时已经高于万科2011年1448万平方米的新开工面积，而万科2011年的销售面积却超过保利地产65%达到1075万平方米。公司保持较高的新开工面积和在建面积，供给量的大力推进将有助于强势地位的巩固，能够为公司在下一个行业扩张期时实现更快速的发展打下资源基础。

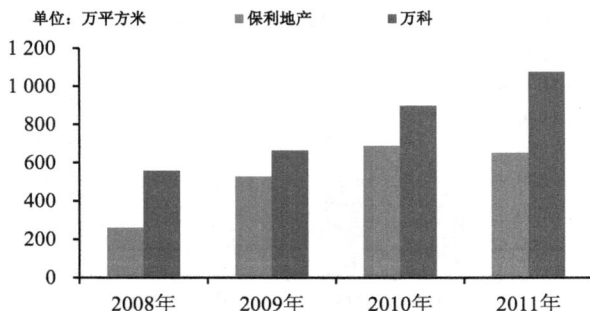

图 3-16　2008 ～ 2011 年万科保利销售面积对比

资料来源：保利地产、万科 2008 ～ 2011 年年度报告与公司公告。

3.7.2　保利地产竞争优势与营运资金效率的权衡

保利地产通过"囤地"实现了销售优势，巩固了市场地位和提升了品牌价值。2011 年"保利地产"品牌价值大幅提升至 184.59 亿元，较上年度增长 34.85%，蝉联房地产行业领导公司品牌[一]。但与此同时，大规模的土地储备也降低了营运资金效率，表现在的直接效率和间接效率，即直接效率的降低表现为存货周转率由 2008 年的 0.455 逐年递减为 2011 年的 0.359，流动资产周转率与应收账款周转率也呈逐年递减的趋势。间接效率的降低表现为融资成本不断加大，还贷压力加重，2008 ～ 2011 年的利息支出费用分别为 890、1 778、2 489、48 093 万元，即 2011 年的利息支出约为 2008 年的 54 倍。虽然，预收账款缓解了资金压力，弥补了利息支出，财务费用净值在 2011 年已转为净支出，达到 39 027 万元[二]。贷款所付出的利息成本与营业收入的比例呈上升趋势，对损益的影响上升，高于选取的 5 家较大公司的平均比例。购买土地的巨额现金支出导致经营活动产生的现金流量连续 4 年为负值，现金流量的负担加重。

保利地产以 EBITDA/ 营业收入为测度的利润率（见图 3-17）除 2008 年以外均小于行业均值，这说明基于现金流特征的营业利润率水平低于行业平均水平。鉴于在房地产开发企业的资产结构中，非流动资产的比率很低，即折旧与摊销的影响程度较小，而流动资产中的开发成本与开发产品是存货的构成主体。也间接反映了保利地产营运资金的周转效率对盈利能力的影响程度是比较大的。

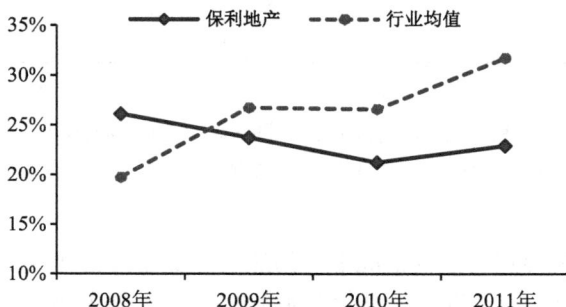

图 3-17　2008 ～ 2011 年保利地产与地产开发行业的 EBITDA 利润率

资料来源：保利地产 2008 ～ 2011 年年度报告和 CSMAR、RESSET 系列研究数据库。

〇　同时，公司再度蝉联沪深房地产上市公司综合实力、财富创造能力、投资价值 TOP10 第二名，荣获"2011 中国主板上市公司最佳董事会（50 强）"等荣誉，进一步巩固行业龙头地位。

〇　数据来源依据保利地产 2008 ～ 2011 年年度报告。

管理层进行大规模"囤地"能否给保留地产带来成本竞争优势？保利地产在2008～2011年期间的毛利率分别为40.8%、36.82%、34.12%和37.20%。而同期，万科、招商地产、金地集团、金融街的销售毛利率的平均水平在保利地产之上，可以说保利地产进行大规模土地储备，在地价不断上扬的预期下，是在竞争对手的压力下，实现低成本、高盈利竞争优势的战略选择。

3.8　案例总结与讨论问题

▌案例总结

保利地产的营运资金存在着周转效率低，主要依赖债务融资，融资成本较高、还贷现金流压力大的问题。但这些问题在房地产行业快速发展、盈利状况好的情形下得到有效缓解，而在政府监管政策趋紧与信贷政策紧缩时，依靠大规模银行债务融资与预收账款商业信用融资难以支撑大规模储备土地的资金占用成本和现金流平衡的压力。

保利地产高成长性的背后营运资金效率问题表现在以下几个方面：

（1）营运资金的运营效率逐年下降。保利地产管理层大规模储备土地发开资源导致存货周转率下降，进而拖累了公司整体资产的周转效率。大规模储备土地在财务上形成了双重资金成本，即一方面是存货持有水平高占用资金量大，造成机会成本损失。另一方面，为储备土地进行的短期贷款与长期贷款，形成了较大规模的利息支出成本。

（2）有息债务偿还的现金流压力大。保利地产的经营活动净现金流在2008～2011年间均为负值，投资活动的净现金流也均为负值，表明企业的现金流创造能力相对较弱，特别是通过借款所收到的现金连续4个年度均超过还款所支付的现金。在保利地产无法实现大规模股权融资的情形下，偿还有息负债的现金流压力是较为凸出的。

（3）基于竞争优势导向的权衡决策。保利地产管理层从行业竞争优势出发，通过大规模储备土地一方面取得地产开发资源，另一方面降低开发成本，但与此同时，推高了企业的资金成本，增大了财务流动性平衡难度。这是管理层基于竞争优势战略与保持营运资金效率的权衡决策。对管理层的挑战是如何恰当把握房地产市场变化，及时应对出台的调控政策，实现对企业资金链的管理。

▌讨论问题

讨论问题一：在房地产开发企业主要依赖银行债务融资的情况下，试讨论管理层应采用怎样的营运资金政策保持企业良好的整体财务流动性？

讨论问题二：房地产行业的"黄金时代"已过去，房地产开发企业纷纷在"白金时代"来临之际向"小股操盘"轻资产、重运营的模式转型。试从保持增长速度、提升ROE与改善财务流动性的角度，讨论保利地产的轻资产运营模式如何解决开发土地资源储备、融资能力、偿债能力与收益分配的问题。

讨论问题三：依据房地产行业新近的宏观市场调控政策与措施，试讨论房地产开发企业的管理层应如何权衡营运资金效率管理与持有土地资源支撑后续开发能力的决策？

民营企业如何缓解融资约束，
实现快速增长与完善公司治理

基于蒙牛乳业的案例分析

▶ 引 例

　　蒙牛集团前总裁牛根生曾经说，"我们走的资本线路是其他企业曾经想也不敢想的道路"。在迅速成长的过程中，蒙牛集团除了在市场销售、企业管理等方面获得了不少成功经验外，与国际私募的资本联姻，更为它的快速成长提供了动力。2002 年，摩根士丹利、鼎晖投资、英联投资[○]三家外资私募权益基金（Private Equity）对蒙牛进行了两轮注资，并于 2004 年使蒙牛成功地在香港联交所主板上市。在此过程中，董事长牛根生等蒙牛高管，在短时间内获得了 6.02 亿元的惊人个人财富，创造了中国民营企业的资本神话，三家私募投资机构在对蒙牛的投资中累积套现了约 26 亿港元[○]，获得了超额的资本回报收益。蒙牛成功引入了私募融资并最终上市，不仅解决了企业发展所需的资金支持，也有效提升了公司的治理水平。

　　中国市场上存在着大量的中小型企业和创投活动，但融资渠道的缺乏导致其在发展中面临着资金瓶颈，而通过大量的银行贷款或上市进行股权融资，对大多数企业尤其是民营企业来说是非常困难的。如何在保障创始人股东控股权的前提下最大限度地解决企业发展的资金约束问题，是目前中小型民营企业所面临的最大挑战。在本案例中，起步阶段的蒙牛在遭遇了资金瓶颈时，是如何解决紧迫的融资问题的？在与私募商议融资构架设计的时候，蒙牛是怎样安排股权结构并把控所面对的风险，从而保障创始人股东的控制权的？蒙牛引进私募资本后，又是如何借助私募的力量优化企业的治理结构的？

　　针对以上问题，本案例有以下四个方面的讨论：（1）蒙牛当初为什么选择引入国际私募权益资本；（2）在融资的过程中，采取了怎样的股权结构设计与资本运作方式，如何进行风险与收益权衡；（3）蒙牛和摩根等国际私募投资机构各自从中都获得了什么；（4）本案例对公司财务与公司治理具有怎样的启示意义。

　　○　摩根士丹利：Morgan Stanley，著名国际投资银行，是"蒙牛"上市的全球联席经办人和副保荐人，通过在开曼设立 MS Diary Holdings（摩根乳业控股）对"蒙牛"投资。
　　　　鼎晖：China Diamond Holdings Ltd.，原中国国际金融有限公司（CICC）直接投资部，后独立发展成为一家风险投资基金，通过在开曼设立 CDH China Fund, L.P. 对"蒙牛"进行上市前投资。
　　　　英联投资：CCP，是英国最大的保险公司商联保险（CGU）和英国联邦投资集团（CDC）共同设立的投资基金，通过在毛里求斯设立 CGU-CDC China Investment company, Ltd. 对"蒙牛"进行上市前投资。
　　○　资料来源：蒙牛乳业 2005 年 6 月 15 日公告。

本案例中，蒙牛通过精巧的股权设计和资本运作，良好的风险把控，解决了迫在眉睫的资金问题，同时提升了公司的治理水平。分析蒙牛私募融资的设计、融资过程以及对公司治理的影响，有助于对我国处于融资困境或治理水平较低的企业带来有益的启示。

4.1　案例概况

我国是世界上牛奶占有量较低的国家之一：截止到 2000 年年底，中国人口为 12.7 亿，2000 年，中国原奶总产量为 918.9 万吨。人均占有量 7 千克 / 年，仅及国际平均水平的 1/15。⊖乳制品行业虽然已经经历了近 10 年的高速发展，未来 10 ~ 20 年内仍处在需求增长的过程中。蒙牛适时地抓住了这一历史性的机遇，创造了中国乳业市场最大的奇迹。1999 年 1 月，从伊利退出的牛根生和几个原伊利高管成立了蒙牛乳业有限责任公司。8 月，内蒙古蒙牛乳业股份有限公司（以下简称蒙牛股份）宣告成立。从 1999 ~ 2002 年短短 3 年的时间内，它的总资产从 1 000 多万元增长到近 10 亿元，年销售额从 4 365 万元增长到 20 多亿元。截至 2012 年 3 月，蒙牛液态奶、酸奶分别名列全国同类商品占有率第一，其中蒙牛液态奶已是连续 5 年蝉联中国市场冠军。⊖

但是，蒙牛集团在刚起步的时候资金来源非常有限，资金的制约已经严重影响了企业的发展，蒙牛迫切需要突破融资瓶颈。那么蒙牛在解决资金短缺的问题上是怎样思考的？ 2001 年年底摩根士丹利与蒙牛的接触，使蒙牛股份走上了一条迥异于同类公司的发展道路，那么，蒙牛为什么会选择私募融资而非常规的融资形式？其在选择私募融资的时候有哪些考虑和衡量？在本案例中，牛根生等蒙牛高管一方面希望掌控蒙牛集团 2/3 以上的股权，另一方面希望募集到最大限额的资金以解决资金瓶颈问题，而大规模的股权融资可能会导致原股东股权的稀释，从而导致管理层丧失控制权的风险产生。蒙牛是如何在不放松控制权的情况下最大限度地募集资金的？与此同时，蒙牛又是怎样设计股权和运作资本，其在不同的融资阶段应对了怎样的风险？摩根士丹利等私募投资者为了获得更为丰厚的投资回报，是否对蒙牛高管进行了有效的激励？私募投资者在进入公司后，可能会改变融资公司的股权结构并通过董事会内部的权利制衡机制影响公司的日常决策，那么摩根士丹利等私募投资者对蒙牛的股权投资是否优化了公司的治理结构；其良好的信誉和丰富的市场、管理经验，是否有助于蒙牛公司治理机制的完善？

本案例将首先通过分析蒙牛融资需求及方式选择、私募权益融资运作设计、对管理层的激励措施、全球 IPO 与外资的退出，详细介绍蒙牛对摩根士丹利等投资者的全部私募过程；其次通过分析私募融资对蒙牛公司治理的影响对私募成果进行研究和评价；最后总结案例并提出进一步思考的问题。

4.2　蒙牛的融资需求与管理层权衡选择

蒙牛刚成立时，其竞争对手伊利已经在主板上市 3 年，当年销售额高达 11.5 亿元，而此时的蒙牛仍租用民房办公。不过，蒙牛的发起者借助出售其持有的"伊利"原始股，为蒙牛提供了起飞急需的资本。但是随着业务的发展，蒙牛对资金的需求将明显增加，公司管理层是如

⊖　世界人均年牛奶占有量为 102 公斤，发达国家年人均消费牛奶 300 公斤，发展中国家为 30 公斤，而我国人均牛奶消费仅 25 公斤。资料来源：2006 年中国乳品行业研究报告。
⊖　资料来源：2012 年中国商业联合会中华全国商业信息中心关于全国大型零售企业主要经济指标及主要商品销售情况发布会调研数据。

何解决这个问题的？蒙牛最后为何选择私募这种形式进行融资呢？

4.2.1 融资需求分析

2001 ～ 2003 年，蒙牛在成功引入私募投资前的资金紧张状况日趋明显，表 4-1 显示了蒙牛经营活动净现金流入和投资活动所用净现金同时快速增长，但经营活动净现金流入远小于投资活动所用净现金量，说明此时蒙牛仅靠经营活动提供的现金流量已无法满足其投资需求，特别是 2003 年，存在着明显的资金缺口。

表 4-1　蒙牛集团 2001 ～ 2003 年现金流量表　　（单位：人民币万元）

项目	2001 年	2002 年	2003 年（已获 PE）
经营活动现金流入净额	5 206.8	14 419.2	35 427.9
筹资活动现金流入净额	8 252.4①	14 801.9①	58 328.6②
投资活动所用净现金	10 766.4	17 818.3	73 790.5

①根据蒙牛乳业招股书，此主要为蒙牛增资扩股所得款项，但具体未说明。
②主要包括向三家金融机构投资者发行股份所得款项及新增银行贷款。
资料来源：蒙牛乳业招股书。

为填补这些缺口，蒙牛在 2001 年和 2002 年选择了规模相对较小的扩股增资，但这样做不仅风险和成本较大[⊖]，不具有可持续性，而且融到的资金非常有限。2003 年以后巨大的资金需求仅靠小规模的增资扩股显然无法满足。

从当时的市场环境看，蒙牛自身的情况也不容乐观，相对于伊利等主要竞争对手而言还是有很远的差距：2001 年伊利集团的销售收入达 27 亿元以上[⊜]，而蒙牛集团只有 7 亿，所以蒙牛只有努力扩大市场才有可能与竞争对手抗衡。从 2002 年和 2003 年蒙牛的投资情况看，仅凭蒙牛自身的资金积累是远远不能满足自身发展需要的。

通过上面的分析可以知道，当蒙牛发展呈现良好成长势头的时候，自有资金的短缺却可能会使蒙牛面临坐失崛起良机的后果。蒙牛必须想办法解决融资困境，以支持企业的发展。

4.2.2 融资方式的选择

发展过程中的蒙牛在解决融资困境的时候，首先理所当然地尝试了国内常见的融资形式，但最后却选择引入国际私募权益资本，其主要的原因是什么呢？纵观蒙牛的融资历程，蒙牛最终放弃国内常规融资的原因有内在和外在两个方面。

1. 内在原因：股份制改造限制融资

1999 年 8 月 18 日，蒙牛进行了股份制改造——成立内蒙古蒙牛乳业股份有限公司，发起人是 10 个自然人，注册资本增加到 1 398 万元，折股 1 398 万股。本次改制的目的是为了上市，但实际上却给自己的融资设置了障碍：因为证监会规定，在中国内地上市的公司，必须保证主要实际控制人和主要管理人员不发生重大变动[⊕]（一般以 1/3 以上董事发生变动为标准，但

⊖　蒙牛的增资扩股曾被以"非法集资"的名义冻结全部款项。
⊜　资料来源：伊利实业集团股份有限公司 2001 年年报，参见上海证券交易所网站。
⊕　证监会颁布的《关于进一步规范股票首次发行上市有关工作的通知》中规定，发行人申请首次公开发行股票并上市，应当自设立股份有限公司之日起不少于 3 年。同时，《通知》规定，公司最近 3 年内应当在实际控制人没有发生变更和管理层没有发生重大变化的情况下，持续经营相同的业务。因重大购买、出售、置换资产、公司合并或分立、重大增资或减资以及其他重大资产重组行为的，有关行为完成满 3 年后，方可申请发行上市。

不绝对[⊖]），否则业绩不能连续计算，不符合上市的条件。而重大的增资一般会引起管理层的重大变动（因为一般投资方往往要求参与企业的经营管理，需要派驻董事代表其利益。如，后来的蒙牛私募融资使董事会成员发生 1/3 以上的变动）。

蒙牛作为刚成立的小乳品厂，在短期内上市的可能性不大。与此同时，无论公司规模多小，只要改制成股份公司，发起人的股份 3 年内就既不能出售也不能转让。如果要增加注册资本，又不能使公司的主要股东结构发生改变（否则业绩不能连续计算会导致上市无望），除了不断以代出资的形式追加原股东的投资，别无他途。因此，对于新成长起来的企业，特别是民营企业而言，除非有把握一定能在这 3 年内上市，否则保持股权结构相对自由开放的有限公司形式，直到上市提上日程再进行股份制改造才是正确的选择。

2. 外在原因：常规融资方式的失败

在蒙牛私募融资之前，首先考虑的是银行贷款、上市等一系列传统的融资方式，但最终都没有成功。是什么原因导致蒙牛常规融资的失败呢？综观来看，蒙牛先后经历了以下几个挫败。

（1）银行贷款：在中国的制度环境下，私营企业主和他们的公司在外部融资中受到不公正待遇，中国有关法规对民营企业的外部融资条件更为苛刻，而且由于民营企业存在着众多不规范之处，中国的金融部门并不是非常愿意向民营企业提供贷款。对于蒙牛那样一家尚不知名的民营企业，同时采用的又是重品牌轻资产的商业模式，银行贷款的额度显然是十分有限的。

（2）大陆上市：2001 年，蒙牛开始考虑通过在国内上市进行融资的渠道。首先他们寄希望于当时盛传要建立的深圳创业板，但是后来这个创业板没有实施，蒙牛的计划因此落空。其次蒙牛也寻求过在 A 股上市，但是由于当时蒙牛历史短、规模小等情况，不符合主板上市的条件，蒙牛的资金瓶颈无法短期内解决。

（3）民间融资：蒙牛也尝试过民间融资。最初国内一家知名公司来蒙牛考察，并表示投资后一定要掌控 51% 的控股权，对此蒙牛坚决不答应；随后另一家企业本来准备要投资，但被蒙牛的竞争对手阻挠；最后还有一家上市公司对蒙牛有投资意向，但由于当时其主管的离职而耽搁。[⊜]

在进行了艰辛而坎坷的探索之后，蒙牛的融资尝试最终没有获得成功，但资金的瓶颈却越来越突显出来，蒙牛必须找到另外一条可行的融资途径。

4.3　蒙牛引入私募权益融资的股权结构设计

在本土常规融资方式失败的不利情况下，为解决快速发展带来的资金瓶颈，蒙牛把目光转向香港主板，但由于蒙牛历史较短、规模小，不符合上香港主板的条件，2002 年年初，经股东会、董事会同意，蒙牛计划在法国巴黎百富勤[⊜]的辅导下在香港创业板上市。这时，摩根士丹利、鼎晖、英联与蒙牛协商，建议其不要去香港创业板上市。理由是：创业板市场流通性不好，机构投资者一般不感兴趣，企业再融资非常困难，这对后续发展壮大不利。他们建议蒙牛引入

⊖　对于董事、高级管理人员变化的判断，应考虑发生变化的职务的高低，变化的数量可以参考《首次公开发行股票并上市办法》中对于重新辅导的规定，即"辅导工作结束至主承销商推荐期间发生 1/3 以上董事、监事、高级管理人员变更"，但这不是判断是否为重大变化的绝对标准，只能作为专业判断时考虑的因素。

⊜　资料来源：《蒙牛何以选择摩根》，选自 2005 年 1 月 3 日《中国企业家》杂志。作者黄明为长江商学院教授、美国康奈尔大学金融学教授，曾对蒙牛的私募投资者、上市中介、蒙牛高中层管理团队等进行了访谈。

⊜　巴黎百富勤：法国巴黎百富勤总部设于中国香港，提供全面性的投资银行服务，前身为梁伯韬成立的百富勤投资，后来并入法国巴黎银行并易名为法国巴黎百富勤。

私募投资，保证资金及时到位，帮助企业成长，等企业发展到一定程度直接在香港主板上市。蒙牛接受了这一建议，并与私募投资者开始洽谈投资事宜。那么，蒙牛与私募双方为什么会达成合作协议，他们的关注点分别是什么？蒙牛的私募权益融资设计的具体过程是怎样的？他们的融资原则又是如何的呢？

4.3.1 蒙牛与私募投资者的选择

蒙牛与私募的合作并非偶然，那么是哪些因素促成了双方的合作？他们各自有怎样的考量？

1. 私募投资者的选择

摩根士丹利与鼎晖为什么主动找蒙牛洽谈融资事宜？从私募投资者的目的来看，他们是为了获得投资回报，然后择机退出，蒙牛的条件完全满足他们对投资目标的要求。

（1）蒙牛良好的发展潜力可以为投资者带来丰厚的收益。1999 ~ 2002 年，蒙牛在不到 3 年的时间里就过了年销售额 10 亿元的大关（如图 4-1 所示），并跻身中国乳品行业第一集团，从图 4-2 可以看出，蒙牛的零售额增长率远远超出行业的零售额增长率，说明蒙牛短时间内成长迅猛并快速吞噬着市场份额。可以说成立以来所表现出的良好的发展潜力和专业化从业水准是三家海外投资者选择投资蒙牛的关键。

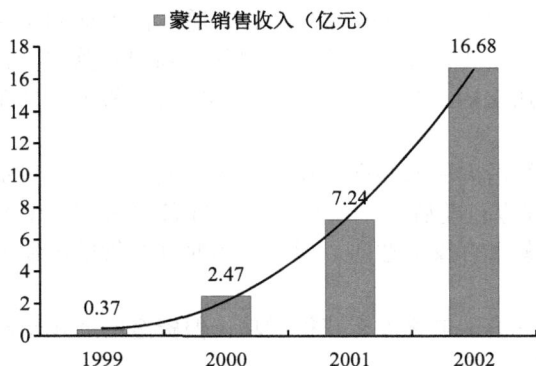

图 4-1 蒙牛集团 1999 ~ 2002 年销售收入增长图
资料来源：蒙牛集团官方网站、蒙牛招股说明书、中国统计年鉴数据整理。

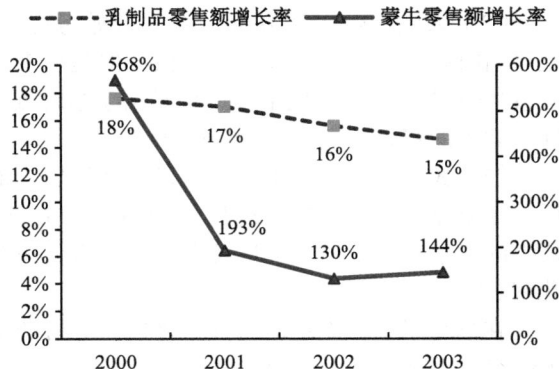

图 4-2 乳制品行业和蒙牛集团 2000 ~ 2003 零售额增长率
资料来源：蒙牛集团官方网站、蒙牛招股说明书、中国统计年鉴数据整理。

（2）蒙牛优秀的团队为未来的发展奠定了基础。首先，蒙牛高管本身拥有丰富的从业经验：蒙牛总裁牛根生为中国社会科学院企业管理硕士，于 1983 年加入内蒙古伊利集团，离开前的最后职位为伊利集团生产经营副总裁，拥有相关管理专长和经验，对中国乳品业的认识透彻并拥有 26 年的中国乳品业经验，有"中国冰淇淋大王"的称号。与此同时，蒙牛的副总裁卢俊、孙玉斌、杨文俊等均曾在伊利集团担任高层管理，拥有不少于 16 年的中国乳业经验。蒙牛团队的高管不仅拥有丰富的从业经验，而且也为蒙牛带来了成熟的经销网络[⊖]，这也是私募投资者看重的一个方面；其次，蒙牛清晰的股权结构为私募投资者设计股权运作方案、退出企业带来了方便，蒙牛在私募投资者进入前的股权结构如图 4-3 所示。

⊖ 伊利原高管的加盟为蒙牛带来了经销商网络、广阔的客源以及稳定优质的原料鲜奶供应。资料来源：蒙牛招股说明书。

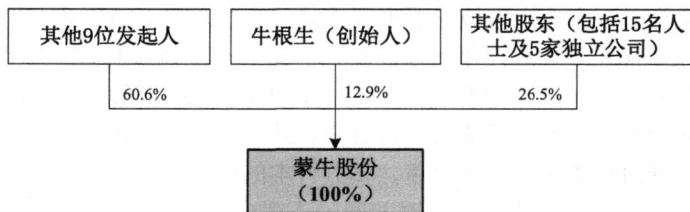

图 4-3　私募融资前蒙牛的股权结构

蒙牛自创立之始，就解决了股权结构不清晰这一许多中国企业先天不足的问题：首先，蒙牛的股权性质单一。蒙牛在与私募合作之前，没有政府性投资和国内投资机构入股，是一家100%由自然人持股的企业；其次，蒙牛的股权分散程度适中。实际控制人牛根生占有12.9%的股份，拥有不易撼动的控制权和话语权，而其他发起人和其他股东，特别是其他9位发起人能对实际控制人进行有效监督。

2. 蒙牛的选择

从私募权益的性质上来讲，摩根等是财务投资者而不是战略投资者，蒙牛为什么没有选择"战略投资者"，而选择摩根这样与自身业务不相关"财务投资者"呢？

一般来说，战略投资者的业务与融资公司的业务联系紧密且欲长期持有融资公司股票，拥有比较雄厚的资金、核心的技术、先进的管理等，并致力于长期投资合作，谋求长远利益回报。而财务投资的首要目的就是为了短期获得投资回报，然后择机退出。蒙牛选择财务投资者的原因可能有以下几点。

（1）私募投资者可以满足蒙牛当前迫切的资金需求。根据上文的分析，蒙牛如若想获得更大的发展必须获取大量资金，解决其持续扩张带来的资金压力。在经历了多次失败的融资后，急速发展的蒙牛必须马上获得新的投资。摩根等财务投资者在对蒙牛进行考察后，表示可以满足蒙牛的需求。

（2）私募投资者不像战略投资者一样要求较大的持股比例。由于战略投资者谋求的是长远利益回报，一般来说其持股比例较大才能有足够的动力与被投资企业在管理、业务、市场等方面全方位合作，提升被投资企业的价值以获得长期资本回报。但是蒙牛不希望投资方占有太多股份，如果对方控股以后，就有可能改变自身经营运作的思路。这点在下文介绍融资原则时蒙牛坚持持股比例中也可看出。

（3）财务投资者经验丰富，可以在公司治理结构等方面帮助蒙牛成长。不可否认的是，战略投资者首先必须是财务投资者，必须首先考虑投资回报，财务投资者为了投资回报，仍会在一定程度上帮助被投资企业。像摩根士丹利这样顶级的国际投行在中国已有多个成功投资的案例，借助它们丰富的经验，可以在公司治理结构、激励薪酬等方面对公司进行完善。

4.3.2　蒙牛私募融资的整体设计

私募融资的设计是整个投资过程中的核心：既要吸收到足够的资金，又要考虑到后期私募资本的退出以保证控股权不会旁落。通过融资结构的有效设计，无论对于私募资本的退出机制，还是对管理层"股权激励"的安排都将发挥至关重要的作用。那么蒙牛具体是怎样设计整个私募融资过程的呢？

1. 融资形式的设计

蒙牛和私募首先考虑的是常规方法——注资完成后，境内企业境外直接上市。但是根据《中国证券监督管理委员会关于企业申请境外上市有关问题的通知》[⊖]，境内企业境外上市可直接境外发行外资股，但不仅要满足"净资产不少于 4 亿元、过去一年税后利润不少于 6 000 万元，集资额不少于 5 000 万美元"等条件，而且仍需满足海外上市地证券管理部门的有关企业上市的规定，程序复杂，对企业要求高而且可流通股份有限。并且中资企业及中外合资不经批准不可以在海外上市，因此如果通过中资企业直接上市，私募资本的退出机制无法形成。而且中外合资企业的股权转让需由商务部批准，两次交易的时间间隔不得少于 12 个月，这样中外合资企业的股权无法自由交易，不能在国际上流通。为了接受三家私募机构的投资，必须重新进行一系列的股权设计，使得蒙牛以海外控股公司的身份在境外上市。那么怎样的上市形式才能使资金快速注入蒙牛又能保证私募资本自由退出呢？私募投资者设计的方案是——以红筹股的形式在香港上市。

红筹上市是指公司注册在境外（通常在开曼、百慕大或英属维尔京群岛等地）[⊜]，适用当地法律和会计制度，但公司主要资产和业务均在我国大陆。对投资者发行股票并且在香港联交所上市，在禁售期结束后，所有股票都可以流通。

具体来说，红筹上市主要是指境内企业实际控制人以个人名义在英属维尔京群岛（BVI）、开曼群岛（Cayman Islands）及百慕大（Bermuda）、毛里求斯等离岸中心设立空壳公司，或购买壳公司（包括资本运作公司、投资主体公司、过渡性公司等），再以境内或限制规模的境外股权和资产进行增资扩股，并收购境内企业的资产，以境外空壳公司的名义在境外曲线上市。由于这种模式的主要特点是融资来源和退出机制都在境外实现，也称为"海外曲线 IPO"。

"红筹上市"与国内公司在境外证券市场发行股票并在境外上市（"境外发行上市"）不同，那这种方式有哪些优势呢？具体来看，红筹上市主要有以下三个优点。

（1）规避法律政策障碍。红筹上市的主体是海外控股公司，适用离岸公司[⊜]登记地法律。与中国法律相比，更容易被国际投资人、美国监管机构和交易所理解和接受。更重要的是根据中国法律的规定，中外合资企业不经批准不能在海外上市，而通过海外控股公司在海外上市的法律限制要小得多。与此同时，红筹上市能够缩短运作周期：红筹上市避免境内的某些审批程序，只需向中国证监会呈报法律意见书备案、向香港联交所呈报上市文件即可，运作周期大为缩短。

（2）股权运作方便。首先，股权运作机制灵活：股权运作全部在海外控股公司层面完成，包括发行普通股股票和各类由公司自行确定权利义务的优先股股票、转增股本、股权转让、股份交换等的大量股权运作事宜，均可由公司自行处理，并可授权海外控股公司董事或董事会决定，对未来安排管理层期权较为便捷，因而具有极强的灵活性。其次，股权设计机制自由：在海外控股公司层面上，股东和私募中外部投资人的出资及相对应的股东权利和义务，均可由各方自由协商确定，对在融资中灵活满足包括股东和私募投资人在内的各方的要求有重要意义。

（3）规避退出机制障碍。外资机构如果在中国境内投资企业，其股份转让要受到外汇管制、人民币不可自由兑换、公司和税务法规，以及中国本土不成熟的 IPO 等限制，而国内的政策对私募资本退出造成了重重障碍，所以只能离岸操作。

基于以上三点原因，私募机构没有选择直接投资中国企业的本土实体，而要对企业进行改制，通过成立海外离岸公司来控制境内的实体公司。

⊖ 资料来源：1999 年 7 月 14 日证监发行字〔1999〕83 号。

⊜ 均曾是英国领地或殖民地，沿用英国法律。一般以低税或免税政策、无任何双重税务协定的特点和宽松的外汇制度以吸引各国公司在当地注册，通过收取注册手续费、企业维持年费、少量税收和金融管理费用，支撑当地的经济发展。

⊜ "离岸"的含义是指投资人的公司注册在离岸管辖区，但投资人不用亲临当地，其业务运作可在世界各地的任何地方直接开展。

2. 融资过程的设计

确定了红筹上市的融资形式以后，接下来一个首要问题就是怎样上市，在此过程中，蒙牛是如何具体设计融资过程的呢？

蒙牛基本遵循了我国企业红筹上市的一般流程，其融资平台搭建与上市融资的具体步骤和思路具体是怎样的呢？

（1）私募设计运作公司，搭建投资平台。接受投资之前，蒙牛需要有一家海外公司作为未来接收投资资金的账户公司，并作为资本运作的主体。因此，摩根于 2002 年 6 月 5 日在开曼[⊖]注册了 China Dairy Holdings（本文简称"开曼公司"）；与此同时，摩根自身也需要有一家公司境外实际控制公司，因此，摩根于同日设立了 MS Dairy Holdings 作为对蒙牛进行投资的股东公司，摩根等投资者通过其自设的股东公司（MS Dairy Holdings）以较高价格认购离岸资本运作公司（China Dairy Holdings）的股份，由此可以将私募资金注入资本运作公司中。

（2）蒙牛设计投资主体，把握公司股权。私募投资者已将自身的权益安放在外资境外实际控制公司（MS Dairy Holdings）中，并通过认股注资将资金和权益注入到了资本运作公司（开曼公司）中，而蒙牛原股东如果要把控海外资本运作公司的控制权的话，也需要将自身权益安放在开曼公司中。因此，为了蒙牛原股东的势力进入资本运作公司中去，蒙牛在英属维京群岛（BVI[⊜]）注册了两家公司：Jinniu Milk Industry Ltd.（金牛公司）和 Yinniu Milk Industry Ltd.（银牛公司），作为离岸投资主体公司（中资境外实际控制公司），并通过离岸投资主体公司（"金牛"、"银牛"）以象征性价格认购开曼公司的股票，以实现对资本运作公司控制权的把握。

（3）运作公司下设过渡公司，实现避税缓冲。最初私募投资者选择开曼作为资本运作公司的注册地，其原因是注册在开曼成本小，且开曼注册的公司上市经验丰富，方便日后挂牌上市。但是中国政府针对开曼公司在中国的投资的利润税征收的预提税不如毛里求斯公司低，因此，开曼公司在毛里求斯[⊜]设立 ChinaDairy（Mauritius）Ltd.（本文简称"毛里求斯公司"）作为过渡公司，以合理避税、缓冲资金、规避中国法律限制，并以增资扩股或股东贷款的形式注入到境内实体业务公司中，实现融资的目的。

（4）注册上市主体公司，以便日后融资。为了明晰各方之间的股权关系，同时也有利于私募的后续退出，保证蒙牛能够顺利在香港主板上市，上市的主体公司 China Mengniu Dairy Company Ltd.（蒙牛乳业）在开曼注册以筹备上市。上市之前，开曼公司（China Dairy Holdings）的股份将与上市公司进行置换，使原有股东和私募投资者的权益转移到上市公司中，如果日后蒙牛新设业务，可在上市公司蒙牛乳业下另设与开曼公司（即资本运作公司）类似的公司，使从事不同业务的公司间彼此独立，不会彼此牵累。

通过以上四步，融资平台搭建完成。在蒙牛集团发展到港交所要求的规模后，将以上市公司 China Mengniu Dairy Company Ltd. 的名义在香港股票市场上市筹资。上市公司以一定比例向"金牛"、"银牛"以及 MS Dairy Holdings 发行股份（对 MS Dairy Holdings 还发行可换股证券），以换取其持有资本运作公司（开曼公司）的股份或可换股证券，实现开曼公司与上市公司的股权置换。其后私募投资者将股份出售给公众投资者或其他机构从而退出，同时上市募集的

⊖　摩根在开曼设立资本运作公司（China Dairy Holdings），作为资本运作主体用来接受投资。香港联合交易所有限公司在 2002 年不允许 BVI 公司在香港上市，而在可上市的开曼公司和百慕大公司中，开曼公司相对成本低，经验丰富。为方便上市，开曼是资本运作公司的首选注册地。

⊜　蒙牛将境外实际控制公司"金牛"、"银牛"设置在 BVI（英属维尔京群岛），安放原股东和新投资者的利益。选择 BVI（英属维尔京群岛）是因为它是最受欢迎也是最常用的离岸公司注册地之一，政治、经济和贸易环境稳定，为各企业提供隐私和保护，信誉良好。

⊜　China Dairy Holdings 在毛里求斯公司设立过渡公司 ChinaDairy（Mauritius）Ltd. 为开曼公司的全资子公司，是因为中国政府针对毛里求斯公司在中国投资的利润税征收的预提税比较低，可起到合理避税和缓冲的作用。

资金以增资扩股的形式一步步注入到境内的实体业务公司。图 4-4 为蒙牛通过上述的各公司进行红筹上市的主要过程。

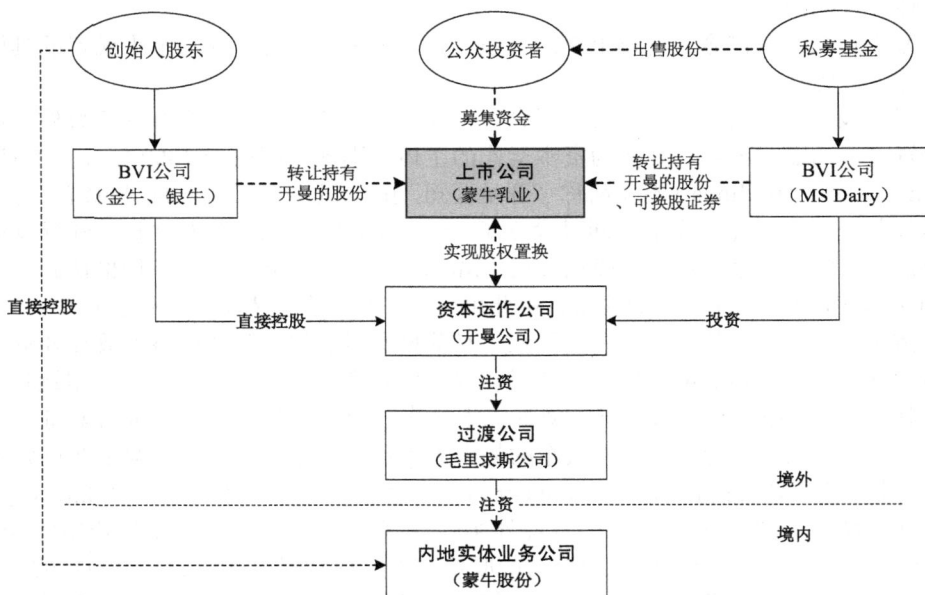

图 4-4　蒙牛红筹上市融资的过程

经过以上运作可以实现境内企业的曲线境外上市，私人股权投资基金对中国企业的投资和退出，也都将发生在管制宽松的离岸平台。上市公司仅仅是一个融资的平台，不具有实体业务，也就是说，它的主营业务是投资控股。未来股权再融资募集到的资金也会通过这一控制链条以增资扩股的形式注入到境内的实体业务中。

3. 融资架构的设计

在融资过程设计中，已经大概描述了蒙牛私募融资并上市的全过程。根据红筹上市的过程，蒙牛融资应搭建的架构包括境外实际控制公司、资本运作主体公司，另外还有一个过渡公司。这样的融资架构主要解决了两个问题：原股东和新股东的终极控股形式、蒙牛上市身份的安排。那么这些蒙牛和私募搭建起来的融资框架具体起到了什么作用呢？根据融资设计过程，总结蒙牛私募融资的相关公司如表 4-2 所示。

表 4-2　蒙牛私募融资相关公司

公司名称	注册地	公司性质/用途
蒙牛股份	中国	最终受资方
China Dairy Holdings（简称开曼公司）	开曼群岛	上市前的资本运作的主体公司
China Mengniu Dairy Company Ltd.（蒙牛乳业）	开曼群岛	最终挂牌上市的公司，开曼公司的股权映射公司，2004 年成立
MS Dairy Holdings	开曼群岛	摩根对蒙牛进行投资的股东公司
Jinniu Milk Industry Ltd.（金牛公司）	英属维京群岛（BVI）	为牛根生和蒙牛其他高管人员拥有
Yinniu Milk Industry Ltd.（银牛公司）	英属维京群岛（BVI）	为蒙牛业务关联公司管理人员拥有
ChinaDairty（Mauritius）Ltd.（简称毛里求斯公司）	毛里求斯	直接控股蒙牛股份的公司

资料来源：根据蒙牛乳业招股书整理。

观察蒙牛融资平台的搭建过程可以发现，一些关键性的公司起到了重要的作用，并有特别的存在意义，那么这些公司是哪些？其具体的性质用途是什么呢？

（1）境外实际控制公司："金牛"和"银牛"——安放原股东和新投资者的利益。

蒙牛设立"金牛"和"银牛"的目的是接受投资的初期需要在境外建立框架，以安放原股东和新投资者的利益，以便于日后实施股权激励。2002 年 9 月 23 日，Jinniu Milk Industry Ltd.（金牛公司）和 Yinniu Milk Industry Ltd.（银牛公司）在英属维京群岛（BVI）设立，分别由 15 位蒙牛的高管和与蒙牛业务关联公司的管理人员控股○。两家公司注册股本均为 5 万股，注册资金 5 万美元，每股面值 1 美元。"金牛"和"银牛"原始股东（分别指牛根生等蒙牛高管和其他关联公司管理人员）在蒙牛股份出资的实际比例为 1634∶3468，在以后的资本运作中将保持这个比例不变。

这样的公司结构通过持股的方式，将蒙牛的管理层、雇员、其他投资者、业务联系人的利益悉数注入到金牛与银牛两家公司中，并透过这两家公司完成对蒙牛的间接持股，使相关利益人成为蒙牛的公司股东。保证了内部经营管理目标与利益的一致性与外部市场环境的稳定性。

（2）资本运作主体：开曼群岛公司——解决上市身份问题。

上市前的私募融资及上市安排需要设立一个资本运作的主体。2002 年 6 月 5 日，China Dairy Holdings（本文简称开曼公司）在开曼群岛设立，用来接受投资，并通过其全资子公司 China Dairty（Mauritius）Ltd.（本文简称毛里求斯公司）控股最终实体业务公司——蒙牛股份。

由于中资企业不经批准是不可以在海外上市的，离岸资本运作公司的设计解决了日后上市及私募的退出机制问题。合资企业的境外母公司是否可被视为外国公司，要看其股东的身份和向大陆投入资金的来源。三家外资机构注入资金使蒙牛境外上市的身份问题举重若轻地解决了。同时，使用开曼离岸公司的股权结构，使公司有很大的可拓展性；引入资金，可以在为蒙牛快速扩张提供了保障的同时，也通过外部约束机制，实现了足够的激励。

（3）过渡公司：毛里求斯公司——用以合理避税和增强上市公司稳定性。

2002 年在毛里求斯注册壳公司 China Dairty（Mauritius）Ltd.（中国乳业毛里求斯有限公司），股东为开曼公司，为蒙牛股份的外方绝对控股股东。

在蒙牛上市过程中，设立毛里求斯公司的目的在于利用双边税务协定避税。由于中国政府针对毛里求斯公司在中国的投资利润税征收的预提税比较低，为 6% ~ 7%；而从毛里求斯公司向开曼公司返回利润，以及从开曼向 BVI 返回利润，都是不征税的。假设以开曼公司直接控制国内公司，预提税则高达 20%○。尽管目前很多公司以"关联交易"来替代"利润回流"，但这在法律上是有潜在风险的，属于灰色地带，尤其对于上市公司而言，更需要以合理的离岸结构来做合法避税。并且 2005 年颁布的"75 号文"○规定，股东在上市公司的分红必须在 180

○ 在三家投资机构进入前金牛、银牛的股东组成与内蒙古蒙牛乳业有限公司的股东及高管组成是重叠的。在企业重组后他们对蒙牛的控股方式由境内身份直接持股变为了通过境外法人间接持股，这种安排为开曼群岛公司以"红筹"方式在海外上市铺平了道路。

○ 原税法规定，对汇出境外的利润暂免征收预提所得税。按照国际通行做法，来源国对汇出境外的利润有优先征税权，一般征收预提所得税，税率多在 10% 以上，如越南、泰国税率为 10%，美国、匈牙利、菲律宾、哥伦比亚的税率分别为 30%、20%、15%、7%。如果税收协定规定减免的，可以按照协定规定免，如我国与美国的协定税率为 10%。新企业所得税法及其实施条例借鉴国际惯例，规定对汇出境外利润按 10% 的税率征收企业所得税，没有给予普遍的免税政策。

○ 外管总局 75 号文第六条规定："境内居民按规定办理境外投资外汇登记及变更手续后，可向特殊目的公司支付利润、红利、清算、转股、减资等款项。境内居民从特殊目的公司获得的利润、红利及资本变动外汇收入应于获得之日起 180 日内调回境内，利润或红利可以进入经常项目外汇账户或者结汇，资本变动外汇收入经外汇局核准，可以开立资本项目专用账户保留，也可经外汇局核准后结汇。"

天之内汇入境内，而如果中间有过渡公司，那么就可以很高明地规避这一限制。

除了税收和法律因素的考虑之外，上市公司与内地公司之间再多设立一家公司有利于将来内地公司具体经营发生变更或股权变动时不至影响上市公司的稳定性，起到一个缓冲的作用。

4.3.3 融资原则

在确定融资过程之后，确定一个明确的融资原则非常重要。首先，法律对于外资投资的限制不得不考虑。开曼公司对蒙牛股份的持股比例越高，能募集到的资金就越多，但是由于蒙牛股份注册在国内，而根据 WTO 协议，2002 年中国内地公司对外资开放程度不能超过 2/3。所以内地实体公司蒙牛股份的投资主体开曼公司为外国公司，最多持有蒙牛股份 2/3 的股份。根据这个限制规定，开曼公司持股蒙牛股份的比例最高只能到 66.7%；其次，蒙牛在急需获得充裕的资金以支持经营，但同时始终坚持对企业的控制权。而大量的股权融资一般会带来股权的稀释，资金和控制权对蒙牛而言是个两难的选择。那么依据法律规定和自身利益的需要，蒙牛和投资者确定了哪些融资原则呢？

1. 基本协议

私募投资者与蒙牛的融资谈判一直围绕着股权结构这个关键对象进行。蒙牛原股东坚持要占蒙牛股份至少 2/3 的股份，双方最后达成的协议是：蒙牛原股东持有 2/3 的股份，三家私募投资者取得蒙牛股份 1/3 的股份[⊖]。

私募投资者通过境外投资主体（开曼公司）间接持有蒙牛股份的股票，根据最终达成的协议，蒙牛原股东持有蒙牛股份的比例不少于 2/3。由于新投资者的引入，开曼公司要持有蒙牛股份 2/3 的股份，因此原股东直接持股蒙牛的比例被稀释到 1/3，这样，他们通过开曼公司间接持有开曼公司的股份最少应为开曼公司的 1/2。因此原股东在开曼公司的权益应不低于 50%（50% 乘以开曼公司对蒙牛股份的持股比例 66.7% 正好等于 1/3）。开曼公司的股权分配最终确定为原蒙牛股东占 51%，私募投资者占 49%。

这样，蒙牛原股东通过开曼公司持有蒙牛股份 51%×66.7%=1/3 的股票，另外还直接持有蒙牛股份 1/3 的股票，合计持有 2/3；三家投资者通过开曼公司间接持有蒙牛股份 1/3（66.7%×49%=1/3）的股票，满足了蒙牛原股东持股 2/3，私募持股 1/3 的条件。

2. 出资价格

除了股权结构，还有出资价格的问题，三家私募投资者认为投资蒙牛溢价多少才合适呢？2002 年年底，蒙牛股份的税后利润是 7 786 万元，并且蒙牛担保能够在未来一年至少实现复合增长翻番。参照同行业的市盈率并结合蒙牛目前的状况，私募投资者认为以 8 倍市盈率投资蒙牛股份是比较稳妥的，因为第二年企业业绩翻番至少会使市盈率降低到 4 倍。蒙牛股份 2002年 7 786 万元税后利润乘以 8 倍市盈率，可以得出当时蒙牛股份的总价值应该是 6.5 亿元。不过，由于牛根生最多肯让出来蒙牛股份不超过 1/3 的股权，那私募持有的这 33% 的股权价值约为 2.16 亿元（2 597.371 2 万美元），私募投资者与蒙牛达成的交易是：私募用 2.16 亿元投资换取蒙牛股份不超过 1/3 的股权。

蒙牛第一轮融资时确立的融资原则如图 4-5 所示（此处省略 BVI 公司和毛里求斯公司等功能型公司，只列出开曼公司和境内实体公司蒙牛股份，以更清楚明了地区分私募投资者和蒙牛原股东的股权结构）。

⊖ 三家私募投资者内部达成的协议是：在 1/3 的股份中，摩根士丹利占约 2/3，剩下的 1/3 由鼎晖和英联按照约 2：1 的比例分配。

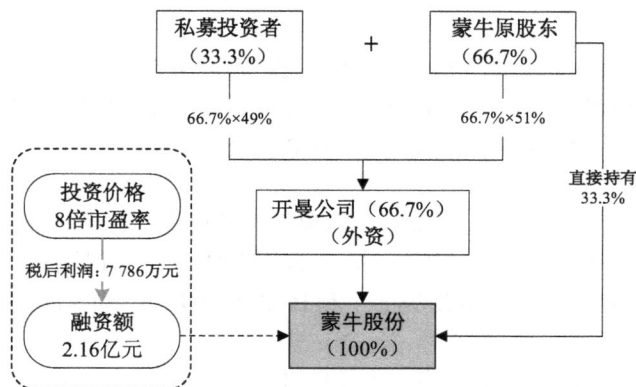

图 4-5　蒙牛私募融资基本结构示意图

4.3.4　第一轮融资：股份的划分与转换

在搭建完成基本的融资架构之后，私募机构即开始向蒙牛投资。但大量的新投资无疑会造成原有股东股份的稀释，甚至控制权的丧失；另外，私募投资者希望获得蒙牛高成长带来的巨大收益，但受到投资协议中最高持股比例的限制。为此，在第一轮融资中，融资双方是如何解决了这一问题，并实现对管理层的激励的呢？

1. 第一轮融资的核心：不同表决权结构

从蒙牛原股东的角度，他们不希望由于融资使自己的股份受到过分稀释，导致控制权旁落，与此同时，私募投资者最关心的是自身的收益，但是受到持股比例不得超过 1/3 的限制，最多只能分享蒙牛 1/3 的收益，这不能满足他们的要求。因此私募投资者设计了控制权和所有权分离的解决方案，即将股份分成两种，分为 1 股 10 票投票权的 A 类股和 1 股 1 票投票权的B 类股。

这是不同表决权股份结构（Dual Class Share Structure）的一个典型应用，即将一家公司的股票分成不同级别，权限各不相同，可以同股不同权，形成一家公司多种股份格局，这样的股权结构它能提供所有权（即其经济利益）与投票权控制权之间的分离，保证原蒙牛股东仍对蒙牛乳业拥有控制权，又能满足投资者收益的要求。

2. 第一轮融资的过程

确定了不同表决权结构的融资核心之后，蒙牛的第一轮融资过程又是怎样的呢？蒙牛的第一轮融资之路主要经历了以下四个步骤。

（1）开曼公司股份的初次认购。"金牛"和"银牛"成立后，即以象征性的总代价 1 美元认购了全部的开曼公司 China Dairy Holdings 股权 1 000 股，两家各分 500 股。该过程使蒙牛原股东控股投资主体公司——开曼公司 China Dairy Holdings。

（2）开曼公司的扩股与股份划分。由于原始的 1 000 股股份已经被认购完毕，为了吸收私募投资者后续的投资，2002 年 9 月 24 日，开曼公司扩大法定股本，从 1 000 股扩大为 1 000亿股[⊖]。在扩股的同时，还将新股分为 1 股 10 票投票权的 A 类股 5 200 股和 1 股 1 票投票权的B 类股 99 999 994 800 股，并规定原来的 1 000 股旧股算作 A 类股份，包含于 5 200 股 A 类股

⊖　2002 年 6 月 5 日，China Dairy Holdings（简称开曼公司）成立，注资 1 美元，每股面值 0.001 美元；从 1 000股扩股 1 000 亿股，蒙牛实现了注资 1 美元完成 1 亿美元融资的计划。

份之内。

（3）募投资及原股东认购股份。三家私募投资者以 530 美元 / 股的价格，分别投资 17 332 705 美元、5 500 000 美元、3 141 007 美元，认购了 32 685 股、10 372 股、5 923 股的 B 类股票。三家金融机构总计投资现金 2 597.371 2 万美元（2.16 亿元），持有开曼公司 B 类股票 48 980 股。

2002 年 10 月 17 日，"金牛"与"银牛"以象征性的价格，分别投资 1 134 美元、2 968 美元认购开曼公司的 A 类股票，加上初次认购的各 500 股旧股，合计持有 A 类股票 5 102 股。

开曼公司剩余 A 类股（5 200-5 102=98 股）和 B 类股（99 999 994 800-48 980= 99 999 945 820 股）未发行。

（4）向蒙牛股份注入资金。摩根等私募投资者出资 2 597.371 2 万美元，认购开曼公司的 B 类股票，随后这笔投资以毛里求斯公司的名义投入蒙牛股份，其中的 17 346.3 万元认购了 8 001 万股蒙牛股份的新股，每股认购价 2.168 元，其余的 4 133.96 万元购买了 403.17 万股蒙牛股份的旧股，购买价每股 10.25 元，累计持股 84 041 700 股，根据比例可计算蒙牛高管直接持股 84 041 700/2=42 020 850 股。

此次股份变更过程如图 4-6 所示。

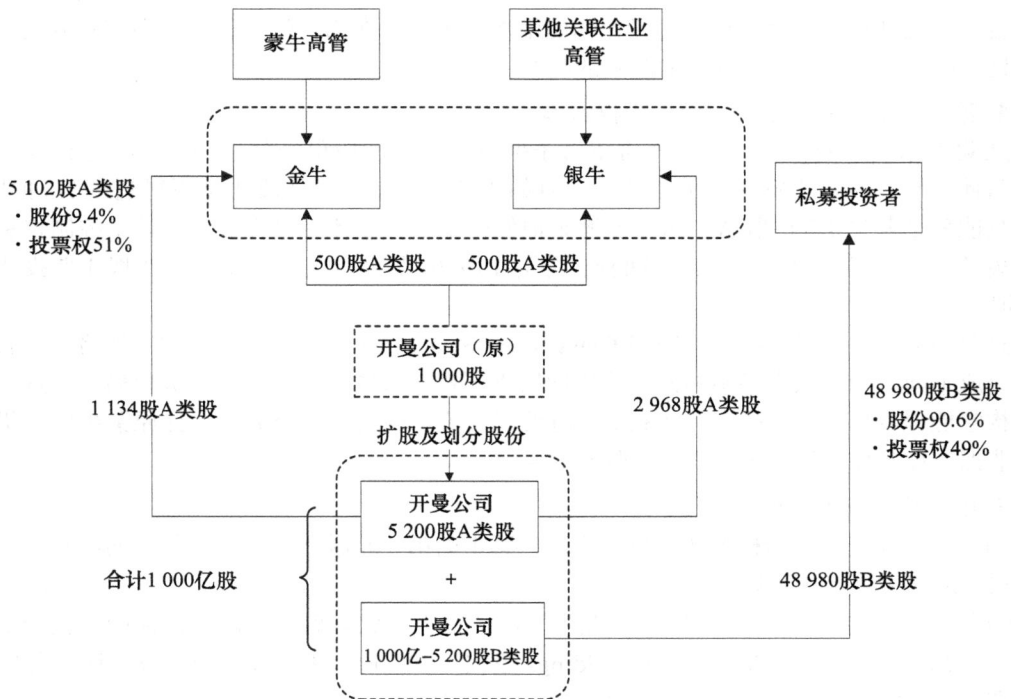

图 4-6　2002 年第一轮资本运作过程示意图

此时蒙牛股份的股权结构如图 4-7 所示。

此时，金牛公司和银牛公司合计持有开曼公司 5 102 股 A 类股票，拥有 51 020 票的投票权，私募投资机构联盟持有 48 980 股 B 股，有 48 980 票的投票权，双方控制权的比例为 51 020∶48 980 = 51%∶49%。外资联盟持有的表决权正好不超过蒙牛股份总股本的 1/3，实现了上文所述的融资基本原则。双方股份数量比例是 5 102∶48 980 = 9.4%∶90.6%。

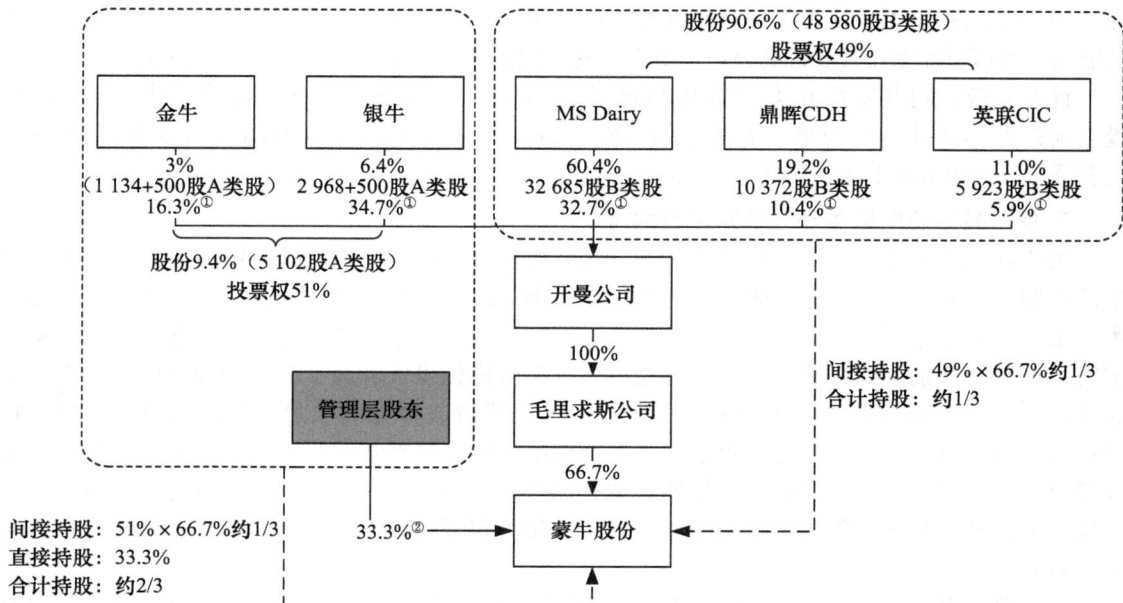

图 4-7 2002 年 10 月蒙牛股份股权结构示意图

①按照投票权计算的百分比。

②发起人合共直接持有 25.3%，另外有 15 位亦是金牛和银牛的股东。

资料来源：蒙牛乳业招股说明书。

本案中，开曼公司股本从 1 000 股扩大到 1 000 亿股，而发行出去的股本只有 5 102 股 A 类股及 48 980 股 B 类股，大量 B 类股没有发行。这主要有以下两个原因。

（1）开曼公司成立时的股本只有 1 000 股，并且已被金银牛全部认购完毕，为了第一轮融资需要扩大股本。另外由于区分了 A、B 两种股份，A 类股今后要转换成 B 类股，因此需要额外预留空白未发行的 B 类股以备转换的需要。

（2）除了为上市扩股融资准备外，未来上市公司也需要与开曼公司进行股权置换，保持相同的股本结构。而上市需要大量扩大股本，扩大股本也是为以后的上市的准备（上市公司 IPO 后的股份数量达到 10 亿股）。

3. 两类股份的转换协议

虽然蒙牛原股东保留了 51% 的控制权，但由于 A、B 类股的划分，蒙牛原股东的所有权仅有 9.4%，而私募投资者可以分享开曼公司 90.6% 的利润。在大部分的收益均由私募投资者享有的情况下，蒙牛十分希望实现控制权与收益权一致，因此，私募投资者推出的股份转换协议无疑是对管理层的一个重大激励。

作为首轮投资的一部分，三家私募机构投资者为了激励管理层股东改善蒙牛集团的表现，设定了表现目标，若管理层股东能够在后期达到有关业绩目标，便有权按照 1：10 的比例将其所持 A 类股份成为 B 类股份，从而实现控股权和收益权的一致。

4. 股份转换的完成

2003 年，蒙牛股份的财务数据显示：其销售收入从 2002 年年底的 16.687 亿元，增至 2003 年年底的 40.715 亿元，销售收入增长了 144%，税后利润从 7 786 万元增至 2.3 亿元，增长了 194%。2003 年 8 月，蒙牛已经完成目标。2003 年 9 月 19 日，"金牛"和"银牛"分别将所持有的开曼群岛公司 1 634 股、3 468 股 A 类股票转换成 16 340 股、34 680 股 B 类股票，合计持有 51 020 股 B 类股票，管理层股东在开曼群岛公司中所占有的股权比例与其投票权一致，均为 51%。

此时开曼公司共发行 B 类股票 100 000 股（51 020+48 980），无已发行的 A 类股，因此开曼公司的股本需要调整为单一表决权的股份。2003 年 9 月 30 日，100 000 股 B 类股重新划分为普通股（面值 0.001 美元 / 股），注销 A 类股。

5. 第一轮融资时蒙牛和私募对风险的考虑

蒙牛在融资过程中主要关注两点：第一是是否解决了资金瓶颈问题，第二是是否把握了蒙牛的控制权，虽然三家私募机构用 2.16 亿元投资换取蒙牛不超过 1/3 的股权，满足了蒙牛的基本要求，但也并非对这家民营企业绝对放心，因此采取了以下两种措施：一方面，私募对蒙牛实行了充分的激励。如果蒙牛集团能够完成三家私募机构投资者为了激励管理层股东而设定的表现目标，便有权按照 1∶10 的比例将其所持 A 类股份成为 B 类股份，从而实现控股权和收益权的一致；另一方面，私募要求蒙牛承担相应的风险。虽然按照当时的发展速度，蒙牛完成业绩目标指日可待，但私募投资者依然让蒙牛以其一半以上的利润（开曼公司内部的 90.6% 所有权，乘以开曼公司对蒙牛股份 66.7% 的股权）作为担保。由此可见私募投资者们对投资的慎重，对收益的关心。

如果蒙牛完成相应的业绩目标，可以实现控股权和收益权的一致；但如果无法完成相应的业绩目标，蒙牛原股东不仅必须继续将大部分收益拱手相让，还得额外付出一大笔利润。在这场赌局中，处于成长期的蒙牛输不起，那么蒙牛为什么认为自己能够承担相应风险并完成业绩目标呢？

纵观蒙牛 2001 ~ 2002 年年底的收入情况，发现截止到 2001 年 12 月 31 日，蒙牛的销售收入为 7.240 亿元，截止到 2002 年 12 月 21 日，蒙牛的销售收入为 16.687 亿元，增幅为 130.5%，经营者认为巨大的增幅是由销售激增带动的，并且这种增长趋势是具有持续性的，主要原因有以下几点[⊖]。

（1）市场需求激增：根据 2002 年中国统计年鉴数据，中国乳制品零售总额的年平均增长率的两倍，并且政府预计我国乳制品需求将会继续增长，按照 2002 年中国乳制品总生产量仅有的 1 400 万吨作为基础计算的话，乳制品生产量将至少按照 6.9% 的复合增长率增长才能满足国务院十五计划的估计[⊜]。

（2）行业竞争温和：截至 2002 年年底，中国的乳制品行业虽然在迅速整合，但仍然高度分散。行业整合大多是中小型企业之间的合并，其中不少企业存在着亏本现象，很容易被那些发展迅速、增长速度高于行业平均水平的龙头企业比下去，因此，蒙牛所面对的总体行业竞争比较温和。

（3）政府政策支持：中国政府把产乳畜牧业视为促进农村收入增长的有效手段，所以中央政府及地方政府一直给予奶农较大的支持，包括给予现金补贴和低息贷款用于购买乳牛、技术以及教育方面的支持，以及退税等。首先，在 2002 年 11 月 6 日，中国国务院办公厅颁布《关于促进农产品加工工业发展的意见》提出，经过 5 ~ 10 年的发展，要建成一批明农产品加工骨干企业和示范基地；其次，为改善国内中小学生的健康及营养，中国农业部、教育部、原国家质量技术监督局与国家轻工业局，于 2000 年 10 月 13 日共同发出《国家 "学生饮用奶计划" 暂行管理办法》，根据学生饮用奶计划，乳制品生产商如果符合若干质量要求，可申请核准成为 "学生饮用奶定点生产企业"，获取证书的企业可以向参与改计划的学校供应奶源。蒙牛是

⊖ 资料来源：中国蒙牛乳业股份有限公司招股说明书。

⊜ 根据国务院十五计划的估计，2005 ~ 2015 年，中国国内生产总值每年将以 7% 的速度增长，而到了 2015 年，中国人口将达到 14.5 亿人。根据以上预测，国务院预计每年人均乳制品消费量将于 2015 年达到 23 公斤，并预计届时全国乳制品的需求量将会增至 3 320 万吨。

率先获取证书成为学生饮用奶定点生产企业的乳制品公司之一。

（4）WTO 影响微弱：中国政府已向世贸组织承诺，会调低多种乳制品的关税。乳制品加入 WTO 以前的关税为 15% ~ 45%，至 2005 年年底会下调至 10% ~ 19%，外商独资企业和外商投资企业将向中国进口乳制品，因此可能会加剧中国乳制品市场的竞争，但是蒙牛分析认为中国加入 WTO 的主要影响在奶粉方面，而蒙牛主打的液态奶和冰淇淋由于运输成本以及液态奶保存期有限制的关系，所受影响不会太大。

因此，在市场需求较大、行业竞争温和、政府给予日渐增多的支持、进入 WTO 对蒙牛影响不大的有利条件下，蒙牛的市场需求风险、行业竞争风险、政策风险都能得到有效控制，与此同时，蒙牛高管利用充裕资金支持和其丰富的乳制品销售经验预计能够抵御经营风险。所以，蒙牛对此次完成业绩目标势在必得。

4.3.5　第二轮融资：可换股证券增资

在完成第一轮投资后，蒙牛利润的高速增长使得私募投资者投资市盈率大大下降[⊖]，为了赚取更大的收益，私募机构决定继续增资蒙牛。此时虽然蒙牛也需要资金支持其快速发展，但新的投资会进一步稀释其控制权，为了保证其控制权，蒙牛的第二轮融资采取了可换股证券[⊜]的形式。那么第二轮融资又是如何进行的？可转换证券的形式是如何发挥效用并解决股权稀释问题的呢？

1. 第二轮融资设计

这次增资之所以选择了可换股证券，主要有以下三方面的原因：

（1）暂时不摊薄管理层的持股比例，保证管理层对蒙牛股份控制权的稳定；

（2）不摊薄每股盈利，保证公司每股经营业绩稳定增长，做好上市前的财务准备；

（3）换股价格远低于未来 IPO 的股价，锁定了三家战略投资者的投资成本，担保了一旦蒙牛业绩出现下滑时的投资风险。

另外，由于第二轮融资涉及可换股证券这种形式，而开曼公司的股份是此时以 A、B 两类股份的形式存在，因此有必要对开曼公司的股份进行调整；另外，尽管可换股证券能够暂时不摊薄管理层的持股，但一旦转股后管理层势必会遭到稀释，因此需要进一步增加管理层的持股。

2. 进一步增加管理层持股

2003 年 9 月，管理层和私募投资者达成协议，"金牛"和"银牛"合计可增持股份至开曼公司已发行股本的 66%。根据这个约定，"金牛"和"银牛"可以以面值新认购 43 636 股开曼公司的股份。同时，为了保证"金牛"和"银牛"相对持股比例不变，"金牛"与"银牛"按原持股比例分别获得了 13 975 股和 29 661 股的认购权利。认购完成之后，蒙牛原股东与私募投资者在开曼公司的持股比例变为 65.9%∶34.1%。

3. 可换股增资的过程

（1）可换股证券发行。2003 年 10 月，三家私募投资机构斥资 3 523.382 7 万美元，购买未来转股价 0.096 美元 / 股（0.74 港元 / 股）的可换股证券，在蒙牛上市后可转为 3.68 亿股蒙牛股份，并约定 IPO 半年后可转 30%，一年后可全部转股。

（2）向蒙牛股份注资。2003 年 10 月 20 日，毛里求斯公司以 3.038 元 / 股（0.367 4 美元 /

⊖　2003 年 10 月，蒙牛股份当年的税后利润将超过 2.3 亿元，如果私募投资者不稀释股份，市盈率已经变为 2.16/(2.3 × 0.33)=2.82。稀释股份后，变为 2.16/(2.3 × 0.341 × 0.67)=4.11，与之前计算的目标收益率相当。

⊜　此处的可换股证券与通常意义上的可转换债券略有不同，它期满前可赎回有债券性质，可转为普通股具备了可转债属性，另外它还可与普通股一样享受股息。

股）的价格增持了 9 600 万股蒙牛股份，向蒙牛股份注资 3 523.382 7 万美元。

此次注资完成之后，毛里求斯公司对蒙牛股份的持股比例上升至 81.1%，由于新股发行，管理层直接控股蒙牛股份的比例被稀释至 18.9%[⊖]。至此，二次注资完成。二次注资完成之后的蒙牛股份股权结构如图 4-8 所示。

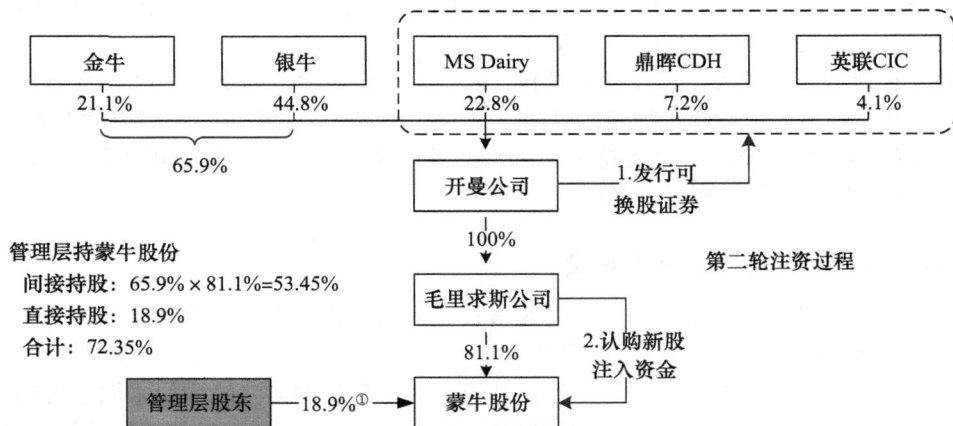

图 4-8　2003 年 10 月第二轮投资后蒙牛股份股权结构示意图

①四位执行董事及五位发起人合共直接持有蒙牛其余 18.9% 投票权的 10% 以上。

资料来源：蒙牛乳业招股书。

4. 第二轮融资时蒙牛和私募对风险的考虑

蒙牛在第二轮融资过程中依然紧紧把握住两点：资金和控制权。为此私募在第二轮注资的过程中允许"金牛"和"银牛"进一步持股，暂时不摊薄管理层的持股比例，以保证管理层对蒙牛股份控制权的稳定。与此同时，私募对风险的态度比第一轮融资更显谨慎，主要是从融资安排、融资形式和融资条款三方面体现。

（1）融资安排。第二轮融资的出现，不禁让人产生一个疑问：私募为什么不选择一次注资，反而选择分两次进行？其实，私募这一安排是为了降低蒙牛的经营风险和自身的投资风险。分段融资是相对于分段投资而言的，风险投资的分段投资是指风险投资者只提供确保风险企业发展到下一阶段的资金，并对企业业绩进行经常性评估，保留放弃或追加投资的权利。风险资本家根据风险企业发展过程的五个阶段（种子期、创立期、成长期、扩张期和成熟期）来相应投入资金，以期达到控制投资风险，提高投资回报的目的。而对于融资企业来说，分段融资可以减小企业的经营压力。如果三家投资机构一开始就把 4.77 亿港元都投给蒙牛，对于处在起步发展阶段的蒙牛来说无疑是一个巨大的诱惑和挑战，可能会诱发管理层向这笔钱"伸黑手"，形成投资风险；而且风险投资者都要求高收益，蒙牛突然持有数额较大的资金，在使用上难免会有不妥之处，私募作为财务投资者又无法参与蒙牛的治理和经营，从而形成经营风险。所以融资企业分段融资，风险投资机构分段投资对双方都有好处。分段融资可以使企业在不同阶段制定不同的发展战略，减小经营压力。与此同时，分段投资可以使风险投资者降低投资风险，获得收益。

（2）融资形式。第二轮融资采取了可换股证券增资的形式，不禁让人产生第二个疑问：私募为什么不在"金牛"和"银牛"进一步持股后，采取如第一轮融资的认股形式，而要选择可

⊖　在私募第二次注资后，私募累计持股 84 041 700+96 000 000=180 041 700 股；蒙牛管理层持股 42 020 850 股；因此蒙牛管理层持股比例稀释至 42 020 850/(180 041 700+42 020 850)=18.92%。

换股证券的形式来增资呢？其实，除了前文所说的保证公司每股经营业绩稳定增长，做好上市前的财务准备以外，私募这一安排也是进一步进行投资风险的规避。相比于股权认购形式，私募采用可换股证券的增资风险系数更低，如果蒙牛经营得不好，私募的投资仍表现为债权，债券到期蒙牛还私募本金和利息；如果蒙牛经营得好，私募就会将债权转为股权，享受股票升值及股息收益。因此，从可转换证券的性质来考虑，私募此次的融资形式风险进一步降低。

（3）融资条款。第二轮融资私募未对蒙牛设置业绩目标，蒙牛就算经营不善也最多对未转股的债券还本付息。不禁让人产生第三个疑问：私募第二次注资真的变"温和"了，未对蒙牛进行相关的限制吗？其实，虽然私募未对蒙牛进行相关的业绩考核，但其为了防范投资风险，在第二轮融资时，与蒙牛签订了较为强硬的条款[⊖]：如果蒙牛与另一公司兼并或者合并、投标出卖、收购出卖、安排或其他可导致控制权改变的业务合并、出售蒙牛全部或绝大部分资产或蒙牛业务有重大不利的变动，三家私募投资者有权要求蒙牛赎回本金约3 520万美元的可换股文据。按照可转换文据条款，开曼公司向三家私募投资者质押其于海外母公司——毛里求斯公司全部已发行股本的权益，若无法收回3 520万美金，三家私募投资者有权获取出售毛里求斯公司全部已发行股本，蒙牛是通过毛里求斯公司拥有蒙牛控股权益的，因此执行股份质押可能会导致蒙牛彻底丧失控制权。除此之外，为了进一步确保可换股证券的权益还设有强制赎回及反摊薄条款。这些条款规定既是私募投资者降低投资风险的措施，又是蒙牛第二轮融资风险的来源，除了面对可能存在的外在风险以外，蒙牛需要更谨慎地面对经营活动，通过降低经营风险来降低融资风险。

通过以上三点可以发现，私募在对蒙牛进行注资的过程中对风险的把控非常严格，因此对于蒙牛而言其融资风险反而增加，但由于市场需求风险、行业竞争风险、政策风险都得到有效控制，蒙牛能够把握好经营风险，出现赎回可转换证券的可能性较小，因此第二次融资协议得以达成。

4.4　私募融资对管理层的激励方案设计

私募投资的目的是为了获利并最终退出企业，所以私募投资者要使自己在增资之后降低收益的风险并激励管理层，于是开始实施一系列的举措，通过建立激励机制，强化牛根生的权力来控制蒙牛的管理团队，从而确保原发起人和溢价股东的投资收益。那么私募投资者具体又是通过何种方式对管理层进行激励的呢？

4.4.1　对赌协议加大了管理层激励力度

对赌协议（Valuation Adjustment Mechanism，VAM），即估值调整协议，是投资方与融资方在达成融资协议时，对于未来不确定的情况进行一种约定。使用这样的对赌协议是投资者比较常用的一个手段。当双方对出资价格本身没有达成完全一致时，那么价格与公司未来的增长挂起钩则是解决分歧的一个办法。如果公司要投资人肯出较高的价格，那么就会对公司的增长率提出相应的要求，以保证现在付出的这个价格是合理的；如果公司没有达到这个增长率，投资人就会多占一些股份。

1. 协议内容

2004年5月14日，双方约定，如果2004 ~ 2006年这三年蒙牛净利润复合年增长率低于50%，"金牛"要向以摩根士丹利为首的三家私募投资者支付最多不超过7 830万股未来上市后公司蒙牛乳业的股票（约占蒙牛乳业总股数6.1%，公开售股后将摊薄至4.6%），"金牛"也可以选择支付等值现金以代替股票；反之，如果蒙牛完成了业绩指标，则三家私募投资者要向

　　⊖　资料来源：中国蒙牛乳业股份有限公司招股说明书。

"金牛"支付上述同等股份。

2. 私募投资者强化了业绩激励

在第二轮融资中使用的可换股证券实际上包含了股票的看涨期权。不过，这种期权价值的高低最终取决于蒙牛乳业未来的业绩。如果蒙牛乳业未来业绩好，可换股证券转股时就可以实现较高的期权价值。因此，为了能够获得较高的资本回报，摩根士丹利等投资者与蒙牛管理层签署了基于业绩增长的对赌协议，激励蒙牛努力提升业绩，以求在上市后股价能够持续上涨。

如果蒙牛实现了对赌协议中的业绩目标，三年的净利润复合增长率高于50%，在这种业绩的支撑下，无疑其股价也会持续上涨，这时私募投资者将可换股证券转股，将会获得丰厚的资本回报。即使额外奖励"金牛"一部分股权，高股价为私募机构带来的整体的收益反而有可能更高；如果蒙牛没有完成业绩目标，那么"金牛"付给三家私募机构最多不超过7 830万股，以预期发行价格3.125 ~ 3.925元的均价计算，正好足额补偿二次增资的数额，并且将使私募机构实际控制未来上市公司蒙牛乳业的股权上升至37%。

3. 蒙牛加大了业绩提升压力

根据对赌协议，蒙牛在2006年的税后利润要达到5.5亿元以上，如果税后利润率要保持4.5%，当年销售额就要在120亿元以上，否则蒙牛将付出第二轮融资所得的资金。蒙牛管理层为什么要接受这个协议呢？蒙牛要实现目标承担了多大的压力？

首先，蒙牛管理层根据2003年以来的发展情况预测，2004年蒙牛公司的纯利将不少于3亿元，较2003年增长83%，以此发展速度，2006年前实现复合增长50%将不存在问题，因此这一"赌局"对蒙牛管理层来说虽有风险，但仍然较有信心。

其次，即使蒙牛管理层没有完成业绩指标，也可以选择以现金的形式支付，不一定要付出"金牛"公司持有的未来上市公司股票。这一约定使得管理层不必过于担心由于完不成业绩指标而导致控制权旁落。

再次，市场需求较大、行业竞争温和、政府给予日渐增多的支持、进入WTO对蒙牛影响不大的有利条件，也为蒙牛赢得赌局奠定了良好的外在环境基础。

从图4-9和图4-10可以看出，蒙牛凭借自己的努力超额完成了该任务，并逐步成为了市场的龙头企业，从盈利成果和规模扩张上都有明显的提高。2005年4月6日，摩根士丹利等三家金融机构投资者将向蒙牛支付本金为598.764 4万美元的可换股证券（合计可转换成6 261万股上市公司股票），提前终止双方在一年前达成的估值调整协议。

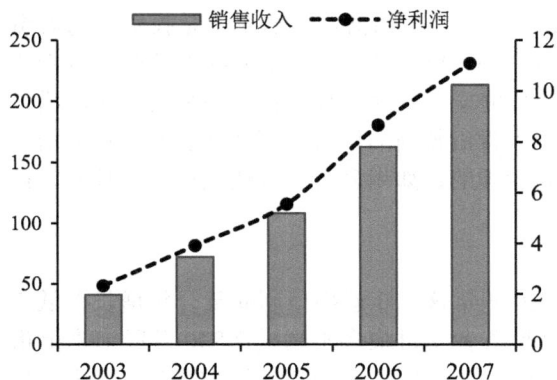

图 4-9　蒙牛 2003 ~ 2007 年收入和
　　　　净利润增长（亿元）

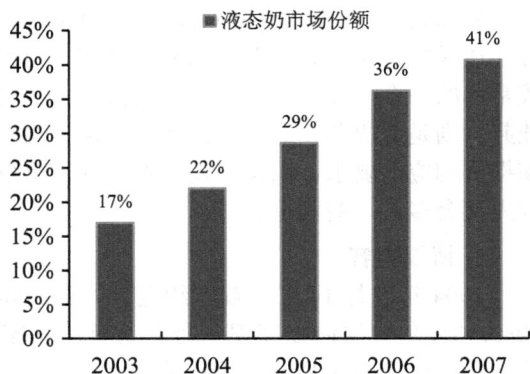

图 4-10　蒙牛集团 2003 ~ 2007 年液态奶市场份额

　　但是也应当看到，对赌协议对融资方来说虽有巨大的利益诱惑，同时也存在着风险。蒙牛2004年收入和利润均高速增长，但当年末应收账款从2003年末的9 444万元增加到1.79亿元，增幅超过80%，高于主营收入的增幅。也就是说，为了使业绩高速增长，蒙牛采用了更为宽松的销售回款模式，承担了较大的财务风险。⊖

4.4.2　公司权益计划拓展了骨干成员激励范围

　　对赌合约是对蒙牛股东的激励，为的是使管理层提升业绩以使私募投资者自身获得更多的收益，但是这样的激励对象范围太小，蒙牛是如何扩大激励范围的呢？2004年，私募投资者再次实施股权激励计划，计划采用股票期权的形式对管理层、高级管理人员以及供应商等实施激励。

　　与一般上市公司的股权激励不同，蒙牛此时还没有上市，无法直接使用上市公司股票作为标的股票。因此，公司权益计划采取的形式是与未来上市公司的控股公司——"金牛"和"银牛"的股票挂钩。此时虽然是在控股公司层面实施，不直接涉及上市公司股权，但是这种激励方式从所涵盖的对象范围、换股价格等方面也具有较好的效果。因为当"公司权益计划"的受益人将此转换成"金牛"和"银牛"对应股权后，其对应于上市公司的价值将会随着蒙牛乳业二级市场股价的浮动变化，从而达到股权激励的效果。

1."金牛"和"银牛"公司股份调整

　　由于实施公司权益计划需要与"金牛"和"银牛"的股票挂钩，但此时"金牛"和"银牛"原来发行的全部股份是为了解决老股东的溢价投资退出问题，随着公司上市进程的临近，蒙牛新骨干的股份及其期权奖励将没有余地安排。因此，必须额外发行一部分"金牛"和"银牛"的股份，以实施公司权益计划。

　　2004年3月22日，"金牛"与"银牛"扩大股本，由各自成立时的5万股分别扩至10万股，面值1美元/股，"金牛"和"银牛"分别向其股东发行32 294股和32 184股新股。这样，"金牛"公司已发行股份为82 294股，未发行股份为17 706股；"银牛"已发行股份为82 184股，未发行股份为17 816股。

2.权益计划的内容与激励力度

　　在扩大股本的同日，"金牛"和"银牛"分别推出公司权益计划的股票期权，以酬谢并激励"金牛"和"银牛"的管理层人员、非高级管理人员、供应商和其他投资者对蒙牛集团发展做出的贡献。每份公司期权价格为1美元，受益者可将其转换成对应的"金牛"和"银牛"股权。每股转换价格是："金牛"112美元，"银牛"238美元。这个价格主要为了保证"金牛"和"银牛"原股东投资比例不变。⊖如果权益全部行使，将分别占扩股后"金牛"和"银牛"股本的17.7%及17.8%。

　　从该计划激励力度上考虑，"金牛"与"银牛"公司的股份分别乘以各自的换股价，可以得出这些已发行的股份的总价值正好是2.245亿港元。与原股东初始投资成本比较，这些股份价值约合5倍于蒙牛股份引入私募投资前的注册股本；与上市后公司市价比较，由于未来上市后，"金牛"和"银牛"合计持有上市公司股票将扩大为4.97亿股，按照新股的发行价格3.925

⊖ 估值调整协议除了导致融资方承担一定的财务风险外，也有控制权旁落的风险，如永乐2007年的净利润高于7.5亿元人民币，摩根等将向永乐管理层转让4 697.38万股永乐股份；如果净利润等于或低于6.75亿元，永乐管理层将向外资股东转让4 697.38万股；如果净利润不高于6亿元，永乐管理层向外资股东转让的股份最多将达到9 394.76万股，相当于永乐上市后已发行股本总数的4.1%。最终，永乐未能完成目标，导致控制权旁落，最终被国美电器并购。
⊖ "金牛"与"银牛"原股东最初投资成本的比例是1634∶3468，如果把"金牛"的换股价格定为112美元，"银牛"的换股价格定为238美元，就恰好保持了未来双方前来换股的新投资者投资价格1634∶3468的比例。

港元／股计算，这些股份的市值是 19.5 亿港元。因此，金、银牛老股东们的股份有 8 倍的升值空间。因此可以说此权益计划激励力度是相当大的。

3. 牛氏信托与期权激励资源的初步建立

本次实施的期权激励计划开始并没有确定受益人名单，而是为了管理层日后建立激励机制，因此期权并没有立刻发放，而是以信托的形式交给牛根生，期权的授予权实际最终由牛根生掌握。

2004 年 3 月 23 日，牛氏信托成立。牛氏信托管理的资产包括：牛根生本人以 1 元／份的价格买下的绝大部分（9 099 份）"金牛"权益计划和全部"银牛"（17816 份）权益计划，以及他原来持有的"金牛"23 019 股股份（占"金牛"全部股本的 27.97%）。这些"金牛"股份的投票权、因行使权益计划而获得的股票的投票权信托给牛根生本人。另外，权益计划期权的授予对象及数量也由牛根生决定。

其实，"金牛"与"银牛"在建立开始时期内部控股情况较为松散，"金牛"的股东是 15 位蒙牛的高管。而"银牛"的 16 位股东均为"与蒙牛业务关联公司的管理人员"，其中，谢秋旭○一人的名下即有 63.5% 的股份。作为蒙牛董事长的牛根生没有掌握绝对的控制权，若在运营过程中与其他高管出现矛盾，可能导致部分高管联合抑制牛根生的情况，如果因为"内斗"影响到蒙牛的生产经营活动，私募投资者的利益就可能受到损害。牛氏信托与期权激励资源的建立使牛根生掌握这些权益计划的绝对控制权，以此作为建立激励机制的资源，同时也强化了他在企业内部最高管理者的地位。

4.4.3　股票授予强化了董事长的长期激励

私募投资者为了进一步强化牛根生地位，巩固其在蒙牛上市后的话语权，以维持企业的内部秩序，同时进一步降低投资成本，双方达成协议，私募投资者以向牛根生直接授予开曼公司股份为条件，换取未来上市公司股份的认购权。通过该认购权，私募投资者未来可以较低的成本增持上市公司的股票。

2004 年 3 月 23 日，三家私募机构投资者为了肯定牛根生过往对蒙牛业务的贡献，以及日后对蒙牛业务的重要性，摩根士丹利、鼎晖和英联投资分别赠予牛根生 5 816 股、1 864 股和 1 054 股开曼群岛公司的股票。这使牛根生直接控制开曼公司的股权比例达到 6.1%。

作为交换，牛根生承诺，至少 5 年内不跳槽到竞争对手公司去或者新开设同类乳业公司，除非三家投资者减持上市公司股份到 25% 以下。同时，私募投资者获得上市后公司的股票认购权，认购权若全部行使可换取上市公司共 7 325 670 股股份（占蒙牛股份股本的约 2.7%）。在 10 年内，私募投资者们可以随时以净资产价格或 200 万元乘以认购比例（认购股份数／蒙牛股份总股数），两者总作价中较高者，增资持有蒙牛股份的股权。这样，既加强了牛根生在企业内的控制权，使蒙牛内部秩序更加稳定；也保证了私募投资者可以以较低的成本增持上市公司蒙牛乳业的股权，进一步降低了投资成本。

4.5　蒙牛乳业全球 IPO 与私募套现退出

经过两轮的资本运作及股权激励，蒙牛取得了良好的经营业绩，同时私募投资者也将逐步退出投资。此时，私募投资者认为上市的时机已经成熟，于是开始搭建上市的架构，运作在香

○　谢秋旭，广东潮州阳天印务有限公司董事长，在蒙牛的股东中被列为管理层股东，以前跟"伊利"合作印牛奶、冰淇淋包装盒的时候，认识了牛根生，并成为挚友，其实谢只是股权投资，自始至终都没有参与经营管理。

港上市事宜。那么整个上市过程是怎样的，最后外资又是如何安全退出的呢？

4.5.1　上市公司股权结构的安排

　　为了筹备在香港 IPO，蒙牛乳业（上市公司）于 2004 年 2 月 16 日在开曼群岛注册成立。根据 2004 年 5 月 14 日订立的证券交换协议，蒙牛乳业按确切股份比例及类别，向管理层股东、牛根生及三家私募机构投资者发行股份，以换取其当时持有的开曼公司股份；向三家私募机构投资者发行可换股证券，以换取其持有的开曼公司可换股证券。从而建立蒙牛乳业与开曼群岛公司的股权映射关系。

　　这样，如图 4-11 所示，上市前的蒙牛股份的股权结构变为：

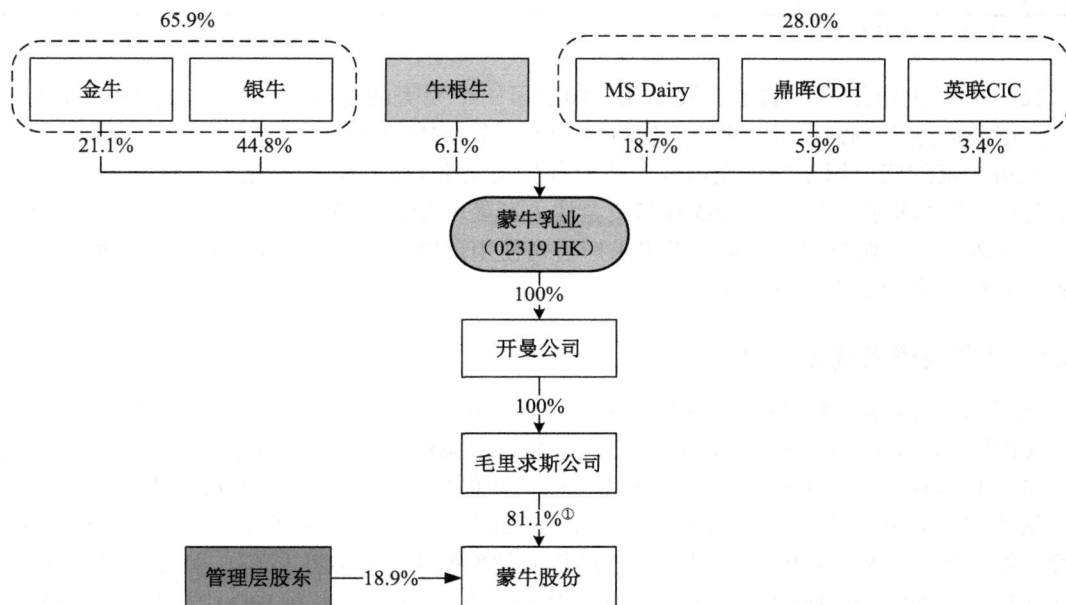

图 4-11　2004 年上市前蒙牛股份股权结构示意图

①四位执行董事及五位发起人合共直接持有蒙牛其余 18.9% 投票权的 10% 以上。

资料来源：蒙牛乳业招股书。

　　至此，上市前的蒙牛建立起了三层结构。最上面的**第一层**金牛、银牛和三家机构投资者是真正的出资者，直接控股后来的上市公司——蒙牛乳业（02319.HK）。其中，金牛由牛根生、蒙牛股份的其他高管和发起人控股。也就是说，他们不仅直接持有蒙牛股份的股票（18.9%），还通过金牛间接持有蒙牛股份的股票。**第二层**的上市公司蒙牛乳业是上市融资的平台，它的主营业务是投资控股，它通过全资子公司开曼公司和毛里求斯公司控股业务企业——**第三层**的蒙牛股份。

4.5.2　蒙牛乳业成功上市

　　2004 年 6 月 10 日，蒙牛乳业（2319.HK）在香港挂牌上市，并创造出又一个奇迹：公开发售 3.5 亿股（其中 1 亿股为旧股），公众超额认购达 206 倍，一次性冻结资金 283 亿港元，股票发行价格稳稳地落在了最初设计的询价区间 3.125 ~ 3.925 港元的上限 3.925 港元，全面摊薄市盈率高达 19 倍，IPO 共募集资金 13.74 亿港元。开盘后，蒙牛股价一路飙升，当天股价即上涨了 22.98%。后来居上的蒙牛乳业，由此在资本运作方面赶上了同行业第一梯队的所有对手（见表 4-3）。蒙牛成为中国第一家境外上市民企红筹股。

表 4-3　中国乳品行业主要公司资本运作情况比较

项目	蒙牛乳业（2319.HK）	光明乳业（600597）	伊利股份（600887）	三元股份（600429）
上市日期	2004.6.10	2002.8.28	1996.3.12	2003.9.15
上市地点	香港	上海	上海	上海
发行价	3.925 港元股	6.5 元股	5.95 元股	2.6 元股
IPO 融资额	13.49 亿港元	9.75 亿元	1.02 亿元	3.9 亿元
IPO 市盈率	19 倍	20 倍	12 倍	20 倍
持股跨国公司	摩根、鼎晖、英联	达能		

资料来源：新浪财经 http://finance.sina.com.cn。

2004 年的上市给蒙牛的融资故事几乎画上了一个完美的句号。上市后，蒙牛管理团队最终在上市公司持股 54%，国际投资机构持股 11%，公众持 35%。

上市融资的资金用途为扩充内地实体业务公司蒙牛股份的生产基地。其资金注入过程为：上市公司以股东贷款的形式将 IPO 募集资金注入开曼群岛，开曼群岛公司也以股东贷款的形式将资金注入毛里求斯公司。而最后毛里求斯公司使用该笔资金认购蒙牛股份新发行的股票，从而实现 IPO 资金向蒙牛股份的注入。

4.5.3　私募投资者逐步退出

三家私募投资者两轮共出资 6 120 万美元，折合港币约 4.77 亿元。在蒙牛乳业上市之后，私募投资者开始逐步退出以获得更高的投资收益。他们主要有三次大规模的抛售其持有的蒙牛股票。

（1）私募投资者在 IPO 中共出售了 1 亿股蒙牛的股票，已经套现 3.92 亿港元。摩根士丹利、鼎辉和英联分别卖出 35 034 738 股、11 116 755 股及 6 348 507 股，分别相当于蒙牛已发行股本的 2.6%、0.8% 及 0.4%。另外，通过行使超额配售选择权（"绿鞋"）⊖，私募投资者持有的 0.52 亿股向公众超额配售，获得超额配售资金 2.06 亿港元。在 IPO 中，私募投资者合计套现 5.98 亿元。

（2）2004 年 12 月，摩根士丹利等私募投资者行使第一轮可转换债券转换权，转换了可换股证券的 30%，增持股份 1.105 亿股。增持成功后，三个私募投资者立即以 6.06 港元的价格抛售了 1.68 亿股，套现 10.2 亿港元。

（3）2005 年 4 月，私募投资者将 598.764 4 万美元的可换股票据（可转换成 6 260.876 8 万股上市公司股票）支付给管理层的代表——"金牛"，提前结束对赌协议。2005 年 6 月 15 日，三家私募投资者行使全部的剩余 70% 的可换股证券，共计换得股份 2.58 亿股。同时，摩根士丹利等投资者把手中的股票几乎全部抛出变现，共抛出 1.93 亿股，价格是每股 4.95 港元，共变现 9.56 亿港元。同时，"金牛"和"银牛"也抛售了约 1.21 亿股上市公司股票（包括根据对赌协议奖给"金牛"的 6 261 万股），蒙牛的管理层也获得了约 6 亿港元的私人财富⊖。（见表 4-4）

⊖　指发行人授予主承销商的一项选择权，获此授权的主承销商按同一发行价格超额发售不超过包销数额 15% 的股份给投资者。在增发包销部分的股票上市之日起 30 日内，主承销商有权根据市场情况选择从集中竞价交易市场购买发行人股票，或者要求发行人增发股票，分配给对此超额发售部分提出认购申请的投资者。主承销商通过行使超额配售选择权，不动用自有资金，可以起到稳定股票市价的作用。

⊖　根据蒙牛乳业 2005 年 6 月 15 日公告，"金牛""银牛"于此日分别配售 38 954 796 股和 82 681 204 股，共计 121 636 000 股，当日股价是每股 4.95 港元，可计算得出蒙牛高管共在此次配售中获得约 6.02 亿港元的财富。

表 4-4　三家机构投资者退出过程

	时间	售出股份	套现金额	股票来源
IPO 时	2004.06	约 1.52 亿股	5.98 亿港元	首轮投资获得
可转换证券第一次转股后	2004.12	约 1.68 亿股	10.2 亿港元	可转换证券转股所得
可转换证券全部转股后	2005.06	约 1.93 亿股	9.56 亿港元	第二次可转换证券转股所得

资料来源：根据蒙牛乳业相关公告整理。

　　在三次出售蒙牛乳业的股份之后，摩根士丹利等投资者手中只剩下蒙牛乳业股票 130 多万股，占公司总股本的 0.1%，基本上已经退出蒙牛。

　　由此我们可以看到，国际私募资本的投资与同行业的跨国公司对企业的投资最大的不同在于前者是阶段性的投资。到了一定的时机，投资者会通过各种途径变现最终得到资本报酬后，退出该企业。而后者则大多是一种长期的投资，取得投资回报不是其唯一的目的，往往是通过投资开拓市场，甚至控股该企业。

　　至此，蒙牛的私募融资过程基本结束，整个融资过程中开曼公司及蒙牛乳业股东持股变化情况总结如表 4-5 所示。其中，2004 年 3 月及之前列示的是"开曼公司"持股的变化，之后为上市公司蒙牛乳业持股情况的变化。

表 4-5　开曼公司及蒙牛乳业股东持股变化

时间	事件	金／银牛	牛根生	私募机构	公众	合计
开曼公司						
2002 年 10 月	首轮投资后	5 102（9.4%）		48 980（90.6%）		A/B 股区分
2003 年 9 月	A 转 B 股后	51 020（51%）		48 980（49%）		100 000
2003 年 10 月	管理层增持	94 656（65.9%）		48 980（34.1%）		143 636
2004 年 3 月	奖励牛根生后	94 656（65.9%）	8 716（6.1%）	40 264（27%）		143 636
蒙牛乳业						
2004 年 6 月	准备 IPO 前扩股本	4.94 亿股（65.9%）	0.46 亿股（6.1%）	2.1 亿股（27%）		7.5 亿股
2004 年 6 月	IPO 后超额配售 5000 万股[①]	4.94 亿股（49.4%）	0.46 亿股（4.6%）	1.58 亿股（15.8%）	2.5 亿股（25%）	10 亿股
2004 年 6 月	IPO 且投资机构减持	4.94 亿股（49.4%）	0.46 亿股（4.6%）	0.58 亿股（5.8%）	4.02 亿股（40.2%）	10 亿股
2004 年 12 月	IPO 六月转换 30% 后	4.94 亿股（44.5%）	0.46 亿股（4.1%）	1.68 亿股（15.1%）	4.02 亿股（36.2%）	11.1 亿股
2004 年 12 月	减持 1.68 亿股股	4.94 亿股（44.6%）	0.46 亿股（4.1%）	0	5.7 亿股（51.3%）	11.1 亿股
2005 年 6 月	转换另 70% 且对赌估值调整后	5.56 亿股（40.6%）	0.46 亿股（3.3%）	1.95 亿股（14.3%）	5.7 亿股（41.71%）	13.68 亿股，6 261 万股给金牛，转换 2.58 亿股
2005 年 6 月	减持 3.16 亿股股	4.35 亿股（31.8%）	0.46 亿股（3.3%）	0.01 亿股（0.1%）	8.87 亿股（64.8%）	13.68 亿股

①根据蒙牛公告及年报推断，IPO 行使超额配售权时向三家私募投资者借入 5 200 万股份出售给公众投资者，该股份后来并没有归还给私募投资者。

资料来源：根据蒙牛乳业招股说明书及相关公告整理。

纵观来看，蒙牛在香港上市的整个过程主要由私募资金来主导。蒙牛管理团队知道私募资金与他们利益一致，在他们明白自身不具备专业能力的情况下，对摩根等的运作较为信赖。私募资金的品牌以及他们对蒙牛的投入让股市上的机构投资者更放心，当高质量的风险基金或者其他私募基金在上市之前进入某家公司的时候，融资公司上市的过程会更平稳、顺利、成功。私募投资者是公司与股票市场最终的机构投资者之间的一个桥梁。本案例中，私募投资者退出蒙牛时出售的股权被一批国际一流机构投资者接手，为蒙牛将来再融资打下了良好的基础。

4.6 私募融资对蒙牛的资本与治理的双重影响

在私募融资中，企业首先希望引入足够的资金以供发展，其次希望作为投资者私募机构能够提供增值服务，进一步提升企业的内在价值。蒙牛在此次私募融资过程中，是否融到足够的财务资金以解决发展过程中的资金瓶颈问题？是否利用机构投资者丰富成熟的经验提升公司治理水平？本节将从分析私募融资对蒙牛财务资金的影响和私募融资对蒙牛公司治理的影响两个方面来论证上述问题。

4.6.1 对蒙牛扩充资本支撑增长的作用

蒙牛引进私募资金首要解决的是由于资金短缺而引起的发展缓慢问题，那么蒙牛在此次私募融资过程中，是否融到足够的财务资金以解决发展过程中的资金瓶颈呢？是否为其未来的发展奠定了牢固的资金基础并扩宽了其他融资方式的深度和广度呢？

1. 解决资金瓶颈

由 4.2.1 可知，2003 年蒙牛急需发展但依然存在着巨大的资金缺口，在私募融资过程中，蒙牛通过私募融资先后两次分别融到了 2 597.371 2 万美元和 3 523.382 7 万美元，共计 6 120.754 万美元。表 4-6 为蒙牛 2001 年到 2006 年的投资、融资和经营现金流情况，其中蒙牛于 2003 年已经获得私募资金，于 2004 年在香港上市。

表 4-6 蒙牛集团 2001 ~ 2006 年现金流量表 （单位：人民币万元）

项目	2001 年	2002 年	2003 年（已获 PE）	2004 年（已上市）	2005 年	2006 年
经营活动现金流入净额	5 206.8	14 419.2	35 427.9	57 231.7	132 829.7	140 282.6
筹资活动现金流入净额	8 252.4①	14 801.9①	**58 328.6②**	**122 705.4③**	−6 739.5	−16 907.9
投资活动所用净现金	10 766.4	17 818.3	73 790.5	115 461.6	103 206.6	130 145.3

①根据蒙牛乳业招股书，此主要为蒙牛增资扩股所得款项，但具体未说明。
②主要包括向三家私募投资机构发行股份所得款项及新增银行贷款。
③主要是发行新股所得款项及新增银行贷款。
资料来源：蒙牛乳业招股书和蒙牛 2004 年、2005 年、2006 年年报。

表 4-6 显示，蒙牛自 2003 年获得私募融资以后，投资活动所用净现金增长了近 5 倍，同时经营活动现金流入净额也大幅度增长，如此显著的效果说明私募融入的资金填补了蒙牛发展过程中极度匮乏的资金。2005 年及 2006 年经营活动现金流入已经能够满足企业投资活动，此时筹资活动现金净流入额显示为负，说明蒙牛已经不再面临因资金短缺而阻碍发展的问题。

根据蒙牛招股书，在 2003 年获得私募融资后，蒙牛投资活动的开支主要与扩充生产业务及相关的购置物业、厂房及设备以及在建工程增加有关。截至 2003 年 12 月 31 日，用于投资活动的现金有所增长，主要原因是业务大幅扩展，蒙牛于乌兰浩特、通辽、北京、金华、当阳和山西成立若干负责生产的新子公司，并做了大量有关物业、厂房和设备、在建工程以及土地使用权的投资，以提升在上述全新经营地区以及现有经营地区的产能。

蒙牛的私募融资及后续的上市过程，帮助其走出了财务资金短缺的困境，支撑了蒙牛业务拓展的战略，扩张了蒙牛经营地区范围以及经营地区的产能，解决了蒙牛的燃眉之急。

2. 扩展融资道路

从 4.2.2 中可以看出，进行私募融资之前的蒙牛在常规融资的道路中遇到了重重阻碍，除因自身条件不符不能进行上市融资之外，银行贷款和其他融资的方式最终没有成功。那么，蒙牛在进行了私募融资的选择后其融资贷款情况是否有所变化呢？表 4-7 为蒙牛集团 2001 ~ 2006 年融资贷款情况表。

如表 4-7 所示，首先，2003 年以后，蒙牛的长短期有抵押和无抵押贷款明显增加。从表中可以看出，当地银行更愿意将资金贷给蒙牛，说明私募融资的参与降低了债务杠杆（总负债/总资产，也称为负债比率），债务杠杆越低，债权人在公司清算中的保障程度越大，银行就越愿意向蒙牛贷款，2003 年前后的快速发展也增加了其商誉及影响力，银行所提供的贷款额度明显提升。

表 4-7　蒙牛集团 2001 ~ 2006 年融资贷款情况　（单位：人民币万元）

项目	2001 年	2002 年	2003 年（已获 PE）	2004 年	2005 年	2006 年
短期银行贷款（无抵押）	3 000.0	1 800.0	16 153.4	47 054.2	28 500.0	7 200.0
短期银行贷款（有抵押）①	—	—	—	7 427.0	8 059.0	11 940.0
短期其他贷款②	—	—	2 760.0	2 260.0	2 360.0	3 100.0
长期银行贷款（无抵押）	4 800.0	4 800.0	22 600.0	23 950.0	44 570.2	—
长期其他贷款①	—	—	1 800.0	1 800.0	1 148.1	—

①其他贷款指多个地方政府当局为支持蒙牛集团在多个地点设置生产厂房而给予的无抵押免息贷款。
②有抵押项是蒙牛集团用应收票据抵押贷款。
资料来源：蒙牛乳业招股书和蒙牛 2004 年、2005 年、2006 年年报。

其次，除了力推蒙牛上市，摩根等私募品牌入股蒙牛也帮助提高了蒙牛公司的信誉。在为蒙牛获取政府支持和其他资源方面也有帮助。另外，对于早期承受过不正规竞争压力的蒙牛来说，吸引摩根等私募品牌入股也能给其带来一定的政策支持与保护。蒙牛自 2003 年获得私募融资后获得了充分发展并得到中央及地方政府的重视，多个地方政府为支持蒙牛集团的发展提供了无抵押的长短期免息贷款，供其扩充生产业务及相关的购置物业、厂房及设备等。除贷款优惠以外，蒙牛还获得了政府的直接支持：蒙牛 2003 年的其他业务收入为 710 万元，比 2002 年增长了 170 万元，这部分变化主要是由政府补助从 310 万元增至 460 万元引起的。

综上所述，蒙牛的私募融资及其后期的发展提升了蒙牛的商誉和偿债能力，一方面加拓展了其融资的广度，另一方面也深掘了其融资的深度，扩展了集团融资的道路。

4.6.2　对蒙牛完善公司治理结构的影响

在私募融资中，企业不仅希望引入资金，更加希望作为投资者私募机构能够提供增值服务，进一步提升企业的内在价值。私募投资者在投资一家企业的时候，就制定了详尽的后续增值服务计划，积极主动地参与企业管理，利用丰富成熟的经验提升被投资企业的公司治理水平。对治理结构影响最深的就是公司所有权结构的合理化。

公司的股权结构是公司治理结构中重要的组成部分，是公司治理中的基本问题，对于企业的经营业绩、代理权竞争，以及监督机制的建立都有非常大的影响。中国绝大多数企业在股权结构上都存在着很大的弊病，而蒙牛的多元股权结构有效地避免了制度上的弊病。[⊖]那么，蒙牛的股权结构具有什么特征？上市前后其股权结构发生了怎样的变化呢？蒙牛高管是如何在注资的过程中把控公司的所有权结构的？

1. 私募融资前的股权结构特点

在蒙牛私募权益融资之前，企业的股权高度集中在牛根生等创业家族的手里。那时的蒙牛是几个具有一定特长和出色胆略的个人，凭借对市场的敏锐嗅觉或者某一出色的产品，抓住了市场的机遇，逐渐地成长壮大起来的。可以说，蒙牛最开始的股权基本上都集中在创业者或创业合伙人的手中，成分比较单一，股权结构集中程度比较高。虽然这样所有者和经营者基本上一致，不存在大的代理问题，但是由于股权的集中缺乏权力的制衡，容易导致决策的失误。同时，蒙牛对高层管理人员的长期激励也不够重视。

2. 蒙牛上市后的股权结构

蒙牛上市后，股权机构变得较为分散（如图 4-12 所示），但蒙牛管理层、雇员及业务联系人共直接或间接拥有蒙牛乳业 54% 的发行股本。蒙牛的高管成为公司控股股东，蒙牛的兴衰与每一个蒙牛人紧密联系。新的大股东的加入发挥了监督职能，可以制约管理层的行为，防止发生侵害其他投资者利益的行为。另外三家有实力的投资者股东也给其他投资者带来了信心。在蒙牛 IPO 时，全球最顶尖的六家机构投资者都成为了蒙牛的核心投资者。

2005 年 6 月摩根士丹利等三家私募机构退出蒙牛后，另外两家国际金融投资机构 Capital Group Company 和 Alliance Capital Management 接盘了蒙牛，如图 4-13 所示。两家金融机构持有蒙牛乳业股票 1 年多后抛售，2007 年新的投资者 UBS 瑞银和 JP 摩根买入蒙牛股票，分别持有 5.98% 和 7.93% 的上市公司股权。

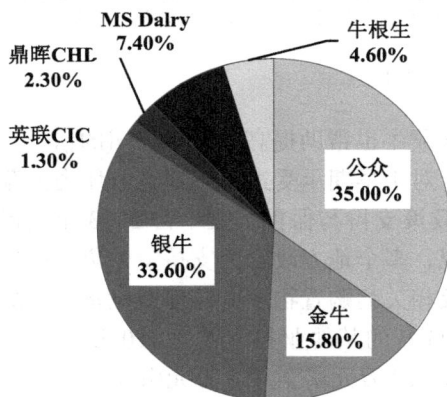

图 4-12　2004 年 6 月蒙牛乳业（2319.HK）
首次公开发行后的股权结构

注：部分管理层还通过金牛和银牛间接持股蒙牛股份，
　　这里显示的比例是其直接持有的蒙牛乳业的数据。
资料来源：根据蒙牛乳业招股书和 2004 年、2005 年
　　　　　年报整理。

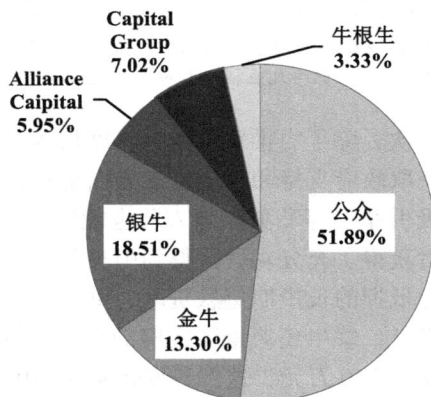

图 4-13　2005 年 12 月私募退出后蒙牛
乳业（2319.HK）股权结构

注：部分管理层还通过金牛和银牛间接持股蒙牛股份，
　　这里显示的比例是其直接持有的蒙牛乳业的数据。
资料来源：根据蒙牛乳业招股书和 2004 年、2005 年
　　　　　报整理。

⊖　陈悦，2004，伊利 vs. 蒙牛——集权与多元化股权结构的较量，董事会。参见 http://finance.sina.com.cn/review/observe/20041123/10481174135.shtml。

因此，蒙牛在上市后的股权从几位蒙牛高管手中，扩散到了蒙牛职工、机构投资者以及中小股东的手中：蒙牛的职工因持有股份而使自身利益与公司的利益取得一致，从而增强了员工的使命感和归属感；机构投资者因持有股份在对监督管理层股东，在防止内部人控制方面发挥了积极的作用；中小股东因持有股份会对蒙牛形成社会和舆论监督，从而进一步规范蒙牛的经营行为。蒙牛的股权结构较未上市之前显得更为合理。

2008 年由于三聚氰胺事件，蒙牛全年亏损 4.617 亿元，股价也暴跌至 10 元以下，甚至面临外资并购的危机。2009 年 7 月 7 日，中粮集团⊖宣布，与厚朴基金⊜ 共同组建了一家新公司（中粮集团持股 70%），以港币每股 17.6 元的价格投资 61 亿港币，分别向蒙牛认购新股并向老股东购买现有股份，新公司将持有蒙牛扩大后股本的 20%，成为蒙牛乳业的第一大股东。在此次交易后，中粮作为蒙牛的战略投资者，不参与蒙牛的具体经营管理，不改变蒙牛发展的战略方向。中粮在蒙牛 11 名董事中占有 3 个非执行董事名额。

此次投资是国有和民营相结合的一个开始，蒙牛由纯粹的民营资本到引入国际私募投资及公众投资者，再到现在的国有资金入股，股权结构逐渐走向"多元产权"。蒙牛引入中粮作为最大股东的决定显示出，以前泾渭分明的中国国有企业和民营企业之间的界限正在模糊化。

4.6.3　对蒙牛改善公司治理机制的影响

公司治理机制的范围主要涉及：（1）内部激励机制，即对经营者的报酬激励，如固定薪金、股票和股票期权、退休金计划等；（2）内部监督机制，主要是股东和股东大会、董事会和监事会决策和制衡关系。在本案例中，私募投资者具体是如何从内部激励机制、内部监督机制等方面发挥效用的呢？在私募融资过程中，蒙牛在私募投资者的帮助下完成了激励计划和内部监督机制等的改善。

1. 股权激励计划

股权激励有助于解决公司高层管理人员利益与股东利益，以及上市公司价值之间的一致问题，既是公司治理的重要组成部分，也是重要手段。

（1）上市前的激励计划。蒙牛开始的股权高度集中于牛根生等创业团队手中，在引入战略投资者后转变为较为分散合理的股权结构。这种股权结构为激励制度的设计提供了有利的条件。三家私募投资者设计对赌协议、公司权益计划和对牛根生的股份赠予等管理层激励措施，在这种股权结构下激励措施的设计大大激发了蒙牛管理团队的积极性和执行力。

（2）上市后的董事激励计划。如表 4-8 所示，2007 年 11 月 9 日，蒙牛向执行董事杨文俊和孙玉斌分别授出 4 561 000 和 1 875 000 份认股权，行使价为 32.24 港元⊜。由于蒙牛董事会成员是主要的激励对象，股权激励机制的实施，将极大地影响董事会的运作驱动机制，有利于董事会成员利益和股东利益的统一，激励董事会成员更多地关注股东价值最大化，而不仅仅是瞄准公司业绩，也有利于促进董事会更多地关心公司长期利益。同时，股权激励机制的建立强化了董事会的作用，特别是加强独立董事和董事会专门委员会的作用，强化对管理层的约束，使

⊖　中粮集团成立于 1949 年，目前隶属于国资委，是中国最大的粮油食品进出口公司和实力雄厚的食品制造企业，在地产、酒店经营以及金融服务等领域也卓有成绩，被《财富》杂志列为世界 500 强企业之一。

⊜　厚朴基金是由高盛集团（Goldman Sachs Group Inc.）中国合伙人方风雷创立的一家私募股权公司，管理着 25 亿美元资产，并由高盛和新加坡淡马锡控股（Temasek Holdings Pte. Ltd.）提供支持。

⊜　采用二叉树估值模型计算的价值为每份认股权 9.76 元人民币。

得公司治理结构更为合理，也有利于公司更加规范运作。

表 4-8　2007 年蒙牛股权激励情况与董事会年末持股情况

参与者	2007 年年初	授出	行使	失效	2007 年年末	授出认股权日期	认股权行使价	2007 年年末持股蒙牛股份
执行董事								
牛根生	—	—	—	—	—	—	—	6.18%①
卢俊								0.30%
杨文俊	—	4 561 000	—	—	4 561 000	07.11.9	32.24	0.40%
孙玉斌		1 875 000			1 875 000	07.11.9	32.24	0.68%
员工总计	6 803 000	—	−244 351	−304 088	6 254 561	06.12.26	13.4	无数据
		38 169 000			38 169 000	07.11.9	32.24	
合计	6 803 000	44 605 000	−244 351	−304 088	50 859 561			

①此外牛根生还持有 2.74% 的蒙牛股份认沽证券，另外，还直接持有 3.19% 的上市公司蒙牛乳业股份，分别通过银牛和金牛各持有蒙牛乳业 12.35%、9.63% 的股份。

资料来源：根据蒙牛乳业 2007 年年报整理。

（3）员工激励计划。 除了对董事会的激励计划外，2006 年 10 月 26 日，蒙牛乳业采纳股权计划激励员工，授出 6 803 000 份可申请蒙牛乳业普通股的认股权，每份认股权的行使价为 13.4 港元（授出日前五个交易日股票收盘价平均值），行使期在限售期后，由达成表现目标后起计，自认股权授出日起六年内有效。[一] 2007 年 11 月 9 日向董事授出认股权的同时，再向员工授出 38 169 000 份认股权，行使价为 32.24 港元。

2007 年授出的认股权有一部分由于员工没有行权而面临被注销。2009 年 11 月 25 日蒙牛决定向蒙牛乳业总裁杨文俊等高管及员工要约授出 8 903 万份购股权，根据该方案，蒙牛此次派发期权每股行权价格为 24.4 港元，总计约合 21.72 亿港元（约合人民币 19.13 亿元）。

其中，2012 万份用以交换将被注销的 2007 年授出的尚未行使购股权，以及 6 891 万份新的额外购股期权。此次股权激励中，除了 1 081 万份授予管理层外，还有 7 822 万份购股权授予 740 名中层管理员工，借此对蒙牛业务有贡献的合资格参与人做出鼓励及奖赏[二]。此次蒙牛的股权激励范围较大，这在行业还较为少见。这种模式不仅有利于缓解公司薪酬压力，而且可以激发员工积极性，吸引、留住、激励更多的优秀人才。

2. 董事会内部的权利制衡机制和决议改进

董事会结构是公司治理的重要方面。在蒙牛股份成立初期，蒙牛的董事会成员均是当初蒙牛的创业者。在三家国际投资机构投资后，虽然三家私募投资机构所拥有的股权比例不高，但都委任一名董事作为非执行董事进入了蒙牛董事会，比例占到董事人数的 1/3。

三家机构委任的董事均是其部门高管，有着丰富的管理经验。如鼎晖派出的焦树阁（也称焦震）就是鼎晖的总经理，摩根士丹利派出了其执行董事，摩根亚洲私募基金联席主管刘海峰。（见表 4-9）2005 年 6 月三家私募投资机构基本退出蒙牛之后，其委任的非执行董事大部分仍保留，继续履行非执行董事职能。2006 年 1 月，摩根士丹利在刘海峰离任后委任了 Wolhardt 继续担任蒙牛乳业的非执行董事[三]。

[一]　采用二叉树估值模型计算的价值为每份认股权 4.85 元人民币。

[二]　资料来源：蒙牛 2007 年年度报告。

[三]　Wolhardt 后来在 KKR 担任高管，促成了 2008 年 KKR 对蒙牛的 1 亿美元的投资。

表 4-9　2002 年 9 月以来蒙牛乳业董事会结构变动

类别	2002.9 ~ 2006.1		2006.1 ~ 2007.1		2007.1 以后	
	人数	主要人员身份	人数	主要人员身份	人数	主要人员身份
执行董事	4	原蒙牛发起人	4	原蒙牛发起人	3	原蒙牛发起人
非执行董事	3	三家机构投资者委任的人员	2	摩根、鼎晖高管	3	KKR、鼎晖高管及原蒙牛发起人①
独立董事	3	乳业协会人员、学者等	3	乳业协会人员、学者等	3	乳业协会人员、学者等

①原摩根高管 Wolhardt 自 2007 年 1 月在 KKR 亚洲投资集团担任总裁；原蒙牛执行董事卢俊调任非执行董事。
资料来源：蒙牛乳业招股书。

　　国际私募资本的引入和创始人个人较低的持股比例，使董事会内部形成了有效的权力制衡机制。权力的制衡关系不仅有利于决策层的稳定，同时也促使蒙牛的公司治理结构更加国际化和规范化。就董事会决策而言，私募进来之前较之后讨论问题更加到位，国外投资者要把一个极具中国特色的企业带到海外上市，除了其能力与信誉，还需要通过对中国法律与国情的深入了解，能以各种技术手段解决与公司在沟通、谈判、信任等方面的各项疑难。私募投资者了解很多其他类型的企业，具有丰富的市场、管理方面的经验。私募投资者派出的董事还有效地利用了他们对重大决策的否决权。比如蒙牛原发起人曾考虑过一个偏离主营业务的提议，后来该提议遭到私募投资者的反对没有实施。蒙牛团队认为鼎晖执行总裁焦震在解决这些疑难的过程中起到了极其关键的作用。

3. 其他公司治理机构的设立

　　治理结构要求专业化的技巧，这些技巧必须通过董事会各层次的委员会得到最佳地执行。在摩根等金融机构进入蒙牛后，立刻成立或完善了企业的薪酬委员会（5 人）、审核委员会（3人）、提名委员会，这些委员会的成员主要由非执行董事和独立董事组成，把国际上对企业的风险管理机制、财务监控机制、对人力资源的激励机制引进蒙牛内部，帮助蒙牛建立领先的企业治理机制。这些机制的引入或完善，无疑对企业的发展起到了积极的促进作用。

　　除此之外，摩根等金融机构帮助蒙牛重组了企业法律结构与财务结构，并帮助蒙牛在财务、管理、决策过程等方面实现规范化。在业务方面，国外金融投资者利用自己的优势帮助公司优化其运营，并向蒙牛介绍行业专家，以改善品牌管理水平。帮助企业设计一个能被股市看好的、清晰的商业模式，也是私募投资者的贡献之一。

4.7　案例总结与讨论问题

▷ 案例总结

　　蒙牛私募融资的过程是民营企业与资本投资方的合作与博弈过程，蒙牛乳业的成功上市为民营企业在海外资本市场上公开发行股票带来了良好的示范效应。蒙牛在融资中，除了红筹上市的必要步骤之外，整个过程中还使用了资本市场中常用的运作方式，这些运作方式与中国资本市场和中国企业的结合使其在中国也具有一定的可行性。

　　蒙牛私募融资以蒙牛乳业最终在香港上市为标志，以上市之前两轮私募资金注入的资本运作及上市后私募资本的逐步退出为特征，通过恰当安排融资企业与资本投资方之间的利益关系，实现对管理层的有效激励，优化了公司治理结构。

（1）红筹上市的基本模式使私募进入和退出机制灵活。蒙牛私募融资整体上遵循了红筹上市的基本模式，这种方式规避了国内严格的资本与外汇管制，通过海外上市可实现股份的全流通建立退出机制，并且离岸公司的设立和注销使得股权运作更为方便。

（2）A股加B股的资本运作方式给私募创造巨大超额收益的同时，也对管理层进行了激励。在第一轮融资的设计中，通过"不同表决权股份"的划分解决了管理层对控制权的要求，以及投资者对收益的关心。同时，两种不同股份的转换协议实现了对管理层激励。

（3）采用可转换证券的资本运作方式在不稀释控股权的同时实现了增资。第二轮融资采用可换股证券的形式保证了管理层的控制权，同时较低的换股价格也锁定了投资者的投资成本，减小了投资风险。为了保证管理层的控制权，管理层股东事先获得了增持股份的权利，进一步防止了换股后控制权被稀释风险。

（4）对赌协议、公司权益计划等激励手段有效地促进了蒙牛的经营水平。在第二轮融资后，投融资双方签订了估值调整协议（对赌协议），根据该协议，蒙牛必须完成高速的发展才能避免赔偿给投资者第二轮融资所获的资金或等值股权，从而有效激励了管理层；而投资者也希望通过对赌协议这种激励促使可换股证券的成功转股，获取丰厚收益；通过公司权益计划这种员工持股信托的方式扩大了激励对象的范围，建立了公司上市后实施激励的资源；通过奖励牛根生股权获取蒙牛股份的认购权，获得了在十年按每股净资产购买上市公司股票的权利，保证其可以较低成本增持蒙牛的股份。

（5）引入私募投资者优化了公司治理结构，而且公司治理机制在私募机构投资者参与决策与实施监督的过程中得到改善，发挥了积极作用。

▶ 讨│论│问│题

讨论问题一：在蒙牛的第一次私募股权投资中，三家私募投资者仅以2.16亿元就取得了蒙牛1/3的股权，其总收益超过500%。有人认为是蒙牛被严重"贱卖"了。蒙牛是否被"贱卖"？

讨论问题二：对于我国具有快速成长潜力的中小型民营企业，其管理层在接受机构投资者的私募投资时应如何权衡对其股权结构与经营发展的各种影响？

讨论问题三：作为中央企业的中粮集团，在2009年收购蒙牛的股份成为其第一大股东。国有控股后对民营企业在经营与财务上会产生什么影响？

融资约束下公司营业收入增长速度管理的决策

基于房地产上市公司的案例分析

▶ 引 例

　　重庆渝开发股份有限公司（简称渝开发，股票代码 000514）是重庆市第一家房地产上市公司。一个值得关注的现象是，2003 年、2004 年行业平均增长率仅约为 30%，而渝开发同期营业收入增长率分别为 144% 和 157%，但 2005 年、2006 年该公司的营业收入却突然出现负增长，营业收入分别下降了 23% 和 52%，而同期行业平均增长率仍维持在 10% 的水平。渝开发业绩大幅下滑是房地产市场自然萎缩造成的，还是融资约束难以支撑持续增长引发的？此外，渝开发在 2007 年向控股股东定向增发，并于当年实现营业收入 41 128.5 万元，相比上年增长 579%，而高增长在后续年度仍未持续。一次性权益融资对营业收入增长意味着什么？

　　如果产品市场有发展空间，公司管理层都希望营业收入能够持续高速增长。但是，高速增长需要大量新增资产作为配合，而资产大幅增加又需要以充分的融资能力为支撑。美国财务学者 Robert Higgins 曾提出，"**因为增长过快而破产的公司数量与因为增长太慢而破产的公司数量几乎一样多**"。许多公司盲目追求业务扩张，将快速增长视为最主要的战略目标，却忽视了财务资源与增长速度的协调配合，使企业陷入财务困境，甚至最终走向破产。在企业经营中，管理层必须深刻认识到营业收入增长率管理不仅是市场问题，更是财务管理问题。

　　渝开发的案例并不罕见，由于宏观政策和行业自身特点，房地产行业超速增长问题十分普遍。正如潘石屹在 2012 中欧私人投资高峰论坛上所讲，"我们做房地产几十年，看到死掉的开发商一批接一批，太多了。但死掉的开发商大多数不是饿死的，而是撑死的"⊖。超速增长是导致房地产企业破产的重要原因。2006 年天津顺驰地产有限公司的"几何式增长"神话告破⊜，成为行业内非上市公司超速扩张后破灭的典型。房地产上市公司中，2003 ~ 2006 年每年超速扩张的公司都占到总数的 40% 左右，但能实现持续高速增长的却寥寥无几。房地产企业具有高投资、周期长、易受政策影响的特点，在建设期间，资产流动性差、变现能力低，财务风险高。管理增

　　⊖　众多媒体对此均有报道，可参考和讯网、雅虎网等，http://house.hexun.com/2012-04-24/140727131.html，http://biz.cn.yahoo.com/ypen/20120423/1003208.html。

　　⊜　天津顺驰地产有限公司提出 2003 ~ 2007 年每年营业收入翻一番的几何式增长目标，但扩张过快导致公司资金链断裂，10 亿元土地出让金和工程欠款无法按时偿还，不得不以 12.8 亿元超低价卖出 55% 的控股权给香港路劲基建公司。股权出让时顺驰已在全国 16 个城市拥有 42 个项目，土地价格飙升的背景下香港路劲基建公司 12.8 亿元未必能拿到一块地，却"轻取"了整个顺驰集团 55% 的控股权。

长率是维系持续经营的核心要素，保持与融资能力相协调的营业收入增长速度是企业成功发展的关键。

5.1　案例概况

渝开发（000514）成立于 1978 年 12 月，前身为重庆市城市住宅统建办公室。1992 年 5 月 22 日经重庆市体制改革委员会批准改组成为重庆市房地产开发股份有限公司，并于 1993 年 7 月 12 日在深圳证券交易所上市。渝开发属于房地产开发与经营业，主营住宅小区综合开发建设、商品房销售、土地整治、代办拆迁等。公司的控股股东为重庆城市建设投资公司，是重庆市政府赋予土地储备职能的两大集团之一。作为大股东旗下的唯一一家上市公司，渝开发在获取土地资源方面具有明显的优势。

2000 ～ 2002 年，渝开发处于资产整合与债务重组中，期间建设完工对外销售的开发项目主要包括银都公寓、中山二路商品房及华新广场后排项目。公司主要的在建开发项目为凤天锦园住宅小区，一期及二期工程拟投资金额高达 2.7 亿元，被股东与管理层寄予厚望。但是，凤天锦园项目周期较长、耗资巨大，远远超过企业的承受能力。在 2001 年企业因资金紧缺导致项目进度迟缓，甚至在偿还银行贷款方面也出现困难。为此在同年审计报告中，重庆天健会计师事务所指出，"我们对贵公司的持续经营能力表示疑虑"。渝开发在 2002 年变卖与房地产业务无关的资产及下属公司股权以偿还债务、融通资金⊖。债务重组和资产整合为企业后续发展提供了资金支持与保障。

2003 年、2004 年，公司实现了超速增长，两年分别实现营业收入 6 378.9 万元和 16 421.4 万元，营业收入增长率分别达到 144% 和 157%，而同期行业平均增长率仅约为 30%。在 2003 年，仅当年建设、当年完工、当年售罄的金银湾经济适用房开发项目就实现了 2 500 万营业收入，相当于 2002 年的全年营业收入。而在 2004 年，历时近五年的凤天锦园一期工程完工，在建设完工当年即接近售罄，实现营业收入 8 400 万元，外购转让的嘉陵大厦项目实现营业收入超过 6 000 万元，两者共同支撑起 2004 年营业收入增长。渝开发营业收入如图 5-1 所示。

然而，**2005 年、2006 年，公司营业收入的增长速度却大幅下滑**，低于行业平均水平。如图 5-2 ⊜所示，从渝开发营业收入增长率与行业平均值的对比可以看出，2003 ～ 2007 年行业平均营业收入增长率一直处于相对平稳的状态。2003 ～ 2004 年渝开发营业收入增长率远高于行业平均值，2005 ～ 2006 年则明显低于行业平均水平，甚至出现了营业收入的负增

⊖　渝开发 2002 年度年报中指出，"报告期内，公司管理层针对以往年度形成和遗留的诸如资金短缺、诉讼较多、主营业务拓展受阻、副业经营不畅等严峻形势，及时调整经营战略和发展思路，一方面通过资产、股权的抵债和转让，进行资源的优化配置和重新整合，清偿了全部银行债务，使公司资产结构更趋合理"，报告期内公司将唐家桥污水处理厂整体资产经司法作价变卖用于抵偿银行债务；将持有的上海兴业防伪网络产业有限公司 45% 股权全部进行了转让；将持有的重庆市新城开发建设股份有限公司全部（32.5%）股权先后三次分别进行了股权抵偿债务和股权转让。

⊜　采用深沪两市 A 股主板房地产开发与经营行业（证监会行业分类编码 J01）上市公司数据。截止到 2007 年，上述公司共计 118 家。在此基础上，剔除 2002 年营业收入小于 2 000 万元（为使渝开发保留在 2002 年样本中，因此，本年营业收入条件较后续五年更宽松），2003 ～ 2007 年营业收入小于 5 000 万元的样本。最终，计算 2003 ～ 2007 年行业增长率的上市公司家数分别为 105、105、104、100、和 105 家。2003 ～ 2007 年行业平均营业收入增长率分别为 35.18%、26.14%、4.83%、17.81%、和 63.44%。

长。虽然同期行业平均营业收入增长率也有小幅回落，但渝开发变化幅度远远超出行业平均水平。

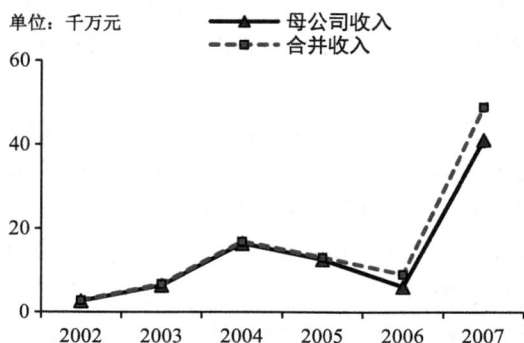

图 5-1　2002 ~ 2007 年母公司及合并
营业收入

资料来源：依据渝开发 2002 ~ 2007 年年度年报
整理而得。

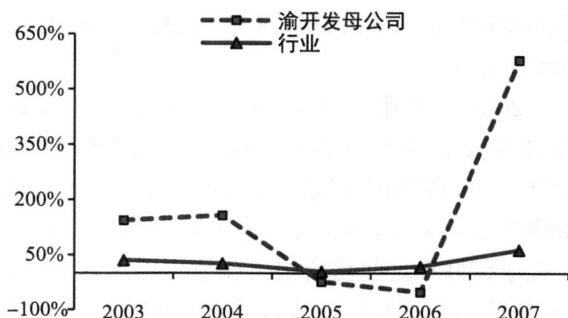

图 5-2　2003 ~ 2007 年渝开发母公司及
行业平均营业收入增长率

资料来源：依据渝开发 2002 ~ 2007 年年度年报、
CSMAR 国泰安数据库整理而得。

外部股权融资无法支持企业实现持续高速增长。为摆脱负增长困境，渝开发通过向控股股东城投公司定向增发 31 133 万股股票的方式，收购其拥有的会展中心以及合川市南津街牌坊村土地使用权两项资产，并于 2007 年 1 月 15 日前全部过户。在定向增发后的第一年，渝开发实现营业收入 41 128.5 万元，增长率高达 579%。但是，营业收入高速增长仍未持续，2008 年母公司营业收入下降 26%，再度出现了负增长。

为什么在行业平均营业收入增长率比较稳定的情况下，渝开发 2005 年与 2006 年的营业收入增长率会出现大幅下滑，又在 2007 年再度实现高速增长？本案例将企业发展分为**高增长、负增长以及定向增发**三个阶段，并考察下述问题：（1）国家针对房地产行业的宏观经济调控政策对渝开发公司业绩变动的影响分析；（2）将可持续增长率分解为经营效率与财务政策会计指标，分析营业收入高速增长原因；（3）从母子公司业务分布、房地产市场环境、资金链状况等方面，分析营业收入负增长的原因；（4）模拟股权融资后企业的营业收入增长，分析一次性权益融资对企业持续增长的影响。

5.2　宏观调控政策与渝开发营业收入变动

房地产行业具有明显的政策性特征，房地产企业经营发展明显受到国家宏观经济政策影响。本节在简述案例研究期间国务院等部门颁布的房地产行业相关调控政策的基础上，结合渝开发公司实际情况，论证宏观经济政策对企业营业收入增长与融资环境的具体影响。渝开发 2003 ~ 2004 年营业收入高增长受到了《国务院关于促进房地产市场持续健康发展的通知》（国发〔2003〕18 号）将房地产行业定为支柱产业的影响，而 2005 ~ 2006 年营业收入负增长则与国土资源部、国务院等部门颁布的一系列旨在控制房地产过热的政策相关。2007年人民银行提升贷款利率频发，银行贷款融资受到限制，期间渝开发高增长主要受权益融资拉动。

5.2.1 宏观调控政策概述

在 2003 ~ 2007 年期间，房地产行业的宏观调控政策可以分为两个阶段。2003 年年初 ~ 2004 年 4 月为第一阶段，政策导向为促进房地产行业发展。《国务院关于促进房地产市场持续健康发展的通知》(国发〔2003〕18 号）将房地产行业定为支柱产业，为房地产行业快速发展起到了积极的促进作用。

2004 年 4 月 ~ 2007 年 12 月的第二阶段政策导向为控制房地产价格过快增长。其中，2004 年的主要经济政策为规范土地使用权招拍挂出让制度，从土地供给方面控制房地产过热。2005 ~ 2006 年国务院连续颁布三部房地产宏观调控政策，《国务院办公厅关于切实稳定住房价格的通知》(国办发明电〔2005〕8 号）(简称"旧国八条"），《国务院办公厅转发建设部等部门关于做好稳定住房价格工作意见的通知》（国办发〔2005〕26 号）(简称"新国八条"），与《国务院办公厅转发建设部等部门关于调整住房供应结构稳定住房价格意见的通知》（国办发〔2006〕37 号）(简称"国六条"），从土地供给、信贷、税收、廉租房建设、信息披露等方面，对房地产价格过快增长进行全方位的管控。2004 ~ 2006 年中国人民银行 4 次上调贷款利率（其中 1 次仅调整个人购房贷款利率），其中 6 个月以内贷款利率由 5.04% 上升为 5.58%。2007 年政府主要采用信贷政策调控房地产市场，年内 6 次上调贷款利率，其中 6 个月以内贷款利率由 5.58% 上升为 6.57%。

2003 ~ 2007 年国家颁布的主要房地产市场调控政策，及其对房地产景气程度的影响如图 5-3 所示。

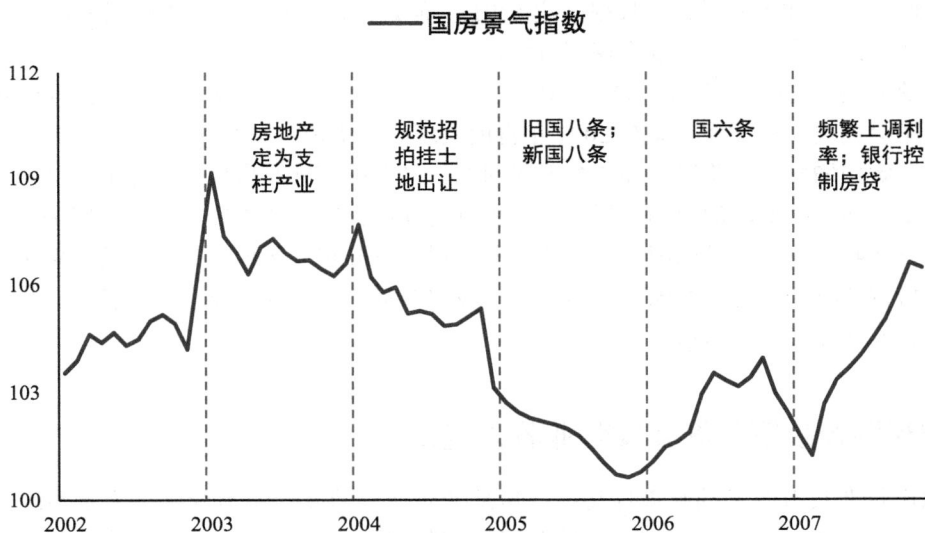

图 5-3　国房景气指数

资料来源：依据国家统计局—国家统计数据库整理而得。⊖

⊖ 国房景气指数也称国房指数，是"全国房地产开发业综合景气指数"的简称，这是国家统计局在 1997 年研制并建立的一套针对房地产业发展变化趋势和变化程度的综合量化反映的指数体系，该指数体系是由 8 个分类指数合成运算出来的综合指数，能够全面反映房地产市场的整体运行状况。

受益于国家政策对于房地产市场的支持，2003 年国房景气指数相对于 2002 年迅速上扬，市场运行状况与国家经济政策调整一致。2004 年国土资源部、监察部颁布的《关于继续开展经营性土地使用权招标拍卖挂牌出让情况执法监察工作的通知》（国土资发〔2004〕71 号），"要求对 2004 年 8 月 31 日前历史遗留的问题出让处理完毕，若 8 月 31 日后以历史遗留问题为由并采用协议方式出让经营性土地使用权的，要从严查处（被称为"831 大限"），该规定导致 2004 年年末国房景气指数迅速下滑。"2005 年，国务院连续颁布的"旧国八条"、"新国八条"进一步打击了房地产市场的景气程度。而在 2006 年与 2007 年，可能由于房地产价格快速增长预期因素的影响，宏观经济政策难以对房地产市场形成有效控制，连续的利率调整也难挡国防景气指数迅速上扬。

5.2.2　房地产定为支柱产业助推营业收入增长

2003 年 8 月，国务院颁布《国务院关于促进房地产市场持续健康发展的通知》（国发〔2003〕18 号），对房地产行业的快速发展起到了助推作用。文中指出，"《国务院关于进一步深化城镇住房制度改革加快住房建设的通知》（国发〔1998〕23 号）发布五年来，城镇住房制度改革深入推进，住房建设步伐加快，住房消费有效启动，居民住房条件有了较大改善。以住宅为主的房地产市场不断发展，对拉动经济增长和提高人民生活水平发挥了重要作用"。并进一步提出，"房地产业是国民经济支柱产业，房地产市场持续健康发展对于全面建设小康社会具有重要意义"。

将房地产定为支柱产业发出了明确的政策信号。而在具体实施层面上，文件中提出，"加大住房公积金归集和贷款发放力度。要加强住房公积金归集工作，大力发展住房公积金委托贷款，简化手续，取消不合理收费，改进服务，方便职工贷款"。房地产市场相关的银行信贷政策更为宽松，对于房地产行业繁荣发展起到了积极的作用。

2002 ~ 2004 年重庆商品房销售面积、销售额、平均销售价格变动情况如表 5-1 所示：

表 5-1　2002 ~ 2004 年重庆商品房市场状况统计数据

年份	商品房销售面积 （万平方米）	商品房销售额 （万元）	商品房平均销售价格 （元 / 平方米）
2002	1 017	1 581 505	1 556
2003	1 316	2 102 260	1 597
2004	1 329	2 327 978	1 751

资料来源：依据 2007 年重庆统计年鉴整理而得。其中，商品房销售面积与商品房销售额直接从年鉴中提取，商品房平均销售价格为手工计算，等于商品房销售额除以商品房销售面积。

2002 ~ 2004 年期间，重庆市商品房销售面积逐年提升，销售额快速增长，平均销售价格稳步上升。渝开发所在地区的房地产市场十分活跃，这为企业营业收入高速增长奠定了坚实的基础。在 2003 年度年报中，渝开发董事会将企业当年的成功归因于"市委、市政府的领导和控股股东市城投公司的大力支持和推动""全体员工的不懈努力"和"公司积极稳妥地推进一系列改革，建立和健全相应的运行机制"，同时也提出报告期内国家和重庆市房地产行业出台的政策法规使市场供应量增加，交易更为活跃。宏观经济政策对企业 2003 年与 2004 年的业绩增长起到了助推作用。

5.2.3 房地产宏观调控政策制约渝开发增长

2004 年 4 月 ~ 2007 年 12 月的政策导向为控制房地产价格过快增长。**2004 年的调控核心是土地供给。**2004 年 3 月,国土资源部、监察部共同颁布了《关于继续开展经营性土地使用权招标拍卖挂牌出让情况执法监察工作的通知》(国土资发〔2004〕71 号),严格和规范执行经营性土地使用权招标拍卖挂牌出让制度,从 2004 年 8 月 31 日起,所有经营性项目用地一律公开竞价出让,各地不得再以历史遗留问题为由进行协议出让。同时要求此后发展商须及时缴纳土地出让金,两年不开发的土地政府可收回。

协议出让转为市场化公开竞价会加大企业资金压力。渝开发的控股股东为重庆城市建设投资公司,是重庆市政府赋予土地储备职能的两大集团之一。作为大股东旗下的唯一一家上市公司,渝开发在获取土地资源方面具有明显的优势。借助于企业与控股股东之间的关联,如果能够通过协议方式转让土地使用权,渝开发能够以较低的价格获得土地资源,那么就可以在房地产市场竞争中获得更好的发展环境与发展前景。而在国家宏观调控政策出台后,土地使用权均严格按照市场竞价方式出让,会加大渝开发土地资源的购置成本,进而对企业融资产生较大的压力。

2005 ~ 2006 年,国务院连续颁布多部房地产调控政策。2005 年 3 月,国务院颁布旧"国八条"。首次将房价提高提升到政治高度,由省政府负责房地产价格管控,对住房增长过快的地区,追究相关责任人责任。2005 年 5 月,国务院颁布新"国八条",进一步强调房地产市场调控,通过土地供应调控、房地产信贷管理、经济适用房建设等多种措施全方位打压房地产价格过快增长。2006 年 5 月,国务院颁布"国六条",再一次指出稳定住房价格的重要性,以及税收、信贷、土地政策联合管控房地产市场的必要性。

在银行信贷政策方面,2005 ~ 2006 年中国人民银行三次上调贷款利率(其中一次仅调整个人购房贷款利率),6 个月以内贷款利率由 5.22% 上升为 5.58%。在 2005 年 3 月,中国人民银行取消了此前的住房贷款优惠政策,房贷利率由优惠利率 5.31% 提升至 5.51%,并针对房地产价格上涨过快城市或地区,将个人住房贷款最低首付款比例由现行的 20% 提高到 30%。

正如渝开发在 2005 年与 2006 年度年报中指出的,"国家宏观政策的调整以及土地管理方式的改变,对房地产开发行业产生了较为深远的影响"。"渝开发可供开发的土地资源储备仍显不足,制约了企业主营业务的进一步拓展。在市场化的招拍挂土地出让制度影响下,渝开发需要大规模的资金来补充土地资源储备,然而国家收紧房地产信贷政策后,进一步加剧了公司的融资约束,资金不足使得渝开发难以获得足够土地资源以支撑未来的业绩增长。"显然,国家宏观经济调控政策对于渝开发的市场业绩产生了影响。

2007 年政府主要采用信贷政策调控房地产市场,年内六次上调贷款利率。其中,6 个月以内贷款利率由 5.58% 上升为 6.57%。2007 年 9 月,中国人民银行与中国银行业监督管理委员会颁布《中国人民银行中国银行业监督管理委员会关于加强商业性房地产信贷管理的通知》(银发〔2007〕359 号)。文件从房地产开发与土地储备贷款审核、二套房首付比例与房贷利率、房贷风险监测与防范等角度强化银行信贷政策,从银行贷款角度管控房地产过快增长。

通过定向增发权益融资的方式,渝开发成功规避了信贷政策调控对于企业业绩的负面影响。渝开发于 2007 年 1 月 15 日向控股股东定向增发,投入资产(土地使用权及会展中心)价值超过 14 亿元。企业当年实现营业收入 41 128.5 万元,比上年增长 579%。企业的资金来源主要包括收益留存、银行贷款(及债券)、权益性融资、商业信用融资等。其中,收益留存金额有限,商业信用融资受企业信用政策影响,与营业收入、营业成本联动,难以无条件地大幅增长,银行贷款与权益融资是支撑企业增长的主要融资方式。在宏观政策收紧银行信贷的环境下,控股股东资金投入推动了企业业绩的快速增长。

5.3　经营效率与财务政策对高速增长的支撑作用

渝开发在 2002 ~ 2004 年的营业收入分别为 2 615.8 万元、6 378.9 万元和 16 421.4 万元，2003、2004 年营业收入增长率分别为 144% 和 157%。营业收入高速增长既可以通过提高经营资产的经营效率实现，也可以通过外部融资扩大对资产的投资规模来实现。针对渝开发在2003 年、2004 年的高速增长，究竟是通过提升资产经营效率的方式取得的，抑或是依靠增加外部融资而改变财务政策形成的？

5.3.1　实际增长率与可持续增长率的比较

渝开发在 2003 年、2004 年是否实现了超速增长，以及房地产开发经营行业上市公司超速增长是否具有普遍性。表 5-2 列示了渝开发 2003 ~ 2006 年实际增长率、可持续增长率以及两者的比值。

表 5-2　渝开发 2003 ~ 2007 年实际增长率与可持续增长率　　（单位：万元）

项目	2002 年	2003 年	2004 年	2005 年	2006 年
净资产①	12 016.9	14 291.1	17 350.8	27 683.7	27 637.5
净利润②	870.4	1 744.3	3 009.5	106.9	117.8
净资产收益率（%） ③ = ① ÷ ②	7.24	12.21	17.35	0.39	0.43
可持续增长率（%） ④ = ③ ÷（1-③）	7.81	13.90	20.99	0.39①	0.43
主营业务收入	2 615.8	6 378.9	16 421.4	12 608.1	6 058.4
营业收入增长率（%）		143.86	157.44	−23.22	−51.95
实际增长率 / 可持续增长率		18	11		

①由于当年净资产收益率较小，仅为 0.39%，因此，若渝开发在 2006 年保持与 2005 年相同的财务政策与经营效率，仅可实现略高于 0 的营业收入增长率。

资料来源：依据渝开发 2002 ~ 2006 年度年报整理而得，以母公司数据为基础计算。可持续增长率采用 Van Horne 模型计算。期间渝开发未分配现金股利，即股利支付率为 0。因此，可持续增长率模型可以简化为表中的形式。

在 2003 年至 2004 年期间，公司营业业务收入的实际增长率与可持续增长率相比，分别是 18 倍⊖和 11 倍，均超过可持续增长率 10 倍。实际增长率明显超过可持续增长率，说明公司在2003 年和 2004 年实现营业收入超速增长。依据 Van Horne 的经验数据⊖，营业收入的实际增长率一般不超过可持续增长率的 4 ~ 6 倍，而渝开发高速在此期间的营业收入增长率已远超出这个范围。

然而，渝开发营业收入超常增长的现象并非是房地产开发行业中的个别现象。从表 5-3 中可以看出，在房地产行业高速发展的大背景下，营业收入的实际增长率明显超过可持续增长率的情况比比皆是。

⊖　2002 年可持续增长率为 7.81%，表明企业在 2003 年保持与 2002 年相同的财务政策与经营效率，可实现营业收入增长率 7.81%，而 2003 年实际增长率为 143.86%，则实际增长率是可持续增长率的 18 倍（143.86% ÷ 7.81%）。

⊖　Van Horne James C., 1995. Financial Management and Policy[M]. Prentice Hall,Inc.,308-322.

表 5-3　房地产开发与经营行业上市公司营业收入增长概况　　　　　（单位：家）

	2003 年	2004 年	2005 年	2006 年
行业内上市公司[①]	105	105	104	100
剔除：上年营业收入不满足条件[②]	0	3	1	1
剔除：新上市的公司[③]	0	2	2	0
样本数量	105	100	101	99
样本公司中：				
实际增长率 / 可持续增长率 >1 　（且实际增长率 >0）	46	49	33	38
占样本公司比例	43.81%	49.00%	32.67%	38.38%
其中：				
实际增长率 / 可持续增长率 ≤ 6	13	14	14	15
占样本公司比例	12.38%	14.00%	13.86%	15.15%
实际增长率 / 可持续增长率 > 6	33	35	19	23
占样本公司比例	31.43%	35.00%	18.81%	23.23%

①沿用图 2 中计算房地产开发与经营行业营业收入平均增长率的样本。

②计算可持续增长率需使用上年数据，因此，如果上年营业收入不满足条件（2002 年收入大于 2 000 万，2003 ~ 2006 年收入大于 5 000 万），此处需要剔除。

③计算可持续增长率需使用上年数据，而新上市公司的上年数据难以取得，因此需要剔除。

资料来源：营业收入、净利润与净资产数据依据 CSMAR 国泰安数据库整理而得。股利支付率数据依据 WIND 数据库整理而得。

2003 ~ 2006 年，实际增长率超过可持续增长率 6 倍的公司分别占到了样本公司总数的 31.43%，35.00%，18.81%，和 23.23%。换言之，在房地产开发与经营行业上市公司中，每年均有约 1/4 的公司存在超速增长的现象。

依照不耗尽现有财务资源的原则，企业所能达到的最大营业收入增长率是可持续增长率。然而对于渝开发和行业中超速增长的公司，营业收入远超可持续增长率是如何实现的呢？

5.3.2　提高经营效率支撑营业收入大幅增长

首先，从经营效率角度分析渝开发 2003 年、2004 年营业收入如何实现超速增长。公司 2003 年年度报告称，"公司房地产开发和土地整治（代理）投资规模大幅增长，并取得良好效益……还加大了对以往年度存量商品房的销售力度，采取各种措施，最大限度地盘活存量资产，回笼建设资金"。2004 年董事会报告称，"投资规模、建设规模和经营效益均有大幅增长……还加大了对以往年度存量商品房的销售力度"。可见公司将两年营业收入快速增长，主要归因于企业经营效益改善和资产周转速度提升。上市公司年报的业绩归因是否属实？表 5-4 列示了 2002 ~ 2006 年公司的总资产收益率、营业收入净利率和资产周转率三项经营效率指标，通过财务指标分析的方式，对企业高速增长期间的经营效益与资产周转速度做出定量分析。

表 5-4　可持续增长率经营效率因素分析

项目		2002 年	2003 年[①]	2004 年	2005 年[②]	2006 年
经营效率	总资产收益率	0.052 5	0.054	0.084 5	0.001 8	0.002 0
	营业收入净利率	33.27%	27.34%	18.33%	0.85%	1.94%
	资产周转率	0.16	0.20	0.46	0.22	0.10

① 2003 年 4 月 20 日，重庆市茶园新城区管理委员会与公司签订《保证合同》，就公司代理土地整治业务所形成的债务本息提供连带责任担保，截至 2003 年 12 月 31 日，实际借款金额 280 000 000 元，担保金额为 214 399 925 元，数额巨大，约合期末总资产 40%。合同约定，代理土地整治业务相关债务本息在工程完工后直接转移给管委会，公司不承担偿还责任。因而，在计算资产周转率时，在母公司总资产的基础上，剔除债务中管委会担保的金额作为调整。

② 在 2005 年末，"公司以 436 270 000 元的银行存款为公司借款 423 450 000 元提供了质押"（2005 年度年报），金额巨大，占年末总资产比例超过 40%。而实际上 2006 年初借款不到一个月就还掉了，存在着"倒贴钱"粉饰年报业绩，做高两项比率（货币资金／资产总额、与货币资金／营业收入）的嫌疑。为此，在计算 2005 年财务数据时，均扣除上述质押贷款。

资料来源：依据渝开发 2003～2006 年度年报计算而得，以母公司数据为基础计算。

从整体上看，2002～2004 年渝开发总资产收益率分别为 5.25%、5.40% 和 8.45%，经营效率提升为企业提供了更为充足的内部资金，一定程度上能够减少企业对外部资金的需求，从而有效地支撑了企业营业收入增长。将总资产收益率分解为营业收入净利率和资产周转率，考察经营效益和资产周转效率两方面因素的影响。在经营效益上，2002～2004 年营业收入增长率分别为 33.27%、27.34% 和 18.33%，处于持续下滑趋势，经营效益没有改善。而在资产周转效率上，2002～2004 年企业资产周转率分别为 0.16、0.20 和 0.46。企业资产周转率指标显著提升，大大缓解了公司的资金使用压力，保障了公司生产经营的可持续发展。为进一步考察资产周转率如何提升，将从流动资产周转率和长期资产周转率方面进行分析，如表 5-5 所示。

表 5-5　渝开发资产周转效率分析

项目	2002 年	2003 年	2004 年	2005 年	2006 年
流动资产周转率	0.18	0.21	0.49	0.23	0.14
长期资产周转率	1.54	4.34	7.29	5.07	0.41
应收账款周转率	2.71	11.88	11.67	7.54	12.40
存货周转率	0.21	0.50	0.95	0.41	0.21
商品房销售收入／开发产品	0.47	3.59	1.94	1.16	0.86

资料来源：依据渝开发 2002～2006 年年度年报计算而得，以母公司数据为基础计算。代理土地整治业务、质押贷款调整同表 5-3。存货主要包括开发成本与开发产品，开发产品是已完工可以销售的房产项目，商品房销售收入／开发产品可以衡量企业房产销售周转效率。2004、2005 年渝开发主要资产建设项目凤天锦园一期、二期陆续完工，开发产品余额大幅攀升，周转效率指标略有下滑。详见表 5-15。

通过表 5-5 对资产周转率的进一步分析可以发现：2003 年、2004 年公司的流动资产周转率及长期资产周转率均比上一年有较大幅度提高。2002～2004 流动资产周转率分别为 0.18、0.21 和 0.49，长期资产周转率增幅更大，三年分别为 1.54、4.34 和 7.29。在流动资产中，三年应收账款周转率、存货周转率年均增幅超过 2。由此可见，在 2003 年、2004 年，当年开工、当年竣工、当年销售完毕的经济适用房项目，以及存量商品房销售力度的提升，有效地盘活了存量资产，大大加速了应收账款、存货等经营性资产周转效率，一定程度上支撑了公司的高速发展。

5.3.3 增加外部债务融资对营业收入增长的支持

加快资金周转、提升企业效益能够显著促进营业收入增长。但是，受到市场环境、技术水平和管理层能力等因素制约，经营效率不能无限制提升。此时，外部债务融资成为拉动营业收入增长的另一途径。典型房地产企业资金来源主要是自有资金、商业性负债（应付账款、预收账款）和银行借款，所占比例约为 30%、20% 和 50%。在生产经营中，企业对外部融资需求非常大。

2003 年、2004 年，企业保持着较高的营业收入增长率。而营业收入增长需要新增资产来支持，新增资产又需要大量的资金作为配合，内源性融资相对有限，仅通过提升经营效率难以完全满足营业收入增长的需要，改变财务政策是企业必然的选择。2003、2004 年，公司的营业收入分别比上一年增长了 3763 万元和 10 043 万元。相应地，公司总资产也分别增长了 15 739 万元和 3 316 万元[○]。

资产增长需要外部融资作为支持。从表 5-6 中可以得出，公司 2003 年高速发展主要依赖银行借款。利润留存与商业信用仅为公司提供了 11.08% 和 15.47% 的资金，高达 73.45% 的资金需要依靠银行借款的方式获得。而在 2004 年，随着凤天锦园一期工程的顺利完工，企业内源性融资大大改善，利润留存占新增资产总额的比例提升至 90.77%。但是，综合考虑 2003 年、2004 年两年营业收入高速增长期间的资金需求，可以发现银行借款为企业提供了 62.98% 的资金，而利润留存仅占 24.95%。因此，从整体上看，银行贷款是支持房地产企业增长的核心资源。

表 5-6　高速增长的资金来源　　　　　　　　（单位：万元）

项目	2003 年	2004 年	2003 ~ 2004 合计	2005 年[①]	2006 年
主营业务收入增长	3 763.1	10 042.6	13 805.7	-3 813.3	-6 549.8
新增资金（资产增长）	15 739.3	3 315.7	19 055.0	22 767.2	1 181.6
其中：					
利润留存	1 744.3	3 009.5	4 753.8	106.9	117.8
占新增资金百分比（1）(%)	11.08	90.77	24.95	0.47	9.97
商业信用增加额	2 435.0	-133.8	2 301.2	9 591.4	6 906.9
占新增资金百分比（2）(%)	15.47	-4.04	12.08	42.13	584.52
（1）+（2）(%)	26.55	86.73	37.02	42.60	594.49
银行借款增加额	11 560.0	440.0	12 000.0	2 843.0	-5 843.0
占新增资金百分比（3）(%)	73.45	13.27	62.98	12.49	-494.49
股改非流通股东付出对价	—	—	—	10 226.0	
占新增资金百分比（4）(%)	—	—	—	44.92	

① 2005 年公司进行股权分置改革，全体非流通股股东向公司注入 1.022 6 亿元作为对价，相应增加资本公积。
资料来源：依据渝开发 2003 ~ 2006 年度年报计算而得。代理土地整治业务、质押贷款调整同表 5-3。

由于渝开发在 2003 年、2004 年间没有新增的外部权益融资，也没有通过发行债券的方式融资，所以银行贷款是企业外部融资的主要来源。从表 5-7 中显示的企业银行贷款结构可以看出，2002 年渝开发外部借款仅为 150 万元长期借款，与同期接近 1.7 亿元的总资产相比，银行借款比例极小，甚至可以忽略不计。这主要是渝开发 2002 年将资产及股权变卖抵偿到期及逾期债务的原因。而在 2003 年，长期借款保持 150 万元余额不变的情况下，企业新增短期借款 5 000 万元。一年内到期的长期负债总额也有大幅提升，总借款增加超过 1 亿元。2004 年在代

○ 2003 年总资产调整管委会担保借款金额。

理土地整治业务完工后，与之相关的银行贷款转移至委托方新城区管理委员会，一年内到期的长期借款余额为 0。而长期借款则从 150 万元骤增至 8 150 万元，增长 163 倍。由此可见，在营业收入高速增长的 2003 年、2004 年，渝开发通过银行贷款拉动企业增长的迹象十分明显。

表 5-7　渝开发银行借款结构　　　　　　　　　　（单位：万元）

项目	2002 年	2003 年①	2004 年	2005 年	2006 年
短期借款	—	5 000.0	4 000.0	5 183.0	4 000.0
（占银行借款比例）(%)	—	42.70	32.92	34.57	43.72
长期借款	150.0	150.0	8 150.0	5 150.0	150.0
（占银行借款比例）(%)	100	1.28	67.08	34.35	1.64
一年内到期的长期负债	—	6 560.0	—	4 660.0	5 000.0
（占银行借款比例）(%)	—	56.02	—	31.08	54.64
总借款	150.0	11 710.0	12 150.0	14 993.0	9 150.0

① 2003 年一年内到期的长期借款 6 560 万元，是公司为完成代理土地整治业务向重庆市渝中支行贷款 2.8 亿元扣除管委会担保金额后的余额。

资料来源：依据渝开发 2002～2006 年度年报计算而得，以母公司数据为基础计算。渝开发在此期间未发行债券。

从有息资产负债率、资产负债率两个财务政策指标上，可以对企业债务融资拉动营业收入增长的发展模式获得更为直接的认识。如表 5-8 所示，2002 年有息负债比率不足 1%，整体资产负债率不足 30%。而在随后两年内，有息负债率均超过 30%，资产负债率均超过 50%。2005 年、2006 年营业收入负增长期间内，有息负债逐年下降。由此可以发现，银行借款与企业营业收入变动密切相关。

表 5-8　渝开发财务政策因素分析　　　　　　　　（单位：万元）

项目	2002 年	2003 年	2004 年	2005 年	2006 年
有息负债	150.0	11 710.0	12 150.0	14 993.0	9 150.0
负债合计	4 558.2	18 023.6	18 279.7	30 714.0	31 941.8
总资产	16 575.4	32 314.7	35 630.5	58 397.7	59 579.3
有息负债率（%）	0.90	36.24	34.10	25.67	15.36
资产负债率（%）	27.50	55.78	51.30	52.59	53.61

资料来源：依据渝开发 2002～2006 年度年报计算而得，以母公司数据为基础计算。调整了 2003 年代理土地整治业务、2005 年年末质押贷款的影响。上述期间，渝开发均未分配股利。

可见，渝开发通过提升债务规模、改变了财务政策的方式，于 2003 年、2004 年两年实现了营业收入快速增长。

5.4　融资约束对企业实现持续高速增长的制约

渝开发主要依靠银行借款实现营业收入高增长。企业在 2003 年、2004 年高速增长阶段新增有息负债超过 1 亿元、资产负债率较 2002 年提高了一倍。外部融资也使渝开发在 2003 年、2004 年实现了 144% 和 157% 的营业收入增长。但是，其高速增长并未持续，企业在 2005 年、2006 年却出现了负增长，营业收入分别下降了 23% 和 52%。针对这一现象，需要通过分析母子公司业务分布、房地产市场环境、外部融资等方面因素，考察渝开发 2005 年、2006 年营业收入大幅下滑的原因。

5.4.1 营业收入超速增长难以持续

渝开发通过提升经营效率、提高财务杠杆，于 2003 年、2004 年实现了超速增长，而在 2005 年、2006 年其营业收入增长率却大幅下滑，甚至出现营业收入负增长。渝开发营业收入高速增长难以持续。那么，从整体上来看，房地产开发与经营业上市公司的超速增长可以持续吗？表 5-9 对其超速增长持续年限做出了简要的统计分析。

表 5-9　房地产开发与经营行业上市公司超速增长持续年限概况

		持续 1 年		持续 2 年		持续 3 年		持续 4 年或更长		合计	
		数量	比率	数量	比率	数量	比率	数量	比率	数量	比率
自 2003 年起	1 倍	19	41%	16	35%	5	11%	6	13%	46	100%
	6 倍	21	64%	9	27%	2	6%	1	3%	33	100%
自 2004 年起	1 倍	29	59%	12	24%	—	—	8	16%	49	100%
	6 倍	27	77%	7	20%	—	—	1	3%	35	100%

资料来源：营业收入、净利润与净资产数据依据 CSMAR 国泰安数据库整理而得。股利支付率数据依据 WIND 数据库整理而得。样本中唯一一家持续四年以上超速增长的是栖霞建设（600533）。

表 5-9 显示，在这些超速增长的公司中，少有公司将超速增长的势头维持下去。自 2003 年起，营业收入实际增长率超过可持续增长率的，且仅持续一年的公司共计 19 家，约占 41%，而持续四年或更长年限的仅有 6 家，约占 13%。自 2003 年起，营业收入实际增长率超过可持续增长率 6 倍，且仅持续一年的公司共计 21 家，约占 64%，而持续四年或更长年限的仅有 1 家，约占 3%。2004 年的统计信息与 2003 年相近。由此可见，约 80% 的企业，其超速增长仅持续一年或两年，持续四年以上的公司寥寥无几。绝大多数企业营业收入超速增长难以维系。

对于渝开发和行业中超速增长的公司，其营业收入超速增长为何难以维持？下面通过分析渝开发公司的营业收入增长率变动，对这一问题做出判断。

5.4.2 营业收入萎缩还是母公司向子公司下放业务

分析公司在 2005 年、2006 年的营业收入萎缩的原因，首先需关注母子公司业务分布的影响，以确定企业是否在生产经营过程中陷入困境，并导致营业收入显著下滑。随着集团规模逐步扩大，企业经营管理也越来越复杂，为此管理层可能会重新规划母子公司职能，将生产业务下放至子公司，母公司则强化企业风险战略管理职能。显然，这一举措会显著降低母公司营业收入，表现出营业收入萎缩的迹象。但是这并不能说明企业运营出现问题、难以实现高速发展。因此，需要将母公司营业收入和下放至子公司业务实现的营业收入汇总，考察企业是否仍然呈现营业收入大幅下滑的特征。

事实上，渝开发以母公司出资、子公司运营的方式，新设子公司经营石黄隧道项目，将大额收入转移至下属子公司。渝开发于 2005 年 12 月 29 日与城投路桥以及物业公司签订《出资协定书》，共同成立了重庆道金投资有限公司。其中，渝开发以现金出资 1.14 亿元人民币，占道金公司 95% 股份。在 2006 年重庆道金公司与中国银行重庆分行签订贷款协议，在取得 3.8 亿元贷款后以 5 亿元人民币的价款收购了石黄隧道 20 年的经营权，当年即实现营业收入 2 582 万元，超过同期母公司营业收入的 40%。显然，对于新设立不到一年的道金投资公司，其自有资金几乎完全来源于母公司投资，如果没有母公司的全额债务担保⊖，子公司也不可能顺利借入并购项目所需的巨额贷款。

母公司将业务下放至子公司，导致母公司主体营业收入下滑，显然不能视为经营不善导致营业收入萎缩。为此，在母公司 2006 年营业收入的基础上，调整了石黄隧道业务的影响，重新计算母公司调整后的营业收入增长率。如表 5-10 所示。

表 5-10 渝开发营业收入衰退与母子公司业务转移　　　　　（单位：万元）

项目	2002 年	2003 年	2004 年	2005 年	2006 年
营业收入	2 615.8	6 378.9	16 421.4	12 608.1	6 058.4
营业收入增长率		144%	157%	−23%	−52%
调整后的营业收入	2 615.8	6 378.9	16 421.4	12 608.1	8 640.4
调整后的营业收入增长率		144%	157%	−23%	−32%

资料来源：依据渝开发 2002 ~ 2006 年度年报计算而得，以母公司数据为基础计算。2006 年调整后的营业收入等于原营业收入加石黄隧道业务营业收入。

如表 5-9 和表 5-10 所示，渝开发 2006 年母公司营业收入为 6 058.4 万元，相比于上一年营业收入 12 608.1 万元下降 52%。在并入石黄隧道营业收入 2 582 万元后，母公司营业收入总额为 8 640.4 万元，相比于上一年营业收入下降 32%。虽然下降幅度有所减小，但是仍然表现为营业收入负增长，且营业收入下降幅度明显超过房地产开发与经营行业上市公司平均水平。因此，在考虑母子公司业务转移因素影响后，可以确定 2005 年、2006 年渝开发生产经营出现严重困难，营业收入显著下滑。下文将分别从房地产市场需求变动与企业资金链状况两个角度对营业收入负增长的原因做出进一步分析。

5.4.3　房地产行业市场需求分析

企业 2005、2006 年营业收入增长率下滑是市场需求的自然萎缩，还是融资约束的原因？案例将依据房地产行业统计数据排除市场需求因素的影响。2003 ~ 2006 年期间房地产开发全行业及大中型企业的销售增长状况、盈利能力状况、资产周转状况如表 5-11 所示。

表 5-11　房地产行业市场需求分析

房地产开发业	2003 年	2004 年	2003、2004 年平均	2005 年	2006 年	2005、2006 年平均
销售增长率（%）	−15.0	−15.7	−15.4	21.0	−4.2	8.4
净资产收益率（%）	1.9	4.2	3.1	4.5	6.6	5.6
流动资产周转率	0.3	0.3	0.3	0.3	0.4	0.4
存货周转率	0.3	0.4	0.4	0.4	0.5	0.5

资料来源：依据 WIND 数据库整理而得。样本数据包含上市公司与非上市公司。

表 5-11 显示，与 2003 年、2004 年相比，2005 年、2006 年房地产开发业公司的增长速度与盈利能力均有显著提升。在 2003 年、2004 年，房地产开发行业营业收入增长率仅为 −15.0% 和 −15.7%，均为负增长，而 2005 年、2006 年全行业营业收入增长率则升至 21.0% 和 −4.2%。

⊖ 2006 年 3 月 30 日，第五届董事会第三次会议审议通过《关于公司拟为控股子公司重庆道金投资有限公司申请 1.3 亿元贷款提供担保的议案》；2006 年 6 月 13 日召开第五届董事会第六次会议，审议通过《关于公司为控股子公司重庆道金投资有限公司增加 2.5 亿元贷款提供担保的议案》。

相对于 2003 年、2004 年度，公司在 2005 年、2006 年的营业收入增长率大幅攀升。这说明2005 年、2006 年房地产行业市场环境相对于 2003 年、2004 年有着显著的改善，即房地产行业的整体市场状况在 2005 年、2006 年并未萎缩。房地产行业整体盈利能力的财务指标也印证了上述结果。2002 ~ 2006 年全行业净资产收益率分别为 1.9%、4.2%、4.5% 和 6.6%，房地产企业经营效益稳步提升，股东投资收益越来越高。

渝开发作为重庆市房地产企业，其业绩受当地房地产市场影响显著。表 5-12 中，重庆市房地产市场统计数据显示，与 2003 年、2004 年相比，2005 ~ 2006 年重庆市商品房销售面积、销售额与平均销售价格均有大幅提升。自 2003 年至 2006 年，商品房销售面积年均增速 19%，销售额年均增速 34%，平均销售价格平均增速 12%。

表 5-12　重庆市房地产景气程度统计数据

年份	商品房销售面积 （万平方米）	商品房销售额 （万元）	商品房平均销售价格 （元/平方米）
2002 年	1 017	1 581 505	1 556
2003 年	1 316	2 102 260	1 597
2004 年	1 329	2 327 978	1 751
2005 年	2 018	4 307 679	2 135
2006 年	2 228	5 056 850	2 269

资料来源：依据 2007 年重庆统计年鉴整理而得。其中，商品房销售面积与商品房销售额直接从年鉴中提取，商品房平均销售价格为手工计算，等于商品房销售额除以商品房销售面积。

因而，无论是从全行业统计数据，或重庆市地区房地产市场的资料分析，市场因素并不是渝开发营业收入增长率下滑最主要的原因。

5.4.4　资金链状况与融资能力分析

市场因素并不是企业营业收入的主要原因，然而，渝开发背靠重庆城市建设投资公司，作为重庆市唯一一家房地产上市公司，在整个行业高速成长的大背景下，为什么会放缓房地产开发建设的脚步呢？为考察其中蕴含的本质问题，需考察公司的外部融资能力与资金链状况。

经营活动中的销售回款与融资活动中的银行借款构成了房地产企业的两条现金流主线。销售回款与银行信贷是企业最为关键的两项资金来源。图 5-4 为典型房地产企业资金链流转情况概况。房地产企业的主要有四项资金来源：（1）自有资金；（2）银行借款与债券；（3）商业信用（包括客户支付的首付款）；（4）股权融资。上述资金为公司购置土地、建设房产项目提供支持。房产建成后，销售回款主要用于偿还借款、债券本息和应付账款，以及补充自有资金。

依据资金在企业的流转过程，资金链分析可以分为资金筹措状况分析、资金使用状况分析与资金回流状况分析三部分，下文将具体分析渝开发 2005 ~ 2006 年营业收入大幅下滑期间的资金链状况。

1. 资金筹措状况分析

随着业务规模逐步扩大，企业对外部融资的需求也越来越高。2003 ~ 2007 年控股股东对渝开发进行过两次增资，一次是 2005 年股权分置改革，一次是 2007 年 1 月 15 日定向增发。在 2003 年、2004 年及 2006 年，公司的外部融资全部依赖于银行借款。2003 年 12 月 24 日董事会第十七次会议审议通过了公司向兴业银行重庆分行南坪支行申请 4 000 万元内部授信的议案，2005 年 4 月 14 日董事会第三十六次会议审议通过了《关于公司向银行申请人民币 2 亿元授信额度的议案》。2002 年合并财务报表借款收到的现金仅为 2 500 万元[⊖]，而在后续年度中，借款收到的现金平均约为 1 亿元。

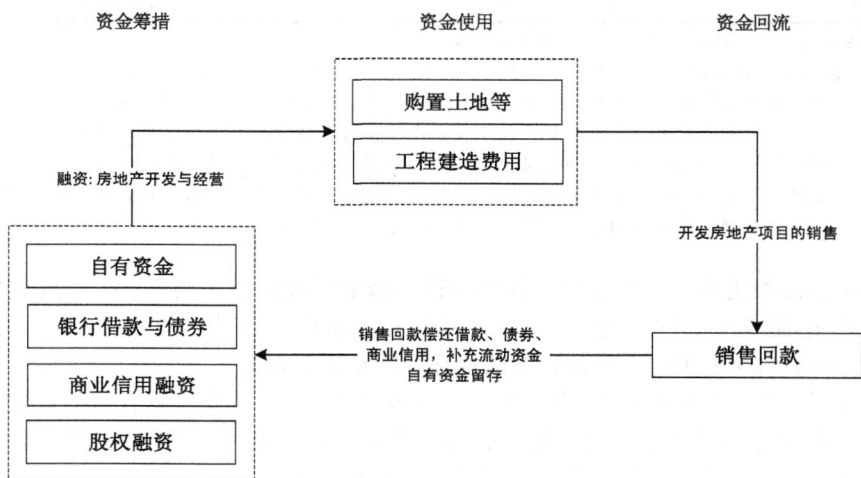

图 5-4　房地产企业资金链概况

　　从 2004 年下半年以来，国家宏观调控政策不断出台，房地产企业资金链压力不断加大，融资能力越来越成为制约房地产公司发展的一个瓶颈。渝开发 2004 年度年报中指出，"本公司作为以房地产开发为主业的企业，国家房地产宏观金融政策的调整、土地管理方式的改变……在一定程度上，给本公司房地产项目开发建设成本的控制形成了较大的压力，特别是公司现有可供开发土地资源储备尤显不足，较为显著地制约着公司房地产开发主营业务的拓展、开发规模的扩大和主营业绩的提升等"。2005 年度年报中再度强调了"现有可供开发土地资源储备仍显不足"。土地储备不足归根到底是企业融资问题，国务院收紧房地产行业银行信贷融资，限制了企业储备土地资源的能力，从而制约了营业收入增长。公司在生产经营中的核心问题是外部融资约束。

　　2005 ~ 2006 年期间，渝开发外部融资出现较大困难，仅依赖内源融资难以实现快速增长。 2005 年、2006 年国务院颁布实施的"新国八条"与"国六条"均提出加强房地产信贷管理，发挥信贷的调节作用。2004 ~ 2006 年期间，中国人民银行三次上调贷款基准利率，其中 6 个月以内贷款利率由 5.04% 上升为 5.58%，涨幅约为 10%。银行借款是房地产企业的重要资金来源，提高贷款利率，从严审核房地产信贷，对企业经营发展的影响极大。表 5-13 列示了渝开发主要的筹资现金流，2003 ~ 2006 年期间，渝开发借款收到的现金呈现出明显的下滑趋势，显示出信贷政策调控对企业外部融资的负面影响。

⊖　2002 年度年报仅披露了合并财务报表，未披露母公司报表。

表 5-13　渝开发 2003 ~ 2007 年筹资现金流　　　　　（单位：万元）

项目	2003 年	2004 年	2005 年①	2006 年	2007 年②
吸收投资（1）	0.0	0.0	10 226.0	0.0	146 325.1
借款收到的现金（2）	11 560.0	14 000.0	10 320.0	6 850.0	15 000.0
偿还债务所支付的现金（3）	1 570.0	13 560.0	7 477.0	12 693.0	17 800.0
偿付利息所支付的现金（4）	23.5	525.3	721.5	865.2	3 015.5
（1）+（2）-（3）-（4）	9 966.6	-85.3	12 347.5	-6 708.2	140 509.6
（2）-（3）-（4）	9 966.6	-85.3	2 121.5	-6 708.2	-5 815.5

① 2005 年公司进行股权分置改革，全体非流通股股东向公司注入 1.0226 亿元。

② 2007 年渝开发向控股股东定向增长 31 133 万股，股本溢价 115 192.1 万元，用于收购城投公司拥有的会展中
　心及土地使用权两项资产，折合资产价值为 146 325.1 万元。需要注意，2007 年吸收投资并非货币资金，不构
　成现金流流入。但是，对于渝开发来说，控股股东直接投入会展中心与土地使用权两项资产，与控股股东投
　入 146 325.1 万元资金，渝开发将其用于会展中心与土地使用权购置，其结果是相同的。

资料来源：依据渝开发 2003 ~ 2007 年度年报计算而得，以母公司数据为基础计算。在报表数据基础上，调整
　　　　　2003 年代理土地整治由委托方管委会担保的金额，2005 年年末 "倒贴钱" 的银行质押贷款。

　　**企业新增贷款能力受限，但前期筹集的银行借款必须按期足额偿还，公司还款压力逐年增
加。**2003 年偿还债务所支付的现金仅为 1 570 万元，而在 2006 年，则需要支付 12 693 万元，
是 2003 年的 8 倍。2005 年企业借款收到的现金扣除偿还到期债务本息后，余额为 2 122 万元。
这意味着 2005 年借入资金刚够偿还到期债务。而在 2006 年，企业借款收到的现金扣除偿还到
期债务本息后余额为 -6 708.2 万元，意味着渝开发需要额外投入 6 808 万自有资金用于偿还到
期贷款。企业留存收益本已有限，在偿还贷款后更难以投入开发建设项目。

　　**外部融资的限制直接导致公司在 2005 年仅能依靠留存收益和商业信用的增长来支持主
营业务增长。**由表 5-6 可以看出，2005 年新增银行借款占当年公司新增资金需求的 12.49%，
利润留存和商业信用增加额占到了 42.60%。而在 2003 ~ 2004 年营业收入高速增长时期，
利润留存和商业信用增加额只占到新增资金需求的 37.02%。在资金筹措状况方面，渝开发
2005 ~ 2006 年通过银行借款筹措的资金相比于 2003 ~ 2004 年显著下滑，融资能力不足限制
了企业的业绩增长潜力。

　　2. 资金使用状况分析

　　资金使用状况分析主要包括两方面。第一，企业投资规划是否过于激进，投资规模过大但
短期难以收回资金会损害企业流动性。房地产企业主要投资项目为土地储备，需分析企业购置
土地投入的资金是否超过企业承受能力。第二，对企业运营的成本效益做出评估，即投入资金
是否能够获得足额收益支持企业进一步发展，长期经营亏损会造成较大的资金周转压力。

　　调控政策实施提高了地产项目的开发成本。2004 年，国土资源部和监察部联合下发通知，
规定土地协议出让的最后期限为 2004 年 8 月 31 日，以后经营性土地使用权转让必须实行招
标、拍卖、挂牌。在政策出台前，房地产企业可以通过协议转让的方式，以较低的成本获取土
地资源，而这一政策执行后，全部以市场化方式转让土地使用权，购地成本大幅增长，房地产
企业的资金需求也随之提升。

　　但是，渝开发通过股权融资的方式，有效缓解了土地转让价格上涨对资金链的负面影响。
在 2005 ~ 2006 年期间，渝开发购入的土地资源主要为合川市南津街办事处牌坊村 365 691 平
方米的土地使用权，而这一资产是公司在 2006 年 12 月以定向增发的方式向控股股东重庆市
城市建设投资公司发行股票所得。土地市场价格上升仅会使控股股东获得更多的普通股作为对
价，而对企业现金流造成的影响则相对有限。

而重庆市房地产市场量价齐升的态势更保障了房产项目的盈利能力。表 5-14 统计了渝开发母公司在 2003 ～ 2006 年商品房销售的收入、成本及毛利率数据。尽管企业商品房销售收入在 2005 年、2006 年显著下滑，但 2003 年、2004 年商品房毛利率却显著低于 2005 ～ 2006 两年。数据显示，在 2005 年、2006 年企业的成本效益反而高于营业收入高速增长时期。

表 5-14　渝开发母公司商品房销售成本效益分析

母公司商品房销售	2003 年	2004 年	2005 年	2006 年
收入	5 965.9	8 423.0	12 542.4	5 848.5
成本	4 275.2	7 482.5	9 001.9	4 183.7
毛利率（%）	36.36	12.57	39.33	39.79

资料来源：依据渝开发 2003 ～ 2006 年度年报计算而得。

本节资金使用状况分析发现，2005 年、2006 年企业在商品房建设领域投入资金能够取得足额收益，资金使用状况良好，营业收入下滑与房地产项目收益变动关联不大。

3. 资金回流状况分析

2005 年、2006 年房地产市场整体状况良好，渝开发营业收入负增长是否因企业的开发项目销售不畅、资金不能及时回流产生的？营业收入与销售状况直接相关，如果企业市场营销出现问题，导致存货大量积压，自然会影响营业收入增长。房地产企业的存货主要分为开发成本（包括土地储备和在建开发项目）、开发产品（已完工项目），两者合计占公司存货的 99% 以上。其中，开发产品是公司拥有的已完工但尚未售出的房屋的账面价值，存货中开发产品所占的比例能反映出公司所开发的房地产项目销售是否顺畅。开发成本是公司土地储备和在建的房地产开发产品账面价值之和，开发成本的规模大致可以衡量出公司的项目储备情况，也在一定程度上代表了公司的后续发展能力和未来的盈利来源。

表 5-15 列示了渝开发 2003 ～ 2006 年的存货结构。相比于 2003 年、2004 年，2005 年、2006 两年存货规模显著提升，而开发产品占存货的比例则呈现出先增后降的变化趋势。其中，渝开发 2005 年开发产品占存货比例高达 35.67%，远高于行业平均水平[⊖]，表明企业在 2005 年可能存在着房产项目销售不畅的问题，需要依据年报信息，对当年房产销售情况做出进一步分析。

表 5-15　渝开发 2003 ～ 2006 年存货结构　　　　　　　（单位：万元）

项目	2003 年	2004 年	2005 年	2006 年
存货总量	12 885.0	17 352.0	30 411.1	29 044.4
开发成本	11 632.4	13 697.6	19 556.1	22 239.3
占存货比例	90.28%	78.94%	64.31%	76.57%
开发产品	1 244.9	3 646.8	10 847.4	6 796.4
占存货比例	9.66%	21.02%	35.67%	23.40%
小计	99.94%	99.96%	99.97%	99.97%

资料来源：依据渝开发 2003 ～ 2006 年度年报计算而得，以母公司数据为基础计算。

2005 年凤天锦园二期工程完工使开发产品增长 7 200 万元，长寿晏家、冉家坝项目于年末开工使开发成本上涨 5 859 万元，存货总量上升主要受到开发产品攀升因素的影响。但是，

⊖　自 2001 年以来，房地产行业开发产品占存货比重的平均值一直稳定在 20% 左右。资料来源：CSMAR 系列研究数据库，根据相关数据整理得出。

这并不表明企业开发项目销售出现问题。凤天锦园作为重点投资项目，完工后企业开发产品比例有所提升是很正常的。而凤天锦园项目销售十分顺利，2006 年开发产品下降 4 051 万元，"公司本年凤天锦园仅有尾盘销售"⊖。此外，2003 ~ 2006 年商品房销售的毛利率分别为36.36%、12.57%、39.33% 和 39.79%，2005 年、2006 年毛利率甚至要高于 2003 年、2004两年⊖。由此，可以初步判定销售问题并不是制约 2005 年、2006 年企业营业收入增长的主要因素。

房地产企业的营业收入、存货与开发项目直接相关。通过整理上市公司 2001 ~ 2007 年财务报表附注中披露的主要房地产开发项目的建设期间、销售期间以及每年的销售收入，可以对渝开发的开发成本、开发产品变动获得更为直观的认识和理解。渝开发房产开发项目状况如图 5-5 所示。

从图 5-5 可以看出，2001 ~ 2004 年四年间公司新开发的项目只有金银湾经济适用房一个，而经济适用房项目利润空间有限、且于当年完工并销售完毕，并不构成对后续年度营业收入的主要支撑。截至 2004 年年末，已有的嘉陵大厦、凤天锦园一期等前期开发项目基本上已经销售完毕，仅仅依靠 2005 年年中完工的凤天锦园二期项目显然难以支撑企业实现 2003 年、2004年度 150% 的营业收入增长率。

由此可以得出，资金筹措状况与使用状况存在问题，回流状况较好。总体来看，融资约束导致企业资金链紧张是公司营业收入增长率大幅下滑的根本原因。外部债务融资不足，企业资金规划不当使公司当年的营业收入难以维持 2003 年、2004 年连续高达 150% 的增长率水平。

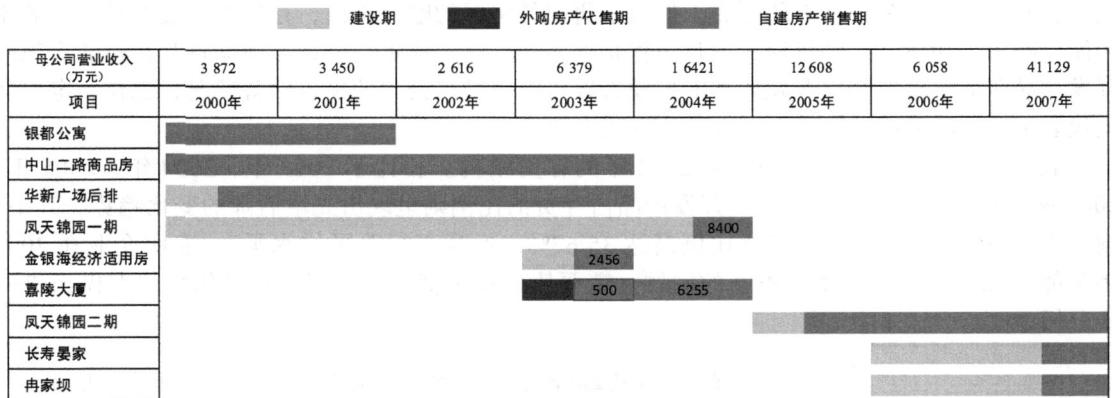

图 5-5 企业主要房地产开发项目汇总①
①资料来源：渝开发 2001 ~ 2007 年年度报告。
重要性原则：完工项目期末开发产品金额大于 1 000 万元，在建项目期末开发成本大于 1 000 万元。项目按开工时间排序。华新广场前排项目开发成本符合要求，但长期搁置并未自主开发，最终以在建项目转让计入其他业务利润，与主营业务收入无关未在表中统计。长寿晏家和冉家坝项目于 2005 年 12 月开工。线上数字为项目当年实现的营业收入。

5.5 一次性股权融资能否支撑持续高速增长

作为以房地产开发为主的上市公司，渝开发具有项目周期长、高度依赖外部融资的特

⊖ 资料来源：渝开发 2006 年年度报告。
⊖ 渝开发 2003 ~ 2006 年商品房销售实现的主营业务收入分别为 5 966、8 423、12 542、5 848 万元；主营业务成本分别为 4 378、7 482、9 002 和 4 183 万元。资料来源：渝开发 2004 ~ 2006 报度报告。

征。过快的营业收入增长会迅速耗尽企业财务资源、加剧财务风险，进而制约企业未来的发展。财务杠杆不能无限制提升，**企业不能通过外部债务融资实现持续高速增长**。那么，**企业能否通过股权融资实现持续快速发展呢**？渝开发于 2007 年 1 月 15 日向控股股东定向增发，投入资产价值超过 14 亿元。企业当年实现营业收入 41 128.5 万元，相比上年增长 579%，而高增长在后续年度仍未持续。需要进一步分析的问题是，一次性股权融资能否实现持续高速增长？

5.5.1　营业收入增长与企业财务风险

过快的营业收入增长速度会加剧企业财务风险，导致资本结构持续恶化。一次性大额的股权融资能够有效降低企业资产负债比率，但是不能一劳永逸，权益方式筹集的资金仅能支持有限年度的高速增长。为证实这一财务特征，首先需要分析没有权益融资时营业收入高速增长对企业资本结构的影响，然后模拟一次性股权融资并与前者对比分析。

为显示持续超速增长对渝开发资本结构的影响，可以模拟营业收入持续 100% 或 150% 增长时公司资产负债率的变化情况[⊖]。按照公司 2002 年的实际水平，公司的资产负债率为 27.5%，营业收入净利率取为 2002 年、2003 年平均值 30%，留存收益率取为 100%，即假设公司不发放股利，所有净利润全部用于下一年的主营业务。

以公司 2002 年营业收入和总资产为起点，通过营业收入增长率和资产周转率[⊖]可以计算出企业的资金需求，通过营业收入净利率和利润留存率，可以计算出公司内源融资额，两者差额为负债总额，进一步得出资产负债率。将渝开发 2002 年营业收入、股东权益等指标按照总资产标准化，则资产周转率为 0.16，股东权益占总资产比率为 72%，债务主要为无息负债，有息负债仅占总资产的 1%，具体结果如表 5-16 所示。

表 5-16　营业收入增长率为 150% 时的负债率变动

项目	2002	2003	2004	2005	2006	2007	2008	2009	2010	2011	2012
营业收入	0.16	0.39	0.99	2.46	6.16	15.39	38.48	96.21	240.52	601.30	1 503.26
总资产	1.00	2.50	6.25	15.63	39.06	97.66	244.14	610.35	1 525.88	3 814.70	9 536.74
股东权益	0.72	0.84	1.14	1.88	3.72	8.34	19.89	48.75	120.91	301.30	752.28
有息负债	0.01	0.99	3.45	9.59	24.95	63.34	159.32	399.27	999.14	2 498.81	6 247.99
无息负债	0.27	0.66	1.66	4.16	10.39	25.97	64.93	162.33	405.84	1 014.59	2 536.47
资产负债率（%）	27.5	66.3	81.8	88.0	90.5	91.5	91.9	92.0	92.1	92.1	92.1

注：以渝开发 2002 年营业收入和总资产数据为起点，将各项财务数据依据总资产数额标准化，再通过财务模拟的方式推算 2003～2012 年公司财务信息。

依据 2002 年信息预测 2003 年财务数据的过程如下。其余年度以及 100% 营业收入增长率下的财务预测方法完全相同。

2003 年营业收入 =2002 年营业收入 ×(1+ 营业收入增长率)=0.1576×(1+1.5)=0.39

⊖　此处假设公司不发行新股。

⊖　严格意义上，假设资产周转率保持不变是指主营业务收入与经营性资产的比例保持不变。非经营性资产规模主要取决于管理层对于闲置资金的管理方式，与主营业务收入的关联性较小。因此，在做营业收入增长模拟时，应当首先排除金融资产的影响。但是，渝开发于 2002 年债务重组、以资产抵债，年末资产中已经几乎没有非经营性资产（母公司金融资产仅一年内到期的长期债权投资 1 634 元，而同期总资产 165 754 052.46 元），就可以直接使用总资产做营业收入增长模拟。

2003 年总资产　=2002 年总资产 ×(1+ 营业收入增长率)=1×(1+1.5)=2.50
2003 年股东权益 =2002 年股东权益 +2003 年留存收益增加额 =0.7250+0.3940×30%=0.84 [注]
2003 年无息负债 =2002 年无息负债 ×(1+ 营业收入增长率)=0.2660×(1+1.5)=0.66
2003 年有息负债 =2003 年总资产 –2003 年股东权益 –2003 年无息负债
　　　　　　 =2.50-0.8432-0.6649=0.99

2003 年资产负债率 =1–2003 年股东权益 ÷2003 年总资产 =1-0.8432÷2.5=66.27%

如图 5-6 所示，若维持营业收入的 150% 增长率，资产负债率将会在 2003 年翻一倍，达到 66.27%，2004 年则超过 80%，在 2006 年后均地超过 90%。即使公司将营业收入的增长率维持在 100%，资产负债率也会在 2005 年后超过 80%，2009 年后均超过 90%。而公司资产的资金来源中主要是银行借款，如此之高的资产负债率持续下去，企业将面临较高水平的债务偿还风险，甚至无法持续债务融资，进而因无法偿还到期债务而导致陷入财务困境，这是任何一家企业都无法承受的。

综合上述分析，在无股权融资的情况下，企业无法实现持续高速增长。

5.5.2　一次性权益融资对营业收入增长的影响

从模拟结果可以看出，在不进行股权再融资增发的条件下，渝开发若维持 150%、100% 的营业收入增长率，资产负债率会达到任何企业都无法持续维持的水平，而权益融资则是一种改善资本结构的很好的方式，能够降低资产负债比率。在现实中，很多上市公司都渴望高速增长，为解决资金需求问题，许多企业通过股权融资的方式拓展融资渠道。参考渝开发 2007 年定向增发收购资产的价值，假设企业通过发行新股的方式在 2007 年筹集资金 14 亿元[注]，则模拟得到的企业资产负债率变动如图 5-7 所示。

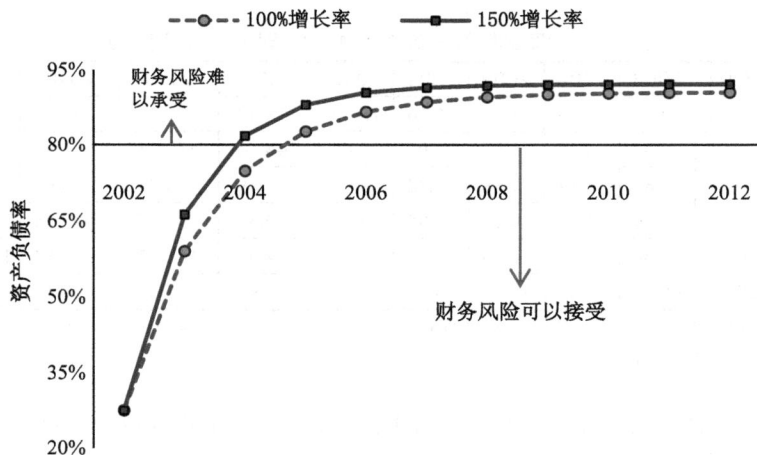

图 5-6　高速增长下企业资产负债率模拟（无股权融资）

⊖　如当年企业通过发行新股的方式融资，则股东权益还应加上以 2002 年总资产标准化后的权益融资总额。
⊖　2007 年渝开发向控股股东定向增发 31 133 万股，股本溢价 115 192.1 万元，用于收购城投公司拥有的会展中心及土地使用权两项资产，折合资产价值为 146 325.1 万元。需要注意，2007 年吸收投资并非货币资金，不构成现金流流入，但是，大股东直接投入资产可以减少上市公司的现金流支出。

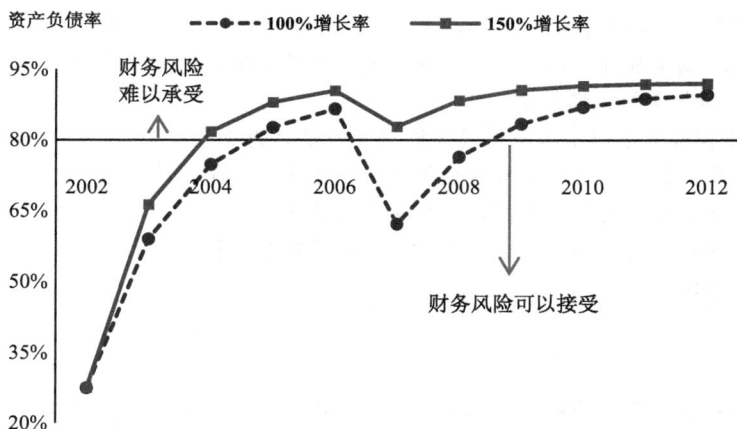

图 5-7　高速增长下企业资产负债率模拟（有股权融资）①

①模拟数据见附录 5A。

由图 5-7 可见，对于房地产行业的上市公司，一次性股权融资能够显著降低企业资产负债比率，平衡公司的融资结构，改善财务状况。但在股权融资后两三年内，企业资产负债率再次上升到股权融资前的资产负债率水平，企业将再度面临较高的财务风险。也就是说，一次性的股权融资仅能支持 2～3 年的超速增长，并不能解决企业长期增长的融资需求问题。

因此，企业不能一味地追求营业收入的高增长，过高的增长只会带来高额的资金需求和负债规模的急剧增加。而当企业不能够通过负债满足资金需求，即融资受到约束时，大量的资金需求无法满足，必然会导致营业收入增长率的下滑。这说明，公司不能通过一次性股权融资的方式，实现持续性高速增长。因此，管理层需要权衡营业收入增长速度与融资能力的关系，实现财务流动性的管理。

5.6　案例总结与讨论问题

▶ 案 例 总 结

作为成长中的房地产开发企业，渝开发经历了 2003 年、2004 年营业收入 150% 的高速增长，随后在 2005 年、2006 年增长率大幅回落的过程。2007 年企业通过定向增发再次实现了超速增长，但在第二年陷入营业收入负增长。本案例在可持续增长率这一视角下，首先从经营效率和财务政策两方面分析了渝开发营业收入超速增长的原因，继而又从融资约束的角度解释了超速增长后营业收入增长率大幅下滑的原因，最后通过财务模拟的方式分析了一次性股权融资对营业收入增长的支持作用。

通过案例的分析，可以得出以下结论。

（1）渝开发 2003～2004 年营业收入高增长受到了国家将房地产行业定为支柱产业的影响，而 2005～2006 年营业收入负增长则与一系列旨在控制房地产过热的经济政策相关。2007 年人民银行频发提升贷款利率，银行贷款融资受到限制，期间渝开发高增长主要受权益融资拉动。

（2）2003 年、2004 年渝开发通过提高资产周转率、加大外部债务融资的方式，实现了远超行业平均水平的高速增长。支撑营业收入高速增长的主要力量是外部融资，而企业提高经营效率也在一定程度上缓解了资金压力。

（3）高速增长期间企业外部融资支持主要来源于银行借款，伴随营业收入超速增长的是巨大的债务风险。2005~2006年期间，国家通过信贷等政策调控房地产市场，外部融资约束及巨额还款支出，使公司难以实现外部融资对主营业务收入持续高增长的充分支撑，从而导致企业2005年、2006年营业收入增长率的大幅下滑。

（4）2007年控股股东向上市公司投入价值十四亿元的资产，帮助企业在当年实现了超过500%的营业收入增长率。但一次性的股权融资不能一劳永逸，一次性股权融资仅能维持企业2~3年的高速增长。目标营业收入增长率越高，权益融资能够支持企业增长的年限越短。事实上，负债率直线上升是企业超速扩张的必然结果，权益融资能够缓解企业资金压力，但不能从根本上解决高速增长下的债务风险问题。

▌讨|论|问|题

讨论问题一：房地产行业的经营模式决定了地产上市公司呈现重资产、低周转的财务特性。试讨论管理层应当如何协调营业收入增长与融资能力之间的关系，以避免在市场融资受约束情形下，因项目投资过多过大而导致资金链紧张甚至断裂，导致增长速率趋缓或负增长。

讨论问题二：在分析房地产行业增长率数据的基础上，试讨论实现可持续增长的商业模式的财务特征。

讨论问题三：中国证监会分别于2012年5月4日、2013年11月30日发布了《关于进一步落实上市公司现金分红有关事项的通知》和《上市公司监管指引第3号——上市公司现金分红》，对上市公司的股利分配发放形式与水平做出了要求。试在考察房地产开发上市公司近3年现金分红比例数据基础上，讨论对营业收入增长率与融资能力匹配关系产生怎样的影响？

Appendix 5A

附录 5A

表 5A-1　渝开发合并报表及母公司报表营业收入明细　（单位：万元）

	2002	2003	2004	2005	2006	2007
合并数	2 795.6	6 733.1	16 889.0	13 111.7	9 055.4	48 953.9
母公司数	2 615.8	6 378.9	16 421.4	12 608.1	6 058.4	41 128.5
商品房销售	1 768.9	5 965.9	8 423.0	12 542.4	5 848.5	24 650.3
其他	13.8	9.3	—	—	11.0	25.0
污水处理	833.0	—	—	—	—	—
代理土地整治收入	—	403.7	1 227.8	—	—	—
外购房屋转让	—	—	6 755.0	—	—	—
房屋租赁	—	—	15.7	65.7	198.9	1 240.4
会展	—	—	—	—	—	15 212.9
子公司	179.8	363.6	483.2	503.6	2 997.0	5 955.1
物业管理	161.2	361.8	483.2	503.6	415.0	455.1
监理收入	18.7	1.8	—	—	—	—
石黄隧道经营权收入	—	—	—	—	2 582.0	5 500.0
营业收入增长率						
合并数		237%	154%	−17%	−53%	321%
母公司数		144%	157%	−23%	−52%	579%

资料来源：依据渝开发 2002 ~ 2007 年年度报告计算而得。合并数与母公司、子公司数之和差额为内部交易事项抵消。2007 年合并报表会展收入 17 944.2 万元，其中，母公司金额 15 212.9 万元，子公司数及内部抵消数无相关资料，因此，表内未列出子公司相关收入金额。

Appendix 5B

附录 5B

表 5B-1　渝开发重大事项时间表

时间	事项
2003 年 4 月 20 日	重庆市茶园新城区管理委员会与公司签订《保证合同》，就公司代理土地整治业务所形成的债务本息提供连带责任担保，截至 2003 年 12 月 31 日，实际借款金额 280 000 000 元，担保金额为 214 399 925 元，数额巨大，约合期末总资产 40%。合同约定，代理土地整治业务相关债务本息在工程完工后直接转移给管委会，公司不承担偿还责任
2004 年	历时近五年的凤天锦园一期工程完工，在建设完工当年即接近售罄，实现营业收入 8 400 万元
2004 年	外购转让的嘉陵大厦项目实现营业收入超过 6 000 万元
2005 年	公司进行股权分置改革，全体非流通股股东向公司注入 1.022 6 亿元作为对价，相应增加资本公积

（续）

时间	事项
2005 年 12 月 29 日	渝开发与城投路桥以及物业公司签订《出资协定书》，共同成立了重庆道金投资有限公司。其中，渝开发以现金出资 1.14 亿元人民币，占道金公司 95% 股份
2005 年末	"公司以 436 270 000 元的银行存款为公司借款 423 450 000 元提供了质押"（2005 年度年报），金额巨大，占年末总资产比例超过 40%。借款于 2006 年年初清偿
2006 年 3 月 30 日	第五届董事会第三次会议审议通过《关于公司拟为控股子公司重庆道金投资有限公司申请 1.3 亿元贷款提供担保的议案》
2006 年 6 月 13 日	第五届董事会第六次会议审议通过《关于公司为控股子公司重庆道金投资有限公司增加 2.5 亿元贷款提供担保的议案》
2006 年	重庆道金公司与中国银行重庆分行签订贷款协议，在取得 3.8 亿元贷款后以 5 亿元人民币的价款（约为渝开发初始投资金额与后续银行贷款担保金额之和）收购了石黄隧道 20 年的经营权，当年即实现营业收入 2 582 万元，超过同期母公司营业收入的 40%
2007 年	渝开发向控股股东定向增发 31 133 万股，股本溢价 115 192.1 万元，用于收购城投公司拥有的会展中心及土地使用权两项资产，折合资产价值为 146 325.1 万元

资料来源：依据渝开发 2003 ～ 2007 年度年报整理而得。

Appendix 5C

附录 5C

表 5C-1　高速增长下企业资产负债率模拟（有股权融资，150% 增长率）

	2002	2003	2004	2005	2006	2007	2008	2009	2010	2011	2012
营业收入	0.16	0.39	0.99	2.46	6.16	15.39	38.48	96.21	240.52	601.30	1 503.26
总资产	1.00	2.50	6.25	15.63	39.06	97.66	244.14	610.35	1 525.88	3 814.70	9 536.74
股东权益	0.72	0.84	1.14	1.88	3.72	16.79	28.33	57.20	129.35	309.74	760.72
银行借款	0.01	0.99	3.45	9.59	24.95	54.89	150.87	390.82	990.69	2 490.36	6 239.55
商业信用	0.27	0.66	1.66	4.16	10.39	25.97	64.93	162.33	405.84	1014.59	2 536.47
负债率（%）	27.50	66.27	81.78	87.98	90.46	82.81	88.39	90.63	91.52	91.88	92.02

注：2007 年股东权益等于 2006 年股东权益加 2006 年实现的净利润加发行新股筹资的资金。

表 5C-2　高速增长下企业资产负债率模拟（有股权融资，100% 增长率）

	2002	2003	2004	2005	2006	2007	2008	2009	2010	2011	2012
营业收入	0.16	0.32	0.63	1.26	2.52	5.04	10.09	20.18	40.35	80.71	161.41
总资产	1.00	2.00	4.00	8.00	16.00	32.00	64.00	128.00	256.00	512.00	1 024.00
股东权益	0.72	0.82	1.01	1.39	2.14	12.10	15.13	21.18	33.29	57.50	105.92
银行借款	0.01	0.65	1.93	4.49	9.60	11.39	31.85	72.77	154.62	318.32	645.72
商业信用	0.27	0.53	1.06	2.13	4.26	8.51	17.02	34.04	68.09	136.18	272.35
负债率（%）	27.50	59.02	74.78	82.66	86.60	62.18	76.36	83.45	87.00	88.77	89.66

注：2007 年股东权益等于 2006 年股东权益加 2006 年实现的净利润加发行新股筹资的资金。

Appendix 5D

附录 5D

表 5D-1　2003～2007 年中国房地产调控政策

时间	部门	文件	内容
2003 年 8 月	国务院	《国务院关于促进房地产市场持续健康发展的通知》（国发〔2003〕18 号）	提出房地产业是国民经济支柱产业，房地产市场持续健康发展对于全面建设小康社会具有重要意义
2004 年 3 月	国土资源部、监察部	《关于继续开展经营性土地使用权招标拍卖挂牌出让情况执法监察工作的通知》（国土资发〔2004〕71 号）	严格和规范执行经营性土地使用权招标拍卖挂牌出让制度，从 2004 年 8 月 31 日起，所有经营性项目用地一律公开竞价出让，各地不得再以历史遗留问题为由进行协议出让。同时要求此后发展商须及时缴纳土地出让金，两年不开发政府可收回土地
2004 年 10 月	中国人民银行		央行全面上调贷款利率。其中，6 个月以内贷款利率由 5.04% 上升为 5.22%。
2005 年 3 月	中国人民银行		提高个人住房贷款的首付比例及贷款利率。（1）现行的住房贷款优惠利率回归到同期贷款利率水平。实行下限管理，下限利率水平为相应期限档次贷款基准利率的 0.9 倍。（2）房地产价格上涨过快城市或地区，个人住房贷款最低首付款比例，由现行的 20% 提高到 30%。
2005 年 3 月	国务院	《国务院办公厅关于切实稳定住房价格的通知》（国办发明电〔2005〕8 号）（旧国八条）	一、高度重视稳定住房价格 二、切实负起稳定住房价格的责任：房价提高到政治高度，建立政府负责制，省政府负总责，对住房价格上涨过快，控制不力，要追究有关责任人责任 三、大力调整住房供应结构，调整用地供应结构，增加普通商品房和经济住房土地供应，并督促建设 四、严格控制被动性住房需求，主要是控制拆迁数量 五、正确引导居民合理消费需求 六、全面监测房地产市场运行 七、积极贯彻调控住房供求的各项政策措施 八、认真组织对稳定住房价格工作的督促检查
2005 年 5 月	国务院	《国务院办公厅转发建设部等部门关于做好稳定住房价格工作意见的通知》（国办发〔2005〕26 号）（新国八条）	一、强化规划调控，改善住房供应结构 二、加大土地供应调控力度，严格土地管理 三、调整住房转让环节营业税政策，严格税收征管 四、加强房地产信贷管理，防范金融风险 五、明确享受优惠政策普通住房标准，合理引导住房建设与消费 六、加强经济适用住房建设，完善廉租住房制度 七、切实整顿和规范市场秩序，严肃查处违法违规销售行为 八、加强市场监测，完善市场信息披露制度
2006 年 4 月	中国人民银行		央行全面上调贷款利率。其中，6 个月以内贷款利率由 5.22% 上升为 5.40%。

（续）

时间	部门	文件	内容
2006 年 5 月	国务院	《国务院办公厅转发建设部等部门关于调整住房供应结构稳定住房价格意见的通知》（国办发〔2006〕37 号）（国六条）	一是切实调整住房供应结构； 二是进一步发挥税收、信贷、土地政策的调节作用； 三是合理控制城市房屋拆迁规模和进度，减缓被动型住房需求过快增长； 四是进一步整顿和规范房地产市场秩序； 五是加快城镇廉租房制度建设，规范发展经济适用房，积极发展住房二级市场和租赁市场，有步骤解决低收入家庭住房困难； 六是完善房地产统计和信息披露制度，增强房地产市场信息透明度
2006 年 5 月	国家税务总局	《国家税务总局关于加强住房营业税征收管理有关问题的通知》（国税发〔2006〕74 号）	2006 年 6 月 1 日后，个人将购买不足 5 年的住房对外销售全额征收营业税
2006 年 5 月	国土资源部	关于印发《招标拍卖挂牌出让国有土地使用权规范》（试行）和《协议出让国有土地使用权规范》（试行）的通知（国土资发〔2006〕114 号）	完善国有土地使用权出让制度，规范国有土地使用权招标拍卖挂牌出让行为
2006 年 8 月	中国人民银行		央行全面上调贷款利率。其中，6 个月以内贷款利率由 5.40% 上升为 5.58%
2007 年 3 月	中国人民银行		央行全面上调贷款利率。其中，6 个月以内贷款利率由 5.58% 上升为 5.67%
2007 年 5 月	中国人民银行		央行全面上调贷款利率。其中，6 个月以内贷款利率由 5.67% 上升为 5.85%。个人住房公积金贷款利率上调 0.09 个百分点
2007 年 7 月	中国人民银行		央行全面上调贷款利率。其中，6 个月以内贷款利率由 5.85% 上升为 6.03%。个人住房公积金贷款利率上调 0.09 个百分点
2007 年 8 月	中国人民银行		央行全面上调贷款利率。其中，6 个月以内贷款利率由 6.03% 上升为 6.21%
2007 年 9 月	中国人民银行		央行全面上调贷款利率。其中，6 个月以内贷款利率由 6.21% 上升为 6.48%。
2007 年 9 月	中国人民银行 中国银行业监督管理委员会	《中国人民银行中国银行业监督管理委员会关于加强商业性房地产信贷管理的通知》（银发〔2007〕359 号）	一、严格房地产开发贷款管理； 二、严格规范土地储备贷款管理； 三、严格住房消费贷款管理（二套房首付比例不得低于 40%，贷款利率上浮至 1.1 倍）； 四、严格商业用房购房贷款管理； 五、加强房地产信贷征信管理； 六、加强房地产贷款监测和风险防范工作
2007 年 12 月	中国人民银行		央行全面上调贷款利率。其中，6 个月以内贷款利率由 6.48% 上升为 6.57%

资料来源：利率资料依据中国人民银行官方网站（http://www.pbc.gov.cn/）整理而得，政策法规文件依据北大法意教育频道数据库（http://www.lawyee.org/Act/Act.asp）整理而得。

股票型基金与债券型基金的风险与收益分析

基于银行收益债券与华夏收入股票基金为例

▶ 引例

　　基金是一项重要的投资方式。中国证券登记结算有限公司《中国结算统计月报》的数据显示，截至 2011 年 11 月 30 日，上海证券交易所登记的有效账户总数达到 18 194 906 户，深圳证券交易所登记的有效账户总数为 18 705 570 户⊖。2011 年 11 月两市平均每天新增基金账户 13 508 户，环比增加 62.95%。截至 2011 年 12 月 31 日，不含 QDII 国内基金公司公募基金资产净值 2.1 万亿元⊖。

　　当投资者面对股票与基金两项投资选择时，为何要投资基金呢？通常认为，基金主要有以下两大优势：（1）构建投资组合，分散投资风险：中小投资者资金有限只能购买少量股票，而基金具有规模优势可以同时投资多项证券，能够有效分散非系统风险；（2）专家管理优势，选股能力强：中小投资者缺少专业知识以及研究上市公司的时间，基金经理投资经验丰富，并且可以通过实地调研精选股票，能够获得的收益超出普通投资者收益。

　　事实真的是这样吗？首先，部分基金的运作与投资者预期不同，并未充分分散个别股票的投资风险。大成基金重仓持有重庆啤酒（600132）流通股股票⊜，重庆啤酒乙肝疫苗研发失败的公告披露后，股票在 11 个交易日中出现 10 次跌停，股价从每股 81.38 元跌至每股 28.45 元，不到半个月的时间里股价下跌 52.93 元。以持股 10% 计算⊛，大成基金损失超过 25.62 亿元，不仅引发巨额赎回，危害基金正常运作，也损害了投资者的利益。

　　其次，从整体业绩上看，基金并未体现出应有的专业素养，为投资者创造价值。新浪财经基金数据中心数据显示，截至 2012 年 1 月 6 日，已发行的开放式基金、封闭式基金、创新型基金共计 997 只。其中，累计净值小于 1⊕，即发行至今亏损的基金共计 431 只，占总体比例的 43.23%，也就是说，接近半数基金呈现亏损的状态。

⊖ 同期 A 股上海证券交易所账户总数 81 345 79 户，A 股深圳证券交易所账户总数 80 952 933 户。

⊖ 路透社 1 月 4 日电，《〈中国基金〉去年公募基金资产净值降至 2.13 万亿，较 2010 年底下降 13%》，引自银河证券基金研究中心。

⊜ 2011 年 12 月 20 日，重庆啤酒股份有限公司第六届董事会第十六次（临时）会议决议公告显示，"大成基金管理有限公司以作为持有本公司 10% 以上股份股东的身份，提议公司董事会召开临时股东大会，审议《关于免除黄明贵先生董事职务的议案》"。

⊛ 期间重庆啤酒总股数为 48 397.12 万股。

⊕ 累计单位净值 = 单位净值 + 基金成立后累计单位派息金额（即基金分红），累计单位净值大于 1 即为盈利。体现了基金以成立以来所取得的累计收益（减去 1 元面值即是实际收益），可以比较直观和全面地反映基金在运作期间的历史表现。

基金背后的风险应当如何度量？不同基金的风险应当怎样比较？"A股十年零回报"，[一]中国证券市场的低收益已经成为解释基金弱势表现与投机行为的一项重要因素。应该关注的问题是：基金业绩中有多少收益与整体市场环境的系统风险相关，有多少收益来自于基金经理的股票精选能力？

6.1 基金概况

在讨论基金风险与收益之前，首先简要介绍基金的基本情况。本节主要内容包括：基金是什么，有哪些种类的基金可供投资者选择，以及基金经理如何选择股票。

6.1.1 基金的概念与种类

基金有广义和狭义之分。从广义上说，基金是机构投资者的统称，包括信托投资基金、单位信托基金、公积金、保险基金、退休基金，以及各种基金会的基金。从会计角度分析，基金是一个狭义的概念，意指具有特定目的和用途的专项资金。目前基金业已经形成了较为丰富的投资理财产品供投资者选择。在传统基金外，如 ETF [二]、LOF [三]、指数基金和 QDII 基金[四]等新型基金也纷纷涌现。根据投资对象，可将基金分为货币市场基金、股票基金、混合基金、债券基金。不同基金的风险收益不同，其特征如表 6-1 所示。

表 6-1 基金分类与特点

基金种类	收益性	风险性	投资组合	总体特点
货币市场基金	极低，基本相当于通胀率	极低	短期政府或金融机构的货币市场工具，如：短期国库券、政府公债、商业票据、银行定期存单	风险极低，有稳定的利息收益。如投资者将资金从一种股票或基金中退出等待新投资机会时，可以选择货币市场基金
债券基金	低	低	主要投资债券市场，80% 以上的基金资产投资于债券	主要投资于债券，以获取利息所得或一定的债券市场资本利得。属于低风险低收益品种。适合那些希望获得较为稳定的投资回报而不愿承担过多市场风险的投资者
混合基金	中等	中等	投资于股票和债券的组合，且投资比例不符合债券基金或股票基金	通过资产种类动态管理进行分散化。风险收益度中等。适合希望得到较高收益但风险承受能力不强的投资者
股票基金	较高	较高	各种类型的股票，60% 以上的基金资产投资于股票	相对高风险高收益的品种。适合追求高收益，风险承担能力较好的投资者

基金是证券资产的投资组合，衡量基金风险要从基金投资的证券入手。不同种类的基金享有不同的收益，同时也面临着不同的风险。股票型基金以高风险高收益为主要特点，其证券组

[一] 上证综合指数在 2011 年末以 2 199 点收盘，与 2001 年 6 月 14 日的最高点 2 245 点接近。资料来源：2011 年 12 月 26 日《人民日报》。

[二] ETF（Exchange Traded Fund）：即"交易型开放式指数基金"，其管理的资产是一揽子股票组合，这一组合中的股票种类与某一特定指数，如上证 50 指数，包涵的成份股票相同，每只股票的数量与该指数的成份股构成比例一致，ETF 的投资组合通常完全复制标的指数，其净值表现与盯住的特定指数高度一致。

[三] LOF（Listed Open-Ended Fund）：即"上市型开放式基金"，也就是上市型开放式基金发行结束后，投资者既可以在指定网点申购与赎回基金份额，也可以在交易所买卖该基金。

[四] QDII 基金（Qualified domestic institutional investor fund）：在一国境内设立，经该国有关部门批准从事境外证券市场的股票、债券等有价证券业务的证券投资基金。

合中股票资产占基金净值的比例是所有种类基金中最高的。相比较而言，其收益率也是所有种类基金中的佼佼者。而债券型基金以相对的低风险低收益为主要特点。通过对股票型基金及债券型基金的收益进行描述性统计，可以进行验证，统计结果如表 6-2 所示。

表 6-2 2004 ~ 2010 股票型基金及债券型基金收益描述性统计

年份	类型	基金数量	平均数（%）	最小值（%）	最大值（%）
2004	股票型	22	0.02	−10.85	17.06
	债券型	14	−1.35	−8.44	7.11
2005	股票型	39	2.11	−9.40	14.92
	债券型	15	9.38	2.29	13.79
2006	股票型	62	122.24	54.25	182.22
	债券型	18	23.31	1.43	82.77
2007	股票型	108	127.33	54.47	191.50
	债券型	29	20.62	1.69	79.74
2008	股票型	147	−52.28	−88.80	−24.51
	债券型	33	4.46	−23.58	12.70
2009	股票型	263	0.50	−0.43	5.02
	债券型	126	0.17	−0.01	0.57
2010	股票型	375	1.81	−1.85	4.71
	债券型	152	0.47	−0.30	1.79

资料来源：依据国泰安金融研究数据库计算而得。

从表 6-2 中可以看出，2004 ~ 2010 年，股票型基金的收益波动均大于债券型基金的收益波动，即不论是收益的最大值还是最小值，股票型基金都会比债券型基金的增减幅度要大。说明股票型基金是高风险、高收益，而债券型基金是低风险、低收益。

图 6-1 是对股票型基金及债券型基金收益描述性统计，从统计结果可以看出，股市的变动会带动基金收益的变动。2006 年和 2007 年股市较好，大盘上涨，因此基金的平均收益为正且较高，而 2008 年股市较低迷，大盘下跌使基金平均收益下降。此外，股票型基金中股票资产比例较高，因此相比债券型基金呈现出更明显的随大盘变动的趋势。2004 ~ 2010 年，股票型基金收益变动远远大于债券型基金收益，大盘好时，股票型基金平均收益为正，且比债券型基金收益更高；大盘低迷时，平均收益为负，且比债券型基金收益更差。股票型基金风险要明显高于债券型基金，体现了风险与收益的权衡关系。

股票型基金与债券型基金的收益有起有伏，但两种类型基金的数量却一直呈现增长态势。图 6-2 数据显示，2004 年共有 14 个债券型基金、22 个股票型基金，而截至 2010 年年底，债券型基金与股票型基金的数量已分别达到了 152 个与 375 个。在中国市场上，基金成为一项越来越重要的投资方式。

6.1.2 基金的选股策略

基金是债券、股票等证券资产的投资组合。债券收益具有较好的稳定性，基金收益主要受到股票收益的影响。因此，考察基金选股策略是评价基金风险收益的基础。

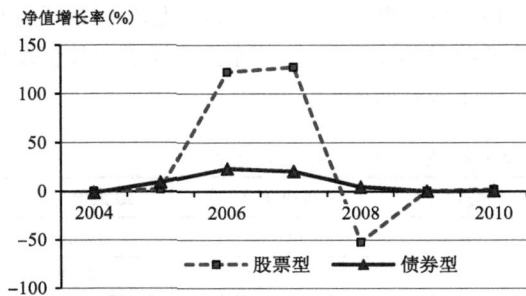

图 6-1　2004～2010 股票型基金及
债券型基金净值增长率比较
资料来源：依据国泰安金融研究数据库计算而得。

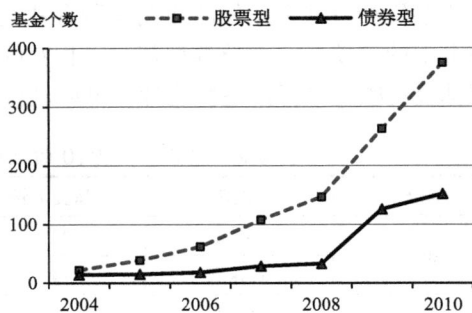

图 6-2　2004～2010 股票型基金及
债券型基金数量比较
资料来源：依据国泰安金融研究数据库计算而得。

　　基金经理有各种投资风格，有的是自上而下，以宏观经济分析为起点，进行大类资产配置；有的是自下而上，通过上市公司实地调研精选个股；有的是趋势投资，依据股价变动趋势选择投资对象；有的是用计算机程序进行量化投资。但大部分股票型基金经理的选股逻辑主要还是以价值投资为依据，优先选择基本面情况较好的优质公司，或业绩即将出现大幅改善（如重组等）的企业，并兼顾企业当前股价与合理估值之间的差异。

　　企业基本面分析上，基金经理主要关注盈利能力、治理结构与战略规划三方面因素。

　　第一，强劲的盈利能力是企业实现价值增值的基石。股价最终是企业价值的体现，企业只要具有价值，即使短期内股票价格较低，最终还会向价值回归。在证券投资前，基金经理会与研究员对上市公司的业务类型、盈利模式进行讨论，考察企业收益的持续性与增长性。广东发展银行策略优选基金经理何震在接受采访时表示，"在晨会上，基金经理和研究员们谈得最多的是明年企业的业绩增长或者下跌，而对于目前高股价和高市盈率的情况，他们并不放在心上"[一]。

　　例如，双汇发展（000895）是以肉类加工为主的大型食品集团。国泰君安证券公司于2013 年 3 月发布的证券研究报告《盈利大幅提升销量有望大幅增长——双汇发展 2012 年年报点评》中指出[二]，双汇发展 2012 年收入 397 亿元，净利润 28.8 亿元，分别同比增长 11% 与116%。以毛利率与净利率为标志的企业盈利能力大幅提升是双汇公司业绩增长的主要原因。随着 2013 年公司进一步加大渠道拓展力度，销量有望加速增长。良好的市场发展前景与成本管控能力彰显了双汇公司强劲的盈利能力，为此，分析师也给出了"增持"的投资建议。

　　第二，完善的治理结构是投资者获得必要回报的保障。盈利能力分析主要关注企业能否创造价值，公司治理分析则重点考察投资者能否分享上市公司经济价值。从投资人角度来看，公司治理问题是怎样来分享公司所创造的利润，让每一个投资人都能从自己的投资中获得权益。中国证券市场大股东持股比例较高，对企业具有实际控制权。控股股东可能会通过关联交易等方式获取公司创造的经济利润，从而损害中小股东和其他公众投资者的利益。基金投资者多属于中小股东，对上市公司经营的影响力较为有限，优选治理结构完善、经营者理性、始终以股东利益为先、关注中小股东权益的上市公司能够更好地保障投资回报。高分红带来的稳定收益也正是分析师给出"推荐"评级的重要依据。

　　[一]　http://finance.hsw.cn/system/2007/11/20/006245362.shtml
　　[二]　证券分析报告的主要客户为基金经理，基金经理依据研究报告与个人判断做出证券投资决策。知名证券公司发布的证券研究报告能够在一定程度上反映基金经理选股的思路与依据。

例如，大秦铁路（601006）是以煤炭运输为主的综合性铁路运输公司，是担负中国"西煤东运"战略任务规模最大的煤炭运输企业。中金公司于 2013 年 4 月发布的《业绩稳定，高分红 + 资产重估 + 外延式增长》中提出，大秦铁路 2012 年收入 459.6 亿元，与上年持平，实现净利润 115 亿元，同比下降 1.7%。公司面临着较高的成本费用压力，受到人工成本大幅提升的影响，公司 2012 年毛利率由 37.9% 下降至 35.4%，但管理费用同比增长 12.5%。尽管大秦铁路的盈利能力相对有限，但公司始终保持着较高的分红比率。2010 ~ 2012 年现金分红收益率分别为 5.1%、5.7%、5.4%。其中，2012 年每股股利 0.39 元，对应的派息率 50.4%。因此，像大秦铁路（601006）这样的上市公司，以股东利益为先，并以稳定而较高的分红比率保障中小股东权益，往往会受到基金经理的青睐。

第三，合理的公司战略对长期投资的回报影响深远。公司战略是指企业根据环境的变化（如经济政策调整、产业环境变动等）、本身的资源和实力选择合适的经营领域和产品，从而形成自己的核心竞争力。企业高管受股东委托充当价值管理者的角色。高层经理对于企业进行战略规划的过程，也就是通过价值管理创造价值的过程。战略规划从挖掘具体业务的价值驱动因素着手，选取对企业价值敏感度最高而又切实可有作为的主要杠杆，制定明确的行动计划和相应的业绩衡量指标，以保证战略的贯彻执行。合理的公司战略与可靠的执行机制，能够对企业业绩起到长远而有力的推动作用，从而带动股价提升。

例如，中信证券（600030）是中国证监会核准的第一批综合类证券公司之一，前身是中信证券有限责任公司。2012 年 7 月，中信证券宣布将通过其全资子公司中信证券国际完成对里昂证券的收购交易，付出对价金额为 12.5 亿美元。但当时里昂证券处于亏损状况，短期内难以对中信证券业绩做出贡献。广发证券发布的证券研究报告《战略意义远胜于财务影响——关于拟收购里昂证券 100% 股权的点评》中指出，尽管收购交易短期财务影响有限，但是其战略意义更为突出，能够帮助中信证券获得海外客户资源，并能够赢得国内企业海外融资等跨国中介服务业务的机会。海外并购符合中信证券长远发展战略，为此，分析师给出了"买入"评级。

6.2　基金的风险计量方式

不同类别的基金在投资风险上有显著差异，高持股比例的股票型基金风险远高于高持债比例的债券型基金。而当前基金数目众多，每一类型的基金均有几十、上百只，显然需要引入更为细致的数量化风险度量指标，才能更好地衡量不同基金的风险差异。基金定期报告中采用了事前风险提示与事后风险评估相结合的风险考核方式，这一计量模式是否准确合理？在这一部分，案例关注的**核心问题是**：基金的风险应当如何计量。

6.2.1　基金的选择

下面选择两只不同类别的基金，对基金风险做出更为细致的定量化分析。在选择过程中，本案例主要关注以下三方面：

（1）成立日期。考虑到数据收集及分析的稳定性问题，在样本选择时优先考虑成立日期较早的基金；

（2）基金绩效。优先选择业绩优秀、综合业绩排名靠前的基金；

（3）基金结构⊖。选择的基金在结构上应具有明显特征，且分类在各类基金网站上一致。

⊖　详见附录 6A。

基于以上三点，本案例选择如下基金。股票型基金：华夏收入股票（288002）；债券型基金：银河收益债券（151002）。

6.2.2　定期报告中的风险度量

与上市公司公布财务报告相近，基金也会以季报、年报等形式定期披露经营业绩和财务状况。在基金的定期报告中，主要通过事前与事后两个角度向投资者揭示基金的投资风险。

事前风险披露主要包括：投资目标、投资策略、业绩比较基准和风险收益特征四个组成部分。其中，投资目标、投资策略及风险收益特征以定性的方式描述了基金的基本特征，如投资组合中股票与债券两种资产大致的资产配置比例、股票的主要投资对象等。而业绩比较基准则是定量的事前风险评估指标。如表 6-3 所示，银河收益债券（151002）的业绩比较基准为"债券指数涨跌幅 ×85%+ 上证 A 股指数涨跌幅 ×15%"，华夏收入股票（288002）的业绩比较基准为"80% 富时中国 A 股红利 150 指数 +20% 富时中国国债指数"。业绩比较基准中，股票指数所占比例越高投资风险越大，债券指数所占比例越高投资风险越小。

表 6-3　基金定期报告中的事前风险评估方式

	银河收益债券（151002）	华夏收入股票（288002）
投资目标	以债券投资为主，兼顾股票投资，在充分控制风险和保持较高流动性的前提下，实现基金资产的安全及长期稳定增值	本基金在严格执行投资风险管理的前提下，主要投资于盈利增长稳定的红利股，追求稳定的股息收入和长期的资本增值
投资策略	根据对宏观经济运行状况、金融市场环境及利率走势的综合判断，采取自上而下与自下而上相结合的投资策略合理配置资产。在控制利率风险、信用风险以及流动性风险等的基础上，通过组合投资，为投资者获得长期稳定的回报。本基金的股票投资作为债券投资的辅助和补充，力争在严格控制风险的情况下，提高基金的收益率。在正常情况下，债券投资的比例范围为基金资产净值的 50% 至 95%；股票投资的比例范围为基金资产净值的 0% 至 30%；现金的比例范围为基金资产净值的 5% 至 20%	本基金遵循积极主动的投资理念，以红利股为主要投资对象，通过自下而上的方法精选个股获得股息收入和资本的长期增值。以债券和短期金融工具作为降低组合风险的策略性投资工具，通过适当的资产配置来降低组合的系统性风险
业绩比较基准	债券指数涨跌幅 ×85%+ 上证 A 股指数涨跌幅 ×15%，其中债券指数为中信国债指数涨跌幅 ×51%+ 中信银债指数涨跌幅 ×49%	本基金的业绩比较基准为 80% 富时中国 A 股红利 150 指数 +20% 富时中国国债指数
风险收益特征	该基金属于证券投资基金中的低风险品种，其中长期平均的预期收益和风险低于指数型基金、平衡型基金、价值型基金及收益型基金，高于纯债券基金	本基金是股票型基金，遵循积极主动的投资理念，以盈利增长稳定的高股息和连续分红股票类资产为主要投资工具，在股票型证券投资基金中属于中等风险的基金产品

资料来源：依据银河收益债券、华夏收入股票 2010 年基金年度报告整理而得。

事前风险评估能够为潜在投资者选购基金提供帮助，而事后风险评估则是以历史收益为基础对投资风险做出更为准确的统计分析。如表 6-4 所示，在年度定期公告中披露了基金及业绩比较标准净值增长率的标准差，并报告了两者的差异。整体上看，基金定期报告采用了基于标准差的风险度量方式，净值增长率标准差越大投资风险越高。在 2007 ~ 2009 年度，华夏收入股票（288002）净值增长率标准差低于业绩比较标准收益率标准差，表明上述期间内这一基金的投资风险低于 80% 富时中国 A 股红利 150 指数与 20% 富时中国国债指数构成的投资组合。

表 6-4　基金定期报告中的事后风险评估方式

年度	②净值增长率标准差（%）		④业绩比较基准收益率标准差（%）		②－④（%）	
	288002	151002	288002	151002	288002	151002
2007	1.97	0.69	2.14	0.34	−0.17	0.35
2008	1.93	0.53	2.56	0.43	−0.63	0.10
2009	1.64	0.33	1.85	0.29	−0.21	0.04
2010	1.29	0.36	1.24	0.22	0.05	0.14

资料来源：依据银河收益债券、华夏收入股票 2007 ~ 2010 年度基金定期报告整理而得。

　　基金定期报告中，以业绩比较基准作为风险评价依据，以标准差作为风险评估指标，这种评价方法是否能够真实地反映基金风险？第一，基金的投资风险与业绩比较标准的风险并不完全一致。以华夏收入基金（288002）为例，其业绩比较标准为 80% 富时中国 A 股红利 150 指数 +20% 富时中国国债指数，并不意味着基金经理必须严格将 80% 的资金投入富时中国 A 股红利 150 指数相应的股票，其余 20% 的资金投入富时中国国债指数相应的债券，而仅仅是一个大致的资产配置比例。事实上，依据基金公告数据，华夏收入基金在 2007 ~ 2010 年末的股票资产占资产组合市场价值的比例分别为 78.58%、72.02%、87.43%、81.93%，均不等于 80%。在每一个特定年度内，基金的风险与业绩比较标准的风险均存在着一定的差异。另外，出于业绩因素的考虑，基金经理很有可能会将业绩比较标准设定得比较低、易于实现，而在实际投资中选择更高风险的投资组合追求高收益。因此，业绩比较标准仅供投资者参考，在准确性、可靠性上有所不足。

　　第二，标准差是否适合作为基金风险的评估指标也存在着疑问。标准差是证券资产总体风险的计量指标，而投资者仅关注系统风险以评价基金是否实现了投资者要求的期望收益。那么，标准差可以作为基金系统风险的统计指标吗？如果基金能够构建有效的投资组合，充分分散所有的非系统风险，使基金收益与市场经济环境变动完全一致，则标准差可以揭示基金系统风险。但是，基金并不能构建完全有效投资组合，非系统风险也并不能被有效分散。大成基金重仓持有重庆啤酒（600132）超过 10% 的流通股股票，寄希望于重庆啤酒的乙肝疫苗研发概念，在疫苗研发失败的公告披露后，股票在 11 个交易日中出现 10 次跌停，股价从每股 81.38 元跌至每股 28.45 元，不到半个月的时间里股价下跌 52.93 元，股票市场价值损失 65.04%。期间重庆啤酒总股数为 48 397.12 万股，以持股 10% 计算大成基金至少损失 25.62 亿元。而大成基金的例子并不罕见，泰信优质生活（290004）受大元股份（600146）拖累，全年净值下挫 34.09%。由此看来，不能假定基金已经充分分散风险，标准差并不适合作为基金的风险评价指标。

6.2.3　如何对基金风险进行评价

　　为了寻求一种更为合理的方式计量基金的投资风险，首先回顾已有的风险计量指标。基金面临着许多风险，如利率风险、政策风险、经济周期风险、购买力风险等，这些风险主要是指基金在运作过程中面临的风险，并且是从定性的角度看待基金的风险问题。在风险的量化评估中，通常采用以下两项指标：收益率的标准差 σ 以及证券的 β 系数$^{\ominus}$。

$\ominus$　β 系数计算方法主要有两种。一、定义法：其计算公式为，$\beta_i = \dfrac{\mathrm{COV}(r_i, r_m)}{\sigma_m^2}$。其中，$r_i$ 为资产 i 的收益率，r_m 为市场证券组合的收益率，$\mathrm{Cov}(r_i, r_m)$ 为资产 i 与市场证券组合收益的协方差，σ_m^2 为市场证券组合的方差。

二、回归法：CAPM 模型的表达式为 $E(r_i) - r_f = \beta_i [E(r_m) - r_f]$。其中，$r_f$ 为无风险利率。可以用下式回归得到贝塔系数：$r_{it} = \alpha_i + \beta_i r_{mt} + \varepsilon_{it}$。

早期研究中学者通常采用历史收益的标准差来估计证券收益的风险。其原理是收益变动幅度越大证券投资风险越高。这一计量方式非常便于理解，但是它也存在着以下两项不足：第一，计算得到的标准差并不直观，计量结果可能难以理解。投资组合收益率的标准差缺乏与之相应的比较依据，多大的标准差是高风险、多小的标准差是低风险难以分辨；第二，标准差难以联结风险收益，在确定风险下提供证券的期望收益，而这正是投资者关注的焦点。标准差衡量了证券的总体风险，既包含与整体经济环境变动相关的系统风险，也包含与企业个体经营策略等相关的非系统风险。非系统风险不能得到风险补偿，预期收益仅与系统风险相关。对于未完全分散的投资组合，标准差与预期收益没有确定的联系。综合上述，寻找一项简便易用的系统风险计量指标是十分必要的。

William Sharp 于 1964 年提出的资本资产定价模型解决了这一问题。模型中的贝塔系数是系统风险的计量指标，描述了证券资产相对于市场经济运行的敏感程度。当证券市场有效时，贝塔系数表现了资产相对于市场投资组合的敏感程度。具体来说，当贝塔系数为 0.5 时，市场投资组合收益率增长（下跌）10%，这一资产收益率相应地增长（损失）5%；当贝塔系数为 1.5 时，市场投资组合收益率增长（下跌）10%，这一资产收益率相应地增长（损失）15%。可以发现，当证券资产的贝塔系数小于 1 时，其系统风险小于市场指数资产，收益更为稳定；当证券资产的贝塔系数大于 1 时，其系统风险大于市场指数资产，利于争取更高的回报。证券投资组合的系统风险由组合中各单项资产系统风险决定，其贝塔系数等于各单项资产贝塔系数按市值加权的平均数。

在刻画证券系统风险外，资本资产定价模型下的贝塔系数是联结证券风险与预期收益的桥梁。模型表明投资者要求的期望收益与证券资产的贝塔值正相关。高贝塔值的资产在经济景气时能够收获更高的收益，在经济低迷时投资者承受的损失也更多。因而投资风险较高，投资者也会要求较高的回报。反之，低贝塔值的资产更为安全、收益更为稳定，回报率相应地比较低。而政府债券由财政部发行受到国家信用担保，在投资后能够依据票面利率按时获取本息，其预期回报与经济运行状况无关。因而政府债券的贝塔值为 0，对应的收益率最低，为无风险收益率。

综合两种证券风险的计量方式，当证券资产是完全分散的投资组合时，标准差与贝塔系数是等效的，而当证券资产包含非系统风险时，贝塔系数的风险计量要优于标准差。尽管基金通常含有多项股票和债券，起到了一定的风险分散化作用，但是基金是否是有效的证券投资资产，学术界及实务界尚未给出明确的答案。因而在下面的实例中将主要采用贝塔系数计量风险。

6.2.4 基于 CAPM 模型的风险度量

贝塔系数的证券风险计量方式优于标准差，那么具体如何实施

本案例采用基金的净值增长率及同日的综合市场收益数据回归得出 β 系数。其中，在计算基金收益率时，基金净值经过了复权因子调整，以避免除权除息事件对单位净值的影响。

华夏收入股票（288002）与银河收益债券（151002）四年的收益率及 β 系数汇总见表 6-5：

表 6-5 基于 CAPM 模型的基金风险评估方式

年度	288002			151002		
	收益率	β 系数	R^2	收益率	β 系数	R^2
2007	146.38%	0.789	0.912	44.92%	0.256	0.796
2008	−43.27%	0.575	0.908	−6.00%	0.127	0.583
2009	78.76%	0.763	0.914	9.72%	0.128	0.626
2010	−6.83%	0.774	0.823	6.14%	0.174	0.614

资料来源：年度收益率依据华夏收入股票、银河收益债券 2007～2010 年度基金定期报告整理而得。β、R^2 依据 CSMAR 国泰安数据库中的基金与市场日收益率数据计算而得。

由表 6-5 可以看出，在 2007 ~ 2010 年间，股票型基金华夏收入股票（288002）的贝塔系数均显著高于债券型基金银河收益债券（151002）。因而，华夏收入股票比银河收益债券具有更高的系统风险，其收益率变动更为剧烈。具体来说，当债券型基金和股票型基金都是正收益时，股票型基金比债券型基金的收益更高，如 2007 年牛市中，华夏收入股票实现了 144.38% 的收益率，而相比之下银河收益债券收益率仅为 44.92%；当股票型基金收益率为负时，债券型基金比股票型基金的表现更好（正收益或相对较低的负收益），如 2008 年华夏收入股票亏损 43.27%，而同期银河收益债券仅亏损 6%。从贝塔系数的数值上进行分析，华夏收入股票的贝塔系数在 0.5 ~ 0.8 之间，其风险小于综合市场投资组合，银河收益债券的贝塔系数在 0.1 ~ 0.3 之间，其风险略高于无风险资产（如国债及定期存款）。

另一方面，可以通过对判定系数 R^2 的分析得出更多的结论。在数理统计中，R^2 取值在 0 ~ 1 之间，表示被解释变量的变动中可以被解释变量变动解释的比例。而在上述回归方程中，R^2 则表示了证券资产风险中系统风险所占的比例。如 R^2 等于 70%，表明系统风险占总风险的 70%，非系统风险占总风险的 30%。观察上述两只基金的数据，在 2007 ~ 2010 年间，华夏收入股票收益的系统风险占总风险比例约为 90%，通过投资组合的构建，已经很好地分散了非系统风险对于收益变动的影响；而银河收益债券这一比例约为 60%，参考 2010 年一汽轿车（000800）的 R^2 为 51%，单一股票系统风险占总风险的比例与银河债券系统风险占总风险的比例相近，可以认为这一债券型基金的风险分散作用相对来说仍比较有限。通过上述分析发现，基金作为多个股票、债券组合而成的证券资产，并不一定是有效的投资组合，资产构建方式会对资产的风险分散效用产生较大的影响，至少对于一部分基金来讲，投资收益中的非系统风险仍是总风险中不可忽视的一项组成部分。

6.3　如何评价基金业绩

为了评价基金风险，本案例采用了基于资本资产定价模型的风险评价指标，以贝塔系数度量了华夏收入股票与银河收益债券的投资风险，解答了如何衡量基金投资风险的问题。而风险与收益紧密相关，定期报告中将基金收益率与业绩比较标准收益率相比较，评价特定期间内的基金业绩表现，这一评价方式能否帮助投资者分清收益中有多少可以归因于市场经济环境变动，有多少取决于基金经理股票精选能力？在这一部分，案例关注的核心问题是：基金业绩应当如何评价。

在基金定期报告中的业绩评价表格如表 6-6 所示：

表 6-6　基金定期报告的业绩评价方式　　　　　（单位：百分之一）

基金代码 年度	①净值增长率		②净值增长率 标准差		③业绩比较基 准收益率		④业绩比较基 准收益率 标准差		①－③		②－④	
	A	B	A	B	A	B	A	B	A	B	A	B
2007/12/31	146.38	44.92	1.97	0.69	150.76	10.4	2.14	0.34	−4.38	34.52	−0.17	0.35
2008/12/31	−43.27	−6.00	1.93	0.53	−52.67	−5.10	2.56	0.43	9.40	−0.90	−0.63	0.10
2009/12/31	78.76	9.72	1.64	0.33	84.16	9.75	1.85	0.29	−5.40	−0.03	−0.21	0.04
2010/12/31	−6.83	6.14	1.29	0.36	−3.02	−0.38	1.24	0.22	−3.81	6.52	0.05	0.14

资料来源：依据银河收益债券、华夏收入股票 2007 ~ 2010 年度基金定期报告整理而得。收益率取一年期。A：288002；B：151002。

其中，华夏收入股票的业绩比较标准为 80% 富时中国 A 股红利 150 指数 +20% 富时中国国债指数，银河收益债券的比较标准为债券指数涨跌幅 ×85%+ 上证 A 股指数涨跌幅 ×15%，债券指数为中信国债指数涨跌幅 ×51%+ 中信银债指数涨跌幅 ×49%。基金的实际收益率与相应的比较基准资产的收益率差异是衡量基金收益表现的一项重要指标。而基金的收益率标准差与相应的比较基准资产的收益率标准差主要关注于基金收益背后的风险因素。

由表中信息可以发现，以华夏收入股票（288002）为例，其收益不及比较基准的收益：基金四年的收益率分别为 146.38%，−43.27%，78.76%，−6.83%，四年的比较基准收益率分别为 150.76%，−52.67%，84.16%，−3.02%。基金收益率仅在 2008 年高出比较基准收益率，其余三年均不及预期收益。但同时也可以看到，基金的风险也略小于比较基准的风险，2007 ~ 2009 年间，基金收益率的标准差均小于比较基准收益率标准差。风险较低平均收益也会比较低是非常直接的道理。但是，定期公告业绩评价表格中的两项指标分别衡量了基金的风险与收益，但没有将两者连接在一起做出综合考评，因而难以对基金的真实业绩做出更为直接、可靠的评价。

借助于资本资产定价模型，在有效资本市场的基础上，我们可以综合证券资产的风险、收益两项指标对基金的业绩做出更好的评价。依据资本资产定价模型，资产的预期收益率等于无风险收益率与风险收益率之和，因而，证券资产的投资风险与期望收益有如下关系：

$$R_i = R_f + \beta_i (R_m - R_f)$$

其中：R_i 为资产 i 的预期收益率，R_f 为无风险收益率，β_i 为资产 i 的贝塔系数，R_m 为市场投资组合的收益率。将上式改写为 R_i 关于 R_m 的表达式，有：

$$R_i = R_f(1 - \beta_i) + \beta_i R_m$$

通过将证券的回报率与综合市场回报率回归的方式，可以计算得到资产的贝塔系数，即：

$$R_i = a + \beta_i R_m$$

将回归得到的 a 与 $R_f(1 - \beta_i)$ 相比较，可以有效地衡量基金的表现：

（1）当 $a > R_f(1 - \beta_i)$ 时，基金的表现好于预期收益率，基金的运作状况较好；

（2）当 $a < R_f(1 - \beta_i)$ 时，基金的表现不及预期收益率，基金的运作状况较差；

（3）当 $a = R_f(1 - \beta_i)$ 时，基金的表现与预期相符。

事实上，a 与 $R_f(1 - \beta_i)$ 的差额被称作 "Jensen's Alpha [⊖]"，是衡量投资表现的重要指标。通过这一方式，对华夏收入股票与银河收益基金的收益率重新做出评估，结果见表 6-7。

表 6-7　基于 CAPM 模型的 Jensen's Alpha 指数业绩评价

基金代码 年度	日度化无风险收益		a		贝塔系数		Jensen's Alpha	
	A	B	A	B	A	B	A	B
2007/12/31	0.865	0.865	3.007	3.763	0.789	0.256	2.824	3.120
2008/12/31	1.053	1.053	0.308	2.349	0.575	0.127	−0.140	1.440
2009/12/31	0.610	0.610	0.593	−0.263	0.763	0.128	0.448	−0.795
2010/12/31	0.625	0.625	−3.118	1.897	0.774	0.174	−3.259	1.381

资料来源：依据 CSMAR 国泰安数据库计算而得。无风险收益率取为银行一年期整存整取利率的。采用每年的日收益率数据计算 Jensen's Alpha。无风险收益、a、Jensen's Alpha 单位为万分之一。A: 288002；B: 151002。

⊖ 又称詹森指数，是测定证券组合经营绩效的一种指标，是证券组合的实际期望收益率与位于证券市场线上的证券组合的期望收益率之差。1968 年，美国经济学家 Michael C. Jensen 发表了《1945-1964 年间共同基金的业绩》一文，提出了这个以资本资产定价模型（CAPM）为基础的业绩衡量指数，它能评估基金的业绩优于基准的程度，通过比较考察期基金收益率与由定价模型 CAPM 得出的预期收益率之差，即基金的实际收益超过它所承受风险对应的预期收益的部分来评价基金，此差额部分就是与基金经理业绩直接相关的收益。

　　2007年，银行一年期定期存款的平均日度化利率为0.00865%，华夏收入股票（288002）的每日收益率比预期好0.02824%，银河收益债券（151002）的每日收益率比预期好0.0312%。以242个交易日计算，在2007年，华夏收入股票收益率好于预期7.07%（（1+0.02824）^{242}-1)，银河收益债券收益率好于预期7.84%[（1+0.0312）^{242}-1]。综合四年的业绩表现，华夏收入股票在2008年和2010年表现较差，而在2007年和2009年表现较好；银河收益债券在2009年表现不佳，而在其余三年表现好于预期。采用Jensen's alpha指标综合考虑了风险与收益两方面的因素，因而业绩评价更为直观、准确，考察更为有效。

6.4 案例总结与讨论问题

▶ 案例总结

　　通常认为，投资基金与购买股票相比存在两大优势。第一，基金通过构建投资组合的方式，能够有效分散投资风险；第二，基金经理具有专业素养、较强的选股能力，可以获得超过普通投资者的收益。但事实上部分基金也在重仓个股做投机，并未充分分散非系统风险；统计数据表明近半数基金呈亏损状态，并没有为投资者创造价值。为此，案例分析了基金定期报告的风险收益评价方法，指出不足之处，并在此基础上提出了基于资本资产定价模型的基金风险收益计量模式。

　　通过以上的分析可以总结如下。

　　（1）基金定期报告提供了基金净值增长率标准差及业绩比较标准收益标准差，定量分析投资风险。这种风险度量方式存在两项问题：第一，业绩比较标准仅供参考，与基金的实际风险并不完全一致；第二，标准差衡量总体风险，不能揭示与期望收益相关的系统风险。贝塔系数作为证券资产系统风险的指标，用于衡量基金投资风险更为合理。

　　（2）基金定期报告提供了基金净值增长率与基金净值增长率标准差来评价基金收益，并辅之以业绩比较标准的相应指标作为参考标准。这种收益评价方式存在下述问题：定期报告使用者不能分辨基金收益中多少归因于市场风险，多少归因于基金经理的证券选择能力。基于资本资产定价模型的Jensen's alpha指标，从总体收益中分离出与市场风险相关的收益成分，能够解释基金获得的超额收益的原因，用于衡量基金投资收益更为合理。

▶ 讨论问题

　　讨论问题一：基金通常持有多种股票、债券等证券资产，但可能仍然没有有效地分散非系统风险。考察一个投资组合是否有效，仅关注其中包含的证券数量是远远不够的。讨论各项证券资产的配置比例是如何影响风险分散效果的。

　　讨论问题二：同时购买股票与债券可以构建投资组合，鉴于不同种类的基金的风险与收益存在各种差异，讨论如果同时投资多种基金是否也存在投资组合的问题，能否根据投资组合原理衡量所投基金组成的组合的风险系数。

　　讨论问题三：证券市场每年都会依据基金业绩评选明星基金经理，这些基金经理一般具有一定年限的从业经历、较高的专业水平、丰富的投资经验，能够在证券投资上较好的控制风险、提高收益率。假设一般投资者进行两种投资选择，第一种是追随明星基金经理进行证券投资，购买他们重仓持有的股票[⊖]，第二种是依据自己对拟投资企业的所在行业的政策导向、企业竞争能力、发展前景和财务状况等信息的分析选择股票。试在自己构建分散化的证券投资组合基础上，与仅购买明星基金经理重仓股票的收益率相比较，讨论哪种投资策略选择更为合理。

　　⊖ 外部投资者很难实时获取基金经理的投资组合配置信息，仅能够通过基金定期公告、新闻媒体等渠道获取基金在某一特定时间点的配置资料。因此，在不购买基金的情况下，追随明星基金经理进行投资具有一定的滞后性。

附录 6A

华夏收入股票（288002）与银河收益债券（151002）2007 ~ 2010 基金结构如表 6A-1
所示。

表 6A-1 华夏收入股票（288002）结构

统计日期	股票占净值比例 （%）	债券占净值比例 （%）	股债比例合计 （%）	银行存款、金融衍生 及其他（%）
2007-12-31	78.58	12.36	90.94	9.06
2008-06-30	74.87	6.86	81.73	18.27
2008-12-31	72.02	17.26	89.28	10.72
2009-06-30	88.63	4.36	92.99	7.01
2009-12-31	87.43	4.34	91.77	8.23
2010-06-30	68.07	12.43	80.50	19.50
2010-12-31	81.93	6.47	88.40	11.60

资料来源：依据华夏收入股票 2007 ~ 2010 年度定期报告计算而得。

附录 6B

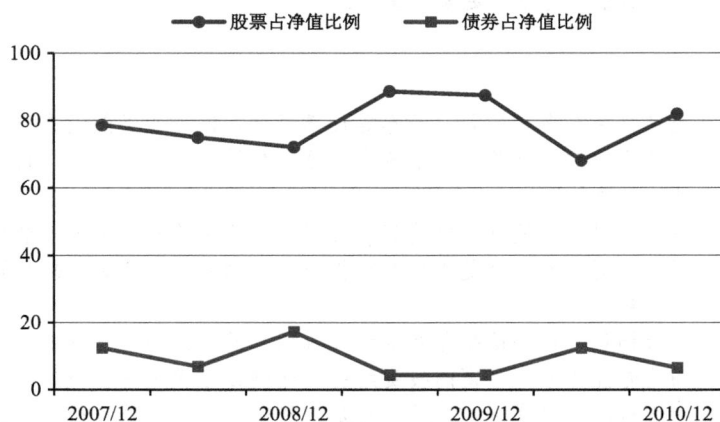

图 6B-1 华夏收入股票（288002）结构图

资料来源：依据华夏收入股票 2007 ~ 2010 年度定期报告计算而得。

附录 6C

表 6C-1　银河收益债券（151002）结构

统计日期	股票占净值比例（%）	债券占净值比例（%）	股债比例合计（%）	银行存款、金融衍生及其他（%）
2007-12-31	16.45	70.40	86.85	13.15
2008-06-30	8.91	65.49	74.30	25.70
2008-12-31	4.12	85.29	89.41	10.59
2009-06-30	18.31	71.61	89.92	10.08
2009-12-31	17.71	72.55	90.26	9.74
2010-06-30	8.29	73.99	82.28	17.72
2010-12-31	23.76	66.85	90.61	9.39

资料来源：依据银河收益债券 2007 ~ 2010 年度定期报告计算而得。

附录 6D

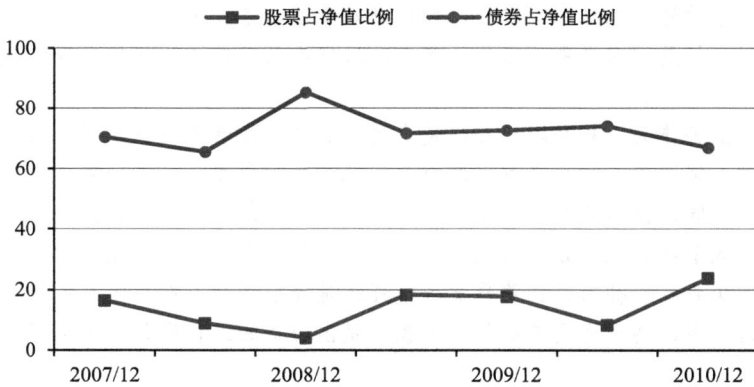

图 6D-1　银河收益债券（151002）结构图

资料来源：依据银河收益债券 2007 ~ 2010 年度定期报告计算而得。

购房贷款不同还款方式的比较与选择

基于个人购房贷款的案例分析

▶ 引 例

自 2009 年以来，个人住房的单价以平均每年 9.43%[⊖] 的速度增长，供求严重失衡，这种本应是刚性需求的商品俨然充满了投资的氛围。虽然政府的限制措施不断出台，监管力度也在逐步加大，但仍无法改变房地产市场过热的局面。过高的房屋价格已经超出了一般居民的承受能力，如果购房者等到房款齐备后再买房，就要在漫长的等待中损失掉高额的租金和货币价值。因此，贷款购房[⊜]在房价不断攀升的情况下已逐渐成为一种必然的选择，但是不同的贷款[⊜]适用于不同的人群，选择一种最合适自己的房贷产品尤为重要。

日益庞大的个人住房贷款市场对银行有着巨大的诱惑力，看似饱和的住房市场，其价格的上涨却动力十足。各大商业银行为了抢占市场，争夺客户，频频亮出各具特色的房贷产品。购房者需要根据自己的条件选择合适的房贷产品。以中国建设银行为例[⊛]：购房者首先要从个人住房委托贷款、自营贷款或组合贷款三种个人住房贷款方式中选择一种，然后要选择浮动贷款利率、固定贷款利率或混合贷款利率，最后还要选择还款方式，如等额本息还款法、等额本金还款法等。购房者虽然有了更多的选择空间，但是面对高涨的房价、复杂的房贷产品，应该如何抉择呢？这是每个贷款购房者必须面对的问题。

个人住房贷款业务作为一种金融产品，越来越受普通购房者的青睐。对于特定的购房者，哪种房贷产品最为有利，将取决于购房者本人的财务状况和还款意愿，不能一概而论。由于每个人的收入情况与生活方式不同，住房贷款的还款计划也各异，因此制订一个适合自己的还款计划显得格外重要。不同还款方式下现金流的分布特点不同，购房者如何在经济条件允许的情况下最大程度地节省利息支出呢？购房者日后拥有的积蓄是适合投资还是提前还款？在中国人民银行不断调整信贷结构和货币政策的情况下，购房者又该如何根据预期做出合适的选择呢？本案例将围绕以上问题依次展开讨论。

⊖ 此百分比为近三年中国房价平均上涨速度，资料来源于国家统计局 2012 年统计数据。
⊜ 贷款买房原因分两种情况：一是不能一次付清全额房款的购房者，必须贷款买房；二是有能力一次性支付房款的购房者，考虑到资金的机会成本，将购房资金用于更好的投资机会，因此也要贷款买房。
⊜ 按揭贷款就是购房者以所购住房做抵押并由其所购买住房的房地产企业提供阶段性担保的个人住房贷款业务。
⊛ 资料来源：中国建设银行总行网站。

7.1　案例概况

研究生甲 2010 年自某高校毕业后找到了一份令人满意的工作，目前月薪 10 000 元，他的女朋友乙，大学毕业后即参加工作，月薪 6 000 元。两人毕业后一直租房子住，现在他们的生活工作都已基本稳定，于是决定买一套房子为结婚做准备。他们看中了一套地理位置不错、户型设计美观的现房[○]，该房的建筑面积 90 平方米，每平方米的价格是 23 000 元人民币，应付房款共计 2 070 000 元[○]。开发商提供两种付款方式[○]：一次性付款^⑲和按揭贷款^⑤。若采用一次性付款，开发商将提供购房款 2% 的折扣优惠。由于两人目前有存款 15 万元，双方父母可以为他们垫付 40 万元，所以与大多数年轻人实际购房的情况一样他们需要进行贷款购房。

那么，购房者如果要进行贷款买房，他们主要有哪些贷款方式可以选择？哪些因素会影响他们的选择？不同的贷款方式各自的风险又有哪些呢？

7.2　购房者购房贷款方式的选择

如今贷款买房已经成了大多数购房者的必选之路，购房贷款形式相较于以往也已经出现了明显的变化。作为目前主流的贷款买房形式，公积金贷款买房、按揭贷款买房、混合贷款买房，各自有着不同的特点和选择条件。购房者只有在足够了解不同的贷款方式的情况下，结合自身的实际情况，考虑不同的风险，才能合理的选择真正适合自己的房贷方式。

7.2.1　不同购房贷款方式的特点和选择条件

个人住房贷款是指银行向借款人发放的用于购买自用普通住房的贷款，是目前商业银行的主要资产业务之一。目前，各大商业银行个人住房贷款业务主要包括自营性个人住房贷款即个人住房按揭贷款（包括个人一手房贷款、个人再交易贷款住房贷款即二手房贷款、个人商业用房贷款、个人住房抵押额度贷款等）、公积金个人住房贷款和个人住房组合贷款。

（1）**个人住房按揭贷款**。个人住房按揭贷款是指银行用信贷资金向在中国大陆境内城镇购买、建造、大修各类型住房的自然人发放的贷款。它的贷款对象为具有完全民事行为能力的中国自然人及在中国大陆有居留权的境外、国外自然人。不同银行的个人住房按揭贷款条件各有差别，以中国建设银行的个人住房按揭贷款选择条件为例^⑥：其最高贷款额度为所购（建造、大修）住房全部价款或评估价值的 70%^⑦，贷款期限最长为 30 年^⑧。贷款期限在 1 年以内（含 1 年）

[○]　目前，居民购买的住房有两种：一种是期房，即开发商正在开发建设，并已达到预售要求的住房；另一种是现房，即开发商已经建好并竣工验收的住房。

[○]　应付房款共计：90 × 23 000 = 2 070 000（元）。

[○]　建住房〔2000〕200 号《商品房买卖合同示范文本》第六条提供了三种付款方式，即一次性付款方式、分期付款方式以及其他方式，其中分期付款一般情况下多在购买期房时采用，通常的做法是购房者按所购楼宇的工程进度，约定交款时间。

^⑲　一次性付款指的是房屋购买人在合同约定期内，一次性付清全部的房价款，房屋出卖人则同时转移房屋的所有权。购现房一般都有按房价的 2% ~ 5% 左右的折扣优惠，期房有 5% ~ 10% 的折扣优惠。

^⑤　建住房〔2000〕200 号《商品房买卖合同示范文本》第六条提供的第三种付款方式：其他方式，主要是指买卖双方协商的结果，只要不违反法律规定，买卖双方在协商一致的基础上达成任何付款方式及期限都是允许的，但是在购房实践中则主要涉及按揭贷款的问题，包括商业按揭贷款、公积金贷款和组合贷款等。

^⑥　根据中国建设银行个人住房贷款业务网站整理。

^⑦　对首次申请贷款购买普通自住房的，贷款金额最高不超过抵押物净值的 80%。具体贷款成数政策可咨询当地分行。

^⑧　贷款期限最长不得超过 30 年，且贷款期限加借款人年龄不超过 70 岁。

的，实行到期本息一次性清偿的还款方法；贷款期限在 1 年以上的，可采用等额本息、等额本金还款法等。

（2）公积金个人住房贷款。 公积金个人住房贷款是指银行接受各地公积金管理中心委托，利用委托人提供的住房资金，根据委托协议向购买、建造、大修房屋的职工发放的个人住房贷款。其借款人必须按时足额缴存住房公积金，有当地住房公积金管理部门规定的最低额度以上的自筹资金，并保证用于支付所购（大修）住房的首付款并符合当地住房公积金管理部门规定的其他借款条件。

公积金个人住房贷款的额度和期限按照购房者当地的住房公积金管理部门确定执行，贷款利率按照中国人民银行规定的个人住房公积金贷款利率执行。借款期限在 1 年（含 1 年）以内的，采用到期一次还本付息方法，借款期限在 1 年以上的，采用等额本息还款法、等额本金还款法或当地住房公积金管理部门认可的其他还款方式。

（3）个人住房组合贷款。 个人住房组合贷款是指对按时足额缴存住房公积金的自然人在购买、建造、大修各类型住房时，银行同时为其发放公积金个人住房贷款和自营性个人住房贷款而形成的特定贷款组合。申请者必须同时符合住房公积金管理部门有关公积金贷款的规定和所申请银行的有关自营性个人住房贷款的规定。公积金个人住房贷款和银行自营性个人住房贷款合计最高为所购住房销售价格或评估价值（以两者较低额为准）的 80%，其中公积金个人住房贷款最高额度须按照当地住房资金管理部门的有关规定执行。其贷款期限在中国人民银行规定的最长贷款期限内（目前为 30 年），由公积金管理部门和贷款行根据借款人的实际情况，分别确定贷款期限。所贷款项中的商业性个人住房贷款部分按照个人住房贷款利率执行。公积金贷款部分按照个人住房公积金贷款利率执行⊖。

除以上三种主要的购房贷款方式外，各商业银行还有个人再交易住房贷款、个人商业用房贷款等住房贷款方式，并且随着我国经济的发展，人民生活水平的提高，个人住房贷款的业务规模也在逐年增加，越来越成为商业银行争相抢夺的焦点。那么根据这些情况，贷款者要合理选择贷款方式需要考虑哪些因素呢？

7.2.2 影响购房贷款方式选择的主要因素

影响贷款购房的因素很多，对于购房者来说综合考虑自身经济实力和充分利用公积金贷款等因素，选择适合自己的购房贷款是非常必要的。

首先，申请购房贷款额度要量力而行。 购房者申请个人购房贷款方式时，应该对自己目前的经济实力、还款能力做出正确的判断，同时对自己未来的收入及支出做出正确的、客观的预测，谨慎考虑是否贷款，如果贷款，适合哪些房贷方式。按照国际通行标准，月收入的 1/3 是房屋按揭的警戒线，越过这个额度，将会严重影响到按揭人的生活质量。案例中，甲乙两人购买第一套自主用房时虽然无法一次性付清房款，但都有较稳定的工作和收入，也满足公积金贷款条件，所以可以选择个人住房按揭贷款和公积金个人住房贷款。

其次，按揭购房要选择好的贷款银行。 通常情况下，如果购买商品房（一手房）时，开发商多会指定合作银行；如果购买现房或二手房时，可以自行选择贷款银行⊖。按揭银行的服务品种越多越细，个人金融服务就越灵活，房贷者就拥有更多的选择权。

此外，符合公积金贷款条件的购房者应尽可能多地使用公积金贷款，并尽可能地提高贷

⊖ 资料来源：中国建设银行总行网站。

⊖ 购买二手房的时，如中介公司有合作的贷款银行则只能向指定银行贷款，但当购买二手房是自行成交或委托大型的贷款服务公司的时候，则可以灵活选择贷款银行。

款额度。住房公积金贷款具有政策补贴性质，贷款利率低，它不仅低于同期商业银行贷款利率（约为商业银行抵押贷款利率的一半），而且要低于同期商业银行存款利率。也就是说，在住房公积金抵押贷款利率和银行存款利率之间存在一个利差，同时住房公积金贷款在办理抵押和保险等相关手续时，收费减半。另外，当国家对贷款利率进行调整的时候，通常对公积金贷款利率的调整幅度会小于商业贷款的调整幅度，这进一步加大了公积金贷款利率与商贷之间的差距。两人现有 15 万元存款，双方父母可以为他们垫付 40 万元，所以两人经济的房贷方式可以选择首付 55 万元（大于购房款的 20%），向银行申请住房贷款 152 万元，其中公积金个人住房贷款 80 万元（已达公积金贷款的上限），普通商业贷款 72 万元。

7.2.3　影响购房贷款方式选择的主要风险

经济不断发展，房价持续攀升，历来崇尚储蓄型消费、以"寅吃卯粮"为耻的中国人也似乎在一夜之间学会了"预支明天的钱，享受今天的生活"，其中的主流大多为年轻人。那么，当贷款买房这种寅吃卯粮粮的方式日渐被大家习惯时，明确贷款买房方式后的主要风险就变得尤为重要。

选择商业银行的个人住房贷款时，购房者主要面临还款的风险。部分购房者在购房时被 7 ~ 8 成按揭优惠条件⊖所吸引，而没有充分考虑自身的还款能力，有的购房者虽然考虑了当时的还款能力，但没有考虑今后二三十年的还款能力。如果每月还款数额在购房者家庭月收入所占比例过高，或者家庭主要收入者出现不可预见的意外情况，如失业、收入减少、疾病、意外亡故等情况，或是经济形势恶化等原因引起个人收入水平下降，购房者没有足够的积蓄应对，那么就会使购房者陷入困境。另外，在个人收入水平不变情况下，还要考虑加息的风险，特别是处在历史利率低点的时候，不要一味追求大面积住房，否则将来连续加息后借款人将不堪重负。

选择公积金贷款时，它主要存在着政策风险、法律风险和操作风险等。政策性风险主要是指国家相关政策给贷款带来风险的可能性，法律风险是指交易合同不能得到法律保护而导致损失的可能性，操作风险是指公积金管理中心在处理个人住房贷款业务时操作失误或决策不当而造成贷款损失的可能性。

房地产市场受经济运行环境与宏观经济政策影响比较明显，购房者在了解了购房贷款方式后需要考虑的主要问题是：如何根据自身的财务能力状况与变化趋势做出相对适宜的购房贷款选择，即选择什么样的还款方式？不同的还贷方式在利率变化时将会对还款现金流产生怎样的变化？

7.3　不同购房贷款利息率的比较与选择

2006 年以前，国内个人住房贷款一般都只采用浮动贷款利率；2006 年伊始，商业银行纷纷推出了各自的固定贷款利率和混合贷款利率，这两种利率方式在基准利率不断上调的情况下受到了贷款者的青睐。固定贷款利率较浮动贷款利率而言有什么优劣？如何根据自身及市场的情况来选择利率方式呢？

7.3.1　可供选择的购房贷款利息率种类

购房贷款利息率，是指借款期限内利息数额与本金额的比例。可以分为固定贷款利率、浮

⊖　四大商业银行为争夺房贷客户采取首付交款越多，利率优惠空间越大的策略。比如，工行规定，若首付三成，首套房贷款利率最低优惠至 7.5 折；若首付两成，利率 8.5 折。

动贷款利率和混合贷款利率三个种类。

固定贷款利率。固定贷款利率是银行与购房者约定一个标准利率，且此标准利率不随市场行情的变动而变动，即在借款期内，不管中国人民银行的基准利率或市场利率如何调整，购房者都是以约定的标准利率来偿还按揭贷款。固定贷款利率是购房者为了规避利率上升风险而与银行约定在一定时期内利率固定不变的一种利率方式。商业银行有权利在贷款期初根据对未来利率变化的预测来制定固定贷款标准利率：如果一段时期内市场普遍对利率看涨，银行制定的固定贷款利率就会比现行利率高；反之，银行制定的标准利率就会略低于现行利率。对于不同区域、不同资质的购房者所给予的利率水平也会有所不同，这主要是考虑到了购房者的区域经济发展水平、个人信用记录，以及是否为贷款银行的优质客户等因素。如果购房者选择了固定贷款利率，也就意味着无论中国人民银行的基准利率如何变化都不会影响购房者每月的还款现金流量。

当市场普遍存在预期加息、利率风险骤然增加的背景下，固定贷款利率方式显然是规避风险的良好工具。如果想让固定贷款利率发挥其优势，就需要对宏观经济特别是利率变化的趋势做出正确判断。一旦签署固定利率方式的贷款合同，再想修改合同条款，就必须向商业银行支付一定数额的违约金（部分商业银行的合同条款在贷款期内是不可以更改的）。表 7-1 为中国建设银行固定贷款利率⊖与中国人民银行基准利率⊜对照表。

表 7-1 2015 年 3 月中国建设银行长期贷款固定贷款利率与人民银行基准利率对照表

贷款期限＝固定期限	固定贷款利率标准利率（%）	中国人民银行基准利率（%）	固定贷款利率最优惠利率（%）	与中国人民银行基准利率下浮 10% 相差（%）
3 年	5.75	5.75	5.29	0.46
5 年	5.75	5.75	5.29	0.46
5 年以上	5.9	5.90	5.43	0.47

固定贷款利率方式并不是绝对优于浮动贷款利率，在一定情况下也是要购房者承担一定的风险。一般来讲，各大商业银行提供的固定贷款利率要明显高于浮动贷款利率（见表 7-1），以便容纳未来期间利率多次上浮的风险，但是如果在未来期间中国人民银行的利率水平保持稳定或是有所下降，就会对购房者不利，即购房者选择固定贷款利率的风险就在于当贷款利率降低时，其还款仍需采用较高的固定贷款利率方式执行，这样的结果使购房者蒙受损失而银行获益。

浮动贷款利率。浮动贷款利率是指在整个借款期内利率水平随市场利率的变动而定期调整的贷款，调整周期和调整依据的标准是由借贷双方在贷款合同签订时共同确定。目前各大商业银行执行的是商业性贷款利率，实行上限放开，下限控制的管理方式，下限利率水平一般为相同期限的中国人民银行制定基准利率的 0.9 倍。个人住房贷款期限在 1 年之内（含 1 年）的，实行合同利率，如果在期限内遇到市场利率调整，则不分段记息，即仍按照合同利率计息；贷款期限在 1 年以上的，如果在期限内遇到市场利率调整，则于下年初开始按照新的利率水平执行⊜。在浮动贷款利率方式下，银行不承担利率调整带来的风险，全部由购房者承担，相对于固定贷款利率而言，其优点如下：

（1）当利率下滑时，能够节省购房者的利息成本；

（2）锁定了贷款利率和市场利率之间的利差，避免利率风险。

⊖ 资料来源：中国建设银行个人贷款服务经理。

⊜ 中国人民银行基准利率为 2015 年 3 月 1 日调整的利率。

⊜ 银发［1998］190 号《个人住房贷款管理办法》第四章第十四条。

浮动贷款利率方式与固定贷款利率方式在本质上并没有绝对的优劣之分。固定利率贷款的优势在于可以回避利率上升而多支出的利息，即利率调整风险是由商业银行与购房者双方共同承担的，一旦在期限内基准利率做出调整，购房者和银行将一方受损，另一方受益；浮动贷款利率方式将按照市场利率水平来计算贷款利息，虽然锁定了利差，但是购房者承担了利率调整的全部风险。

混合贷款利率。混合贷款利率即"固定＋浮动"的利率方式，购房者可在贷款开始的一段时间内执行标准固定贷款利率，待固定期结束后，剩余的贷款本金就转换为浮动贷款利率计息。混合贷款利率方式是浮动贷款利率方式与固定贷款利率方式的有机结合。出于利率风险控制的动机，目前各银行推出固定贷款产品最长期限为 10 年，而多数购房者住房贷款的期限在 20 年以上，因此固定贷款利率方式在个人住房贷款业务上的实用性较差，对于一些想要与商业银行共同承担利率调整风险的购房者而言，混合贷款利率将会是很好的选择。以中国建设银行为例，2006 年初为个人住房贷款业务开办了固定期为 3 年、5 年或 10 年的混合贷款利率方式，即在 3 年、5 年或 10 年内利率水平固定，固定期结束后，剩余的贷款本金就转换为浮动贷款利率计息。

利率水平是影响购房者还款计划的重要因素，不同的利率方式对购房者各期的还款现金流量产生较为显著的影响，即使利率水平的微幅调整也会带来现金流上较大的变动。在允许购房者选择的情况下，需要谨慎考虑并结合其他一些重要因素，如贷款期限的长短、购房者的预期收入状况以及还款意愿等。由于目前个人住房市场的供求关系不稳定，中国人民银行也在不断调整基准利率，所以各大商业银行为了规避风险，与客户签署的大多为浮动贷款利率方式。

7.3.2　购房贷款利息率的特征与比较

贷款利率分为固定贷款利率、浮动贷款利率和混合贷款利率三种。但房贷利率按贷款方式的不同也可分为个人住房商业性贷款利率和个人住房公积金贷款利率，它们有着不同的特征，由中国人民银行统一规定，各个商业银行执行的时候可以在一定的区间内自行浮动。

1. 个人住房商业性贷款利率

个人住房商业性贷款利率由各商业银行在住房按揭贷款基准利率的基础上，按照中国人民银行规定的区间进行浮动制定。住房按揭贷款基准利率由中国人民银行公布，当银行贷款利率不稳定有上下波动时，各银行在住房按揭贷款基准利率的基础上最高可以下浮 10%，以此作为各银行按揭贷款现行利率并执行。

2. 个人住房公积金贷款利率

住房公积金的存、贷利率由中国人民银行提出，经征求国务院建设行政主管部门的意见后报国务院批准⊖。目前，我国住房公积金利率由三部分组成：管理中心给公积金缴存人账户资金结算的利率、受托银行给管理中心开设的公积金专户资金（沉淀资金）结算的利率、个人住房公积金贷款利率。

现行公积金贷款利率是 2015 年 3 月 1 日调整并实施的，五年以上公积金贷款利率为 4.0%，月利率为 0.333%，五年及以下公积金贷款利率为年利率 3.5%。我国的个人住房公积金贷款利率有以下特点。

（1）**"低存低贷"的利率政策**。我国住房公积金制度是以储贷为核心的住房专项金融制度，实行低存低贷的原则。由于住房公积金存储利率相对较低，利用住房公积金积累发放的贷款

⊖ 《住房公积金管理条例》第一章第六条。

利率也相对较低，这样就为政策性抵押贷款提供了资金来源，同时也提高了职工贷款的承受能力，可以鼓励职工利用贷款实现购房。

（2）**贷款利率随货币政策调整而调整**。从中国人民银行不断调整公积金贷款利率来看，为体现住房公积金管理制度的政策性，公积金贷款利率主要定位为略低于商业性个人住房贷款利率的水平。

（3）**与商业性个人住房贷款利率下限利差逐渐缩小**。从 2005 年 3 月 17 日起，中国人民银行取消商业银行自营性个人住房贷款优惠利率，自营性个人住房贷款利率改按商业性贷款利率执行，上限放开，实行下限管理，下限利率水平为相应期限档次贷款基准利率的 0.9 倍。随后又分别于 2006 年 8 月 19 日和 2008 年 10 月 27 日将下限扩展到贷款基准利率的 0.85 倍和 0.7 倍。由此可以看出，利率市场化后，央行对金融机构商业性个人住房贷款利率设定的下限，有可能达到或趋近于目前的个人住房公积金贷款利率水平，住房公积金贷款利率呈现出与商业性个人住房贷款利率下限利差逐渐缩小的趋势。

在实际向银行贷款购房的过程中，购房者在选择了贷款方式后，银行会根据购房者的信贷和收入等综合情况对购房者进行评估，并根据评估的结果为购房者提供房贷，确定房贷利率。在政策允许和评估结果良好的情况下，银行多会给予购房者一些房贷利率的折扣优惠或者除浮动利率以外的利率种类的选择，以吸引购房者进行签约贷款。所以，购房者在了解了不同购房贷款利息率的特征后，在与银行进行购房贷款时应先了解当前中国人民银行的房贷利率政策，并且多使用公积金贷款，在选择商业性房贷时，应比较不同银行给予的利率政策的实际优惠程度，选择最佳的房贷利率。

7.4　不同房贷还款方式的现金流与价值比较

目前，比较常见的个人住房贷款还款方式有等额本息还款法[一]、等额本金还款法[二]、等额/等比递增还款法、等额/等比递减还款法六种方式[三]，其中等额本息还款法、等额本金还款法是实务中最常用的两种方式。不同还款方式在贷款期限内产生的利息差别较大，每期的还款现金流量特征也不同，因而适用于不同收入状况以及还款意愿的人群。不同还款方式下的利息是如何产生的？每期的还款现金流量有什么特征？购房者又该怎样决策呢？

7.4.1　不同房贷方式的还款特点及适用性

商业银行为了迎合不同购房者的实际需求，设置了多种还款方式，不同还款方式下的现金流特征、还款总额以及适用人群均有差异，表 7-2 列示了常见的 6 种还款方式。

表 7-2　不同还款方式比较

还款方式	特点	现金流分布
等额本息还款法	在贷款期内每期以相等的金额平均偿还贷款本息	各期现金流出额相等，呈现出年金的特点，适合收入处于稳定状态的购房者
等额本金还款法	在贷款期内每期等额偿还本金，贷款利息随本金的减少而逐月递减	随着时间的推移，各期现金流出额等差递减，呈现出等差序列现金流特点，适合还款初期还款能力较强，并希望在还款初期归还较大款项来减少利息支出的购房者

[一] 等额本息还款法：按揭贷款的本金总额与利息总额相加，然后平均分摊到还款期限的每个月中，每个月的还款额是固定的，但每月还款额中的本金比重逐月递增、利息比重逐月递减，是目前最普遍的还款方式。

[二] 等额本金还款法：将本金分摊到每个还款期，同时付清上一交易日至本次还款日之间的利息。

[三] 资料来源：中国建设银行总行网站。

（续）

还款方式	特点	现金流分布
等额 / 等比递增还款法	在贷款期的后一时间段内每期还款额相对前一时间段有一个固定增加额（呈一固定比例递增，同一时间段内，每期还款额相等	随着时间的推移，各个时间段现金流出额等差 / 等比递增，呈现出等差 / 等比序列现金流特点，适合工作年限短，收入呈上升趋势的购房者
等额 / 等比递减还款法	在贷款期的后一时间段内每期还款额相对前一时间段有一个固定减少额（呈一固定比例递减，同一时间段内，每期还款额相等	随着时间的推移，各个时间段现金流出额等差 / 等比递减，呈现出等差 / 等比序列现金流特点，适合收入较高、还款初期希望归还较大金额来减少利息支出的购房者

通过对表 7-2 的分析可以看到，对购房者来讲，6 种还款方式的区别主要体现在以下两个方面。

（1）**利息金额**。等额本息还款法每月还款金额相等，且前期的月还款额中大多数是利息，本金较少，占用银行资金较多，因而利息相对来说较高；等额本金还款法每月还款金额逐渐递减，每月还款额中的本金数相同，本金偿还较快，因而利息总额较低。由于对银行资金占用时间不同，等额 / 等比递增还款法需要支付的利息总额较高，甚至要高于同样条件贷款在等额本息还款法方式下的利息总额；等额 / 等比递减还款法需要支付的利息总额较低，甚至低于同样条件贷款在等额本金还款法方式下的利息总额。

（2）**还款金额**。等额本息还款法每期的还款额相同，负担相对较轻，等额本金还款法每期还款额逐渐递减，负担由重到轻，等额 / 等比递增法的每期还款额是由少至多的，故而负担是由轻逐渐加重的，而等额 / 等比递减法则相反。

通过上述分析可以发现，不同的还款方式的主要区别在于还款总额不同，具体而言就是在贷款期内的不同阶段购房者的还款压力不同（例如在等额本金法下，前期的还款压力明显大于后期），而购房者占用银行资金的平均期限不同，造成了利息支出也不同，占用资金的平均期限长，利息支出多，反之则少。

此外，由于房贷属于优质贷款项目，在我国一线发达城市，各家银行为了吸引客户也推出了一些新兴的贷款方式，如北京的中国银行、兴业银行和平安银行推出了双周供的贷款方式。此外还有气球贷和按揭开放账户贷等，不同方式各具特点，但是无论表面形式怎么变化，其实质也都是等额本息法或者等额本金法的计算原理，且由于新兴贷款方式对银行的风险防御和系统升级上提出了很高的要求，所以这些新型的房贷方式在中国运用较少，一些银行仅在一线城市向优质客户选择性提供。

7.4.2　还贷期限对还贷现金流的影响

在进行贷款买房时，购房者在贷款期限的选择上相比房贷利率有着更大的空间，不同的贷款期限会显著影响到每期还款现金流。选择贷款期限过长，购房者需负担较多的利息，银行的审核也较难通过；选择贷款期限过短，还款压力增加，要求的经济实力较高。那么购房者如何合理选择贷款期限呢？

在选择合适的贷款年限前，首先应了解影响房贷期限的一些因素。

因素一：购房者的经济收入水平。对于贷款买房的申请人来说，自身工作收入、工作稳定性、家庭储蓄存款、资产情况等都是银行审核房贷成功与否的重要依据，也是个人选择贷款年限申请时间的重要依据。经济实力较强的借款人可以考虑贷款年限较短，有一定还款压力的贷款方案。而经济实力稍差的借款人，需注意自身经济条件是否允许其承受较大的还款压力，如果银行信誉资质等方面较好，这类人群有可能会获得最高"8 成 20 年期"的贷款。

因素二： 房贷申请人的年龄。银行在为借款人评估房贷还款年限时，首先以其年龄作为基础。一般在符合贷款条件的前提下，年龄越小，其贷款年限越长；年龄越大，贷款年限则较短。

因素三： 所购房屋的房龄。贷款者在购买房产时，所购房产的"年龄"将影响其贷款的年限。根据银行规定，房龄较短的房产更容易获得银行的贷款。以二手房房贷为例，如建房期在 10 年以内的 2 手房，其各方面条件较好，银行愿意对这类房龄的住房贷款加快审批速度。而 20 世纪七八十年代的二手房由于房龄较长，银行不可控的贷款风险相对较大，因此银行对这类房屋的贷款审批十分谨慎[一]。

那么，不同的还款期限对每期还款现金流的影响又是怎样的呢？

案例中，假设甲乙按揭成数为 7 成[二]，按照基准利率 6% 进行等额本息还贷计算，根据还款期限的不同，计算出还款总额、支付利息款和每月还款额，如表 7-3 所示。

表 7-3 等额本息不同还款年限比较表

按揭年数	还款总额（元）	支付利息款（元）	每月还款（元）
1 年（12 期）	1 496 523.08	47 523.08	124 710.26
2 年（24 期）	1 543 645.10	94 645.10	64 318.55
3 年（36 期）	1 590 477.70	141 477.70	44 179.94
19 年（228 期）	2 536 478.84	1 087 478.84	11 124.91
20 年（240 期）	2 603 052.09	1 154 052.09	10 846.05

表 7-3 列出了还款期限不同的还款总额、支付利息款和月均还款额。随着还款年限的增加，还款总额和支付利息款增多，每月还款额减少。所以延长还款期限可以减少每月还款压力，但是会增加利息的支出，使得还款总额增加。进一步比较可以发现，当还款年限为 1 年时，每月还款 124 710.26 元；当还款年限为 2 年时，每月还款额为 64 318.55 元，每月还款相比 1 年时减少 60 391.71 元，负担减少 50% 左右。但是，还款期限为 19 年时，每月还款 11 124.91 元；还款年限为 20 年时，每月还款 10 846.05 元，每月还款减少 278.86 元，同样是延长一年，每月负担减少 2.5% 左右。

由此可见，期限过长并不能使还款额大幅度减少，反而容易增加利息负担。购房者在选择还款期限时，应该合理评估自身的经济实力和投资偏好，在确定还贷期限时做好还贷规划，根据自身实际情况选择最为经济的还贷期限。

7.4.3 不同房贷还款方式的选择与权衡

甲、乙两人根据自己的收入情况，决定在等额本金法和等额本息法两种还款方式中进行反复思考和比较。假设按揭贷款年利率为 7.05%（浮动贷款利率），公积金贷款利率为 4.6%（浮动贷款利率），银行提供的两种还款方式下的具体现金流量如表 7-4 所示。

表 7-4 等额本息、等额本金还款情况比较表

贷款期	还款方式	月还款额（元）	还款总额（元）	利息总额（元）
15 年	等额本息	12 652.62	2 277 471.30	757 471.30
	等额本金	15 741.11	2 180 348.33	660 348.33

[一] 部分观点根据新浪乐居网综合整理。
[二] 按揭成数 = 贷款的额度 / 房款总额。

（续）

贷款期	还款方式	月还款额（元）	还款总额（元）	利息总额（元）
20 年	等额本息	10 708.26	2 569 982.92	1 049 982.92
	等额本金	13 630.00	2 399 248.33	879 248.33
25 年	等额本息	9 603.99	2 881 196.53	1 361 196.53
	等额本金	12 363.33	2 618 148.33	1 098 148.33
30 年	等额本息	8 915.53	3 209 592.50	1 689 592.50
	等额本金	11 518.89	2 837 048.33	1 317 048.33

注：等额本息还款法的月还款额各期相等，等额本金还款法的月还款额为首期还款额，贷款期为 15 年、20 年、25 年、30 年四种情况下，此后每期减少额分别为 40.54 元、30.41 元、24.32 元、20.27 元。

表 7-4 的数据列示了在不同的贷款期限下两种还款方式各自的月还款额、利息总额以及还款总额。甲、乙两人估算了一下他们的还款能力：在还款期前两年，他们的月收入总计为 16 000 元（甲：10 000 元，乙：6 000 元），每月的支出最高为 3 000 元，此后随着工作年限的提高，他们的收入会有一定的增加，但同时他们抚养小孩的费用支出也会相应增多，因此预期在近期内他们的还款能力将维持在 13 000 元（16 000-3 000）左右。银行规定贷款期限不超过 30 年，购房者年龄与贷款期限之和不超过 70 年。两人经过权衡考虑后认为 15 年等额本息还款法和 25 年等额本金还款法均是还款期适中、还款额与偿还能力基本相匹配的还款方式。

7.4.4　还贷本息现金流的差异与价值比较

继续观察表 7-4，采用等额本金与等额本息法每月偿还的金额不同，差别是如何产生的呢？首先分析一下表 7-4 中的数据是如何计算的。对于等额本息还款法[⊖]，即购房者每月以相等的金额偿还贷款本息，利用普通年金现值的计算公式可以得到每期的还款额；对于等额本金还款法[⊖]，即购房者每月等额偿还本金，贷款利息随本金的逐渐偿还而逐月递减，以实际占用的本金数额来计算得到每期应偿还的利息。

以 15 年还款期限为例，对比等额本息法和等额本金法每期的还款额，得表 7-5 数据：

表 7-5　15 年等额本息、等额本金还款法对比表

还款方式	等额本息还款法（元）	等额本金还款法（元）
第一个月还款额	12 652.62[①]	15 741.11[②]
其中：		
本金	5 355.95	8 444.44
利息	7 296.67	7 296.67
特征	每月偿还额相等，其中本金的份额逐渐增加，利息份额降低	每月偿还的本金均为 8 444.44 元，利息每月以 40.54 元[③]递减
15 年后一共偿还的金额	2 277 471.30	2 180 348.33

⊖　设贷款总额为 P，贷款期数为 n，贷款利率为 i，则：每期还款额 $A = \dfrac{P}{(P/A,i,n)}$。

⊖　设贷款总额为 P，贷款期数为 n，贷款利率为 i，已还至第 k 期，则每期还款额 $= \dfrac{P}{n} + \left(1 - \dfrac{k-1}{n}\right) \cdot P \cdot i$，其中，每期应还本金 $= \dfrac{P}{n}$，每期应还利息 $= \left(1 - \dfrac{k-1}{n}\right) \cdot P \cdot i$。

（续）

还款方式	等额本息还款法（元）	等额本金还款法（元）
15 年后一共偿还的利息	757 471.30	660 348.33
两种还款方式的利息差	97 122.97	

①等额本息法每个月的还款额 =720 000÷（P/A, 0.587 5%, 180）+800 000÷（P/A, 0.383 3%, 180）=12 652.62(元)，其中，第一个月偿还的利息额 =720 000×0.587 5%+800 000×0.383 3%=7 296.67（元），本金额 =12 652.62-7 296.66=5 355.95（元）。依此类推，算出各期的月还款额和利息数额以及还款总额以及利息总支出。

②等额本金法每月的本金额 = 720 000÷180 + 800 000÷180 = 84 444.44（元），其中，第一个月偿还的利息 = 720 000×0.587 5%+800 000×0.383 3% = 7 296.67（元），还款额 = 8 444.44+7 296.67=15 741.11（元），依此类推，算出各期的月还款额和利息数额以及还款总额以及利息总支出。

③每期偿还利息的减少额 = 每期等额偿还的本金 × 贷款利率 = 4 000×0.587 5% + 4 444.44×0.383 3% = 40.54（元）。

通过计算可以看出：在等额本息还款法和等额本金还款法下，银行都是按照购房者实际占用本金数额和即期的利率水平来计算应收取的利息。如果不考虑货币时间价值，将每月还本付息额简单累加，在整个还款期内，等额本息法下购房者共付利息 757 471.30 元，而等额本金还款法下共付利息 660 348.33 元，两者相比，等额本金还款法少支付 97 122.97 元，此时一些人就得出采用等额本金法比等额本息法划算的结论，这个推理和结论到底对不对呢？从静态看，两种还款方式存在着利息差，表面上是等额本金法更加划算。但从动态看，在考虑货币时间价值因素的情况下，按照给定的利率将两种还款方式下每月还款额贴现到贷款发放日，则两种还款方式所需偿还的本息之和是相等的。即两种还款方式完全不存在差异，正因为忽略了货币时间价值因素，才导致很多购房者误以为自己选择等额本息还款法是吃亏的。

两种还款方式下还款期现金流量分布规律如图 7-1、图 7-2 所示。

图 7-1 是对两种还款方式下每次偿还本息和的比较。从图中可以看出，等额本息还款法的还款额曲线是一条与横坐标轴相平行的直线，即随着还款次数的增加，贷款者每期的还款额始终保持不变；等额本金还款法是一条向下倾斜的曲线，即随着还款次数的增加，贷款者每期的还款额在均匀下降。若在还款期内收入曲线水平，则与等额本息还款法的曲线更一致，如果收入曲线呈下降趋势，则与等额本金还款法的曲线更一致。

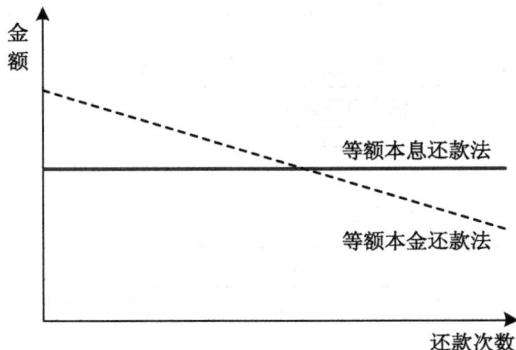

图 7-1 两种还款方式下每次偿还本息和比较

图 7-2 表示的是两种还款方式下每次偿还利息的比较。从图中可以看出：对于等额本息还款法，还款初期利息占每月还款额的大部分，随着还款次数的增加，还款额中本金比重逐渐增加，利息比重逐渐减小；对于等额本金还款法，随着还款次数的增加，贷款者每次偿还的贷款

中，每次偿还的利息也是逐步减少的。两者的区别在于前者是曲线下降，后者则是直线下降。在每次还款的数额中，采用等额本息所还的利息总是要大于采用等额本金法所还的利息，两者的差额就是图中实线和虚线所形成的楔形部分的面积。因此，从所还利息总额的角度来看，采用等额本息法的利息总额必然要大于采用等额本金法的利息总额，原因就是等额本金法在前期偿还的本金较多，本金的偿还速度较快，因而占用银行资金较少，具体见图7-3。

图 7-3 表示的是两种还款方式下每次偿还本金的比较。从图中可以看出，对于等额本息还款法，随着还款次数的增加，贷款者每次偿还的本金逐渐增加；对于等额本金还款法，随着还款次数的增加，贷款者每次偿还的本金保持不变。事实上，从这张图中可以看出，采用等额本息法要比采用等额本金法所偿还的利息多，原因就在于采用等额本息法在前期偿还的本金数额要比等额本金法在前期偿还的本金数额少，占用银行的资金相对于等额本金法多。

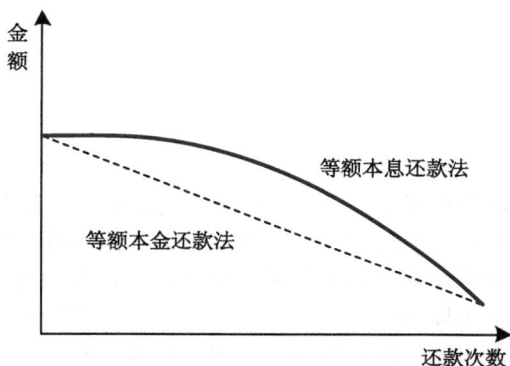

图 7-2　两种还款方式下每次偿还利息的比较

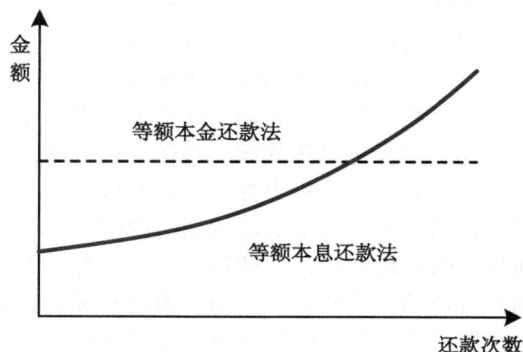

图 7-3　两种还款方式下每次偿还本金的比较

采用等额本金法比采用等额本息法看起来合算一些，因为采用等额本息法前期所还本金少，后期才逐步增多，而采用等额本金法每次所偿还的本金数额是相同的，由于等额本息法比等额本金法占用银行的资金多，因此在贷款利率相同的条件下需要支付的利息总额较多，其实质无非是利息随资金实际占用数量及期限长短的变化而增减。因此可以说，如果考虑货币时间价值，无论是等额本息还款法，还是等额本金还款法，其所贷的本金和所还的本息和都是等值的，即每期产生的现金流量按照即时的贷款利率折现后的现值之和是相等的，均是贷款时点的本金数，提前把钱还掉了，占用银行的资金就少，也就可以少付利息。

上述对等额本金法、等额本息法两种还款方式在还款期现金流量的情况进行了分析，现总结如下：

两者的相同点是：（1）按照贷款人实际占用银行的资金来计算每期应偿还的利息；（2）在货币时间价值的视角下，每期现金流量的现值之和是相等的，即两种还款方式是等价的。

两者的不同点是：（1）等额本息法每期的还款额相同，其中本金逐渐增多而利息逐渐减少；等额本金法每期的还款额递减，其中本金数额不变，而利息随着本金的逐渐归还而减少；（2）由于等额本息法前期大部分还的是利息，本金占用数额较大，因而利息的总支出也较多。

7.5　正常还贷还是提前还贷的选择与权衡

上一部分中对还款方式的分析，仅仅是针对最为常规的还款情况，在实际还款的过程中经常有一些特殊情形发生，那么这些特殊情况对两种还款方式下的现金流量状况会有什么样的影响呢？

甲、乙两人考虑到他们现在正处于事业的发展期，预计在未来的几年薪资收入会增加，也能积累一定的积蓄，为了减少高额的房贷利息支出，他们结合自身的经济状况仔细考虑，认为可以在贷款期开始的第 5 年年末一次性偿还 8 万元，且考虑在提前还款之后增加每月的还款额。提前还款有哪些选择？它是否是一种经济的行为呢？

7.5.1 不同提前还贷方式的现金流有什么不同

提前还款分为全部提前还款和部分提前还款。全部提前还款，就是一次性把所剩的贷款本金还清。其本质是将全部的剩余各期月供房贷支出现金流量折算到提前还贷时点，即按照当期的贷款利率将剩余各期的尚未偿还的全部月供支出金额贴现到提前还贷时点，运用的方法是年金贴现的方法。在现实生活中，一次性偿还所有剩余贷款的现象并不常见，除非购房者有一笔巨额的意外收入，而对于部分提前还款，其提前还款之后的剩余贷款额要按照购房者变更的还款意愿继续偿还，理论上有四种还款方式：

（1）增加每月还款额，将还款期限缩短；

（2）每月还款额不变，将还款期限缩短；

（3）减少每月还款额，而还款期限不变；

（4）减少每月还款额，将还款期限延长。

购房者可以在确定提前还款时根据自己的财务状况选择上述任意一种方式与银行签订还款变更合同，并在剩余的还款期限内按照变更的合同执行。上述还款方式貌似繁杂，但从货币时间价值的视角看待，四种还款方式是等值的，即把每种还款方式下每期还款额按照相同的贷款利率折现到提前还款时点的现值之和都是相等的，均为提前还款时点的本金数；不同点是从静态角度来看，每月的还款额由方式（1）至方式（4）递减，而还款期限递增。那么，购房者究竟应该如何根据自己的财务状况和还款意愿来做出决策呢？

购房者选择提前还款的目的就是想要在财务状况允许的情况下尽量减少利息支出。购房者希望可能少地占用银行资金，从而可以支付较少的利息，因此实务中最常见的是方式（1）和方式（2），这两种还款方式均使得还款总期限缩短，利息总支出减小。方式（3）虽然在实务中不常见，但是当低收入的购房者意外得到一笔小额收入（如奖金等）时也会愿意用来提前还款，因为这样能够减少未来的还款压力。而方式（4）则是提前还款之后更低还款能力的体现，并不符合实际还款需求，因此实务中极少出现。那么提前还款对于购房者是不是一种经济的选择呢？购房者又该如何选择提前还款后每月的还款额？有没有人群不适宜提前还款呢？

甲、乙两人根据他们的财务状况，决定在还款期的第 5 年年末提前还款 8 万元，并全部用于偿还普通商业贷款，对于提前还款后每期的还款额，他们认为：如果提前还款后每期的还款额与提前还款之前基本保持不变，将会慢慢有一定的积蓄，这部分积蓄可以提高生活质量，也能留有一笔应急资金，如果未来的财务状况允许，就能选择再次提前还款；如果提前还款后增加每期的还款数额，则在目前每期还款额（12 363.34 元）的基础上增加 2 500 元左右比较合适，这样能够减少占用银行资金的时间，利息的总支出也会减少，会在较快的时间内还完所有的住房贷款，尽早实现无债一身轻的愿望。

7.5.2 提前还款方式的选择方案比较

购房者在最初申请按揭贷款的时候就应该考虑未来是否有提前还贷[⊖]的计划，在最初选择还款方式时就要考虑到等额本金法在还款前期能够少支付利息而多偿还本金。究竟选择哪种还款方式，

⊖ 通过下文的详细分析可知，如果购房者在按揭期初选了等额本息还款法，那么提前还款是不划算的，因为等额本息法下，前期还款额中大部分是利息而后期大部分是本金，因此如果在还款后期提前还款，相当于少占用了银行本金，但并不会少支付利息。

购房者应该根据自身的财务状况，量力而行。表 7-6[一]是一个原定于 25 年的还款计划，列示了实务中最常见的还款方式（1）和（2），为了验证在提前还款时，等额本金法比等额本息法更加合适，因此又增加了等额本息还款法下的方式（2），计算还款数据并对比分析这三种待选方案。

表 7-6   不同提前还款方式现金流的对比表（原还款期限为 25 年）[二]

	等额本息法（元）	等额本金法（元）	
	每月还款额不变 （方式 2）	每月还款额不变 （方式 2）	第 6 年起增加每月还款额 （方式 1）
前 5 年偿还的利息	417 065.72	394 749.67	
前 5 年已偿还本金	159 173.57	304 000.20	
第 5 年末剩余的本金	1 280 826.43	1 135 999.80	
提前还款后每月还款额	9 622.14	第 1 个月为 12 379.68 元，此后每期以 33.13 元递减。	第 1 个月为 14 834 元，此后每期以 44.73 元递减。
提前还款后的还款期限	212 个月	162 个月	120 个月
还款期限比原计划减少	28 个月	78 个月	120 个月

下面将对表 7-6 的数据进行详细的分析说明，并对比讨论上述三种方案的利弊：

方案一：等额本息法下的方式 2，即保持每月还款额基本不变，还款期限缩短。

此方案下，25 年还款年限中截至第 5 年年末（第 60 期）等额本息法偿还的利息总额为417 065.72 元，本金为 159 173.57 元，在提前还款 8 万元之后剩余的本金为 1 280 826.43 元，此后如果保持每月还款额基本不变的话，大概还需要 17 年半的时间（212 个月）才能全部还清，比原还款计划期限缩短了 28 个月，因此在等额本息法下，如果购房者的资金充裕，在第 5 年年末选择提前还款比原还款计划划算，其在一定程度上化解了购房者负担高额利息的困扰。

方案二：等额本金法下的方式 2，即保持每月还款额基本不变，还款期限缩短。

此方案下，25 年还款年限中截至第 5 年年末（第 60 期）偿还利息的总额为 394 749.67 元，本金总额为 304 000.20 元，在提前还款 8 万元之后剩余的本金额为 1 135 999.80 元，与方案一相比，归还的本金多了 144 826.63 元，而利息却少支付了 22 316.05 元，因此，若想要提前还款，就要在还款初期尽可能少地支付利息多偿还本金。另外，若等额本金法与等额本息法在提前还款之后每月的还款额与提前还款之前基本保持不变的话（即均采用方式 2），等额本息法下的还款期限仅缩短 28 个月，而等额本金法下的还款期限缩短了 78 个月，这说明在其他条件相同的情况下，方案二比方案一能更早的实现购房者无债一身轻的愿望。

方案三：等额本金法下的方式 1，即增加每月还款额，还款期限缩短。

此方案下，25 年还款期限中截至第 5 年年末（第 60 期）偿还利息的总额为 394 749.67 元，本金总额为 304 000.20 元，在提前还款 8 万元之后剩余的本金额为 1 135 999.80 元，与方案二相同；不同的是方案三每月的还款额增加了 2 500 元左右，则可以提前 10 年（120 个月）将房贷还完，比方案二的还款期限缩短了 42 个月。因此在这三种可选的方案中，方案三占用银行资金的时间最少，还款的利息总支出最小，还款期限也是最短的，从一定程度上讲是最划算的。但是，方案三还款压力最大，一旦出现违约现象，将会按照贷款合同的规定受到不同程度的惩罚，因此在经济实力不足的情况下，购房者不要过分强求自己，需要慎重选择。

通过上述分析可知，在不考虑购房者个人财务状况和主观因素时，方案三是最优的选择，

[一] 一个原 25 年还款期限的等额本金购房按揭方案自第 6 年开始提前还款。

[二] 表中数据是利用房屋贷款计算器计算所得。基于前 5 年的计划还款以与第 5 年年末一次大额提前还款后的剩余本金额数之和，按照甲、乙两人的意愿，使用迭代法调整提前还款后的还款期限，直到自第 6 年起，每月的还款额与原还款计划的每月还款额基本保持不变或增加 2 500 元左右，此时的还款年限即为提前还款之后的剩余还款年限。

方案二次之，方案一最差。购房者可以根据自己的财务状况选择提前还款之后的月还款额和还款期限，每月的还款数额越大，占用银行资金的期限越少，相应需要负担的利息也就越少。

甲、乙两人仔细考虑后，最终选择了方案二，即保持月还款额基本不变。他们认为自己比较崇尚生活质量，没有必要为了住房贷款去节衣缩食，且留有一定的应急资金是必要的，随着他们事业的逐步发展和稳定，日后的积蓄也可以继续用来提前还款或者用于其他好的投资项目。

7.5.3 提前还贷的适用性条件与权衡

通过上述分析可知，提前还贷能在一定程度上减少利息总支出并缩短还款年限。提前还款的最终目的是为了节约利息支出，但是如果购房者未偿还的利息已经不多或者其积蓄有更好的投资机会，是否还应该坚持去提前还款呢？

事实上，有四类人群并不适宜提前还贷，具体回答如下。

（1）选择了等额本息还款法，且还款已接近还款中期的人群。

以甲、乙两人 25 年等额本息还款法为例，至第 100 期（共 300 期）末，还款利息累计额为 667 537.13 元，已占利息总额（1 361 196.53 元）的 49.04%；至第 150 期末，利息累计额已达利息总额的 69.13%，即贷款期限超过 1/3 时，利息累计额已达一半左右，而还款期过半，累计利息额已近七成。因此对于借款者来说，当还款期接近中期时，已经偿还了大部分的利息，此时每月的还款额中更多的是本金，如果此时动用集中资金还贷，对减少利息支出的作用已经降低，既打乱了自己的理财计划，也不利于资金的有效利用。

（2）选择了等额本金法，但还款年度超过还款期限 1/3 的人群。

等额本金法是将贷款额总额按照还款期限平均分配，并根据未归还的本金额计算还款利息，随着还款时间的增加，未归还的本金总额减少，每月的还款利息也越来越少。以甲、乙两人 25 年等额本金还款法为例，第 100 期（共 300 期）末，累计利息额为 609 271.67 元，已占利息总额（1 098 148.33 元）的 55.48%，即当还款期达到 1/3 时，借款人已经偿还了一半以上的利息，且日后每月的还款额中利息的份额越来越小，也就没有必要集中还款。但是从银行的角度来说，由于等额本金法是根据购房者实际占用银行的资金为基础来计算每月的还款利息，因此若购房者在等额本金法下选择提前还款，无论提前还款行为发生的时点如何，银行都是不赚不赔的。

（3）近期有投资计划的购房者。

当银行的贷款利率为 7.05%，而存款利率仅为 3.75% 时，把闲置资金用来提前还款是划算的，不少购房者也已经习惯了一旦手上有钱就拿来提前还款，而碰上好的投资项目又贷款去投资或经营，但实际上经营性贷款的利率要比房贷利率高得多，因此在提前还贷时，购房者要考虑清楚近期有无投资计划，如果有好的投资项目，且收益率能够超过房贷利率，就应该考虑投资，而不是提前还款。

（4）每月缴纳住房公积金较高的购房者。

对于选择组合贷款的购房者而言，提前还款最好不要一次性还清，可以选择偿还其中贷款利率相对较高的普通商业贷款，而保留一部分贷款利率较低的公积金贷款，因为贷款全部还清了就无法利用每月已经缴纳的住房公积金了。现有的住房政策⊖是：在职员工除特殊情况以外，只能在偿还自住住房贷款本息时才能按规定支取公积金。由于各地住房限购令的不断出台，大多数购房者无法购买多套住房，因此公积金支取的机会很有限，如果不用来冲减房贷，将会是一笔很大的资源浪费。

通过上述分析可知，对于年轻的购房者来说，如果在未来的若干年内有提前还款的打算，在贷款时就应该尽量采用等额本金还款法，并在贷款的前期选择提前还款，贷款中后期的积蓄

⊖ 京房公积金管委会〔2006〕2 号《北京住房公积金提取管理办法》第二章第四条。

则更适宜投资金融产品，如股票、投资基金及债券。

7.6 信贷利率调整对还贷支出产生什么影响○

2011 年 6 月以来，全国居民消费价格指数（CPI）○环比上涨指数介于 2.2% ~ 6.5%○之间，平均环比上涨指数为 4.53%，其上涨幅度已经超过了银行存款利率水平，"负利率"时代进一步加快了大量货币向房地产行业的快速涌动，这导致了房价不断攀升，而民众的消费能力却进一步下降。为了控制房价的继续上涨，中国人民银行上调了基准利率，个人住房贷款利率水平也随之上升，相应的购房限制条款逐步出台。甲、乙两人预测，如果房价继续上涨，贷款利率就有继续上升的可能。在未来的还款期内若贷款利率发生波动，对还款现金流量有什么样的影响呢？如果贷款利率上升或者下降，购房者应当采取怎样的措施来规避因利率调整而引发的利率风险呢？

7.6.1 信贷利率变动对还贷成本的影响

购房者无论选择哪一种利率方式，都会因利率水平的微幅调整而承受还款现金流量的巨大变动。为了清晰的展示利率变化对两种还款方式产生的影响，本案例以普通商业贷款的份额为例来说明，表 7-7 列示了等额本息法、等额本金法这两种还款方式（25 年）在不同预期利率下各自支付的利息总额及它们的差异。

表 7-7 利率变化对等额本息、等额本金还款法的影响○

五年后贷款利率	支付利息总额○（元）		利息差额（元）	利息差异率（%）
	等额本息	等额本金		
8.50%	954 647.51	720 483.00	234 164.51	32.50
8.00%	905 180.74	691 563.00	213 617.74	30.89
7.50%	856 557.08	662 643.00	193 914.08	29.26
7.05%	813 539.60	636 615.00	176 924.60	27.79
6.50%	761 947.99	604 803.00	157 144.99	25.98
6.00%	716 011.59	575 883.00	140 128.59	24.33

（1）当预期的贷款利率上升时，等额本金还款法更经济。

如表 7-7 所示，当贷款利率从 7.05% 上升至 8.50% 时，等额本金法和等额本息法的利息差异率从 27.79% 上升至 32.50%，即当利率上升时，两种还款方式的利息差异进一步增大，此时选择等额本金法更合适。从另一个角度分析，我们也可以得到同样的结论，当 5 年后的贷款利率从 7.05% 上升至 7.50% 时，贷款利率的变动率为 6.38%，此时，普通商业贷款在等额本息还

○ 目前，国内个人住房贷款大多数都采用浮动贷款利率，它是根据中国人民银行的规定进行相应地调整。

○ CPI（Consumer Price Index 居民消费价格指数）指在反映一定时期内居民所消费商品及服务项目的价格水平变动趋势和变动程度。居民消费价格水平的变动率在一定程度上反映了通货膨胀（或紧缩）的程度。通俗的讲，CPI 就是市场上的货物价格增长百分比。

○ 资料来源：中华人民共和国国家统计局网站（http://www.stats.gov.cn/index.htm）。

○ 利息差额是在不考虑货币时间价值的视角下，等额本息法比等额本金法在相同利率水平时多支付的利息；利息差异率是利息差额占等额本金法下偿还利息总额的百分比。

○ 计算方法：前五年（60 期）的计算方法与表 7-5 一致，从第六年起，按照调整后的利率采用未来适用法进行后续计算，将各期利息求和得到表中数据。

款法下增加的本息和为 43 017.48 元，其增长率为 5.29%，而在等额本金还款法下，增加的本息和为 26 028 元，即当贷款利率下降时，等额本息还款法利息总额下降的程度低于等额本金还款法，因此，在贷款利率上升时购房者选择等额本金还款法是更经济的。

（2）当预期的贷款利率下降时，等额本息还款法更经济。

表 7-7 数据显示，当利率从 7.05% 逐渐降低至 6.00% 时，等额本金法和等额本息法的利息差异率从 27.79% 降低至 24.33%，即当预期贷款利率降低时，两种还款方式的利息差异有所减小，因此等额本息还款法在利率下降的情况下更合适。同样地，当五年后的贷款利率从 7.05% 下降至 6.50% 时，贷款利率的变动率为 7.80%，此时，普通商业贷款在等额本息还款法下减少的本息和为 51 591.61 元，其增长率为 –6.34%，而在等额本金还款法下减少的本息和为 31 812 元，其增长率 –5.00%，即当贷款利率下降时，等额本息还款法利息总额下降的程度高于等额本金还款法。因此，在贷款利率下降时购房者选择等额本息还款法是更经济的。

为什么等额本金还款法和等额本息还款法在应对利率风险时表现得不一致呢？其原因主要是两种还款方式在利率未发生变动时已经归还的本金数额不同，因此在利率变更后所剩余的本金数额就不同。等额本金还款法在利率变动之前比等额本息还款法归还的本金数额较多，在贷款利率下降时，等额本金还款法下能够享受到低利率政策的本金数额较少，而等额本息还款法在利率下降后能够享受低利率政策的本金数额较多，这使得两种还款方式下本息和的差距有所减小；在贷款利率上升时，等额本金还款法下需要承担高利率的本金数额较少，而等额本息还款法下剩余的本金数额较多，也就产生了更多的利息，两种还款方式利息和的差距进一步拉大。因此，等额本金（息）还款法在利率上升（下降）时更经济。

7.6.2 利率变动风险与提前还贷谨慎性

根据前文的讨论，甲、乙两人预期未来的个人住房市场将会供不应求，房价上涨也是在所难免的，因而贷款利率上浮的可能性较大，在这种预期下结合上述分析可知，25 年等额本金还款法是较好的选择。2012 年 1 月 1 日起，我国各大商业银行开始执行新的计息方法：如果遇到利率调整，按照剩余本金额重新计算月还款额（如表 7-7）。在 2012 年 1 月 1 日之前的计算方法如下：

$$调息前的每月还款额 = P \cdot \frac{i \cdot (1+i)^n}{(1+i)^n - 1}$$

$$若调整后的利息为 i_1，则调息后的每月还款额 = P \cdot \frac{i_1 \cdot (1+i_1)^n}{(1+i_1)^n - 1}$$

这一计算方法的错误之处在于忽视了调整利率之前购房者已经偿还一部分本金，即购房者占用银行本金的总额已经减少，若按照原计算方法计息将会产生额外的利息，而这部分利息并不应该由购房者承担，因此正确的方法是调整剩余本金额 P_1 以及贷款利率 i_1 重新计算月还款额。

假设 n_1 年后遇到调整利率，则调息后的现值应为 $P_1 = P \times (1+i)^{n_1} - A \times \frac{(1+i)^{n_1} - 1}{i}$

$$调息后的每月的还款额 A_1 = P_1 \cdot \frac{i_1 \cdot (1+i_1)^{n-n_1}}{(1+i_1)^{n-n_1} - 1}$$

通过上述分析可知，在等额本息还款情况下，如果遇到利率上调，购房者自身的利益就会受损，但由于大多数购房者并不具备相关知识，长期以来被动接受了银行的这种不科学的计息方式。在采用新的计息方式后，购房者在遇到利率上调时也不要一味地相信银行的计算结果，而是应该通过自己试算来判断是否已执行了新的计息方式，以免支付不合理的利息。

贷款利率对个人住房贷款决策的影响很大：一方面，购房者无法在贷款合同签订时确定未来支付的准确金额；另一方面，普通居民能够申请到的贷款金额（大约是房屋总价的70%～80%）有限，个人住房贷款难以完全填补居民支付能力和住房价格之间的巨大缺口。个人住房贷款市场现处于卖方优势状态，国内商业银行尚没有形成与购房者商议借款合同的观念，利率风险几乎全部由购房者独立承担，因此购房者在还款的整个过程中都要关注贷款利率可能发生的波动。对于想要提前还款的购房者，如果遇到加息的话，新的利息标准将会在新年伊始生效，购买者要把握好时机，尽可能在新利息生效前一年的年末提前还贷。

近年来，中央银行不断上调贷款利率，为降低还款后期贷款利率上调的风险，购房者应尽可能地选择等额本金法，以便减少后期的还款压力。虽然频繁加息所累积的利息数额较多，但是究竟如何决策，还是要购房者考虑自身的财务状况和还款意愿，做出综合判断，尤其是对于资金短缺、经济能力有限的购房者而言，不宜打乱原有的还款计划。我国的商业银行出于要变更合同风险控制的考虑，设置的贷款环节多，手续烦琐，购房者贷款过程冗长，如果决策有误，购房者不仅要完成的繁杂流程，而且需承担一定的经济损失。

7.7 案例总结与讨论问题

▶ 案例总结

本案例以普通购房者如何进行购房贷款的决策为视角，首先对购房贷款的还款方式、选择因素及主要风险进行了讨论；接着对房贷还款利息率进行了分析与特征比较；其次，从房贷方式、还贷期限和现金流几个方面对不同房贷还款方式进行比较；最后预计了未来事项（如提前还款、利率上调等）可能带来的经济影响，讨论了不同还款方式下现金流量的分布特点，为广大购房者制定还款计划提供了参考性建议。

根据本案例分析，不难得出以下结论。

（1）不同的购房者由于自身条件不同，拥有不同的房贷方式选择，可选择的情况下要充分利用公积金贷款。购房贷款利率和还款期限是影响还款总额和每期还款现金流的重要因素，应合理估计自身还款实力和投资偏好，选择最为经济的还贷方式。

（2）采用等额本息还款情况下的各期现金流出量相等，呈现出年金的现金流量特点；随着时间的推移等额本金还款法下，各期现金流出量等额递减，呈现出等差序列的现金流量特点。基于货币时间价值的视角，无论是等额本息还款法还是等额本金还款法，其所贷的本金和所还的本息和都是等值的。

（3）由于等额本金还款法比等额本息法在贷款初期的偿还本金数额多，因此在考虑提前还款的情况下，宜选择等额本金还款法。大多数购房者是无法做到一次性提前还款的，由于不同的部分提前还款方式下的现金流量在货币时间价值的视角下是等值的，购房者可以根据自身的经济状况选取合适的方式，每月还款额越多，占用银行的资金越少，所偿还的利息越少，还款年限也会相应缩短。

（4）等额本金还款法比等额本息法在贷款初期偿还的本金数额多，因此当预期贷款利率呈下降趋势时，宜选择等额本息还款法；反之，当预期贷款利率呈上升趋势时，则等额本金还款法更经济。

一个合适还款方式的实质就是在购房者经济条件允许的前提下最大可能地节省利息支出。不同购房者的收入特征和经济条件是不同的，因而选择的还款计划也各异，上述分析和讨论给购房者在决策时提供了可参考的指导和建议。

▶ 讨论问题

讨论问题一：商业银行为了规避利率上调的风险，只与购房者签订浮动贷款利率。假设商业银行放宽了贷款利率方式的选择空间，即购房者在申请贷款时可以选择浮动贷款利率、固定贷款利率或者混合贷款利率（固定期为 5 年），其中固定贷款利率仍保持 7.05%，现行的浮动贷款利率为 7%。

请根据上述材料讨论：基于三种不同利率方式各自的优缺点，结合个人的经济收入状况和应对利率风险的态度，试讨论如何选择购房贷款的利率方式。

讨论问题二： 华远地产有限公司董事长、全国工商联房地产商会执行会长任志强在 2013 年 6 月讨论 2012 中国楼市热点问题时指出："中国人的'房奴⊖'观念其实是错误的，所谓的'房奴'就是用今天的货币锁定了今天的价值，几年后，大家将会发现那些分期付款的钱变得超值，'房奴'不仅成了有钱人，而且在做房奴的过程中享受了快乐的生活，而那些迟迟不买房的人则焦虑地关注着楼市的变化。"

请根据上述材料讨论：运用货币时间价值的原理，在房地产市场持续繁荣的前提下，是应该选择贷款购房还是应该避免成为"房奴"，等待房款备齐后再买房？

⊖ "房奴"这个词起源于亚洲金融危机时期（1997 年 6 月～1998 年 8 月），当时香港的住房价格在半年内（1997 年 6 月～1998 年 1 月）迅速贬值近 20%，当时很多购房者需要还的贷款已经超过了房子的价值，这种现象被称为"房奴"现象。

企业持续性投资项目是否进行再投资的决策

基于原中国联通和中国电信 CDMA 项目的案例分析

▶ | 引例 |

作为国内第二大移动运营商，中国联合通信集团有限公司（以下简称原中国联通集团）于 2001 年正式开展了 CDMA 网络（以下简称 C 网）建设的具体筹划工作。一方面由原中国联通集团负责承担 C 网的网络建设成本，另一方面由其控股子公司中国联通股份有限公司（HK：00762，NYSE：CHU，以下简称原中国联通上市公司）向原中国联通集团经营租赁 C 网并承担网络运营成本[⊖]。加上原有的核心业务网络 GSM 网络（以下简称 G 网），原中国联通成为中国第一家同时拥有两张移动通信网络的企业。虽然最初做投资决策时 C 网具有广阔的市场前景和良好的预期效益，但是投入运营 6 年之后原中国联通面临 3G 时代的再投资决策时却选择停止 C 网的运营。2006 年原中国联通大幅削减了对 C 网的投资，于 2008 年停止运营 C 网并将其出售给中国电信。C 网的"新东家"中国电信收购 C 网之后先后投资 1 085 亿元，大力扩容和升级改造网络，取得的财务效益明显好于 C 网的"旧主"原中国联通。

原中国联通与中国电信投资 C 网的案例具有一定的典型性，反映了实物期权理论在持续性投资项目决策中的应用。从投资决策角度考虑，原中国联通为什么当初选择投资建设 C 网？随着移动通信行业 3G 时代的来临，基于 C 网投入运营后的实际财务效益和企业支撑其后续再投资的融资能力，原中国联通如何进行 C 网的再投资决策？原中国联通将 C 网出售后，中国电信是否具备支撑 C 网后续再投资的能力？

不同于一般的企业投资项目评价能够评估项目的市场前景与全部的预期现金流量，并做出一次性投资决策。对于原本有广阔市场前景和良好预期效益的持续性投资项目，其投入运营后的再投资决策是否取决于实际财务效益以及企业支撑该项目后续再投资的能力？这一能力主要包括企业的内源融资能力和外部股权、债务融资能力。该问题的解决有助于企业实现全面的投资项目评价与合理的投资决策，避免造成企业资源浪费和企业价值损失。

8.1 案例概况

C 网技术源于美国在二战期间的军事通讯领域，1995 年由美国高通公司在香港首次实现了

⊖ 这里只关注原中国联通集团和上市公司对 C 网的投资经营关系。实际上，C 网的投资建设由原中国联通集团的全资子公司联通新时空公司负责，而网络运营由原中国联通上市公司的全资子公司联通运营公司负责，联通运营公司向联通新时空公司租赁其服务区域的 C 网容量并进行运营。

商用运营。同年中国决定引进 C 网技术，并在北京、上海、西安、广州四地建立实验网。此时C 网由部队控股公司所有并运营。2001 年初，本属部队所有的 C 网在经过资产清算后，正式移交国内第二大移动运营商——原中国联通集团。同年 2 月，原中国联通集团成立了全资子公司（联通新时空公司），负责整个 C 网的投资与建设。2002 年原中国联通上市公司的全资子公司（联通运营公司）以经营租赁的形式向联通新时空公司租入 C 网并负责网络的运营与维护。加上原有的核心业务 G 网，原中国联通成为中国第一家同时拥有两张移动通信网络的企业。原中国联通集团内部投资与经营 C 网的关系如图 8-1 所示。

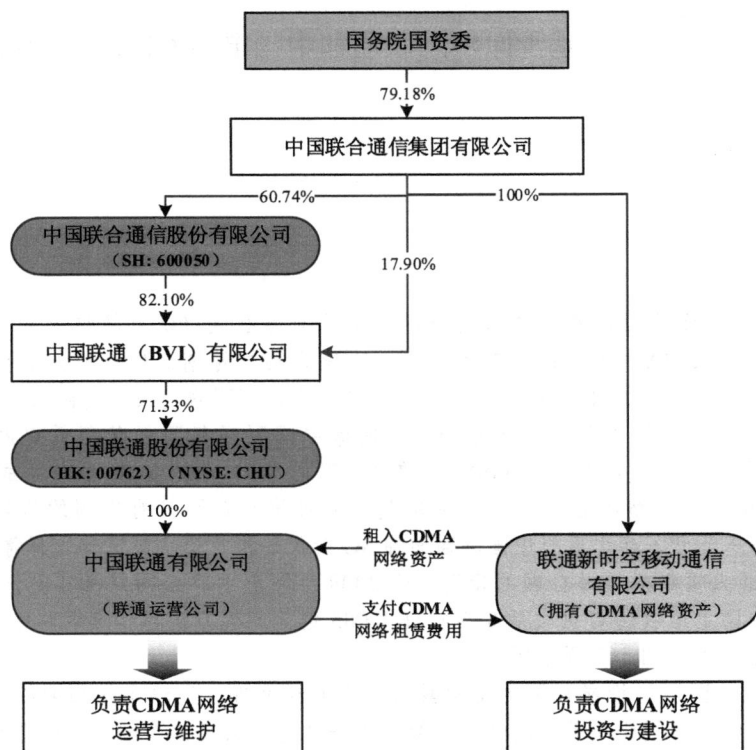

图 8-1　原中国联通集团内部投资与经营 C 网的关系

资料来源：原中国联通上市公司 2007 年年度报告。

　　C 网具有良好的市场前景和预期效益，并且符合企业竞争战略，为此原中国联通在拥有 G 网的同时选择投资第二张移动通信网络 C 网。2002 年 1 月，原中国联通正式在其服务区域开始运营 C 网，寄希望通过同时运营 C 网和 G 网来提升企业竞争能力，并与原中国移动争夺移动通信市场。然而，投入运营 6 年之后原中国联通面临 3G 时代的再投资决策时却选择停止 C 网的运营。2006 年原中国联通集团对 C 网的投资大幅削减了 84.1%，并于 2008年电信业第二次重组时将 C 网出售给中国电信。作为 C 网的"新东家"、移动通信行业的新军，中国电信收购 C 网之后沿用了原中国联通的经营租赁模式，并且先后投资 1 085 亿元，大力扩容和升级改造网络，取得的财务效益明显好于 C 网的"旧主"原中国联通。随着 C网财务效益的改善，2012 年中国电信将 C 网注入上市公司，实现了 C 网资产和业务的完全整合。

　　不同于一般的企业投资项目评价能够评估项目的市场前景与全部的预期现金流量并做出一

次性投资决策。对于持续性投资项目，项目的持续经营需要后续再投资的支持。尽管在企业最初投资决策时该项目具有广阔的市场前景和良好的预期效益，但是在企业再投资决策时并不意味着其依然可行。该项目投入运营后的实际财务效益以及企业支撑其后续再投资的能力十分关键，这一能力主要包括企业的内源融资能力和外部股权、债务融资能力。

8.2　原中国联通为什么最初选择投资 C 网

投资 C 网之前，原中国联通已经拥有并运营一张移动通信网络 G 网，也是企业的核心业务网络。**从投资决策的角度考虑，原中国联通为什么最初要选择投资建设 C 网？** 针对这一问题，先分析原中国联通投资 C 网是否符合企业竞争战略，然后分析投资 C 网的市场前景，最后分析投资 C 网的预期财务效益。

8.2.1　投资 C 网符合企业竞争战略

原中国联通成立的初衷是打破行业垄断、促进行业竞争、降低电信资费、带动行业发展。原中国联通投资 C 网是否与企业的竞争战略相符？针对这一问题，先分析原中国联通与原中国移动的竞争实力差距和价格竞争情况，然后分析 C 网能否满足企业的竞争战略需求。

1. 原中国联通竞争实力的落后

2002 年 1 月，原中国联通正式在其服务区域开始运营 C 网，成为我国唯一一家同时运营 C 网和 G 网两张移动通信网络的运营商。原中国联通投资 C 网体现了企业与原中国移动争夺移动通信市场的竞争战略，有助于提升企业竞争能力，进一步打破中国移动对于移动通信行业的垄断。

相比于原中国移动，原中国联通的竞争实力如何？ 这是首先需要思考的问题。原中国联通投资 C 网之前（2001 年）其与原中国移动的基本财务数据如表 8-1 所示。**第一，原中国移动的企业规模大于原中国联通。** 2001 年原中国移动的总资产为 1 737.49 亿元，相比之下原中国联通的总资产为 1 279.05 亿元。**第二，原中国移动的经营绩效明显好于原中国联通。** 2001 年原中国移动的营业收入达到 1 003.31 亿元，是原中国联通的 3.41 倍。两者的净利润和 EBITDA 差距更大，分别为 6.29 倍和 4.46 倍。此外，原中国移动的自由现金流为 243.9 亿元，而原中国联通为 –185.3 亿元，说明原中国联通的经营现金净流量难以支撑企业的资本开支。**第三，原中国移动的移动业务明显领先于原中国联通。** 2001 年原中国移动所在服务地区的市场占有率为 72.4%，相比之下原中国联通只有 28.5%。原中国移动的移动用户总数和移动电话通话总时长分别为 6 964.3 万户和 1 612.7 亿分钟，分别为原中国联通的 2.58 倍和 4.21 倍，说明原中国移动的移动业务规模明显大于原中国联通。此外，原中国移动的 ARPU 为 145 元，MOU 为 233 分钟，原中国联通的 ARPU 则只有 86.3 元，MOU 只有 161.2 分钟。

表 8-1　2001 年原中国移动与原中国联通的财务数据比较

比较项目	原中国移动	原中国联通	倍数（移动：联通）
总资产（亿元）	1 737.49	1 279.05	1.36
营业收入（亿元）	1 003.31	293.93	3.41
净利润（亿元）	280.15	44.57	6.29
EBITDA(亿元)	602.70	135.26	4.46
自由现金流（亿元）①	243.90	–185.30	\
服务地区的市场占有率（%）	72.40	28.50	2.54

（续）

比较项目	原中国移动	原中国联通	倍数（移动：联通）
移动用户总数（万户）	6 964.30	2 703.30	2.58
移动电话通话总时长（亿分钟）	1 612.70	383.20	4.21
ARPU（平均每户每月收入）	145.00	86.30	1.68
MOU(平均每户每月通话分钟)	233.00	161.20	1.45

①依据原中国联通和原中国移动年报中对自由现金流的计算方法：自由现金流＝经营现金净流量－资本开支。

资料来源：原中国移动与原中国联通上市公司2001年年度报告。

2. 原中国联通价格竞争的劣势

价格竞争是移动通信市场的主要竞争手段，**原中国联通和原中国移动的价格竞争情况如何**？原中国联通和原中国移动的服务类型和价格均对外公开，而且彼此是非合作的竞争，因此两者主要是采用价格竞争作为争取用户最直接的、最原始和最有效的竞争手段，双方都陷入了一种竞相降价的困境中。原中国联通进入市场较晚，为了扶持其稳步成长，政府给予一系列优惠政策，包括：唯一的全业务运营商⊖、业务资费可在国家规定标准范围内上下浮动10% ~ 20%等。然而原中国联通在与原中国移动的价格竞争中依旧处于劣势。2001年两家公司净利率、成本费用率以及市场占有率的对比情况如图8-2所示。

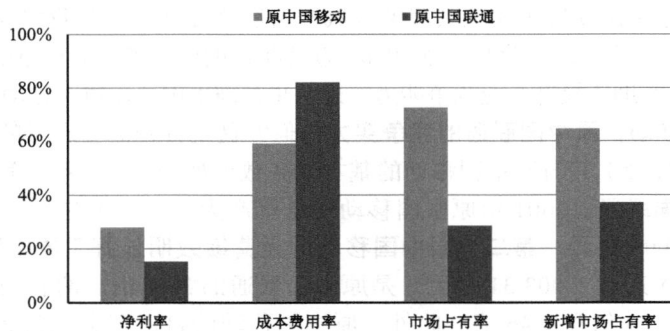

图8-2　2001年原中国移动与原中国联通的净利率、成本费用率及市场占有率对比

资料来源：原中国移动与原中国联通上市公司2001年年度报告。

价格竞争旨在通过降低产品价格的方式，来争取用户并扩大市场份额，所以净利率越高、成本费用率越低，在价格竞争中的降价压力越小，而市场占有率则直接反映了价格竞争的效果。一方面原中国联通在价格竞争中的降价压力大于原中国移动。2001年原中国联通的净利率为15.16%，成本费用率高达82.10%，相比之下原中国移动的净利率为27.92%，几近原联通的两倍，而成本费用率为59.12%，只有原联通的3/4。另一方面原中国联通在价格竞争中所取得的成效也不如原中国移动。2001年，原中国联通所在服务地区的市场占有率只有28.5%，当年新增市场占有率为37.2%，相比之下原中国移动则高达72.4%，当年新增市场占有率为64.5%。此外，原中国联通的品牌认可度与原中国移动相比也没有优势。因此投资C网之前，原中国联通不仅竞争实力与原中国移动有着较大差距，在价格竞争中也处于劣势。

⊖ 中国电信业第一次重组之后，原中国移动只包含移动业务，原中国电信、原中国网通、原中国铁通和原中国卫星通信只包含固网业务，只有原中国联通是同时包含移动业务和固网业务的全业务运营商。

3. 投资 C 网能够提升企业竞争力

原中国联通的竞争实力与原中国移动存在较大差距，在价格竞争当中也处于劣势，因此寄希望于投资 C 网来扩大用户市场份额，增强自身竞争力。**C 网能否满足这一竞争战略需求呢？**

从企业需求角度分析，原中国联通在市场发展上需要新的品牌，更优质的服务，并提供新的业务。从项目优点角度分析，C 网投入运营需要设立新的品牌以打开市场，其更好的话音质量、更高的频谱效率、更大的数据承载能力等优点，可以提供更优质的服务与新的业务种类，满足用户更高的通信业务需求。C 网的覆盖半径大，可节约工程投资。在原中国联通 2001 年年报中，董事会认为，"在服务区域内运营 C 网，通过提供差异化服务，以高质量的通话、优质的服务和无线数据新业务吸引高使用量用户，将为企业在中国移动通信市场获得更大的竞争优势"。因此，投资建设 C 网符合联通的竞争战略需求。

8.2.2　投资 C 网具有广阔市场前景

原中国联通投资 C 网能够提升自身竞争力，缩小与原中国移动的差距，投资 C 网的市场前景如何？ 针对这一问题，从 C 网的需求空间、技术优势、政策扶持三个方面进行分析。

1. 投资 C 网的需求空间广阔

投资项目的未来发展与其市场需求的增长空间密切相关，而 C 网有着广阔的需求空间。一是 C 网国际市场发展迅速。CDMA 发展联盟（CDG）调查显示，2001 年第三季度，全球CDMA 移动通信服务用户数量已达 9 500 万人，相比 2000 年同期增长了 10%。2002 年 C 网开始运营之际，全球用户已达 1.27 亿，相比 2001 年增长了 32%，其中北美拥有 5 530 万用户，市场占有率从 43% 增加到 47%，此外亚洲的韩国、日本、印度、泰国、印度尼西亚等其他国家都在进行 C 网的投资建设。二是 C 网国内市场空间广阔。中国庞大的人口基数和高速的经济发展提供了充分的市场潜力。2002 年 C 网用户为 624.5 万，而依据 CDG 调查报告，中国市场 2002 年 C 网的潜在用户可达 1 500 ~ 2 000 万人。经过 6 年运营之后，2007 年 C 网用户已达 4 223 万。同年中国的手机用户达 5.47 亿，约占全球手机用户的 1/6，但是普及率仅为41.6%，落后于 49% 的全球平均水平。中国 C 网用户虽然突破了 4 000 万，但是移动用户市场份额却不到 10%，而在韩国，CDMA 手机的普及率达到了 90% 以上，可见中国的 C 网市场还有广阔的增长空间。事实也证明了这一分析：依据中国电信 2012 年年报，2012 年 C 网用户达 1.61亿，是 2002 年联通运营时期的 25 倍。移动用户市场份额达 13%，其中 3G 用户达 6 905 万，3G用户市场份额达 30%。

2. 投资 C 网的技术优势明显

移动通信行业的核心竞争优势来自于技术，而 C 网具有明显的技术优势。近年来中国移动通信市场发展迅猛，G 网的频谱资源已经非常有限，单靠 G 网已远远不能满足用户数量的快速增加以及对各种移动信息的需求。而 C 网具有频谱利用率高、覆盖范围大等优点，正是解决这一矛盾的最佳方案。表 8-2 列出了 C 网的七大技术优势。

表 8-2　C 网的七大技术优势

技术优势	技术特点
覆盖范围大	低频段无线链路损耗低，接收机灵敏度高
频谱利用率高	采用扩频的码分多址技术
隐蔽性、保密性好	在发端采用扩频码调制，在收端采用相同的扩频码解调
掉话率低	独特的软切换技术

（续）

技术优势	技术特点
话音质量高	8KQCELP、8KEVRC、13KQCELP 语音编码技术
发射功率小（对人体辐射小）	功率控制、话音激活技术
方便向 3G 平滑过渡	全高速分组结构

资料来源：中国电信资料《CDMA 原理简介》。

C 网具备运营商和客户两个层面的技术优势。一方面，C 网具备覆盖范围大、频谱利用率高、方便向 3G 平滑过渡等运营商层面的技术优势。针对同等数量的用户，C 网可以通过建设较少数量的基站来实现网络覆盖和良好服务，从而节省网络建设成本。在 C 网向 3G（TD-CDMA）升级的过程中，无须全面安装新的 3G 基础设施，可以实现技术上的平滑过渡，进而节省网络升级的投资成本。另一方面，C 网具备保密能力强、掉话率低、话音清晰、辐射小等客户层面的技术优势。这给用户带来了额外的使用价值，构成了 C 网的产品竞争力。

3. 投资 C 网的政策扶持优惠

国家通过政策来引导与调控产业布局，原中国联通成立的初衷是：打破行业垄断，促进行业竞争，降低电信资费，带动行业的发展。考虑到原中国联通进入市场时面临原中国移动的强大垄断局势，政府给予了三方面的优惠政策⊖：第一，唯一的全业务运营商，可同时经营移动业务与固网业务；第二，唯一的双网运营商，可同时运营 C 网和 G 网两张移动通信网络；第三，政府统一制定电信业务资费标准，但联通 C 网的业务资费可在国家规定标准的基础上上下浮动 10%。因此，C 网具备稳步发展的政策条件。

8.2.3 投资 C 网具有良好预期效益

从需求空间、技术优势、政策扶持三个方面看，投资 C 网具有广阔的市场前景。**原中国联通投资 C 网项目的预期财务效益如何呢？**

2001 年 11 月 22 日，原中国联通上市公司全资控股的联通运营公司与集团母公司全资控股的联通新时空公司签订了 C 网的经营租赁协议⊖。协议规定由联通新时空公司负责整个 C 网的投资与建设。联通运营公司以经营租赁的形式向联通新时空公司租入 C 网，在租赁期内每年缴纳一定的网络容量租赁费用，并负责网络的运营与维护。依据租赁协议中有关租赁费用的内容，预期租赁费用将使得联通新时空公司在 7 年内收回网络建设成本，并就其投资获得内部报酬率为 8% 的回报，这说明原中国联通管理层对 C 网的预期财务效益较为乐观，预期 C 网的未来现金流量能够使企业在 7 年内收回资本投资成本，并且获得一定的投资报酬。

在租赁协议中，原中国联通上市公司董事会也表达了对 C 网预期效益的乐观态度，认为"经营 C 网业务将为企业发展及提高潜在盈利能力带来积极影响"。此外，在原中国联通 2001 年年报中，董事会指出，"针对移动通信多元化的市场需求，采用差异化战略，确保 C 网和 G 网的协调发展，使企业的移动用户总数和经营效益继续有较大的增长"。

8.3 投资 C 网实现预期财务效益了吗

原中国联通投资 C 网的预期财务效益良好，那么，C 网项目实现预期财务效益了吗？针对

⊖ 信部清〔2003〕110 号："关于中国原中国联通 CDMA 移动电话预付费业务资费标准的批复"；《人民日报（海外版）》2000 年 06 月 01 日第二版：《信息产业部：扶持原中国联通在电信运营中的竞争力》。
⊖ 资料来源：原中国联通 2001 年 11 月 22 日题为《租赁 CDMA 网络容量关联交易之公告》的公司公告。

这一问题，首先分析 C 网的盈利能力，然后分析影响盈利能力的收入和成本费用，最后分析 C 网的现金流量能力。

8.3.1 C 网的实际盈利能力分析

C 网的盈利能力反映了项目自身的利润创造能力，**C 网投入运营后的实际盈利能力如何？** 针对这一问题，先分析 C 网的税前利润[⊖]，然后分析 C 网的税前利润率。

1. C 网的税前利润分析

C 网的税前利润决定了项目能够实现并用于自身再投资的利润留存。2002 ~ 2007 年原中国联通 C 网的税前利润增长情况如图 8-3 所示。

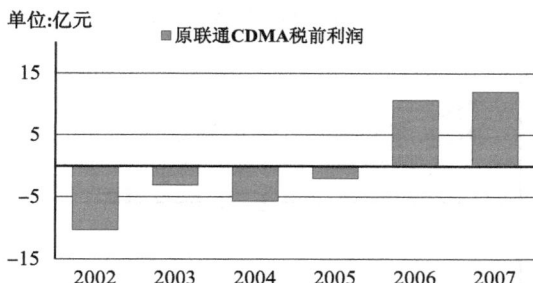

图 8-3 2002 ~ 2007 年原中国联通 CDMA 税前利润增长情况

资料来源：原中国联通上市公司 2002 ~ 2007 年年度报告。

2002 ~ 2007 年 C 网的税前利润一直处于较低水平。前四年 C 网连续亏损，但是亏损幅度总体上不断减小。此时整个企业的主要利润来源为 G 网，而 C 网还处于投入期，并没有给企业带来利润，反而降低了企业整体的利润增长。2006 年 C 网顺利实现扭亏为盈，税前利润为 10.61 亿元。首次盈利之后，C 网对企业的利润贡献有限，C 网税前利润占企业税前利润的比例只有 16.33%。2007 年 C 网的税前利润为 12 亿元，相比于 2006 年只增长了 1.39 亿元。总体上 C 网的税前利润处于缓慢增长之势，但是利润水平较低。

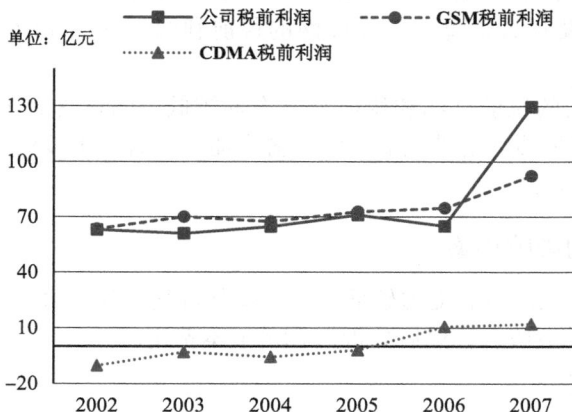

图 8-4 2002 ~ 2007 年原中国联通上市公司、CDMA、GSM 的税前利润

资料来源：原中国联通上市公司 2002 ~ 2007 年年度报告。

⊖ 这里只能分析 C 网的税前利润，而无法分析其净利润。原因在于原中国联通上市公司的年报中只披露了 GSM 业务和 CDMA 业务的税前利润，而没有披露两者的净利润。

2002～2007年原中国联通上市公司、C网、G网的税前利润如图8-4所示。2002～2006年G网的税前利润都高于企业的总体税前利润，2007年G网的税前利润为92.26亿元，占企业税前利润129.55亿元的71.22%。这说明G网作为企业的核心业务网络，是企业整体利润的最主要来源。相比之下C网2006年才扭亏为盈，实现盈利之后对企业利润的贡献也十分有限。在C网盈利的两年之中，其税前利润不到G网税前利润的1/7。

2. C网的税前利润率分析

C网的税前利润绝对数值较小，对公司税前利润的贡献有限。进一步分析，C网的税前利润率又如何呢？2002～2007年原中国联通上市公司、C网、G网的税前利润率如图8-5所示。

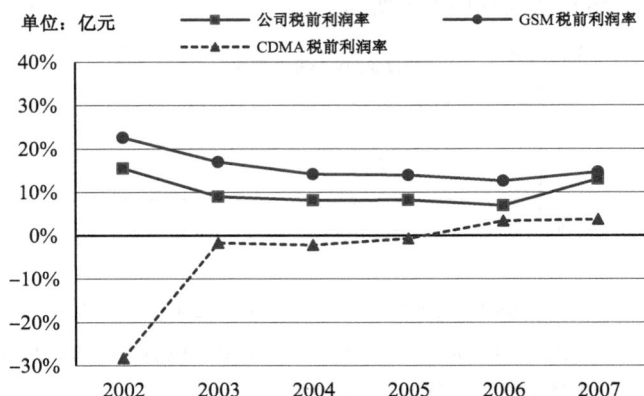

图8-5　2002～2007年原中国联通上市公司、CDMA、GSM的税前利润率
资料来源：原中国联通上市公司2002～2007年年度报告。

2002～2007年G网的税前利润率始终高于企业的平均水平，拉动了企业整体的盈利能力增长。相比之下，C网的税前利润率明显低于G网，并且始终低于企业的平均水平，拖累了企业整体的盈利能力增长。尽管C网在2006年首次实现盈利，但是税前利润率只有3.36%，相比之下G网的税前利润率为12.61%，是C网的近4倍。2007年C网的税前利润率依然只有3.68%，没有明显增长。而G网的税前利润率达到14.69%，同样是C网的近4倍。

2002～2007年C网的税前利润和税前利润率都较低，明显落后于G网，并且拖累了企业的利润增长。因此，C网投入运营之后的实际盈利能力一直处于较低水平，并没有实现管理层预期的良好效益。

8.3.2　C网盈利能力的影响因素

C网投入运营之后的实际盈利能力较低，进一步分析其盈利能力低的原因是什么？针对这一问题，先分析C网的营业收入，然后分析C网的成本费用。

1. C网的营业收入分析

收入是影响盈利能力的一个主要因素，收入规模打不开会制约盈利能力的增长。以下主要从原中国联通的营业收入结构、C网营业收入的增长情况以及C网营业收入与联通、移动两张G网的对比情况来进行分析。

第一，原中国联通上市公司的营业收入结构。原中国联通的移动通信收入是公司营业收入的主要来源，而G网业务收入是移动通信业务收入的主要组成部分。近年来，中国联通的营业收入总额在逐年上升，但增长速度却在逐渐放缓。2002 ~ 2007 年原中国联通上市公司的营业收入结构如表 8-3 所示。

表 8-3 2002 ~ 2007 年原中国联通上市公司的营业收入结构 （单位：亿元）

项目	2002 年	2003 年	2004 年	2005 年	2006 年	2007 年
营业收入总额	405.77	676.36	793.32	870.49	942.94	995.39
其中：GSM 业务收入	281.09	412.07	476.01	521.39	592.99	627.87
CDMA 业务收入	36.48	186.22	264.45	303.20	315.50	326.19
数据及互联网业务收入	33.59	52.71	57.37	56.10	53.56	48.13
长途业务收入	34.61	31.55	31.15	27.22	28.51	32.13
寻呼业务收入	39.72	23.87	0.00	0.00	0.00	0.00
CDMA 业务收入占比	8.99%	27.53%	33.33%	34.83%	33.46%	32.77%

资料来源：原中国联通上市公司 2002 ~ 2007 年年度报告。

2002 年 C 网投入运营之后，公司将其主要精力放于发展移动通信业务上，长途、寻呼、数据及互联网业务进一步萎缩，三者收入总和从 2002 年的 107.92 亿元持续下降至 2007 年的 80.26 亿元。2002 ~ 2005 年，C 网的业务收入对公司营业收入的贡献逐年增大。C 网收入占公司营业收入的比重从 2002 年的 8.99% 增加至 2005 年的 34.83%，其中在经历了 2002 年和 2003 年的快速增长之后，2004 年和 2005 年 C 网收入占比的增长明显放缓，2006 年和 2007 年 C 网的收入占比甚至出现下降。

第二，纵向分析 C 网的业务收入。纵向来看，C 网各年的业务收入反映了其收入规模的增长情况及未来的变化趋势。2002 ~ 2007 年原中国联通 C 网的业务收入情况如图 8-6 所示。2002 ~ 2007 年 C 网业务收入持续增长，但是增速逐渐放缓。2006 年 C 网业务收入增长速度明显放缓，并且平均每户每月收入（ARPU）和平均每户每月通话分钟（MOU）这两项重要指标也出现下滑。

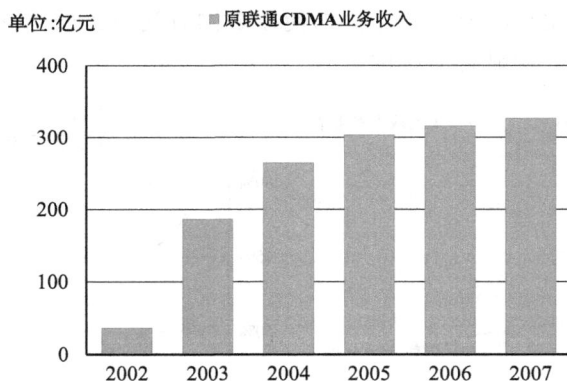

图 8-6 2002 ~ 2007 年原中国联通 CDMA 业务收入情况

资料来源：原中国联通上市公司 2002 ~ 2007 年年度报告。

为什么 2006 年开始原中国联通 C 网业务收入的增长速度明显放缓呢？ 主要原因在于原中国联通集团对 C 网的投资力度大大降低。自 2006 年开始原中国联通集团大幅削减了 C 网的资本投资，对其投资也只局限在设备维护上。2006 年原中国联通整体投资为 215.5 亿元；其中

G 网投资 105.77 亿元，占全年投资的 49.08%；C 网投资 27 亿元，仅占全年投资的 8%，相比 2005 年的 170 亿元 C 网投资规模下降了 84.1%。

第三，横向比较 C 网的业务收入。 横向来看，原中国联通 C 网、G 网和原中国移动 G 网的业务收入对比情况反映了 C 网的收入规模与同行业其他移动通信网络的差距。表 8-4 列出了 2002 ~ 2007 年原中国联通 C 网、G 网和原中国移动 G 网的业务收入。

表 8-4 2002 ~ 2007 年原中国联通 CDMA、GSM 和原中国移动 GSM 的收入比较

(单位：亿元)

项目	2002 年	2003 年	2004 年	2005 年	2006 年	2007 年
原中国联通 CDMA 业务收入	36.48	186.22	264.45	303.20	315.50	326.19
原中国联通 GSM 业务收入	281.09	412.07	476.01	521.39	592.99	627.87
倍数（GSM 收入：CDMA 收入）	7.71	2.21	1.80	1.72	1.88	1.92
原中国移动 GSM 业务收入	1 285.61	1 586.04	1 923.81	2 430.41	2 953.58	3 569.59
倍数（GSM 收入：CDMA 收入）	35.24	8.52	7.27	8.02	9.36	10.94

资料来源：原中国联通和原中国移动上市公司 2002 ~ 2007 年年度报告。

比较原中国联通 C 网与 G 网的业务收入规模发现：2002 ~ 2005 年，C 网营业收入与 G 网营业收入的差距不断缩小；2006 ~ 2007 年由于企业投资策略转向 G 网，二者的差距再次拉大。比较原中国联通的 C 网与原中国移动的 G 网的业务收入发现：原中国联通的 C 网业务收入与原中国移动的 G 网业务收入相比差距较大，即使在 C 网业务收入持续增长的 2002 ~ 2005 年里，二者的差距也没有明显缩小。

2. C 网的成本费用分析

成本费用是影响盈利能力的另一个主要因素。成本费用较高也会制约盈利能力的增长。

第一，C 网的成本费用水平较高。 2002 ~ 2007 年原中国联通 C 网和 G 网的成本费用率（成本费用率 = 成本费用总和 ÷ 营业收入）如图 8-7 所示。从图中可以看出，C 网的成本费用率一直居高不下，与 G 网相比高出 10% 以上。即使在 C 网盈利的 2006 年和 2007 年，其成本费用率依然高达 97% 和 96%，明显高于 G 网。

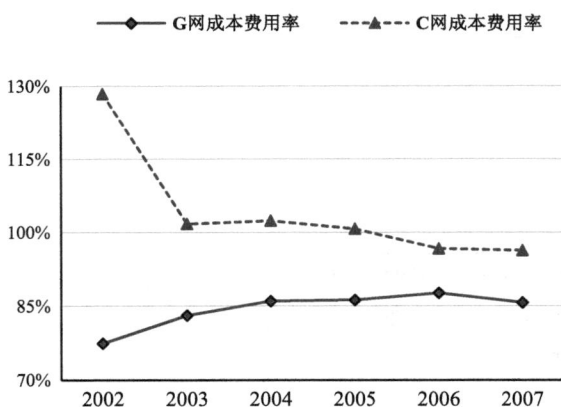

图 8-7 2002 ~ 2007 年原中国联通上市公司 C 网和 G 网的成本费用率

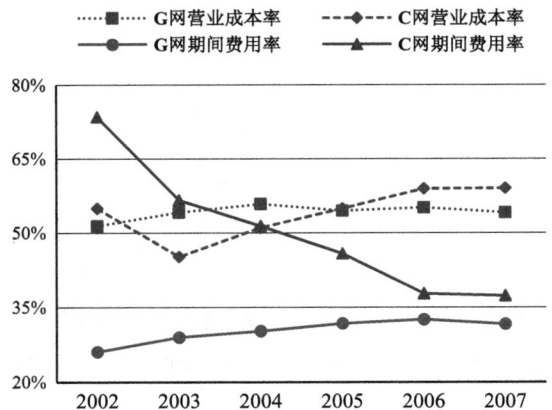

图 8-8 2002 ~ 2007 年原中国联通上市公司 C 网和 G 网的营业成本率和期间费用率

资料来源：原中国联通上市公司 2002 ~ 2007 年年度报告。资料来源：原中国联通上市公司 2002 ~ 2007 年年度报告。

进一步比较 C 网和 G 网的营业成本率（营业成本率 = 营业成本 ÷ 营业收入）和期间费用率（期间费用率 = 期间费用 ÷ 营业收入），如图 8-8 所示。从图中可以看出，C 网的期间费用率始终高于 G 网，并且二者差距较大。而 C 网和 G 网的营业成本率没有明显差异。

第二，C 网成本费用率高的具体来源是什么？ 分析 C 网的成本费用结构发现，其折旧与摊销、雇员薪酬与福利开支、财务费用一直维持在较低水平，导致 C 网成本费用率过高的主要原因是其销售费用和销售通信产品成本较高。比较 2002 ~ 2007 年 C 网和 G 网的销售费用率和销售通信产品成本率，分别如图 8-9 和图 8-10 所示。一方面，2002 ~ 2007 年 G 网的销售费用率始终低于 16%，相比之下 C 网的销售费用率明显高于 G 网，始终保持在 27% 以上。其中 2002 ~ 2004 年 C 网的销售费用率相比 G 网甚至高出 30% 以上。另一方面，2002 ~ 2007 年 G 网的销售通信产品成本率始终低于 3%，2005 年之后甚至不到 0.5%。相比之下 C 网的销售通信产品成本率明显高于 G 网，始终保持在 10% 以上，二者的差距始终保持在 12% 上下。

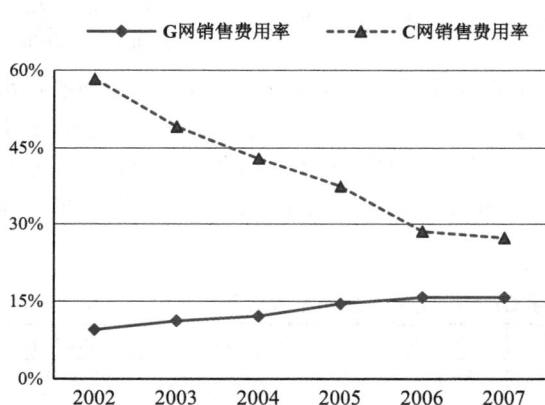

图 8-9 2002 ~ 2007 年原中国联通上市公司 C 网和 G 网的销售费用率

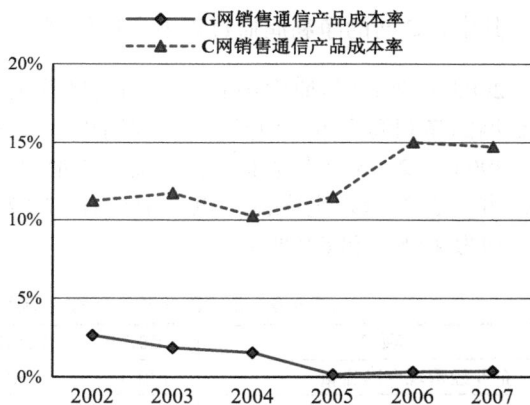

资料来源：原中国联通上市公司 2002 ~ 2007 年年度报告。

图 8-10 2002 ~ 2007 年原中国联通上市公司 C 网和 G 网的销售通信产品成本率

资料来源：原中国联通上市公司 2002 ~ 2007 年年度报告。

第三，为什么 2006 年 C 网营业收入增速放缓却能扭亏为盈？ 2006 年 C 网的营业收入为 315.5 亿元，仅比 2005 年的 303.2 亿元高出 12.3 亿元，但是税前利润却由 2005 年的 -2 亿元增长到 2006 年的 10.61 亿元。原中国联通在 C 网 ARPU 和 MOU 双下滑而导致总收入微增长的情况下却能扭亏为盈，说明其可能是依靠压缩成本费用而实现的盈利。

从前面的图 8-7 可以看出，2006 年 C 网的期间费用率为 38%，相比从 2005 年的下降了 8%。而 C 网的营业成本率则为 59%，相比 2005 年反而增加了 4%。因此营业成本并不是 C 网扭亏为盈的因素，C 网期间费用的下降才是其实现盈利的关键。进一步分析 C 网期间费用下降的来源，2002 ~ 2006 年 C 网的期间费用结构如表 8-5 所示。

表 8-5　C 网期间费用结构　　　　　　　　　　　　（单位：亿元）

项目	2002 年	2003 年	2004 年	2005 年	2006 年
销售费用	-21.26	-91.42	-113.38	-113.08	-90.08
管理费用及其他	-5.07	-13.64	-22.06	-25.38	-28.50
财务费用	-0.48	-0.32	-0.37	-0.42	-0.46

资料来源：原中国联通上市公司 2002 ~ 2006 年年度报告。

2006 年 C 网管理费用增加了近 3 亿元，财务费用也有所增加，但是销售费用大幅下降了 23 亿元。这是其能够实现盈利的重要原因。进一步分析，2006 年之前 C 网的销售费用较高，主要因为原中国联通上市公司采取了预存话费送手机的营销模式，迅速地扩大了市场占有率。2006 年公司陆续停止了充话费送手机活动，进而导致 C 网的销售费用明显下降。

综上所述，一方面 C 网的营业收入水平较低，没有顺利打开市场，另一方面 C 网的成本费用水平较高，两者导致 C 网的盈利能力较低，投入运营后的实际效益偏离了预期。

8.3.3 C 网的现金流量能力分析

C 网的现金流量能力反映了项目自身的经营现金流量创造。经过前面分析可知 C 网实际的利润创造能力较低，进一步分析 C 网的现金流量能力如何？

由于原中国联通上市公司的年报中并没有披露 C 网的经营现金净流量，因此这里通过间接法对其进行估算：CDMA 经营现金净流量 = CDMA 净利润 + 折旧及摊销

其中，C 网的净利润通过以下方法估算：$CDMA 净利润 = 企业净利润 \times \dfrac{CDMA 税前利润}{企业税前利润}$

2002 ～ 2007 年原中国联通 C 网的经营现金净流量计算如表 8-6 所示。2003 ～ 2005 年虽然 C 网的净利润为负，但是其经营现金净流量均为正。C 网的现金流量能力总体上处于较低水平，2003 ～ 2005 年占企业经营现金净流量的比重不到 2%。即使在 C 网实现盈利的 2006 年和 2007 年，其经营现金净流量也分别只有 17.19 亿元和 22.6 亿元，占企业经营现金净流量的比重分别为 4.85% 和 6.99%。

表 8-6　2002~2007 年原中国联通 CDMA 经营现金净流量计算　　（单位：亿元）

项目	2002 年	2003 年	2004 年	2005 年	2006 年	2007 年
企业经营现金净流量	130.54	225.65	238.19	308.04	354.51	323.31
CDMA 净利润	−7.48	−2.16	−3.87	−1.39	10.01	8.62
CDMA 折旧与摊销的金额	1.01	3.07	4.39	6.14	7.18	13.98
CDMA 经营现金净流量	−6.47	0.91	0.52	4.75	17.19	22.60
CDMA 经营现金净流量占比	—	0.40%	0.22%	1.54%	4.85%	6.99%

资料来源：原中国联通上市公司 2002 ～ 2007 年年度报告。

8.3.4 C 网难以支撑自身再投资

对于持续性投资项目，运营过程中创造的经营现金净流量是支撑自身后续再投资的重要基础。C 网实际的盈利能力和现金流量能力较低，并未实现良好的预期效益，**其能否依靠自身的经营现金净流量为再投资提供足够的资金支持呢？**

2002 ～ 2007 年 C 网资本开支与经营现金净流量如表 8-7 所示。考虑到联通运营公司每年会向负责 C 网建设投资的联通新时空公司缴纳网络容量租赁费用，所以在分析 C 网的经营现金净流量能否支撑自身再投资提供时，应该加回能够省去的高额租赁费用现金支出（以下的经营现金净流量都是指加回租赁费用现金支出后的数额）。2002 ～ 2007 年 C 网投入运营之后的再投资总额近 760 亿元[⊖]，而经营现金净流量总额为 393.31 亿元，只占再投资总额的 50% 左右。其中 2002 ～ 2005 年 C 网的经营现金净流量总额 189 亿元，占资本开支总额 700 亿元的

⊖　截至 2007 年，原中国联通投资于 C 网的资本开支总额近 1 000 亿元。在 2000 年到 2002 年年初的一期工程中，联通投入了近 240 亿元建设了 CDMA 网络，随后在其服务地区正式开始运营 C 网。

27% 左右，2005 年这一比重依然不及资本开支的一半。2006 年和 2007 年 C 网的经营现金净流量虽然比资本开支数额大，但是这两年原中国联通用于 C 网的资本开支锐减，其背后的原因可能与管理层预期在未来电信重组之际出售 C 网有关。因此，C 网创造的经营现金净流量难以支撑自身的后续再投资，需要企业为其筹集资金。

表 8-7　2002 ~ 2007 年原中国联通 CDMA 经营现金净流量计算　（单位：亿元）

项目	2002 年	2003 年	2004 年	2005 年	2006 年	2007 年
CDMA 资本开支	150.00	180	200	170.02	27.00	30
CDMA 净利润	−7.48	−2.16	−3.87	−1.39	10.01	8.62
CDMA 经营现金净流量	−6.47	0.91	0.52	4.75	17.19	22.60
网络容量租赁费用	8.90	35.20	65.90	79.20	80.79	83.82
加回租赁费用后的经营现金净流量	2.43	36.11	66.42	83.95	97.98	106.42
经营现金净流量占资本开支比重	1.62%	20.06%	33.21%	49.38%	362.89%	354.73%

资料来源：原中国联通上市公司 2002 ~ 2007 年年度报告。

8.4　原中国联通能够满足 C 网再投资的融资需求吗

　　原中国联通投资 C 网符合企业的竞争战略，具有广阔的市场前景，2002 ~ 2007 年取得的财务效益不断改善并具有较好的增长性。随着移动通信行业 3G 时代的临近⊖，**原中国联通是否有能力满足 C 网 2007 年之后再投资的融资需求？**针对这一问题，先分析说明原中国联通上市公司需要同时兼顾 C 网和 G 网的再投资，然后分析估计 C 网和 G 网再投资的资金需求，最后分析原中国联通上市公司支撑 C 网和 G 网再投资的能力。

8.4.1　原中国联通需要兼顾 C 网和 G 网的再投资

　　为了促进上市公司在移动通信市场竞争，避免运营 C 网初期的投资风险和拥有网络资产带来的运营成本，原中国联通集团并没有将 C 网资产注入上市公司，而是由集团母公司拥有 C 网资产并承担网络建设成本，上市公司向集团母公司经营租赁 C 网并承担网络运营成本，同时每年向集团母公司支付一定的租赁费用。但是这一模式并不适合网络的持久运营，C 网的财务效益转好之后，应该将 C 网注入上市公司以实现资产业务的整合。

　　第一，能够避免网络容量租赁费用增长过度。由于联通上市公司向集团母公司租赁 C 网的网络容量租赁费用是由双方共同协商确定，2005 ~ 2007 年一直保持在 C 网营业收入的 29% ~ 31% 之间，所以随着 C 网业务规模的扩大与营业收入的增长，其租赁费用也将越来越高。最终 C 网的租赁费用可能超过因拥有资产而增加的成本（如折旧、财务费用、网络建设成本等）。

　　第二，能够改善投资与经营决策的效率。随着 C 网的运营状况趋向稳定以及运营效益不断改善，相比于收购 C 网的初期阶段，投资风险也相对较小。将 C 网注入上市公司，一方面能够改善网络投资决策效率。上市公司可以依据 C 网的实际运营状况及投资需求直接进行 C 网的投资决策，更专注于网络优化与扩容，更好地提供移动服务，满足市场不断增长的数据流量需求。另一方面能够改善网络经营决策效率。上市公司可以完全整合 CDMA 业务的资产和

⊖　2008 年 12 月 31 日，国务院宣布同意工业和信息化部启动 3G 牌照发放。2009 年 1 月 7 日，工业和信息化部分别为中国移动、中国电信和中国联通发放第三代移动通信（3G）牌照。中国移动获得 TD-SCDMA 牌照，中国电信获得 CDMA2000 牌照，中国联通获得 WCDMA 牌照。

服务，统一投资规划、维护、采购和财务管理，提高移动业务的整体经营决策效率。

第三，能够提高移动业务的信息透明度。 C 网的经营租赁模式下，上市公司与集团母公司之间存在着大量有关 C 网的关联交易，并且 C 网投资、融资、经营各项财务数据不能在年度报告中进行公开披露。将 C 网注入上市公司，能够减少关联交易的交易量，使得 C 网移动业务的信息更加透明。

因此，随着 C 网财务效益的改善，资产业务分离的经营租赁模式不再适合。事实也证明了这一点。一方面，2001 年原中国联通运营公司与联通新时空签订 C 网租约，预计联通新时空 7 年内将收回网络建设成本。这说明预计 2008 年上市公司租赁 C 网而支付的租赁费用将超出网络建设投资成本，届时经营租赁模式显然不再适用。另一方面，2008 年中国电信从原中国联通收购 C 网时，C 网的用户流失十分严重[⊖]，网络的运营与投资风险较大。为了支持上市公司发展，电信集团也沿用了原中国联通集团的经营租赁模式。随着 C 网财务效益的改善，2012 年电信上市公司从集团母公司收购了 C 网的资产与相关负债，实现了资产与业务的完全整合[⊖]。

8.4.2　C 网和 G 网再投资的预期资金需求

假设 2007 年之后 C 网注入原中国联通上市公司，公司需要兼顾 C 网和 G 网的扩容和升级改造，双网后续投资所需的资金是多少？ 2008 ~ 2010 年 C 网与 G 网的投资预测如表 8-8 所示。

表 8-8　2008 ~ 2010 年 C 网与 G 网的投资预测　（单位：亿元）

项目		2008 年	2009 年	2010 年
C 网投资	2G 投资	150.00	350.00	200.00
	3G 投资	—	50.00	50.00
G 网投资	2G 投资	332.00	403.00	253.00
	3G 投资	—	150.00	100.00
总投资		482.00	953.00	603.00

资料来源：中投证券 2008 年通信设备行业分析报告。

预计这三年扩容、升级 C 网所需的投资金额分别约为 150 亿元、400 亿元、250 亿元，共计约 800 亿元。同时扩容、升级 G 网所需的投资金额分别为 332 亿元、553 亿元、353 亿元。假设 2011 年 C 网与 G 网的投资金额维持不变，则预计 2008 ~ 2011 年对 C 网的投资共约 1 050 亿元，对 G 网的投资共约 1 591 亿元，双网后续投资的资金需求将近 2 641 亿元。

表 8-9 列出了 2008 ~ 2011 年联通 G 网的实际资本开支数额，四年总计已达 1 464.50 亿元，与预测的 1 591 亿元较为接近。

表 8-9　2008 ~ 2011 年联通 G 网的实际资本开支数额　（单位：亿元）

项目	2008 年	2009 年	2010 年	2011 年
中国联通 G 网资本开支	338.52	569.84	296.20	259.94

资料来源：原中国联通上市公司 2008 ~ 2011 年年度报告。

⊖ 2008 年 6 月电信与原中国联通订立 C 网收购协议，当时的用户数量为 4 316 万户。2008 年 10 月 1 日起，中国电信和中国联通正式开始进行 C 网的交割与过渡工作，短短 4 个月时间用户减少了 32.4%，仅剩 2840 万户。

⊖ 2012 年 8 月 22 日，电信上市公司与电信集团订立了 C 网的收购协议，以 876 亿元的价格从集团母公司收购 C 网的资产与相关负债。其中首期支付 255 亿元，余款于 5 年内付清。

但是考虑到 G 网的实际资本开支数额低于预测的水平，因此估计 C 网和 G 网 2008 ~ 2011 年后续投资的资金需求为 2 600 亿元，平均每年约 650 亿元。那么企业是否有能力来筹集到如此庞大的资金呢？下面从内源融资、外部债务融资、外部权益融资三个方面进行分析。

8.4.3　原中国联通支撑双网再投资的内源融资能力

企业的内源融资是指企业筹集并利用自身经营活动产生的资金来对项目进行投资。**原中国联通的内源融资能力能否满足双网再投资的资金需求？** 针对这一问题，先分析 C 网项目的经营现金净流量能否为自身的再投资提供足够的资金支持，如果不能则再分析原中国联通上市公司的经营活动现金净流量能否满足 C 网和 G 网再投资的资金需求。

1. C 网项目支撑自身再投资的内源融资能力

C 网能否依靠自身的经营现金净流量为再投资提供足够的资金支持？ 经过前面的财务效益分析可知，C 网的利润和现金流量创造能力较低。利润留存方面，2002 ~ 2005 年 C 网的经营利润一直亏损，再投资所需的资金完全依赖于企业为其融资。2006 年和 2007 年虽然实现了盈利，但创造的利润十分有限，税前利润分别只有 10.61 亿元和 12 亿元。经营现金净流量方面，在联通运营 C 网的 6 年中投入资金近 1 000 亿元，但 C 网自身创造的现金流量不到 50 亿元，仅占投资规模的 5%，远远不能为自身的发展提供足够的资金。因此，C 网创造的经营现金净流量难以支撑自身的后续再投资，需要企业为其筹集资金。

2. 企业支撑 C 网和 G 网再投资的内源融资能力

C 网的经营活动现金净流量无法满足自身的再投资需求，**原中国联通整个企业的内源融资能力可以为 C 网和 G 网的再投资提供足够的资金支持吗？**

第一，预测 2008 ~ 2011 年原中国联通的经营现金净流量。 2002 ~ 2007 年原中国联通经营活动产生的现金净流量以及增长率如图 8-11 所示。2003 年原中国联通经营现金净流量的增长率高达 72.86%，明显高于 2004 ~ 2007 年的增长率，一方面早期企业处于快速发展阶段，另一方面 C 网于 2002 年正式投入运营，这直接导致 2003 年原中国联通的经营现金创造能力明显提升。为了避免对预测造成的干扰效应，在预测 2007 年之后原中国联通的经营现金净流量时只考虑 2004 ~ 2007 年经营现金净流量的增长率。假设 2007 年之后原中国联通的经营现金净流量按照 2004 ~ 2007 年间的平均增长率 10.29% 稳定增长，则可预计 2008 ~ 2011 年原中国联通的经营现金净流量分别为 356.58 亿元、393.28 亿元、433.76 亿元和 478.40 亿元。

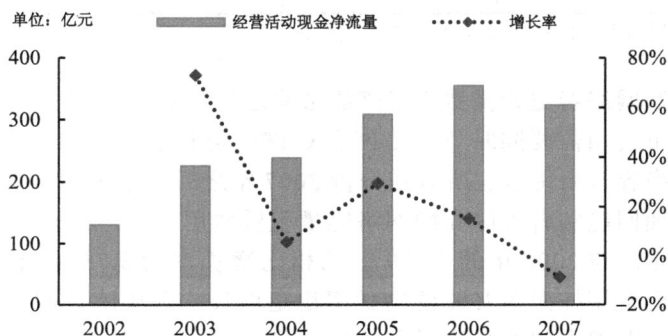

图 8-11　原中国联通 2002 ~ 2007 年经营现金净流量情况

资料来源：原中国联通上市公司 2002 ~ 2007 年年度报告。

　　第二，考虑每年上市公司现金股利分配引起的现金支出。 每年原中国联通上市公司都会以现金股利的形式向股东进行股利分配。表 8-10 列出了 2002 ~ 2007 年股利分配的方案。参照 2002 ~ 2007 年的数据，公司的股利支付占公司经营现金净流量的比例维持在 5% 上下，并且 2006 年与 2007 年股利支付占比趋近 5% 的水平。假设 2008 ~ 2011 年原中国联通的现金股利支付占经营现金净流量的比例均为 5%，则支付股利的金额分别为 17.83 亿元、19.66 亿元、21.69 亿元、23.92 亿元。

表 8-10　2002 ~ 2007 原中国联通现金股利分配方案

年度	分配方案 （元 / 股）	总股数 （亿股）	现金股利总金额 （亿元）	经营现金 净流量	股利支付 占比
2002 年	0.0357	196.97	7.03	130.54	5.39%
2003 年	0.0350	196.97	6.89	225.65	3.05%
2004 年	0.0325	211.97	6.89	238.19	2.89%
2005 年	0.0414	211.97	8.78	308.04	2.85%
2006 年	0.0672	211.97	14.24	354.51	4.02%
2007 年	0.0672	211.97	14.24	323.31	4.40%

　　资料来源：原中国联通上市公司 2002 ~ 2007 年年报和股利分配公告。

　　第三，考虑 C 网和 G 网之外其他项目的资本开支。 表 8-11 列出了 2002 ~ 2007 年原中国联通 C 网和 G 网之外其他投资项目的资本开支。2004 年原中国联通停止了寻呼业务的资本开支，因此在预测 2008 ~ 2011 年其他项目的资本开支时不予考虑。寻呼业务、数据及互联网业务、长途业务，以及不作分摊项目的资本开支，变化缺乏一定的规律性，难以进行预测。然而，总体上 2002 ~ 2007 年其他项目的资本开支合计数额保持在 110 亿元左右，因此预测 2008 ~ 2011 年原中国联通 C 网和 G 网之外其他项目的资本开支维持在每年 110 亿元的水平。

表 8-11　2002 ~ 2007 年原中国联通 C 网和 G 网之外其他项目的资本开支（单位：亿元）

项目	2002 年	2003 年	2004 年	2005 年	2006 年	2007 年
数据及互联网业务资本开支	32.48	41.29	24.45	19:63	25.00	22.24
长途业务资本开支	33.43	25.55	19.49	21.63	26.41	27.44
寻呼业务资本开支	2.08	0.35	0	0	0	0
不作分摊项目的资本开支	42.36	41.30	75.96	61.54	58.27	42.57
合计	110.35	108.49	119.9	102.8	109.68	110.35

　　资料来源：原中国联通上市公司 2002 ~ 2007 年年度报告。

　　第四，考虑高额网络容量租赁费用带来的影响差异。 基于 2007 年之后 C 网注入上市公司的假设前提，上市公司需要同时负担 C 网和 G 网投资建设成本，同时将不必再向集团母公司支付高额的网络容量租赁费。所以在分析 2007 年之后上市公司内源融资能够提供多少资金支持时，应该加回能够省去的高额网络容量租赁费用支出。2007 年 C 网的网络容量租赁费用为 83.82 亿元，与 2006 年的 80.79 亿元相比增长率为 3.75%。假设 2008 ~ 2011 年 C 网的网络容量租赁费用按照 3.75% 的增长率稳定增长，则预计 C 网资产注入上市公司之后 2008 ~ 2011 年可以省去的网络容量租赁费分别为 86.96 亿元、90.23 亿元、93.61 亿元、97.12 亿元。

　　最后，预测 2008 ~ 2011 年原中国联通支撑 C 网和 G 网再投资的内源融资能力。 预期的企业经营现金净流量并不能反映原中国联通支撑 C 网和 G 网再投资的内源融资能力，还需要在此基础上减去预期的现金股利支付和预期的 C 网和 G 网之外其他项目的资本支出，然后加上可以省去的 C 网网络租赁费。表 8-12 列出了 2008 ~ 2011 年原中国联通支撑 C 网和 G 网再投资的内源融资能力预测。

表 8-12　2008 ~ 2011 年原中国联通支撑 C 网和 G 网再投资的内源融资能力预测　（单位：亿元）

项目	2008 年	2009 年	2010 年	2011 年
预期企业经营现金净流量	356.58	393.28	433.76	478.40
减：预期现金股利支付	−17.83	−19.66	−21.69	−23.92
减：预期 C 网和 G 网之外其他项目的资本支出	−110	−110	−110	−110
加：预期可以省去的 C 网网络容量租赁费	86.96	90.23	93.61	97.12
企业内源融资的现金流量基础	315.71	353.85	395.68	441.60
合计	1 506.84			

经过以上分析可知，2008 ~ 2011 年原中国联通的内源融资能力可以为 C 网和 G 网再投资提供约 1 500 亿元的资金支持，要满足 C 网和 G 网再投资近 2 600 亿元的资金投入，还剩下 1 100 亿元的资金缺口（平均每年约 275 亿元），相差甚远。因此原中国联通的内源融资能力不能满足双网再投资的资金需求，需要进一步分析公司的外部债务融资能力和权益融资能力。

8.4.4　原中国联通支撑双网再投资的债务融资能力

原中国联通的内源融资能力远远不能满足双网升级的资金需求，需要进一步考虑其他融资渠道，**那么企业支撑**双网**再投资的债务融资能力如何？**针对这一问题，从商业信用融资、银行借款融资、债券与票据融资等融资渠道来对其进行分析。

1. 原中国联通上市公司的商业信用融资渠道

商业信用融资资金难以用于双网再投资。由于其风险小、容易取得且没有成本，原中国联通上市公司逐年加大了商业信用融资的金额。2002~2007 年原中国联通应收款项与应付款项如图 8-12 所示。

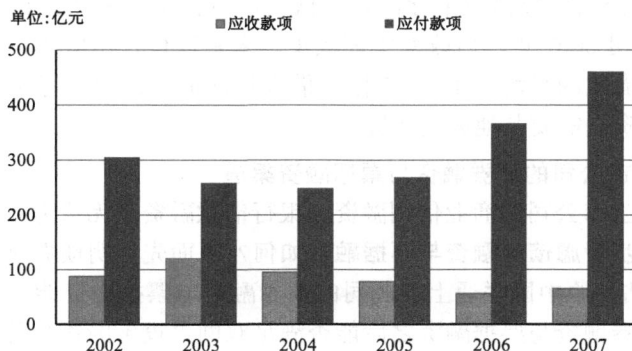

图 8-12　2002 ~ 2007 年原中国联通应收款项与应付款项⊖

资料来源：原中国联通上市公司 2002 ~ 2007 年年度报告。

⊖ 应收款项包括：应收票据、应收利息、应收账款净额、预付账款及其他应收款等；应付款项包括：应付票据、应付账款、预收账款、应付股利及其他应付款等。

2004 年之后，原中国联通上市公司的应收款总额与应付款总额之间的差额越来越大，2007 年应收款项总额与应付款项总额之间的差额比 2004 年多了 241.92 亿元，这说明公司大量利用商业信用来进行日常经营的融资，商业信用融资已经达到了一个很高的水平。但是商业信用融资期限较短，募集的资金一般用于企业日常运营，而不适用于投资网络扩容和升级改造这类固定资产投资项目。

2. 原中国联通上市公司的银行借款融资渠道

商业信用融资资金无法用于网络升级和改造的再投资，**那么考虑银行借款融资渠道，原中国联通上市公司能否为双网再投资提供足够的资金支持？** 2002 ~ 2007 年原中国联通的长期借款与短期借款如表 8-13 所示。

表 8-13　2002 ~ 2007 年原中国联通的长期借款与短期借款　　（单位：亿元）

项目	2002 年	2003 年	2004 年	2005 年	2006 年	2007 年
长期借款	376.86	362.13	261.37	119.82	41.39	16.61
新增长期借款	77.57	110.76	110.83	57.99	13.45	0
偿还长期借款	199.26	184.98	172.46	199.28	103.48	39.91
短期借款	91.47	109.75	89.28	70.24	0	0
新增短期借款	96.23	109.01	102.25	125.32	21.43	0
偿还短期借款	79.29	102.79	122.72	201.04	89.06	0

资料来源：原中国联通上市公司 2002 ~ 2007 年年度报告。

原中国联通上市公司的长期、短期银行借款每年都是借少还多，总体上公司长期、短期银行借款的存量都在不断减少。从短期借款来看，公司主要采用的策略是借短期还短期，反映了对资本运作的频繁使用。但是短期借款的资金难以用于网络升级和改造这类大型、长期的固定资产投资项目。从长期借款来看，2007 年原中国联通上市公司的长期借款相比 2002 年大幅减少了 96%，长期负债占负债总额的比重从 2002 年的 45.73% 下降到 2007 年的仅有 3.18%。此外，公司在资产总额基本维持不变的情况下连年降低其资产负债率，其具体措施就是减少长期、短期银行借款。

原中国联通上市公司的负债政策导向是降低资产负债率，并减少长期借款以增强负债的流动性。即使假设公司 2007 年之后改变负债政策，未来进行长期借款，并且估计每年都能以 2002 ~ 2007 年长期借款的平均水平约 75 亿元借入长期借款，面对每年 275 亿元的资金缺口依然有近 200 亿元的资金需要其他渠道融资。

3. 原中国联通上市公司的债券融资与票据融资渠道

考虑原中国联通上市公司的商业信用融资和银行借款融资都无法为双网再投资提供足够的**资金支持，那么进一步考虑债券融资与票据融资如何？** 下面先说明债券融资与票据融资的可融资金额限制[注]，然后估计原中国联通上市公司的债券融资与票据融资能力，最后分析原中国联通上市公司在考虑债券融资与票据融资之后能否满足双网再投资的资金需求。这里的债券融资是指企业债券、公司债券和可转换公司债券的融资，票据融资是指中期票据的融资。考虑到募集的资金要能够用于投资网络升级和改造这类长期的固定资产投资项目，所以这里不考虑短期融资券。

不同于银行借款，我国有关规定对债券融资与票据融资的可融资数额进行了明确限制，如

[注]　公司债券和中期票据是我国 2007 年和 2008 年先后推出的两类新的融资渠道。

表 8-14 所示。企业债券、公司债券和可转换公司债券都是属于债券融资，债券融资之后企业累计的债券余额不能超过最近一期期末净资产的 40%。中期票据与此类似，票据融资之后企业待偿还余额不能超过企业净资产的 40%。

表 8-14　企业债券、公司债券和中期票据融资的数额限制规定

融资类型	融资金额限制	有关文件	管理部门
企业债券	累计债券余额不超过企业净资产（不包括少数股东权益）的 40%	《关于关于推进企业债券市场发展、简化发行核准程序有关事项的通知》（2008 年 1 月 4 日发布）	国家发展和改革委员会
公司债券	本次发行后累计公司债券余额不超过最近一期期末净资产的 40%	《公司债券发行试点办法》（2007 年 8 月 14 日实施）	中国证券监督管理委员会
可转换公司债券	本次发行后累计公司债券余额不超过最近一期期末净资产的 40%	《上市公司证券发行管理办法》（2006 年 5 月 8 日实施）	中国证券监督管理委员会
中期票据	中期票据待偿还余额不得超过企业净资产的 40%	《银行间债券市场非金融企业中期票据业务指引》（2008 年 4 月 15 日颁布）	中国银行间市场交易商协会

对 2008～2011 年原中国联通企业债券、公司债券和可转换公司债券的可融资总额以及中期票据的可融资金额进行估计。2006 年原中国联通的净资产为 502 亿元，以往各年的平均增长率为 8%，假设企业净资产以此增长率稳定增长，则 2011 年的企业净资产预计约为 738 亿元。为保守起见，假设 2008～2011 年间进行债券与票据融资时，不考虑公司已有的债券与票据余额（即假设 2008～2011 年间的债券与票据融资能够最大化）[⊖]。先分析三种债券的总共可融资金额，前面已经预测原中国联通 2011 年的企业净资产约为 738 亿元，所以预计 2008～2011 年原中国联通能通过中长期债券融资约 295 亿元[⊜]；然后分析中期票据的可融资金额，考虑到债券融资会降低企业净资产，预计 2008～2011 年原中国联通还能通过中期票据的可融资金额约 177 亿元[⊜]。因此，原中国联通上市公司的企业债券、公司债券、可转换公司债券和中期票据的可融资金额共约 472 亿元，平均每年满足双网再投资资金需求近 118 亿元。

经过以上分析可知，债务融资估计平均每年最多满足融资需求 193 亿元，面对每年 275 亿元的资金缺口依然有近 82 亿元的资金需要依靠其他渠道融资。因此，考虑原中国联通上市公司的留存收益与外部债务融资之后，C 网和 G 网再投资依然面临较大的资金缺口，需要进一步分析公司的权益融资能力。

8.4.5　原中国联通支撑双网再投资的权益融资能力

原中国联通上市公司进行 C 网和 G 网的再投资，仅依靠利润留存和外部债务融资还有至少 370 亿元的资金缺口，而作为一家上市公司，还可以通过增发、配股等权益融资方式来筹集资金，**原中国联通上市公司支撑双网再投资的权益融资能力如何？**针对这一问题，先分析原中国联通上市公司能否满足证监会规定的公开增发、定向增发与配股的条件，然后分析公司通过

⊖　如果不考虑公司已有的债券与票据余额，公司都无法满足双网再投资的资金需求，那么在考虑余额的情况下将更加不能为双网再投资提供足够的资金支持。实际上原中国联通 2002～2007 年发行了两次债券：2005 年发行了短期债券 100 亿元。2006 年筹集资金为 150 亿元，其中短期债券为 70 亿元，可转换债券为 80 亿元，其中只有可转换债券适用于投资长期的固定资产投资项目。

⊜　738×40%=295.20（亿元）

⊜　738×(1-40%)×40%=177.12(亿元)

增发与配股融资能否满足双网再投资的剩余资金需求。

依据《上市公司证券发行管理办法》规定[⊖]，公开增发最主要的约束有三点：第一，最近三个会计年度加权平均净资产收益率平均不低于6%，扣除非经常性损益后的净利润与扣除前的净利润相比，以低者作为加权平均净资产收益率的计算依据；第二，最近三年以现金方式累计分配的利润不少于最近三年实现的年均可分配利润的30%[⊜]；第三，最近三个会计年度连续盈利，扣除非经常性损益后的净利润与扣除前的净利润相比，以低者作为计算依据。那么**原中国联通上市公司是否满足公开增发的条件呢？**原中国联通上市公司各年的净利润均为正，且各年股利支付率的均值大于10%，因此其盈利情况与利润分配情况均符合公开增发的条件，进一步分析公司各年的加权平均净资产收益率。原中国联通2002～2007年的加权平均净资产收益率如图8-13所示。从图中可知，2006年和2007年公司近三年加权平均净资产收益率的均值分别为6.32%和7.35%，均大于证监会规定要求的6%。同时2004～2007年公司的加权平均净资产收益率保持良好增长。假设公司2007年之后的加权平均净资产收益率继续维持这一增长趋势，那么公司近三年加权平均净资产收益率的均值仍将大于6%，符合证监会规定的公开增发条件。

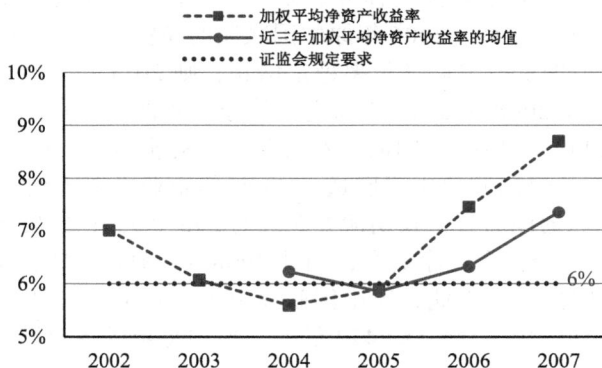

图8-13 原中国联通上市公司2002～2007年的加权平均净资产收益率
资料来源：CSMAR数据库。

原中国联通上市公司还可以选择定向增发或者配股的方式进行筹资。定向增发没有企业绩效、利润分配方面的要求，依据《上市公司证券发行管理办法》第三十七条规定，定向增发的特定对象应该符合股东大会决议规定的条件，并且发行对象不能超过十名。因此，原中国联通符合定向增发的相关条件。

依据《上市公司证券发行管理办法》规定，配股最主要的约束有三点：第一，最近三个会计年度连续盈利。扣除非经常性损益后的净利润与扣除前的净利润相比，以低者作为计算依据；第二，最近三年以现金方式累计分配的利润不少于最近三年实现的年均可分配利润的30%；第三，拟配售股份数量不超过本次配售股份前股本总额的30%。因此，原中国联通符合配股的相关条件。

虽然原中国联通能够满足增发或配股的条件，但是2008～2011年尚有328亿元（平均

⊖ 证监会令第30号：《上市公司证券发行管理办法》。
⊜ 依据《关于修改上市公司现金分红若干规定的决定》：将《上市公司证券发行管理办法》第八条第（五）项"最近三年以现金或股票方式累计分配的利润不少于最近三年实现的年均可分配利润的20%"修改为："最近三年以现金方式累计分配的利润不少于最近三年实现的年均可分配利润的30%"。

每年 82 亿元）需要外部权益融资来获得，占原中国联通 2007 年总市值（2516.08 亿元）的 13.04%。如果通过公开增发或配股进行巨额融资，则一方面外部资本市场难以承受，另一方面控股股东股权会被大幅稀释。并且定向增发很难寻找到合适的增发对象能够提供巨额资金来满足融资需求。实际上 2002 ~ 2007 年期间，除了 IPO 之外，原中国联通只在 2004 年进行了一次配股，配售股份总计 15 亿股，每股面值 1 元，配售价格为每股 3 元，筹资金额仅为 45 亿元。

经过以上分析可知，虽然原中国联通上市公司能够满足增发或配股的条件，但是考虑公司的利润留存和外部债务融资能力之后，还需要进行募集的资金太过庞大，依靠外部权益融资无法满足剩下的资金需求。因此，原中国联通上市公司的融资能力有限，无法融得足够资金来支撑 C 网和 G 网的后续再投资。

8.5　原中国联通如何进行 C 网的再投资决策

原中国联通投资 C 网没有实现良好的预期效益，C 网创造的经营现金净流量无法支撑自身的再投资，并且 2007 年之后企业的融资能力难以满足 3G 时代 C 网与 G 网再投资的庞大资金需求。进一步分析，原中国联通会如何进行 C 网的投资决策？针对这一问题，先说明原中国联通最终选择的实际解决方案，然后分析这一方案的财务合理性。

8.5.1　原中国联通最终选择的实际解决方案

2007 年之后，原中国联通无法继续兼顾双网的扩容和升级改造，企业选择的实际解决方案是什么？

1. 原中国联通的决策倾向

原中国联通大幅缩减对 C 网的投入，以及新《入网指南》淡化 C 网的动向，一定程度上表明了原中国联通对 C 网再投资的决策倾向。一方面，电信业第二次重组之前原中国联通投资策略的转变反映了企业对 G 网的倚重。2005 年下半年，原中国联通网络投资建设的重心开始从 C 网转向 G 网。2006 年企业对 G 网的资本开支为 124 亿元，不仅用于扩大网络容量，还将部分重点城市的 GSM 网络升级为 GPRS。2007 年企业对 G 网的资本开支进一步扩大到 164.9 亿元。相比之下，2006 年和 2007 年 C 网的资本开支分别只有 27 亿元和 30 亿元，仅占 G 网资本开支的 22% 和 18%。另一方面，原中国联通的宣传手册也表明了企业有放弃 C 网的决策倾向。2006 年新印制的联通《入网指南》中没有任何宣传 CDMA "绿色、健康、准 3G" 的相关内容，而以往此类内容都是《入网指南》的宣传重点。

2. 原中国联通的实际方案

对于 C 网的再投资决策，原中国联通最终决定不再继续投资和运营 C 网，分拆并将其出售给中国电信。2008 年 6 月 2 日，原中国联通上市公司发布公告，原联通集团向中国电信集团以 1 100 亿元的总对价出售 C 网，包括联通新时空公司拥有的 C 网网络资产和联通运营公司拥有的 C 网服务业务。其中 C 网网络资产的出售价格为 662 亿元，C 网服务业务的出售价格为 438 亿元。

8.5.2　原中国联通选择继续投资 G 网合理吗

2007 年之后，原中国联通的融资能力难以支撑 C 网和 G 网的再投资，最终选择继续投资 G 网而非 C 网，这一决策方案合理吗？

1. 政策因素对 C 网再投资决策的影响

原中国联通作为大型国企,保留哪张网络不完全由企业自身决定,工信部、国家发改委等有关政府机构对最终决策也有很大的影响力。

2008 年 5 月 24 日,工信部、国家发改委和财政部三个部门联合发布了《关于深化电信体制改革的通告》。依据通告内容,本次深化电信体制改革的指导思想是"以发展第三代移动通信(3G)为契机,合理配置现有电信网络资源,实现全业务经营,形成适度、健康的市场竞争格局,既防止垄断,又避免过度竞争和重复建设"。主要目标是"发放三张 3G 牌照,支持形成三家拥有全国性网络资源、实力与规模相对接近、具有全业务经营能力和较强竞争力的市场竞争主体,电信资源配置进一步优化,竞争架构得到完善"。为了实现本轮电信体制改革目标,通告指出,"鼓励中国电信收购中国联通 CDMA 网(包括资产和用户),中国联通与中国网通合并,中国卫通的基础电信业务并入中国电信,中国铁通并入中国移动"。

基于此,以下暂不考虑有关部门的政治性决策造成的影响,通过比较 C 网和 G 网的财务状况来分析原中国联通选择继续投资 G 网的财务合理性。

2. 原中国联通选择继续投资 G 网的财务合理性

G 网一直以来是原中国联通的核心业务网络,不仅分担了发展 C 网时所承担的风险,还为发展 C 网提供了资金支持。对联通而言,G 网是支柱业务,而 C 网则是生命工程。表 8-15 列出了 2007 年原中国联通 G 网与 C 网的各项数据比较。

表 8-15　电信业第二次重组之前(2007 年)原中国联通 G 网与 C 网各项数据比较

比较项目	GSM	CDMA	倍数(GSM:CDMA)
用户数量(万户)	12 056.40	4 192.70	2.88
用户通信使用量(亿分钟)	3 414.10	1 254.30	2.72
营业收入(亿元)	627.75	277.30	2.26
营业收入年增加额(亿元)	34.85	4.37	7.97
税前利润(亿元)	92.26	12.00	7.69
税前利润年增加额(亿元)	17.48	1.39	12.58
经营现金净流量(亿元)	256.82	18.31	14.03

资料来源:原中国联通上市公司 2007 年年度报告。

第一,G 网的基础网络建设更加完备。 2006 年原中国联通对 G 网的投资为 124 亿元,不仅用于扩大网络容量,还将部分重点城市的 GSM 网络升级为 GPRS,使其具备数据业务能力。2007 年企业对 G 网的投资进一步扩大到 164.9 亿元。相比之下,2006 年和 2007 年 C 网网络建设的投入力度明显弱于 G 网,分别只有 27 亿元和 30 亿元。

第二,G 网的用户市场更加稳定成熟。 用户数量是用户市场情况最直观的体现,是决定电信运营商未来发展的关键,代表未来步入 3G 时代的市场份额。2007 年 C 网拥有的用户数量为 4 192 万户,相比之下 G 网拥有的用户数量约为 1.2 亿户,是 C 网的 2.88 倍。这意味着,如果联通选择继续投资 G 网,则在 3G 时代拥有了至少 1.2 亿用户。2007 年 G 网的用户通信使用量为 3 414 亿分钟,是 C 网用户通信使用量 1 254 亿分钟的 2.72 倍,说明 G 网的业务规模明显大于 C 网。

第三,G 网的财务效益明显好于 C 网。 2007 年 G 网营业收入达到 627.75 亿元,相比之下 C 网的营业收入只有 277.3 亿元。G 网的收入规模是 C 网的 2.26 倍,这与业务规模的情况基本相符。从营业收入的成长性看，2007 年 G 网的营业收入相比 2006 年增长了 34.85 亿元，增幅为 5.88%。相比之下，C 网的营业收入仅增长了 4.37 亿元，增幅只有 1.39%。G 网的税前利润达到 92.26 亿元，是 C 网税前利润 12 亿元的 7.69 倍。从税前利润的成长性看，2007 年 G 网的税前利润相比 2006 年增长了 17.48 亿元，增幅为 23.38%。相比之下，C 网的税前利润仅增长了 1.39 亿元，增幅为 13.1%。G 网是企业经营现金净流量的主要来源，2007 年其经营现金净流量为 256.82 亿元，而 C 网只有 18.31 亿元，G 网的现金流量创造能力远大于 C 网。

如果原中国联通选择继续投资发展尚未成熟的 C 网，而停止对 G 网的再投资，则企业的竞争力将大大削弱。C 网的利润增长并不乐观，即使出售 G 网所得的资金也只能支撑 C 网最初几年的发展。从长期来看，在 C 网具备利润与现金流量创造能力支撑自身再投资之前可能再次因为资金不足而使发展受阻。

8.5.3　原中国联通选择对外出售 C 网合理吗

在停止 C 网的再投资之后，原中国联通最终选择将 C 网出售给中国电信，这一决策方案合理吗？针对这一问题，先分析激烈的竞争环境下出售 C 网的必要性，后分析出售 C 网对企业的积极影响。

1. 激烈竞争环境下出售 C 网的必要性

移动通信市场的竞争非常激烈，运营商需要持续地投资扩容和升级网络来提高网络覆盖和服务质量，进而争夺移动用户，巩固与提升市场份额。

移动通信市场竞争激烈，移动用户离网率居高不下。 移动用户离网率是反映电信运营商之间竞争激烈程度的重要标准之一。2002 ~ 2007 年原中国联通 C 网和 G 网的移动用户离网率如图 8-14 所示。总体上两张网络的用户离网率呈上升趋势，说明原中国联通与原中国移动之间的用户争夺日益激烈。其中，C 网 2002 年刚投入运营时的用户离网率只有 0.96%，此后逐年增大，到 2007 年用户离网率已经高达 24.48%，这说明 C 网在与其他网络争夺用户的过程中竞争力逐渐丧失，没能留住入网的用户。G 网 2002 年的用户离网率为 14.6%，2003 年大幅升到 29.1%，管理层在年报中指出这是移动通信市场竞争激烈所导致。2004 ~ 2005 年 G 网用户离网率一直居高不下，2007 年进一步上升到 33.12%，这说明 G 网面临的竞争形势也较为严峻，未能留住已入网的客户，使用户离网率趋于稳定乃至降低。

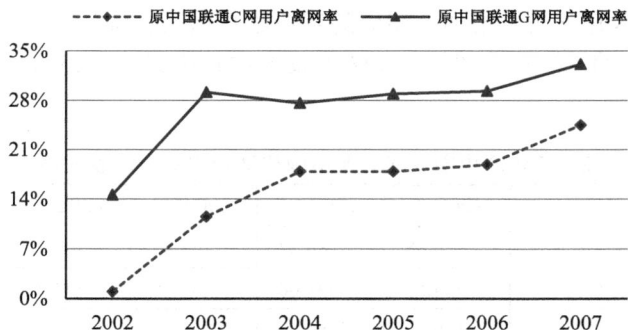

图 8-14　2002 ~ 2007 年原中国联通 C 网和 G 网用户离网率情况

资料来源：原中国联通上市公司 2002 ~ 2007 年年度报告。

移动通信市场竞争激烈，运营商的盈利空间不断缩小。 2002 ~ 2007 年原中国移动与原中国联通 ARPU 情况如图 8-15 所示。总体上,图中显示的 ARPU 指标(每户每月平均话费)均呈逐年降低之势,说明运营商在激烈的竞争过程中不断降价,盈利空间越来越小。原中国移动 G 网的 ARPU 从 2002 年的 115 元下降到 2007 年的 89 元,下降了 22.61%。相比之下,原中国联通 C 网的 ARPU 下降幅度更大,从 2002 年的 172.3 元下降到 2007 年的 58.1 元,下降了 66.28%。原因在于 C 网运营初期企业为了与 G 网形成差异化经营,避免内部竞争,而将 C 网的市场定位为高端用户,随后由于没有顺利打开高端市场而逐渐转向低端用户市场。原中国联通 G 网的 ARPU 变化幅度相对较小,从 2002 年的 69 元下降到 2007 年的 46 元,下降了 33.33%。

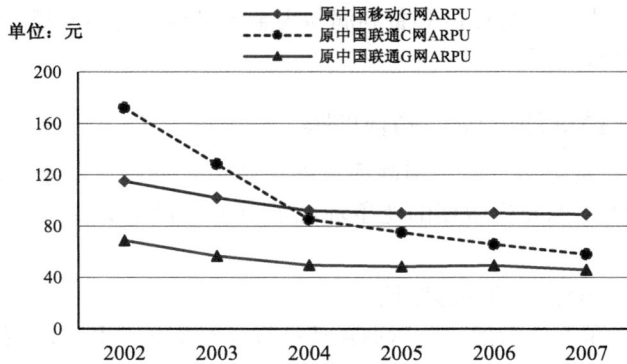

单位: 元

→ 原中国移动G网ARPU
••● 原中国联通C网ARPU
→ 原中国联通G网ARPU

图 8-15 2002 ~ 2007 年原中国联通与原中国移动 ARPU 情况

资料来源:原中国联通与原中国移动上市公司 2002 ~ 2007 年年度报告。

网络的持续经营需要对其进行持续的再投资。 2002 ~ 2007 年原中国联通与原中国移动用户数量、收入规模及资本开支情况如表 8-16 所示。移动网络争夺客户资源、提高收入规模需要企业对其进行持续的再投资支持。2002 ~ 2007 年原中国联通 C 网、G 网和原中国移动 G 网的用户数量与营业收入保持逐年增长,同时企业每年对网络保持持续的再投资。原中国移动对 G 网的资本开支明显大于原中国联通对 C 网和 G 网的资本开支,因而原中国移动 G 网的用户规模和收入规模也更大。2006 年和 2007 年原中国联通对 C 网的资本开支明显缩减,相应的营业收入增长也明显趋缓,收入增长率从 2005 年的 14.65% 降低至 4.06% 和 3.39%。2006 年和 2007 年 G 网的资本开支明显增加,相应的营业收入增长也加快,收入增长率从 2005 年的 9.53% 提高至 2006 年的 13.73%。但是 2007 年收入增长率只有 5.88%,原因在于当年 ARPU(每户每月话费)的降低。

表 8-16 2002 ~ 2007 年原中国联通与原中国移动用户数量、收入规模及资本开支情况

项目		2002 年	2003 年	2004 年	2005 年	2006 年	2007 年
原中国联通 C 网	营业收入(亿元)	36.48	186.22	264.45	303.20	315.50	326.19
	用户数量(万户)	624.50	1 691.00	2 781.40	3 272.20	3 649.30	4 192.70
	资本开支(亿元)	150	180	200	170.02	27	30
原中国联通 G 网	营业收入(亿元)	281.09	412.07	476.01	521.39	592.99	627.87
	用户数量(万户)	5 346.50	6 392.30	8 426.70	9 507.20	10 587.30	12 056.40
	资本开支(亿元)	78.99	89.06	63.96	73.33	105.77	164.92

（续）

项目		2002 年	2003 年	2004 年	2005 年	2006 年	2007 年
原中国移动 G 网	营业收入（亿元）	1 285.61	1 586.04	1 923.81	2 430.41	2 953.58	3 569.59
	用户数量（万户）	11 767.60	14 161.60	20 429.20	24 665.20	30 123.20	36 933.90
	资本开支（亿元）	184.50	197.42	337.12	396.16	513.30	630.60

资料来源：原中国联通和原中国移动上市公司 2002 ~ 2007 年年度报告。

随着 2007 年之后 3G 时代的到来，移动通信技术的更新换代、市场需求的增加以及用户对服务质量要求的提高，会进一步加剧市场的竞争激烈程度。如果原中国联通继续同时运营两张移动通信网络，并且由于投资能力有限而重 G 网投资、轻 C 网投资，会导致 C 网网络建设缺少再投资支撑而难以维持良性的持续经营。一方面 C 网的扩容建设缺少再投资支撑，不能进一步提高网络覆盖范围，网络容量也渐趋饱和，难以满足用户数量的增长需求。另一方面 C 网的升级建设缺少再投资支撑，不能及时建成新的 3G 技术标准的网络，难以满足用户提高的服务质量要求。在技术更迭周期较短的移动通信行业，缺少再投资支撑的 C 网最终会被市场所淘汰。

因此，在移动通信市场的激烈竞争环境下，投资能力有限的原中国联通继续保留 C 网会导致其难以维持良性的持续经营，不利于移动通信网络资源的合理配置与国有资产的价值增长。

2. 出售 C 网对原中国联通的积极影响

依据原中国联通 2008 年 6 月 2 日发布的公司公告，企业对外出售 C 网具有以下三个方面的积极效应[⊖]。

第一，能够减轻企业在网络运营管理和财务投资方面的负担。随着 C 网和 G 网的发展以及用户规模的扩大，同时运营两张不同技术的网络变得日益复杂。C 网和 G 网对企业管理和财务资源的需求越来越大。2007 年之后原中国联通已经难以继续支撑两张网络的后续再投资。此外，C 网的实际财务效益长期表现不佳，拖累了企业整体业绩的增长，也对企业造成了一定的财务负担。原中国联通对外出售 C 网，不仅可以减少企业业务经营和管理的复杂性，还可以减轻企业的财务负担。

第二，能够集中资源专注发展 G 网业务。原中国联通对外出售 C 网，可以集中财务和运营资源发展核心的 G 网业务以及日后的 3G 服务，专注于 G 网业务和相关品牌的发展，从而实现更高的投资回报。此外，原中国联通将与中国网通合并，成为全业务电信运营商。出售 C 网能够使得原中国联通与网通合并后的业务发展更为均衡，实现更为清晰的战略目标。

第三，能够利用出售 C 网所得资金对 G 网进行再投资。G 网业务已经成为对企业财务和运营贡献最大的核心支柱业务，随着 3G 时代到来，G 网面临着投资升级与扩容的庞大资金需求。原中国联通对外出售 C 网，能够在保留核心网络竞争力的同时，利用出售 C 网所得的资金对 G 网进行再投资。在 3G 时代发展初期，通过对 G 网再投资的有力支撑以快速推动 G 网业务发展，进一步提高 G 网的收入规模和盈利能力。正如原中国联通管理层在公告中披露："出售 C 网所得款项净额将用于以下三个用途：一是进一步开发 G 网业务以及扩展 G 网业务的覆盖范围，并改善客户服务质量，以及在联通获得授予 3G 牌照时引入和实施 3G 技术和相关

⊖　资料来源：2008 年 6 月 2 日，原中国联通发布题为《关于联通拟向中电信出售 CDMA 业务拟议的主要交易可能的关连交易及恢复股份买卖》的公司公告。

业务；二是减少联通及其附属公司的负债，以降低联通及其附属公司的财务成本；三是提供营运资金及用于其他一般用途。"

8.6 中国电信能够支撑 C 网的后续再投资吗

原中国联通上市公司无法支撑 C 网和 G 网的后续再投资，因此不能实现 C 网的预期投资效益。2008 年，中国电信业第二次重组展开，最终形成了新移动、新联通和新电信三家全业务运营商。其中联通保留了 G 网，同时将 C 网的业务及相关资产出售给了中国电信。**C 网的"新东家"中国电信是否具备支撑 C 网后续再投资的能力？**针对这一问题，先来分析中国电信资产业务分离收购 C 网之后集团内部投资与经营 C 网的关系，然后分析 C 网支撑自身再投资的能力，最后分析中国电信支撑 C 网再投资的能力。

8.6.1 中国电信资产业务分离收购 C 网

C 网的转让分为两个部分，即资产的转让和业务的转让。资产转让是在联通集团公司、联通新时空公司和中国电信集团公司（以下简称"电信集团"）之间进行，而业务转让是在原中国联通上市公司和中国电信股份有限公司（HK：00728，NYSE：CHA，以下简称"电信上市公司"）之间进行。2008 年 6 月 2 日，联通上市公司与电信上市公司订立了《关于 CDMA 业务转让的框架协议》，拟向电信上市公司出售 CDMA 业务，总对价为 438 亿元。同时，联通集团公司、联通新时空也与电信集团订立了《关于 CDMA 网络转让的框架协议》，拟向电信集团出售 CDMA 网络资产，总对价为 662 亿元。C 网的资产业务分离转让如图 8-16 所示。

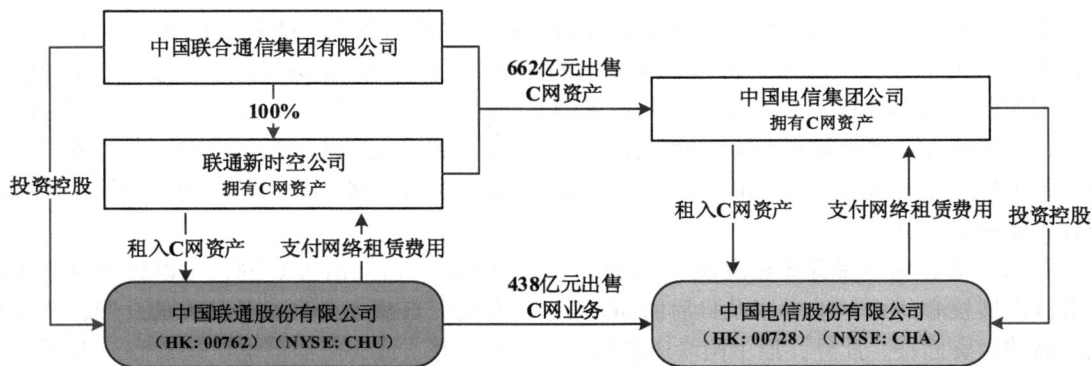

图 8-16 C 网的资产业务分离转让

资料来源：原中国联通上市公司 2008 年 6 月 2 日公告。

电信集团收购 C 网之后，为了避免其控股的电信上市公司在运营 C 网初期产生折旧以及财务费用，减少运营成本，所以没有将 C 网的资产注入上市公司，而是沿用了原中国联通的经营租赁模式。即上市公司以经营租赁的形式向集团公司租入 C 网的资产来经营 C 网的相关业务，同时支付一定的网络容量租赁费用。

8.6.2 集团内部投资与经营 C 网的关系

电信上市公司向电信集团租入 C 网，**上市公司与集团母公司对 C 网具体的投资经营关系是什么？**图 8-17 呈现了这一关系。下面依据电信上市公司和电信集团签订的《电信 CDMA

租约》及相关协议，从租赁期限与费用、网络建设与运营、购买选择权三个方面来展开
分析。

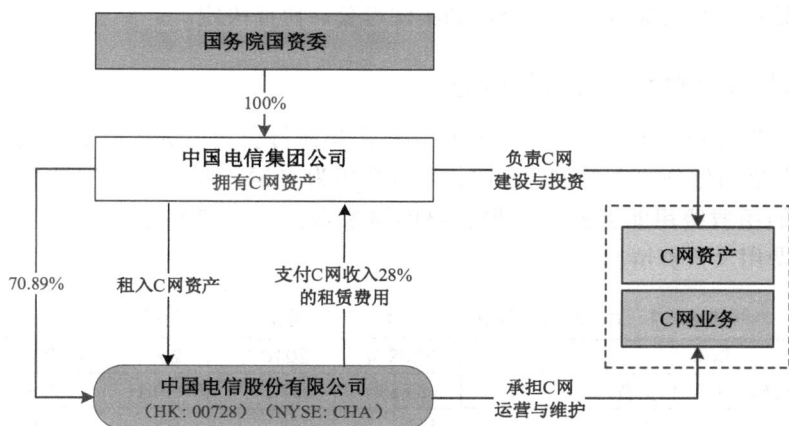

图 8-17　中国电信集团内部投资与经营 C 网的关系

资料来源：电信上市公司 2008 年年度报告。

1. 租赁期限与租赁费用

租赁期限方面，电信上市公司向电信集团租入 C 网的初步期限是 2008 ~ 2010 年。同时
两者约定，电信上市公司可于 2010 年 12 月 31 日之前，提前至少 180 天书面通知电信集团
选择续约，但是期限、租赁费等另行协定。2010 年，电信上市公司与电信集团签订了《电信
CDMA 租约》的补充协议，将 C 网的租赁期限延长至 2012 年。

租赁费用方面，2008 ~ 2010 年电信上市公司将拿出 C 网年营业收入的 28%，支付从母
公司电信集团租赁 C 网的费用。同时，对于 C 网的租赁费用有着最低限定，即当年年度最低
租赁费至少为上一年的 90%，但是这一限定从 2010 年开始生效（2008 年和 2009 年并无最低
租赁费用限定）。2010 年续约之后有关 C 网租赁费用的协定仍保持一致。

2. 网络建设与网络运营

电信集团承担 C 网的网络建设成本。电信集团拥有 C 网的实际所有权，而电信上市公司
以经营租赁的形式租入 C 网并经营相关业务。C 网的一切网络建设成本由集团母公司承担。这
一协定旨在支持电信上市公司在激烈的移动通信市场中竞争，使公司避免涉及开发 C 网的投资
风险，尤其是在其进入我国移动通信市场的初期阶段。依据《电信 CDMA 租约》，网络建设成
本包括与 C 网建设每期直接相关的所有付款、成本、支出与款项，资本化的贷款利息，就设备
采购和 C 网建设而征收或缴纳的任何税项，以及技术的重新配置、升级、增强或改进产生的所
有成本等。

电信上市公司承担 C 网的网络运营成本。电信上市公司从电信集团租入 C 网之后负责网
络的运营、管理和维护，C 网的一切网络运营成本由上市公司承担。依据《电信 CDMA 租约》，
网络运营成本包括网络的容量维护成本、非资本性修理维护费用以及其他有关运营和管理 C 网
的成本。

3. 电信上市公司的购买选择权

电信上市公司拥有 C 网的购买选择权。依据《电信 CDMA 租约》，电信集团授予电信上

市公司购买 C 网的选择权（即购买选择权）。电信上市公司可以全权决定在电信 C 网租约期内任何时间或电信 C 网租约届满后一年内行使购买选择权。购买价应根据 C 网的价值评估结果并考虑当时市况和其他因素而由上市公司和集团母公司协商决定。

8.6.3　C 网项目支撑自身再投资的能力

经过前面分析可知，中国电信收购 C 网之后由集团母公司负责承担 C 网的投资建设成本，上市公司每年向集团母公司支付租赁费用，租赁费用为 C 网营业收入的 28%。**C 网营收而向集团母公司支付的租赁费用能否支撑 C 网自身的再投资？** 表 8-17 列出了中国电信 2009 ~ 2011 年 C 网的租赁费用及投资情况。

表 8-17　中国电信 2009 ~ 2011 年 C 网租赁费用及投资情况

年份	2009 年	2010 年	2011 年	2012 年	总计
集团母公司收到的 C 网租赁费用（亿元）	83.83	133.20	190.11	255.46	662.60
集团母公司对 C 网投资金额（亿元）	532	268	215	140	1 155
C 网租赁费用占投资金额比重	15.76%	49.70%	88.42%	182.47%	57.37%

资料来源：中国电信上市公司 2009 ~ 2011 年度报告以及 8 月 22 日公告。

2009 ~ 2011 年电信集团母公司对 C 网的投资金额始终大于收到的租赁费用，2009 年和 2010 年网络容量租赁费用都不到网络投资金额的 50%。2009 ~ 2012 年集团母公司对 C 网的投资共计 1 115 亿元，从上市公司收到的 C 网租赁费用共计 662.6 亿元，因此有 492.4 亿元需要集团母公司来筹集并提供投资资金。虽然 2009 ~ 2012 年电信上市公司向集团母公司支付的 C 网租赁费用不能支撑其再投资，但是 2012 年的 C 网租赁费用达到 255.46 亿元，首次超过了 C 网当年的投资金额 140 亿元。主要原因在于，一方面 C 网营业收入增长带来网络容量租赁费用的增加，另一方面 C 网持续资本投资需求减少。这说明未来 C 网自身已经具备了一定的支撑自身再投资的能力。

8.6.4　中国电信支撑 C 网再投资的能力

电信上市公司向集团母公司支付的 C 网租赁费用不能支撑其再投资，需要集团母公司来筹集并提供资金。**电信集团能否支撑 C 网的后续再投资呢，是否也会面临原中国联通所遇到的投资能力不足的问题？** 考虑到 2009 ~ 2011 年 C 网的实际投资金额已经知晓，因此这里通过分析集团母公司对 C 网的投资是否满足了网络扩容和升级改造的投资需求来证明企业是否具备支撑 C 网再投资的能力。

1. C 网的实际投资额超出预期的投资计划

管理层预期 2009 ~ 2011 年投资 C 网 800 亿元。 2008 年 7 月 29 日中国电信与中国联通签署 C 网的收购协议当天，中国电信董事长王晓初指出，2009 ~ 2011 年计划 C 网用户数达到 1 亿户，市场占有率达到 15%，ARPU 值稳中有升，增值服务占比达到 35%。为了达成这一目标，电信集团计划在这三年内向 C 网投资 800 亿元进行网络的扩容与升级。

电信集团 2009 ~ 2011 年实际投资 C 网 1 015 亿元。 2012 年 8 月 22 日，电信上市公司与电信集团订立了 C 网的收购协议，从而将 C 网注入上市公司。依据电信上市公司发布的公司公告，2009 ~ 2011 年电信集团对 C 网的投资额分别为 532 亿元、268 亿元和 215 亿元。三年内 C 网投资共计 1 015 亿元，比预期的投资计划超出了 26.88%。C 网的实际投资情况超出了管理层依据 C 网发展需求所提出的投资计划，由此看出中国电信完全能够支撑 C 网的后续再投资。

2. C 网的投资扩容改造取得了良好的效益

移动通信网络的固定资产投资主要是指网络扩容改造与网络升级改造的投资。下面先分析 C 网扩容改造所取得的投资效益来证明中国电信对 C 网的投资是否满足了网络扩容改造方面的投资需求。网络扩容改造的投资效益主要表现为用户市场的扩张和营业收入的增大。

第一，移动业务用户市场快速扩张。 中国电信将固网、移动和互联网业务融合捆绑发展之后，C 网的运营效益明显改善并步入高速增长期。表 8-18 列出了中国电信 2009 ~ 2012 年移动用户市场情况。

表 8-18　中国电信 2009 ~ 2012 年移动用户市场情况

年份	2009 年	2010 年	2011 年	2012 年
电信移动用户数量（万户）	5 609	9 052	12 600	16 100
移动用户数量增长率	101%	61.4%	39.7%	27%
联通移动用户数量（万户）	14 759	16 743	19 966	23 931
移动用户数量增长率	10.7%	13.4%	19.2%	19.9%
移动用户数量（万户）	52 228	58 400	64 960	71 030
移动用户数量增长率	14.2%	11.8%	11.2%	9.3%

资料来源：中国电信、联通和移动上市公司 2009 ~ 2012 年年度报告。

中国电信 2009 ~ 2012 年移动用户数量增长速度惊人，移动用户数量年增长率始终领先中国联通和中国移动。尤其是 2009 年和 2010 年：2009 年移动用户数量达到 5 609 万户，比 2008 年翻了一倍；2010 年移动用户数量达到 9 052 万户，比 2009 年大幅增长了 61.4%。2011 年公司移动用户数量达到 1.26 亿户，成为全球最大的 C 网运营商。相比之下联通和移动的用户数量增长维持在 10%~20% 之间的水平，明显落后于中国电信。总体上中国电信移动业务的用户市场快速扩张，与中国联通和中国移动的差距越来越小。

第二，移动业务拉动企业收入增长。 中国电信 2009~2012 年移动业务收入情况如表 8-19 所示。中国电信移动业务收入保持着 40% 以上的增长率快速增长，年增长率明显大于企业营业收入的增长率。移动业务收入对企业营业收入的贡献越来越大，2011 年移动业务收入达到 827.01 亿元，成为公司第一大业务。2012 年，移动业务收入占企业营业收入比重达到 41.62%，几近占据整个企业业务的半壁江山。进一步分析移动业务收入增长量占企业营业收入增长量的比重可以发现，企业营业收入的增长主要依靠移动业务收入的增长来拉动。尤其是 2010 和 2011 年，移动业务收入的增长量甚至超过了企业营业收入的增长量。

表 8-19　中国电信 2009 ~ 2012 年移动业务收入情况

年份	2009 年	2010 年	2011 年	2012 年
移动业务收入（亿元）	356.2	539.53	827.01	1 178.26
移动业务收入增长率	—	51.47%	53.28%	42.47%
企业营业收入（亿元）	2 093.70	2 198.64	2 450.41	2 830.73
企业营业收入增长率	12.20%	5.01%	11.50%	15.50%
移动业务收入占企业收入比重	17.01%	24.54%	33.75%	41.62%
移动收入增长量占企业收入增长量比重	—	174.70%	114.18%	92.36%

资料来源：中国电信上市公司 2009 ~ 2012 年年度报告。

经过以上分析可知，C 网的投资扩容改造取得了良好的财务效益，可以证明企业对 C 网的投资较好地满足了网络扩容改造方面的需求。

3. C 网的投资升级改造取得了良好的效益

移动通信网络固定资产投资的另一个重要方面是网络升级改造的投资。下面通过分析 C 网的升级改造所取得的投资效益，来证明中国电信对 C 网的投资是否满足了网络升级改造方面的投资需求。网络升级改造的投资效益主要表现为 3G 业务的改善。

3G 流量业务引领整体移动业务发展。随着移动通信行业 3G 技术的革新与发展，市场对移动互联网业务的需求日益旺盛。中国电信将自身的互联网业务和移动业务融合，大力发展了 C 网的 3G 流量业务以满足移动互联网的需求，并赢得了市场的高度关注：中国电信 2009 年年报披露，公司快速对移动网络进行升级改造，建成了国内覆盖最广的 3G 移动网络。公司的"天翼"品牌知晓率也高达 78.8%，位居 3G 品牌首位。**下面从用户市场和业务收入两个方面来分析论证中国电信 3G 流量业务引领了整体移动业务的发展。**

先来分析用户市场，中国电信 2009 ～ 2012 年 3G 用户市场情况如表 8-20 所示。**第一，3G 用户逐渐成为公司移动用户主体。**2009 ～ 2012 年 3G 用户占公司移动用户总数量的比重逐年增大，2012 年这一比重已经高达 42.9%。**第二，3G 用户增长带动公司移动用户增长。**2009 ～ 2012 年 C 网的 3G 用户呈现爆发式增长，3G 用户数量增长率远远大于公司移动用户增长率（公司移动用户增长率见表 8-18），其中 2010 年和 2011 年的 3G 用户数量增长率甚至高达 200%。**第三，3G 用户市场扩张带动整体移动用户市场扩张。**2009 ～ 2012 年中国电信 C 网的 3G 市场份额一直维持在 30% 上下，领先公司移动用户整体市场份额 15% 以上。

表 8-20 中国电信 2009 ～ 2012 年 3G 用户市场情况

年份	2009 年	2010 年	2011 年	2012 年
3G 用户数量（万户）	407	1229	3629	6905
3G 用户占公司移动用户比重	7.3%	13.6%	28.8%	42.9%
3G 用户数量增长率	—	202%	195.3%	90.3%
3G 用户市场份额	35.7%	26.1%	28.5%	30%
移动用户整体市场份额	4%	10%	13%	15%

资料来源：中国电信上市公司 2009 ～ 2012 年年度报告。

再来分析业务收入。**一方面，移动互联网接入收入、其他业务收入占公司移动业务总收入的比重逐年增大。**中国电信 2009 ～ 2012 年移动互联网接入收入、其他业务收入及比重如图 8-18 所示。移动互联网接入收入占移动业务总收入的比重，从 2009 年的 10.56% 增大至 2012 年的 16.87%。移动其他业务收入占移动业务总收入的比重也逐年增大，依据中国电信 2012 年年报，主要原因在于公司加大了移动终端设备特别是 3G 智能手机的采购和销售力度。**另一方面，移动语音收入占移动业务总收入的比重逐年降低。**中国电信 2009 ～ 2012 年移动语音收入及比重如图 8-19 所示。虽然移动语音收入从 2009 年的 200.27 亿元增长至 2012 年的 491.66 亿元，但是移动语音收入占移动业务总收入的比重从 2009 年的 56.22% 降低至 2012 年的 41.73%，并有持续降低之势。中国电信 C 网的 3G 业务收入对公司移动业务总收入的贡献越来越大。

经过以上分析可知，C 网的投资升级改造取得了良好的财务效益，可以证明企业对 C 网的投资较好地满足了网络升级改造方面的需求。

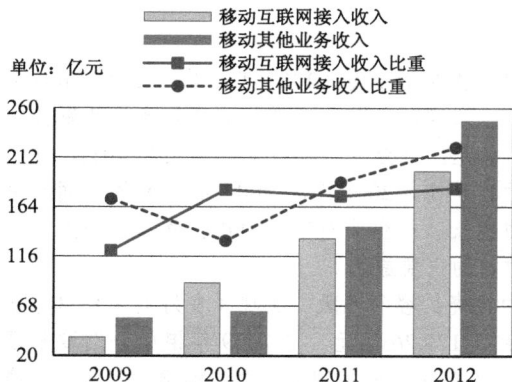

图 8-18　中国电信 2009～2012 年移动互联网接入
收入、其他业务收入及比重
资料来源：中国电信上市公司 2009～2012 年年度报告。

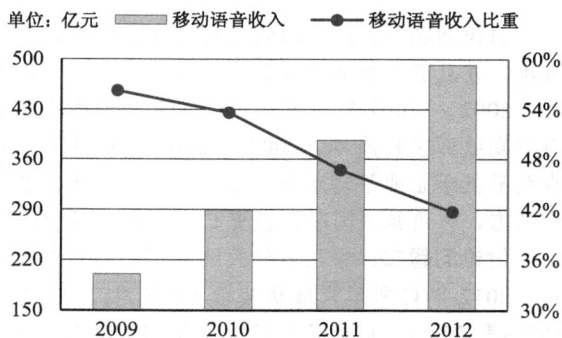

图 8-19　中国电信 2009～2012 年移动语音收入
及比重
资料来源：中国电信上市公司 2009～2012 年年度报告。

8.7　案例总结与讨论问题

▶案例总结

对 C 网这一需要持续性投资的项目，即使在企业最初投资决策时该项目具有广阔的市场前景和良好的预期效益，但是在企业再投资决策时并不意味着其依然可行，还需要考虑该项目的实际效益以及企业支撑其后续再投资的能力。基于案例分析过程的主要结论如下。

（1）原中国联通最初选择投资 C 网，是因为其符合企业竞争战略并且具有良好的市场前景与预期效益。第一，原中国联通的企业规模、经营绩效与移动业务都明显落后于原中国移动，并且在价格竞争中也处于劣势，而投资 C 网符合原中国联通的企业竞争战略。第二，C 网未来的需求空间广阔，相比 G 网具有明显的技术优势，同时受到政府政策的扶持。第三，C 网具有良好的预期财务效益，企业管理层预期 C 网的未来现金流量能够使企业在 7 年内收回资本投资成本，并且获得一定的投资报酬。

（2）原中国联通选择停止对 C 网再投资并将其出售，是因为 C 网没有实现预期效益并且企业难以继续满足其再投资的融资需求。第一，C 网投入运营之后的实际盈利能力和现金流量能力一直处于较低水平，并没有实现管理层预期的良好效益。原因是 C 网的市场没有顺利打开，营业收入规模较小，并且 C 网的成本费用水平较高。第二，C 网的利润和现金流量创造能力较低，无法为自身的再投资提供足够的资金支持，需要企业为其再投资筹集资金。第三，考虑原中国联通自身的内源融资能力以及外部的债务融资能力、权益融资能力，企业无法满足 C 网和 G 网在未来 3G 时代再投资的融资需求。

（3）中国电信具备支撑 C 网后续再投资的能力。第一，中国电信以资产业务分离的形式收购 C 网，并且沿用了原中国联通的经营租赁模式。集团母公司承担网络建设成本，上市公司承担网络运营成本，并向集团母公司缴纳租赁费用。第二，电信上市公司向集团母公司支付的 C 网租赁费用不能支撑其再投资。集团母公司从电信上市公司收到的网络容量租赁费用不能抵偿对 C 网的投资支出，需要另外筹集资金。第三，电信集团对 C 网的实际投资额已经超出了管理层预期的投资计划。同时 C 网的网络扩容和升级改造都取得了良好的投资效益，表现为 C 网的营业收入和市场份额快速增长，其中 3G 业务发展更为迅速，带动了 C 网整体移动业务的发展。因此，中国电信具备支撑 C 网再投资的能力。

▌讨│论│问│题

讨论问题一：原中国联通最初选择投资 C 网时预期能够在 7 年内（2007 年之前）收回资本投资成本，并且能够提高企业整体的盈利能力。但是，项目投入实际运营之后并没有实现预期的财务效益。2002 ~ 2007 年 C 网的经营现金净流量总额近 393 亿元，占企业对其投资总额不到 40%，并没有如期收回投资成本。2002 ~ 2005 年 C 网一直处于亏损状态，2006 年和 2007 年 C 网的利润水平也明显低于企业平均水平，拖累了企业整体的盈利能力增长。从企业对项目的再投资能力与经营能力考虑，讨论原中国联通投资 C 网未能实现预期财务效益的主要原因。

讨论问题二：中国电信收购 C 网之后对其进行大力投资扩容和升级，实现了良好的预期财务效益。2012 年 C 网用户数量突破 1.6 亿户，营业收入达到 1 179.26 亿元，与 2009 年相比分别增长了 187% 和 231%，成为了全球最大的 CDMA 运营商。2011 年 C 网顺利实现了盈利，创造的经营现金净流量已经能够支撑自身的再投资。试讨论中国电信在 C 网项目投资与经营管理方面有什么竞争优势？

讨论问题三：2013 年 12 月 4 日，工信部正式向中国移动、中国电信和中国联通三大运营商发放了 4G 牌照（TD-LTE），拥有 C 网的中国电信又将面临 4G 时代的新一轮网络再投资。对 C 网这一需要持续性投资的项目，难以一次性评估全部的预期现金流量。即使在最初投资决策时该项目具有广阔的市场前景和良好的预期效益，但也并不意味着项目投入运营后的再投资始终可行。基于财务视角讨论中国电信在 4G 时代会如何考虑 C 网的再投资决策？

市场环境变化、产能投资决策与财务流动性的权衡

基于无锡尚德集团的案例研究

▶ | 引 例

　　曾是世界最大的光伏生产企业尚德电力控股有限公司（以下简称"尚德电力"，股票代码：STP）于 2013 年 3 月陷入破产危机。最终，上市公司尚德电力无法按期完成可转换债券支付计划而进行债务重组⊖；尚德电力的国内实体企业无锡尚德太阳能电力有限公司（以下简称"无锡尚德"）因到期无法偿还银行借款而进行重整⊜。**究竟是什么原因导致无锡尚德集团⊜陷入破产危机？**

　　无锡尚德集团在 2001 ~ 2011 年 10 年间经历了"创立—迅速发展—巅峰"的快速发展过程，产能扩张了 240 倍。面对光伏行业原材料与市场"两头在外"可能存在的潜在风险，**管理层如何综合考虑产能投资的收益与风险？** 以产能持续扩张为核心的企业战略导致融资需求不断加大，最终导致无法偿还到期债务陷入了破产危机。**压倒无锡尚德集团的债务是如何形成的？** 受海外市场萎缩影响，2009 ~ 2011 年无锡尚德集团业绩增速放缓，同时因产能投资背负的债务需要偿还，说明公司已出现财务状况恶化的迹象。面对公司可能陷入财务困境的状况，**管理层如何在把握产能投资机会与控制财务流动性风险之间进行权衡？** 另外，一般对无法到期偿还债务的企业进行破产清算，为什么无锡尚德集团没有进行破产清算，而是上市公司进行债务重组、实体企业进入重整程序？

　　企业产能投资机会与风险并存，因此管理层需要在把握产能投资机会与控制投资的潜在风险之间进行权衡。一方面，如果不进行产能投资或是投入较少，一旦未来市场发展较好，企业就会因前期未及时投资而失去机会，进而无法取得投资收益；另一方面，企业进行产能投资并且为满足融资需求而背负大量债务。未来市场出现萎缩导致投资不能取得预期回报，同时随着债务偿还压力加大，财务流动性风险也进一步加大。同时，案例也对尚德电力的公司治理机制在制约管理层投资行为与促进决策科学化方面的有效性进行了论证。

⊖　尚德电力于 2013 年 3 月 11 日宣布：公司无法在 2013 年 3 月 15 日对到期的 5.41 亿美元可转债到期时进行支付，60% 以上的可转债持有人同意暂不行使索债权，接受债务重组方案。

⊜　依据 2013 年 4 月 1 日由尚德电力（STP）官方网站公布的《无锡尚德太阳能电力有限公司管理人告客户说明书》：经中国银行股份有限公司高新技术产业开发区支行等 8 家银行债权人申请，无锡市中级人民法院于 2013 年 3 月 20 日裁定无锡尚德重整。

⊜　无锡尚德集团是上市公司尚德电力、实体企业无锡尚德以及其他旗下子公司的统称，母子公司结构关系见图 9-1。

9.1 案例概况

尚德电力曾是世界最大的光伏电池与光伏组件生产企业[一]，其实体生产企业为无锡尚德。无锡尚德创立于 2001 年 1 月，并于 2002 年 5 月正式投产运营。为确保在海外进行权益融资，于 2005 年 1 月 11 日在英属维尔京群岛注册成立尚德 BVI 公司，100% 控股无锡尚德。2005 年 8 月 8 日，尚德电力在开曼群岛注册成立，作为海外资本市场的融资平台，并通过尚德 BVI 公司 100% 控股无锡尚德。尚德电力于 2005 年 12 月，在美国纽约证券交易所上市，上市后的母子公司关系如图 9-1 所示。

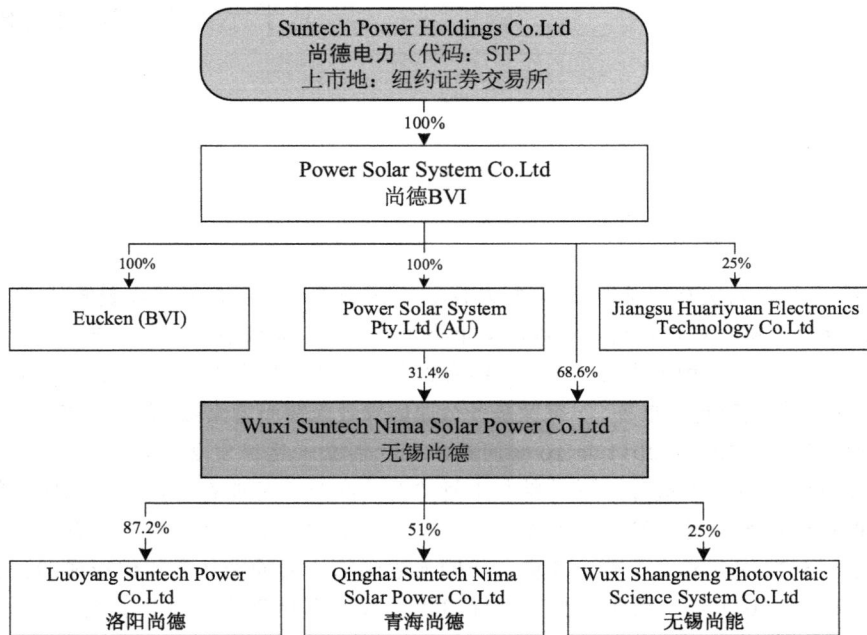

图 9-1　尚德电力（STP）与无锡尚德组织结构关系（截至 2005 年 12 月 31 日）[一]

注：箭头旁的百分数表示控股比例。

资料来源：依据尚德电力（STP）2005 年年度报告整理而得。

尚德电力主营业务为晶体硅太阳电池、组件、薄膜太阳电池、光伏发电系统和光伏建筑一体化产品的研发、制造与销售，处于产业链中下游[三]。自投产运营以来，尚德电力迅速发展扩张，尤其是产能投资规模方面。例如：光伏电池与组件年生产能力由 2002 年的 10 兆瓦[四]上升为 2011 年的 2 400 兆瓦，产能扩张了 240 倍。市场需求的增长与自身产能扩张使得尚德电力于 2011 年产出量与交货量达到世界第一。然而，持续进行产能投资的尚德集团却因为依赖债务融资陷入了一系列的危机当中。首先，因主导产品价格下降、市场结构性萎缩等原因，经营业绩不断下滑，营业收入增速放缓。具体表现为：2011 年公司严重亏损，净利润为 −1 018 百万

[一] 资料来源：依据尚德电力（STP）2011 年年度报告第四部分公司基本信息可知：尚德电力是按产出量与交货量计算的世界最大的光伏电池与光伏组件生产企业。

[二] 尚德电力的子公司与分支机构自上市后不断增多，但无锡尚德始终是其最主要的实体企业，集中了 90% 以上的产能。

[三] 完整的光伏产业链从上游到下游依次包括：多晶硅原材料制造、硅锭 / 硅片生产、太阳电池制造（产业核心环节）、组件封装和光伏系统集成应用等。

[四] 1 兆瓦（MW）=1 000 兆瓦（W）

美元。其次，尚德电力的财务流动性恶化。具体表现为：2011 年净营运资金为 −522.9 百万美元；截至 2012 年 8 月 31 日，尚未偿还的债务总额为 2 036 百万美元，而同期现金及现金等价物仅为 244 百万美元。

随着尚德电力危机加剧，董事长施正荣[一]于 2013 年 3 月 4 日辞去董事长职务。2013 年 3 月 18 日，实体企业无锡尚德债权银行联合向无锡市中级人民法院递交无锡尚德破产重整申请。2013 年 3 月 20 日，法院依据《破产法》裁定，对无锡尚德实施破产重整。

9.2 市场过热驱动行业盲目扩张

随着 21 世纪初各国出台有利的产业政策，世界光伏行业迅速发展。海外留学归国的施正荣博士于 2001 年创立无锡尚德。在市场需求刺激下无锡尚德迅速发展，并带动多地太阳能工程纷纷上项，中国光伏产业实现了从无光伏产业基础到世界光伏生产大国的飞跃。受市场过热驱动，中国光伏行业扩张过快。针对行业发展问题，下文从政策出台、无锡尚德发展的带动作用及各地一哄而上的诱因进行分析。

9.2.1 光伏产业政策出台带动市场发展

在持续进步的技术和逐步完善的法规政策的强力推动下，太阳能光伏发电产业和市场呈快速发展态势。太阳能电池的年生产量在 1996 ~ 2005 年间平均增长率为 37%，其中日本与德国表现尤为明显。产业政策引导世界太阳能发电快速发展。

日本和德国率先出台优惠政策。日本于 1997 年提出百万屋顶计划，对用户安装供电系统在实行平价入网的同时给予高达系统成本 70% 的补贴。1997 年以后，日本光伏发电市场稳步发展，成为光伏行业第一大市场。德国也于 2000 年开始实施《可再生能源法》[二]与"固定上网电价"政策。在固定上网电价的推动下，德国光伏系统年新增装机容量从 2000 年的 40 兆瓦上升至 2004 年的 600 兆瓦，2000 ~ 2004 年德国成为光伏第二大市场。如表 9-1 所示，2001 ~ 2005 年，日本与德国光伏装机量迅速增加，远远领先于其他国家和地区。

表 9-1 2001 ~ 2005 年世界各主要光伏市场装机量和比重　　（单位：兆瓦）

	2001		2002		2003		2004		2005	
	装机量	比重	装机量	比重	装机量	比重	装机量	比重	装机量	比重
德国	562	33%	645	30%	815	30%	1 361	36%	2 198	42%
西班牙	38	2%	43	2%	51	2%	64	2%	99	2%
欧盟其他国家	5	0%	25	1%	70	3%	132	3%	186	4%
美国	133	8%	190	9%	256	9%	340	9%	445	8%

[一] 施正荣为尚德电力公司创始人、董事长，前中国大陆首富。1983 年，毕业于中国长春理工大学，后考入中国科学院上海光学精密机械研究所，1986 年毕业，获得硕士学位；1988 年，赴新南威尔士大学留学，在全球太阳能领域顶尖专家马丁·格林教授门下学习太阳能电池专业，于 1991 年获得博士学位。2000 年，施正荣回到中国创业，创立无锡尚德太阳能电力有限公司（NYSE：STP）。2013 年 3 月 4 日，尚德电力宣布，创始人施正荣不再担任董事长一职，由原独立董事王珊接任。

[二] 2004 年 4 月通过了修订后的《可再生能源法》。德国《可再生能源法》包括以下几个方面的主要内容：（1）规定了可再生能源电力固定的上网电价；（2）针对不同可再生能源规定了不同的电价；（3）明确了可再生能源固定电价降低的时间表；（4）建立了可再生能源电力分摊制度，以确保各个输电商之间能够公平竞争；（5）规范了可再生能源发电商和输电商应承担的并网设施和电网扩建费用；（6）对于已经具有电力成本竞争能力的可再生能源技术，不再给予价格优惠。

（续）

	2001		2002		2003		2004		2005	
	装机量	比重	装机量	比重	装机量	比重	装机量	比重	装机量	比重
日本	790	47%	951	45%	1 169	43%	1 425	37%	1 717	33%
世界其他	164	10%	265	13%	356	13%	481	13%	618	12%
合计	1 692	100%	2 119	100%	2 717	100%	3 803	100%	5 263	100%

资料来源：中国光伏行业发展报告2004～2005，中国可再生能源发展项目办公室。

德国出台新上网电价政策刺激光伏市场需求。德国于2004年实施了《新（修改）可再生能源法》，即新的上网电价法。该法规使上网电价更加合理、更加容易操作，通过全网平摊法解决了上网电价法实施中的资金问题，促进了可再生能源行业尤其是光伏行业的发展，进而刺激了光伏市场的需求。2004年，德国在光伏市场的份额为39%，第一次超过日本成为世界最大的光伏市场。2005年，受《新（修改）可再生能源法》实施的影响，德国光伏的安装量猛增到870兆瓦，占世界总装机量的47.86%。

9.2.2 海外市场需求刺激无锡尚德扩建产能

德国市场需求膨胀刺激无锡尚德扩建产能。无锡尚德是2001年施正荣博士在江苏省无锡市创立的，2002年正式投产运营。无锡尚德第一条年产15兆瓦的太阳能电池生产线正式投产时，其产量相当于此前中国太阳能电池4年产量的总和。2005年，德国装机量由2004年的1 361兆瓦猛增至2 198兆瓦，增长速度达到了60%。无锡尚德抓住机遇开拓海外市场尤其是德国市场的同时扩建产能，并初步形成规模。如表9-2所示，为了满足德国市场膨胀的需求，无锡尚德于2005年扩建产能60兆瓦，相当于2002～2004年建成产能的总和。

表9-2 2002～2005年无锡尚德产能建设情况（单位：兆瓦）

新建生产线数目	投产时间	年均产能	产能利用率
1	2002年8月	15	97.1%
1	2003年12月	15	97.2%
1	2004年8月	30	97.9%
2	2005年7月	60	99.5%
总计	—	120	98.2%

资料来源：尚德电力（STP）招股书。

无锡尚德的产品光伏电池和组件满足需求，业绩快速增长。不断进行产能扩建的无锡尚德受主要市场德国需求增长的影响，收入增速显著提升。如图9-2所示，无锡尚德营业收入从13.9百万美元增长至226百万美元，增长15倍。同时，德国成为无锡尚德主要的市场。如图9-3所示，受德国《可再生能源法》的影响，德国市场需求不断增大。2003～2005年德国市场在无锡尚德市场份额中所占比例显著提高，2005年达到44.95%。业绩快速增长下，为了利用海外资本市场进行融资，无锡尚德成立了尚德电力，作为资本市场融资平台。尚德电力于2005年12月14日在纽约证券交易所上市，并成为首家在海外上市的可再生能源企业。

在需求膨胀和收入迅速增长的作用下，2002年仍然亏损的无锡尚德在2003年扭亏为盈，并且在接下来的两年时间利润迅速增长，2005年实现高达30.5百万美元的净利润。

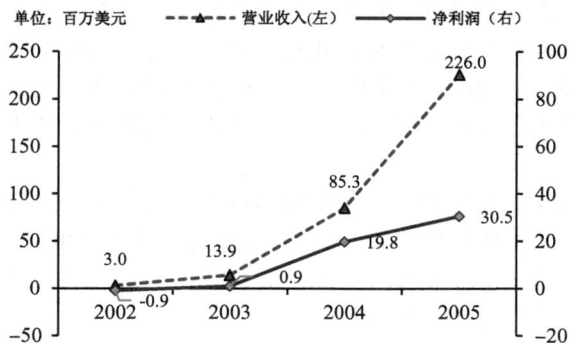

图 9-2　2002 ～ 2005 年无锡尚德营业收入与净利润
资料来源：依据尚德电力（STP）招股说明书（2005）整理。

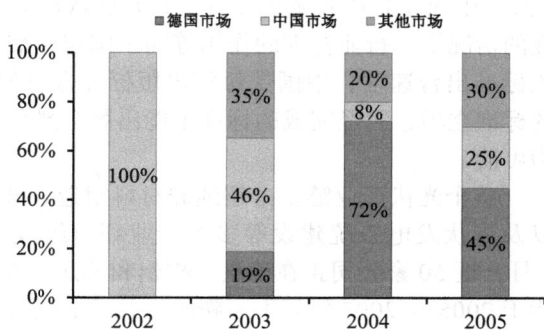

图 9-3　2002 ～ 2005 年无锡尚德营业收入比重
资料来源：依据尚德电力（STP）招股说明书（2005）整理。

9.2.3　高额利润诱发国内各地一哄而上

2000 ～ 2005 年，中国太阳能电池的生产进入快速发展期，形成了较完整的光伏产业链。2001 年无锡尚德建立 10 兆瓦太阳能电池生产线获得成功，2003 ～ 2005 年，在欧洲特别是德国市场拉动下，继无锡尚德持续扩张产能后，其他多家企业纷纷建立太阳能电池生产线，使我国太阳能电池的生产迅速增长，截至 2005 年底，太阳电池能生产能力超过 300 兆瓦，产量达到 145.7 兆瓦。太阳能电池产量 2008 年达到 2 600 兆瓦，产量居世界第一。上市后，尚德电力也在带动行业其他企业发展中起到积极作用。

首先，尚德电力推广先进技术促进行业技术进步。尚德电力研发国产化光伏制造设备被同行业企业采用，降低设备采购等成本。2008 年 8 月，尚德电力向国内 30 多家单晶硅生产企业介绍自主研发的"新型掺镓单晶硅棒提拉技术⊖"，并允许其他企业无偿使用⊜。其次，尚德电力人才外流客观上向行业输出了大量人才。在企业内部管理与外部环境变化下，尚德电力人才不断流出。2001 ～ 2013 年，有超过 7 位高管离职，去向多为同行业企业。例如：创始人之一杨怀进离开尚德电力后任海润光伏 CEO，并帮助其成功上市⊜。再次，尚德电力参与行业标准制定促进行业企业生产规范化。尚德电力主持或参与起草了 17 项相关标准。其中包括：国家标准 11 项、行业标准 4 项，地方标准 2 项。尚德电力是国内同行业参与标准制定项目最多的企业⊛。最后，尚德电力在中国光伏企业海外成功上市方面发挥示范作用，并增强了中国光伏企业的国际竞争力与影响力。自尚德电力 2005 年美国纽约证券交易所上市以来，截至 2008 年底，中国已经有 11 家光伏发电企业在海外上市。其中，江苏省的企业占 6 家，且上市时间大部分在尚德电力上市之后不久，由此说明尚德电力海外上市对其他光伏企业海外上市起到了示范作用。2006 年 8 月初，无锡尚德收购日本专业光伏组件生产企业 MSK，这是中国可再生能源企业首次进行跨国收购。由此说明中国光伏产业国际影响力增强，并具备了一定的国际竞争力。

无锡尚德进入光伏行业迅速盈利吸引投资者进入。无锡尚德第一条生产线于 2002 年建成，2003 年便开始盈利，仅一年时间便开始回收资金。投资回收期短驱动投资者进入的主要原因。另外，行业准入机制不完善，缺乏相应的国家标准为各地快速上项提供可能性。截至 2008 年

⊖　单晶硅棒提拉技术的进步，有利于改进太阳能电池光电转换效率的稳定性。
⊜　资料来源：无锡尚德：科技创新让"中国的太阳"照亮世界 [N]，新华网，2009.06.07。
⊜　资料来源：朱晋伟，吴媛媛，等 . 尚德太阳能电力公司考察 [M]，北京：经济管理出版社，2013。
⊛　资料来源：朱晋伟，吴媛媛，等 . 尚德太阳能电力公司考察 [M]，北京：经济管理出版社，2013。

5 月，中国在光伏领域还没有正式开展认证的工作，更没有对其要求强制认证。在没有国家标准的情况下，行业标准的作用等同于国家标准，而行业标准的审批相对简单。相比于国际上光伏标准出台速度，中国受每年出版标准数目的限制，2007 年全国光伏标委会没有得到一项新的标准立项，已经完成的标准不能出版，严重影响了标准的使用。低门槛使得各地快速上项成为可能。

整个光伏产业链是由超纯硅材料制造、硅锭／硅片生产、太阳能电池制造，光伏组件封装以及光伏发电系统建设等多个产业环节组成。以光伏行业上游硅片产业为例，截至 2008 年5 月，近 50 家公司正在建设、扩建和筹建多晶硅生产线。如表 9-3 所示，硅片产业的产量与产能于 2005 ～ 2007 年间不断膨胀，并且上项的企业遍布于全国各地。

表 9-3　2005 ～ 2007 中国高纯硅产量和生产能力　　　（单位：吨）

公司名称	2005		2006		2007	
	产能	产量	产能	产量	产能	产量
峨嵋半导体	100	80	100	105	200	155
洛阳中硅	300		300	185	1 000	520
四川新光					1 260	230
徐州中能					1 500	150
无锡中彩					300	55
上海棱光					50	20
总计	400	80	400	290	4 310	1 130

资料来源：中国光伏行业发展报告 2006 ～ 2007，中国可再生能源发展项目办公室。

产业总量增长的同时，国内原材料供给与市场需求不足形成了"两头在外"的产业格局。如图 9-4 所示，产业就业人数与销售额不断增加，说明光伏产业迅速发展。截至 2008 年末，国内光伏电池生产原材料——高纯硅材料产量不足，80% 需要进口。光伏行业生产原材料依赖进口，产业链上游在外。如图 9-5 所示，太阳能电池年产量涨势迅猛，但累计装机量却远低于太阳能电池年产量，说明国内市场需求不足，过于依赖海外市场。国内光伏行业由此形成了生产膨胀，原材料与市场销售"两头在外"的发展状况。

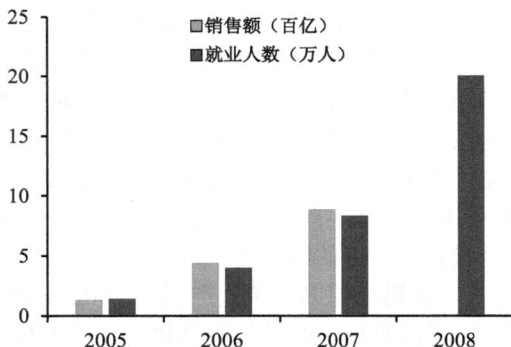

图 9-4　2005 ～ 2008 年中国光伏产业销售额与就业人数
资料来源：中国光伏行业发展报告 2005 ～ 2008，中国可再生能源发展项目办公室（2008 年销售额缺失）。

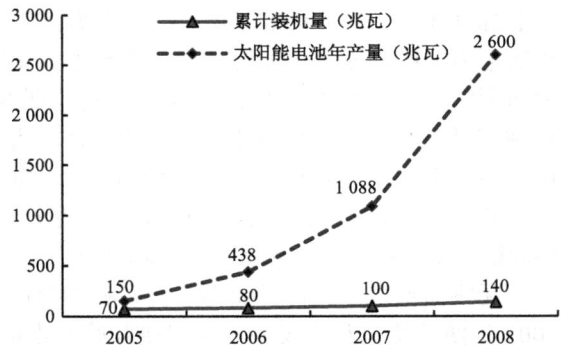

图 9-5　2005 ～ 2008 年中国光伏装机量与年产量
资料来源：中国光伏行业发展报告 2005 ～ 2008，中国可再生能源发展项目办公室。

作为"探索者"，尚德电力为后来者留下经验与教训，并带动了中国光伏行业的发展。然而，光伏行业膨胀发展的同时，"两头在外"的产业格局使得行业发展受到海外原材料供应与市场需求的制约。而上项的企业之多、膨胀速度之快，体现了进入者仅看到快速的投资回报，并未充分考虑"两头在外"带来的原材料短缺、海外市场萎缩等风险，投资与扩张存在一定的盲目性。

9.3　管理层过度自信导致产能过度投资

在光伏行业迅速发展的同时，尚德电力自 2002 年投产运营以来不断进行产能扩张，2002 ~ 2011 年，10 年间产能扩张了 240 倍。哪些因素促使管理层进行持续的产能投资？2008 年金融危机冲击光伏行业的背景下，相对于市场而言，产能投资是否过度？针对管理层决策的驱动因素，从市场发展、企业自身优势、政府推动与企业管理层心态等维度进行论证，同时依据市场环境的变化判断产能投资是否过度。

9.3.1　市场发展与自身优势增强扩张意愿

上市前，实体企业无锡尚德在 2002 ~ 2005 年取得了良好的业绩。良好的市场业绩与世界光伏市场的发展使得管理层对市场前景预期乐观。首先，世界光伏市场迅速发展，仍存在较大的市场空间，是管理层形成对市场前景乐观判断的客观因素。尽管 2000 ~ 2004 年世界光伏市场收入以 34.3% 的年平均增长率迅猛增长，但太阳能产出对世界能源产出贡献不足，存在很大潜力。这为企业提供了广阔的市场空间。其次，尚德电力管理层主观判断以下因素将继续驱动光伏工业的发展，同时这些因素也将使光伏产品的需求量上升：（1）日益增长的能源需求与化石能源的价格不断升高；（2）环保意识的增强与化石能源的限制使用；（3）政府支持太阳能产业发展；（4）相比于传统能源，太阳能拥有新能源环保、可再生等优点；（5）使用太阳能与常规能源成本差距逐渐缩小。基于以上考虑，尚德电力对未来光伏市场前景进行乐观判断，但尚德电力并未直接对未来市场进行预测，而是通过引用 Solarbuzz[⊖] 的市场预测值来间接表达对市场的乐观预期。根据 Solarbuzz 的预测可知：2006 ~ 2010 年，世界光伏工业产值将以预计 25% 年增长率增长；光伏行业总收入将分别于 2006 年、2010 年达到 9 900 百万美元、18 600 百万美元。

光伏行业高速发展与市场前景良好为光伏企业提供了提升业绩的外部条件，但同时企业自身也必须具有一定竞争优势，才能在市场竞争中获利。无锡尚德管理层认为自身具有来自多方面的竞争优势，使得企业有能力从未来迅速发展的市场中取得较好的业绩，并在未来市场竞争中胜出。公司竞争优势体现在以下几个方面：（1）规模优势：管理层强调规模效益在良好企业业绩中发挥着重要作用。2005 ~ 2011 年年度报告中屡次披露：管理层认为可以通过产能扩张取得规模效益；（2）区位优势：中国为尚德电力实体企业无锡尚德提供成本低于发达国家的资源，如熟练的劳动力、工程和技术资源、土地、生产设备和公用设施；（3）技术、研发与人才优势：无锡尚德的电池转换率处于行业领先水平。如表 9-4 所示，2004 ~ 2005 年尚德电力的晶硅转换率处于行业前列。

表 9-4　2004 ~ 2008 年尚德电力电池转换率与行业比较　　　　　　　　（%）

	2004	2005	2006	2007	2008
单晶硅转换率	16.30	17	16.80	16.40	17.20
行业转换率	12 ~ 17	15 ~ 18	—	—	—
多晶硅转换率	14.80	15.30	15.60	14.90	15.20
行业转换率	11 ~ 16	14	—	—	—

资料来源：尚德电力（STP）2005 ~ 2008 年年度报告。

⊖　Solarbuzz：美国 NPD 集团旗下从事光伏发电市场研究和分析的机构。

另外，尚德电力首次公开发行的募集资金 20 百万美元用于研发，说明其研发支出较大。同时，无锡尚德的人才优势体现在拥有专业技术背景的人才数量较多。董事长施正荣博士是世界顶尖的光伏专家；在研究发展中心的 58 名员工中，有 26 名是国内外的光伏专家。由此可见，对市场发展前景的乐观估计与自身优势增强了管理层信心，是驱动管理层制定扩张决策的重要因素。

9.3.2 地方政府扶持推动企业规模扩张

不仅市场发展与自身优势增强管理层信心，作为新能源企业，尚德电力规模的扩张得到了政府政策的支持。在尚德电力产能投资扩张的决策过程中，地方政府扮演了什么样的角色？针对尚德电力和国内实体企业无锡尚德的政治关联问题及其对管理层投资行为的影响进行论证。

无锡尚德在促进当地经济发展的同时，也受到了来自地方政府尤其是无锡市政府的多方面支持。

（1）产业政策支持。无锡市政府制定了促进光伏产业发展的产业政策，如表 9-5 所示。

（2）资金支持。在无锡市政府帮助下，无锡尚德于 2001 年 1 月 22 日取得澳大利亚太阳能电力、无锡信托、无锡新区高新技术风险投资、小天鹅集团、水星集团和无锡创业投资共同出资 8 百万美元；从 2001 年 5 月到 2003 年初，无锡地方政府有关部门积极帮助尚德公司争取到低息贷款资金近 700 多万元；从 2001 年到 2005 年，无锡新区共协助尚德公司争取了国家创新基金项目、国家科技攻关项目、省重大成果转化项目等国家、省、市 11 个项目的支持，尤其是在尚德公司最困难的 2003 年至 2004 年期间，争取了 9 个项目，累计扶持资金近 5 百万美元。

（3）人才支持。以原无锡市经委主任李延人，无锡市信托投资公司代表股东之一张维国，股东无锡小天鹅集团股东、副总经理徐源为代表的无锡当地政府及国有企业经营管理人才加盟无锡尚德；在无锡政府的支持下，与高校合作建立了公司学院，为其提供人才保障。

（4）土地支持。无锡尚德获得无锡新区 66 600 平方米的土地使用权，用于铺设生产线，4 000 平方米蠡园土地使用权，用于光伏系统模型展厅。

（5）上市支持。为了支持无锡尚德进一步发展，无锡市委市政府主要领导动员当初出资的国有企业退出。⊖正是基于无锡尚德对当地经济发展的贡献，无锡市政府对其给予了大力支持。如表 9-5 所示，无锡市政府扶持无锡尚德的直接目的在于，促进以无锡尚德为龙头的光伏企业做大做强，进而促进地方光伏产业的发展。

表 9-5　2007 ~ 2011 年无锡市政府产业规划

规划方向定位	针对光伏产业及无锡尚德的主要内容
企业上市（2007）	针对无锡尚德：发挥无锡尚德等企业的示范作用，支撑资本市场中的"无锡板块"
高新技术产业（2008）	针对光伏产业：强化光伏领域的科技创新，确保在晶体硅太阳能电池光电转换效率、生产规模等方面在国内的领先地位；建设以骨干企业为核心的光伏产业园，形成光伏产业集聚的态势，支持一批骨干企业进入国际同行前列；加强科技攻关，形成完整光伏产业链，力争太阳能电池的产能超过 5 000 兆瓦
新能源产业（2009 ~ 2011）	针对光伏产业：实施重大项目，培育龙头企业和知名品牌，优化产业布局，建设从完整产业体系；扩大试点示范，推进并网发电，促进产业集聚发展；强化重点项目建设，扩大产业规模
	针对无锡尚德：积极推进无锡尚德公司 660 兆瓦电池和 900 兆瓦组件项目

资料来源：分别依据《市政府关于印发无锡市新能源产业调整与提升行动计划（2009 ~ 2011 年）的通知》锡政发〔2009〕141 号、《市政府办公室关于印发无锡市实施省高新技术产业新一轮双倍增计划行动纲要的通知》锡政办发〔2008〕47 号、《市政府办公室关于转发市企业上市办公室无锡市企业上市"十一五"发展规划的通知》锡政办发〔2007〕8 号整理而得。

⊖ 资料来源：税收优惠与土地支持来源于尚德电力（STP）招股说明书，其余部分来源于无锡国家高新区发展研究院课题组发文《政府如何扶持科学家当"老板"？无锡地方政府支持施正荣博士创业成功的做法及启示》。

无锡市政府与无锡尚德是互利关系。以 GDP 为核心的政绩考核模式下，无锡市政府为推动地方经济发展、促进就业有扶持以无锡尚德为代表的龙头企业的动机。从对地方经济发展的贡献结果方面来看，无锡尚德确实为提高地方税收、促进地方就业等方面做出贡献。具体表现如下。

（1）贡献税收。已有资料显示，无锡尚德 2007 ~ 2011 年连续 5 年被评为"地方财政收入贡献十强企业[一]"，说明其对地方税收的贡献之大。

（2）促进当地就业。根据尚德电力 2011 年年度报告披露的信息，其员工人数多达 17 693 人，其中一线生产工人为 14 303 人，占员工总数的 80.8%[二]。同时，根据尚德电力（STP）招股说明书披露的信息，尚德电力主要雇佣中国当地相对低成本的劳动力[三]，说明其为当地带来了较多就业岗位。

（3）城市名片作用。无锡尚德成为无锡市对内推广企业经验的模范与对外宣传的名片。例如：中共无锡市委于 2010 年在全市范围内开展推广"三个经验"、推动"两个确保"活动，要求全市上下认真学习包括无锡尚德在内的重大先进典型企业的成功经验[四]；以无锡尚德为代表的新能源企业在无锡迅速发展使得新能源成为无锡名片，2009 年国际新能源博览会在无锡市举办[五]。

在无锡市政府推动光伏企业扩大规模的基调下，无锡尚德管理层更倾向于通过投资扩大规模进而发展壮大，同时无锡市政府又成为企业扩张的后盾，为其提供产业政策、资金、土地等保障。

9.3.3　媒体宣传与荣誉光环助长管理层信心

除市场乐观估计、自身优势明显、政府推动外，媒体关注与企业所获成就对企业产能投资战略有什么影响？针对企业荣誉对企业产能投资的影响，从企业家个人荣誉、媒体关注度和企业发展成就等维度论证。

第一，尚德电力董事长施正荣个人财富与所获荣誉不断增加容易产生过度自信的心态。如表 9-6 所示，2005 年上市后施正荣个人身上的光环逐渐增多，成为媒体关注的明星企业家。

表 9-6　2006 ~ 2009 年施正荣个人所获荣誉与财富

年份	所获称号	类型	评选机构	新闻来源
2006	中国内地首富	个人财富	美国《福布斯》杂志	中新网
2006	国际顾问委员会成员	个人荣誉	纽约证券交易所	和讯网
2007	全球环保英雄	个人荣誉	美国《时代》周刊	和讯网
2007	绿色中国年度人物	个人荣誉		中新网
2008	可以拯救地球的 50 人之一	个人荣誉	英国《卫报》	中新网
2009	院士	个人荣誉	澳大利亚国家科学和工程技术院	和讯网

资料来源：依据中新网与和讯网新闻整理而得。

第二，在无锡尚德集团发展辉煌时期，媒体舆论多为正面报道，以宣传企业功绩为主。如表 9-7 所示，报道数量不断增多说明媒体关注度较高。2011 年，尚德集团出现财务困境之前以正面报道为主，而 2012 年之后以负面报道为主，说明媒体事后评论，而事前起推动宣传作用。

[一]　资料来源：无锡市政府《市政府关于表彰 2007 年度财政收入增收先进地区超收先进部门和纳税先进企业的决定》锡政发〔2008〕34 号（2007 年之前文件缺失，2007 ~ 2011 年均有同类文件不再赘述）。
[二]　资料来源：依据尚德电力（STP）2011 年年度报告第 96 页"Employees"项中信息整理而得。
[三]　资料来源：依据尚德电力（STP）2005 年招股说明书第 29 页"Flexible China-based"项中信息整理而得。
[四]　资料来源：依据无锡市政府官方网站转载无锡市人民政府侨务办公室相关信息整理而得。
[五]　资料来源：《市政府办公室关于印发 2009 中国无锡国际新能源博览会工作方案的通知》锡政办发〔2009〕222 号。

表 9-7   2005 ～ 2013 年报纸媒体对无锡尚德集团报道的数量

	2005前	2005	2006	2007	2008	2009	2010	2011	2012	2013	总计
报道数量⊖	105	205	1 197	1 115	1 135	1 415	1 480	1 500	1 541	1 221	10 914
报道数量⊜	7	27	102	43	50	69	46	58	73	282	757
其中：											
正面报道	7	26	98	43	48	57	44	34	9	0	366
负面报道	0	1	4	0	2	12	2	24	64	282	391

资料来源：依据中国知网（CNKI）中国重要报纸全文数据库整理而得。

第三，企业发展成就易使管理层滋生求大心态。如表 9-8 所示，无锡尚德在全球光伏行业的地位不断攀升。2008 年 12 月尚德电力产能达到 1 000 兆瓦，一跃成为世界最大的晶硅组件制造商；2010 年，尚德光伏组件出货量达到 1 500 兆瓦，以出货量计算，已排名世界第一。

表 9-8   2002 ～ 2010 无锡尚德发展的标志性成就

年份	发展里程碑
2002	第一条年产 10 兆瓦的太阳能电池生产线正式投入生产
2004	被 PHOTON International 评为全球前十位太阳电池制造商
2005	中国内地首家在纽约挂牌上市的民营高科技企业
2006	2006 年产能达到 300 兆瓦成为全球光伏电池制造企业前三强
2009	2009 年 1 月太阳能电池光伏组件产能达 1 000 兆瓦
2010	2010 年二季度开始出货量排名全球第一

资料来源：2005 年发展里程碑内容来自中华人民共和国科学技术部官方网站；除此之外均来自于新浪财经。

第四，随着媒体的正面宣传与企业光环荣誉的增加，管理层尤其是施正荣个人表现出自信心态。例如：同行业的晶科能源总裁陈康平表示不赞同尚德快速扩张的发展方式，认为施正荣是光伏技术专家，在光伏产业发展初期通过技术门槛阻挡竞争对手十分有效，但技术专家的身份容易产生过度自信的心态，表现为听不进别人的意见⊜。另外，无锡尚德过于关注技术光环而不是实际投产运营。例如：以"冥王星"为基础的电池项目打破世界电池转换率纪录⊠。然而仅停留在技术指标层面，并未大规模投产，并未为公司带来资源利用率的大幅度提升。无锡尚德在年度报告中强调产能规模效益并追求过快的发展速度。2004 ～ 2008 年，产能增速一直保持在 100% 左右。董事长施正荣曾宣布："尚德将在 2010 年实现产能 2 000 兆瓦，在 2012 年实现 5 000 兆瓦，相当于 10 个中型火电站。到世纪末，太阳能发电量将占发电量总量的 70%。"⑤

媒体宣传与荣誉光环打造了尚德集团的明星光环。功绩与荣誉助长了管理层对于自身能力与判断力的信心，进而在主观上为产能扩张提供了动因。

9.3.4 行业产能过剩导致产能投资过度

2005 年上市后，管理层基于对市场前景乐观预期与自身优势的考虑，并在地方政府支持

⊖ 检索式＝（全文包含无锡尚德）或（全文包含尚德电力）
⊜ 检索式＝（题名或关键词＝无锡尚德）或（题名或关键词＝尚德电力）
⊜ 资料来源：依据凤凰财经 2013 年 3 月 7 日报道《江西光伏企业老总：施正荣太自信》整理而得。
⊠ 2009 年 9 月，尚德电力宣布：使用其高转换率的"冥王星"光伏电池片组装而成的新型多晶硅组件转换效率高达 16.53%（仅按采光面积计算），刷新了以往所有记录，并被确认是目前世界上转换效率最高的组件。
⑤ 资料来源：依据 2008 年 07 月 19 日，新浪财经转载中国经营报的题为《阳光"贩子"施正荣》的报道整理而得。

与管理层自信的心态驱动下制定了长期扩张战略。（1）产能扩张与研发战略：为了抢占新增市场与形成规模效益降低成本，尚德电力计划扩大产能规模。截至 2005 年 6 月，已完成了 200 兆瓦的光伏电池产能，并且正在建设 1 000 兆瓦光伏电池产能。如表 9-9 所示，2006 ~ 2011 年公司还计划增建生产线。（2）市场开拓与产品多元化战略：2002 ~ 2005 年，通过开拓德国、西班牙市场，尚德电力增加销售量。管理层计划进一步开拓包括美国在内的海外市场，并通过产品多元化战略增加销量。（3）与产能扩张配套的供应链战略：尚德电力计划通过额外的长期供应合约与供应商形成战略联盟以确保原材料供应。例如，2005 年公司已与 Deutsche Solar 公司订立从 2006 年 1 月 1 日至 2015 年 12 月 31 日为期 10 年的供应协议。长期供应链战略将支持产能扩张战略的实施。

表 9-9　2006 ~ 2011 年尚德电力产能扩张计划　（单位：兆瓦）

年份	预计建成产能数		实际建成产能数	
	电池与组件产能	硅片产能	电池与组件产能	硅片产能
2006	240		270	
2007	420		540	
2008	1 000		1 000	
2009	—		1 100	
2010	1 400		1 800	500
2011	2 400	1 200	2 400	1 600

注：由于 2005 ~ 2006 年尚德电力（STP）没有明确披露预计资本支出，故依据现有数据仅能分析 2007 ~ 2011 年产能扩张计划。

资料来源：依据尚德电力 2007 ~ 2011 年年度报告整理而得。

2008 年光伏研究和分析报告预测行业市场恶化：2009 年起全球光伏市场将供过于求。（1）从 2009 年开始，由于全球多晶硅厂的扩产和新厂的迅速投产，太阳能多晶硅将出现供大于求，这一形势将持续 2 ~ 3 年，与此同时，全球的太阳能电池组件的供应量也由于硅材料供应的环节释放产能，超过需求量。供大于求将导致价格战；（2）德国和西班牙市场因补贴下调将萎缩。预计 2009 年德国市场将不会有正增长，而西班牙的市场还将下降 52%。同时德国与西班牙是尚德电力最主要市场，2008 年两大市场营业收入分别占总营业收入的 29.7% 与 37.4%，这也就意味着一旦德国与西班牙市场萎缩将损害尚德电力营业收入增长。如图 9-6 所示，Solat Plaza 和 Solar Outlook 于 2008 年对未来世界光伏发电市场进行预测：2009 年后世界光伏发电市场将萎缩，好转将出现在 2012 年以后。市场下滑和产品过剩将导致激烈的竞争和价格大幅下降和全球范围内的产业洗牌，根据 EPIA 报告的预测，2009 年下半年以后，晶体硅太阳能电池组件的国际市场价格将下降 20%。很多没有融资能力、降价能力和创新能力的企业都会面临被兼并或破产的危险。

中央政府政策提示行业上游产能过剩与过于依赖海外市场的风险。国务院于 2009 年 9 月 26 日发布通知传递将抑制部分行业产能过剩的信号，其中包括光伏行业⊖。作为光伏产业的基础材料，多晶硅产能过剩。2008 年我国多晶硅产能 2 万吨，产量 4 000 吨左右，在建产能约 8 万吨，产能已明显过剩。中国光伏组件也产能过剩。同时，中国光伏制造市场不足导致依赖海外市场。我国光伏发电市场发展缓慢，2012 年中国光伏制造的产能/安装量比值为 10.5，高出全球平均水平的 4 倍，国内太阳能电池 98% 用于出口。如图 9-7 所示，尚德电力的产品也过度依赖海外市场。一旦海外市场萎缩，其业务将大受冲击。

⊖《关于抑制部分行业产能过剩和重复建设引导产业健康发展若干意见的通知（国发〔2009〕38 号）》。

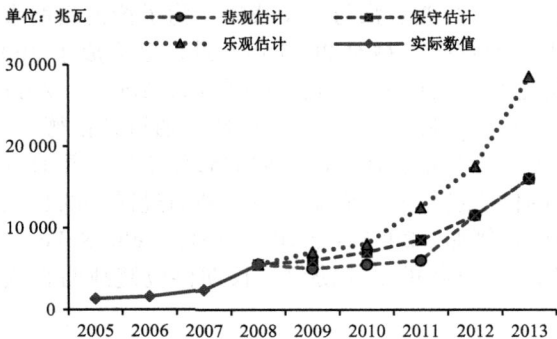

图 9-6　Solar Outlook 对 2008 ~ 2013 年世界光伏
市场的预测

资料来源：中国资源综合利用协会可再生能源专业委员会
《中国光伏产业发展报告 2008》。

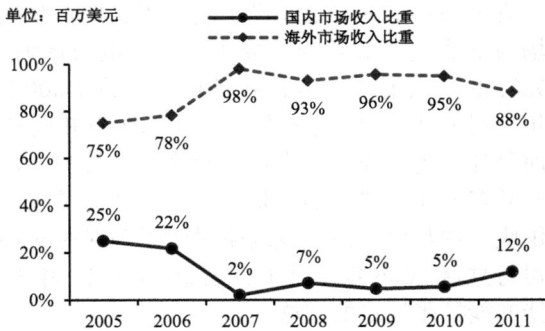

图 9-7　2005 ~ 2011 年尚德电力国内与海外市场
分布

资料来源：尚德电力（STP）2005 ~ 2011 年年度报告整理。

国际光伏发电市场受 2008 年下半年的金融危机冲击出现恶化，对尚德电力等中国光伏企业影响尤为明显。 依据《中国光伏产业发展报告 2008》可知："由于中国光伏企业 98% 依赖国际市场，中国的光伏行业受到冲击：（1）产品滞销背景下，部分企业停产、半停产、甚至倒闭；（2）企业资金链受到严重冲击，扩产计划全部停止，并大幅度消减线上产量；（3）海外上市的光伏企业的股票随之大幅度缩水。同时，太阳能电池组件价格下跌比国际预测提前半年，更加说明光伏行业受到的严重冲击。

　　受金融危机影响，欧洲光伏应用大国下调对光伏发电补贴的政策造成欧洲光伏市场需求骤然下降。2008 年以后尤其是 2011 年，受全球范围内光伏产能扩张的影响，年底全球光伏制造产能突破 79 000 兆瓦，光伏产量 40 000 兆瓦，而当年的装机量仅为 27 700 兆瓦，产能过剩问题凸显。在市场恶化趋势下，除 2009 年暂缓扩张外，其他年份尚德电力并没有暂停或是减缓产能扩张速度反而逆市而上，持续地进行产能投资。如图 9-8 所示，尚德电力自 2005 年上市后制定并实施了以产能为核心的快速扩张战略，在 2008 年市场有明显恶化迹象的情况下，尚德电力继续加大产能扩张规模。其总产能由 2008 年的 1 000 兆瓦增长到 2011 年的 4 000 兆瓦，在原有基础上扩张了 3 倍。2010 年，市场有所好转，主导产品光伏组件销量小幅度回升。在此背景下，尚德电力管理层认为未来市场前景将继续转好，并于 2010 年 12 月 31 日完成收购上游原材料硅片供应商之一———荣德公司[⊝]，向产业链上游扩张业务。然而，2011 年，市场并未好转反而继续恶化，尚德电力仍持续扩张原有光伏电池产能与新设硅片产能，由此导致产能相对于市场而言过剩。

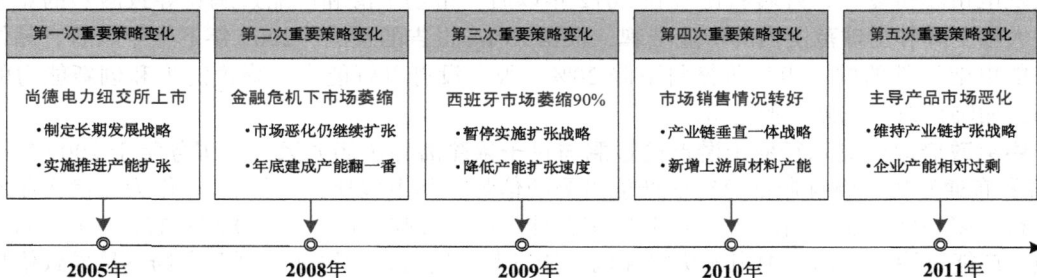

图 9-8　公司发展过程中的五次策略变化

资料来源：根据尚德电力 2005 ~ 2011 年年报及招股说明书整理。

⊝　镇江荣德新能源科技有限公司成立于 2007 年 6 月 18 日，总投资 37 538.92 万美元，注册资本 24 490 万美元，占地面积 218 亩，员工 1 800 余人。公司主营业务为太阳能级单、多晶硅片的研发与生产。

　　2008 年已有迹象显示未来 2 ～ 3 年市场将要萎缩，尚德电力管理层基于对市场前景乐观预期与自身优势的考虑，并在地方政府与好大喜功心态的驱动下仍在 2009 ～ 2011 年间计划并实际进行过度产能投资，说明其产能投资相对于市场而言已显过度。

9.4　融资约束致使过度依赖债务融资

　　尚德电力融资计划、资金用途存在矛盾的地方：2011 年尚德电力在流动性风险中披露2008 ～ 2010 年资本支出依赖短期借款与短期借款资金用途矛盾；计划的资本支出融资方式以可转债、新增借款及经营现金流为主，与融资计划不一致。尚德电力是如何选择融资方式并过度依赖债务融资的？结合过度投资带来的融资需求，通过考察尚德电力的融资结构，分析尚德电力过度依赖债务融资的原因。

9.4.1　产能过度投资产生融资需求

　　2007 ～ 2011 年，尚德电力的融资计划如表 9-10 所示。资本支出、营运资金、偿还债务与未来发展四个方面的资金需求构成了尚德电力主要资金需求。据预计，上一年的现金存量与当年预计的经营活动创造的现金能够满足资本支出、营运资金需求，同时仍需要补充现金以满足偿还债务、未来发展带来的资金需求。另外，短期借款的偿还将依赖经营活动创造的现金。尚德电力计划的融资方式能否满足实际的资金需求？

表 9-10　2007 ～ 2011 年尚德电力融资计划

	2007	2008	2009	2010	2011
现金存量与经营创造现金能否满足营运资金与资本性支出的资金需求	√	√	√	√	√
需要补充现金满足营运资金与资本性支出等资金需求	×	×	×	×	×
需要补充现金满足偿还债务、改善商业状况、未来发展等资金需求	√	√	√	√	√
计划使用经营活动创造现金偿还短期借款	√	√	√	√	√

　　资料来源：依据尚德电力 2006 ～ 2011 年年度报告整理而得。

　　尚德电力在 2007 ～ 2011 年度报告中明确披露预计资本支出信息，如表 9-11 所示，2007 ～ 2011 年，每年预计资本支出数额较大，各年预计资本支出的用途不尽相同，但均主要用于扩建或维持产能。其中，2007 ～ 2008 年，尚德电力预计资本支出用于建设与购置生产设备以实现光伏电池与组件的产能扩张；2009 ～ 2010 年，公司除继续建设生产设备外，利用高效率冥王星技术改造现有产能；2011 年，预计资本支出将用于扩建多样化产品产能。

表 9-11　2007 ～ 2011 年尚德电力资本支出计划　　　　（单位：百万美元）

年份	预计数	实际数	预计用途	实际用途	预计融资方式[①]
2007	100 ～ 120	172.2	建设与购置生产设备	建设与购置生产设备	可转债；新增借款；经营现金流
2008	200 ～ 300	337.5	建设与购置生产设备	建设与购置生产设备	可转债；新增借款；经营现金流
2009	100	142.6	建设与改造生产设备	建设与改造生产设备	新增借款；经营现金流
2010	200	276.2	建设与改造生产设备	建设与改造生产设备	经营现金流
2011	250 ～ 270	366.8	扩建多样化产品产能	扩建多样化产品产能	新增借款；经营现金流

　　① 尚德电力在 2007 ～ 2011 年年度报告中披露预计资本支出的融资方式。
　　由于尚德电力（STP）没有明确披露 2005 ～ 2006 预计资本支出，故依据有数据仅能分析 2007 ～ 2011 年产能扩张计划。
　　资料来源：依据尚德电力 2007 ～ 2011 年年度报告整理而得。

　　资本支出与营运资金的实际资金需求大于计划导致资金需求加大。一方面，资本支出增长导致资金需求增加，但实际产能扩张规模大于计划，导致资金需求进一步增大。另一方面，计划的资本支出融资方式以可转债、新增借款及经营现金流为主，与融资计划不一致。

　　产能扩张不仅直接导致资本支出的加大还会因产能运作带来与之对应的营运资金需求，预计营运资金需求进一步加大了资金需求。

9.4.2　股权融资不足导致债务融资规模加大

　　尚德电力选择什么样的融资方式？为何过度依赖债务？针对过度依赖债务融资，首先，论证融资方式可行性；其次，论证过度依赖债务的原因。尚德电力共进行两次股权融资，如表 9-12 所示。

表 9-12　尚德电力外部股权融资情况

股权融资方式	日期	股数（百万股）	每股价格（美元）	净募集资金（百万美元）
首次公开发行	2005.12.19	30.38	15.00	320.20
股权再融资	2009.05.21	23.00	12.50	277.10

　　资料来源：尚德电力（STP）2005 年、2009 年年度报告。

　　股权融资不能满足资本支出资金需求。外部股权融资只能满足未来部分资金需求。如表 9-12、表 9-13 所示，2005 年首次公开发行净筹集资金高达 320 百万美元，但是其中只有 40 百万美元用于扩建产能，其余资金 100 百万美元用于购买原材料、20 百万美元用于研发以及一般运营。2009 年股权再融资净募集资金 277 百万美元全部用于偿还到期债务。

表 9-13　尚德电力股权融资使用情况　　　　　　　　（单位：百万美元）

募集形式	使用年份	具体用途			
		采购原材料	产能投资	研发支出	偿还债务
首次公开发行	2006	150.0	40.0	4.0	
	2007	80.0	40.0	7.8	
股权再融资	2010				277.1

　　资料来源：依据尚德电力（STP）2006、2007、2010 年年度报告整理而得。

　　外部股权融资不能满足大部分资金需求的情况下，尚德电力为满足资金需求只能依赖债务。如表 9-14 所示，尚德电力发行可转换债券取得资金使用以产能投资及一般支出为主。债务融资由以可转换债券为主向以银行借款为主转变，加大了尚德电力日后经营的债务压力与风险。

表 9-14　尚德电力发行可转换债券取得资金使用情况　　　（单位：百万美元）

形式	使用年份	具体用途					
		采购原材料	产能投资	偿还债务	一般支出	预付款	战略投资与收购
可转换债券	2007	150		100	50		
（2012 年到期）	2008		120		50	65.6	
可转换债券	2008		150		30	50	200
（2013 年到期）	2009		80		277		

　　资料来源：依据尚德电力（STP）2007 ~ 2009 年年度报告整理而得。

　　股权融资已不足导致债务融资规模加大，2007 ~ 2008 年两次发行可转换债券募集资金并主要用于产能投资。股权再融资募集资金全部用于偿还债务，只有首次公开发行的募集资金用于扩张，说明尚德电力融资方式由上市时股权融资为主转为债权融资。

从筹资活动现金流的角度来看，短期借款的借入与偿还构成了筹资活动最主要的部分。如图 9-9、图 9-10 所示，2007 ~ 2011 年，筹资现金流的流入主要来自取得短期借款收到的现金与发行可转债取得的现金。除 2009 年受股权再融资影响外，取得短期借款收到的现金占筹资现金流入的比重总体呈上升趋势，在 2011 年达到 93.5%。如图 9-10 所示，2007 ~ 2011 年，偿还短期借款支付的现金占筹资现金流出的 80% 以上。因此，公司股权融资规模不足以满足快速的产能扩张带来的相关资金需求，由此导致债务融资规模加大。

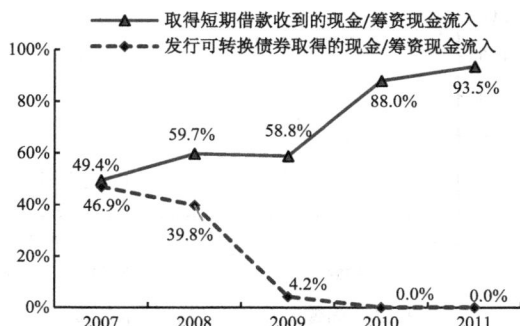

图 9-9　2007 ~ 2011 年尚德电力主要筹资现金流入结构

资料来源：2006 ~ 2011 年尚德电力（STP）年度报告。

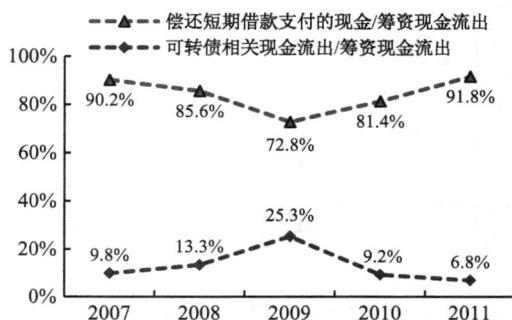

图 9-10　2007 ~ 2011 年尚德电力主要筹资现金流出结构

资料来源：2006 ~ 2011 年尚德电力（STP）年度报告。

9.4.3　偿债压力加大导致过度依赖短期借款

通过对公司融资方式的转变与筹资现金流的结构进行分析可知：债务融资规模加大，短期借款的借入与偿还分别构成了筹资活动流入与流出最主要的部分，即短期借款是公司筹措资金的最主要方式。那么，生产规模与业务规模的扩大是如何导致过度依赖短期借款的？

首先，生产规模的扩大导致公司资金筹措依赖短期借款。 尚德电力在 2011 年年度报告的"流动性风险部分"中披露：2008 ~ 2010 年资本支出主要依赖短期借款。然而，如表 9-15 所示，公司又在"资本支出的融资方式"中披露：2008 ~ 2010 年资本支出的资金需求主要靠长期借款与可转换债券等来满足，短期借款只有很少部分用于资本支出。公司先后就 2008 ~ 2010 年资本支出的融资方式给出了"资本支出主要依赖短期借款（2011 年年度报告披露）"与"短期借款只有很少部分用于资本支出（2009 ~ 2011 年年度报告披露）"两种不同的说法，且二者互相矛盾。由此说明公司在资金运用方面可能存在"短借长投⊖"的情况。

表 9-15　2006 ~ 2011 年尚德电力资本支出融资方式　　　（单位：百万美元）

	2006	2007	2008	2009	2010	2011
资本支出	52.3	172.2	337.5	142.6	276.2	366.8
其中：股权融资满足	40	40				
可转换债券满足			270	80		
短期借款满足	—	—	39.6	47.1	0	0
长期借款满足	—	—	—	135.4	163.3	31.1

资料来源：依据尚德电力 2006 ~ 2011 年年度报告整理而得。

⊖　短借长投指公司长期借款不足，使用短期借款当作长期借款使用，用于产能投资等长期投资。

其次，随着业务规模的增大，短期借款也迅速增长。如图 9-11 所示，2008～2011 年短期借款增速与营业收入增速变化趋势基本一致，说明随着公司产能的扩张与营业收入规模的增长，短期借款的存量也不断增加。再次，长期借款信用额度不足也是驱动短期借款增长的重要因素。如图 9-12 所示，长期借款信用额度耗尽，同时短期借款授信额度高为尚德电力依赖短期借款提供了前提条件。然而，生产规模与业务规模的扩大还不足以解释过度依赖短期借款的结果。

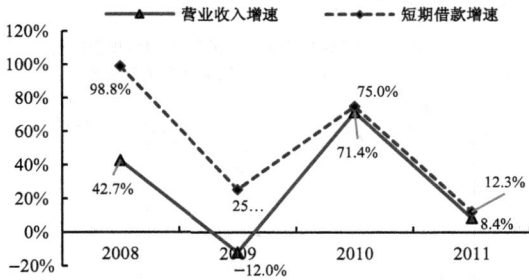

图 9-11　尚德电力短期借款与营业收入的增速对比
资料来源：依据尚德电力 2008～2011 年年度报告整理而得。

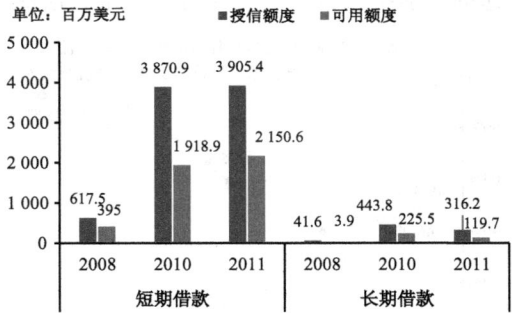

图 9-12　尚德电力银行借款授信额度
资料来源：依据尚德电力 2008～2011 年年度报告整理而得。

最后，有息债务数额与比重增加加大偿债压力，进而导致公司为缓解现金流压力而过度依赖短期借款。尚德电力筹资结构以银行借款和可转换债券为主，债权融资随着投资带来的资金缺口的不断增大而增加。如图 9-13 所示，2005～2011 年，尚德电力资产负债率不断攀升，2011 年达到 79%。过度依赖债务的融资模式产生高财务杠杆，尚德电力在高财务杠杆经营下的偿债压力逐渐增大。

从资产负债表的主要负债结构上来看，如表 9-16 所示，2008～2011 年尚德电力的负债以短期借款为主。然而，与短期借款相关的筹资现金流入流出规模却与短期借款存量相差巨大。短期借款存量占总负债的比重只有 40%，短期借款的借入与偿还却分别占筹资现金流入与流出规模的 80%。结合图 9-14 可知：短期借款借入规模增大的同时，由于上一期短期借款到期，使得偿还现金流出较大，即"短借短还"导致筹资净流入并未增加。筹资现金流入流出规模加大的同时净流入减少，说明偿债压力加大导致借入与偿还债务的现金流入流出规模相当，从而导致筹资净流入减少，减弱了筹资现金流对资金的补充作用。

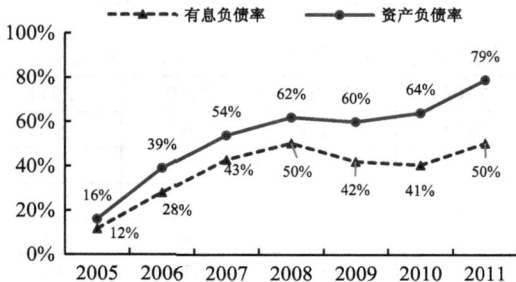

图 9-13　尚德电力资产负债率与有息负债率
资料来源：依据尚德电力（STP）2005～2011 年年度报告整理。

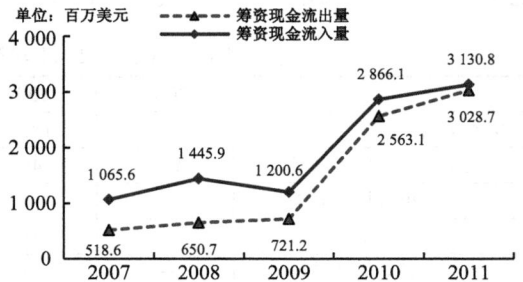

图 9-14　筹资现金流流入量与流出量
资料来源：依据尚德电力（STP）2007～2011 年年度报告整理。

表 9-16　2008 ~ 2011 尚德电力负债的规模与结构　（金额单位：百万美元）

	2008	2009	2010	2011
短期借款存量占总负债比重	29.8%	33.8%	42.0%	43.9%
短期借款增量	317.3	161.9	600.4	172.6
长期借款存量占总负债比重	0.3%	5.8%	4.9%	3.7%
长期借款增量	−14.8	132.1	25.3	−30
可转债存量占总负债比重	45.8%	21.8%	16.5%	16.2%
可转债增量	481.2	−464.3	34.3	29.7
应付账款存量占总负债比重	5.5%	11.1%	13.7%	15.5%
应付账款增量	58.6	146.7	192.8	98.3
负债增量	1 089.8	230.0	966.0	247.6

资料来源：2008 ~ 2011 年尚德电力（STP）年度报告。

债务延期与短借短还加大导致债务累积。实际偿还债务与到期债务相差较大，也说明偿债压力加大。如表 9-17 所示，2007 ~ 2008 年，上一期期末披露的本期到期债务大于本期实际偿还债务支付的现金，说明可能存在债务延期等情况；尚德电力在 2007 ~ 2011 年年度报告"偿债能力与资金来源"中披露：部分短期借款到期却获得展期以延期偿还，由此加大了未来短期借款的偿还压力。2009 ~ 2011 年，上一期期末披露的本期到期债务远远小于本期实际偿还债务支付的现金，同时 5 年合计的到期债务也远远小于实际偿还支付的现金。这进一步证实公司各年度存在一年内同时借入与偿还短期借款的情况。

表 9-17　2007 ~ 2011 年尚德电力债务情况[①]　（金额单位：百万美元）

	2007	2008	2009	2010	2011	合计
到期债务	288.2	321.2	638.5	1 025.4	1 404.6	3 677.8
实际偿还债务支付的现金	25.4	86.7	707.1	2 544.2	2 986.0	6 349.4
短期借款利率	5.08%	6.41%	4.27%	3.95%	4.48%	—
长期借款利率	—	6.65%	4.88%	4.58%	3.56%	—
偿还利息支付的现金	23.2	55.7	122.3	98.9	98.8	398.9
费用化利息支出	24.0	57.6	103.3	99.5	143.3	427.7
资本化利息支出	0.0	3.4	9.0	4.9	6.6	23.9

①"到期债务"此处指银行借款与可转换债券。

资料来源：2007 ~ 2011 年尚德电力（STP）年度报告。

　　由此可见，过度产能投资导致过度依赖债务融资。2009 年以后，随着偿债压力的加大，持续进行产能投资与偿还债务使得尚德电力继续加大债务融资规模，且使得短期借款的借入与偿还规模加大。2005 ~ 2011 年，尚德电力融资方式由股权融资为主转变为债权融资为主。债权融资由主要依赖可转换债券转换为过度依赖短期借款。

　　尚德电力"短借长投"与"短借短还"的资金运筹方式存在潜在的财务风险。在这种情况下，前期短期借款用于长期产能投资，后期持续不断的产能投资与短期借款到期偿还，迫使公司为投资项目借入短期借款的同时还要借新债偿旧债，短期借款规模如同"滚雪球"般不断加大。一旦外部市场环境等因素导致盈利能力下降，进而导致经营活动现金流创造不足，产能投资就无法迅速收回现金。产能运营与到期债务偿还使得资金周转困难。作为光伏行业企业，尚德电力因原材料与产品"两头在外"受外部市场尤其是国际市场的影响程度更大，这种资金运筹方式存在更大的潜在风险。

9.5　市场萎缩引发财务流动性恶化

受金融危机影响，2008 ~ 2011 年德国和西班牙光伏电价补贴下调、主导产品光伏组件价格持续下降，由此导致尚德电力市场结构性萎缩，营业收入增速放缓。在市场萎缩的环境下，过度的产能投资与过度依赖短期借款的融资结构对财务流动性有何影响？针对这一问题，将从产能投资的回报、营运资金的策略变化、经营、投资与筹资现金流总量对应等方面进行论证。

9.5.1　市场萎缩导致产能投资回报不足

2009 ~ 2011 年，在市场萎缩的情况下其他投资支出并未明显减少的同时资本支出加大。如表 9-18 所示，2009 ~ 2011 年尚德电力为扩建产能逐年加大资本支出；同时，长期股权投资支出并未明显减少；另外，2009 ~ 2011 年，进行金融资产投资的现金净流量尽管在 2010 年有 162.3 百万美元的现金净流入，但三年总量仍为负值，投资总体亏损。

表 9-18　尚德电力 2009 ~ 2011 年投资活动主要支出 　　　（单位：百万美元）

	2009	2010	2011
资本支出增量	142.6	276.2	366.8
补充：资本支出用途	扩建既有产能	扩建既有产能	扩建硅片产能⊖
进行长期股权投资支付的现金	-31.5	-144.7	-16.8
进行金融资产投资的现金净流量	-215.5	162.3	-104.8

资料来源：尚德电力（STP）2009 ~ 2011 年年度报告。

2009 ~ 2011 年，市场恶化情况下，投资支出规模不减。资本支出继续加大说明产能投资力度加大，相对于营业收入而言，产能投资的回报如何？如图 9-15 所示，由于已建成的固定资产存在投产使用的问题，故用本期新增的营业收入除以上一期新增固定资产，衡量单位新增固定资产带来多少新增营业收入且各年有何变化。除 2010 年外，2006 ~ 2011 年单位新增固定资产带来的营业收入总体呈下降趋势，说明：相对于收入而言，固定资产投资的回收情况变差。从增量角度分析营业收入与固定资产投资的匹配情况后从二者增速对比来看，如图 9-16 所示，2005 ~ 2011 年，除 2010 年外，营业收入增速均小于固定资产增速，说明营业收入增速相对较低。

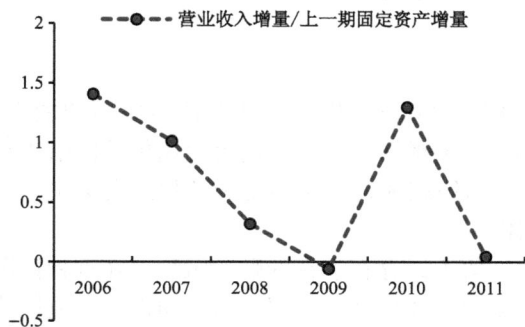

图 9-15　营业收入与产能投资（固定资产）的增量比
资料来源：依据尚德电力（STP）2005 ~ 2011 年年度报告整理而得。其中，2005 年数据缺失。

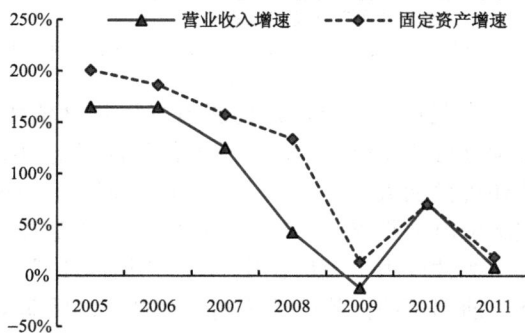

图 9-16　产能投资（固定资产）与营业收入的增速对比
资料来源：依据尚德电力（STP）2005 ~ 2011 年年度报告整理而得。

⊖　尚德电力（STP）第四季度财报公布：公司已于 2010 年 12 月 31 日完成对硅片生产厂荣德新能源的收购，继续向产业链上游扩张，并对产能类型进行相应调整（即扩建硅片产能）。

营业收入增速放缓主要是由于主导产品价格的下跌与销量增速放缓导致的。首先，营业收入可以分解为销量与价格两部分，因此从销量与价格增速两个方面来分析营业收入增速放缓的原因。其次，光伏组件是主导产品，因此通过分析光伏组件的销量与价格的变化率可以分析出营业收入增速放缓的原因。如图 9-17 所示，2005 ～ 2006 年光伏组件收入占营业收入比重在 75% 以上，2007 ～ 2011 年光伏组件收入占营业收入比重在 93% 以上，这说明光伏组件是尚德电力的主导产品。再次，主导产品光伏组件价格的下跌是导致光伏组件营业收入增速放缓的主要原因，进而可以看出主导产品光伏组件价格的下跌是导致营业收入增速放缓的主要原因。如图 9-18 所示，（1）同一期间内光伏组件收入增长率总体呈下降趋势，说明光伏组件收入增速放缓.（2）光伏组件销量增长率高于光伏组件收入增长率，而光伏组件价格增长率始终低于光伏组件收入增长率，并且在 2009 ～ 2011 年呈负增长态势。由此可以认为，光伏组件收入增速放缓主要是由于光伏组件价格下降与销量增速放缓导致的。

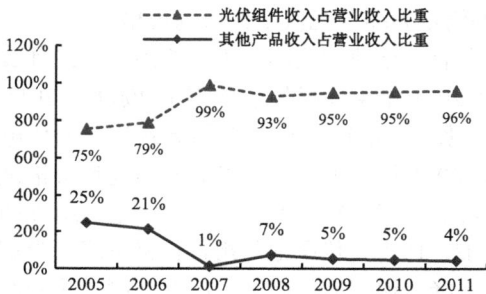

图 9-17　2005 ～ 2011 年尚德电力产品结构

资料来源：尚德电力（STP）2005 ～ 2011 年年度报告。

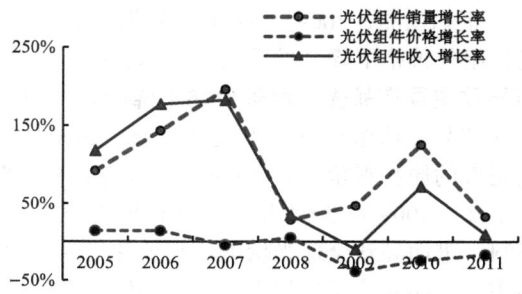

图 9-18　2005 ～ 2011 年尚德电力光伏组件收入、
销量及价格增长率

资料来源：尚德电力（STP）2005 ～ 2011 年年度报告。

市场结构性萎缩制约营业收入与销量增长。2008 年光伏组件的收入增速放缓是由于光伏组件销量增长率下降导致的。如表 9-19 所示，正如此前预测 2009 ～ 2010 年德国与西班牙市场实际出现萎缩，但 2009 ～ 2010 年由于美国等市场好转使得销量增速不减反增，说明 2008 ～ 2010 年的市场结构性萎缩。

表 9-19　2005 ～ 2011 年尚德电力各主要市场收入占营业收入比重　　　　（%）

销售市场结构	2005 年	2006 年	2007 年	2008 年	2009 年	2010 年	2011 年
德国市场收入比重	45.0	42.5	50.9	29.7	41.4	28.2	20.1
西班牙市场收入比重	8.0	20.6	34.6	37.4	3.6	3.0	1.4
美国市场收入比重	0.8	3.4	6.4	7.4	9.5	15.3	23.0
中国市场收入比重	25.0	21.7	1.9	7.0	4.5	5.3	11.8
其他市场收入比重	21.20	11.80	6.20	18.50	41.00	48.20	43.70

资料来源：2006 ～ 2011 年尚德电力（STP）年度报告。

销售费用效率与产能利用问题并不是导致营业收入增速放缓的主要原因。如图 9-19 所示，2006 ～ 2011 年尚德电力销量/出货量接近于 100%，出货量/产能呈上升趋势，说明产成品销售情况良好，产能利用情况并未出现明显变化。产能利用并不是导致营业收入放缓的主要原因，销售费用的投入与效率是否影响了营业收入的变化？如图 9-20 所示，2006 ～ 2011 年尚德电力销量/销售费用比重先下降再上升，同时尚德电力年报显示销售费用投入并未出现不足。

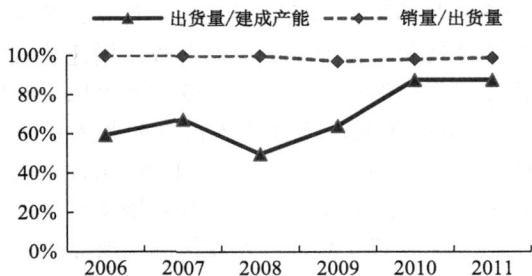

图9-19　2006～2011年尚德电力产能、出货量与销量配比
资料来源：销量、出货量与总产能分别依据尚德电力
2006～2011年年度报告与2012年第一季度
《Earning Call》整理而得。

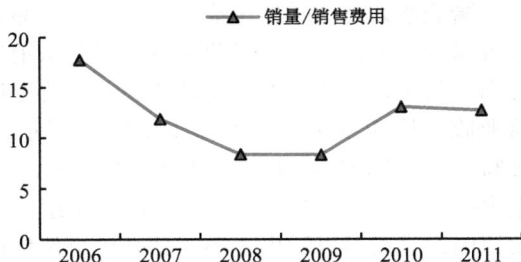

图9-20　2006～2011年尚德电力销量/销售费用
资料来源：销量、出货量与总产能分别依据尚德电力
2006～2011年年度报告与2012年第一季度
《Earning Call》整理而得。

正如预测，2009年后市场萎缩，表现为部分市场销量萎缩与光伏组件市场价格下降。其中，光伏组件价格下降是导致尚德电力2009～2011年营业收入增速放缓的最主要原因，**又是什么原因导致主导产品光伏组件价格下降的呢？**尚德电力在2011年年度报告中披露了2009～2011年主导产品光伏组件价格下跌的原因。2010年上半年以来，多晶硅供给量增加导致生产光伏电池与组件的原材料价格较2009年同期相比呈下降趋势。2011年下半年起，多晶硅与硅片价格进一步下降。2009～2011年，原材料价格的持续下降导致生产商更易获得生产光伏电池与组件的原材料，进而导致全球光伏电池与组件供给量大幅度增加，使得光伏电池与组件价格下降。尚德电力主导产品光伏组件的售价受市场供过于求的影响而下降，说明光伏组件产品存在同质化问题。

主导产品价格下跌与高于市场价采购原材料导致利润空间缩小。主导产品价格下跌是由于市场原材料下跌导致的。为了保证产能扩张原材料供应，尚德电力2005年后与供应商签订的长期原材料供应协定。长期原材料供应协定降低了成本控制的灵活性，也就意味着竞争对手的原材料成本随着原材料市场价格下降而下降，而协议价格高于市场价格使得尚德电力的原材料成本高于竞争对手。如图9-21所示，光伏组件生产成本高于竞争对手。光伏组件销售价格比光伏组件生产成本下降更加明显，导致利润空间缩小。如图9-22所示，2010年第一季度～2012年第二季度尚德电力光伏组件毛利率下降，进一步说明利润空间缩小。

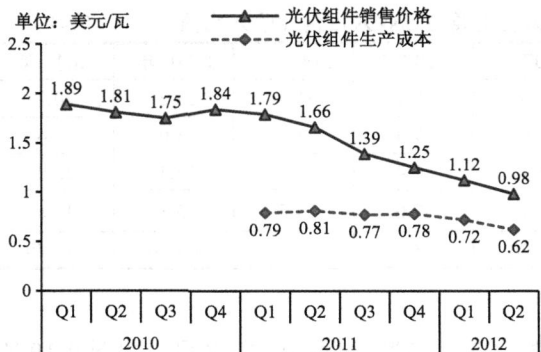

图9-21　2010年第一季度～2012年第二季度尚德
电力光伏组件售价与生产成本

注：中国竞争对手的2011年全年平均生产成本为0.69美元/瓦
（实际值），2012年为0.55美元/瓦（估计值）。
资料来源：依据尚德电力于2012年11月14日发布的题为
《Presentation to Bondholders》的公告整理而得。

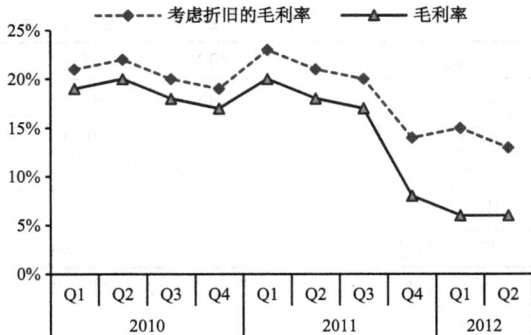

图9-22　2010年第一季度～2012年第二季度尚德
电力光伏组件毛利率

注：折线图是根据公告中的曲线图估计得出；考虑折旧的毛利
率=（毛利＋销售成本中的折旧）/营业收入。
资料来源：依据尚德电力于2012年11月14日发布的题为
《Presentation to Bondholders》的公告整理而得。

2011 年尚德电力盈利能力与 2010 年同期相比明显下降。如图 9-23 所示，2009 ~ 2011 毛利率的下降，说明价格下降与销量增速放缓导致了盈利能力下降。2009 ~ 2010 年收入净利率反而上升，说明期间费用、非核心盈余朝有利于盈利能力上升方向变化。然而，2011 年净利润为负值导致销售净利率指标为负值。EBITDA 是具有经营活动现金流量特征的盈利能力指标，能够更好地衡量企业盈利状况。如图 9-24 所示，2008 ~ 2010 年尚德电力 EBITDA 为正值且呈上升趋势，然而 2011 年 EBITDA 为负值。与销售净利率和毛利率指标的结果一致，2010 ~ 2011 年尚德电力盈利能力明显下降。

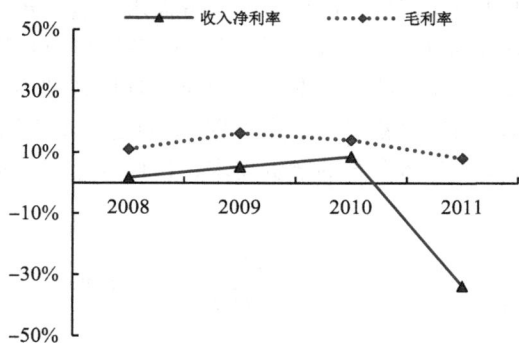

图 9-23　2008 ~ 2011 年尚德电力收入净利率与毛利率

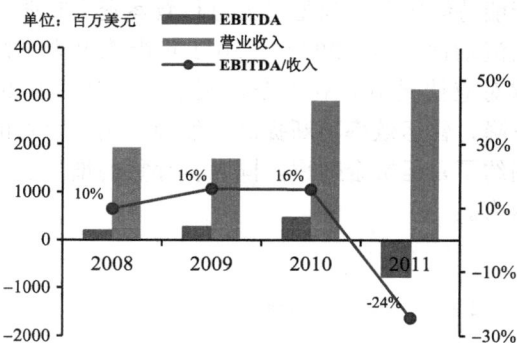

资料来源：尚德电力（STP）2008 ~ 2011 年年度报告整理。

图 9-24　2008 ~ 2011 年尚德电力 EBITDA 与营业收入对比

资料来源：尚德电力（STP）2008 ~ 2011 年年度报告整理。

相比于 EBITDA 而言，EBITDA/ 收入这一相对指标更能反映企业实现经营业绩的效率。图 9-24 还显示，2011 年 EBITDA/ 收入为负值。不论采用销售净利率、毛利率指标或是 EBITDA 指标，分析结果均表明尚德电力 2011 年盈利能力相比于 2010 年出现明显下降态势。

9.5.2　营运资金扩张加大流动性风险

受德国、西班牙市场萎缩与主导产品光伏组件价格下降影响，2011 年尚德电力盈利能力明显下降，投资回报不足，营运资金管理与经营现金流实现状况如何？尚德电力过度产能投资导致过度依赖债务融资，管理层如何处理营运资金扩张与降低流动性风险的关系？

营运资金整体情况中，尚德电力流动资产与流动负债的配比程度变差。扩张战略下过度投资与偿还债务产生的融资需求依赖短期借款得以满足，由此导致流动负债尤其是短期借款不断增加。如表 9-20 所示，2010 ~ 2011 年流动负债的增长率大于流动资产的增长率。流动负债增长主要原因在于短期借款的显著增加。

表 9-20　尚德电力（STP）2008 ~ 2011 年流动资产与速动资产变化原因分析　（%）

	2008 年	2009 年	2010 年	2011 年
流动资产增长率	5	63	12	−14
速动资产增长率	1	72	−1	−15
流动负债增长率	104	55	56	10
短期借款占流动负债比重	65	53	59	60
短期借款增长率	99	25	75	12

资料来源：尚德电力（STP）2008 ~ 2011 年年度报告。

流动负债增速高于流动资产和速动资产增速加大了流动性风险。如图 9-25 所示，流动比率、速动比率下降说明流动性恶化。尚德电力在 2011 年年度报告中披露财务流动性风险：2009 ~ 2011 年净营运资金不断减少，尤其是 2011 年降低至 −522.9 百万美元。2008 ~ 2010 年，产能扩张战略导致资本性支出增加。恶化的行业环境、主导产品价格下降、资本支出的扩张及其带来的短期借款的偿还，对流动性产生负面影响。

营运资金扩张加大了流动性风险。基于发展扩张战略，一方面，尚德电力的产能扩张产生的资本支出与营运资金的融资需求主要依赖短期借款，加大了流动性风险；另一方面，为支撑产能持续扩张，尚德电力进行营运资金扩张，尤其是增加存货，产生新的融资需求将进一步加大流动性风险。2007 ~ 2011 年尚德电力不断加强对商业信用管理，使得应收账款与应付账款对应情况更有利于企业现金流。如图 9-26 所示，应收账款周转期减去应付账款周转期不断下降，营运效率不断提高。然而，由于存货的存量增加导致营运资金周转期⊖未能进一步降低，制约了营运资金效率。同时，存货的增加进一步加大了营运资金的融资需求，进而加重了债务压力。

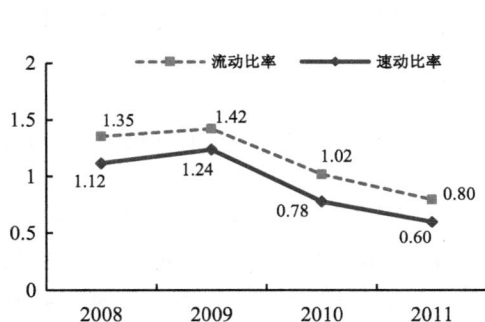

图 9-25 尚德电力 2008 ~ 2011 年流动比率与速动比率
资料来源：尚德电力（STP）2008 ~ 2011 年年度报告整理。

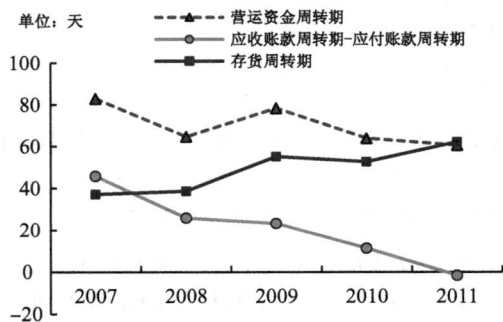

图 9-26 2007 ~ 2011 年尚德电力营运资金周转率分解
资料来源：尚德电力（STP）2007 ~ 2011 年年度报告整理。

经营活动相关的营运资金中，存货增加制约营运资金的现金流回收。如表 9-21 所示，与 2008 年相比，2009 年尚德电力盈利能力上升的同时，经营现金净流量增加更为明显。2009 年尚德电力年度报告披露：这主要由净利润增加、应付账款增加等原因导致的。其中，从应收账款与应付账款的对应情况来看，虽然为维持信贷紧缩环境下经营，应收账款大幅增加，导致 2009 年已实现收入未收回现金，但是应收账款的增加对经营现金流的负效应还是与应付账款的增加对经营现金流的正效应相抵消。2010 年，盈利能力继续增强，经营现金流非但没有增加，甚至出现负值。2010 年尚德电力年度报告披露：这是由营运资金的增加与预付账款的增加共同导致的。2011 年，虽然盈利能力恶化，但经营现金流相比 2010 年有所好转，主要原因在于增强了营运资金的管理。

扩张战略下营运资金扩张，存货的增加支撑了营业收入的增长，却制约了资产营运效率与经营现金流回收水平的提升。同时，营运资金的融资需求加大了流动性风险。

⊖ Verlyn D. Richards and Eugene J. Laughlin 于 1980 年 在 "A Cash Conversion Cycle Approach to Liquidity Analysis Financial Management, Vol. 9, No. 1（Spring,），p. 32-38" 中给出营运资金现金周转期（Cash Conversion Cycle）= 应收账款周转期 + 存货周转期 − 应付账款周转期，反映营运资金管理情况。

表 9-21　2008 ～ 2011 年尚德电力（STP）经营现金流各项变动

	2008 年	2009 年	2010 年	2011 年
净利润	88.2	85.7	237.9	−1 018.0
应收账款的减少额	26.6	−171.6	−137.4	21.1
应付账款的增加额	53.3	146.3	178.3	101.2
存货的减少额	−94.1	−104.4	−274.8	2.6
经营现金净流量	−171.3	292.9	−30	93.3

资料来源：依据尚德电力（STP）2008 ～ 2011 年年度报告整理而得。

9.5.3　投资规模超过现金流投资能力

2008 ～ 2011 年，尚德电力经营现金流的创造能力总体不足，用于生产经营的固定资产投资未带来相应的经营现金的流入，那么，也就意味着销售回款不足以偿还债务，在现金流循环过程中，经营现金流的创造能力不足与筹资现金流的变化会对现金流的投资能力有何影响？

债务的偿还主要依赖经营现金流与融资的补充，经营现金流不足以偿债致使筹资现金流的用途发生改变。如图 9-27 所示，对筹资现金流进行分析，筹资流入流出比下降，说明其对现金的补充作用减弱，加大了资金缺口。2008 ～ 2011 年取得短期借款收到的现金是债务现金流入的最主要来源，用短期借款可以代表筹资现金流的情况。2008 ～ 2011 年，短期借款的流入流出比由 1.5 下降至 1.0，说明偿还债务的短期借款带来的现金净流入不断减少，短期借款逐渐用来偿还债务而不是用来补充投资消耗带来的资金缺口。

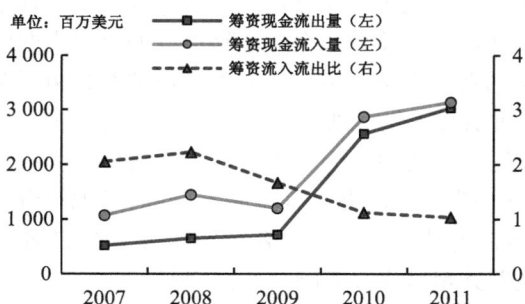

图 9-27　2007 ～ 2011 年尚德电力筹资现金流入流出

资料来源：依据尚德电力（STP）2007 ～ 2011 年年度报告计算而得。

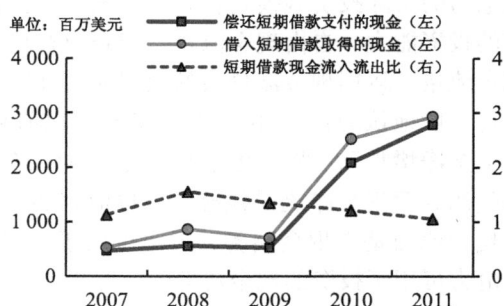

图 9-28　2007 ～ 2011 年尚德电力短期借款现金流入流出

资料来源：依据尚德电力（STP）2007 ～ 2011 年年度报告计算而得。

筹资现金流恶化的同时，债务的偿还能力下降。如图 9-29 所示，2008 ～ 2011 年期末现金净额/下一年到期债务下降说明偿债能力变弱。即使 2010 ～ 2011 年尚德电力有能力进行投资，也应该考虑到未来到期债务的偿还，限制投资规模。对尚德电力偿还债务能力与现金流风险进行模拟分析，如图 9-30 所示，为提高预测值的可信度，在 2011 年期初对 2011 年现金流进行保守估计：（1）预测经营现金流：经营现金净流量 2006 ～ 2010 年除 2009 年外均为负值，假设 2011 年经营现金流并未出现负值，取 2009 年与 2010 年的均值 131.5 百万美元作为预测值；（2）预测投资现金流：假设 2011 年不进行投资；（3）预测筹资现金流：2009 ～ 2010 年筹资现金净流量呈现缩减的趋势，假设 2011 年筹资现金流不再继续恶化，预测值与 2010 年持平，为 303.0 百万美元。将预测的经营、投资、筹资现金净流量与期初现金流相加，得出 2012 年期初现金存量的预测值 1 307.0 元，远远大于实际值 492.4 百万美元，说明预测值已为最大可能值。即使 2012 年不进行投资，并且经营现金流仍与 2011 年持平为 303.0 百万美元，一旦再融资不足，即筹资现金流入流出相抵（筹资现金净流入为 0），那么期初现金存量 + 预测经营现金净流量 + 预测投资现金净流量 < 到期债务。因此，即使 2011 年尚德电力不进行投资，也存在再融资不能补充资金而无法偿还到期债务的风险。

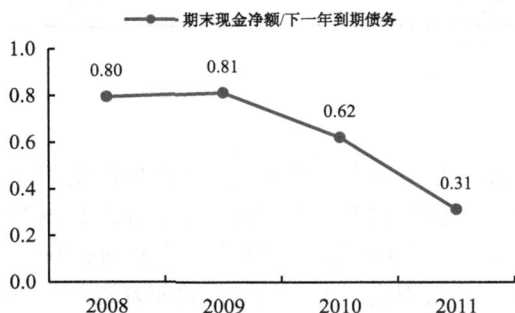

图 9-29　2008 ~ 2011 年尚德电力现金流偿债能力

资料来源：尚德电力（STP）2008 ~ 2011 年年度报告整理。

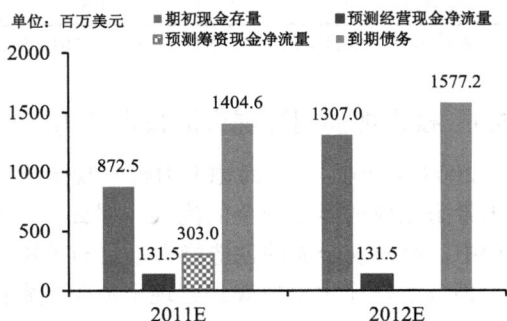

图 9-30　2011 ~ 2012 年尚德电力现金流预测

资料来源：依据尚德电力 2005 ~ 2009 年年度报告整理及预测而得。

　　2009 ~ 2011 年，筹资现金流恶化的同时投资规模不减，考虑到偿还到期债务等因素，尚德电力的实际投资规模是否超过现金流的投资能力？自由现金流能够部分反映企业可支配现金流的投资能力。自由现金流量是指企业在持续经营所需现金流外，企业能够拥有的自由支配的现金流量。运用现金流量表的数据无法计算出精确的自由现金流量，只能大致地预测自由现金流。一般地认为："自由现金流量 = 息税前利润 + 折旧与摊销 – 所得税费用 – 资本性支出 – 营运资金净增加"。尚德电力年度报告中披露了间接法调整的现金流量表，因此直接使用间接法调整的经营现金净流量代替"息税前利润 + 折旧与摊销 – 营运资金净增加"。同时考虑筹资活动现金流与基本现金储备，得出可用于投资的现金流的计算公式。如表 9-22 所示，2011 年尚德电力可用于投资的现金流低于实际投资规模，说明其超出现金流能力进行投资。

表 9-22　2009 ~ 2011 年尚德电力基于现金流的投资能力测算　　（单位：百万美元）

	2010 年	2011 年
可用于投资的现金流 =		
＋间接法下的预计经营现金净流量	60.8	131.45
＋期初现金及现金等价物净额	833.2	872.5
＋预计筹资现金净流量①	289	191.5
－平均现金持有量②	670.5	852.6
＝可用于投资的现金流	512.5	342.6
实际投资现金规模	238.6	567.5

①预计筹资现金净流量 =（1+ 上一期增速）× 上期筹资现金净流量
②平均现金持有量 = 前两年期末现金及现金等价物净额的平均值
资料来源：依据尚德电力（STP）2010 ~ 2011 年年报整理计算而得。

　　2009 ~ 2011 年，经营现金流回收不足，同时受偿债压力加大影响，筹资现金净流入逐渐萎缩。但是尚德电力并未因现金流压力加大而降低投资力度，甚至在可能无法偿还到期债务风险下进行投资，说明管理层对现金流风险控制不足。

9.5.4　财务风险控制不力导致财务流动性恶化

尚德电力财务风险在 2009 ～ 2011 年不断加大。如图 9-31 所示，尚德电力 Z 指数在 2007 ～ 2011 年间不断下降，且 2008 年起低于高破产风险阈值 1.8，说明尚德电力存在高破产风险且风险不断加大。从现金流角度分析，如图 9-32 所示，2009 ～ 2011 年现金流净流入下降，且在 2011 年由正转负，导致 2011 年现金存量下降。**针对破产风险与现金流风险加大，尚德电力对财务风险的控制不力对财务流动性有何影响？**

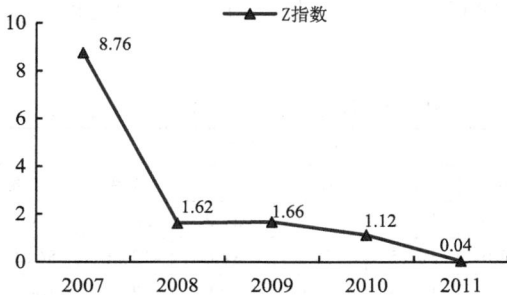

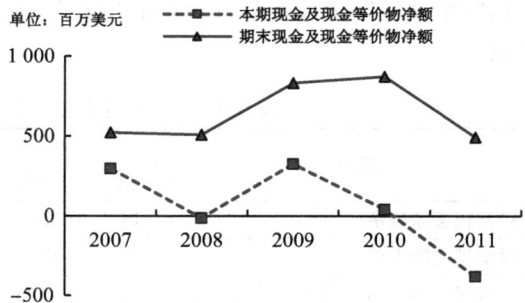

图 9-31　尚德电力 2007 ～ 2011 年 Altman-Z 指数

资料来源：依据 Altman（1968）提出的 Z 指数计算公式，利用尚德电力 2007 ～ 2011 年相关指标计算而得。

图 9-32　2007 ～ 2011 年尚德电力现金流净流入

资料来源：依据尚德电力 2007 ～ 2011 年年度报告整理而得。

财务流动性的实质在于现金流的总量与时点的对应情况。尚德电力现金流总量不匹配，投资活动消耗大量资金，经营活动的现金创造不足，主要靠筹资活动的现金流进行补充；这些共同导致了 2009 ～ 2011 年现金流净额为负。2009 ～ 2011 年现金净流量逐渐降低且由正转负，现金存量由 2009 年期初的 507.8 百万美元下降至 2011 年期末的 492.4 百万美元，说明现金流总量对应逐渐恶化。如表 9-23 所示，在经营、投资与筹资三条现金流主线中：①经营现金流贡献逐渐降低；②投资活动对现金流的作用逐渐增加，对现金流的支配地位十分明显；投资现金流对现金的消耗不断加大，购置固定资产、金融资产的投资失败是造成流出加大的主要原因；③筹资活动对现金的补充作用总体呈下降趋势。原因在于随着偿债压力的加大，筹资现金流入虽然不断增加但逐渐用于偿债，即借新债偿旧债，而不是用来补充投资活动产生的资金缺口。

表 9-23　尚德电力 2009 ～ 2011 年年度现金流量表　（单位：百万美元）

项目	2009 年	2010 年	2011 年
经营现金净流量	292.9	−30	93.3
投资现金净流量	−441.9	−238.6	−567.5
其中：购建固定资产支付的现金	−141.4	−276	−366.8
进行长期股权投资支付的现金	−31.5	−144.7	−16.8
进行金融资产投资的净收益	−215.5	162.3	−104.8
筹资现金净流量	479.4	303	102.1
其中：偿还债务支付的现金	−707.1	−2 544.2	−2 986
取得借款收到的现金	841.6	2 792.7	3 129.6

（续）

项目	2009 年	2010 年	2011 年
股权再融资收到的现金	287.5	—	—
期初现金及现金等价物余额	507.8	833.2	872.5
现金及现金等价物净增加额	325.4	39.3	−380.1
期末现金及现金等价物余额	833.2	872.5	492.4

资料来源：尚德电力（STP）2009 ~ 2011 年年度报告。

同年度现金流对应情况恶化，季度现金流对应情况也逐渐恶化。如表 9-24 所示，2010 年第三季度至 2011 年第四季度"期末现金及现金等价物余额"总体呈下降趋势，"现金及现金等价物净增加额"出现负值且缺口不断加大，说明各时点企业经营、投资与筹资活动的现金流不对应。

表 9-24　尚德电力 2010 ~ 2011 年季度现金流量表　　（单位：百万美元）

季度	2010 年			2011 年				
	Q2	Q3	Q4	Q1	Q2	Q3	Q4	年度
经营现金净流量	−14.3	266.6	−307.6	−140.2	1.9	−27.2	240.1	74.6
投资现金净流量	−13.3	−195.4	−27.9	−181.5	−170.2	−82.6	−127.6	−561.9
其中：购建固定资产支付的现金	−92.6	−137.0	−12.2	−128.5	−120.0	−80.8	−37.6	−366.9
筹资现金净流量	115.6	106.9	267.6	237.3	38.9	−86.6	−74.5	115.1
其中：银行借款现金净流量	113.9	101.9	224.3	265.2	39.8	−78.9	−69.5	156.6
期初现金及现金等价物余额	677.2	765.6	946.2	872.5	782.6	648.2	458.4	872.5
现金及现金等价物净增加额	88.4	180.6	−73.7	−89.9	−134	−189.8	34.0	−379.7
期末现金及现金等价物余额	765.6	946.2	872.5	782.6	648.2	458.4	492.4	492.4

注：年度为各季度之和，与年报中相比略有差异。
资料来源：尚德电力（STP）2010 ~ 2011 年季度报告。

2009 ~ 2010 年，尚德电力财务流动性不断恶化，破产风险加大。现金净流入降低导致现金存量下降。如果在 2012 年没有通过再融资补充现金弥补缺口，尚德电力可能在 2012 或 2013 年无法偿还到期债务。

9.6　债务危机下无锡尚德破产重整

尚德电力管理层对现金流风险控制不足，导致 2009 ~ 2011 年财务流动性进一步恶化。那么，2012 年流动性现金流的时点对应情况如何，债务危机下尚德电力是否能够持续经营？一般对无法到期偿还债务的企业进行破产清算，为什么无锡尚德集团没有进行破产清算，而是上市公司进行债务重组、实体企业进入重整程序？

9.6.1　现金流量不足导致持续经营能力下降

2011 年，财务流动性恶化下尚德电力的破产风险加大。分析财务流动性是为了分析现金流总量对应与时点分布，进而分析企业当前与预期现金净流入，而分析的落脚点在于对企业持续经营能力的评估。为了解无锡尚德集团的持续经营情况，将集团产业链与经营财务关系列示。如图 9-33 所示，尚德电力是国内实体企业无锡尚德的融资平台，采购、生产与销售业务主要集中于无锡尚德。针对可持续经营能力问题，从相关财务指标、到期债务的偿还以及主要市场变化三个方面进行分析$^{\ominus}$的同时对债务的时间与母子公司分布情况进行分析。

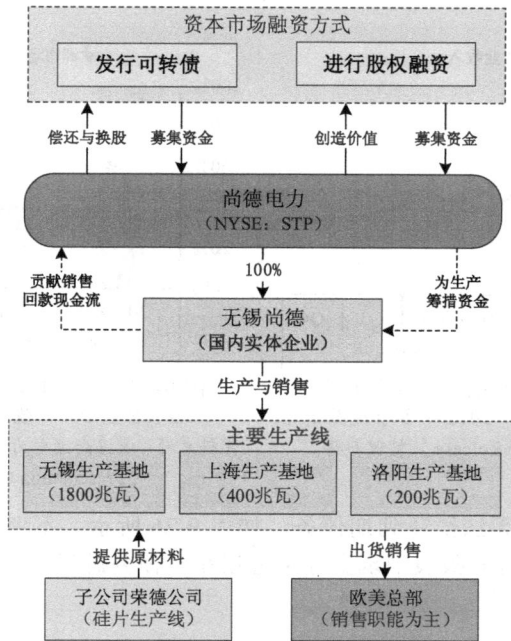

图 9-33　无锡尚德集团产业链与财务关系

资料来源：依据尚德电力 2011 年年度报告整理而得。

第一，2011 年尚德电力与持续经营相关的财务指标变差。（1）尚德电力经营出现严重亏损，净利润为 –1 018 百万美元；（2）营运资金为 –541 百万美元，出现负值；（3）2011年经营活动产生的现金流量净额虽并未出现负值，但较 2010 年下降了 56%。与投资现金净流量相比，净流入相对不足。

第二，主营业务连续亏损、失去主要市场等经营风险使得尚德电力未来经营活动创造现金流能力下降，进而导致可持续经营能力下降。如表 9-25 所示，2011 ~ 2012 年，美国、欧盟分别对中国进行反倾销反补贴调查导致尚德电力产品成本提高，进而使得竞争力下降。

表 9-25　2011 ~ 2012 年美国欧盟对华光伏企业进行反倾销反补贴调查

发起方	日期	标志性事件
美国	2011.11.09	美商务部正式宣布对中国输美太阳能电池（板）产品发起反倾销反补贴合并调查
	2011.12.02	美国国际贸易委员会初步认定中国输美太阳能电池（板）对美国国内产业造成损害
	2012.03.19	美商务部就反补贴调查初裁认定无锡尚德太阳能有限公司补贴幅度为 2.9%
	2012.05.17	美商务部就反倾销调查初裁认定强制应诉企业无锡尚德太阳能有限公司的税率为 31.22%
欧盟	2012.09.06	欧盟委员会宣布对自中国进口的光伏电池产品发起反倾销调查
	2012.11.08	欧盟委员会宣布对自中国进口的光伏电池产品发起反补贴调查

注：以上日期均为美国当地时间。

资料来源：依据中华人民共和国商务部官方网站预警信息整理而得。

$\ominus$　持续经营的分析思路来源于《中国注册会计师审计准则第 1324 号：持续经营（财会〔2006〕4 号）》中"可能导致对被审计单位持续经营假设产生重大疑虑的事项或情况"。

如图 9-34 所示，2011 ~ 2012 年，尚德电力主营业务不断亏损。另外，如图 9-35 所示，尚德电力对欧洲市场依赖程度最高，同时相比于全球光伏市场比重分布，尚德电力对美国市场的依赖程度更高。

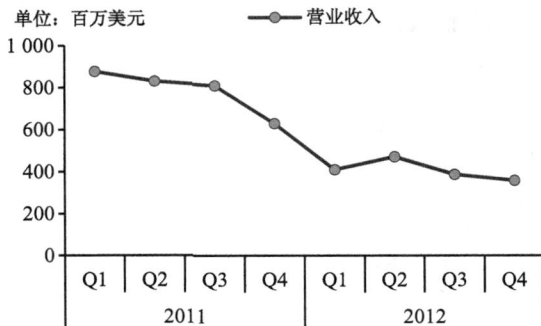

图 9-34　2011 ~ 2012 年尚德电力季度营业收入
资料来源：依据尚德电力 2011 ~ 2012 年各季度盈余信息发布公告《Earning Release》整理而得。

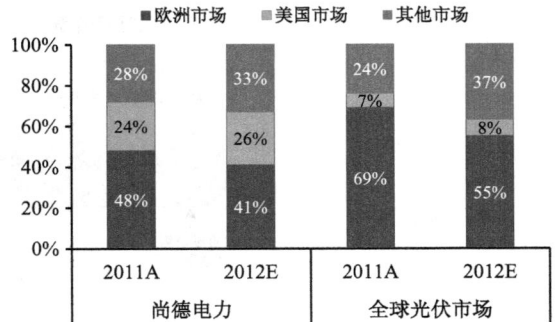

图 9-35　尚德电力与全球光伏市场地区分布
注：E 表示估计值。
资料来源：依据尚德电力于 2012 年 11 月 14 日发布的题为《Presentation to Bondholders》的公告整理而得。

第三，尚德电力可能无法偿还到期债务。如表 9-26 所示，不考虑现金与债务的时间与空间分布单从总量上来看，合并报表中现金存量远远小于债务总量，可以初步判断：尚德电力可能无法偿还到期债务。

表 9-26　2012 年合并报表中现金存量与未偿还债务　　　　（单位：百万美元）

	2012 年 3 月 31 日	2012 年 6 月 30 日	2012 年 8 月 31 日
现金			
现金及现金等价物	474	294	244
其中：非限制用途现金	367	248	168
限制用途现金等价物（小于 3 个月）	107	47	76
限制用途现金	218	268	280
总计	692	562	524
未偿还的债务			
银行借款	1 706	1 580	1 441
可转换债券	595	595	595
总计	2 301	2 175	2 036

注：尚德电力现金存量为 42.6 百万美元（其中：非限制用途现金为 3.3 百万美元）；无锡尚德现金存量为 358.7 百万美元（其中：非限制用途现金为 149.3 百万美元）。
资料来源：尚德电力（STP）"Presentation to Bondholders"，2012.11.14。

（1）**分析债务空间分布状况。**如图 9-36 所示，从尚德电力及其子公司的债务分布中可以看出：可转换债券主要集中于尚德电力，银行借款尤其是短期借款主要集中在实体企业无锡尚德。

（2）**分析债务与现金的时点对应状况。**如图 9-37 所示，截至 2012 年 8 月 31 日，尚未偿还的债务总额为 2 036 百万美元，其中，归属于尚德电力的债务包括 2013 年第一季度到期的可转换债券 541 百万美元[⊖]，尚德电力现金存量为 42.6 百万美元。这说明：在 2012 年 8 月 31 日这一时点上看，一旦未来转换期内债权人不行使转换权，持有至 2013 年第一季度到期，尚

⊖　该笔可转债由尚德电力（STP）于 2008 年 3 月 17 日发行，发行规模 5.75 亿美元，面值 100 美元，息票利率 3%。

德电力在不考虑再融资的情况下将无法支付本息。动用全部现金存量不能偿还全部到期债务。针对无法偿还债务的财务状况，尚德电力于 2012 年 11 月 14 日发布题为 "Presentation to Bondholders" 的公告，主要就公司财务状况进行分析。发布前后累计收益率低于市场综合累计收益率，说明对财务状况恶化投资者反应消极。

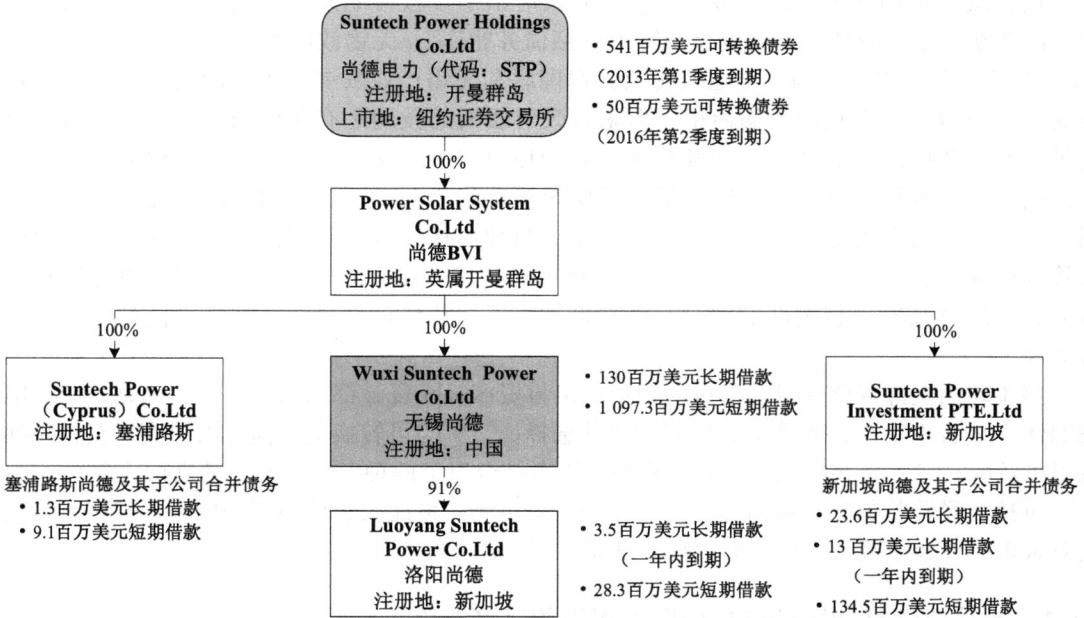

图 9-36　截至 2012 年 8 月 31 日的尚德电力母子公司债务结构图

资料来源：依据尚德电力于 2012 年 11 月 14 日发布题为 "Presentation to Bondholders" 的公告整理而得。

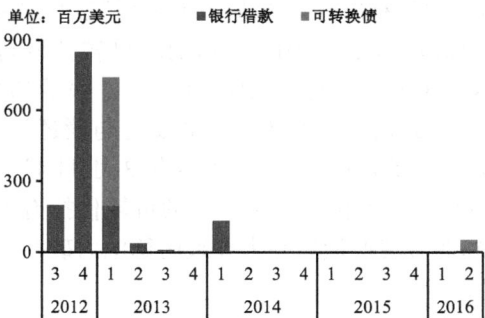

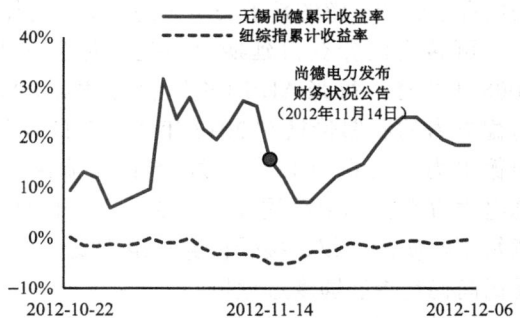

图 9-37　2012 年 8 月 31 日尚德电力到期债务

资料来源：依据尚德电力于 2012 年 11 月 14 日发布题为 "Presentation to Bondholders" 的公告整理而得。

图 9-38　公告前后 15 日尚德电力与纽综指累计收益率

资料来源：尚德电力（STP）官方网站。

除自有资金外，企业可以通过财务灵活性及时采取行动应对意外现金需求。尚德电力（STP）公司相关公告⊖中指出了动用全部现金存量仍不能偿还全部到期债务问题的解决措施：（1）在短期内增发新股票或发行债券。尚德电力认为不存在债券发行成功的可能。（2）向银行

⊖　尚德电力（STP）于 2012 年 11 月 14 日发布题为 "Presentation to Bondholders" 的公告，主要就公司财务状况进行分析。

或其他金融机构及时贷到急需的借款。国内银行债务到期可能存在再融资选择，但离岸债务并不在信贷支持的范围内。（3）在不损害持续经营的前提下，销售一切可能销售的资产。根据尚德电力2012年11月向债券持有人展示的信息，没有非核心资产可以出售。另外，财务状况恶化与信用危机降低地方政府与国内银行出资援助的可能性。

地方政府援助方案遭拒。事实上，地方政府出手援救帮助光伏企业度过债务危机存在先例。江西新余市政府拟用财政资金为赛维巨额债务兜底⊖。无锡政府也曾欲出手援救，2012年9月27日，无锡政府机构、金融机构及无锡国联和无锡产业发展集团有限公司两大国有企业成立救助小组，意在救助无锡尚德。但来自政府层面的救助是有条件的。无锡市政府给尚德提供了两种选择：一是政府出面购买该公司2013年3月到期的总额541百万美元的可转换债券，然后经国开行注资救助，但前提是需要施正荣将个人全部资产做无限责任担保；另一个则是，上市公司尚德电力退市，实施国有化。两种选择均被施正荣拒绝。一方面说明尚德电力管理层保留上市公司的意图；另一方面说明施正荣个人不愿与企业共进退。由此导致尚德电力失去地方政府资金援助的同时，可能也失去了银行信任，进而降低银行借款获得延期的可能性。

鉴于动用全部现金存量、通过再融资与出售资产补充资金都无法解决偿债问题，尚德电力（STP）在公告中指出：尚德电力仅剩的两种选择：（1）与可转换债券债权人协商以获得延期并重组可转债；（2）可转换债券转股。战略投资者结合以上两种方式中的一种进行注资。

可持续经营相关的财务指标变差、失去主要市场、可能无法偿还到期债务，都将直接或间接对未来的现金净流入产生负面影响，进而不利于持续经营。

9.6.2 无法偿还到期短期借款导致无锡尚德破产重整

根据尚德电力2012年11月向债券持有人展示的信息，截至2012年8月31日，现金及现金等价物余额为244百万美元，未偿还债务共计2 032百万美元，已有明显的破产迹象。那么，为何宣告破产重整的是子公司无锡尚德？为什么无锡尚德没有进行破产清算而是进行破产重整？

可转换债券获得延期暂时化解母公司尚德电力破产危机。2013年到期的可转债发行于2008年3月，每张ADS（美国存托凭证）价值为41.13美元，每个ADS相当于1股普通股。尚德电力的股票价格在2013年3月7日收盘价为1.22美元。按可转换债券发行与偿还计划，尚德电力需要在2013年3月15日向债权人偿还541百万美元债务⊜。2013年3月11日，尚德电力宣布：如果公司无法在3月15日可转债到期时进行支付，60%以上的可转债持有人同意暂不行使索债权，接受债券重组方案。无法偿还到期可转换债券并未导致尚德电力破产，而无锡尚德是否能够度过危机？

即使尚德电力及其他子公司的全部现金也无法偿还子公司无锡尚德2012年第四季度与2013年第一季度的到期银行借款。2013年3月18日，由中国银行股份有限公司无锡高新技术产业开发区支行等银行组成的债权人委员会已向江苏省无锡市中级人民法院提交了对无锡尚德太阳能电力有限公司进行破产重整的申请。2013年3月20日，无锡市中级人民法院裁定无锡尚德重整。

作为最主要的债权人，银行为什么没有申请对无锡尚德进行破产清算，而是申请破产重

⊖ 2012年7月12日，新余市人大常委会召开第七次会议，"会议审议通过了市人民政府关于将江西赛维LDK公司向华融国际信托有限责任公司偿还信托贷款的缺口资金纳入同期年度财政预算的议案"。

⊜ 2013年3月12日《尚德电力（STP）可转换债券发行公告》。

整？如表 9-27 所示，与破产清算⊖不同，破产重整⊜并未将债务人企业的财产公平分配给债权人而使其消灭，也不像和解⊜程序只消极调整债务关系，不涉及企业的资产与业务重组等实质挽救措施。重整制度将债务清偿与企业拯救两个目标紧密结合。

表 9-27　重整、和解与破产清算的对比

程序	重整	和解	破产清算
区别	**第七十三条**　在重整期间，经债务人申请，人民法院批准，债务人可以在管理人的监督下自行管理财产和营业事务 **第七十五条**　在重整期间，债务人或者管理人为继续营业而借款的，可以为该借款设定担保	**第一百零二条**　债务人应当按照和解协议规定的条件清偿债务 **第一百零四条**　债务人不能执行或者不执行和解协议的，人民法院经和解债权人请求，应当裁定终止和解协议的执行，并宣告债务人破产	**第一百一十一条**　管理人应当按照债权人会议通过的或者人民法院依照本法第六十五条第一款规定裁定的破产财产变价方案，适时变价出售破产财产
特点	将债务清偿与企业拯救两个目标紧密结合	只消极调整债务关系，不涉及企业的资产与业务重组等实质挽救措施	将债务人企业的财产公平分配给债权人而使其消灭

资料来源：依据《中华人民共和国企业破产法》（2006 年 8 月 27 日第十届全国人民代表大会常务委员会第二十三次会议通过）整理而得。

选择重整的驱动因素如下。

（1）有利于债务偿还。由于所欠银行债务陆续到期，考虑到债务方的现实境况，对无锡尚德实施破产重整。无锡尚德公司已明显缺乏清偿能力。同时经过权威资产评估机构评估，在模拟无锡尚德破产清算状态下，普通债权所能获得的清偿比例仅为 14.82%。未偿还的债务也包含了供应商欠款。如表 9-28 所示，涉及的公司有中环股份（002129）、隆基股份（601012）、京运通（601908）、亚玛顿（002623）和航天机电（600151），累计约 71 百万美元。

表 9-28　2013 年未偿还供应商欠款信息　　　　（单位：百万美元）

债权人	债权人类型	债务类型	欠款金额
中环股份（002129）	原材料供应商	应收账款	30
隆基股份（601012）	原材料供应商	应收账款	20
京运通（601908）	原材料供应商	应收账款	6
亚玛顿（002623）	原材料供应商	应收账款	10

资料来源：依据新浪财经数据整理而得。

（2）破产重整有利于重生。无锡尚德是当地明星企业，同时重整后 2 000 多名职工需要安置。当地政府期待公司在重整后能获得新生。基于公司尚有优质资产运营能力。比如在整体行业不景气的情况下，无锡尚德核心的现代化 P4 工厂仍在持续生产。通过破产重整可以盘活企业优质资产。

（3）无锡尚德破产有利于保全母公司。无锡尚德是尚德电力的主要贷款平台，若让无锡尚德破产，就能让上市公司债务得到极大缓解⑭。

⊖　破产清算是指在法院的主持与监督之下，对丧失清偿能力的债务人，强制清算其全部财产，公平、有序地清偿全体债权人的法律程序。破产是对债务人现存全部经济与法律关系的彻底清算，在破产人为企业的情况下，还直接导致债务人民事主体资格消灭的法律后果。

⊜　重整是指对可能或已经发生破产原因但又有挽救希望与挽救价值的企业，通过对各方利害关系人的利益协调，采取企业股权、资产重组与债务清理等措施，使企业或其经营之事业避免破产清算、获得更生的法律制度。

⊜　和解是指当债务人丧失清偿能力时，在法院主持下，由债务人与债权人会议就债务清偿问题达成和解协议，避免企业倒闭清算。

⑭　破产重整原因结合无锡市中级人民法院题为《无锡尚德重整计划草案表决通过》的新闻通报整理分析而得。

9.6.3 无锡尚德重整过程中机会与风险并存

光伏行业仍是国家政策扶持下具有发展潜力的行业。中央政府出台产业政策意在促进光伏产业健康发展。中央政府及相关部门自 2013 年以来发布相关文件，如表 9-29 所示，指出：一方面，光伏产业发展面临严峻形势，光伏企业普遍经营困难，光伏产业存在产能严重过剩、市场无序竞争等突出问题；另一方面，光伏产业具有巨大发展潜力，应毫不动摇地推进光伏产业持续健康发展。

表 9-29 中央政府出台与光伏相关的产业政策文件

序号	文件	发文时间	主要内容
1	《国务院关于促进光伏产业健康发展的若干意见》（国发〔2013〕24 号）	2013-07-04	积极开拓光伏应用市场；调整产业结构；促进技术进步；规范产业发展秩序；加大资金土地等扶持力度
2	《中华人民共和国工业和信息化部公告》（2013 年第 47 号）	2013-09-17	公告附件给出《光伏制造行业规范条件》意在贯彻落实国务院
3	《关于化解产能严重过剩矛盾的指导意见》（国发〔2013〕41 号）	2013-10-06	化解产能严重过剩矛盾，行业包括：钢铁、水泥、电解铝、平板玻璃、船舶，不包括光伏行业

资料来源：1、3 依据中华人民共和国中央人民政府官方网站信息整理；2 依据中华人民共和国工业和信息化部官方网站信息整理。

同钢铁等产能过剩行业不同，《关于化解产能严重过剩矛盾的指导意见》提出的化解产能严重过剩矛盾不包括光伏行业，说明中央政府政策肯定了光伏行业未来发展前景，抑制光伏产能盲目扩张等方针落脚点在促进行业持续健康发展。

据《破产法》[⊖] 第七十二条规定，"自人民法院裁定债务人重整之日起至重整程序终止，为重整期间"，故自无锡市中级人民法院裁定无锡尚德重整时（即 2013 年 3 月 20 日）起，无锡尚德进入重整期间。无锡尚德真实重整过程是如何进行的？如图 9-39 所示，2013 年 5 月 22 日，无锡尚德破产重整案第一次债权人会议召开。最终受理了 529 位债权人申报债权，共计金额达 173.96 亿人民币。与之前清算与重整的权衡一样，破产重整过程中也涉及无锡尚德、尚德电力、国内债权人、无锡市政府等多个利益主体，面临各方利益代表的博弈。如图 9-39 所示，2013 年 8 月 14 日，无锡尚德清产核资告一段落，现进入战略投资者遴选阶段。

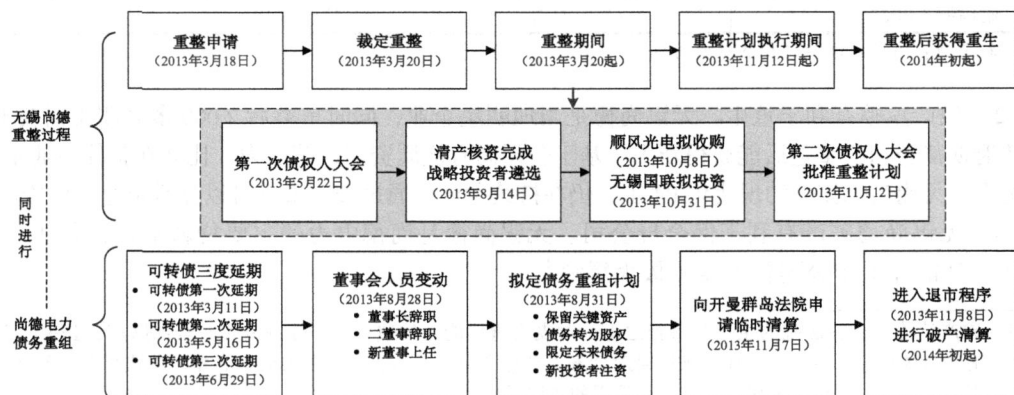

图 9-39 无锡尚德重整程序与尚德电力债务重组
资料来源：由尚德电力（STP）官方网站信息并依据《破产法》整理而得。

⊖ 《中华人民共和国企业破产法》（2006 年 8 月 27 日第十届全国人民代表大会常务委员会第二十三次会议通过）。

尚德电力于 2013 年 10 月 10 日发布公告⊖称：2013 年 10 月 8 日，无锡尚德重整管理人小组对竞标战略投资者的两家企业——无锡国联集团与江苏顺风光电科技有限公司⊖投标文件进行评分。利益关系与诉求如图 9-40 所示。最终江苏顺风光电科技有限公司暂定为战略投资者候选人。有关无锡尚德重整计划的第二次债权人及股权权益持有人会议于 2013 年 11 月 12 日召开，重整计划草案获得批准，江苏顺风光电科技有限公司被正式确定为战略投资人。**战略投资者收购有利于无锡尚德重生**。收购无锡尚德有利于集团扩展经营范围。顺风光电集团采取垂直一体化的经营方针，不断向上下游发展业务⊜，同时无锡尚德主营业务为太阳能电池及太阳能组件的制造与销售，因此，收购与集团扩展战略一致并将有利于顺风集团强化太阳能电池及太阳能组件的产能。一旦收购成功，收购方董事会将提供融资。可能的融资方式包括：债务融资、股权融资、合营企业或合伙企业安排、内部资源融资等各类型的融资⊛。

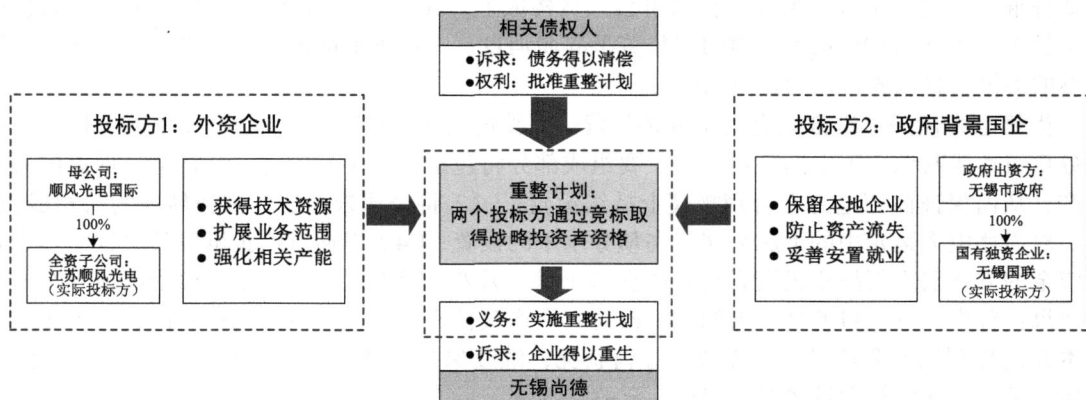

图 9-40　无锡尚德债权人对重整计划的重整利益相关者及其诉求

资料来源：依据尚德电力（STP）、顺风光电官方网站信息整理而得。

无锡尚德重整过程中仍存在破产风险。《破产法》中有关重整风险的规定如下：（1）债务人的经营状况和财产状况继续恶化，缺乏挽救的可能性；（2）债务人有欺诈、恶意减少债务人财产或者其他显著不利于债权人的行为；（3）由于债务人的行为致使管理人无法执行职务；（4）债务人或者管理人未按期提出重整计划草案；（5）重整计划草案未获得通过且未获得批准的，或者已通过的重整计划未获得批准的；（6）债务人不能执行或者不执行重整计划。

顺风光电及时出资推进无锡尚德重整。2014 年 1 月 7 日，无锡市中级人民法院召开新闻通报会，宣布重整计划已基本执行到位。执行重整计划期间顺风光电在重整计划中承诺的偿债资金 30 亿元（人民币）已于 2013 年 12 月 15 日全额到位。截至 2014 年 1 月 6 日，已分配完毕的偿债资金超过 27.1 亿元。重整计划中偿还债务、重生企业的目标初步实现。

⊖　尚德电力于 2013 年 10 月 10 日发布关于披露全资子公司无锡尚德破产重整情况（公告号：001-32689）。

⊖　江苏顺风光电科技有限公司于 2011 年 12 月 29 日在中国注册成立，同时香港联交所主板上市公司顺风光电国际有限公司（01165）的全资子公司。江苏顺风光电科技有限公司注册资本 15.015 百万美元，企业性质为外商独资企业，主营业务为太阳能组件的制造与销售及相关安装服务。

⊜　资料来源：依据顺风光电国际有限公司（01165）企业简介整理。

⊛　资料来源：依据顺风光电国际有限公司（01165）公司公告《内幕消息——可能收购》（2013 年 10 月 8 日）整理而得。

无锡尚德重整已经完成，并且除部分债权归属纠纷外，无锡尚德与尚德电力已无瓜葛，即脱离母公司尚德电力归属于顺风光电。但尚德电力的延期债务再度到期成为各方关注的焦点。对尚德电力海外债权人而言，一方面希望可转债问题得到解决使自身利益得到保证，这使得其不得不接受债转股方案。若债权人否决债转股，最终导致尚德电力破产清算，那么债权人只能以债务人现有财产为限清偿，而且财产变价可能使企业损失巨大，债权人最终能从破产财产中获得的清偿极为有限。但若同意包括债转股在内的债务重组方案，保留并提高企业的财产和营运价值，则未来债权人才有机会获得更大的利益。因此，海外债权人同意可转债延期，以通过协商拟定债务重组方案。自尚德电力可转债到期导致的破产危机因债务延期得到化解以来，该笔可转债共先后获得三次延期。另一方面，海外债权人不可能允许债务问题一再拖延，同时也不希望承担过度的拖延导致的成本。出于此方面考虑，海外债权人在第二次延期谈判中，只同意债务继续延期一个月。另外，在董事会人员构成上，2013年8月28日，尚德电力宣布包括董事长王珊（Susan Wang）在内的三位董事辞职消息。三位董事的公开辞职理由是：无法获得足够的关键信息以履行作为董事的职责。

尚德电力债务重组方案有利于改善经营。尚德电力于2013年宣布已与债权人工作小组就债务重组达成共识。拟定的重组方案主要组成部分将包括：（1）确定将由尚德电力保留的关键资产，从而保证尚德电力在合理规模上持续运营；（2）将公司未偿还的债务转换为公司股权；（3）对尚德电力运营中的下属公司最高债务水平的设置；（4）以通过购买增发的股权来提供必要资金的方式引入新战略投资者来完成重组流程。另外，尚德电力还在公告中指出该方案的预期效果：首先，方案将使公司大幅度地改善其资产负债表，优化资本结构；其次，有利于消减成本并优化利润率和产量，进而改善经营状况，继续保持全球太阳能行业主要供应商的地位；最后，重组将使股权大量稀释，存在一定的弊端。

9.7 公司治理缺陷扭曲管理层行为

尚德电力上市到无锡尚德破产重整的八年时间内，在管理层的一个个决策下公司由繁荣到衰退。管理层为何多次做出失误决策？公司治理存在哪些缺陷？以下将围绕治理结构、治理机制与管理层行为三个方面进行分析。

9.7.1 公司治理结构符合纽交所基本要求

尚德电力为美国上市公司，但是其核心子公司无锡尚德在中国无锡。由于美国公司治理相关的要求与大陆存在差异，以中国公司为核心的尚德电力的治理结构是否符合纽交所对于公司治理的要求？以下结合图9-41尚德电力2011年治理结构进行判断。

1. 股东大会符合要求

纽交所没有关于上市公司的股权结构的具体要求，因此尚德电力的股权结构不受纽交所限制。尚德电力为开曼群岛注册公司，根据《开曼群岛公司法》的相关规定："任何一个人或为合法目的而联合的多个人，可以通过签署组织大纲并且依照本法进行登记的方式组建有限责任或无限责任公司。"尚德电力2011年股权结构如图9-42所示，施正荣通过家族信托公司D&M持股29.4%，同时个人持股0.8%，其他股东中所包含的3名独立董事以及7名高管的持股比例均不足1%，公司的股权结构具有"分散化"特点。这也与英利能源等纽交所上市的国内光伏企业的股东大会结构相同，尚德电力股东大会符合要求。

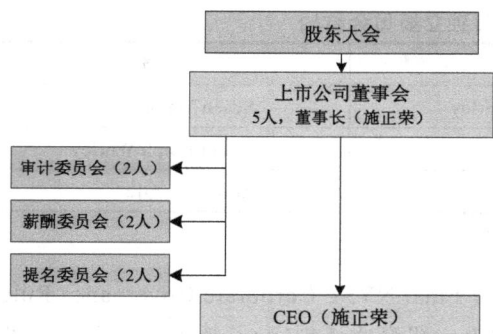

图 9-41 尚德电力 2011 年治理结构

资料来源：依据尚德电力（STP）2011 年年度报告整理而得。

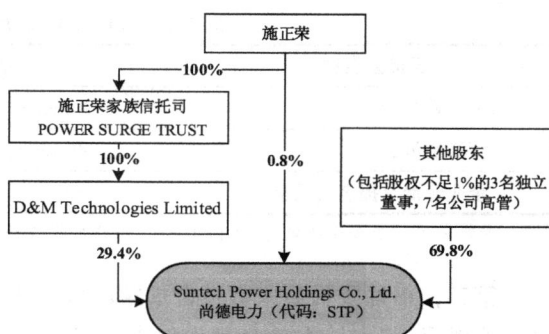

图 9-42 尚德电力 2011 年股权结构

资料来源：依据尚德电力（STP）2011 年年度报告整理而得。

2. 董事会符合要求

根据纽交所《Final NYSE Corporate Governance Rules》第 1 条规定："上市公司董事会中独立董事人数应占董事会人数的 50% 以上[⊖]。"尚德电力 2005 ～ 2012 年董事会成员结构如表 9-30 所示，虽然独立董事由最初 2005 年上市的 5 人减少到 2012 年的 3 人，但是由于执行董事的人数也在减少，独立董事人数占董事会总人数的比重仍然超过 50%，符合纽交所的要求。同时，尚德电力董事会成员结构与英利能源等纽交所上市的国内光伏企业相似，但是其 2012 年的成员人数减为 4 人略低于其他企业一般水平 5 ～ 10 人。

表 9-30　2005 ～ 2012 年尚德电力董事会成员结构　　（单位：人）

时间	2005 年	2006 年	2007 年	2008 年	2009 年	2010 年	2011 年	2012 年
执行董事	3	3	3	2	2	2	2	1
非执行董事	0	0	0	0	0	0	0	0
独立董事	5	4	4	4	4	3	3	3
总人数	8	7	7	6	6	5	5	4

资料来源：依据尚德电力（STP）招股说明书和 2005 年至 2011 年年度报告整理而得。

此外，根据尚德电力《公司第二次修订和重申的备忘录和章程》第 67 条规定，董事会实行举手投票制度，董事一人一票。董事会 50% 以上的独立董事，保证独立董事具有实际的权利可以制约董事会的决策行为。

3. 董事会下设委员会符合要求

纽交所对董事会下设委员会有结构与人数两个方面的要求。

第一，委员会结构符合规定。根据纽交所《Final NYSE Corporate Governance Rules》第 4、5、6 条分别规定："上市公司必须设立审计委员会[⊖]、薪酬委员会[⊜]与企业管治及提名委员会[⊗]三个独立委员会，且委员会成员均为独立董事。"如图 9-41 尚德电力 2011 年治理结构所示，尚德电力在董事会下设立了审计委员会、薪酬委员会与企业管治及提名委员会三个独立委员会。表 9-31 列出了董事会下设委员会的结构，根据年报披露 ZhiZhong Qiu、Julian Ralph Worley 和 Susan Wang 三人均为独立董事，符合纽交所的要求。

⊖ 原文为"Listed companies must have a majority of independent directors."本文理解"majority"为"超过 50%"。
⊖ 审核委员会由至少两名成员构成，审核公司内部的会计、审计流程以及独立审计师工作。
⊜ 薪酬委员会由至少两名成员构成，负责评估员工绩效，并制定和监督薪酬计划实施。
⊗ 企业管治及提名委员会由至少两名成员构成，提名为董事及委员会成员。

表 9-31 2011 年 5 月 10 日独立委员会结构

委员会名称：	主席	成员
审计委员会	Julian Ralph Worley	Susan Wang
薪酬委员会	ZhiZhong Qiu	Julian Ralph Worley
企业管治及提名委员会	Julian Ralph Worley	ZhiZhong Qiu

资料来源：依据尚德电力（STP）2011 年年度报告整理而得。

第二，审计委员会人数符合规定。 根据纽交所《Final NYSE Corporate Governance Rules》第 7 条规定："审计委员会至少包含三名成员。"此外，纽交所还规定："外国私人发行人可以选择遵守纽交所治理准则或其公司所在地治理准则，但是要在公司网站以及年报中披露注册国治理准则与纽交所治理规则的显著差异。"

如表 9-31 所示，2011 年尚德电力年报披露的审计委员会只有两名成员，少于三人。但是尚德电力以外国私人发行人身份在美国纽约证券交易所上市存托凭证，且公司网站中公布了 *Differences between Cayman Islands and NYSE Corporate Governance Practices*。因此可以视为尚德电力遵循了开曼群岛的治理准则，符合纽交所的要求。

因此可以判断，尚德电力的治理结构符合纽交所的基本要求。需要强调的是，尚德电力这种治理结构与大陆的治理结构最明显的差异是：公司不要求设立专门的监事会，审计委员会与外部审计机构共同监督董事会的行为。

9.7.2 治理机制存在缺陷

尚德电力治理结构符合纽交所要求的情况下，管理层多次做出失误决策，尚德电力的治理机制存在哪些缺陷？以下将分别从母子公司制约机制、独立董事监督机制、董事会决策机制三个方面进行分析。

1. 董事会重合发挥制约作用有限

根据尚德电力年报以及公司公告相关披露，尚德电力的董事及高管的办公地点均在无锡尚德，同时年报中将"尚德"指代的是尚德及其子公司。因此，根据无锡尚德资产占尚德电力总资产的 95% 以上，可以推断无锡尚德的董事会成员即为尚德电力的董事会成员，母公司与子公司的董事会重合。这意味着不同于一般的子公司，无锡尚德董事会的决策直接由其董事会进行，董事会的决策行为不受母公司的实际制约。

2. 独立董事难以作为

尚德电力的独立董事均有多年的管理经验，可以通过投票方式参与并决定公司的重大决策，但是尚德一位主要债权银行的业务负责人张明说过"出现 GSF 事情之前董事会对施正荣非常信任"，独立董事十分信任施正荣的情况下其对 CEO 的监督作用是否得以发挥。

第一，独立董事没有充足时间用于公司事务。 2005 ~ 2012 年尚德电力的独立董事情况如表 9-32 所示，根据年报披露显示，尚德电力的独立董事任职期间均在其他公司担任职务，其中 ZhiZhong Qiu、Jason E. Maynard、Songyi Zhang 在其他公司担任高管，主要精力不在尚德电力；Julian Ralph Worley 和 Susan Wang 则身兼数职，尤其是 Susan Wang 同时担任五家公司的董事，用于尚德电力公司事务的时间不够充足。

表 9-32　2011 年董事会结构

职务	人员	其他企业任职情况	公司地点
执行董事	施正荣（董事长、CEO）	无	
	张怡（CFO）	无	
独立董事	ZhiZhong Qiu（薪酬委员会主席）	Barclays Capital 主席	中国香港
	Julian Ralph Worley（审计委员会、提名委员会主席）	2005 ~ 2010 年任曼德拉林业财务有限公司及其控股公司的独立非执行董事及审核委员会主席	中国香港
	Susan Wang	Altera Corporation, Nektar Therapeutics, RAE Systems and Premier 董事会成员	美国
已离任的独立董事	Jason E. Maynard（2008 ~ 2010 年）	奇力资本亚洲主管	中国香港
	Songyi Zhang（2005 ~ 2008 年）	曼德拉林业财务有限公司的控股股东，香港摩根士丹利的咨询总监，新浪公司董事	中国香港

资料来源：依据尚德电力（STP）2008 ~ 2011 年年度报告整理而得。

第二，独立董事信息获取不足。 独立董事获取充分的信息是进行监督的保证，但是尚德电力的独立董事并不能够获取充分的公司信息。根据独立董事 ZhiZhong Qiu、Julian Ralph Worley 和 Susan Wang 三人在 2013 年 8 月 28 日宣布辞职时，公开表示："无法获得足够的关键信息以履行作为董事的职责。"同时，他们还表示担忧："尚德电力争取新资金的前景不明、缺乏明确的业务计划、关键人才的流失、未能向外部法律顾问支付费用等"，因此可以判断独立董事并不能获得充足的信息。

第三，独立董事缺乏有效沟通。 尚德电力的独立董事均为管理、会计方面的专家，但是缺乏光伏行业专业知识，在决策参与中发挥意见有限。加上独立董事的主要工作地多为中国香港、美国，与无锡有一定的距离，进一步加大了独立董事与董事会沟通的难度。

因此在缺乏充足的时间、信息以及沟通的情况下，独立董事对于董事会的决策参与有限，即使没有过度信任施正荣，独立董事也难以作为，其对于董事会的监管存在不足。

3. 创始人股东形成内部人控制增加决策主观性

在独立董事监督作用有限的情况下，执行董事对于董事会决策至关重要。然而，施正荣作为创始人股东，在担任董事长的同时任命自己为 CEO，董事会形成内部人控制，决策时容易出现"一言堂"的情况。

第一，创始人股东"一股独大"。 尚德电力 2005 年刚刚上市时，施正荣通过家族信托基金持有高达 44.97% 的股份，远远高于第二大股东的 7.33%。2006 ~ 2011 年，施正荣所持有的股份被稀释，2010 年时持股比例不到公司总股本的 1/3，2011 年仅剩 30.2%，失去了一票否决权[⊖]。但是由于其他股东持股比例与施正荣相差较大，施正荣仍然为尚德电力的相对大股东，加上其创始人特殊身份和"家族式治理"的传统理念，导致施正荣具有"一股独大"的特点。

第二，大股东兼任高管监督作用难以发挥。 在图 9-41 尚德电力披露的治理结构中，施正荣同时出现在了治理结构的三个层次，大股东、董事长、CEO 三个身份同时集中在了其一个人的身上。施正荣在依靠其董事长身份代表股东进行决策的同时，又以 CEO 的身份执行董事会的决议，从决策到执行的过程没有实现分离，董事会对于管理层的监督作用没有发挥，大

⊖　尚德电力于开曼群岛注册成立，依据《开曼群岛公司法》规定：公司重大事项需要股东大会 2/3 以上的表决权通过；即当某位股东的股份大于总股本的 1/3 时，他就拥有了否决权，可以否决任何一项决议。

股东兼任高管导致公司经营"施正荣化"。根据《中国企业家》报道，2006年原材料采购决策时有高管提出反对意见，认为协议价太高，但施正荣认为这是决定成败之举，拒绝了该高管的意见。

第三，CFO、CTO视同一致行动人。尚德电力另外一名执行董事为CFO张怡，2005年8月加入公司，一直担任尚德电力CFO一职，可视为施正荣的一致行动人，导致董事会缺少执行董事对于施正荣的制约。此外，CTO Stuart Wenham教授○是尚德高管中除施正荣外的光伏产业的专家，也是施正荣求学所在新南威尔士大学的师兄，在战略决策方面，可视为施正荣的一致行动人。

9.7.3 治理缺陷扭曲管理层行为

由于治理机制存在缺陷，管理层在作出决策失误后，没能及时发现并采取措施，导致公司负债增加引发流动性恶化，最终无锡尚德走向破产重整。

1. 决策主观性导致管理层盲目乐观

在一股独大的情况下，尚德电力的决策机制带有一定的主观性，施正荣对于光伏行业的看好使得整个尚德电力董事会盲目乐观，董事会出现了多次决策失误，日后带来损失。

第一，原材料采购决策失误。施正荣曾在2005年在上海投资薄膜电池工厂，由于多晶硅价格暴跌而被迫关闭，损失5 000万美元以上。紧接着，施正荣面对2006年多晶硅价格暴涨，个人判断多晶硅价格继续上涨，随即以每公斤80美元的价格与MEMC公司签下为期10年、价值60亿美元的订单。然而，2008年10月金融危机爆发，多晶硅价格暴跌。2011年，无锡尚德单方面终止长单合同，并为此向MEMC公司赔付212百万美元。

第二，技术研发决策失误。施正荣判断薄膜电池可能是未来技术方向之一，2009年4月，尚德电力启动碲化镉薄膜电池项目，但最终以失败告终。另外，无锡尚德还试图开发非晶硅薄膜电池，并在2007年投入3亿美元于上海建设50兆瓦的生产线，然而，2008年的金融危机导致价格急剧下跌，该项目效益受损，最终亏损5 000万美元。

2. 监督不足导致管理层风险控制薄弱

由于独立董事难以作为，监督机制失效，在施正荣一股独大的决策机制下，尚德电力没能及早发现潜在的市场危机，董事会薄弱的风险控制引发尚德电力破产危机。

第一，过度乐观导致产能过剩。由于国内企业产能严重不足，在2009年下半年光伏大跃进在国内开始启动，并且一直持续到了2011年上半年。尚德、天合、英利等国内一线企业的产能都扩张到了一倍以上。但是尚德电力并没有因此停止产能扩建，直至2012年9月，由于受"双反"的影响尚德才宣布削减1/4的产能，即从2400兆瓦被暂时减至1 800兆瓦，停止产能扩建。整个董事会盲目乐观的情况下，独立董事没有及时发现市场萎缩信号，做出停止产能扩建决策不够及时，最终导致产能过剩。

第二，忽视债务风险引发流动性恶化。随着产能过剩，尚德电力逐步依赖负债的融资结构给现金流带来压力。对于GSF反担保，董事会没有深入调查其真实性，反担保事件爆发增加了尚德的债务压力，最终导致尚德电力流动性恶化，引发破产危机。

3. 缺乏制约导致管理层行为违反法律

在缺乏制约的公司治理下，管理层行为遭到了投资者的起诉。2010年8月18日至2012年

○ Stuart Wenham博士是澳大利亚新南威尔士大学高级硅光电学和光子学卓越研究中心的物理学教授和中心主任，自2005年7月起一直担任首席技术官。

7月30日期间，购买尚德电力证券的所有购买者集体诉讼，被告有尚德电力控股有限公司以及施正荣、张怡和金纬；2012年8月2日至11日，五家美国法律机构代理原告向美国联邦地方法院提交诉状，指控尚德电力控股有限公司以及包括董事长兼CEO施正荣在内的部分高管违反联邦证券法。

起诉原因主要包括：尚德电力没有确保GSF及相关方提供的价值5.6亿欧元德国政府债券真实性；尚德电力自身缺乏内部治理和财务管控能力；尚德电力在相关时期内发布了虚假和误导性的财务声明[⊖]。

9.8　案例总结与问题讨论

▶ 案 例 总 结

尚德电力在产能投资方面存在明显的过度倾向并导致其陷入破产危机。案例对公司2002～2013年产能投资过度使自身陷入破产危机的过程进行了探讨，分析产能投资过度背后的原因。本案例针对产能投资、融资支撑和财务影响三个方面进行了分析，得到以下几点结论：

（1）管理层过度自信导致过度产能投资。基于对光伏市场前景的乐观判断与无锡尚德自身竞争优势的自信，管理层制定了以产能扩建为核心的扩张战略。在市场需求增长放缓的背景下，管理层仍然加大投资力度，致使过度投资。

（2）过度投资导致过度依赖债务融资。过度产能投资加大了资金需求。由于经营现金流不足使得尚德电力的外部融资需求加大，又因为股权融资与发行可转换债券融资不能满足投资需求，尚德电力融资方式逐渐以银行借款为主。债务的累积使得偿还债务的资金需求进一步加大，进而导致短期借款借入与偿还规模加大。

（3）市场萎缩下，过度投资与过度依赖债务导致财务流动性逐渐恶化与持续经营能力下降。行业产能过剩与市场萎缩下，以产能投资为主的一系列投资未能取得预期收益，导致现金流状况不断恶化。经营现金流不足，投资现金流由于产能投资而流出加大。同时，由于短期借款等本息的偿还压力加大，筹资现金流净流入下降导致2011年现金流总量下降。2012年，失去主要市场、无法通过再融资等补充资金导致无法偿还到期债务，进而导致实体企业无锡尚德破产重整，上市公司尚德电力陷入退市危机。

（4）公司治理机制存在缺陷，并未能在促进决策合理化方面充分发挥作用。治理机制在投资、筹资与财务风险控制上，未能发挥促进决策科学化作用。内部人控制、母子公司治理脱节、董事会无力制约与过度信任管理层等因素导致公司治理机制失效。

（5）企业需要在把握产能投资市场机会与控制财务流动性风险方面进行权衡。当管理层对未来市场前景乐观预期时，包含以下两种可能：一方面，如果不进行投资以扩张规模或是规模较少，一旦未来市场发展状况与之前的乐观估计相符，那么企业就会因前期未及时投资而失去投资机会；另一方面，如果进行投资扩张规模，投资存在来自市场与财务两方面风险：①一旦市场萎缩，前期投资将不能取得预期收益；②前期投资现金投入未通过经营现金流收回，同时因投资背负的债务偿还加剧现金流压力，进而引发财务流动性恶化等财务风险。

　⊖　资料来源：《中国经济和信息化》2012年8月28日《被告施正荣（全文）》。

▶ 讨 论 问 题

讨论问题一：基于尚德电力的案例情形，讨论作为处于成长期企业的管理层，如何在激进型与保守型扩张战略之间进行选择与调整，进而既能把握时机合理地加大投资规模又能控制财务流动性风险？

讨论问题二：2009 ~ 2011 年市场相对萎缩背景下，尚德电力偿债压力不断加大，讨论作为管理层如何调整融资策略控制依赖银行借款融资带来的偿债风险？

讨论问题三：结合中国不同类型的产能过剩行业——发展时间较短且拥有发展潜力的光伏行业与传统产能过剩行业（如：钢铁、电解铝、平板玻璃等），分别讨论企业管理层如何实现企业转型并保持合理的流动性进而降低财务风险，并讨论国家层面如何通过宏观调控、制定相关产业政策进行产业整合，从而促进行业可持续发展？

公司高管股权激励：是金手铐还是金手表

基于伊利股份的案例分析

▶ 引例

2008 年 1 月 31 日，伊利股份（600887）发布预亏公告称，公司 2007 年度净利润将出现亏损。前三季度还实现净利润 3.30 亿元的伊利股份为何一夜之间出现巨亏？3 月 11 日公布的年报显示，公司大幅计提 5.54 亿元的股权激励费用导致 2007 年度出现了 1.15 亿元的亏损⊖。公告当日，伊利股票放量跌停，投资者损失惨重。与之形成鲜明对照的是，伊利的高管层通过股权激励却获得了高达 5.70 亿元的股票期权收益。市场普遍质疑伊利期权会计处理的合理性，认为伊利的巨亏是摊销期限过短造成的。

伊利股份寄希望于股权激励计划来提升公司的业绩和市场竞争力，但该计划的实施却导致公司亏损而高管层获得巨额收益，伊利股份股权激励计划是否存在着高管们为自身谋福利的嫌疑，股权激励到底是高管们的"金手铐"还是"金手表"？围绕这一核心问题，在分析伊利股份股权激励计划会计处理的基础上，重点关注期权费用摊销设计是否符合会计准则的要求。股权激励的实施是否影响公司的财务状况和公司价值？激励方案设计本身是否存在缺陷？这背后是否也暴露出伊利股份公司治理方面的问题？

通过实施公司高管层的长期激励机制，可以提高公司治理效率，达到提升管理效率、增强公司凝聚力和市场竞争力的目的。伊利股份的股权激励方案有助于深化认识中国上市公司实施股权激励机制中存在的问题，如何合理设计股权激励方案是有待于实践检验与进一步探索的问题。

10.1 案例概况

伊利集团成立于 1993 年，至 2012 年末，集团由原奶、冷饮、液态奶、奶粉和酸奶五大事业部组成。伊利股份于 1996 年 1 月向社会首次公开发行股票并在上海证券交易所挂牌交易。2005 年，伊利股份共实现主营业务收入 121.75 亿元，比上年同期增长 39.38%；实现净利润 2.93 亿元，同比增长 22.69%；实现税后每股收益 0.75 元。2007 年底，公司与蒙牛乳

⊖ 2008 年 3 月 11 日伊利公布 2007 年年度报告，将 7.39 亿元的期权费用在两年的时间内摊销：2006 年摊销 25%，2007 年摊销完剩余的 75%，这样 2007 年的期权激励费用约为 5.54 亿元。但同年 4 月 29 日伊利发布公告，调整年报中期权费用的摊销方法，将摊销期设为三年，将 25% 部分和 75% 部分分别在两年和三年内摊销。这样，2007 年伊利期权费用的摊销额约为 4.60 亿元。

业（02319.HK）、光明乳业（600597）形成了中国乳品产业的第一集团，三家企业占据了中国乳业市场50%以上的市场份额。2006年，伊利股份全资及控股的子公司共47家，业务主要包括液态乳及乳制品制造、饲料加工销售、奶牛饲养、咨询服务、房地产开发与经营等，如图10-1所示。

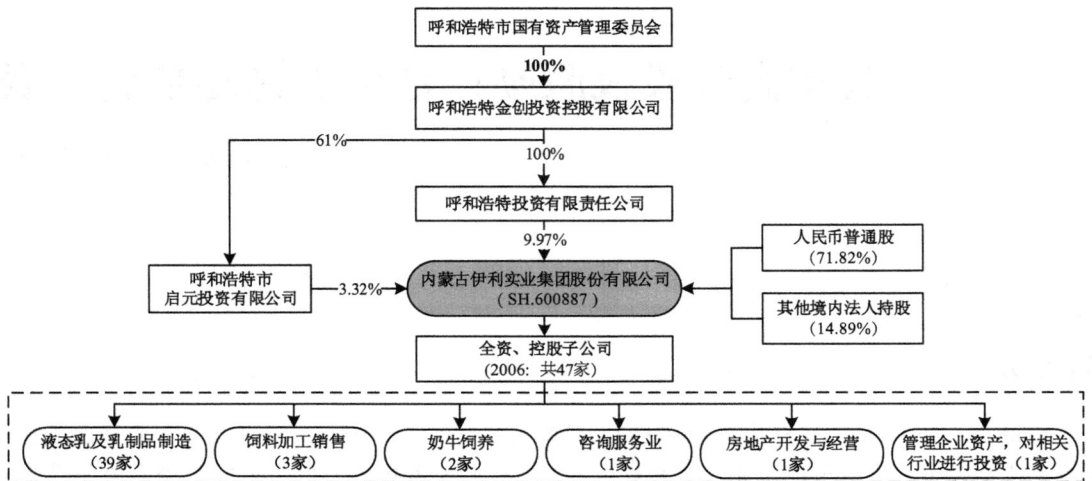

图 10-1　伊利股份 2006 年股权及业务分布结构图

资料来源：根据伊利股份（600887）2006 年年度报告整理得出。

在2006年之前，伊利一直稳稳占据着中国乳业龙头的位置，但后来居上的蒙牛无疑给伊利带来了巨大的压力。从2001年到2004年，蒙牛的营业收入从7.24亿元跃升至72.14亿元，年复合增长率达到77.7%，远高于同时期伊利营业收入34.1%的年复合增长率。2006年伊利的营业收入达到163.39亿元，较去年同期增长34.2%，同期蒙牛营业收入162.46亿元，以微弱差距屈居第二（见图10-2）；由于税负的差异，伊利集团2006年度合并净利润只有3.45亿元，远远落后于蒙牛的8.66亿元。

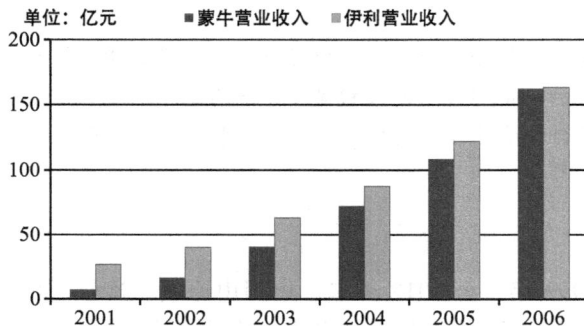

图 10-2　2001～2006 年蒙牛和伊利营业收入比较

资料来源：根据蒙牛乳业和伊利股份 2001～2006 年年度报告整理得出。

首先，在2005年6月，伊利股东大会选举了新一届董事会，任命了潘刚为公司新任董事长兼集团总裁，面对同行业竞争对手的有力进攻和行业平均利润率逐渐趋薄的形势，新上任的伊利管理层必须全力以赴，因此对管理层的激励有着重要的意义；其次，在伊利股权分置改革后，其实际控制人为呼和浩特市国资委，第一大股东呼和浩特投资有限责任公司持有9.97%的股份，第二大股东呼和浩特市启元投资有限公司持有 3.32% 的股份，其他股东的持股比例均在 3% 以下。由于伊利股份的股权结构比例相对分散，容易被恶意收购，所以一定数量的管理层持股对防止公司被恶意收购是有必要的。

2006 年 4 月，即伊利更换新管理层的 10 个月后，伊利出台了股票期权形式的股权激励计划以激励新的管理层，提高公司的竞争力。然而伊利的股权激励计划并非一帆风顺，表 10-1 列示了伊利股份股权激励计划的设计和实施过程。2006 年 4 月，伊利董事会提出股权激励计划草案后，因多个条款不合理被中国证监会要求修订，包括增加首期以后行权条件、提高业绩考核条件、取消加速行权、不得进行管理层收购（MBO）等。此后，伊利曾几度调整股权激励方案，直到 2006 年 11 月 28 日伊利董事会才通过证监会审核无异议的股权激励计划⊖。伊利股权激励计划实施后，投资者也对其提出了质疑：2007 年 4 月 30 日伊利股份修改了股票期权激励计划中业绩考核指标计算口径，被市场认为降低行权条件；2008 年 1 月 31 日伊利股份发布预亏公告称，由于期权费用应确认为成本费用导致公司 2007 年年度报告中净利润将出现亏损，伊利股价随即跌停。

表 10-1　伊利股份股权激励计划实施过程大事记表

时间	事件	事件日
2006-03-10	提出股票期权激励计划草案	
2006-03-29	股权激励计划获得证监会批复	
2006-04-20	董事会审议通过股权激励计划	
2006-04-24	《内蒙古伊利实业集团股份有限公司股票期权激励计划（草案）》对外公开发布	
2006-11-27	董事会通过证监会无异议后的股票期权激励计划	
2006-12-28	临时股东大会通过股票期权计划	期权授予日
2007-04-30	修改业绩考核指标计算口径	
2007-09-11	董事会确定期权授予日	
2007-11-21	伊利股份调整股票期权数量和行权价格	
2007-12-22	董事会发布公告测算期权费用对损益影响	
2007-12-28	64 480 股行权	首期可行权日
2008-01-31	发布预亏公告	
2008-04-29	修改年报中股份支付的会计处理	
2008-12-28	剩余股票期权行权	第二期行权日

资料来源：根据伊利股份临时公告和 2006 ～ 2008 年年度报告整理。

伊利的股权激励计划为何不仅得不到市场的青睐，反而饱受市场非议？目前，中国资本市场仍不完善，非有效市场下的信息不对称情况仍较严重。上市公司很有可能在监管部门监管水平滞后、股权激励相关配套措施不完善的情况下通过股权激励侵占中小股东的利益。管理层有时为了获取期权蕴含的巨大利益，可能利用信息优势在公告发布时机上做出选择，操作行权价

⊖　该方案全称为《关于中国证监会表示无异议后的〈内蒙古伊利实业集团股份有限公司股票期权激励计划（草案）〉的议案》，于 2006 年 12 月 28 日伊利股份第二次临时股东大会审议并通过。该股权激励计划规定：（1）伊利股份授予激励对象 5 000 万份期权，每份期权拥有在授权日起 8 年内的可行权日以可行权价格（13.33 元 / 股）和行权条件购买一股公司股票的权利；自期权计划授权日一年后，满足行权条件的激励对象可以在可行权日行权；（2）行权条件：首期行权时，伊利股份的净利润增长率不低于 17% 且上一年度主营业务收入增长率不低于 20%；首期以后行权时，公司上一年度主营业务收入与 2005 年相比的复合增长率不低于 15%；（3）激励对象应分期行权，首期行权不得超过获授期权的 25%，剩余获授期权，可在首期行权的一年后、期权的有效期内自主行权。

格，其至为了自身利益不惜通过财务舞弊来获取股权激励。虽然中国尚未出现像美国安然公司破产[⊖]那样严重的违法事件，但伊利这次股权激励无疑值得深入思考：伊利股权激励方案的设计和会计处理是否合理？股权激励的实施是否得到了投资者的认同？伊利股权激励方案是高管们的"金手铐"还是"金手表"？

10.2 伊利股权激励计划激励方式的选择

2005 年 12 月 31 日证监会发布《上市公司股权激励管理办法（试行）》（以下简称《管理办法（试行）》），试行办法规定已完成股权分置改革的上市公司可实施股权激励，建立健全激励与约束机制。2006 年 4 月，伊利董事会提出股权激励计划草案，将采用股票期权的方式实施股权激励，授予激励对象 5 000 万份期权。为什么伊利股份选择股票期权的激励方式？伊利股份又选择了何种股票来源方式？

10.2.1 不同股权激励设计方案与基本特征

根据证监会《管理办法（试行）》的规定，股权激励是指上市公司以本公司股票为标的，对其董事、监事、高级管理人员及其他员工进行的长期性激励。其目的主要是为解决如何在所有权与经营权分离状态下，把经营者和股东的利益有机联系起来，形成共同的利益取向。一般来说，常见的股权激励方式主要有以下 8 种：

表 10-2 股权激励的主要设计方案与特征

股权激励的设计方案		基本特征
股票期权（Stock Option）		股份公司赋予激励对象购买本公司股票的选择权，被激励对象在规定的时期内以事先确定的价格购买公司一定数量的股票，也可以放弃该权利
虚拟股票（Phantom Stock）		公司授予激励对象一种"虚拟"的股票，激励对象可据此享受一定数量的分红权和股价升值收益，但没有所有权和表决权，不能转让和出售，离开企业自动失效
股票增值权（Stock Appreciation Rights, SAR）		上市公司授予激励对象在未来一定时期和约定条件下，获得规定数量的股票价格上升所带来收益的权利。激励对象不实际拥有股票，也不拥有股东表决权、配股权、分红权
业绩股票（Performance Shares）		公司在年初确定一个合理的年度业绩目标，激励对象经过努力实现公司预定的年度业绩目标后，公司将给予激励对象一定数量的股票或奖励其一定数量的奖金来购买本公司的股票
延期支付（Deferred Compensation）		公司为激励对象设计一揽子薪酬收入计划，其中有一部分属于股权收入，股权收入不在当年发放，而是按公司股票公平市场价折算成股票数量，并存于托管账户，在规定年限期满后，以股票形式或根据届时股票市值以现金方式支付给激励对象
限制性股票（Restricted Stock Ownership）	折扣购股型	由激励对象个人出资，按照折扣价格购买上市公司定向增发用于激励的股票
	业绩奖励型	上市公司根据业绩考核提取奖励基金，发放给个人或通过信托机构，指定用于购买二级市场流通股

⊖ 在美国安然公司破产的过程中，其前任 CEO Kenneth Lai 一方面通过会计造假抬高公司股价获得大量的股票期权，另一方面又利用内部信息，在公司股价的高点抛出股票，谋取暴利。掌握大量内部信息，熟知公司内部情况的 Kenneth Lai 从 2001 年 8 月开始，在明知安然已经回天无术的情况下，一边对员工信誓旦旦地表示自己相信公司股票会表现得越来越好，一边又暗中拼命抛售安然的股票。据美国《新闻周刊》统计，从 2000 年 5 月到 2001 年 8 月，Kenneth Lai 共抛出价值 37 683 887.00 美元的安然股票。因此尽管安然公司 2 万名雇员中的许多人养老金化为乌有，但 Kenneth Lai 在最近 4 年里仅靠股票期权就获利 2.05 亿美元。

（续）

股权激励的设计方案	基本特征
经营者 / 员工持股 （Executive Stock or Employee Stock Ownership Plan，ESOP）	激励对象持有一定数量的本公司的股票，这些股票是公司无偿赠予激励对象的，或者是公司补贴激励对象购买的，或者是激励对象自行出资购买的
管理层收购 （Management Buy Out，MBO）	公司管理层或全体员工利用杠杆融资购买本公司的股份，成为公司股东，与其他股东风险共担、利益共享，从而改变公司的股权结构、控制权结构和资产结构，实现持股经营

尽管股权激励存在以上 8 种不同的实施模式，具体形式比较复杂，但其核心思想都是将业绩与股价挂钩，如果被激励对象能够完成一定的业绩条件或使得公司股价上升，就可以获取股权激励带来的收益。

10.2.2　我国上市公司实施股权激励的基本状况

从 2005 年 1 月 1 日至 2012 年 12 月 31 日，我国共有 295 家上市公司实施了股权激励计划，主要的激励方式有股票期权、股票增值权、限制性股票三种。部分上市公司实施的同一股权激励计划中采用了上述三种激励方式中的两种甚至三种。图 10-3 从整体上显示了 2005 ～ 2012 年中国实施股权激励计划上市公司采用上述三种激励方式的比重情况。在中国上市公司实施的股权激励方式中，有 194 个样本选用了股票期权，占全部实施股权激励计划激励方式样本总数的 61.78%。这显示出，在中国股票期权是一种广泛运用的股权激励方式。另外，有 112 个样本选用了限制性股票，占全部股权激励计划激励样本总数的 35.67%。最后，只有 8 个样本使用了股票增值权这种激励方式，仅占全部股权激励计划激励样本总数的 2.55%，这说明股票增值权并不是中国多数上市公司首选的股权激励方式。

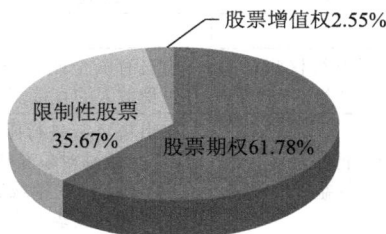

图 10-3　2005 ～ 2012 年中国实施股权激励方案上市公司激励方式选取比重情况表[⊖]
资料来源：根据 wind 数据库提供的数据整理。

表 10-3 显示了 2005 ～ 2012 年各年度中国实施股权激励计划的上市公司激励方式选取的统计情况。2006 年证监会出台《管理办法（试行）》前，上市公司推出的股权激励计划很少，只有 2005 年有一家上市公司推出了以限制性股票为激励方式的股权激励计划。而之后上市公司推出的股权激励计划数量呈波动上升趋势：2006 年上市公司实施了 18 份股权激励方案；在 2007 年数量大幅下降后，2008 年数量有所回升，上市公司实施的股权激励计划达到 22 份；在 2009 年数量再一次下降；而 2010 年以后股权激励计划的实施数量大幅增长，这其中 2011 年有 89 份股票期权激励得以实施，接近以前年份实施股权激励计划份数的总和；2012 年使用限

⊖　统计标准为如果一家上市公司实施同一股权激励方式而在统计期间内分不同期数实施股权激励的，按照期数计数；如果同一激励期数内采用多种激励方式的，按照不同的激励方式计数。该结果中剔除了首次实施公告日后到 2012 年 12 月 31 日前宣布中止股权激励计划的样本数。

制性股票这种激励方式的样本达到 56 个，在三种股权激励方式中上升最为显著，而由于以限制性股票和股票期权为激励方式的股权激励方案数量大量增加，2012 年股权激励计划实施的份数在 2011 年基础上又有大幅度增加。

表 10-3　2005 ~ 2012 年中国实施股权激励方案上市公司激励方式选取统计明细表[○]

激励方式	2005 年	2006 年	2007 年	2008 年	2009 年	2010 年	2011 年	2012 年
股票期权	0	11	1	14	7	25	60	76
限制性股票	1	6	4	6	1	10	28	56
股票增值权	0	1	0	2	0	1	1	3
合计	1	18	5	22	8	36	89	135

资料来源：根据 wind 数据库提供的数据整理。

综上所述，自 2005 年以来，股票期权一直是中国大部分实施股权激励计划上市公司首选的股权激励方式。此外，自 2010 年以来，限制性股票这种股权激励方式越来越受到上市公司的青睐，尤其是 2012 年这种增长趋势最为明显。虽然股票增值权也作为中国上市公司三种主要股权激励方式之一，但采用股票增值权的上市公司并不多。

10.2.3　伊利股份股权激励方式的选择

尽管股权激励的实现方式多种多样，但自 2006 年初《管理办法（试行）》实施后，监管部门认可的一般只有股票期权、业绩奖励型限制性股票、折扣购股型限制性股票三种股权激励方式[○]。因此，伊利股份实施股权激励的方式也被限定在这三种形式之中。

表 10-4　三种股权激励方案的特征比较

	股票期权	业绩奖励型限制性股票	折扣购股型限制性股票
股东价值关注度	高	一般	较高
激励对象的权利义务	无惩罚性，只有行权获益的权利，而无行权义务	用自有资金或者公司用激励基金购买股票，价格下跌将产生受益人的直接资金损失	
条款设计	侧重在授予、行权环节上设置限制，对最终收益不作限制	在出售环节进行限制规定，对激励对象的最终收益进行限制[①]。激励对象获得股票后存在一定时期的禁售期，然后进入解锁期（3 年或者以上），符合解锁条件后每年才可将限定数量的股票上市流通	
激励力度[②]	行权价不低于计划草案公布时市价，与未来股价差异小，激励力度相对小	实质授予价格为零，与股价差异最大，激励力度最大	授予价格为计划草案公布时市场价格的折价，激励力度较大
对公司利润的影响	期权费用计入管理费用，影响利润	视操作模式不同，可从税后利润分配或冲减当期利润	折扣差价计入管理费用，影响利润

○ 以首次实施公告日为时间点，2006 年有首次实施公告到 2012 月 12 月 31 日期间中止股权激励计划的样本 1 个，该样本选择的激励方式为股票期权，2007 年有 1 个（股票期权），2008 年有 3 个（股票期权），2009 年有 2 个（股票期权），2010 年有 2 个（股票期权），2011 年有 10 个（股票期权）、2 个（限制性股票）和 3 个股票增值权，2012 年有 3 个（股票期权）。中止的原因主要有以下五类：（1）43.59% 的样本涉及公司业绩未达到行权条件；（2）23.08% 的样本与激励对象离职或放弃行权有关；（3）15.38% 的样本基于公司原先内外部环境设置的激励计划无法在变化后的环境下起到预期激励效果；（4）12.82% 的样本因外部市场因素影响，当前公司股价与激励计划中的行权价格出现较大差异；（5）5.13% 的样本因国家出台新的股权激励政策，公司在政策出台之前实施的激励计划不符合新政策的规定，或者即使符合新政策的相关规定，原激励计划的激励对象也发生重大变化。

○ 《上市公司股权激励管理办法（试行）》主要规定了限制性股票、股票期权，除此之外，法律、行政法规允许的其他方式经审批后也可用作实行股权激励计划。目前我国只有少数公司使用了股票增值权这种形式。

（续）

	股票期权	业绩奖励型限制性股票	折扣购股型限制性股票
对公司现金流的影响	若采用定向增发，基本没有影响，若采用回购方式对现金流有影响	购股时有现金流出	一般不存在现金流压力
激励对象购股资金压力	行权时才有资金压力	无	资金压力较大
激励对象所得税	授予时不征税；行权时按市价和行权价差额征收"工资、薪金所得"；出售股票不征税	在实际认购股票等有价证券时，按照《个人所得税法》及其实施条例和其他有关规定计算缴纳个人所得税	

①国资委、财政部2006年12月颁布的《国有控股上市公司（境内）实施股权激励试行办法》规定在股权激励计划有效期内，高级管理人员个人股权激励预期收益水平，应控制在其薪酬总水平含预期的期权或股权收益的30%以内。

②这里指同时制定计划草案，未来同时行权或解锁，授予价格相同，且未来行权、解锁价格相同的情况下，激励对象能获得的收益大小。

比较这三种形式的股权激励方式，伊利选择股票期权的原因可能有以下几点。

（1）等待期较短。股票期权等待期较短，激励对象可以在较短的时间内行权，而限制性股票限制期和解锁期一般需要较长的时间；而且股票期权未来只有权利而无义务。

（2）股票期权方案更容易得到股东认同。股票期权激励计划中，激励对象的收益全部来自上市公司股价对于授予价格的溢价；但限制性股票不同：折扣购股型限制性股票定价低于市价，业绩奖励型限制性股票中提取的购股资金给激励对象设置了一个无风险的收益空间，一般不易得到股东的一致认同。

（3）对上市公司现金流基本没有影响。股票期权方案一般采用定向增发获得股票，从而对公司现金流没有任何影响，而业绩奖励型限制性股票方案对上市公司现金流则有一定的影响。

10.2.4　伊利股权激励股票来源的选择

从股权激励计划的股票来源上考虑，股票来源主要有大股东转售、定向增发和二级市场回购三种。2008年5月以前大股东转售的方案比较少见，这是由于大股东转售面临较大阻力，尤其是国有控股上市公司还会受到《国有控股上市公司（境内）实施股权激励试行办法》中不得单一支付、无偿量化国有股权的限制⊖。2008年5月出台的《股权激励有关事项备忘录2号》中已经明确指出：股东不得直接向激励对象赠予（或转让）股份。这表明大股东转让的方式被禁止，上市公司实施股权激励的股票来源只有定向增发和回购两种方式。

我国上市公司股权激励多选择定向增发方式的原因在于回购方式会对公司现金流带来一定影响（行权价与市场价的价差需要由公司现金支出补齐），特别是在牛市的情况下采取该种方式会给公司带来更大的现金流压力。定向增发能为上市公司募集资金补充现金流，所以以定向增发成为一般情况下股票来源的首选。但是定向增发方式会摊薄相应的股东权益，当股权激励的激励额度不大，摊薄效应不明显的时候大股东往往会采用这种手段。

伊利股权激励计划授予的股票期权对应的股票占授予日股本总额的9.68%，而伊利股份在授予日的第一大股东——呼和浩特市投资有限公司持股数量为51 504 813股，比例为9.97%。即使考虑收回股改过程中大股东垫付的股份和认股权证行权的因素⊖，伊利股份的股权激励计划额

⊖《国有控股上市公司（境内）实施股权激励试行办法》规定，实施股权激励计划所需标的股票来源，可以根据本公司实际情况，通过向激励对象发行股份、回购本公司股份及法律、行政法规允许的其他方式确定，不得由单一国有股股东支付或擅自无偿量化国有股权。

⊖收回股权分置改革时为其他非流通股股东垫付的股份后持有的股份数量为56 057 486股；对免费获派的认股权证充分行权后，持股数量上升为72 874 732股。

度依然很大。大股东为什么不惜自己的股份被稀释,对全部股票的来源采用定向增发的形式? 一方面可能是因为回购总股本将近 10% 的股票会对公司造成较大的现金流压力,另外一方面 也有可能是伊利公司治理的缺陷导致的。由于伊利的第一大股东是国有股东,可能出现"所有 者缺位"的状态,从而导致了内部人控制问题。

10.3 伊利股权激励对会计与财务的影响

伊利股权激励计划引起广泛争议的一点是股票期权费用的摊销导致公司 2007 年由原本盈 利变为巨额亏损,市场认为其股票期权费用的摊销期限过短,会计处理不合理,那么伊利股份 的巨额亏损真的是股票期权费用摊销造成的吗? 这样的会计处理本身是否合理?

10.3.1 伊利股票期权的估价与价值判断

我国《企业会计准则第 11 号—股份支付》规定以权益支付的权益工具采用公允价值的计 量属性,所以期权的公允价值直接关系到期权费用摊销总额。因此首先需要计算伊利股票期权 的公允价值,下面运用布莱克—斯科尔斯期权定价模型对伊利股票期权的公允价值进行验算, 将该模型所需考虑的因素整理如下表 10-5。将表中参数代入布莱克—斯科尔斯期权定价模型 中,计算得出伊利股票期权在期权授予日的公允价值为 14.80 元 / 股[⊖]。

表 10-5 布莱克—斯科尔斯期权定价模型应考虑因素表

期权公允价值影响因素	参数	参数说明
行权价格 (X)	13.33 元 / 股	股改前[①],伊利实施了 10 转增 3.2 的公积金转增方案及每 10 股派现 2.6 元的利润分配方案,对该行权价进行除权后,实际的行权除息价是 13.33 元[②]
期权授予日股票收盘价 (P)	27.00 元 / 股	2006 年 12 月 28 日伊利股份股票收盘价
期权剩余年限 (t)	4.5 年	根据激励方案,股票期权距离行权日的剩余期限为 1 ~ 8 年,按照股票期权在可行权期匀速行权计算,股票期权的剩余期限为 4.5 年
股票年报酬率的历史波动 (δ)	20.12%	公司 2003 年 7 月 10 日送配股上市后一年股票价格走势稳健,该段时间内股票的历史波动率更能真实反映股票风险程度。因此采用该段时间内的股价计算其历史波动率更能客观反映期权公允价值
无风险收益率 (k_{RF})	1.8%	取 2006 年一年期银行存款利率

①伊利股份股权分置改革的提示性公告时间为 2006 年 2 月 20 日。

②伊利股票期权激励计划草案摘要公告前,2006 年 3 月 10 日为伊利股份最后一个交易日,该日收盘价为 17.85 元,由于 2006 年 4 月 10 日公司实施了 10 转增 3.2 的公积金转增方案及每 10 股派现 2.6 元的利润分配方案,因此对 3 月 10 日的收盘价也须作除权处理,除权后的价格 = $\frac{17.85 - 0.26}{1 + 0.32} \approx 13.33$ 元。

资料来源:根据 2006 年 11 月 27 日伊利股份股权激励计划公告(草案)整理。

将表中参数用布莱克—斯科尔斯期权模型动态图展示出来,如图 10-4 所示,图中圆点连线

⊖ 由于伊利股权激励计划方案使用了考虑股权摊薄效应的 B-S 模型及计算精确度的原因,这里的计算结果与伊 利披露的公允价值计算结果 14.779 元 / 股有细微差距。考虑股权摊薄效应的 B-S 模型为:

$$C = \gamma \frac{N}{N + M\gamma}\left[\left(S_0 + \frac{M \times C}{N}\right)N(d_1) - Ke^{-rT}N(d_2)\right]$$

其中 $d_1 = \dfrac{\ln\left[\left(S_0 + \frac{M \times C}{N}\right)/K\right] + \left(r + \frac{\sigma^2}{2}\right)T}{\sigma\sqrt{T}}$, $d_2 = d_1 - \sigma\sqrt{T}$

各参数的含义为:N——公司总股本;M——期权发行总份数;γ——期权行权比例(每份期权可行权时可兑换的股票数量)。其余参数与基本 B-S 公式相同。如果不需要新发行股份($M=0$),则与基本的 B-S 公式相同。

表示标的股票不同价格下对应的期权价值，而粗折线表示的是期权的内在价值。利用布莱克—斯科尔斯期权模型反映不同标的股票价格下期权的对应价值，由图 10-4 可以看出，标的股票价格在 20.00 元以上时，股票的期权价值和期权的内在价值是一致的。伊利股票期权授予日股票收盘价为 27.00 元，所以伊利股票期权的价值与其期权的内在价值是一致的。

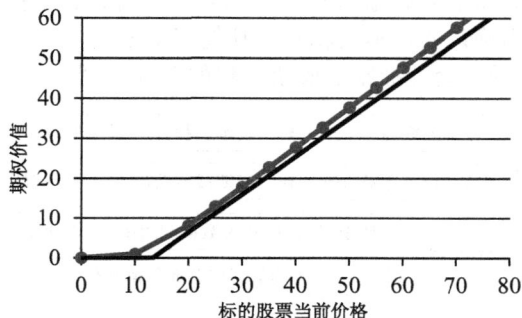

图 10-4　布莱克—斯科尔斯期权模型动态图（单位：元）

资料来源：根据 2006 年 11 月 27 日伊利股份股权激励计划公告（草案）和伊利股份历史股价计算得到。

从以上的计算和分析可以初步看出，不同剩余期限、历史波动率和无风险利率的选取对股票期权的公允价值会产生不同的影响，下面对不同剩余期限和历史波动率的影响进行具体说明。

依据伊利股份的股权激励计划，25% 部分股票期权距离行权日的剩余期限为 1 ~ 8 年，而 75% 部分股票期权距离行权日的剩余期限为 2 ~ 8 年。按照股票期权在可行权期匀速行权计算，股票期权的剩余期限应为 4.5×25%+5×75%=4.875 年。但伊利股权激励计划中剩余期限选择了 4.5 年，这可能是全部按照首期行权 25% 部分的剩余期限计算的。然而两部分期权的等待期有差异，因此两部分期权的剩余期限也有差异。如果采用 4.875 年计算，期权价值的计算结果将比目前高出 0.1 元，期权公允价值总额将高出约 500 万元。

历史波动率是基于过去的统计分析得出。伊利股份计算股票期权公允价值时选取的历史波动率是基于过去的股票价格走势得出的。历史波动率的计算方法为：①从市场上获得标的股票在固定时间间隔（如每天、每周或每月等）上的价格；②对于每个时间段，求出该时间段末的股价与该时段初的股价之比的自然对数（复利计算的股票收益率），这就是连续复利收益率；③求出这些对数值的标准差，再乘以一年中包含的时段数量的平方根（如选取时间间隔为每天，则若扣除闭市，每年中有 250 个交易日，应乘以根号 250），得到的即为历史波动率。伊利特地选取了一个股价历史波动率相对较小的期间，即选股与配股后的一年期。一般来讲，期权公允价值对历史波动率的大小取值非常敏感，且期权的公允价值随着历史波动率的增加而增加。

10.3.2　伊利股票期权的会计处理是否合规

期权费用摊销与期权的会计处理密切相关。2007 年实施的会计准则规定，股份支付业务的会计处理应采用股份支付交易费用化的确认计量原则，而对于授予的股票期权等权益工具采用公允价值计量属性。以期权授予日为计量日，在授予日根据最有可能的业绩结果估计等待期[○]的长度，将授予日当日股票期权的公允价值乘以估计的行权的数量确定薪酬费用，在等待期内摊销。

对于股票期权的后续计量，准则分为授予后立即行权和授予后不能立即行权两种情况考虑：对于授予后立即行权的，授予日按照权益工具的公允价值计入相关成本费用，相应增加资

○ 从授予日到可行权日之间的时段，是可行权条件得到满足的期间，因此称为等待期。可行权日是指可行权条件得到满足，职工或其他方具有从企业取得收益工具或现金权利的日期。

本公积；对于授予后不能立即行权的，授予日可不做任何会计处理，而在等待期内的每个资产负债表日，根据最新取得的可行权职工人数变动等后续信息，修正预计的可行权的权益工具数量，修正的可行权权益工具数量乘以授予日权益工具的公允价值，即为当期的股票期权支出，将该支出计入相关的成本费用，并增加资本公积。[一]在可行权日之后，权益结算的股份支付不再对已经确认的成本费用和所有者权益总额进行调整。在行权日根据行权情况，确认股本和股本溢价，同时结转等待期内确认的资本公积——其他资本公积。

综上所述，图 10-5 展示了会计准则下股票期权的会计处理：

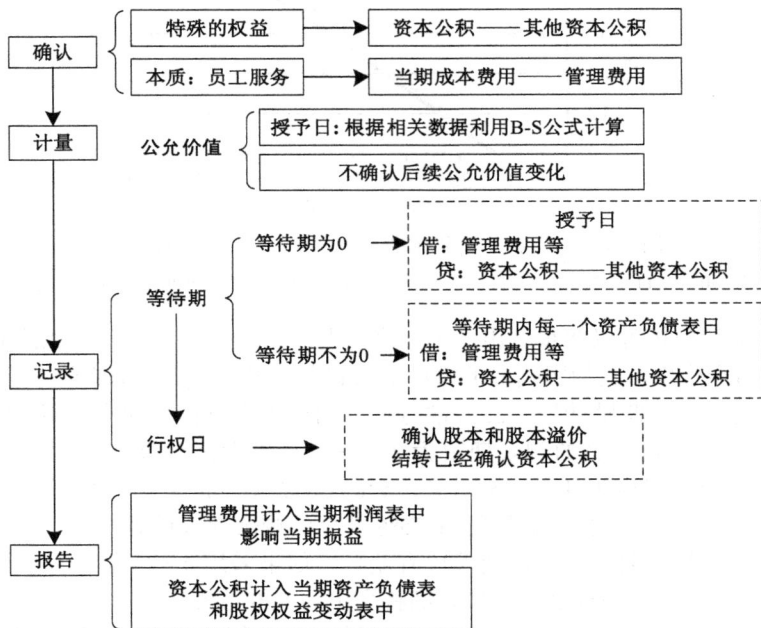

图 10-5 股票期权会计处理

那么，伊利股票期权会计处理是否符合上述会计准则的规定？其股票期权会计处理主要分为三个阶段：（1）授予日确定期权费用的数额；（2）等待期内每个资产负债表日摊销期权费用，并转入资本公积；（3）行权时确认股本及溢价，并结转资本公积。

第一阶段：授予日

2006 年 12 月 28 日为伊利股票期权的授予日，当天的股票期权的公允价值就是伊利股份向高管授予股票期权的成本费用（14.779 元/份）。由此得出伊利股份期权费用为 14.779 × 5 000 万 =73 895.00 万元，但此时会计上不作处理。根据我国相关税收法律法规，此时也不需作税务上的相关处理。[二]

第二阶段：等待期

2008 年 3 月 11 日伊利公布 2007 年年度报告，将 73 895.00 万元的期权费用在两年的时间内摊销：2006 年摊销 25%，2007 年摊销完剩余的 75%。但同年 4 月 29 日伊利发布修订的年度报告，公布了修改后股票期权的摊销方法，将摊销期设为三年：属于 25% 行权的部分是在 2006 年 12 月 28 日至 2007 年 12 月 28 日（两年内）按日直线摊销；属于 75% 行权的部分自

[一] 目前对股票期权预提或待摊报酬的摊销大多采用平均年限法，即将期权报酬费用在员工等待期平均摊销的方法。

[二] 根据财税〔2005〕35 号《关于个人股票期权所得征收个人所得税问题的通知》第二条第（一）项规定，员工接受实施股票期权计划企业授予的股票期权时，除另有规定外，一般不作为应税所得征税。

2006 年 12 月 28 日至 2008 年 12 月 28 日（三年内）按日直线摊销。具体摊销如表 10-6 所示。

表 10-6　伊利股份修改后的 2007 年年报股票期权费用摊销　　　（单位：万元）

	25% 行权的部分	75% 行权的部分	当期摊销费用	摊销比例
2006 年	202.45	303.68	506.13	0.69%
2007 年	18 271.30	27 710.63	45 981.92	62.22%
2008 年	—	27 406.95	27 406.95	37.09%
合计	18 473.75	55 421.25	73 895.00	100.00%

资料来源：根据 2006 年 11 月 27 日伊利股份股权激励计划公告（草案）和伊利股份 2006～2008 年报数据整理。

基于表 10-6 计算结果，等待期内（2006 年 12 月 28 日到 2008 年 12 月 28 日）伊利股份损益减少 73 895.00 万元，资本公积增加 73 895.00 万元，其中 2007 年损益减少最多，达到 45 981.92 万元，这直接导致了伊利股份原本可以实现盈利却出现巨额账面亏损。

第三阶段：行权日

首期行权日为 2007 年 12 月 28 日，伊利采取向激励对象定向发行股票的方式进行行权，行权期行权数量为 64 480 份，涉及行权人数 35 人，限售期为 1 年。如果激励对象行权时按照行权价格支付款项，公司增加 77 698.40 万元（6 448×12.05 ⊖）的资金，股本增加 64 480.00 万元，资本公积增加 71 250.40 万元。

股票期权在税务上的处理主要涉及两个时间点：一个是行权日，另一个是股票出售日。在行权日，激励对象从企业取得股票的实际购买价（行权价）低于购买日公平市场价（指该股票当日的收盘价）的差额，是因激励对象在企业的表现和业绩情况而取得的与任职、受雇有关的所得，应按"工资、薪金所得"适用的规定计算缴纳个人所得税；⊜ 在股票出售日，激励对象将行权后的股票再转让时获得的高于购买日公平市场价的差额，是因个人在证券二级市场上转让股票等有价证券而获得的所得，应按照"财产转让所得"适用的征免规定计算缴纳个人所得税。⊜ 此外，激励对象因拥有股权而参与企业税后利润分配取得的所得，应按照"利息、股息、红利所得"适用的规定计算缴纳个人所得税。㉔

将会计准则和伊利股票期权会计处理整理如下图：

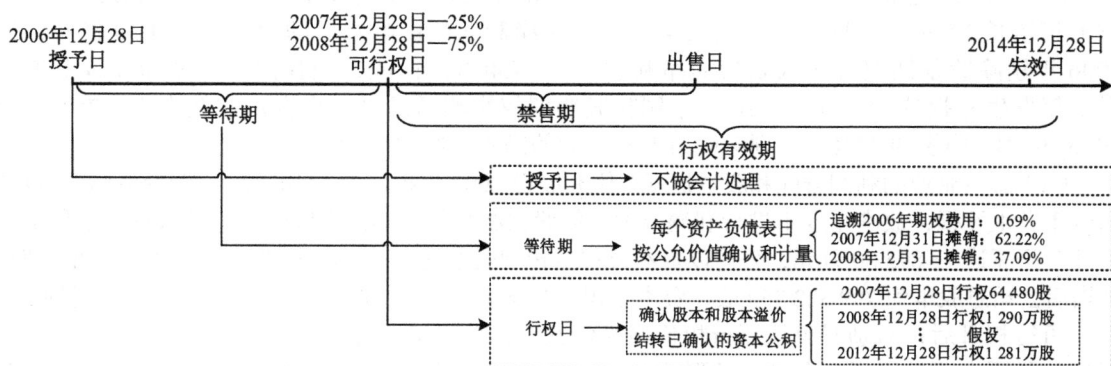

图 10-6　伊利股份股票期权会计处理示意图

⊖　2007 年 11 月 20 日伊利股份披露，截至 2007 年 11 月 14 日，由于原伊利发行的认股权证（伊利 CWB1，58009）成功行权，伊利认股权证行权后份额发生变动，伊利股份的股票期权数量调整为 6 447.98 万份（以下计算取整，即 6 448 万份），股票期权行权价格调整为 12.05 元。
⊜　见财税〔2005〕35 号《关于个人股票期权所得征收个人所得税问题的通知》第二条第（二）项之规定。
⊜　见财税〔2005〕35 号《关于个人股票期权所得征收个人所得税问题的通知》第二条第（三）项之规定。
㉔　见财税〔2005〕35 号《关于个人股票期权所得征收个人所得税问题的通知》第二条第（四）项之规定。

10.3.3 伊利期权费用摊销对财务状况的影响

伊利股权激励额度较大，期权费用的摊销在三年内完成，这样激励计划的实施对企业财务状况、经营成果和现金流量等产生怎样的影响？伊利股份主要会计项目 2006 ~ 2008 年度数据以及股权激励费用摊销所占的比重如表 10-7 所示。

表 10-7　伊利股份 2006 ~ 2008 年主要会计数据　　（单位：万元）

会计项目		年度数据			年度增长百分比（%）			转增资本公积占百分比（%）		
		2006 年	2007 年	2008 年	2006 年	2007 年	2008 年	2006 年	2007 年	2008 年
总资产		736 448	1 017 390	1 178 049	34.59	38.15	15.79	0.07	4.52	2.33
净利润	剔除前	33 953	-456	-173 671	15.73	-101.34	—	1.35	-10 076.48	-15.78
	剔除后	34 459	43 900	-146 264	17.45	27.40	-433.18			
加权平均ROE（%）	剔除前	13.38	-0.77	-48.26	-1.76	-105.75	—	—	—	—
	剔除后	14.22	5.78	-40.99	4.43	-59.37	-809.23			
资本公积	剔除前	101 436	251 859	264 920	-0.68	148.29	5.19	0.50	18.26	10.35
	剔除后	100 930	205 877	237 513	-1.18	103.98	15.37			

注：1. 2006 年和 2007 年伊利股份总资产分别较上一年增长 34.59% 和 38.15%，增长较迅速；

2. 期权费用转增资本公积导致 2007 年资本公积快速增长 148.29%；

3. 剔除期权费用影响后伊利经营状况总体来看呈逐步增长态势，但 2007 利润增长速度明显放缓，2008 年受"三聚氰胺"事件的影响大幅亏损。

4. 2007 年净资产收益率指标为 -0.77%，剔除期权费用影响后为 5.78%，但较 2006 年的 14.22% 大幅下降。

表 10-7 显示了伊利股份 2006 ~ 2008 年的主要财务数据，等待期内资产负债表日伊利股份总资产实现了较快的增长，2007 年剔除期权费用后的净利润也保持了较好的增长势头，说明股权激励的费用化会计处理并不影响伊利股份公司的实际经营状况。但与此形成鲜明对比的是，净利润和加权平均净资产收益率指标均大幅度下降，股权激励费用化处理对伊利股份业绩和所有者权益产生明显的影响：

（1）影响企业的经营成果和财务状况。伊利股份 2007 年完成主营业务收入 192.08 亿元，较上年增长 17.56%；剔除股票期权会计处理对净利润的影响数后的净利润为 4.39 亿元，较 2006 年剔除股票期权影响因素后的净利润增长 27.40%。而股票期权激励计划却导致上市公司全年发生亏损达 456 万元。2007 年剔除股票期权影响后的平均净资产收益率为 5.78%，较 2006 年大幅下降 59.37%，不剔除股票期权影响的净资产收益率为 -0.77%。

（2）影响企业的利润分配和股本扩张。伊利股份 2007 年报显示，因股票期权激励计划导致公司全年发生亏损，故本年度不进行利润分配。但股权激励等待期内因股份支付计入资本公积中的累计金额高达 73 895.00 万元，公司以资本公积金转增股本的方式，向全体股东每 10 股转增 2 股，转增后公司总股本为 799 322 750 股，资本公积金余额为 225 842.07 万元。公司股本得到了扩张。

可行权日后，激励对象按照行权价格支付款项，公司将获得大量的行权现金流入，而由于行权的股票来源采用了定向增发的形式，不会对公司的现金流出造成大的影响。另外，对于实施股票期权激励计划的上市公司，无论是增发普通股，还是使用库存股，都将导致原有股东控制权的稀释，从而影响公司的权益资本构成，每股收益也将发生相应的变化。

10.3.4 伊利股票期权费用摊销是否具有合理性

伊利采取集中摊销的方法在等待期将期权费用全部摊销完毕，这直接导致了伊利股份 2007 年度的大幅亏损。那么，伊利进行这样的会计处理有依据吗？

依据 2007 年 1 月实施的会计准则，证监会对上市公司股权激励计划（包括多期期权、各期期权的等待期跨越多个会计期间）如何在资产负债表日确认某一会计期间期权费用的问题做出了解释：在各个资产负债表日，根据最新取得的可行权人数变动、业绩指标完成情况等后续信息，修正原来预计可行权的股票期权数量，并以此为依据确认各期应分摊的费用。对于跨越多个会计期间的期权费用，一般可以按照该期期权在某会计期间内等待期长度占整个等待期长度的比例进行分摊[一]。因此，按照会计准则及相关规定，期权费用应该在整个等待期内分摊。也就是说，股权激励的成本应当在等待期内根据可行权人数等后续信息进行估计，其中对等待期间长度的估计是关键。实际上，2007 年 12 月 22 日伊利公告披露：公司预计所有激励对象都将满足股票期权激励计划规定的行权条件。按照这个估计，伊利股份股票期权 25% 部分的等待期为 2006 年 12 月 28 日至 2007 年 12 月 28 日，75% 部分的等待期为 2006 年 12 月 28 日到 2008 年 12 月 28 日，将所有期权费用在三个年度内摊销是符合会计准则规定的。

伊利等待期内集中摊销期权费用符合会计准则规定，那应当如何看待对伊利期权费用摊销期限选取不合理的质疑呢？

1. 质疑一：摊销期应为有效期，而不是等待期

期权费用摊销是依据可行权人数的变动和业绩指标完成情况确定可行权期权数量，这些估计是在等待期内作出的。在整个有效期内，由于标的股票市场表现导致激励对象是否行权与摊销期间的估计无关。伊利股份于 2007 年 12 月 22 日披露，预计所有激励对象都将满足股票期权激励计划规定的行权条件，所以 2007 年伊利股份对于股权激励成本的分摊是合理的，在整个有效期内摊销的依据是不成立的。

2. 质疑二：摊销期应为期权剩余期限，而不是等待期

在等待期内摊销：等待期的估计是在授予日依据对业绩条件最有可能实现结果预计的基础上算出，即等待期的长度只与业绩条件有关。在期权剩余期限内摊销：期权剩余期限是期权公允价值计算时期权存续期间的一个估计数，即期权剩余期限受到等待期的影响，除此之外，剩余期限还受激励对象预计行权时间的影响，需要考虑基础股份的价格、职工层级、基础股份预计波动率等因素的影响。

国际财务报告准则（2008）第 2 号[二]规定，摊销期限应为期权剩余期限，只适合业绩条件是市场条件[三]的股权激励：对于业绩条件是市场条件（行权价格、可行权条件以及行权可能性与权益工具的市场价格相关的业绩条件，如股票价格上升 10% 可以行权）的，等待期长度的估计应与在估计所授予期权的公允价值时运用的假设相一致，以后也不能修订；但是如果业绩条件为非市场条件（除市场条件外的其他业绩条件，如一定的盈利目标或销售目标等），等待期的估计是在授予日依据对业绩条件最有可能实现结果预计的基础上估计的。显然，伊利股权激励方案采用非市场条件，即使依据国际财务报告准则，伊利股份以等待期作为摊销期是合理的。

伊利股份在等待期内集中摊销股票期权费用虽不违规，却导致企业出现巨额账面亏损，这对投资者产生了怎样的影响？是否存在更好的选择可以使期权费用摊销对企业净利润影响更小？

伊利股份的亏损是一种账面亏损，其等待期内资产负债表日伊利股份总资产实现了较快的增长，剔除期权费用后的净利润也保持了增长势头，说明股权激励的费用化会计处理并不影响

一　《上市公司执行企业会计准则监管问题解答》，2009 年第 1 期。

二　以股份为基础的支付 . 中国财政经济出版社 . 财政部会计司组织编译 . 2008.9.1.

三　市场条件是指行权价格、可行权条件以及行权可能性与权益工具的市场价格相关的业绩条件，如关于股价上升至何种水平激励对象可相应取得多少股份的规定；非市场条件是指除了市场条件之外的业绩条件，如关于达到最顶盈利目标或销售目标才可行权的规定。

伊利股份公司的实际经营状况，对公司本身正常的经营业务现金流不会造成影响。不可否认的是，虽然伊利实施股票期权激励计划是依据会计准则的相关规定计算权益工具当期应确认的成本费用，但是突然的巨额摊销导致公司出现了净利润减少甚至亏损的现象，掩盖了公司经营正常的实际情况，造成了企业业绩大起大落。虽然股权激励费用的处理只是会计上的数字变化，并没有实质的现金支出，对公司盈利能力和现金流等基本面要素并未有较大的影响，但这会对投资者的投资判断产生影响。这种亏损在一定程度上影响到了二级市场的投资积极性，从而间接地影响了投资者的利益，对市场影响依然是巨大的。

2008 年 3 月 11 日伊利股份公布其 2007 年年度报告，将 7.39 亿元的期权费用在 2006 年和 2007 年两年内摊销完毕，这样 2007 年摊销的期权费用达到约 5.54 亿元，直接导致当年净利润出现 1.15 亿元的亏损；2008 年 4 月 29 日伊利发布公告调整期权费用摊销方法，将摊销期限延长为 3 年，这样 2007 年摊销的期权费用约为 4.60 亿元，伊利净利润亏损减少到约 2 000 万元[⊖]。这说明摊销期限的延长可以减少 2007 年度净利润亏损的幅度。假设摊销期限延长到 4 年：25% 部分在两年内按日摊销，35% 部分在三年内按日摊销，40% 部分在四年内按日摊销，这样 2007 年摊销的期权费用约为 4.09 亿元，伊利净利润达到约 3 000 万元。会计准则要求期权费用须在等待期内摊销，伊利股份设置的等待期太短致使净利润在 2007 年出现大起大落的现象，股权激励本身是一种长期激励，如果适当延长等待期的长度，伊利股份可以避免净利润出现剧烈的波动，从而减少投资者的损失。

表 10-8   不同摊销期限假设下，2007 年度期权费用和净利润变化   （单位：亿元）

摊销期限（年）	2007 年度摊销的期权费用	2007 年的净利润
2	5.54	−1.15
3	4.60	−0.21
4	4.09	0.30

资料来源：整理自伊利股份 2006 ~ 2009 年度财务报告。

总之，伊利采取集中摊销的方法在等待期内将期权费用全部摊销完毕，导致了伊利股份 2007 年的大幅亏损。尽管这种摊销方式符合会计准则的规定，摊销期限的选择也是合理的，但这种摊销方式导致公司净利润出现大幅减少，掩盖了公司经营的实际情况，影响了投资者投资的积极性，导致伊利股份股价的下跌。

10.4   伊利股权激励方案实施是否达到预期效果

尽管伊利股权激励的会计处理符合会计准则规定，但伊利股票期权费用的集中摊销仍然导致了伊利的账面出现巨额亏损，引发了市场的普遍不满。既然伊利股权激励计划的会计处理并无不妥，那么投资者对其激励计划是否认同？该计划是否真正起到了增加公司价值的作用？

10.4.1   实施股权激励的市场反应

对于投资者是否认同伊利的股权激励计划，应从两方面来考量：（1）纵向上，根据股权激励计划公布和实施过程中的关键时点及等待期内伊利股份的股票收益率，分析投资者对激励计划的反应；（2）横向上，与同行业主要竞争对手三元股份和光明乳业的股票收益率相比，判断

⊖ 伊利股份 2007 年度财务报告中披露的净利润亏损约为 456 万元，该数据是考虑了资产负债表日后的调整值，故与本文计算存在不一致。

投资者的反应。

对于实施股权激励计划的市场反应，运用累计收益率（AR）和超额累计收益率（CAR）进行判断。图 10-7 为伊利股权激励计划公告日（2006 年 11 月 28 日）前后的市场反应；图 10-8 表示伊利股份期权授予日（2006 年 12 月 28 日）前后的市场反应；图 10-9 表示伊利调整股票期权数量和行权价格（2007 年 11 月 21 日）的市场反应；图 10-10 表示伊利股份首期行权日（2007 年 12 月 28 日）前后的市场反应。四个图反映伊利股份股权激励计划公布和实施过程中四个关键时点的市场反应。

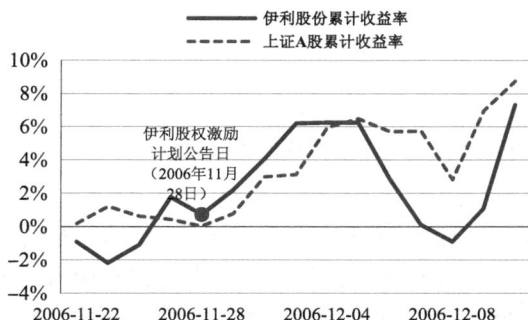

图 10-7　伊利股份股权激励计划公告当日的市场反应
资料来源：根据 CSMAR 数据库提供数据整理计算。

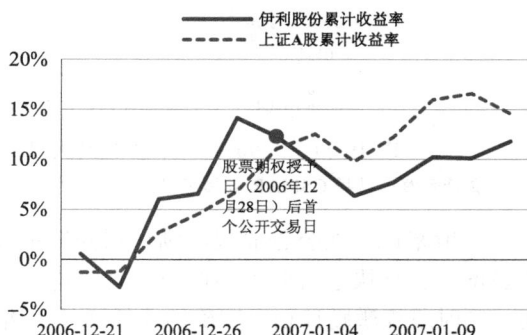

图 10-8　伊利股份期权授予日前后的市场反应
资料来源：根据 CSMAR 数据库提供数据整理计算。

图 10-9　伊利调整股票期权数量和行权价格的市场反应
资料来源：根据 CSMAR 数据库提供数据整理计算。

图 10-10　伊利股份首期行权日前后的市场反应
资料来源：根据 CSMAR 数据库提供数据整理计算。

通常情况下，股权激励计划给投资者提供了很大的想象空间，是上市公司向资本市场投放的重大利好，但伊利的股权激励计划却不同于常态。首先，在股权激励计划公告当日，伊利股份的 AR 小于 0，累计收益率下降。其次，股票期权授予日后首个公开交易日伊利股份的累计收益率下降，并且此后连续 6 个交易日伊利股份的累计收益率都不及上证 A 股指数的累计收益率。再次，伊利股份调整股票期权数量和行权价格后，其累计收益率下降，并且此后较长时期内都为负数，说明投资者并不认同伊利股份对股票期权数量和行权价格作出的调整。最后，伊利股票期权首期行权当日，伊利股份的累计收益率处于低点。这些特征都说明资本市场的投资者对伊利股份的股权激励计划作出了负面的反应⊖，投资者并不看好伊利的股权激励计划，认为该计划损害了股东的利益。

⊖ 2006 年 11 月 28 日、2006 年 12 月 28 日、2007 年 11 月 21 日和 2007 年 12 月 28 日四个时点，伊利股份除了股权激励计划相关的公告发布外，并无其他事件公告发布。

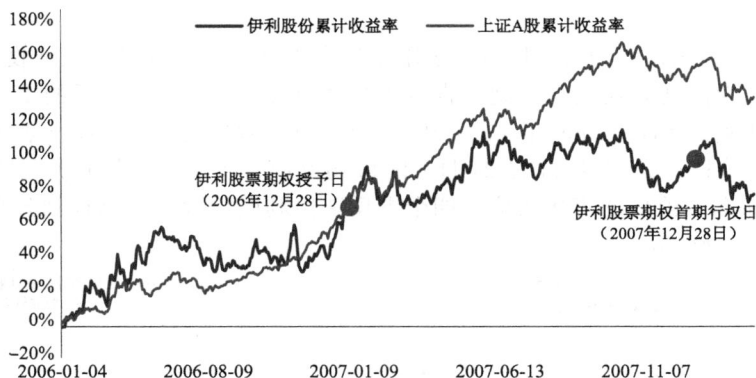

图 10-11　2006 年 1 月至 2007 年 12 月伊利股份和上证 A 股指数的累计收益率
资料来源：根据 CSMAR 数据库提供数据整理计算。

　　一般来说，在公告股权激励计划开始正式实施后，实施股权激励计划的上市公司股价将会平稳增长，且快于行业平均增长速度。这是因为有效的股权激励能够促进上市公司释放增长潜能，同时股权激励计划中明确的业绩增长承诺（业绩考核条件）也有助于投资者对公司成长形成良好预期，这种成长预期最终将体现在股票价格上。相对于股权激励计划公告日前后，此阶段股价的增长来源于股权激励对于上市公司的正向激励效应，价值投资因素较大，是真正能够体现公司股权激励效果的阶段。从与市场整体的走势比较来看，在伊利股票期权授予日之前伊利累计收益率整体强于市场。可见投资者对股权激励计划抱有良好的预期，希望股权激励能够给公司带来业绩的快速增长，但是随后可以看到，在期权授予日及等待期期间内，整体上伊利个股的表现不如上证 A 股指数平均水平，并且两者差距不断扩大，超额回报累计收益率（CAR）显著为负，投资者投资伊利股份并没有获得市场的平均回报率。整体上看，等待期内的伊利股份的超额累计收益率显著为负，说明伊利的股权激励计划没有起到投资者预期的激励效应。

　　另一方面，如图 10-12 所示，从同行业比较来看，在实施股权激励计划之前，伊利股份的股票累计收益率整体上比另外两家乳业上市公司高。在伊利公布股权计划草案（2006 年 4 月）时伊利股份的超额累计收益率明显强于其他两家公司。但是在伊利股份股权激励计划等待期

图 10-12　2006 年 1 月至 2007 年 12 月伊利股份、三元股份和光明乳业的超额收益率
资料来源：根据 CSMAR 数据库提供数据整理计算。

内，伊利的超额累计收益率一路下滑，表现不如三元股份和光明乳业，伊利股权激励计划并没有带给股东超过同行业公司的收益，2007 年以后的超额累计收益率基本上都不如三元股份和光明乳业。这说明在公布及通过股权激励计划时，投资者可能做出了过度的反应，而伊利股份的实际业绩表现并没有达到投资者的预期。

10.4.2 实施股权激励的财务绩效

判断一个股权激励方案是否能够发挥对激励对象的激励作用，公司业绩成长与否才是关键。要考察伊利股权激励计划是否促进公司的业绩增长，应分析在实施股权激励后，伊利股份包含期权费用与剔除期权费用的常规业绩指标是否得到改善。

通过比较包含与剔除期权摊销费用的盈利能力指标 ROA 与 ROE，可以看出期权费用对盈利能力的影响程度，如图 10-13 和图 10-14 所示。伊利的销售净利率和 ROA 在 2006 年之前都变化比较平稳，而加权 ROE 在 2006 年之前稳步上升。但 2006 年之后由于股权激励的实施，2007 年和 2008 年伊利股份包含期权费用的销售净利率、ROA 和加权 ROE 指标均大幅下挫，尤其以加权 ROE 下降幅度最为明显，但 2007 年剔除期权费用后的三项指标与之前年份相比较为平稳，2008 年剔除期权费用后的三项指标与包含期权费用的指标相比下降幅度更小，这主要是因为扣除巨额期权费用后的净利润为负，股权激励的实施使得伊利股份 2007 年和 2008 年盈利能力下降。

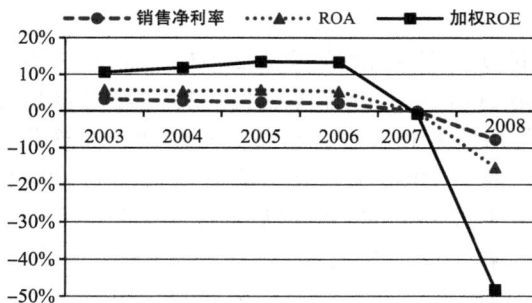

图 10-13 伊利股份 2003 ~ 2008 年包含期权费用盈利能力
资料来源：根据伊利 2003 ~ 2008 年报计算得出。

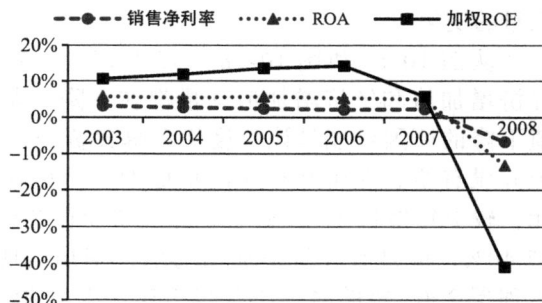

图 10-14 伊利股份 2003 ~ 2008 年剔除期权费用盈利能力
资料来源：根据伊利 2003 ~ 2008 年报计算得出。

对投资者来说，其最为关注的是企业投资价值的大小，图 10-15 和图 10-16 是伊利股份 2003 ~ 2008 年包含股份支付计入所有者权益金额和剔除股份支付计入所有者权益金额的投资价值指标变化趋势。2006 年之前，伊利市净率处于低位，伊利的股票投资价值较高，这主要是因为市场对伊利的发展前景看好；但是 2006 年和 2007 年股权激励实施后，伊利股份的市净率大幅上升，伊利的股票投资价值下降。2007 年伊利股份企业价值倍数最高，这主要是因为 2007 年伊利募集资金使得股权资本的市场价值大幅增加，同时由于剔除期权费用后的息税折旧及摊销前利润明显减少；2008 年由于“三聚氰胺”事件的影响，伊利的企业价值倍数为负。

一般情况下，股权激励计划是上市公司向资本市场投放的重大利好，易于引发投资者的积极性。但是伊利股权激励的实施降低了企业 2007 年和 2008 年的盈利能力，其业绩表现并未如市场预期的那样出现上升的趋势，损害了企业的投资价值。

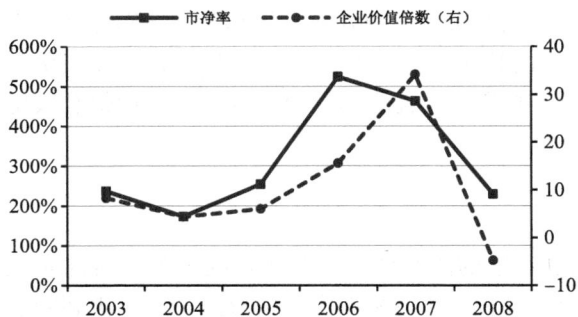

图 10-15　伊利股份 2003 ~ 2008 年含股份支付计入
所有者权益金额的投资价值指标
资料来源：根据伊利 2003 ~ 2008 年报计算得出。

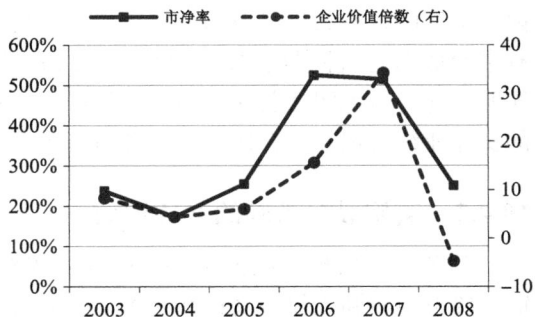

图 10-16　伊利股份 2003 ~ 2008 年剔除股份支付计
入所有者权益金额的投资价值指标
资料来源：根据伊利 2003 ~ 2008 年报计算得出。

10.4.3　实施股权激励的价值创造效率

在实施股权激励后，伊利的管理层是否真正实现了企业价值的最大化？是否提升了企业的价值创造效率？使用经济增加值（EVA）⊖指标（经济增加值计算过程见附表 10-1）和经济增加值动量（EVA Momentum）⊜指标来评价伊利股权激励的实施对公司价值的影响。图 10-17 是 2003 ~ 2008 年伊利股份经济增加值的变化，图 10-18 是 2004 ~ 2008 年伊利股份经济增加值动量的变化。

从图 10-17 和图 10-18 可以发现，伊利股份实施股权激励后的 2007 年和 2008 年的经济增加值和经济增加值动量都在下降，尤其是 2008 年下降幅度更大。2007 年经济增加值下降的原因可能是该年度伊利募集资金使得公司债务和所有者权益大幅增加，而这些资金并没有给企业带来相应的价值增长。尽管伊利股份 2007 年完成主营业务收入 192.08 亿元，较上年增长 17.56%；剔除股票期权会计处理对净利润的影响数后的净利润较上年增长 27.40%，但是其经济增加值的增长率却出现了大幅下降，从而导致经济增加值动量下降，管理层 2007 年的努力不仅没有带来公司价值的相应增长，反而使得公司价值下降。虽然首期行权条件得到了满足，但股权激励的实施效果却令公司价值的增长速度降低。可见伊利股权激励计划设计的行权指标并没能够给股东带来财富的增长。2008 年公司大量举借短期借款致使公司债务资本迅速攀升，同时公司货币资金增长很快，伊利资金使用并没有起到增加股东价值的作用。四季度伊利受"三聚氰胺事件"的影响，主营业务收入大幅下降，加上全年计提期权支付费用 2.74 亿元等，伊利 2008 年净利润出现巨额亏损。虽然 2008 年度伊利巨额亏损存在其他重要的原因，但经济增加值增长率的大幅下降也表明股权激励的实施效果并不能令人满意。

⊖　根据国务院国有资产监督委员会第 125 次主任办公会议审议通过，自 2013 年 1 月 1 日起施行的《中央企业负责人经营业绩考核暂行办法》中经济增加值考核细则的规定计算伊利股份 2003 ~ 2008 年的经济增加值（EVA）。该办法规定中央企业资本成本率原则上定为 5.5%，同时资产负债率在 75% 以上的工业企业和 80% 以上的非工业企业，资本成本率上浮 0.5 个百分点。伊利股份属于地方国资委控股的国有企业，本文借用中央企业业绩考核中经济增加值（EVA）来衡量伊利企业价值的变化情况；伊利股份 2003 ~ 2008 年的资产负债率都低于 75%，所以计算中将平均资本成本率定为 5.5%。

⊜　Bennett Stewart, 2009. EVA Momentum: The One Ratio That Tells the Whole Story. Journal of Applied Corporate Finance. 21（2），74~88.

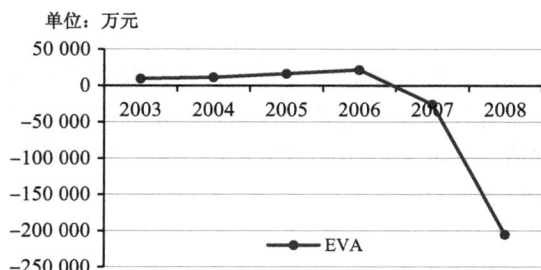

图 10-17 伊利股份 2003 ～ 2008 年 EVA 变化
资料来源：根据伊利 2003 ～ 2008 年报计算得出。

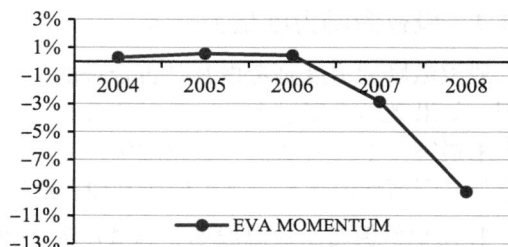

图 10-18 伊利股份 2004 ～ 2008 年 EVA 动量变化
资料来源：根据伊利 2003 ～ 2008 年报计算得出。

将经济增加值动量分解成经济增长值营业收入比率和营业收入增长率两项指标，分析伊利股份 2004 ～ 2008 年的成长类型。2004 ～ 2005 年伊利股份属于增值型成长，且增值型成长的程度加深，说明在营业收入保持增长的基础上，企业的营业收入为价值创造做出贡献的程度也在提高，管理层使企业保持这样的状态有助于价值创造效率的逐年提升。2005 ～ 2006 年伊利股份仍属于增值型成长，但已向毁灭型成长方向转变，说明企业的营业收入增长率得到提高，但通过单位营业收入创造的经济增加值正在减小，市场扩张速度的扩大已经不能够为股东带来价值增长速度的增长。2007 年剔除期权费用的情况下，伊利股份属于增值型成长，但包含期权费用的情况下，伊利股份属于毁灭型增长；2008 年伊利股份剔除期权费用情况下毁灭型成长程度要小于包含期权费用情况下的程度，这说明伊利股权激励方案并没有带来公司价值的相应增长，反而对价值创造效率产生破坏性影响。

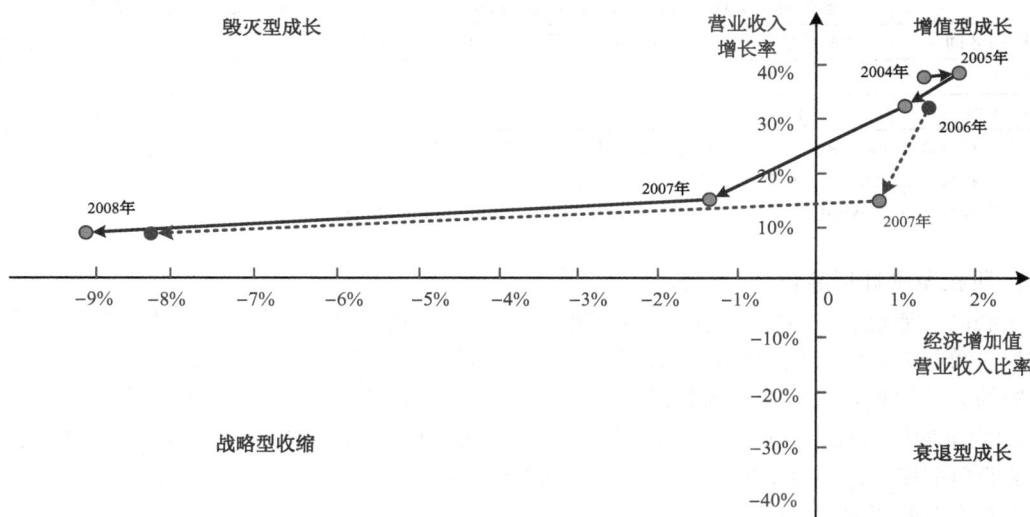

图 10-19 伊利股份 2004 ～ 2008 年成长类型变化图（实线为含期权费用，虚线为剔除期权费用）
资料来源：根据伊利股份 2003 ～ 2008 年报计算得出，经济增加值计算过程见附表 10-1。

10.5 伊利股权激励方案是否存在设计缺陷

尽管伊利股权激励的会计处理符合会计准则的要求，但是该激励计划并没有得到市场的认同，也没有起到增加股东价值的作用，那么其实施效果不佳是否与方案本身设计存在关系呢？本文将从激励力度、行权条件、行权考核期间、行权价格制定等方面，分析伊利股权激励计划可能存在的问题。

10.5.1 股权激励力度是否过大

股权激励的力度是考虑其是否合理的一个重要方面。如果激励力度过小，难以起到激励的作用，如果激励力度过大，激励对象就会有动机操纵行权指标来达到行权条件，从而给股东利益带来损害。本文将从伊利股权激励计划中期权价值与企业总股本和总资产的比较，以及期权价值与高管薪酬的比较，来说明伊利股权激励计划的激励力度。

1. 期权价值与企业总股本和总资产的比较

以 2006 ~ 2008 年中国实施股票期权激励的上市公司作为研究对象。上市公司授予股票期权数量占公司总股本和股票期权公允价值占总资产的比例区间如表 10-9 所示。一方面，对于公司的总股本而言，半数以上的上市公司授予的股票期权对应的股票数量所占的比重在 5% 以下，而伊利股权激励计划授予的股票期权对应的股票占授予日股本总额的 9.68%，这一比例相对于大多数上市公司而言是很高的。另一方面，对于公司的总资产而言，上市公司股权激励数量所占比重并不是很大，在股权授予日，92% 的企业股票期权公允价值对于总资产的比值都没有超过 5%，仅有伊利股份和海南海药该比值超过了 5%。股权激励费用占总资产的比例如果产生 5% 及以上的变化，就说明这种影响是显著的（Street and Cereola, 2004; Chalmers and Godfrey, 2005），因此，除了伊利股份和海南海药之外，对于大多数正在实施股权激励的上市公司而言，股权激励计划中股票期权的数额对于公司资产并没有产生显著的影响。这说明了伊利股份的激励力度相对是很大的。

表 10-9 2006 ~ 2008 年中国实施股票期权激励上市公司股权激励占总股本和总资产比重分析表

比例区间	授予股票期权对应的股票数量 / 总股本		股票期权公允价值 / 总资产	
	企业数目（家）	占全部企业百分比（%）	企业数目（家）	占全部企业百分比（%）
（0，5）	13	52	23	92
（5，10）	12	48	2	8

注：科力远（600478）的股票期权公允价值数据无法获取，将该公司剔除，故上述样本量为25；实施股票期权激励以首次实施公告日为时间点，统计标准与前文图10-3和表10-3一致。

资料来源：根据 Wind 数据库和各上市公司股权激励计划公告提供的数据整理。

2. 股权激励计划高管获利分析

伊利高管通过股权激励计划的获利情况见表 10 和表 11。比较伊利高管过去 3 年持股及薪酬的增长，激励方案的实施为公司高管提供了巨大收益。2006 年高管薪酬增长的方式是以年度现金薪酬的方式快速增长。通过股权激励计划，2007 年，伊利高管通过 6 月的股改支付对价以及 12 月的股票期权行权，获得了大量公司股票，在 2007 年年末还持有价值 9 529 万元以及 28 588 万元的股票期权，这些股票期权的价值都在管理者当年薪酬的 200 倍以上。高管薪酬增长的主要方式改变为以股票期权行权的方式快速增长。

表 10-10 伊利股份高管 2007 年薪酬构成

	期末持股	薪酬（万元）	持有公司的股票期权	期权价值（万元）	期权 / 薪酬
董事长兼总裁	1 819 344	122.10	19 343 953	28 588	234.14
副总裁、董秘	606 448	37.32	6 447 984	9 529	255.33
副总裁	886 448	34.12	6 447 984	9 529	279.28
副总裁、财务总监	891 448	35.23	6 447 984	9 529	270.48

资料来源：伊利股份2007年年度报告数据整理。

表 10-11 伊利股份高管薪酬及持股变化

高管	年度薪酬总额（万元）			高管持股数量（股）		
	2005 年	2006 年	2007 年	2007 年期初	2007 年变动	2007 年期末
董事长兼总裁	22.04	87.14	122.10	1 800 000	19 344	1 819 344
副总裁、董秘	13.71	28.87	37.32	600 000	6 448	606 448
副总裁	14.22	27.86	34.12	880 000	6 448	886 448
副总裁、财务总监	14.22	30.32	35.23	885 000	6 448	891 448

注：伊利高管在 2007 年之前并未持有公司股票；其中 2007 年期初的高管持股是指 2007 年 6 月 7 日，高管通过
　　股改对价支付而获得的股票数量；2007 年的变动数是指 2007 年 12 月 28 日，高管通过行使股票期权而增加
　　的股票数量。
资料来源：伊利股份 2005 ～ 2007 年年度报告数据整理。

可见，伊利公司高管股权激励的收益是巨大的。然而，如此高额的股权激励收益理应在较高的行权条件满足后才能行使。

10.5.2　期权行权条件是否过低

伊利股权激励计划的力度较大，为了实现激励与约束的匹配，需要严格的行权条件保证股权激励这个"金手铐"的作用。如果行权条件过于简单，激励的作用则难以实现，股权激励也成了管理层获取自身利益的手段。针对激励额度巨大的方案，伊利采用的行权条件是否能够实现激励与约束的对等呢？

在回答上述问题前，需要解决的问题是如何确定考核基准。目前我国实施股权激励的上市公司中，既有采用母公司财务指标作为行权条件的，也有采用合并报表数据的，哪种更能体现股权激励的实施目的呢？（1）从母公司股东的角度来看，其最为关心合并主体的财务状况与经营成果，因为母公司的财务状况与经营成果在很大程度上受子公司的财务状况与经营成果的影响；（2）从企业管理者的角度来看，外界对于企业管理业绩的评价往往以整个经济实体为基础，这是因为母公司的管理者能对子公司的经营决策产生重大影响，合并报表更能反映企业拥有的和可以控制使用的资源。另外，企业所能分配的红利也通常是基于合并主体的业绩来计算的。

所以，合并财务报表体现了"实质重于形式"这一会计原则的要求，采用合并财务报表对激励对象进行考核更能体现实现股东价值最大化这一目标。那么，伊利的行权条件存在着哪些问题呢？

1. 业绩考核指标单一

国资委和财政部对于国有控股上市公司实施股权激励在考核上要求三类业绩考核指标原则上至少各选一个。[⊖]这三类指标分别为：反映股东回报和公司价值创造等综合性指标，如净资产收益率、经济增加值、每股收益等；反映公司盈利能力及市场价值等成长性指标，如净利润增长率、营业收入增长率、公司总市值增长率等；反映企业收益质量的指标，如主营业务利润占利润总额比重、现金营运指数等。

尽管伊利实施股权激励计划是该通知实施前推出的，不受该规定的约束，但是这也反映了伊利股权激励计划在选取考核指标上的不足。伊利仅仅选取了主营业务收入增长率和净利润增长率，分别作为反映盈利能力和成长性的指标。这样做的不足之处主要有以下两点：

一是不能充分反映企业价值增加的情况。股权激励的根本目的在于激励管理层为股东创造

⊖　2008 年 12 月 11 日国资委和财政部联合发布《关于规范国有控股上市公司实施股权激励制度有关问题的通知》。

更大的价值，因此对激励对象考核指标的设计也应当尽量反映其对公司价值增长的贡献程度。使用经济增加值等价值相关性强的综合性指标，或者同时选取不同类别的指标有助于综合考量激励对象对增加公司价值做出的贡献。单一的指标有可能会造成管理层追求眼前利益最大化的短视行为。⊖

二是单一指标易受操纵。股权激励对激励对象有着巨大的利益诱惑，是这种方式能够激励被授予者的根本原因。但是股权激励有其两面性，激励对象很可能为了实现股权激励的巨大收益，利用实际权力采用不正当手段人为地使业绩考核指标实现。而一般来说，单一的考核指标更容易被操纵。如果采用多种指标进行考核则会大大增加激励对象操纵的难度，从而引导激励对象把重点真正放在提升企业价值上来。

2. 业绩考核标准过低

伊利股权激励计划的行权条件为：首期行权时，伊利股份上一年度扣除非经常性损益后的净利润增长率不低于17%，且上一年度主营业务收入增长率不低于20%；首期以后行权时，伊利股份上一年度主营业务收入与2005年相比的复合增长率不低于15%。这个考核标准能够真正衡量股权激励带来的超额收益吗？

首先，与主要竞争对手蒙牛的激励计划相比，伊利的激励方案行权条件要低得多。2003年，蒙牛管理层与三家外资机构投资者签署基于业绩增长的"对赌协议"，双方约定，从2003年至2006年，蒙牛乳业的复合年增长率不低于50%；若达不到，公司管理层将向三家外资机构投资者支付最多不超过7 830万股未来上市后蒙牛乳业的股票；如果业绩增长达到目标，三家外资机构投资者就要拿出自己的相应股份奖励给蒙牛管理层。相对于蒙牛激励计划"增长50%"的考核，伊利对于主营业务收入增长率20%的要求显得容易很多。另外，蒙牛管理层如果不能实现考核指标，将会付出很大的代价，而按伊利的股权激励方案如果没能实现业绩指标将不会有任何处罚。这在很大程度上降低了股权激励的行权难度。

其次，与行业平均增长率、伊利历史平均净利润增长率和主要竞争对手蒙牛业绩增长相比，伊利2007年股权激励设置的业绩指标过低。如图10-20所示，2007年整个液体乳及乳制品制造业主营业务收入增幅为20%，而伊利作为乳业的龙头，2004～2006年其主营业务收入增长率始终高于液体乳及乳制品制造业的主营业务收入增长率，股权激励计划把行权条件定为主营业务收入增长20%，显然要求太低，该业绩指标更是远低于蒙牛2002～2006年50%以上的营业收入增长率。从图10-21中可以看到，2002～2006年伊利股份的净利润增长率均高于股权激励约定的17%的考核标准，该业绩指标与蒙牛40%以上税后利润增长率相比更低。这就是说，即使伊利股份管理层让公司保持低于过去五年来的平均增长率，仍然可以获取巨额股份。因此，投资者有理由认为伊利股权激励方案起不到激励作用。

最后，虽然伊利在2006年4月就出台了股权激励的草案，但股东大会在12月才表决通过，此时在公司当年业绩基本确认的情况下，还以2006年的业绩增长作为股权激励的考核目标，激励的门槛设置过低，未能起到通过股权激励促进公司业绩增长的目的。根据激励办法，"首期以后行权时，公司上一年度主营业务收入与2005年相比的复合增长率不低于15%"，而2006年收入比2005年增长34.20%，即意味着即使2007年收入比2006年下降1.45%仍可获得股权激励。此行权考核标准过于简单，对管理层的约束较弱。因此，2006

⊖ 例如，仅以净利润和营业利润增长为获得行权条件的标准，上市公司会存在过度融资的动机。而配合净资产收益率等指标则可以消除这种倾向。

年 12 月表决通过的股权激励计划应适当对原草案进行修改, 提高行权条件, 才更符合公司的长远利益。

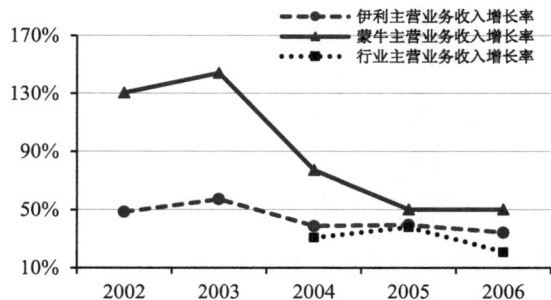

图 10-20 伊利与蒙牛 2002 ~ 2006 年主营业务收
入增长率和液体乳及乳制品制造业主营
业务收入增长率

资料来源: 根据伊利股份与蒙牛乳业 2001 ~ 2006 年年度报
告和中国奶业协会 2003 ~ 2007 年报告计算得到。

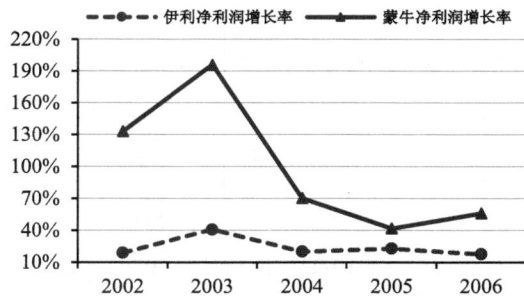

图 10-21 伊利与蒙牛 2002 ~ 2006 年净利润增长
率和平均净利润增长率

资料来源: 根据伊利股份与蒙牛乳业 2001 ~ 2006 年年度
报告整理计算。

3. 业绩考核指标计算口径不合理

伊利股份 2007 年 4 月 30 日的公告, 对 "扣除非经常性损益后的净利润增长率" 这一关键条款作出了有利于管理层的重大修改。公告称, "扣除非经常性损益后的净利润增长率" 为公司经审计的当年利润表中 "扣除非经常性损益后的净利润" 加上股票期权会计处理本身对净利润的影响数与上一年利润表中 "扣除非经常性损益后的净利润" 加上股票期权会计处理本身对净利润的影响数相比的实际增长率。伊利股份股权激励计划以 "扣除非经常性损益后的净利润增长率" 为考核指标的规定明显表现出有利于管理层, 侵害股东利益的嫌疑。即使行权条件很低, 伊利还做出了更有利于管理层的修改。这显然与股东实施股权激励的初衷相背离, 存在激励过度, 严重侵害股东利益的情况。

这样修改很可能是因为如果严格执行中国证监会审核无异议的股权激励计划, 伊利股份激励对象很可能无法行权, 失去潜在的巨额收益。2008 年 5 月证监会发布的《股权激励有关事项备忘录 2 号》明确规定期权成本应在经常性损益中列支; 2008 年 9 月发布的《股权激励有关事项备忘录 3 号》规定: "股票期权等待期或限制性股票锁定期内, 各年度归属于上市公司股东的净利润及归属于上市公司股东的扣除非经常性损益的净利润均不得低于授予日前最近三个会计年度的平均水平且不得为负。" 这对激励过度行为有所限制, 填补了类似伊利股份承诺的业绩增长无法填补股权激励造成高额成本的漏洞, 而造成过度激励的一个主要原因在于其在行权条件中剔除了激励费用的影响。

4. 公司业绩来源揭示考核指标不合理

伊利股份股权激励计划以合并财务报表数据计算而得的扣除非经常性损益后的净利润增长率和主营业务收入增长率为考核指标, 结合伊利股份 2006 ~ 2008 年的业务结构分析, 也存在不合理之处。如图 10-22 所示, 2006 ~ 2008 年, 伊利母公司的长期股权投资数量逐年增加, 而母公司长期股权投资占母公司总资产的比重都在 34% 以上, 这说明伊利股份这三年投资了大量的子公司、合营企业和联营企业。以 2006 年为例, 伊利股份投资了 47 家全资或控股子公司, 这 47 家子公司中, 有 39 家子公司的主营业务为液态乳及乳制品制造, 与母公司业务一致, 这说明伊利股份主营业务大量下沉至子公司。这样做产生怎样的后果呢?

单位：亿元

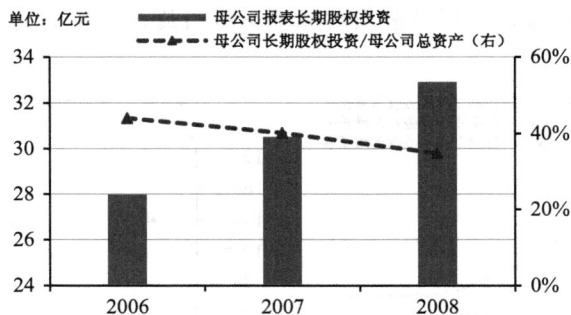

图 10-22 伊利股份 2006 ~ 2008 年母公司长期股权投资规模和比例趋势图

资料来源：根据伊利股份 2006 ~ 2008 年年度报告数据整理。

一方面，子公司净利润对合并净利润贡献较大。2007 年伊利母公司亏损 2.72 亿元，但是合并报表报告的亏损只有 456 万元，这说明子公司的盈利弥补了整个集团公司的巨额亏损；同时，2006 ~ 2008 年伊利母公司投资收益占剔除期权费用后的净利润的比重超过 50%，尤其是 2008 年剔除期权费用后的净利润出现 14.63 亿元的巨额亏损，但母公司投资收益却为 5.8 亿元，而这三年中伊利股份金融工具的价值占总资产的比重远低于 1%，这说明伊利股份子公司净利润对合并净利润贡献较大。另一方面，集团公司的经营活动现金流量主要是由子公司贡献的。如图 10-24 所示，2006 ~ 2008 年，伊利子公司对集团经营活动现金流的贡献超过 50%，尤其是 2008 年，伊利母公司经营活动现金流净流出 8.72 亿元，而子公司经营活动现金流净流入 10.54 亿元，集团的经营活动现金流完全由子公司支撑。

伊利股份母公司投资了大量与自身业务相似的子公司，导致主营业务下沉至子公司，子公司净利润和经营活动现金流对合并的净利润和经营活动现金流影响很大。而伊利股权激励的主要激励对象潘刚、刘春海、赵成霞和胡利平均来自母公司高管层，以子公司贡献很大的业绩指标作为激励母公司高管层的行权指标，只要子公司业绩表现良好，激励对象仍能顺利行权，这在一定程度上降低了行权难度，影响了股权激励的效果。

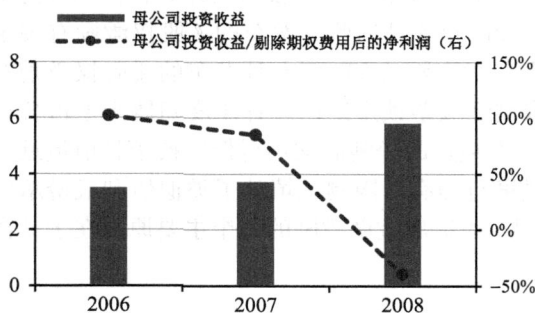

图 10-23 伊利股份 2006 ~ 2008 年母公司投资收益

资料来源：根据伊利股份 2006 ~ 2008 年年度报告数据整理。

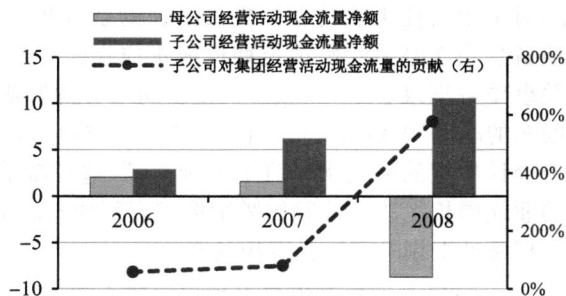

图 10-24 伊利股份 2006 ~ 2008 年母子公司经营活动现金流

资料来源：根据伊利股份 2006 ~ 2008 年年度报告数据整理。

10.5.3 行权考核期间是否过短

股权激励是长期激励的一种形式，其目标是为了实现在较长时间内管理层利益与公司利益的趋同。因此在股权激励的设计中，采用的业绩指标应当有助于实现公司长期的价值增长，这就要求对激励对象的考核期间不能太短，尤其是在高额的激励力度下，为了使股权激励实现更好的效果，应当适当延长考核期间以增加行权难度，只有在较长时间满足业绩目标，才能实现激励与约束的对等。

1. 等待期限过短

伊利股权激励方案采用了经营业绩指标作为行权条件，但是首期25%行权部分的考核期只有1年，只要满足2006年的经营业绩条件就可以行权；虽然方案规定，"首期以后行权时，公司上一年度主营业务收入与2005年相比的复合增长率不低于15%"，这是按照复合增长的条件计算的，也就是说，如果激励对象要在某一年行权，其行权条件要看上一年的收入情况，表面上好像考核期间一直延续到有效期末，但这必须建立在有效期内均匀行权的约束下。实际上75%部分的真正有效考核期间也只有2年。这是因为激励对象只要确保2007年业绩满足行权条件，就满足了将75%部分期权全部行权的条件。根据上文的分析，伊利股权激励计划对收益对象的平均等待期限只有1.75年（1×25%+2×75%）。表10-12是按照计算伊利股份平均等待期的方法计算出的中国2006～2008年实施股票期权激励的上市公司平均等待期限。相对于同时期推出股权激励计划的上市公司，伊利股份1.75年的平均等待期限明显更短。这对于长期激励是远远不够的，无法实现股权激励长期激励的效果，在一定程度上给激励对象通过短期的盈余管理操纵行权条件提供了动机。同时也造成了期权费用摊销的期限过短，从而导致伊利2007年的巨额亏损。

表 10-12　2006～2008年中国实施股票期权激励上市公司平均等待期限对比表

公司名称	股权激励授权日	行权期数	平均等待期限（年）	公司名称	股权激励授权日	行权期数	平均等待期限（年）
宝新能源	2006-09-08	3	2.30	泛海建设	2007-02-02	3	1.90
福星股份	2006-12-11	3	1.80	海南海药	2007-11-06	6	2.50
伟星股份	2006-10-27	2	2.50	德美化工	2008-08-26	3	2.10
永新股份	2006-11-29	3	3.20	得润电子	2008-09-26	4	2.50
中捷股份	2006-07-24	2	1.40	金螳螂	2008-08-28	3	2.65
苏泊尔	2006-07-18	3	2.20	报喜鸟	2008-12-15	3	2.65
双鹭药业	2006-06-13	2	3.20	*ST大地	2008-12-15	3	1.90
国光电器	2006-09-13	3	2.00	新湖中宝	2008-06-24	3	1.90
金发科技	2006-09-01	3	2.10	凯乐科技	2008-06-18	3	2.10
辽宁成大	2006-09-05	3	2.33	浙江龙盛	2008-06-18	3	1.90
辽宁成大	2006-12-28	2	2.00	科力远	2008-11-21	3	2.00
辽宁成大	2007-12-28	2	1.50	中创信测	2008-11-28	3	2.40
博瑞传播	2006-10-26	3	1.90	科达机电	2007-03-16	4	2.50
伊利股份	2006-12-28	2	1.75	卧龙电气	2008-07-25	3	2.00

注：实施股票期权激励以首次实施公告日为时间点，统计标准与前文一致；一次授予多次行权的，平均等待期限=∑第i期行权等待期限×第i期行权比例；多次授予多次行权的，分解成n个一次授予多次行权，采用上述公式计算。

资料来源：上市公司样本和股权激励授予日数据根据Wind数据库整理，行权期数和平均等待期限（年）根据各上市公司股权激励计划公告整理。

2. 期权一次性授予

一般而言，股权激励在设计授予和行权的时期安排上有两种模式，一种是多次授予多次行权，如表10-12中的辽宁成大（600739），另一种是一次授予分次行权，伊利股份采用的是后者，将 8 年的激励总量一次授予完成，之后在一个较长的行权期内行权。这种模式相对于多次授予多次行权存在以下两个方面的缺陷：

（1）对公司业绩指标的影响大。一次授予分次行权模式将费用摊销到一个等待期内，如果等待期较短的话，对上市公司业绩影响较大，容易出现因为股权激励而导致业绩亏损的现象。伊利 2007 年度出现巨亏就是由等待期时间过短，期权费用在等待期内集中摊销造成的。

（2）受外部资本市场影响的程度大。一次授予分次行权模式在授予之前一次性锁定行权价格。行权价格一旦确定，在方案实施过程中将不再进行调整。如果预计股市在未来几年维持上涨，采用一次授予的模式股票市价与行权价差更大，激励对象的收益也将更为可观。但这种激励力度是靠外部资本市场的走势维持的，一旦股市下跌，这种模式带来的激励效果将大打折扣，不利于实现对激励对象的长期激励。

3. 伊利采用分期考核

股权激励计划的根本目的在于激励管理层提升公司价值，实现股东价值的最大化。显然股权激励是一个长期激励，但伊利股权激励计划的行权指标均为单一期间的会计指标，这样的指标设计很难反映企业价值的增长情况，而且容易诱导管理层注重短期业绩，长期来看反而会损害公司的价值。例如，管理层可以利用大规模投资净现值为负的无效率项目，使得销售收入和净利润短期内提升，但这样的投资是有损于公司价值的。相反，如果采用综合考核的方法，如上文提到的蒙牛"对赌协议"中 3 年"复合增长率"，则可以在相对比较长的时间内考核激励对象，避免其只注重一个会计年度业绩造成的短视行为，使其重心放在真正能够提升企业价值的项目上来，而不是计较单个会计年度的行权条件。另外采用综合考核的方法在一定程度上可以克服单一行权指标设计的不足，因为综合的考核指标如果能实现长期的增长，说明这种增长是可持续的，因而有利于提升企业价值。所以采用综合考核的办法有利于实现股权激励的长期激励效果。

10.5.4 行权价格是否存在人为操纵

行权价格的确定直接关系到激励对象获利的大小，只有行权价格高于当前市场价格才能激励被激励对象提升公司股价。伊利选择股改实施日公布激励方案，实质上就是以股改前的非市场化价格来确定行权价格，违背了市场化定价的原则，有刻意压低激励成本的嫌疑。

一方面，《管理办法（试行）》规定，上市公司在授予激励对象股票期权时，行权价格不应低于下列价格较高者：（1）股权激励计划草案摘要公布前一个交易日的公司标的股票收盘价；（2）股权激励计划草案摘要公布前 30 个交易日内公司标的股票平均收盘价。另外还规定，已完成股权分置改革的上市公司才能实施股权激励，这是因为股改后的股票价格是市场化的价格，据此确定的股票期权行权价格才符合市场规律。显然，伊利股份没有按照规定来确定股权激励的行权价格。

另一方面，表 10-13 显示了不同时点公布股权激励计划方案的行权价格和行权成本。从表中可以看出，股改复牌当天的行权价格是最低的，相应的行权成本也是最低的。如果伊利在股改实施后推迟一天公布激励方案，伊利股票期权的行权价格将会大大提高。这是因为当时股改填权效应非常明显，伊利股改复牌后股价势必出现大幅上涨。复牌当天，股价复权后上升了32.42%。假如伊利在股改实施第二天公布激励方案，那么行权价格最低应为 17.71 元，比目前13.33 元的行权价高了 32.9%。对伊利股份股权激励对象而言，其行权成本将由 6.67 亿元提高至 8.86 亿元，增加了 2.19 亿元。如果完全以股改后的市场价格来确定行权价，即按照伊利最早公布激励方案的时点为股改实施后的第 31 个交易日来计算，由此确定的最低行权价为 19.92

元，行权成本将大幅提高 3.29 亿元。

表 10-13　不同行权价格确定方式下的行权成本

行权价格确定依据	行权价格	行权成本
股改复牌当天	13.33 元	6.67 亿元
股改后一天	17.71 元	8.86 亿元
股改后市场价	19.92 元	9.96 亿元

资料来源：根据伊利股份历史股价走势计算得到。

从以上的分析可以看出，伊利通过灵活安排激励计划公布的时间，人为地降低了股权激励的行权价格，使得股权激励收益对象的收益大大增加。而以非市场价格确定的行权价格无疑是对股东特别是中小股东的利益的严重损害。

10.5.5　股权激励方案的调整原因

伊利股份在 2006 年 4 月提出首份股票期权激励草案后，曾几度调整股权激励方案，2006 年 11 月 27 日最终的方案才得到股东大会的通过。那么，伊利做出这些调整的目的是什么？这些调整是否能够优化股权激励的效果？

表 10-14　伊利股票期权激励方案前后比较

	2006 年 4 月最初方案	2006 年 11 月最终方案
首期以后行权条件	只对首期行权规定了业绩条件	伊利股份上一年度主营业务收入与 2005 年相比的复合增长率不低于 15%
业绩考核条件	只规定以净利润为计算依据	必须以扣除非经常性损益后的净利润作为增长率的计算依据
加速行权的限制	发生要约收购等情形时，首次行权数量最高可达获授股票期权总量的 90%	激励对象首期行权不得超过获授股票期权的 25%
激励对象的规定	无类似规定	明确激励对象为公司核心业务骨干、公司认为应该给予激励的其他人员，其中没有董事、监事及高管人员（除总裁及助理外）

资料来源：伊利股份 2006 年 4 月 24 日股权激励计划草案和 2006 年 11 月 27 日第二次临时股东大会公告。

伊利股份虽然没有披露股票期权激励方案修改的原因，但是根据以上修改的内容，可以得出其修改方案的表面原因。首先，伊利股份规定上一年度主营业务收入与 2005 年相比的复合增长率不低于 15%，提高了股权激励行权的条件，有利于管理层做出增加股东价值的决策；其次，规定指出必须以扣除非经常性损益后的净利润作为增长率的计算依据，排除了利用非经常性损益的方式操纵利润的可能；再次，激励对象首期行权不得超过获授股票期权的 25%，取消了加速行权的规定，在一定程度上避免管理层为追逐利益的短期行为；最后，对业务骨干的激励也是上市公司股权激励方案的主要选择，因为他们是公司人才战略的重要部分。

但实际上，在 2006 年年度业绩已经基本确定的情况下加入此条款，起不到激励管理层增加公司价值的作用；"扣除非经常性损益后的净利润"的计算要加回股票期权会计处理对净利润的影响数，这点更有可能是为降低激励对象行权条件创造的；尽管取消了加速行权的规定，但这方面的作用有限，因为第一年行权 25% 后便没有限制。

伊利股票期权激励方案调整前后的比较说明，加入的业绩考核指标和对非经常性损益后的净利润计算口径的修改，并不能起到优化股权激励效果的作用，而更大程度上是为激励对象行权创造条件。取消加速行权的规定和明确业务骨干为激励对象这两个改变确实在一定程度上完善了此次的激励计划。

总之，伊利的股权激励计划方案存在着一些不合理的因素，集中体现在激励与约束设计的不对等上。方案设计的缺陷使得激励计划不能够有效地发挥长期激励作用，对增加股东价值的作用十分有限。

10.6　股权激励方案设计与实施是否存在治理机制缺陷

股权激励本质上是公司治理问题，伊利股权激励计划方案设计存在诸多的不合理之处，而这样一份方案居然能得到公司股东大会的通过，这其中也暴露出伊利股份公司治理存在的问题。伊利的公司治理存在哪些问题？这些问题是否影响到股权激励方案的设计与实施？以下从股权结构、股权激励计划出台的表决程序和对董事会的监督三个方面分析伊利股份存在的公司治理问题。

10.6.1　股权激励下公司管理层与所有者的关系

2005年伊利新董事会上任前，原董事长郑俊怀在伊利内部被奉为"教父"式人物，伊利股份前后共换了近10位副手，但郑俊怀一直稳如泰山。这种局面的出现，得益于郑俊怀把伊利从小企业做到市场龙头的贡献，也使得郑俊怀在伊利20年积累了无上的权威。2004年10月20日伊利股份临时股东大会公告上，顺应郑俊怀意志的独立董事推选方案0票反对；而独立董事曾提到的违规国债投资事件[⊖]，既没有在股东大会上讨论，也没有股东提案，可以说郑俊怀时代的伊利董事会本质上是董事长一个人的董事会，权力制衡机制的缺乏，个人权力高度集中，多元化投资主体的利益不能在董事会内部得到有效实现。郑俊怀被捕后，呼和浩特市国资委取代了原管理层成为实际控制人。伊利实施股权激励计划之前的股权结构如图10-1所示。从表面上看，呼和浩特市国资委完全可以利用第一大股东的地位监督管理层。事实上这样的股权结构依然不能保证股东有效监督与制衡，公司仍然可能存在内部人控制问题。

2006年2月22日，伊利股份公告了关于修改《公司章程》的议案，新的公司章程约定，只有那些持有或者合并持有公司发行在外有表决权股份总数的10%以上，且持有时间270天以上的股东，才有权向公司提出新的提案。而原章程对此的规定是5%，且没有持有期限的限制。《公司法》对股东发表提案的持股比例方面的规定是大于等于3%。不管是对比《公司法》还是原先的章程，股东提出议案的门槛都大大提高。由于伊利股份的股权比例相对分散，公司第一大股东呼和浩特市投资有限责任公司，持股比例不过14.33%，股改之后的持股比例将进一步降为9.97%。也就是说，甚至第一大股东都没有达到单独提案的要求。

从此次修订可以看出，新公司章程的修改明显对股东不利，弱化了股东的监督权力。而这样对股东不利的条款获得通过，说明了股东对管理层的监督与约束并没有随着股权结构的变化而得到增强。伊利股份仍然可能存在着所有者缺位，高管权力缺乏制衡的问题。这些问题导致了对高管有利的股权激励方案获得通过。

⊖　此次事件中伊利股份独立董事俞伯伟等三人要求对伊利股份巨额国债投资聘请独立审计机构进行全面审计，但不久伊利股份监事会以关联交易为由提请罢免俞伯伟，从而成为国内首家罢免独立董事的上市公司，伊利股份的另一独立董事王斌也在股东大会之后提出了辞职。罢免独立董事事件令伊利股份备受关注，证监会于6月22日进入公司进行专项核查，7月21日公司接到中国证券监督管理委员会立案调查通知书，因公司涉嫌违反证券法规一案，中国证券监督管理委员会已决定对公司立案调查。

10.6.2 激励对象是否参与股权激励计划表决程序

股权激励事关公司资本结构变动和公众股东的利益，与一般的薪酬方案不同，需要更加严格的审议和决策机制。伊利的审议与表决程序是否易于伊利高管给自身定薪酬，进而引发高管们的自利行为？

如果董事同时也是股权激励对象，在审议股权激励方案时不回避，可能侵害公众投资者的利益。因此，《上海证券交易所股票上市规则（2006）》[⊖]规定上市公司董事会审议关联交易事项时，关联董事应当回避表决，也不得代理其他董事行使表决权。根据股权激励计划，伊利共有 33 人可以获得股票期权激励，其中总裁 1 人、总裁助理 3 人、核心业务骨干 29 人。董事是公司股权激励的对象，在审议事关自身利益的股权激励方案时理应按照规定回避。

但伊利披露的董事会公告显示，潘刚、胡利平、赵成霞、刘春海 4 名董事全部参与了表决，并且全部投了赞成票。该 4 名董事在表决中违反了上市规则。其他 29 名激励对象中可能还包括其他董事，因此可能更多的董事表决时需要回避。无论伊利的激励对象包括几名董事，潘刚等四名董事都应回避表决。虽然事后伊利股份对该行为进行了更正，但有理由认为，如果伊利股份治理机制健全，就不可能允许股权激励对象参与审议股权激励方案，因为这就相当于自己给自己定报酬，有违公正原则，可能侵害公众投资者的利益。从上面的分析可以看出，伊利股份股权激励计划的表决程序的违规也凸显了其公司治理的漏洞，使得对高管有利的股权激励方案顺利通过。

10.6.3 董事会构成机制能否实现对股权激励的有效监督

在 2002 ～ 2005 年的董事会中，郑俊怀没有经过董事会的批准而多次将公司资金转出，说明原董事会并没有成为各类股东利益的代表和重大决策的主体，没有实现对高管机会主义行为的有效监督。在呼和浩特市国资委重新掌握了伊利的控股权后，董事会能否体现大股东的意志呢？下面从两个方面分析伊利董事会存在的缺陷。

1. 独立董事比例未达到规定要求

《管理办法（试行）》规定，独立董事应当就股权激励计划是否有利于上市公司的持续发展，是否存在明显损害上市公司及全体股东利益发表独立意见。独立董事能够以较为客观的身份选择、监督、考核、奖惩高管。而独立董事在董事会中比例的高低直接关系到独立董事的话语权，独立董事话语权的强弱又直接影响了股权激励计划是否起到真正激励高管的作用。因此，股权激励计划能否真正发挥激励效果、避免成为高管为自己增加财富的工具，要看上市公司的董事会是否有较高的独立董事比例，从而更好地发挥监督作用。

表 10-15 显示了 2006 年伊利股份董事会的构成情况。从表中看出，即使将 2006 年末董事会提议增选的独立董事算在内，伊利董事会独立董事的比例也只有 4/11。根据《国有控股上市公司（境内）实施股权激励试行办法》[⊖]的规定，实施股权激励的上市公司的外部董事（含独立董事）应占董事会成员半数以上，伊利股份的外部董事比例显然没有达到规定的半数以上，不能形成对伊利高管足够的威慑力，为伊利高管操纵股权激励计划的设计和实施埋下了隐患。原因有两点：第一，公司的独立董事或者是某个专业领域的专家，知悉公司所处行业

⊖ 于 2006 年 5 月修订的该规则第十章关联交易第二节关联交易的审议程序和披露中对关联交易中关联董事的回避事项作出了明确的规定。

⊖ 《国有控股上市公司（境内）实施股权激励试行办法》由国务院国有资产监督管理委员会和财政部于 2006 年 9 月 30 日发布，自印发之日起施行。

情况，或者具有丰富的会计、审计和法律知识，因此他们有专业能力对公司决策进行独立判断；第二，公司的独立董事基于保护自身在专业领域中的声誉，他们有动力去关注上市公司是否存在损害股东利益的动机或者其他风险，起到"看守人"的作用。因此，伊利股份较低的独立董事比例不能够对伊利高管形成足够的威慑力，使得股权激励计划可能会沦为"股权分红"的工具。

表 10-15　伊利股份 2006 年董事会构成情况

姓名	职务	兼任职务
潘刚	董事长兼总裁	
李云卿	副董事长	
王宝录	董事	
刘春海	董事	总裁助理
赵成霞	董事兼财务负责人	总裁助理
胡利平	董事兼董事会秘书	总裁助理
王瑞生	董事	伊利财务管理部总经理
郭晓川	独立董事	内蒙古大学经济管理学院院长
王蔚松	独立董事	上海财经大学会计学院副院长
吴邨光	独立董事	北方工业大学法律学科（法律系）主任
姚树堂[①]	独立董事	内蒙古农业大学副教授、硕士生导师

① 2006 年 12 月 28 日伊利股份第二次临时股东大会选举姚树堂为伊利股份的独立董事，此前伊利只有三名独立董事。

2. 薪酬与考核委员会运行机制有待完善

《管理办法（试行）》规定，薪酬与考核委员会负责拟定股权激励计划草案，并要求上市公司聘请独立财务顾问，对股权激励计划的相关方面发表意见。因此，是否有较为完善的薪酬与考核委员会运行机制，影响到了高管是否有机会通过操纵股权激励计划的设计和实施，达到为自己增加财富的目的。伊利股份薪酬与考核委员会的运行至少存在两个方面的问题：

一是伊利股份薪酬与考核委员会人员构成违反相关规定。根据《国有控股上市公司（境内）实施股权激励试行办法》规定，薪酬与考核委员会应由外部董事构成；而伊利股份的薪酬与考核委员会由总裁、财务总监和三位独立董事构成。这就说明伊利股份薪酬与考核委员会独立性差，其监督、制约机制弱化。如果激励对象同时在薪酬与考核委员会中任职，那么股权激励计划的决策权也掌握在激励对象手里，这些人更容易因自身经济利益，采取措施影响行权条件、行权价格等关键条款的确定。股权激励计划这时易于成为激励对象为自身谋利益的工具。

二是伊利股份薪酬与考核委员会成立时间短，相关制度建设不完善。根据相关规定，股权激励计划的设计和实施均必须通过薪酬与考核委员会。伊利股份薪酬与考核委员会是在 2005 年度伊利股东大会审议通过修改的公司章程中正式设立的，距伊利股份公布股权激励计划仅有八个月的时间。在距股权激励计划公布如此短的时间设立薪酬与考核委员会，不免让人怀疑其目的就是为了能够顺利实施股权激励计划。此外，薪酬与考核委员会设立时间短，还可能造成相关制度不健全、议事规则不完善、运行不规范的风险，从而为伊利股份高管操纵股权激励计划、进行"自我激励"创造机会。

综合来看，伊利股份公司治理机制的不完善，对管理层监督制约机制的缺乏可能导致了管理层出于福利目的而选择股权激励，从而导致管理层对自身的过度激励。在激励方案的设计上管理层从对自己有利，而并非对股东有利的角度出发，形成隐形的利益输送，影响了伊利股份股权激励机制作用的发挥。

10.7　案例总结与讨论问题

▶ 案 例 总 结

本案例从伊利股份 2007 年前三季度实现正常盈利，却因计提巨额股票期权费用而导致全年度净利润出现巨亏这一现象出发，首先从会计处理的角度依照会计准则分析了伊利股票期权会计处理的合理性及其对企业财务状况的影响，并得出结论：伊利股份会计处理没有违反会计准则的规定，但是股权激励计划的实施效果并不理想。其次从激励计划设计本身和公司治理机制两个层面寻找其中的原因。伊利股权激励设计方案本身存在诸多问题，这些问题集中体现在激励与约束的不对等上，激励过大而约束不足，造成管理层不用付出太多努力就能达到目标，这时"金手铐"又变成了"金手表"。具体来说有以下几点。

（1）对激励对象的激励力度过大。伊利股份共授予激励对象 5 000 万股股票期权，标的股票总数占当时总股本 9.68%，一次激励幅度已经接近 10% 的上限。

（2）股权激励的行权条件较低。"上一年度扣除非经常性损益后的净利润"增长率不低于 17%，上一年度主营业务收入增长率不低于 20%；之后主营业务收入与 2005 年相比复合增长率不低于 15%"，这样的行权条件使伊利股份管理层即使无法让公司保持过去五年来的平均增长率，仍然可以从容地获取巨额股份。以"扣除非经常性损益后的净利润增长率"为考核指标的规定仍明显有利于管理层，进一步降低行权条件。这样的行权条件难以起到激励的作用。

（3）行权考核期间较短，无法取得长期激励的效果。采用一次授予分次行权的方式给激励对象带来了更大的激励力度，但也将全部期权费用摊销到一个较短的等待期内，单期费用较多次授予多次行权的方式大得多。

（4）行权价格较低，存在刻意压低成本的嫌疑。伊利选择股改实施日公布激励方案，有刻意压低激励成本，增大市价与行权价差额的嫌疑。过低的行权价格使得期权的公允价值加大，期权成本增加。

而这样一份存在诸多问题的激励计划能得到股东大会的通过，也暴露出伊利股份公司治理存在的问题。对伊利公司治理状况的分析表明，伊利股份可能主要存在三个方面的公司治理问题：

（1）伊利疑似存在着所有者缺位，内部人控制问题。内部人控制不利于股权激励，如不加以解决，股权激励制度必将误入歧途，难以实现推行的初衷和达成预期的目的，甚至导致公司分配制度新的混乱和资本市场新的问题。因此，上市公司尤其是国有控股公司股权激励制度的推行，必须以根治内部人控制、完善公司治理为前提。

（2）伊利的审核与表决程序易于高管为自身定报酬。激励对象参与激励方案的表决，这明显是自己为自己制定报酬，易于引发高管们自利行为。因此，成熟高效的股权激励计划也离不开另一个方面的公司治理机制——规范的公司表决规避制度。

（3）伊利董事会监督机制较为薄弱，高管权利缺乏制衡。伊利股份独立董事比例低于相关法律法规的规定，同时薪酬与考核委员会运行机制不完善，在高管权利缺乏监督的情况下，高管为了自利而通过对自身有利的激励计划变得轻而易举。因此，上市公司股权激励制度的成功推行，构建完善的监督制约机制、限制高管权利等相配套的公司治理机制也必须得到相应的强化。

因此，要构建长效的股权激励机制，须健全和完善公司治理，防止管理层在股权激励方案的设计和实施过程中做出自利性选择。

▶ 讨论问题

讨论问题一： 有人认为伊利股份选择价格波动幅度小的历史波动率计算股票期权公允价值存在刻意压低股权激励成本的嫌疑。事实上自 2004 年 7 月 9 日之后的股价波动率都更大，如果选取 2005 年度伊利股份股价的历史波动率，利用 B-S 模型计算此时股票期权的激励成本是多少？对比两种不同历史波动率下伊利股份股票期权激励成本的变化，进一步讨论伊利选择价格波动幅度小时的历史波动率的利弊。

讨论问题二： 在国有企业实施混合所有制并进行员工持股计划的改革背景下，借鉴伊利股份及其他已实施股权激励计划企业相关实施效果的基础上，试讨论如何进行高管及核心员工持股计划的优化设计，避免管理层的自利倾向？

讨论问题三： 2014 年 11 月 13 日，伊利股份第一次临时股东大会审议通过了伊利股份员工持股计划草案。但外界对伊利这一员工持股计划草案存在质疑，认为该计划是在公司业绩快速增长的情况下，拿出由股东分享的利润作为激励发放给管理层和员工。面对质疑，伊利方面给出的解释是：员工持股计划并非"拿股东的钱发给员工"，而是"拿员工的钱给员工"。在参考附录 10B 的内容并收集相关资料的基础上，试讨论：（1）伊利股份的这一员工持股计划与此前的股票期权激励计划存在哪些异同？（2）对上述两种不同认识给出个人的看法，并说明理由。

Appendix 10A

附录10A

伊利股份股票期权会计处理分录

（1）2006 年度追溯调整。由于伊利股份股票期权的授权日为 2006 年 12 月 28 日，根据《企业会计准则第 38 号—首次执行企业会计准则（2006）》规定可行权日在首次执行日之后的股份支付，将应计入首次执行日之前等待期的成本费用金额调整留存收益，相应增加资本公积（其他资本公积）。所以伊利股份需对 2006 年度的损益进行追溯调整，确认费用总额 5 061 301 元，占 0.69%，并计入资本公积。

借：利润分配——未分配利润　　　　506.13 万元
　　贷：资本公积——其他资本公积　　　　　　506.13 万元

（2）2007 年、2008 年期权费用摊销。伊利股份于 2007 年 12 月 22 日披露：激励对象已满足股票期权激励计划行权条件，公司预计所有激励对象都将满足股票期权激励计划规定的行权条件。根据《企业会计准则第 11 号——股份支付（2006）》规定完成等待期内的服务或达到规定业绩条件才可行权的换取职工服务的以权益结算的股份支付，在等待期内的每个资产负债表日，应当以对可行权权益工具数量的最佳估计为基础，按照权益工具授予日的公允价值，将当期取得的服务计入相关成本或费用和资本公积。因此，2007 年和 2008 年均需摊销期权费用。

2007 年度确认费用总额 45 981.92 万元，占 62.22%。

借：管理费用　　　　　　　　　　45 981.92 万元
　　贷：资本公积——其他资本公积　　　　　　45 981.92 万元

2008 年度确认费用总额 27 406.95 万元，占 37.09%。

借：管理费用　　　　　　　　　　27 406.95 万元
　　贷：资本公积——其他资本公积　　　　　　27 406.95 万元

（3）首期行权日。根据《企业会计准则第 11 号——股份支付（2006）》规定在行权日，企业根据实际行权的权益工具数量，计算确定应转入实收资本或股本的金额，将其转入实收资本或股本。伊利股份首期行权日期为 2007 年 12 月 28 日，伊利采取向激励对象定向发行股票的方式进行行权，行权期权数量为 64 480 份，涉及行权人数 35 人，限售期为 1 年。根据《企业会计准则第 11 号——股份支付（应用指南）》规定，对于权益结算的股份支付，在可行权日之后不再对已确认的成本费用和所有者权益总额进行调整；企业应在行权日根据行权情况，确认股本和股本溢价，同时结转等待期内确认的资本公积（其他资本公积）。

借：银行存款　　　　77.698 万元（6.448×12.05）
　　资本公积——其他资本公积　73.895 万元（6.448×5 000/6 448×14.779）
　　贷：股本　　　　　　　　　　　　　　　　6.448 万元
　　　资本公积——股本溢价　　　　　　　　　145.145 万元

如果假设：除 2007 年已行权 6.448 万股外，2008 年至 2011 年每年行权 1 290 万股（每年约行权 20%），剩余 1 281.53 万股于 2012 年行权完毕。同样依据上述准则规定可以作出如下分录：

（4）2008 年至 2011 年每年行权 1 290 万股的账务处理。

借：银行存款　　　　　　　　15 544.50 万元（1 290×12.05）

　　资本公积——其他资本公积　14 783.58 万元（1 290×5 000/6 448×14.779）

　　贷：股本　　　　　　　　　　　　　　　　　　　　　　　1 290 万元

　　　　资本公积——股本溢价　　　　　　　　　　　　　　29 038.08 万元

（5）2012 年行权 1 281.53 万股的账务处理。

借：银行存款　　　　　　　　15 442.44 万元（1 281.53×12.05）

　　资本公积——其他资本公积　14 686.76 万元（73 895–73.895–14 783.58×4）

　　贷：股本　　　　　　　　　　　　　　　　　　　　　　1 281.53 万元

　　　　资本公积——股本溢价　　　　　　　　　　　　　　28 847.67 万元

表 10A-1　2003 ~ 2008 年伊利股份 EVA 计算　（单位：万元）

	2003 年	2004 年	2005 年	2006 年	2007 年	2008 年
1. 税后净营业利润（NOPAT）						
（1）净利润	19 958.99	23 912.90	29 338.61	37 595.31	–456.33	–173 671.09
（2）利息支出	2 134.31	1 766.09	1 476.21	1 946.12	0.00	0.00
（3）研究开发费用调整项	0.00	0.00	0.00	0.00	0.00	0.00
其中：研究与开发费	0.00	0.00	0.00	0.00	0.00	0.00
当期确认无形资产的研究开发支出	0.00	0.00	0.00	0.00	0.00	0.00
NOPAT=（1）+[（2）+（3）]（1–25%）	21 559.73	25 237.47	30 445.77	39 054.91	–456.33	–173 671.09
减：变卖主业优质资产等取得非经常性收益	0.00	0.00	0.00	0.00	0.00	0.00
2. 调整后资本（TC）						
（1）平均所有者权益	205 620.14	228 534.76	247 589.13	278 392.01	383 885.57	396 740.16
（2）平均负债合计	141 641.02	216 318.75	267 453.61	362 355.38	493 033.64	700 979.31
（3）平均无息流动负债	114 473.21	179 197.97	233 542.06	291 792.26	376 808.33	481 652.97
其中：应付票据	8 781.75	34 809.20	33 298.03	14 761.65	13 272.50	16 044.75
应付账款	54 781.79	73 299.42	105 331.71	163 347.48	205 696.26	251 063.90
预收款项	7 529.63	11 282.53	21 945.28	34 999.33	63 499.60	108 217.87
应交税费	1 729.94	1 938.94	427.89	–7 764.29	–18 336.89	–29 739.55
应付利息	0.00	0.00	0.00	0.00	64.54	147.34
应付职工薪酬	14 396.47	18 465.88	22 415.12	28 713.62	31 871.49	30 173.86
应付股利	1 044.64	1 027.71	1 111.44	1 261.51	1 134.93	944.20
其他应付款	24 450.34	35 353.49	42 801.26	49 903.84	76 221.66	101 437.37
其他流动负债（不含其他带息流动债）	0.00	0.00	0.00	0.00	0.00	0.00
专项应付款	1 758.67	3 020.79	6 211.34	6 569.12	3 384.25	3 363.22
特种储备基金	0.00	0.00	0.00	0.00	0.00	0.00
（4）平均在建工程	11 420.92	10 788.79	21 947.05	29 994.82	39 684.80	36 510.60
TC=（1）+（2）–（3）–（4）	221 367.03	254 866.75	259 553.63	318 960.31	460 426.08	579 555.90
3. 平均资本成本率（WACC）	5.50%	5.50%	5.50%	5.50%	5.50%	5.50%
EVA=NOPAT–TC×WACC	9 384.54	11 219.80	16 170.32	21 512.09	–25 779.76	–205 546.67

Appendix 10B

附录 10B

伊利股份员工持股计划草案简介

2014 年 11 月 13 日，伊利股份第一次临时股东大会审议通过了《内蒙古伊利实业集团股份有限公司持股计划（草案）》(以下简称"员工持股计划草案"见表 10B-1)。[⊖]

表 10B-1　伊利股份股权激励计划方案与员工持股计划草案的比较

比较项目	伊利股份股权激励方案	伊利股份员工持股计划草案
激励对象	共有 33 人可获得股票期权激励，其中总裁 1 人、总裁助理 3 人、核心业务骨干 29 人	公司中高层管理人员、公司及子公司业务技术骨干，首期共计 317 人
资金来源	无	持股计划的资金主要有三个来源途径：（1）从公司扣除非经常性损益后的净利润中提取的持股计划奖励金；^①（2）员工其他合法薪酬；（3）员工融资或其他自筹资金。其中，首期持股计划的资金全部来源于持股计划奖励金
股票来源	定向增发	持股计划的股票主要有四个来源途径：（1）二级市场购买；（2）参与认购公司非公开发行股票，参与认购公司配股，或参与认购公司发行可转换公司债券；（3）上市公司回购本公司股票；（4）股东自愿赠予
股票数量	拟授予的股票期权数量为 5000 万份，涉及的标的股票数量为 5000 万份，标的股票占当前伊利股份股票总额的比例为 9.681%	各期持股计划相互独立，已设立并存续的各期持股计划所持有的股票总数累计不得超过公司股本总额的 10%，单个员工所持已设立并存续的各期持股计划份额所对应的股票总数累计不得超过公司股本总额的 1%
行权价格	13.33 元 / 股	无
有效期	自股票期权授予日起的 8 年内	
存续期		持股计划分 10 期实施，在 2014 年至 2023 年的十年内，滚动设立各期独立存续的员工持股计划。每期持股计划的存续期为 24 个月，自公司标的股票登记至当期持股计划时起计算
禁售期 / 锁定期	（1）激励对象在公司任职期间，每年可以转让的公司股份不得超过其所持本公司股份总数的 25%，离职后半年内不得转让其所持有的本公司股份；（2）激励对象在任职期间不得将其持有的公司股份在买入后 6 个月内卖出，或者在卖出后 6 个月内又买入，由此所得收益归公司所有，公司董事会应当收回其所得收益；（3）激励对象因本次激励计划行权后获得的股票，自行权之日起一年内不得卖出，否则所得收益归公司所有，公司董事会应当收回其所得收益	（1）通过二级市场购买标的股票方式获得股票的，锁定期为 12 个月，自公司公告标的股票登记至当期持股计划时起计算；（2）通过其他方式获得股票的，按照国家相关法律法规规定执行。自公司公告标的股票登记至当期持股计划时起计算

⊖　本次会议由伊利股份董事会召集，董事长潘刚主持，采取现场投票与网络投票相结合的方式召开。出席会议的股东和代理人人数为 931 人，所持有表决权的股份总数为 942,239,080 股，占公司有表决权股份总数的比例为 30.75%。股东大会对持股计划（草案）的审议情况为 819,816,545 票同意，占比为 87.01%；111,494,984 票反对，占比为 11.83%；10,927,551 票弃权，占比 1.16%。

（续）

比较项目	伊利股份股权激励方案	伊利股份员工持股计划草案
行权条件	（1）首期行权时，伊利股份的净利润增长率不低于17%且上一年度主营业务收入增长率不低于20%；首期以后行权时，公司上一年度主营业务收入与2005年相比的复合增长率不低于15%；（2）激励对象应分期行权，首期行权不得超过获授期权的25%，剩余获授期权，可在首期行权的一年后、期权的有效期内自主行权	无相关规定，实际上只要当年提取的持股计划奖励金为正数，即上年业绩上升，员工持股额就会产生

① 持股计划奖励金的提取方式为：$B_n=(E_{n-1}-E_{n-2})\times30\%$，其中，$B_n$ 表示第 n 年度提取的持股计划奖励金，E_{n-1} 和 E_{n-2} 分别表示 $n-1$ 和 $n-2$ 年度经审计的扣除非经常性损益后的净利润。如果 B_n 小于等于 0，则当年不提取员工持股计划奖励金。

资料来源：根据伊利股份股票期权激励计划摘要（草案）和伊利股份持股计划（草案）整理。

融资成本与财务流动性约束下不同融资方式的权衡与决策

基于四川长虹的案例分析

▶ 引 例

　　四川长虹电器股份有限公司（简称：四川长虹；股票代码：600839）在 2005～2008 年间因没有达到公开权益融资的基本业绩要求，无法通过增发股票获得大规模权益融资，迫使支持公司经营业务的资金主要来自于商业信用融资与短期借款，难以实现对增长战略的长期融资的支持。面对国内家电企业日渐激烈的行业竞争与日韩家电品牌的市场冲击双面夹击[⊖]，能否把握进一步增长的机会，是公司管理层面临的挑战。然而，欲实现增长战略并取得竞争优势，公司迫切急需在设备投资、研发投入、产业并购、渠道建设、补充流动资金以及偿还银行贷款等方面进行持续性大量资金投入。

　　四川长虹若要实现发展战略目标，首先需要解决融资约束的问题，并进行新一轮的大规模融资。继续走大规模普通债务融资之路，将给公司带来两方面的压力：一是大额债务融资的利息费用将明显降低盈利水平，对已经较低的利润率产生压力；二是到期债务本金及利息偿还形成大额现金支付义务，对公司的整体财务流动性产生压力。在上述双重压力之下，公司管理层在进行融资决策时需要面对的核心问题是，如何权衡以及选择最优的融资方式，该融资方式不仅满足公司未来增长的资金所需，并且能够缓解公司所面临的融资成本与财务流动性压力。究竟四川长虹能否通过对融资方案的选择实现以上目的？当时只有少数的上市公司通过发行分离交易可转债进行融资，但四川长虹为何最终选择了该融资方式？发行分离交易可转债能否为未来业务增长提供足额资金，并降低未来年度融资带来的资金成本与资本成本？

　　许多公司通常因业绩欠佳而达不到公开市场权益融资的要求，为满足产品升级的研发投入、产能投资以及渠道扩张等发展战略需求、实现业绩增长的目标，管理层需要解决低资金成本的融资问题。显然，这对于盈利水平偏低、流动性较差且具有强烈增长需求的多数企业具有决定性意义。

11.1 案例概况

　　四川长虹电器股份有限公司（以下简称：四川长虹）于 1994 年 3 月 11 日在上海证券交易所 A 股上市（股票代码：600839）。由绵阳市国有资产监督管理委员会作为国有资本出资人，

<hr>

⊖ 资料来自招商证券研究发展中心 2006 年研究报告：《嬗变的机遇——中国家电行业在经济全球化深化当中的定位转换》。

对四川长虹电子集团有限公司 100% 控股。截至其发行分离交易可转债时的 2009 年 7 月 11 日，四川长虹电子集团间接持有上市公司四川长虹电器股份有限公司 29.08% 股份，机构投资者持股比例为 1.14%[☉]，剩余的 69.78% 普通股股份由其他个人或企业持有。

近年来公司的业务及组织结构不断扩大。目前，四川长虹是集军工、消费电子、核心器件研发与制造和房地产为一体的综合型跨国企业集团，并正在成为具有全球竞争力的信息家电内容与服务提供商。截至 2009 年 7 月，四川长虹下属子公司、孙公司以及子公司联营公司共计达 63 家，涉及多个行业。公司的股权结构及子公司业务布局如图 11-1 所示。

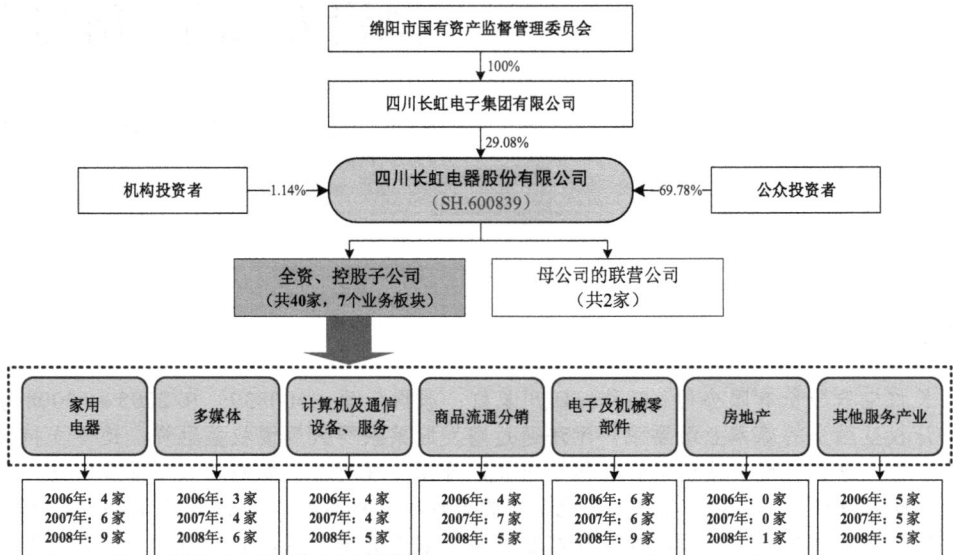

图 11-1　四川长虹 2009 年发行分离交易可转债前融资历史、股权结构及行业分布变化

资料来源：《2009 年 7 月 11 日四川长虹电器股份有限公司分离交易可转换公司债券募集说明书》。

虽然四川长虹的组织规模和产业布局在持续增大，但是近年来业绩成长却停滞不前。图 11-2 与图 11-3 对比了公司及其主要及竞争对手[☉]2005 ～ 2008 年净利润增长率[☉]和总资产收益率变动。四川长虹的发展能力弱于同行业竞争对手。四川长虹、康佳集团（股票代码：000016）和海信电器（股票代码：600060）四年净利润平均增长率平均为 –45.26%、29.39% 及42.69%，而且 2008 年度总资产收益率[☉]三者分别为 0.001、0.025 及 0.037，成长分化明显。

面对国内家电企业激烈竞争与日韩品牌的市场冲击，以及行业商业模式变革对产品设计、产品制造和销售渠道新的需求，为了维持自身未来的市场竞争优势，四川长虹需要及时进行战

○　该比例只统计《2009 年 7 月 11 日四川长虹电器股份有限公司分离交易可转换公司债券募集说明书》中公司所披露的前十名股东之中机构投资者的持股情况。

○　由于家电行业上市公司众多，本案例选取三个具有代表性的公司进行行业比较分析，因为这三家公司在案例研究期间内基本占领了彩电市场的 50% 份额。这三个公司分别是四川长虹、海信电器以及康佳集团。

○　基于母公司所有者的净利润计算的增长率。选取归属于母公司所有者的净利润用于计算指标原因有两个。首先，家电企业旗下子公司数目较多，但对大多数子公司的控股比例未达到 100%，以此方法计算能够消除归属于少数股东的净利润对母公司股东收益的扭曲；其次，四川长虹融资决策主要基于母公司股东利益出发，该利润更合理。

○　考虑到家电制造业上市公司一般举债经营行为明显，债务融资为该类企业的主要融资来源，因此在分析四川长虹整体盈利能力时基于总资产报酬率更为合理。

略转型，实现新一轮的增长。

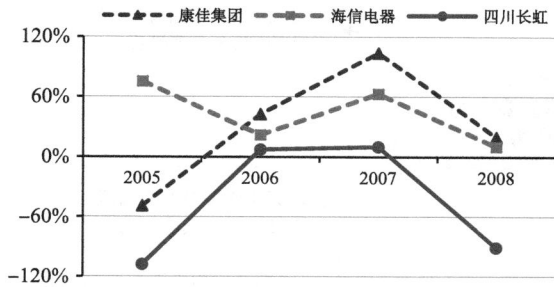

图 11-2　四川长虹与竞争对手 2005 ~ 2008 年
净利润增长

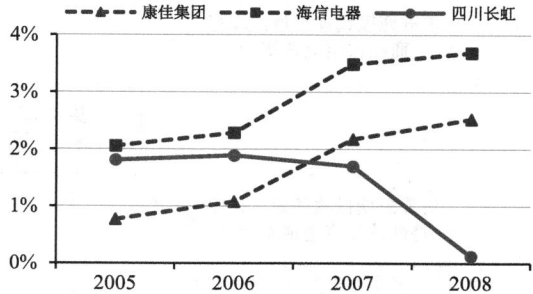

资料来源：CSMAR 数据库 2005 ~ 2008 年数据计算整理。

图 11-3　四川长虹与竞争对手 2005 ~ 2008 年
ROA 变动

资料来源：CSMAR 数据库 2005 ~ 2008 年数据计算整理。

　　公司增长战略的实施将需要大量资金在未来年度提供长期支持。然而，四川长虹收入增长缓慢，盈利水平低使得公司无法直接通过内源融资募集足额资金，同时一直无法满足证监会对公开增发股票的"最近三个会计年度加权平均净资产收益率平均不低于 6%"的条件，因此无法实现公开增发。若采取债务融资，大规模债权融资带来的利息支出可能使公司难以承受，同时债务到期将为公司财务流动性带来巨大压力。面对扩张投入的资金需求与融资带来的利息成本及偿还压力的矛盾，四川长虹能否解决上述难题，获取充足资金以满足增长战略的需求？通过四川长虹发行分离交易可转债将对上述问题进行深入探讨。

11.2　公司增长战略需要低资金成本的长期资金支撑

　　激烈的行业竞争使四川长虹不断加快其战略转型步伐，在产能扩张、渠道铺设、研发升级、股权并购、资金补充并偿还债务的一系列战略调整举措下，公司的资金需求状况如何？自 2005 年起四川长虹的财务业绩不断下滑，利润低、流动性弱会否使得管理层更关注融资给公司带来的资金成本？寻找低资金成本的融资方式是否有必要？

11.2.1　行业商业模式变革促使公司战略转型

　　家电制造行业逐渐转向新的商业模式，具体表现为三大方面特征：**首先，产品设计向功能与内容倾斜，对同质化产品的生产减少**。全球彩电产业正面临革命性升级，一方面 PDP 技术与 LCD 技术正逐步替代传统的 CRT 技术，另一方面在产品定义上开始对原有的彩电功能进行扩展，数字电视、互联网电视产品开始出现以迎合消费者新的需求；**其次，产品制造向集团式发展，对上游供应商实现纵向整合**。外部购买面板及电子器件的供应周期长，制约着企业的存货的周转速度以及对市场的响应速度。收购上游供应资源能够有效提高生产效率，并且实现技术整合降低生产成本；**最后，销售渠道向自营或电商销售过渡，对连锁分销商的依赖降低**。由于传统的多级经销商销售成本不断上涨，家电产品的销售由"厂商—经销商—消费者"开始变为"厂商—消费者"模式，通过自营渠道或电商销售以实现较快的存货周转，维持良好的产品形象以及保证高效的销售决策。

　　为何四川长虹的成长逐渐放慢甚至步入衰退的困境？图 11-4 结合行业的商业模式现状，发现公司竞争优势削弱主要由四个方面所致：

图 11-4　四川长虹面临的企业成长阻碍

资料来源:《2009 年 7 月 11 日四川长虹电器股份有限公司分离交易可转换公司债券募集说明书》相关内容整理。

第一,四川长虹倚重连锁代理销售,库存商品占用大量资金。连锁分销商(如国美、苏宁)利用自身掌握的渠道,压低整机的价格,并收取卖场费用、促销费用等。同时要求在销售时必须进行一定的授信额度、免费上样等资源性投入,影响了公司资金周转和材料使用效率。并且,连锁分销商售后的结算支付周期明显较长。大型连锁分销商由于组织庞大以及流程复杂,在申请结算至支付耗费时间相对较长,并且一般以 3 ~ 6 个月的银行承兑汇票进行支付,该期间内货款资金实质上被分销商所占用。连锁分销商的强势挤压了四川长虹的销售利润,并且占用了公司的一部分流动性资金。

第二,公司发展依赖固定资产及研发投入大额投资。公司成长放慢主要原因之一是公司投资规模及增长萎缩导致。自 2006 年后公司升级扩张的速度放慢,研发升级投入同比增长从 2006 年开始下降剧烈。2006 年为了深化对冰箱行业的资源整合,以及投资进入到移动通信及 IT 行业,四川长虹项目投资总额由 2005 年的 3.09 亿元增加至 10.06 亿元,同比增长 225.57%;2007 年进一步上升到 18.94 亿元,同比增长 88.27%。但是,2008 年公司的项目投资总额不升反降,当年项目投资出现负增长,总额仅为 18.02 亿元,当年净利润呈现负增长为 -90.77%,投资增长不足难以对净利率增长形成支撑。如表 11-1 所示。

表 11-1　四川长虹 2005 ~ 2008 投资升级项目与总额

年度	投资项目简述	投资总额 (亿元)	投资增长 (%)	净利润增长 (%)
2005 年	投资冰箱行业、完成 3C 布局	3.09	—	-107.74
2006 年	进一步投资冰箱、移动通信、IT 产业	10.06	225.57	7.32
2007 年	PDP 屏和空调压缩机破土动工、数字电视业务开展	18.94	88.27	10.16
2008 年	软件服务业、PDP 后续投资、创新产品开发	18.02	-4.86	-90.77

资料来源:2005 ~ 2008 年四川长虹年度财务报告数据计算整理。

第三,四川长虹倚重短期借款长期化,维持性营运资金成本上升。四川长虹以短期债务为主要融资来源的原因有两点:一是基于成本考虑,长期负债、债券等融资工具的成本较高,在平均净利率不到 5% 的家电行业,如果融资成本过高,公司将面临亏损的困境;二是从融资的目的看,由于家电制造业的资金周转期限一般较短,四川长虹融资的一个主要目的是为了补充运营资本的不足。基于上述两个原因,并且平均集团母公司国有产权背景的担保,公司正好能够通过"借新还旧"来实现对短期借款的长期化融资。图 11-5 和图 11-6 从公司两个财务表现说明该行为。

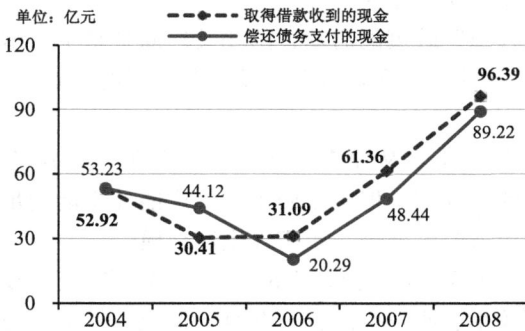

图 11-5　四川长虹 2004 ~ 2008 年债务相关现金流分析
资料来源：四川长虹（600839）2004 ~ 2008 年年度报表整理。

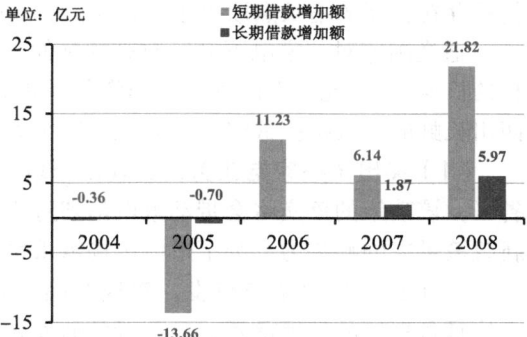

图 11-6　四川长虹 2004 ~ 2008 年借款变动分析
资料来源：四川长虹（600839）2004 ~ 2008 年年度报表整理。

（1）公司年度"长期借款增加额"不大，然而"取得借款收到的现金"远大于短期借款规模。表明管理层每年借入比上期更多的短期借款，以满足当期增长资金需求，逐渐积累的短期借款使得还款压力巨大。

（2）公司当年"取得借款收到的现金"与"偿还债务支付的现金"之差，与该年度"短期借款增加额"与"长期借款增加额"之和大致接近。以 2004 年为例，"取得借款收到的现金"与"偿还债务支付的现金"差额为 −0.31 亿元，而当年'短期借款增加额'与'长期借款增加额'相加额为 −0.36 亿元，两者相差极小。上述证据明显地显示出四川长虹以债易债的行为，由于各年度短期借款增加额显著高于长期借款增加额，该差异进一步表明四川长虹管理者以债易债主要是通过短期借款来实现。

第四，公司无法实现公开权益融资而带来较大资金压力。家电行业的低利润状况，导致基本没有企业能符合证监会对公开增发规定的"最近三个会计年度加权平均净资产收益率平均不低于 6%"的条件。虽然四川长虹三年内连续盈利，并且过往三年保持稳定的股利发放政策满足公开增发对现金股利发放的条件，但因盈利水平过低导致不可能实现公开增发股票融资。公司 2006 ~ 2008 年三年扣除非经常性损益后加权平均净资产收益率分别为 0.54%、2.78% 和 0.31%，如表 11-2 所示。

表 11-2　四川长虹 2006 ~ 2008 年财务状况　　　　　　（单位：亿元）

项目	2006 年	2007 年	2008 年
归属于母公司所有者净利润	3.06	3.37	0.31
加权平均净资产收益率	3.33%	3.66%	0.34%
扣除非经常性损益后的净利润	0.49	2.56	0.28
扣除非经常性损益后加权平均净资产收益率	**0.54%**	**2.78%**	**0.31%**
净资产	89.60	92.98	89.87
可分配利润	3.06	3.37	0.31
以现金方式分配利润	**1.33**	**1.52**	**0.95**

资料来源：2009 年 7 月 11 日《四川长虹认股权和债权分离交易的可转换公司债券募集说明书》。

总结上述财务表现，公司通过签订更加大宗短期借款合同，虽然能够补充销售的资金需求，但是难以满足生产设备及技术所面临的长期投资需求。并且，随着未来国有控股比例进一步降低，四川长虹的商业授信与短期借款授信额度可能将随之减少，借款利息可能将逐步上升。面临利润空间不断受到挤压、流动性状况正逐渐恶化，公司如何摆脱竞争劣势？家电制造行业经营竞争虽大，但从与其他竞争对手增长状况对比可发现，公司的收入和利润的增长空间仍然存在，新的增长点取决于管理层能否及时调整现有发展战略。

适逢国家对"家电下乡"政策的延伸和"以旧换新"政策的启动，给相关厂商带来了新增长的机遇⊖。因此，在激烈的市场竞争、相关政策出台的带动和自身财务及业务状况的影响下，四川长虹的升级扩张战略主要表现为五个方面⊜。

（1）**突出核心家电业务，实现市场增长目标。**家电下乡从原来4省区进一步推广至14个省区，该政策的落实将会带动家电消费进入阶段性的高峰期。但由于四川长虹产能并不能满足新政策带来的购买力，为了适应市场需求增长，公司需要资金进一步扩大生产规模。

（2）**投资新设备与研发，实现产品更新换代。**虽然PDP技术⊛（等离子技术）和LCD技术均具备良好的发展前景，但前者的研发技术成本较小、研发空间较大并且制造成本较低。因此，在融资成本与财务流动性的压力下，选择PDP技术作为产品换代路线有助四川长虹获得更高的投资效率以及巩固在电视领域的核心竞争力⊛。

（3）**扩充自属营销渠道，实现市场占有提高。**2007年以来四川长虹开始自建销售渠道，投资新建了乐家易连锁管理有限公司和四川快益点电器服务连锁有限公司，并同时计划在全国范围内开设长虹"C生活体验店"，未来应加大资金投入到自营渠道在全国范围内的铺设；

（4）**优化现有产业结构，实现多元化布局。**公司将根据业务战略进一步在通信、商品流通分销和房地产等行业新设或合并子公司，以扩大多元化经营收入来源及规模，并且优化对下属美菱电器与华意压缩核心子公司的股权控制，以保证对核心业务单位的治理效率。

（5）**克服融资约束问题，实现低成本融资。**公司一直无法满足证监会对公开增发股票的净资产收益率要求，当面临大规模资金需求时只能通过短期借款来应对，短期借款规模持续扩大将降低未来授信额度，因此要解决未来面临的融资约束问题。并且，公司所依赖的短期借款并未体现其成本优势，要继续保持正常运转需考虑通过长期低息融资来实现低成本的资金筹集。

11.2.2　增长战略需要大额长期资金提供支持

为实现上述五方面的升级扩张战略，四川长虹在以下几个活动中面临巨大的资金缺口。

（1）**技术及产品线升级需大量资金投入。**为了加强彩电产品的市场地位，四川长虹必须及时对PDP项目设备加大投资。公司自2008年开始落实PDP与数字电视项目，随着两项目产品市场进入快速成长期，结合市场预期，公司认定这两个项目为未来发展竞争突破的关键点，PDP与数字电视两项目所需募集资金额分别为10亿元与5亿元。

（2）**对相关/非相关多元化子公司的股权投资活动涉及资金剧增。**为完善白色家电价值链，2007年四川长虹通过竞拍方式成功以2.34亿元获得上市公司华意压缩（股票代码：

⊖　家电下乡政策开始于2007年，实施周期至2012年12月31日止；而以旧换新开始于2009年，实施周期至2011年12月31日止。

⊜　资料来源：《四川长虹电器股份有限公司分离交易可转换公司债券募集说明书》及《四川长虹电器股份有限公司2009年年度财务报告》。

⊛　根据Display Bank对全球电视市场容量的预测，中国PDP电视销售量将由2007年的100万台增长到2011年的370万台，复合增长率约38%，高于全球市场的增长率。

⊛　管理层对选择PDP项目的合理性分析详见2009年7月11日《四川长虹认股权和债权分离交易的可转换公司债券募集说明书》中的"第八节 募集资金运用"之"二、PDP显示屏及模组项目（增资四川虹欧）"相关内容。

000404）29.92% 的股权⊖，同时在 2007 年和 2008 年不断增持美菱电器（股票代码：000521）股份⊖，成为这两家上市公司的第一大股东⊜。至此，以四川长虹、美菱电器以及华意压缩形成的长虹系产业模块，标志着公司在注重核心的彩电业务同时，进一步对空调以及冰箱产业链进行整合。

通过纵向产业链条，公司正在建立立体化的销售渠道，对不同产品匹配不同的销售渠道，彩电、冰箱以及空调产品以分销以及自营结合销售扩大覆盖至各级客户，而数字视听、通信设备产品则通过经销商和代理商销售来控制销售成本。并且，在加强核心业务竞争力同时，继续深化非关联多元化，股权投资及收购活动涉及资金逐年上升。

图 11-7®分析了四川长虹 2006～2008 年股权投资及收购活动。三年内公司不断增加对核心产业的投资，2007 年和 2008 年投资规模同比增长为 130.63% 和 45.19%，可预见未来公司强化核心业务活动中对资金需求巨大。而对于多元化产业，四川长虹投资规模虽然相对较低且逐年下降，但随着房地产行业的获利能力不断提高，可预期公司对该行业的投资将加大。同时，从图 11-8 对四川长虹母公司报表 2006～2008 年其他应收款与长期股权投资规模分析也可发现，母公司的长期股权投资规模与 2005 年相比增加约 5 倍，达到 48.21 亿元，进一步表明了四川长虹股权投资及收购的战略。其他应收款 2006 年逐步上升，表明与母公司与子公司间的往来有不断增加的趋势。

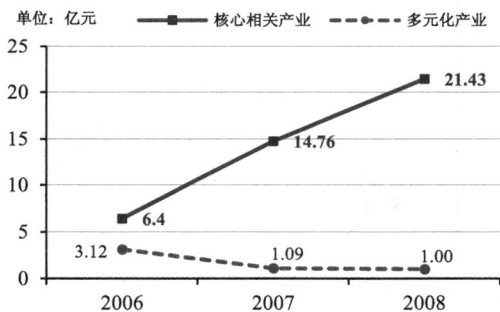

图 11-7　四川长虹 2006～2008 股权投资及收购
　　　　活动

资料来源：2005～2008 年四川长虹年度财务报告数
据计算整理。

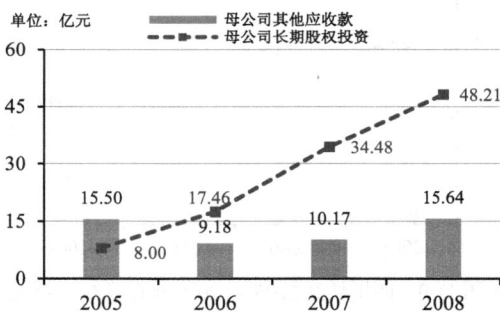

图 11-8　母公司报表 2006～2008 其他应收款与
　　　　长投规模

资料来源：2005～2008 年四川长虹年度财务报告
数据计算整理。

结合公司的战略部署，为了进一步完善长虹系的核心产业股权控制网络，加大对美菱电器与华意压缩的股权控制程度，以及深化对数字电视项目与自营销售渠道的投资，四川长虹在 2009 年在股权投资及收购活动上所耗用资金将进一步增加，保守估计将超过 20 亿元。

（3）伴随公司产品销售规模扩大，未来存货周转将占用更多流动资金。 自 2005 年来，公

⊖　根据 2007 年 12 月 25 日《四川长虹关于成功竞买华意压缩机股份有限公司 9 710 万股股份的公告》，四川长虹电器股份有限公司通过竞拍以 2.34 亿元人民币获得景德镇华意电器总公司持有的华意压缩 9 710 万股。

⊖　2008 年 10 月 29 日，四川长虹受让四川长虹电子集团有限公司持有的合肥美菱股份有限公司全部 3 207.8846 万股有限条件流通 A 股股份（占合肥美菱股份有限公司总股本的 7.76%）。该次股份转让价格为每股 2.79 元人民币，转让总价款为 0.89 亿元人民币。转让完成后四川长虹共持有美菱电器 12.88% 股份。

⊜　虽然公司对美菱股份以及华意压缩的投资比例不超过 50%，但在上述两家子公司董事会中所委派的董事人数均分别占其公司董事会执行董事总人数半数以上，即公司能够实质上控制美菱股份以及华意压缩。按照《企业会计准则第 33 号—合并财务报表》以及中国证监会【2008】第 48 号公告相关规定，四川长虹应将美菱股份和华意压缩纳入合并范围。

®　此处包括对子公司的股权投资及收购活动，还有对联营、合营企业的股权投资活动。

司存货规模开始呈现上升趋势，2008 年期末存货余额约为 60 亿元。对存货结构变动分析，发现近年来存货规模增长主要由于房地产开发项目导致，公司 2006 ~ 2008 年报表存货科目中的开发成本分别为 9.43 亿元、10.99 亿元和 15.62 亿元。四川长虹未来年度将继续加快对房地产开发的步伐，可以预测，房地产存货规模进一步上升使得公司需要保持较佳流动性以及充足的资金储备，如图 11-9 所示。

图 11-10 进一步对公司存货变动与应收、应付账款做出分析。四川长虹存货周转产生的流动性缺口在 2008 年突然扩大，存货生产销售仅通过商业信用融资难以维持。2005 ~ 2007 年期间，存货变动与应付应收差额相近，表明公司通过原材料赊购与产成品赊销基本能够维持产品的生产销售流转。然而，2008 年度公司存货余额减少 5.79 亿元，此时应付应收差额却达 18.53 亿元，两者相差达 24.32 亿元，这主要是因为公司当年大幅增加赊销而导致。结合公司增长战略，为保持销售增长公司未来赊销力度可能继续提升，将对公司流动性造成巨大压力，该流动性缺口只能通过其他融资方式填补。因此，四川长虹还要额外补充大量流动资金，以应对承兑期内生产经营资金周转。

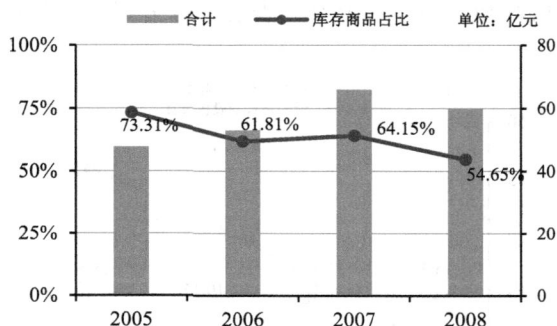

图 11-9　四川长虹 2005 ~ 2008 年存货结构变动

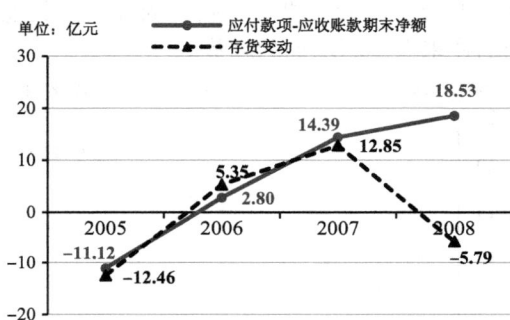

资料来源：CSMAR 数据库 2005 ~ 2008 年数据计算整理。

图 11-10　四川长虹 2005 ~ 2008 年存货变动和应收应付

资料来源：CSMAR 数据库 2005 ~ 2008 年数据计算整理。

（4）公司的大额短期借款即将到期，流动资金需求进一步紧张。由于四川长虹长期以短期借款以债易债方式来支撑自身的投资以及经营，到期短期借款的偿还将对公司流动性造成较大压力，并且该压力在未来很大可能持续增加。

图 11-11 对四川长虹 2005 ~ 2008 年期间短期借款规模与偿还债务现金流变动进行了分析。公司 2008 年期末短期借款规模飙升至 52.55 亿元，约 2005 年的 4 倍。同时，公司自 2007 年开始每年偿还债务支付的现金与上期同比大幅度增加，2008 年的偿还债务现金流增加达 40.78 亿元。这意味着四川长虹在未来年度需要增加流动性以用于偿还短期借款，公司 2009 年度有约 10 亿元到期短期借款需要偿还，预计该资金缺口在以后年度仍将持续。

然而，四川长虹仅以自身的流动资金无法满足上述资金缺口。2006 ~ 2008 年度公司一直实行比较稳定的股利分配政策，基本维持在每 10 股派现 0.7 元的水平[⊖]，平均每年支付现金股利的现金流出约 1.26 亿元。因此，公司上述期间内营业收入每年稳定增长，但年末未分配利润多年来未有显著增加，2008 年与 2007 年相比不增反减，当年年末未分配利润在股利分配后只剩 5.7 亿元。利润积累未能为投资资金需求提供足够内源动力，并且项目投资及股权

⊖　一般该年度的现金股利于宣告当年发放（即该年度的下个年度）。

活动使净营运资金不断下降，2008 年净营运资金存量只有 2005 年的 1/3，仅为 21.9 亿元。并且项目投资及股权活动使净营运资金不断下降，2008 年净营运资金存量只有 2005 年的 1/3，仅为 21.9 亿元。所以，在维持稳定的现金股利发放政策下，加上净营运资金规模的明显缩减，这使四川长虹不可能凭内部权益融资来满足投资资金所需，如图 11-13 与图 11-14 所示。

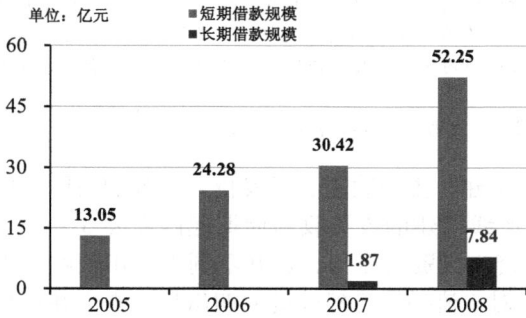

图 11-11　四川长虹 2005 ~ 2008 年借款
规模变动分析

资料来源：四川长虹（600839）2004 ~ 2008 年
年度报表整理。

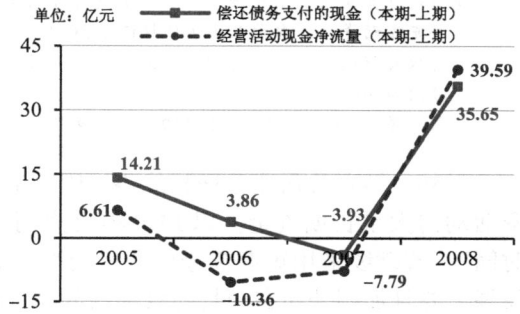

图 11-12　四川长虹偿还债务与经营活动
现金流量变动

资料来源：四川长虹（600839）2004 ~ 2008 年
年度报表整理。

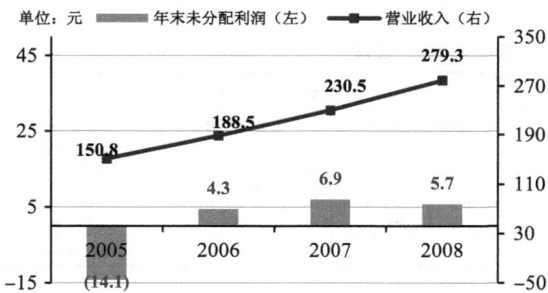

图 11-13　四川长虹 2005 ~ 2008 年利润留存状况

资料来源：CSMAR 数据库 2005 ~ 2008 年数据计算整理。

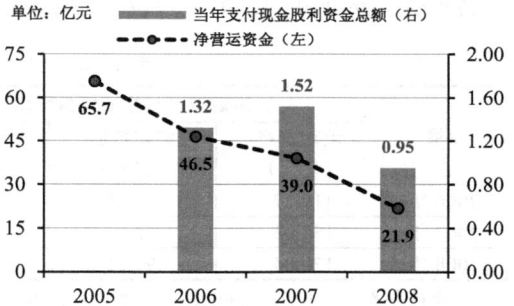

图 11-14　四川长虹 2005 ~ 2008 年股利分配状况

资料来源：CSMAR 数据库 2005 ~ 2008 年数据计算整理。

　　结合上述分析，公司需要进行额外融资，募集的资金总共预计约 60 亿元。其中约 15 亿元将用于对设备或技术的长期投资，另外约 45 亿元资金则用于补充流动性及偿还借款，相应融资需求如表 11-3 所示。

表 11-3　四川长虹 2009 年融资需求表

募集资金来源	募集资金投资项目名称	项目总投资额	所需募集资金额	募集资金用途
分离交易可转债债权融资	PDP 显示屏及模组项目	49.6 亿元	10 亿元	增资四川虹欧，投资研发、生产、销售 PDP 显示屏及模组
	数字电视项目	5.6 亿元	5 亿元	增资长虹网络公司，用于发展和开拓数字电视业务
	偿还银行贷款补充流动资金	15 亿元	15 亿元	10 亿元用于偿还银行贷款，降低公司财务费用，5 亿元用于补充流动资金

（续）

募集资金来源	募集资金 投资项目名称	项目总投资额	所需募集资金额	募集资金用途
认股权证行 权后权益融资	偿还银行贷款 补充流动资金	—	约30亿元	全部用于偿还银行贷款和补充流动资金①
	合计	70.2亿元	约60亿元	—

①公司在募集说明书中提及将本次发行分离交易可转债的认股权证行权募集的资金全部用于偿还银行贷款和
补充流动资金，由于无法预计权证于2011年行权数量，结合我国企业当时认股权证高度行权背景，并且忽略
行权发行股票的相关费用，因此本案例假设分离交易可转债内嵌的认股权证均得到行权，未来所需募集资金
额约为30亿元。

资料来源：《2009年7月11日四川长虹电器股份有限公司分离交易可转换公司债券募集说明书》。

另外，结合公司业务增长战略，固定生产设备构建、更新改造、研发投入、收购与股权投资活动需大量长期资金。以PDP项目为例，该生产线组建的投资收回周期起码需要6～7年时间⊖，若继续采用短期资金融资将会增加对长期资产投资的压力，这并不利于四川长虹未来发展，并且加剧公司在项目建设期内的债务风险，对于流动性已经较弱的四川长虹来说并不是一个好的融资对策。

表11-4说明了四川长虹的非流动、流动资产与相应期限的债务配比并不均衡。可以看出，虽然从2006年开始公司非流动资产与长期负债之比开始逐年降低，但是每单位长期负债所负担的非流动资产投资压力，仍然显著大于流动资产投资对流动负债的压力⊜。未来产能升级、设备投资、跨业并购、渠道建设等战略活动使得寻找长期资金融资方式存在必要。

表11-4 四川长虹资产与债务匹配状况

年度	短期资产与短期债务配比			长期资产与长期债务配比		
	流动资产 （亿元）	短期负债 （亿元）	流动资产 /短期负债	非流动资产 （亿元）	长期负债 （亿元）	非流动资产 /长期负债
2006年	119.57	43.36	2.76	46.13	0.00	—
2007年	157.03	62.04	2.53	73.54	1.87	39.36
2008年	170.84	91.21	1.87	116.41	7.84	14.85

资料来源：四川长虹（600839）2006～2008年年度报表计算整理。

11.2.3 公司损益及流动性现状难以承受高资金成本融资

长期融资方式的选择很大程度上受融资资本成本的影响，**但理论上的资本成本与实务中的资本成本存在区别**。首先，理论的资本成本在概念上是投资者要求获得的预期收益率⊜，而实务上的资本成本通常表述为资金成本，即从资金使用者角度考虑为筹措和占用资金而支付的各种筹资费和各种形式的占用费；其次，资本成本在计算上考虑了未来风险波动，利用CAPM模型计算权益资本成本⊜，并根据债务资本成本计算出加权平均资本成本。而资金成本的计算依据，主要为债务融资的发行费用及利息费用，或权益融资的现金股利实际支出。

⊖ 《2009年7月11日四川长虹电器股份有限公司分离交易可转换公司债券募集说明书》中，根据公司PDP显
示屏及模组项目的可研报告，以2007～2016年为计算期，该项目内部收益率为14.39%；以10%为参考收
益率，项目净现值为12 855万美元；项目投资回收期（含建设期）为6.89年。

⊜ 在考虑所有者权益资金后该差异依然存在。

⊜ 指以价值最大化为目标的投资者或公司经理把资本成本作为评价投资项目的贴现率或最低回报率。

⊜ CAPM模型中，Beta值的经济含义代表了该项投资的系统风险。

　　基于对资金成本的理解，管理者在融资决策中，事实上还要权衡融资对公司自身损益、财务流动性的影响。对权益融资而言，是未来现金股利支付对流动性带来的压力；对债务融资而言，则是发行费用和利息成本对损益的摊薄，以及偿还到期本息产生的流动性冲击。四川长虹近年来财务上表现出利润低、偿还能力差及流动性弱等特征，高资金成本融资将为不断下滑的业绩雪上加霜。在考虑长期融资资本成本基础上，是否有必要权衡融资资金成本对公司的影响？

　　首先，从盈利状况来看。通过同行业领先企业对比，发现四川长虹盈利能力与竞争对手相比处于弱势。对 2005 ~ 2008 年销售净利率变动分析，康佳集团及海信电器保持稳定增长，四川长虹盈利能力从 2005 年起四年来连续下降，销售净利率由 2005 年约 1.89% 降至 2008 年的约 0.11%。并且，公司上述年度内速动比率呈现逐年下降趋势，由 2005 年的 1.314 降至 2008 年的只有 0.744，而此时主要竞争对手流动性正不断改善，如图 11-15 与图 11-16 所示。

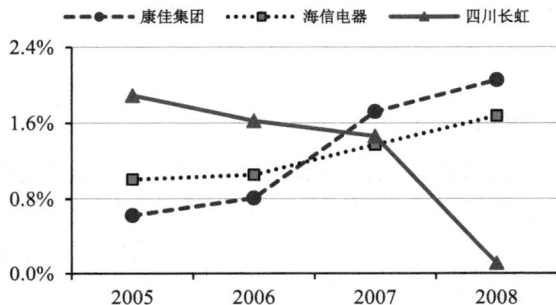

图 11-15　主要竞争企业 2005 ~ 2008 年销售净利率①
①销售净利率＝归属于母公司所有者的净利润÷总营业收入
资料来源：CSMAR 数据库 2005 ~ 2008 年数据计算整理。

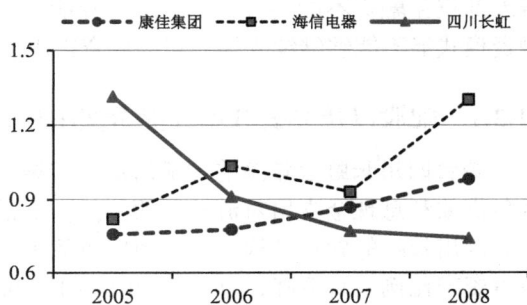

图 11-16　主要竞争企业 2005 ~ 2008 年速动比率①
①销售净利率＝归属于母公司所有者的净利润÷总营业收入
资料来源：CSMAR 数据库 2005 ~ 2008 年数据计算整理。

　　另外，从四川长虹流动性状况及债务偿还能力来看，2008 年公司的经营活动产生的现金流量净额与上一年度相比有大幅增加，然而公司对流动负债的过度依赖造成营运资金比率每年呈下降趋势，2008 年该比率同比下降 48%。同时，盈利减少加上利息摊薄，公司的利息保障倍数逐年下降，公司 EBITDA 与负债总额之比 2008 年只有 0.06，表明盈利获得的现金流对自身债务的保障已达近年新低，如表 11-5 所示。

表 11-5　四川长虹 2006 ~ 2008 年流动性状况及偿债能力分析

年度	2006 年	2007 年	2008 年
经营活动产生的现金流量净额（亿元）	3.86	-3.93	35.65
营运资金比率①	0.39	0.25	0.13
利息保障倍数②	3.62	3.58	2.67
EBITDA③/ 负债总额	0.13	0.09	0.06

①营运资金比率＝（流动资产－流动负债）÷资产总额
②利息保障倍数＝息税前利润÷利息，其中分母的利息为本期发生的全部应付利息，包括财务费用中的利息费用，计入固定资产成本的资本化利息。
③指息税折旧摊销前利润。
资料来源：CSMAR 数据库 2006 ~ 2008 年数据计算整理。

　　若继续以高资金成本融资，巨额利息将进一步降低企业净利润并且增加偿还压力。结合公司盈利能力及财务流动性欠佳的现状，有必要综合考虑资金成本对融资方式进行决策。可见四川长虹想要打一场"翻身仗"，管理层必须及时额外募集大规模资金提供支撑，四川长虹可选择的融资方案有权益增发、短期融资券、短期借款、普通公司债以及发行分离交易可转债，为解决扩张投入的资金需求与融资带来的利息成本及偿还压力的矛盾，公司应该选择何种方案？

11.3 不同融资方案选择的可行性比较

激烈的行业竞争使四川长虹不断加快其战略转型步伐，在产能扩张、渠道铺设、研发升级、股权并购、资金补充并偿还债务的一系列战略调整举措下，资金需求巨大。公司当时的权益规模较低，外部权益增发融资能否实现？四川长虹长期以来依赖短期债务作为融资来源，假若外部权益融资不能实行，短期融资券能否解决对资金需求的燃眉之急？以短期借款为主导的融资模式能不能够继续支撑公司的融资需求？

11.3.1 配股以及非公开增发能否实现权益再融资

结合四川长虹近年来的融资活动，实施上公司比较适宜采用外部权益再融资。该方式能够避免借款利息现金支出对流动性的制约，筹集而来的资金能够同时满足于长期投资和流动性补充。四川长虹的融资结构一直以短期负债为主，几乎没有实施外部权益融资。公司的所有者权益占资产比例一直下降，自 2005 年的 61.87% 降低至 2008 年的 31.28%，除了盈利能力减弱导致留存收益积累放慢之外，上述年度内公司未进行股权融资也是导致该结果的原因，从 1999 年第三次配股后公司约 10 年未再进行过权益性融资。如图 11-17 与表 11-6 所示。

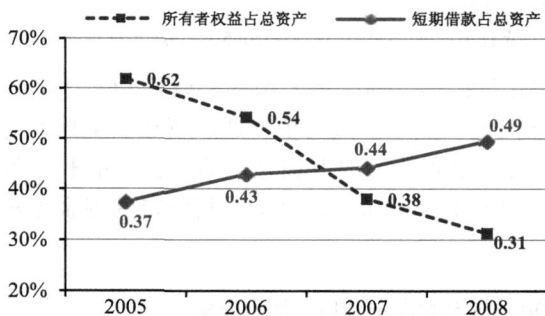

图 11-17 四川长虹 2005 ~ 2008 年权益及短期借款变动
资料来源：四川长虹（600839）2003 ~ 2008 年年度报表整理。

表 11-6 四川长虹权益融资历史

年度	权益融资活动	融资净额
1988	首发	0.36 亿元
1992	个人股东配股	0.86 亿元
1994	上市	—
1995	配股	4.26 亿元
1997	第二次配股	20.56 亿元
1999	第三次配股	17.12 亿元

但事实上外部权益再融资却无法实施，对于配售股份，因融资数量低于拟募集资金需求而无法实施。按证监会规定，拟配售股份数量不超过本次配售股份前股本总额的 30%，即通过配股形式配售的股票数不超过 5.69 亿股，若配售以每股 5.23 元的价格进行，则实现的股权再融资最多不超过 29.78 亿元。实质上，本案例中四川长虹通过可分开交易可转债共筹集约 60 亿元资金，因此配股再融资从数量上并不能满足公司计划投资拟募集的资金需求。另一方面，若通过非公开增发，因融资数量超出现股东认股能力而无法实施。如果向现有国有大股东增发，因四川长虹电子集团有限公司占股达 30%，难以实现现金认购；如果向其他不超过 10 个定向增发对象增发，平均现金认购至少 3 亿元，显然难以实现足额融资。结合公司现经营状况，对各种可能实施的权益融资进行分析总结，如表 11-7 所示。

表 11-7　四川长虹权益融资方案分析

融资方式	方案分析	能否实施
公开增发	2006 ~ 2008 年三年四川长虹扣除非经常性损益后加权平均净资产收益率并不满足公开增发股票的条件①	不符合条件
配股	拟配售股份数量不超过本次配售股份前股本总额的 30%。加上原股东可能放弃配股权，即通过配股所能筹集的资金最多不超过 29.78 亿元，不能满足拟募集的资金需求（本案例实质上筹集了 60 亿元）	不满足需求
非公开增发	如果仅针对现有前 10 大股东采用非公开发行方式融资，股东持股数量与持股比例可能产生巨大变化，另外不利于大股东的资本退出	超出现股东认股能力

①关于上市公司进行股票增发的条件，《上市公司证券发行管理办法》（2006 年 5 月 8 日证监会令第 30 号）规定：（1）上市公司的盈利能力需具有可持续性，最近 3 个会计年度连续盈利（扣除非经常性损益后的净利润与扣除前的净利润相比，以低者作为计算依据）；（2）上市公司的财务状况良好，最近 3 年以现金方式累计分配的利润不少于最近 3 年实现的年均可分配利润的 30%；（3）上市公司最近 3 个会计年度加权平均净资产收益率平均不低于 6%（扣除非经常性损益后的净利润与扣除前的净利润相比，以低者作为加权平均净资产收益率的计算依据）；（4）发行价格应不低于公告招股意向书前 20 个交易日公司股票均价或前一个交易日的均价。

综上可知，由于业绩指标不符合证监会相关要求公开进行权益融资不可行；配股满足条件，但难以实现足额融资；公司非公开增发要求大股东短时间内增资，融资数量超出现认股能力并且不利于股东未来风险的退出。换言之，公司无法选择外部权益融资满足增长资金需求。**面对外部权益融资的发行阻碍，四川长虹能否继续通过短期融资方式维持未来战略转型活动？**

11.3.2　短期融资券能否为投资项目募集足额资金

国有产权背景能够为四川长虹短期融资券发行带来便利㊀，四川长虹最终控制人为绵阳市地方国资委，依靠其政治关联能对公司发行短期融资券上起到推动作用，2007 年四川长虹曾经发行过短期融资券进行融资，发行规模为 10 亿元，如表 11-8 所示。

表 11-8　四川长虹 2006 ~ 2008 年短期融资券发行概况

时间	短期融资券名称	融资规模	具体内容
2006 年	无	—	—
2007 年 3 月 19 日	2007 年短期融资券（第一期）	10 亿元	期限：365 天；面值：100 元；发行利率：3.85%；发行对象：全国银行间债券市场的机构投资者；到期一次还本付息
2008 年	无	—	—

资料来源：四川长虹（600839）2006 ~ 2008 年年度报表整理。

然而授信银行往往对发行规模存在严格限制，导致公司无法通过发行大额的短期融资券来满足增长的资金需求。以 2009 年 7 月为例，对该月发行短期融资券的上市公司发行结果进行统计，发现所有发行企业的发行规模都在 10 亿元内，如表 11-9 所示。其中，三

㊀ 依据中国人民银行 2008 年 3 月 14 日《银行间债券市场非金融企业债务融资工具管理办法》，短期融资券的发行条件为：（一）是在中华人民共和国境内依法设立的企业法人；（二）具有稳定的偿债资金来源，最近一个会计年度盈利；（三）流动性良好，具有较强的到期偿债能力；（四）发行融资券募集的资金用于本企业生产经营；（五）近三年没有违法和重大违规行为；（六）近三年发行的融资券没有延迟支付本息的情形；（七）具有健全的内部管理体系和募集资金的使用偿付管理制度；（八）中国人民银行规定的其他条件。

峡集团下属上市公司长江电力（股票代码：600900），2009 年年中报披露每股收益为 0.164，长江电力虽具有国有产权背景以及较好的盈利状况，但最终只获得 10 亿元发行额。相比之下，四川长虹同期每股收益为 −0.011，可预测四川长虹若发行短期融资券难以获得超过 10 亿元授信额度。

表 11-9　2009 年 7 月上市公司短期融资券发行概况

发行日期	发行企业	股票代码	发行规模	发行利率
2009 年 7 月 1 日	新疆天业	600075	4 亿元	2.75%
2009 年 7 月 6 日	华新水泥	600801	6 亿元	2.75%
2009 年 7 月 13 日	长江电力	600900	10 亿元	1.85%
2009 年 7 月 28 日	创业环保	600874	5 亿元	2.8%
2009 年 7 月 29 日	白云机场	600004	7 亿元	2.2%

资料来源：对新疆天业（600075）、华新水泥（600801）、长江电力（600900）、创业环保（600874）及白云机场（600004）短期融资券发行情况公告整理所得。

虽然短期融资券与信用贷款相比具有利率上的优势，并且四川长虹也可利用短期融资券实现短期债务长期化[⊖]，但由于短期融资券的发行规模比较小并且需要严格的信用评价，本次增长的大额资金需求难以通过该融资方式来满足，因此短期融资券方案并不可行。进一步地，银行中期票据对上市公司的资产规模、盈利能力以及信用评级均做出了更高要求[⊖]，结合四川长虹自身状况，公司当时几乎不可能获得注册发行中期票据的批准。概括来说，在权益融资、短期融资券及中期票据融资都不可行的情况之下，四川长虹似乎只能回到一直所依赖的短期借款上，以短期借款为主导的融资模式能否继续支撑公司未来的融资需求？

11.3.3　短期借款能否对新增长战略提供长期支撑

公司利用短期借款长期化虽然能够满足日常经营的需求，但该方式能否长久持续并且对公司的融资成本带来怎样影响？为了分析维持短期借款融资对公司未来的影响，本案例利用销售百分比法构建一个成长模型，预测在某个成长率下的短期债务需求。假设不通过长期借款以及权益融资，在商业信用保持稳定自发增长下，其他资金由短期借款来满足，预测 2009 ～ 2011 年短期借款需求将如图 11-18[⊜]所示。

⊖　短期融资券与短期借款为两种不同的融资方式，大部分公司的短期融资券在资产负债表中的"其他流动负债"列示；短期融资券对企业发行融资券实行余额管理，只要待偿还融资券余额不超过企业净资产的 40% 即可。

⊖　中国人民银行 2008 年首次推行中期票据并于 3 月 14 日出台《银行间债券市场非金融企业中期票据业务指引》，《指引》除限制"中期票据待偿还余额不得超过企业净资产的 40%"外，对申请企业的财务状况并没有其他具体要求，此次铁道部及 6 家大型央企获得首批发行权利，信用评级均为最高级别（AAA）。而自 2009 年 1 月至 2009 年 7 月，上市公司只有包钢股份、中国国航、中国石油等 9 家获得发行中期票据批准，获得中期票据发行上市公司与四川长虹相比有以下三点差异：（1）获发行上市公司基本为大型央企，或者重点扶持企业（如新能源、矿产或海运业），四川长虹仅为地方国有企业，资产规模相对较小；（2）上市公司盈利水平较佳，若排除中国国航，其余 8 家上市公司 2008 年度的加权净资产收益率为 9.29%，四川长虹 2008 年度的加权净资产收益率为 0.34%；（3）企业信用评级级别均在 AA 或以上，而根据《2009 年 7 月 11 日四川长虹电器股份有限公司分离交易可转换公司债券募集说明书》，四川长虹此时评级为 A+ 级。

⊜　销售百分比法假设如下：（1）流动资产、应付账款和预提费用等与销售额存在稳定百分比关系，其他项目则不存在；（2）长期资产增速受升级投资战略影响，分两种假设。第一种假设为与销售增长相等，即 10%；第二种为 15% 增长；（3）四川长虹 2008 年销售净利率为 0.94%，假设以后期间的销售净利率不变；（4）假设以后年度不再分发股利，股利支付率为 0；（5）四川长虹 2008 年销售收入为 279.3 亿元，结合各方面因素考虑，2009 年度销售收入增长 10%，为 307 亿元，以后年度收入增长保持为 10%。

　　假设四川长虹能够应付利息成本带来的巨大压力，因扩张升级战略需要在以后年度持续实施，未来对短期借款需求将呈指数式膨胀。可以看出，若固定资产和无形资产规模保持每年 10% 的扩张，到 2011 年公司的短期借款将飙升至 102.9 亿元，与 2008 年比较增加达97.12%；若固定资产和无形资产规模保持每年 15% 的扩张，2011 年短期借款规模为 121.7 亿元[⊖]，与 2008 年比较增加达 133.14%，长期资产投资增长越高，短期借款规模越呈指数式膨胀。因此，结合 2006 ~ 2008 年短期借款规模变动，要在未来四年大幅增加短期授信额度来满足投资资金需求将十分困难。若继续维持短期借款筹资，四川长虹无疑面临更加巨大的筹资难题：一是借款规模增速过快难以寻找足够的授信来源；二是借款规模增速过快将进一步增加利息成本与还款压力。

　　图 11-19 对公司短期借款结构进行分解，可发现短期借款增长授信来源主要是通过信用贷款。2008 年信用借款规模大幅增加，达到 32.26 亿元，约为 2007 年的 3 倍，并且超过 2007 年短期借款总额。基于销售百分比对短期借款规模预测，公司若维持 15% 的固定、无形资产高速增长则应在 2009 年度增加短期借款 20.3 亿元。结合近几年短期借款结构及规模变动可预测，公司已经难以通过担保贷款、抵押贷款和质押借款筹集资金，信用贷款若继续大幅膨胀将对企业利润造成巨大影响，同时对于流动性产生较大冲击。

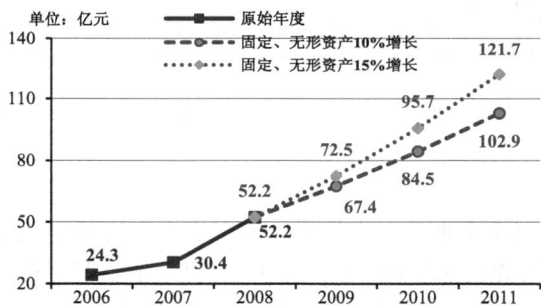

图 11-18　销售百分比法预测 2009 ~ 2011 年短期借款
资料来源：基于四川长虹（600839）2005 ~ 2008
年年度报表数据模拟计算。

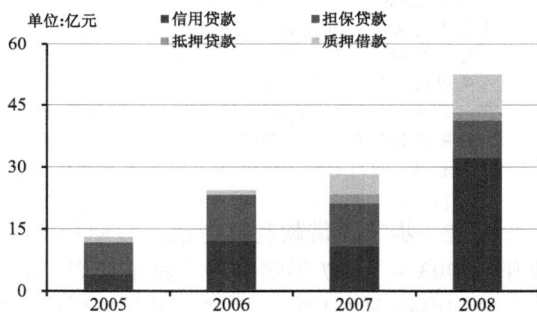

图 11-19　四川长虹 2005 ~ 2008 年短期借款结构
资料来源：基于四川长虹（600839）2005 ~ 2008
年年度报表数据模拟计算。

　　表 11-10 对公司信用贷款增加所产生的利息进行虚拟计算。假设增长投入的资金全部由信用贷款满足，则 2009 年信用贷款大幅增加后产生的利息费用达到 2.79 亿元，当年短期借款负担总利息达 3.45 亿元，占公司 2008 年息税前利润的 82.73%（同时假设 2009 年息税前利润与2008 年相等）。即使短期借款规模可以持续高速增长，但利息严重摊薄了公司利润，并且信用贷款因无抵押质押物或保证人，现金直接偿还将给公司流动性带来巨大压力，显然四川长虹也将难以承受该融资成本。

表 11-10　四川长虹 2008 ~ 2009 年短期借款利息估算　　　　（单位：亿元）

	期末余额	占短期借款总额	平均贷款利率^①	加权后利率^②	估算 2008 年度利息^③	估算 2009 年度利息^④
信用贷款	32.26	61.74%	5.31%	3.28%	1.71^⑤	2.79

⊖　用 2011 年公司实际数据对预测效度进行检验：2011 年四川长虹短期借款年末余额为 88.67 亿元，在发行分离交易可转债的情况下，短期借款规模相对 2008 年度增长 69.71%，预测中对短期借款规模增幅假设合理；另外 2011 年年度合并资产负债表中：固定资产 + 在建工程 + 无形资产 + 开发支出 =125.14（亿元），表明四项资产实际年均增长约略高于 8%，因此对于预测中使用 10% 增长作为基础假设视为在合理误差范围之内。

（续）

	期末余额	占短期借款总额	平均贷款利率①	加权后利率②	估算 2008 年度利息③	估算 2009 年度利息④
担保贷款	8.96	17.15%	3.83%	0.66%	0.34	0.34
抵押贷款	2.00	3.83%	3.83%	0.15%	0.08	0.08
质押借款	9.03	17.28%	2.68%	0.46%	0.24	0.24
合计	52.25	100.00%	—	4.55%	2.37	3.45

①各类型贷款的平均利率确定如下：

信用贷款：四川长虹（600839）2008 年年度报表中并未披露信用贷款利率相关信息。因为信用贷款无须抵押物或保证人，利率贴近同期贷款基准利率，本案例直接以当年中央人民银行短期 1 年贷款基准利率进行计算。通过计算后发现短期借款的总利息与公司当年实际利息支出扣除长期借款利息相近，说明利率选择合理。

担保贷款：根据四川长虹 2008 年年度报表中短期借款附注中的"年末担保贷款明细"，基于各笔贷款规模加权平均计算而得。

抵押贷款：四川长虹 2008 年年度报表中并未披露抵押贷款利率相关信息。理论上抵押贷款利率比担保贷款略低，但因为抵押贷款当年规模较小并且无法获取估算利率的信息，因此本案例假设抵押贷款平均利率与担保贷款利率相等。

质押贷款：根据四川长虹 2008 年年度报表中短期借款附注中的"年末质押借款明细"，基于附注中披露各笔质押借款规模加权平均计算而得。

②加权后利率 ＝ 各类短期借款占总额比例 × 平均贷款利率
③估算 2008 年度利息 ＝ 各类短期借款 2008 年度期末余额 × 平均贷款利率
④基于前文对短期借款规模预测计算：固定、无形资产增长维持 10%，预计 2009 年度增加短期借款 20.3 亿元，资金全部通过信用贷款筹集（信用贷款利率与 2008 年相等），其他类型借款均不变。估算 2009 年度利息 ＝ 各类短期借款预测期末余额 × 平均贷款利率。
⑤以 2008 年度中央人民银行短期 1 年贷款基准利率 5.31% 作为公司信用贷款平均利率，对四川长虹 2008 年度短期借款利息估算并用当年实际对比可证明假设合理。
资料来源：四川长虹（600839）2008 年年度报表整理。

若进一步考虑借款利率变动，短期贷款基准利率未来呈上升趋势，融资成本很大可能逐步攀升。2003 ~ 2007 年间中央人民银行规定的最低贷款基准利率持续上升，2007 年短期 1 年贷款基准利率达到 7.47%。受到金融危机影响，2008 年显著下降至 5.31%，回落到 2003 年水平，但该变动为暂时性下调，未来利率回升将继续使公司以高成本获得短期借款。另一方面，短期借款利率贴近长期借款利率，并未展现出利率上的优势。自 2003 年以来，中央人民银行规定的最低贷款基准利率中，短期 1 年与长期 5 年以上的利率差异维持在 0.30% 至 0.60% 水平，因此利用短期借款取代长期借款进行融资利息节约有限，如图 11-20 与图 11-21 所示。

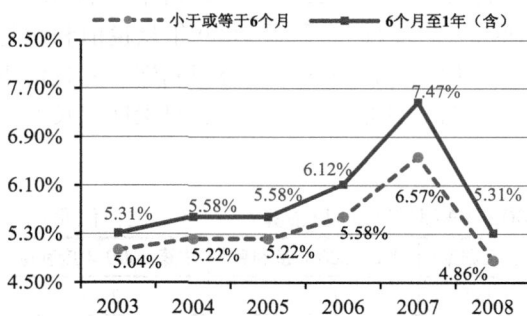

图 11-20　2003 ~ 2008 年年末短期贷款基准利率变动
资料来源：中央人民银行网站公布数据整理。

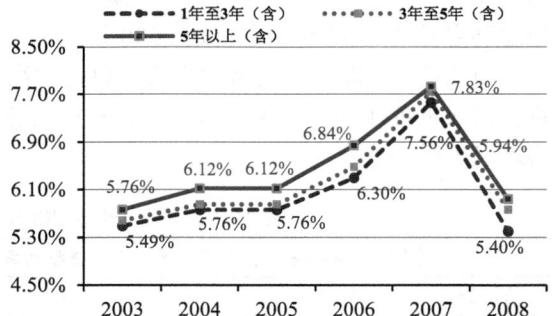

图 11-21　2003 ~ 2008 年年末中长期贷款基准利率变动
资料来源：中央人民银行网站公布数据整理。

─ 销售净利率 ＝ 归属于母公司所有者的净利润 ÷ 总营业收入

其次，公司的抵押及质押贷款规模近年迅速放大，质押借款与 2007 年相比增加超过 1 倍，2008 年规模至 9.03 亿元。质押产生的利息除了对企业利润造成影响之外，公司以现金质押贷款也钳制了自身的财务流动性。

从表 11-11 可看出，四川长虹大部分质押贷款的质押标的主要为自身流动资产以及股份，该表列示了公司 2008 年末质押贷款明细。质押贷款的年利率与信用贷款相比明显较低，但质押贷款的质押物基本为公司银行存款，所质押存款甚至高于借款金额 ⊖。四川长虹的营运资金水平已降至新低，通过质押借款筹集所需资金难度极大。总结上述分析，从授信来源和对公司损益及流动性的影响来看，本次筹资继续依赖短期借款不具有可行性。

表 11-11 四川长虹 2008 年质押贷款明细

借款银行	借款金额	年利率	质押物
大华银行（中国）有限公司	2.73 亿元	1.16%	结构性存款 3.015 亿元
中国建设银行绵阳市分行	1.09 亿元	2.92%	人民币 1.18 亿元
中国工商银行高新支行	1.37 亿元	3.19%	人民币 1.5 亿元
国家开发银行四川省分行	3.42 亿元	3.30%	本公司 4.25 亿股股份
中国银行中山分行	0.42 亿元	5.31%	人民币 0.42 亿元

资料来源：四川长虹（600839）2008 年年度报表整理。

通过对各种融资的可行性进行分析后，四川长虹无法通过内／外部股权融资、短期融资债以及短期借款获得用于支撑增长战略的资金，可供选择的融资方式只剩普通公司债券和分离交易可转债。若选择分离交易可转债，内嵌的认股权证被行权时相当于对外发行股票，四川长虹如何考虑债务与权益混合融资带来的成本？若选择普通公司债，其利率将明显高于短期借款利率，究竟公司应如何对上述两种融资进行选择？

11.4 选择并发行分离交易可转债

对于普通公司债和可分离交易可转换债券，四川长虹应该如何衡量各方案的资本成本，并且权衡自身盈利状况和流动性状况确定最佳的融资方式？权衡过后，四川长虹最终选择发行分离交易可转债。公司是如何发行分离交易可转债，为何发行成功？发行结果和认股权证行权情况如何？

11.4.1 普通公司债与分离交易可转债的权衡

四川长虹满足发行普通公司债 ⊜ 及分离交易可转债的条件 ⊜。截至 2008 年末，公司并无应付债券，期末净资产额约 126.21 亿元，根据公司债发行条件"本次发行后累计公司债券余额不超过最近一期期末净资产额的 40%"，四川长虹普通公司债券发行上限约为 50 亿元。而对于分离交易可转债，根据证监会规定的"预计所附认股权全部行权后募集的资金总量不超过拟发行

⊖ 结合公司报表解析内容，所质押存款高于借款金额原因有两个：（1）所质押存款金额包含质押贷款利息；（2）外币汇率变动折算差异。

⊜ 发行公司债券形式进行融资的条件：（1）最近三个会计年度实现的年均可分配利润不少于公司债券一年的利息；（2）本次发行后累计公司债券余额不超过最近一期期末净资产额的 40%。

⊜ 发行分离交易可转债，根据《上市公司证券发行管理办法》规定符合以下两个条件：（1）发行后累计公司债券余额不超过发行最近一期末净资产额的 40%；（2）预计所附认股权全部行权后募集的资金总量不超过拟发行公司债券金额。

公司债券金额"，公司除可以发行上限为 50 亿元的债券，同时另外还能够附带发行上限为 50 亿元的认股权证进行权益融资，实质上募资上限达到 100 亿元。相对上章节的几种融资途径，普通公司债及分离交易可转债能够使公司募集到足额资金，并且分离交易可转债的融资上限在所有可行方案中为最高。

若从资本成本角度对两种融资方式进行对比，选择哪一种融资方式对公司更有利？对于分离交易可转债，其资本成本实质上包含两部分：可转换债券的资本成本和认股权证的资本成本，由于计算过程中无法预知未来认股权证的行权转股结果，因此分离交易可转债的资本成本估算的不准确性较大。

认股权证的资本成本计算中，本案例以认股权证 Delta 值来衡量权证风险与正股风险变动间的关系，2008 ~ 2009 年间市上认股权证产品 Delta 值基本分布在 0.8 ~ 1.0 区间内，因此假设四川长虹发行认股权证后 Delta 值预计在 0.9 左右。进一步假设认股权证风险系数（Beta 系数）与正股风险系数间关系，最后利用 CAPM 模型估算该部分资本成本，如表 11-12 所示。

表 11-12 分离交易可转债与一般公司债资本成本对比分析

项目		分离交易可转债	普通公司债
债券资本成本	影响因素	发行费用比例、年利息、所得税率、筹资额等	发行费用比例、年利息、所得税率、筹资额等
	资本成本①	0.8%×（1-25%）=0.6%（取债务部分年利率作为估计值）	5.4%×（1-25%）=4.05%（采用同期"08 宁沪债"年利率）
认股权证资本成本	影响因素	当前股价、执行价格、距离期权到期的年限、无风险利率、历史波动率、正股预期收益率、行权比率等	—
	资本成本	根据同期权证市场产品 Delta 均值②，假设权证风险系数约为正股的 0.9（即 β权证=0.9β），估计权证部分资本成本约为 11.37%③	—
两融资方式资本成本的对比		分离交易可转债综合资本成本约 5.98%④，高于普通公司债券的资本成本	

①在计算债务部分资本成本时，均不考虑发行费用对资本成本影响，只考虑利息的节税作用。

②Delta= 权证价格变化 / 正股价格变化，该指标衡量了标的股票价格变动时，期权价格的变化幅度。

③基于 2009 年 2 月 1 日至 7 月 31 日半年间个股及市场数据，选用月度考虑红利再投资的几何平均收益的历史数据替代市场预期报酬率。市场预期报酬率计算方式如下：$R_c = \left[\prod_{t=t_1}^{t_n}(1+R_t)\right]^{1/6} - 1$，其中 Rt 为每月考虑红利再投资的市场报酬率，计算出 Rc=10.42%；正股风险系数 =1.24；无风险利率 =2.25%。最后利用 CAPM 模型估算认股权证的资本成本 =2.25%+0.9×1.24×（10.42%-2.25%）= 11.37%。

④综合资本成本根据各部分融资规模进行加权平均：0.6%×50%+11.37%×50%=5.98%。

资料来源：2009 年 7 月 11 日《四川长虹认股权和债权分离交易的可转换公司债券募集说明书》及 CSMAR 数据库 2009 年公司债券相关数据综合计算整理。

从估算结果来看，因为认股权证的资本成本较高，分离交易可转债与普通公司债在资本成本上对比并无优势，估计值 5.98% 高于普通公司债的 4.05%。但计算分离交易可转债资本成本过程中较多因素需人为假设⊖，即使计算出对公司 WACC 影响也缺乏足够效度，未能为两种债券的权衡提供足够信息，因此只凭各方案的资本成本难以作出准确的权衡。

⊖ 国内外教材现时对认股权证资本成本的计算并未有清晰与体系化的方法，本案例在估计分离交易可转债可转债资本成本过程中作出以下假设：（1）由于中国权证市场产品较少，且一般行权程度非常高，所以假设"长虹 CWB1"认股权证最后行权率为 100%，以此套用 CAPM 模型计算普通股权益成本思路近似估计权证资本成本；（2）假设认股权证的 Delta 值代表了该权证与正股间所有的风险关系，因此可以用正股 beta 系数表示权证 beta 系数；（3）权证市场与正股市场有相同的预期报酬率。

　　基于资本成本进行融资决策使公司能够从投资者角度出发，在满足投资者预期报酬的情况下保证融资顺利实施，同时考虑了融资资本对公司长期风险的影响。然而基于四川长虹的实际状况，当前盈利水平低、财务流动性差迫使管理者关注融资实际支出所带来的资金成本。融资方式能否解决公司增长的融资需求，并且实现低资金成本对未来盈利水平与财务流动性的权衡成为关键问题。

　　图 11-22 描述了综合考虑资金成本的融资决策路径，融资过程中实际支付的筹资费用[注]、利息费用和还款过程中的现金压力，实质都是融资的资金成本。诚然，管理层在决策中不仅要考虑资本成本——寻找资本成本适当低的融资方式以迎合投资者预期回报；同时还要考虑资金成本——寻找资金成本适当低的融资方式以保证当期及未来的利润与流动性。四川长虹如何根据该融资决策思路进行对普通公司债与分离交易可转债的权衡？

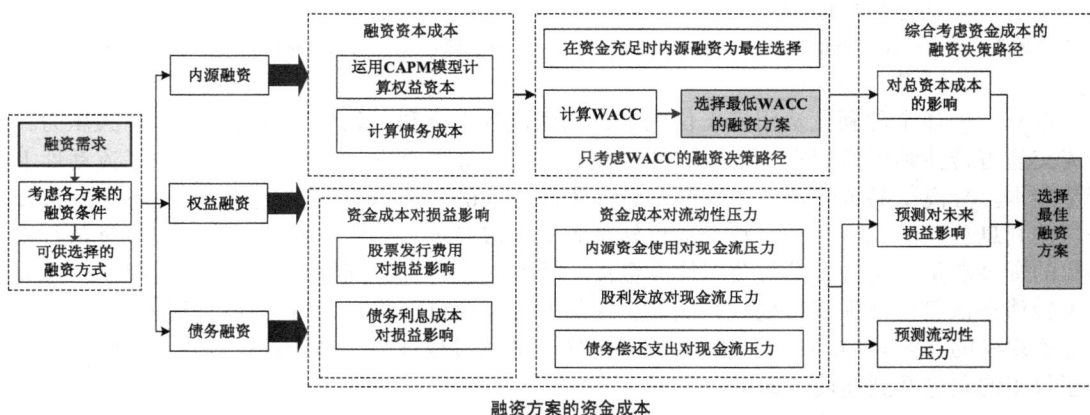

图 11-22　基于资金成本的融资决策路径对比

　　综合考虑两种融资方式对公司资金成本的影响，普通公司债券因利息费用过高将带来较高资金成本。取债券利率为 5.80% 进行分析，每年将增加利息支出 1.74 亿元，如果未来四川长虹合并会计利润仍然持续维持在 2007 年和 2008 年度的低利润表现，则普通公司债融资带来的利息费用将会明显降低 2009 年甚至以后年度的损益。假设公司 2010 年净利润不变，当年净利润受债券利息影响将下降至 1.32 亿元，净资产收益率为 0.83%，与不发行债券相比降低接近 50%，与债券利率为 0.8%（即分离交易可转债利率）时相比降低了 46%，如图 11-23 [注]及图 11-24 所示。

　　⊖　根据 2010 年 6 月 23 日，中国证监会会计部发布的《上市公司执行企业会计准则监管问题解答》中规定上市公司为发行权益性证券发生的承销费、保荐费、上网发行费、招股说明书印刷费、申报会计师费、律师费、评估费等与发行权益性证券直接相关的新增外部费用，应自所发行权益性证券的发行收入中扣减，在权益性证券发行有溢价的情况下，自溢价收入中扣除，在权益性证券发行无溢价或溢价金额不足以扣减的情况下，应当冲减盈余公积和未分配利润；发行权益性证券过程中发行的广告费、路演及财经公关费、上市酒会费等其他费用应在发生时计入当期损益。而现实上市公司 IPO、公开发行或非公开发行中发生该类费用占实际募集资金总额比例非常低。以 2011 年进行权益融资中发生该类其他费用的主板上市公司作为统计样本，计入当期损益的发行费用平均仅约占实际募集资金总额的 0.3%（资料来源：CSMAR 数据库）。
　　⊜　基于 2008 年年度净利润进行计算，因 2009 年并非以一个年度进行计息，因此本案例以 2010 年作为预测期并假设 2010 年公司利润表与 2008 年一致，在该净利润基础上模拟计算不同债券利率对公司净利润的影响。图 11-24 计算净资产收益率也如是。

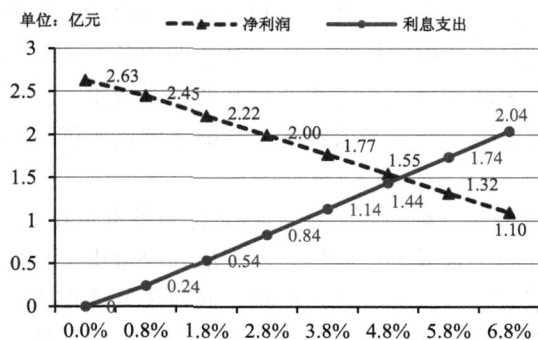

图 11-23　不同利率的利息支出以及对
净利润的影响

资料来源：四川长虹（600839）2008 年年度报表
计算整理。

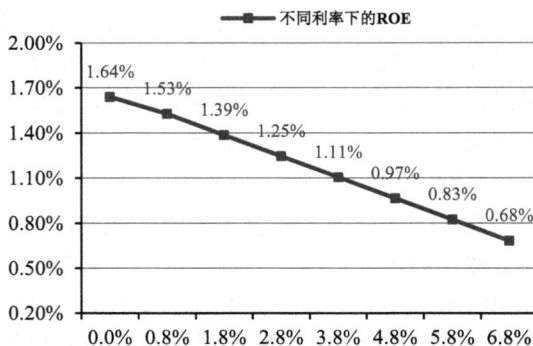

图 11-24　不同利率下四川长虹净资产收益率
表现影响

资料来源：四川长虹（600839）2008 年年度报表计
算整理。

此外，上述全部利息费用需支付现金，到期债务本金和利息将对流动性带来巨大压力，而分离交易可转债则因低利息与认股权证行权避免了大额现金支付义务，大大降低了流动性上的资金成本。分离交易可转债 6 年期利息总额最高为 3.6 亿元（通常情况下低于），不足发行普通公司债利息总额的 38%。而分离交易可转债附有认股权证，遵照"预计所附认股权全部行权后募集的资金总量不超过拟发行公司债券金额"的要求，在发行同等规模债券的情况下，分离交易可转债在认股权证到期行权后，最终实现的融资规模可能将是发行普通可转债或长期企业债券融资规模的 0.9 ~ 1.0 倍[⊖]。若分离交易可转债的认股权证完全被行权，四川长虹实质上只需偿还每年的利息及到期债券即可。

表 11-13 则说明了分离交易可转债对公司流动性的缓解能力。假设认股权证完全行权，则在第 2 年年末为公司再次补充 30 亿元资金，虽然在第 6 年末全部债务按期偿还，但该融资方式产生的现金净流量为 28.56 亿元，与之对比的普通公司债其净流量为 −9.72 亿元，两方案对公司未来流动性影响悬殊。

表 11-13　两种融资方案未来现金流量分析对比[①]

融资方式		筹资现金流量分析（亿元）							净流量
		第 0 年	第 1 年	第 2 年	第 3 年	第 4 年	第 5 年	第 6 年	
普通公司债	流出	—	−1.62[②]	−1.62	−1.62	−1.62	−1.62	−31.62	−9.72
	流入	30	—	—	—	—	—	—	
分离交易可转债	流出	—	−0.24	−0.24	−0.24	−0.24	−0.24	−0.24−30[③]	28.56
	流入	30	—	30[④]	—	—	—	—	

①为简化分析，此处不考虑货币的时间价值。
②采用同期"08 宁沪债"年利率 5.4% 为计算利息，普通债的年利息 = 30×5.4%=1.62（亿元）。
③分离可转债不设重设和赎回条款，即不允许债券发行公司在债券发行后对已发行债券进行赎回或对换股价格进行修改。这样可以避免可转换公司债发行人不断向下修正转价或强制赎回方式促成转股的发生而忽视公司经营业绩的提高。因此对于到期的债券部分，四川长虹需要全额偿还债。
④此处假设认股权证 100% 被行权，并且不考虑其他相关费用，估计最终可募集到约 30 亿元资金。
资料来源：2009 年 7 月 11 日《四川长虹认股权和债权分离交易的可转换公司债券募集说明书》综合计算整理。

在受到融资约束情况下，通过计算普通公司债与分离交易可转债的资本成本进行对比，同时考虑盈利现状和财务流动性现状进一步综合考虑融资带来的资金成本，选择发行分离交易可

⊖　本例中四川长虹整个分离交易可转债发行过程共募集资金 58.72 亿元，约为纯发行公司债券融资额一倍。

转债融资较为合理。另外，根据目前市场利率水平，分离交易可转债的票面利率一般低于 2%，债券利息每半年或每年支付一次，分离交易可转债的期限最短为一年，最长没有限制。公司可以根据募集资金投资项目的资金计划确定债券期限。认股权证的行权价格应不低于公告募集说明书签订前二十个交易日公司股票均价和前一个交易日的均价。

由此看来，通过综合考虑资金成本对上述两种融资方案进行权衡可知：与普通公司债券相比，分离交易可转债在资金成本上具有明显优势，成为四川长虹的较佳融资选择。**但这是否表明该融资方式只能适合与四川长虹财务状况雷同的公司？其他发行分离交易可转债的公司是否同样具有降低资金成本的目的？**

11.4.2 发行分离交易可转债旨在降低资金成本

2008 年和 2009 年发行分离交易可转债的公司中，不仅有净资产收益率低、负债水平偏高的公司（如四川长虹、国电电力、上海汽车），也有净资产收益率高、负债水平较低的企业（如上港集团、中远航运及康美药业）。后者大部分都满足公开增发的条件，而这些企业选择发行分离交易可转债，主要为了进一步扩大融资规模或实施每年持续的小规模融资，同时改善公司资本结构⊖。**因此，公开增发的公司也能够选择发行分离交易可转债，该融资方式对企业财务状况类型并无特定性选择**，如图 11-25 所示。

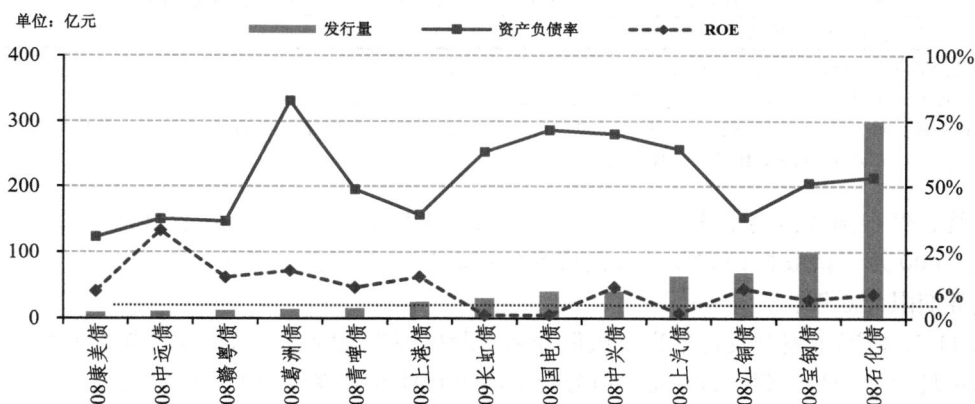

图 11-25　2008 ~ 2009 年分离交易可转债发行公司财务状况

资料来源：CSMAR 数据库 2008 ~ 2009 年数据计算整理。

但是，证监会对中国企业的分离交易可转债发行审批相对严格，基本偏向于具有明显国有产权属性企业。自 2006 年批准发行开始至 2009 年暂停审批，一共只有 21 家上市企业获批准发行，当中绝大部分为国有企业，且国有控股比例相对较高⊖。因为国内权证市场处于起步阶段且对权证交易存在过度炒作，该审批制度目的在于保证企业能够及时偿还债券并减少公司正股对应认股权证的炒作。

对四川长虹而言，分离交易可转债的债务融资部分呈现明显较低的利息成本，即票面利率明显低于同期市场债务融资的利率；并且发行分离交易可转债，实现了债务融资与潜在权益融资的捆绑组合，即在满足认股权证行权的条件下可以进行股权再融资，避免了再次单独实施股权再融资的审批费用和发行成本，有利于降低融资资金成本。

⊖　如康美药业，公司在 2006 年和 2007 年都进行了公开增发，扣除发行费用后分别募集资金 4.85 亿元和 10.23亿元。2008 年发行分离交易可转债 9 亿元，募集资金用于偿还短期融资券、偿还银行贷款、补充流动资金。

⊖　获发行的 21 家企业当中，只有康美药业无国有背景，所有公司发行当年平均国有股占总股数比例达到 46.01%。

表 11-14 将四川长虹与 2008 年发行过分离交易可转债的中兴通讯（000063）进行对比，在发行该债券之前，中兴通讯在项目投资对流动性压力上明显大于四川长虹，两者发行前 1 年（中兴通讯为 2007 年、四川长虹则为 2008 年）现金满足投资比率分别为 0.121 和 1.443。然而，资金成本对公司损益与流动性的影响与中兴通讯相比更为明显。四川长虹债务利息支出与营业收入比值 2008 年上升至 0.017，中兴通讯发行前一年降至 0.015，表明公司债务利息支出对损益增加。另外，四川长虹营运资金与资产总额比值下降幅度显著大于中兴通讯，在发行前一年该指标急剧降至 0.076。结合四川长虹的募集用途，约 45 亿元以偿还短期债务与补充流动资金，**可见四川长虹发行分离交易可转债旨在满足增长投资需求以及降低资金成本。**

表 11-14　四川长虹与中兴通讯发现分离交易可转债前财务状况及募资用途比较

		发行以前年度财务状况			发行规模	募集用途
		前 3 年	前 2 年	前 1 年		
四川长虹 （600839）	现金满足投资比率①	−0.583	0.638	1.443	约 60 亿元	约 15 亿元用于项目投资；其他偿还短期债务与补充流动资金
	债务利息支出②/营业收入	0.004	0.011	0.017		
	营运资金/资产总额	0.281	0.169	0.076		
中兴通讯 （000063）	现金满足投资比率	0.645	0.387	0.121	约 65 亿元	全部用于投资 13 个研发项目
	债务利息支出/营业收入	0.021	0.022	0.015		
	营运资金/资产总额	0.365	0.363	0.247		

①现金满足投资比率 = 近 5 年经营现金流量净额之和 / 近 5 年资本支出、存货增加、现金股利之和。
②债务利息支出包括实际支付的现金股利，支付给其他投资单位的利润以及支付的借款利息、债券利息等。
资料来源：四川长虹（600839）与中兴通讯（000063）认股权和债权分离交易的可转换公司债券募集说明书、以及 CSMAR 数据库整理所得。

最终，经中国证监会【证监许可（2009）663 号】核准，四川长虹于 2009 年 7 月 31 日公开发行 3 000 万张认股权证和债券分离交易的可转换公司债券，每张面值 100 元，金额 30 亿元，债券期限为 6 年。

图 11-26 概况了整个发行过程，该债券和认股权证于 2009 年 8 月 19 日起在上海证券交易所交易市场上市交易。每 1 000 元面值分离交易可转债的最终认购人可以同时获得公司派发的 191 份认股权证，共 5.7 亿份。认股权证存续期为 2009 年 8 月 19 日至 2011 年 8 月 19 日，行权期间为认股权证存续期最后五个交易日，初始行权比例为 1:1，即每一份认股权证代表一股公司发行的 A 股股票的认购权利，初始行权价格为每股人民币 5.23 元 / 股。该分离交易可转债票面年利率为 0.8%。

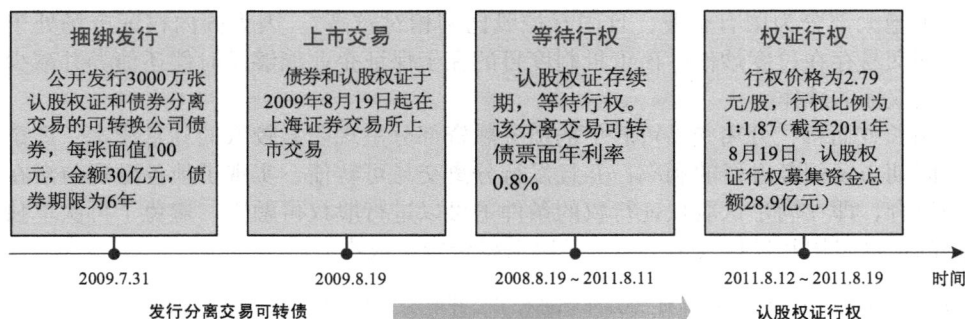

图 11-26　四川长虹发行可分离可转债时点分布
资料来源：根据四川长虹 2008 ～ 2011 年年度报表整理。

11.4.3　认股权证行权实现权益融资对资金补充

四川长虹分离交易可转债中的认股权证发行前，公司业绩与其他发行该类债券的公司相比表现较差，为何认股权证最终得到投资者们的认购？这是由于分离交易可转债的认股权证拥有换股权利，具有以低于市价的价格获得公司股票并享受股利和资本增值的可能性。这种认股权实质上属于一种权益工具，因此，发行方在发行分离交易可转债时，相当于同时发行了一项债务工具和权益工具。所以，有的分离交易可转债的债权部分现值虽然低于其票面价值，但是其免费附送的转股权证因含有期权价值具有潜在的获利能力，投资者仍然愿意以高于其债权现值的票面价值购买分离交易可转债。

利用 Black-Scholes 期权定价模型计算权证理论价格[⊖]。取四川长虹过去一年的年化波动率49.44% 代入公式，取当时法定一年期存款利率 2.25% 为无风险利率，在 2009 年 7 月 28 日正股收盘价 5.72 元下计算本期分离债所附认股权证理论价值为 1.85 元。

在此之上根据溢价率估算权证价格。当时市场现存权证仅 12 只，截至 7 月 28 日现有权证平均溢价率 44.8%，溢价最低的葛洲坝权证溢价率也达到 24%，由于权证价格上市流通价格都远超过理论价值。保守按溢价率 30% 计算权证价格，按照正股对应价格 5.7 ~ 6.7 元计算，实际购买权证的价格大约在 2.18 ~ 3.48 元之间。本次发行分离可转债所附认股权证，是时隔 10个月后权证市场的第一只新品，规模适中，由于目前权证市场总体规模很小，存在较大的套利空间，所以，四川长虹分离交易可转债所附带的认股权证在上市后受到市场的追捧。

根据四川长虹分离交易可转债发行公告，认股权证设定行权价格为 5.23 元，初始行权比例为 1：1。然而，四川长虹正股收盘价格在权证上市当天为 4.83 元，加上考虑到认股权证上市后的购入成本，公司如何保证权证持有者未来行权，以实现二次权益融资？

实质上，四川长虹通过两方面行为帮助自身提升股价。一方面是公司 2009 年的重组行为以及经营业绩飙升对股价产生了明显的积极影响。 2009 年四川长虹与下属上市子公司美菱电器的股权交易重组事件显著拉升了公司股价，在实施 2010 年度公积金转增股本方案前的最后一个交易日（2010 年 6 月 25 日），四川长虹的正股股价为 6.11 元 / 股，已经高于认股权证初始设定行权价格；**另外一方面则是管理层通过高转增的方式"压低"股价，以维持股价在未来长期内能够继续上升。** 公司在 2009 年和 2011 年均未进行现金或股票股利的利润分配，但实施了较高比例的资本公积金转增股本方案。该方案并不附带现金股利或股票股利，因此转增除权后的股价显著下降，使得四川长虹在不影响公司现金流情况下将公司股价"操纵"在较低水平，以此吸引中小投资者增持该股票，有助于未来股价的持续提升。

图 11-27 对四川长虹认股权证发行后至行权期间股价变动进行了分析。在绵阳市国资委批准四川长虹出售空调资产方案（2009 年 11 月 12 日），并完成相应工商变更登记（2010 年 1 月5 日）后，四川长虹股价在之后持续上升，业务重组活动提高了投资的乐观预期。另外，从该图还能观察出四川长虹的高转增行为实施后股价表现出向上趋势。最终，至认股权证可行权日首日（2011 年 8 月 12 日）的收盘价为 3.35 元 / 股，认股权证最终行权价格为 2.79 元 / 股，最终行权比例为 1：1.87。

图 11-28 分析了四川长虹认股发行后的价格变动。发行后公司的认股权证价格波动幅度巨大，上市一周内溢价超过 60%，而在临近行权的前一个月内（2011 年 7 月 11 日至 2011 年 8月 11 日），认股权证价格跌幅达到 68.93%，这是否暗示着四川长虹经营表现出现问题？与权证市场上另外一支中兴通讯认股权证价格进行比较，从图 11-29 可见中兴通讯认股权证的价格变

⊖　具体计算模型及方法可参见本教材相应章节。

动更为剧烈，与上市当日收盘价 14.905 元相比，该权证在行权前的最后一个交易日收盘价为
0.200 元，跌幅为 98.66%。可见中国权证市场存在较强的炒作现象[⊖]，几乎所有认股权证产品
在上市时普遍被过度高估，而在行权日前被大幅抛售导致价格在短期间内急剧下滑，这也从侧
面解释了四川长虹为何成为中国最后一支认股权证产品，并且证监会之后一直未再开放对上市
公司发行分离交易可转债的审批。

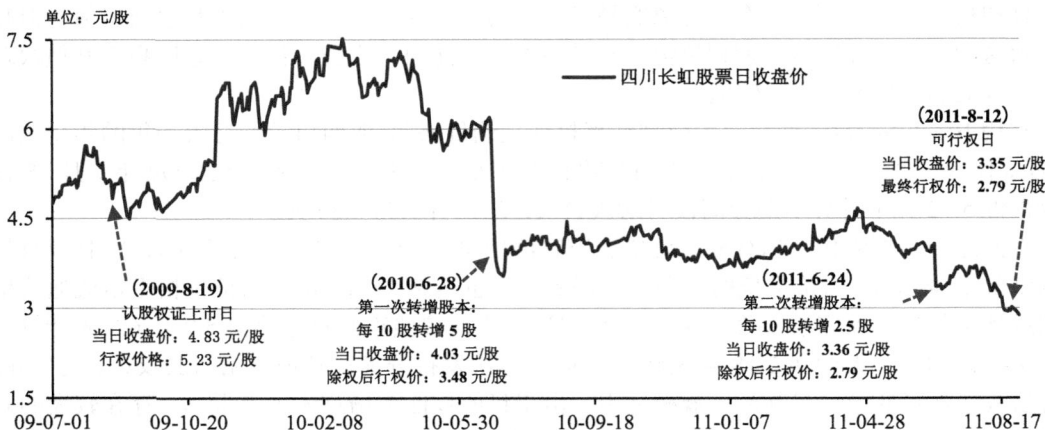

图 11-27　四川长虹（600839）认股权证发行后至行权期间正股股价变动
资料来源：国泰安（CSMAR）数据库数据整理计算所得。

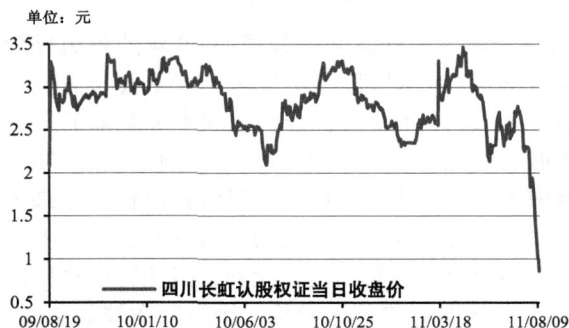

图 11-28　四川长虹认股权证上市期间日收盘价变动
资料来源：锐思（RESSET）金融数据库数据整理所得。

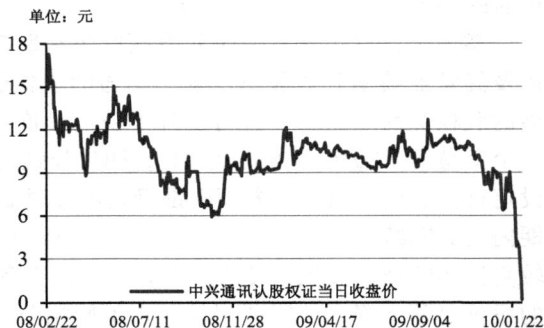

图 11-29　中兴通讯认股权证上市期间日收盘价变动
资料来源：锐思（RESSET）金融数据库数据整理所得。

按照认股权证（长虹 CWB1）2011 年 8 月 11 日最后一个交易日收盘价 0.863 元 / 份，再
根据 1∶1.87 的行权比例及 2.79 元的行权价计算，如果最终选择行权，该权证的正股四川长虹
的股价必须超过 3.25 元，投资者行权之后才能赚钱。而认股权证可行权日首日正股收盘价为
3.35 元[⊜]，因此投资者可以顺利行权并且出售股票套利[⊜]。

[⊖]　基于期权价格理论，随着期权到期日的临近，期权时间价值逐渐衰减。在到期日，期权不再有时间价值。期
权价值全部为内含价值。而针对我国权证产品，根据其交易价格波动能看出，市场对权证的时间价值在行权
前的短期内才有明显反应，并且对的内含价值在发行时过度高估。

[⊜]　每股实际的认购成本 =2.79+0.863/1.87=3.25（元 / 股）

[⊜]　如果其间四川长虹的正股价格跌破 3.25 元，则部分权证可能不会选择行权，独自承担损失；如果四川长虹
的正股价跌破 2.39 元，则权证完全不具备行权价值。

两价差为正给投资者带来套利空间，因此最终在"长虹 CWB1"认股权证存续期到期前获得高度行权，行权比例达到 98.66%。截至 2011 年 8 月 18 日收市时，共计 5.65 亿份"长虹 CWB1"认股权证成功行权，剩余未行权的 7.7 百万份"长虹 CWB1"认股权证予以注销。截至 2011 年 8 月 25 日，本次发行的"长虹 CWB1"认股权证到期行权所募集的资金共计为 29.49 亿元，本次募集资金扣除全部应付的承销费等发行费用后，"长虹 CWB1"认股权证行权募集资金共 28.99 亿元。

发行后可转债作为长期债务续存于公司的应付债券中，而附带的可分离交易认股权证则在一定时间后被行权，行使认股权证认购股份相当于为公司带来一次权益融资，如此带来了债务及股权的双重融资结果。权证行权后增加流通 A 股股本 5.65 亿股，行权后总股本为 18.90 亿股，行权后股本扩张 29.89%。

分离交易可转债的成功发行及认股权证的高度行权使四川长虹筹集充足资金，但是否真的实现了降低资金成本目标，对公司的收益和财务流动性带来积极影响？

11.5　发行分离交易可转债降低了融资成本对损益的压力

发行前四川长虹盈利能力对融资的利息成本具有较高敏感性，若要降低该敏感性可通过两个途径：一是提高盈利能力；二是降低利息费用。分离交易可转债能否都作用在上述两方面，最终降低融资对收益带来的资金成本？

11.5.1　大额的长期融资支撑营业收入增长

截至 2011 年年末，四川长虹按照相关制度的规定，将可转债和权证行权所募集资金用于 PDP 显示屏及模组项目、数字电视项目、偿还银行贷款和补充流动资金，资金已全部投入使用，且未改变资金用途，投放状况如表 11-15 所示。

表 11-15　四川长虹募集资金投入进度状况　（单位：亿元）

承诺投资项目	募集资金承诺投资总额	截至 2011 年末累计投入金额	截至 2011 年末投入资金完成率
PDP 显示屏及模组项目	10	10	100%
数字电视项目	5	5	100%
偿还银行贷款	10+11=21	10+11=21	100%
补充流动资金	5+18=23	4.2+18=22.2[①]	96.5%
总计	59	58.2	—

①分离交易可转债发行首先补充流动资金约 4.2 亿元，认股权证行权再次补充流动资金约 18 亿元。发行费用在所募集资金中抵扣后先满足项目投资以及偿还银行贷款，最终剩余资金补充流动资金，因此实际对流动资金补充金额比承诺金额低。

资料来源：《四川长虹分离债 2009 以及 2011 年度募集资金存放与使用情况专项核查报告》。

募集资金的投入对公司经营效益提升初见成效。虽然由于汶川地震等项目总体进度造成一定影响，但项目产品市场反应良好。PDP 产品与松下电器形成了"双寡头"的竞争格局，2010 年公司的彩电业务市场份额由 2009 年的第四位上升至第三，并于 2011 年跻身第二。

大额长期资金投入使得销售渠道不断扩张及完善，随着大型家电连锁、销售分公司和产品体验店陆续建立，全线产品销量大增，电视、空调、冰箱等产品作为主导产品为四川长虹营业收入增长做出较大贡献。在保证稳定而具有优势的主营业务发展下，房地产、多媒体、IT 分销三大产业继续呈现健康、快速发展势头，有效带动了公司整体业绩提升。

从图 11-30 和图 11-31 可以看出，各业务对拉动营业收入的效果明显：（1）电视业务营业收入每年保持约 20% 的增长，核心产品为公司盈利提供有力支撑；（2）在空调冰箱产品销售收入保持稳定增长的同时，IT 产品销售收入成长迅速，营业收入由 2008 年的 31.44 亿元增长至 2011 年的 109.39 亿元，增幅达 247.93%；（3）公司 2009 年开始进入房地产业，该产业收入规模逐年显著扩大，未来将成为总营业收入增长的又一重要来源。

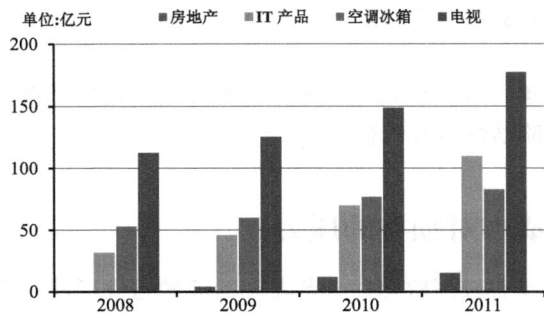

图 11-30　四川长虹各项营业收入的结构比较

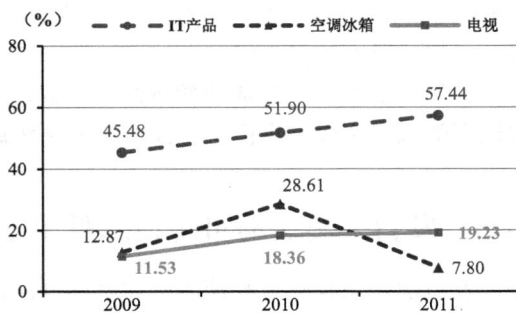

资料来源：四川长虹（600839）2008 ~ 2011 年年度报表整理。

图 11-31　四川长虹主导产品营业收入增长比较

资料来源：四川长虹（600839）2008 ~ 2011 年年度报表整理。

另一方面，在技术更新和设备升级的影响下，四川长虹电视产业的盈利能力也在逐年提高。电视产品的毛利率从 2009 年开始每年都有所提高，同时产品毛利占总毛利比例也在提升，2011 年该比例为 43.23%，说明电视核心业务对公司利润贡献不断加大。房地产业毛利率增速明显，且毛利占总毛利在 2011 年接近 10%，高盈利能力填补了空调冰箱和 IT 产品成本控制上的不足，如表 11-16 所示。

表 11-16　四川长虹主要产业毛利率及贡献

	毛利率（%）			产品毛利 / 总毛利（%）		
	2009 年	2010 年	2011 年	2009 年	2010 年	2011 年
电视	17.71	18	19.11	38.97	40.29	43.23
空调冰箱	30.76	26.14	23.53	32.31	30.35	24.96
IT 产品	6.4	5.35	4.73	5.14	5.61	6.62
房地产	25.64	31.67	49.82	1.79	5.65	9.68

资料来源：四川长虹（600839）2009 ~ 2011 年年度报表计算整理。

11.5.2　低债务利息对损益的摊薄效应下降

在利息资本化与费用化上，近年来四川长虹建造 PDP 厂房维持产品升级以及加大对房地产业的投入，因此公司借款费用资本化的构成主要来源于在建工程和存货项目。2007 年至 2008 年，房地产项目存货资本化金额维持在稳定水平，利息费用资本化率估计约为 30.58% 和 25.21%。而 2009 年发行分离交易可转债后，由于承诺对 PDP 项目投资 10 亿元，当年在建工程资本化金额为 0.90 亿元。2009 年利息资本化率为 32.83%，与前两年相差不大，如表 11-17 所示。

表 11-17 四川长虹 2007 ~ 2009 年利息资本化状况 （单位：亿元）

年度	2007 年	2008 年	2009 年
费用化利息支出[①]	1.23	2.54	2.38
总资本化金额[②]	0.54	0.86	1.16
存货资本化金额	0.54	0.50	0.26
在建工程资本化金额	—	0.36	0.90
资本化与利息化金额之和	1.76	3.40	3.54
利息费用化率	69.42%	74.79%	67.17%
利息资本化率	30.58%	25.21%	32.83%

①来源于公司年度财务报告附注中"财务费用"的"利息支出"项目。
②来源于公司年度财务报告附注中"固定资产"、"在建工程"、"存货"项目中与利息费用资本化有关的注释。
资料来源：依据四川长虹（600839）2007 ~ 2009 年年度报表计算得到。

　　虽然 2009 年比 2007 年的利息资本化金额增长 115%，但公司该期间内固定资产增长 177%、在建工程增长 282%，实质上每单位固定资产对利息的折旧额在下降。另一方面，四川长虹约 70% 的借款利息作费用化处理，利息费用化金额的降低直接影响当期损益，此时分离交易可转债 0.8% 的票面利率为四川长虹节省了不少利息费用，能显著改善公司的盈利指标。

　　表 11-18 以普通公司债替换分离交易可转债，并假设借款费用化率 100%，分析两种融资方式对四川长虹盈利比率的影响差异。2009 年度若改为发行普通公司债，当年销售净利率将急剧降至 0.3%，与发行分离交易可转债的销售净利率相比足足降低 50%。公司在 2010 年及 2011 年盈利能力有所提高，但长期来看对债务利息成本存在着较高敏感性，若发行普通公司债将对以后年度的主要盈利指标造成至少 20% 左右程度的下降。

表 11-18 分离交易可转债与普通公司债对公司盈利比率影响分析（借款费用化率 100%[①]**）**

项目	2009 年		2010 年		2011 年	
	可分离[②]	普通债	可分离	普通债	可分离	普通债
营业利润率	2.2%	1.7%	2.2%	1.7%	1.7	1.4%
（后者与前者差异）	**-22.73%**		**-22.73%**		**-17.65%**	
销售利润率	0.7%	0.4%	1.6%	1.3%	1.1%	0.9%
（后者与前者差异）	**-42.86%**		-18.75%		-18.18%	
销售净利率	0.6%	0.3%	1.1%	0.8%	0.6%	0.4%
（后者与前者差异）	**-50.00%**		**-27.27%**		**-33.33%**	

①在此以借款费用化率 100% 作为虚拟计算的假设原因有两点：（1）四川长虹的借款费用资本化率从前文分析可知一直稳定在不高的水平；（2）借款费用资本化部分实质上在以后年度会通过销售成本及累计折旧影响公司收益，而每年相应成本化比率难以准确计算，为了简化思路并且突出资金成本对盈利指标影响，故作出此假设。
②指分离交易可转债。
资料来源：基于四川长虹（600839）2009 ~ 2011 年年度报告推算。

11.5.3 资金成本下降有助于提升盈利水平

　　虽然 2010 年后国内经济逐渐步入低位，家电行业"以旧换新、家电下乡"的刺激政策陆续退市，但四川长虹凭借"面板＋整机"的平板电视全产业链的成本优势，以及多元化的业务结构，总体经营规模仍然获得增长，公司的整体信用评级[⊖]由 2010 的 AA- 升至 2011 年的

⊖ 资料来源于中诚信证评的《四川长虹电器股份有限公司认股权与债券分离交易的可转换公司债券 2010 年跟踪评级报告》与《四川长虹电器股份有限公司认股权与债券分离交易的可转换公司债券 2011 年跟踪评级报告》。

AA 级，债务偿还能力加强。并且四川长虹高管通过出资组建虹扬投资间接增持公司流通股股票[一]，可见管理层对公司未来收益持乐观预期。

并且，在股权投资活动下，子公司对母公司的利润形成强力支撑。图 11-32 与图 11-33 分析了，四川长虹下属两个上市子公司美菱电器和华意压缩在发行分离交易可转债后的收入增长，以及对母公司四川长虹的利润贡献。可见两公司在 2009 年度每股收益呈现大幅增长，其中美菱电器归属于母公司股东的净利润增长率达到 1 000.19%，当年归属于母公司的净利润占四川长虹合并净利润上升至 55.85%，华意压缩归属于母公司股东的净利润增长率为 232.60%，当年归属于母公司的净利润占四川长虹合并净利润的 16.15%，可见低资金成本的大规模融资明显带动了子公司的业绩提升，并且为合并整体的业绩提升带来明显的贡献[二]。

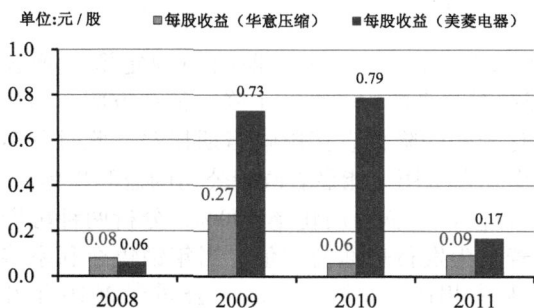

图 11-32　美菱电器与华意压缩 2008 ~ 2011 年
EPS 变动
资料来源：CSMAR 数据库数据整理计算所得。

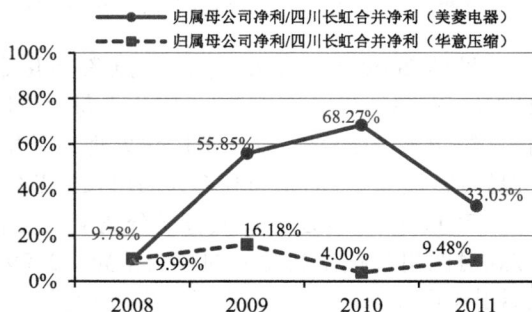

图 11-33　美菱电器与华意压缩 2008 ~ 2011
利润贡献分析
资料来源：CSMAR 数据库数据整理计算所得。

业务增收及利息成本得到有效控制之下，四川长虹在发行分离交易可转债后的净利润显著增长。图 11-34[④]与图 11-35 将四川长虹 2008 ~ 2011 年净利润及每股收益增长率与家电制造企业平均水平进行比较。2008 年公司净利润为负增长，在发行分离交易可转债的当年净利润飙升，2009 年净利润为 5.39 亿元，增长达到 271.95%，与家电制造业平均增长相比高出 210.16%，并且高速增长过后公司在 2010 年增长率仍然达到 68.20%[④]。虽然 2011 年四川长虹净利润增长率开始明显下降，但三年平均为 113.81%，远高于行业平均水平，分离交易可转债

　　⊖　四川长虹 2011 年度财务报告中披露，2011 年 7 月 5 日，公司控股股东长虹集团和公司的高管以及骨干员工以自有资金出资组建四川长虹虹扬投资有限公司，并通过二级市场购入占公司总股本 0.56% 的股票。在未来三年内，虹扬投资股东每年度将以其不低于年工资收入的 30% 的资金向虹扬投资继续增资用于购买四川长虹股票。

　　⊜　根据美菱电器 2009 年年度报告所陈述，利润大幅提升主要是由于报告期内经营层通过二级市场累计出售了科大讯飞、中国太保的可供出售金融资产，取得税前净投资收益约 2.1 亿元。可见当年对四川长虹的利润支撑主要为非经常性收益。而 2010 年利润大幅提升主要是由于报告期内受益于国家家电下乡、以旧换新等刺激消费的政策影响，压缩机销量增加，加之公司管理提升，产品平均成本下降使得产品毛利率有较大提升，属于经营性的利润支撑。

　　⊜　基于中国证监会 2001 年公布的《上市公司行业分类指引》分类，四川长虹被归属为计算机、通信和其他电子设备制造业，考虑到公司的核心主业仍为家用电器制造，并且该分类基准包含了大量与家电制造非相关的其他电子设备制造的上市公司。因此采用申银王国行业分类标准的一级大类（330000- 家用电器）作为计算行业平均指标的公司样本划分标准。

　　㉔　根据四川长虹 2010 年年度报告所陈述，将出让所持有的长城证券有限责任公司全部股权。并于 2010 年 11 月 26 日，经公开竞价，控股集团长虹集团成为最终受让方，成交价约为 3 亿元。该次交易为四川长虹当年带来约 2.50 亿元非经常性收益。

融资筹到的资金为业务增长提供了有力支撑。

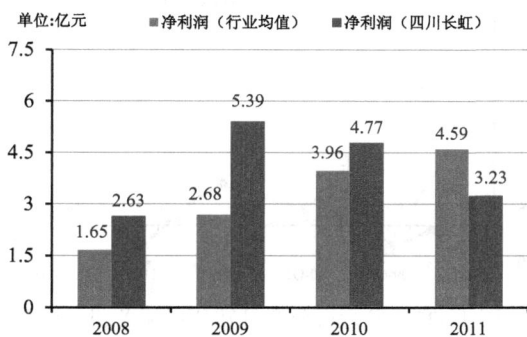

图 11-34　四川长虹 2008 ~ 2011 年净利润与
行业平均对比

资料来源：CSMAR 数据库以及同花顺（iFinD）数据
库数据整理计算所得。

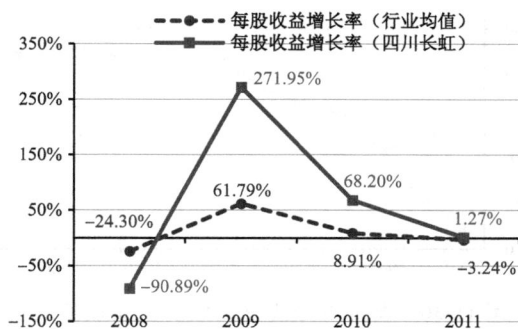

图 11-35　四川长虹 2008 ~ 2011 年收益增长
与行业平均对比

资料来源：CSMAR 数据库以及同花顺（iFinD）数据
库数据整理计算所得。

从资金成本来说，通过发行分离交易可转债，从两个方面对公司利润起到显著的提升作用：（1）首先是大规模长期资金满足了战略实施，核心业务升级与新业务开发共促营业收入增加；（2）其次是可转债中认股权证嵌入使其以低利息获取资金，利息费用降低保证净利润规模。分离交易可转债降低了对损益的资金成本，对财务流动性的影响将又如何？

11.6　发行分离交易可转债降低了融资成本对流动性的压力

分离交易可转债募集的长期资金在满足四川长虹增长投资资金的同时，其低利率也降低了融资对公司年度损益所造成的压力。除上述影响外，发行分离交易可转债会对四川长虹整体的财务流动性带来怎样的影响，是否降低了对该方面的资金成本？

11.6.1　长期融资摆脱了短期借款主导模式

可分离可转债带来的大规模长期资金，对堆积的高成本短期借款进行偿还，有助公司摆脱原来对短期借款的依赖，避免利率上升以及重复借贷导致资金成本提高。在债务发行的当季度，公司偿还债务支付的现金大幅增加至 45.1 亿元，当季季末的短期借款及长期借款余额分别减少 6.83 亿元和 5.98 亿元，在以后季度偿还债务支付的现金变动呈反向对称关系，同时长期借款在以后季度保持增加，可见公司对借款结构控制的意图。随着公司加大赊销以实现"去库存化"，为补充赊销带来的资金缺口，短期借款规模仍然有所增加，但相对来说，该数额显著低于前文对不发行分离交易可转债所预测的短期借款规模[○]。如图 11-36 及图 11-37 所示。

虽然分离交易可转债前后 60 亿元融资资金解决了公司流动性的压力，但公司 2009 ~ 2011 年仍然借入较多长期借款。在分离交易可转债的资金支撑下，为何公司仍做出如此融资决策？

○　对四川长虹的债务偿还历史分析发现，公司的偿还周期一般为一年，并且集中于第四季度偿还。

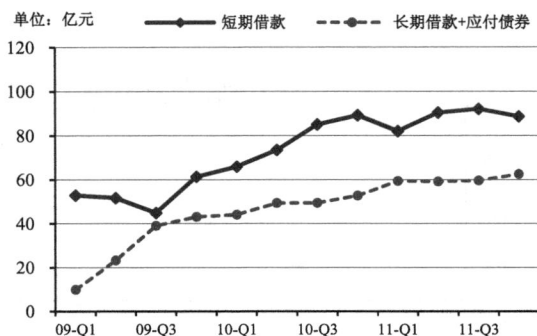

图 11-36 发行可分离可转债后主要债务规模变动分析

资料来源：四川长虹（600839）2009～2011 年季度报告整理所得。

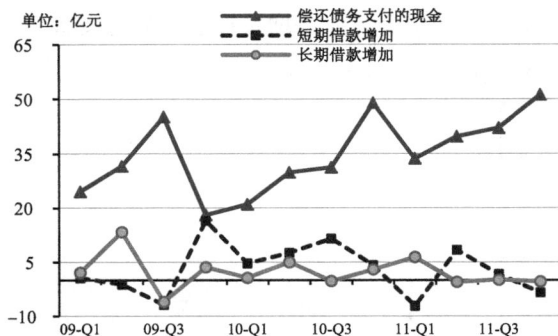

图 11-37 发行可分离可转债后债务相关现金流变动分析

资料来源：四川长虹（600839）2009～2011 年季度报告整理所得。

与普通公司债相比，分离交易可转债在利息费用上能带来较大程度的节约。因此，在可接受的利息支出水平下，四川长虹能够利用该部分利息节约来增加长期借款作进一步资金补充。按公司现实状况分析，2010 年长期借款期末余额同比增加 13.07 亿元，2011 年同比增加 8.38 亿元，两年内合计增加 21.45 亿元。假如改为发行普通公司债券，估计 2009～2011 年每年多支付的利息费用分别为 0.58 亿元、1.38 亿元和 1.38 亿元，以中央人民银行各年对应的长期贷款基准利率计算，利息增加将分别减少每年度长期借款额 10.07 亿元、22.18 亿元和 21.40 亿元，模拟分析如表 11-19 所示。

表 11-19 不同债务融资方案下长期借款规模的模拟分析　　（单位：亿元）

项目	计算过程	2009 年	2010 年	2011 年
分离交易可转债	偿还债券利息（1）	0.1	0.24	0.24
	长期借款期末余额（2）	7.84	20.91	29.29
普通公司债券	偿还债券利息（3）	0.68[1]	1.62	1.62
	利息差额（4）=（3）-（1）	0.58	1.38	1.38
	长期借款利率[2]（5）	5.76%	6.22%	6.45%
方案差异	利息节约可增加长期借款额（4）÷（5）	10.07	22.18	21.40

[1] 2009 年的计息期间为 5 个月。

[2] 为简化思路，此处采用中国人民银行发布的 2008 年至 2011 年金融机构人民币贷款基准利率三至五年（包括五年）的利率，若年内进行多次调整利率调整的采用该年最后一次调整后的利率计算。

资料来源：基于四川长虹（600839）2009～2011 年年度报告推算。

可见分离交易可转债融资费用的节约，不仅减轻偿付利息时的流动性压力，而且促进了长期借款大规模增长，进一步实现流动性间接补充。但是，长期借款的快速增加将会使公司在借款到期时面临偿还压力，是否也会引致较高的资金成本？

图 11-38 对四川长虹长期债务期限分布进行分析表明，较为大额的债到期时间分别为 2015 年、2016 年和 2019 年，2011 年至 2013 年度间虽然陆续有借款到期，但由于认股权证行权后带来资金补充，偿还压力较小。分离交易可转债在 2015 年到期时带来 30 亿元偿还压力，并且 2016 年有 9.23 亿元长期借款需要偿还，但结合上文四川长虹 2011 年营运资金规模及发行后经营表现来看，未来到期债务给公司带来的偿还压力在可承受范围内。

单位：亿元

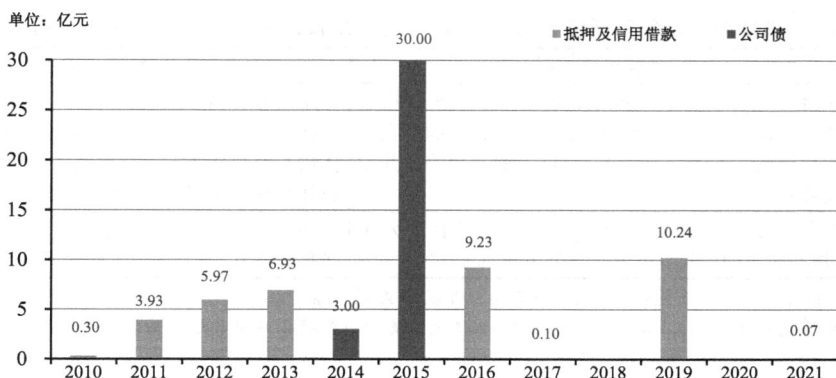

图 11-38　四川长虹长期债务到期情况

资料来源：四川长虹（600839）2007 ~ 2011 年年度报告整理所得。

11.6.2　融资加强了母子公司间现金流互补

分离交易可转债带来了长期资金直接支持，并且利息节约增加了公司的贷款空间，四川长虹能够通过股权投资及收购来强化核心业务同时实现多元化经营。2009 ~ 2011 年间，公司一方面以新设家电制造子公司来加强核心业务建设，另一方面通过收购合并重庆鼎瑄、重庆捷瑞达、四川东虹等公司来深化自身多元化业务经营。在 2011 年即认股权证行权当年，股权投资及收购活动涉及资金共达 4.40 亿元，比 2009 年增加达 343.43%。如表 11-20 所示。

表 11-20　四川长虹 2009 ~ 2011 年股权投资及收购活动①　　（单位：亿元）

时间	性质	涉及行业	投资资金
2009 年	投资设立	家电制造（1 家）、多媒体（1 家）	0.99
2010 年	投资设立	家电制造（3 家）、商品流通（2 家）	0.52
	企业合并	家电制造（1 家）、通信设备（1 家）、商品流通（1 家）	1.22
2011 年	投资设立	商品流通（1 家）、家电制造（3 家）	4.30
	企业合并	电子产品（1 家）、商品流通（1 家）	0.10

①此处指涉及现金资金的股权投资及收购活动，不包括涉及股权交易的投资及收购活动。

资料来源：CSMAR 数据库及四川长虹年度（600839）2009 ~ 2011 年年度报表计算整理。

股权收购与投资活动虽然耗用了公司现金，但此活动为四川长虹建立与子、孙公司之间的内部资本市场网络，对资金配置带来便利。通过内部资本市场，四川长虹高管主要以两种方法配置流动性。

（1）**发行可分离可转债筹集低成本资金后，通过认购子公司非公开发行股票，现金由母公司流向子公司**。2009 年四川长虹分离交易可转债发行完毕后，下属上市子公司美菱电器于 2010 年以非公开增发的形式实现股权再融资，四川长虹作为第一大股东以 4 亿元现金参与认购。随后，在四川长虹可分离可转债附带的认股权证行权次年，华意压缩股东大会通过将于 2012 年进行非公开增发并获得证监会审核通过，四川长虹将同样以第一大股身份以约 3 亿元现金参与认购⊖。如表 11-21 所列示。

⊖ 事实上认购资金亦可能来自于四川长虹的控股集团公司（四川长虹集团），集团控股企业能以提供担保、非公开发行股权认购或者股权交易等方式为四川长虹输送流动性。如前文脚注所提到的集团控股企业受让四川长虹所持有的长城证券有限责任公司的所有股份，该行为可视为以股权交易等方式对四川长虹实现流动性的输送。

表 11-21　美菱电器及华意压缩 2009 ~ 2011 与四川长虹发生的股权兼并/关联融资事件

	美菱电器	华意压缩
关联融资	2010 年非公开发行 A 股股票，公司控股股东四川长虹电器股份有限公司拟以现金 4 亿元人民币认购本次非公开发行股票，且认购不多于 4 000 万股本次非公开发行的股票①	2011 年江西长虹向四川长虹通过兴业银行委托贷款续贷 2.15 亿元，贷款利率按银行同期一年期贷款基准利率执行，贷款期限一年；2012 年通过非公开发行 A 股股票审核②
股权兼并	2009 年购买四川长虹持有四川长虹空调有限公司 100% 股权以及中山长虹电器有限公司 90% 股权③	2009 年购买四川长虹持有江西长虹电子科技发展有限公司（江西长虹）100% 股权④

① 2010 年 12 月 29 日，美菱电器 2010 年度非公开发行 A 股股票完成，公司向 8 名特定投资者发行 11 673.15 万股人民币普通股（A 股），募集资金总额约 12 亿元。其中控股股东四川长虹认购的股票 3 891.05 万股的限售期为 36 个月。

② 华意压缩 2012 年第二、三次临时股东大会审议通过《公司非公开发行股票方案》以 4.68 元 / 股的价格向四川长虹等 9 家特定投资者发行 A 股 2 350.42 万股，募集资金总额约为 11 亿元。其中控股股东四川长虹电器股份有限公司拟以现金约 3 亿元人民币认购本次非公开发行股票，并承诺认购的股票 36 个月内不减持。

③ 根据美菱电器 2009 年度财务报告披露，合肥美菱股份有限公司通过参与四川省国投产权交易中心公开挂牌转让的方式竞买长虹空调 100% 的股权（含四川长虹直接持有的 99% 股权及其控股子公司四川长虹创新投资有限公司持有的 1% 股权）和中山长虹 90% 的股权。本次转让底价为人民币 39 306 万元，经公司对标的资产经营和财务情况的初步分析，董事会同意公司本次参与竞买应价最高不超过 4.6 亿元，即支付竞买股权总价款不超过 4.6 亿元人民币。

④ 根据华意压缩 2009 年度财务报告披露，公司按以评估值为基础确定的 1 783.03 万元、198.11 万元价格受让四川长虹与长虹创投分别持有的江西长虹电子科技发展有限公司（以下简称江西长虹）90%、10% 的股权。

资料来源：美菱电器（000521）、华意压缩（000404）2009 ~ 2011 年财务报告整理所得。

四川长虹高管是否真的利用可分离可转债的低资金成本资金支撑下属子公司流动性？图 11-39 对美菱电器与华意压缩 2007 ~ 2011 年的借款规模及相关现金净流量作出分析。近年来美菱电器借款规模显著缩小，自 2009 年开始借款规模维持在 2 亿元左右，2010 年四川长虹认购美菱电器非公开发行股份，所提供的现金几乎为美菱借款规模的 1 倍。上述分析不难看出，美菱电器正采取权益资金替代债务资金的融资策略，分离交易可转债发行恰好为四川长虹配合子公司该战略实行提供了充足的低资金成本资金，体现了四川长虹高管利用可分离可转债的低资金成本资金支撑下属子公司流动性。

（2）通过与子公司股权交易，将非主业子公司拆分，现金由子公司流向母公司。以美菱电器为例，2009 年四川长虹将其持有的四川长虹空调有限公司的 100% 股权以及中山长虹电器有限公司 90% 股权以约 4.6 亿元受让与美菱电器，美菱电器以现金作为支付对价⊖。四川长虹管理层上述做法不仅能实现资源整合，发挥研发、采购、生产、销售等方面的协同效益，增强公司在家电产业的综合竞争能力。同时实现子公司现金流向母公司的输送。同样地，四川长虹与华意压缩的股权兼并行为也达到此意图，具体如表 11-21 所述。

四川长虹管理层在什么条件下实施子公司向母公司的流动性输送？图 11-39 与图 11-40 对美菱电器与华意压缩 2007 ~ 2011 年报表期末的货币资金存量及当期加权净资产收益率进行分析。在发生与母公司四川长虹进行股权交易的 2009 年，美菱电器与华意压缩两家上市子公司的盈利表现出现大幅攀升，加权净资产收益率分别为 18.46% 与 17.82%，另外美菱电器当期期末货币资金规模达 7.48 亿元，较上期增加 121.30%，因此该公司在与四川长虹的股权交易中有足够能力以现金支付 4 亿元对价。凭借拥有过半表决权所形成的实质控制，四川长虹能够在子

⊖ 2009 年财务报告中说明本次收购资金的来源于公司自有资金、未使用的银行授信额度和通过可供出售金融资产获得的现金，因此不会造成美菱电器现金流紧张的情况。

公司财务状况较佳时通过股权交易等方式实现流动性向上输送，以平衡未来股权投资活动对流动性的冲击。

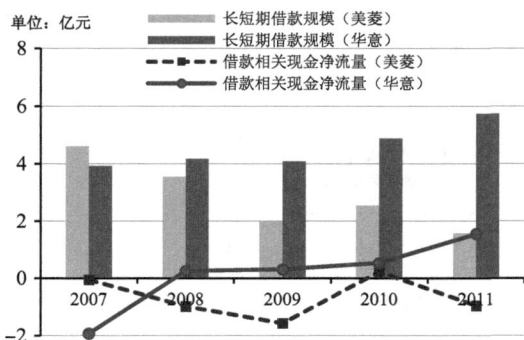

图 11-39　美菱电器与华意压缩借款规模及
相关现金流

资料来源：美菱电器（000521）、华意压缩（000404）
2007 ~ 2011 年财务报告整理计算所得。

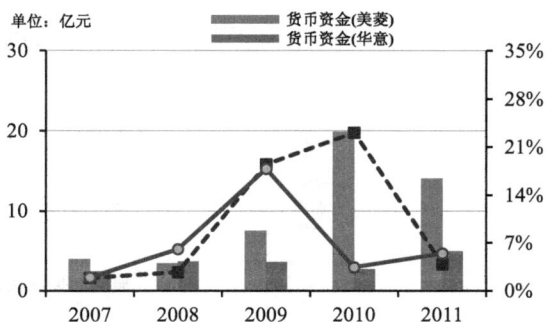

图 11-40　美菱电器与华意压缩货币资金及
ROE 变动

资料来源：美菱电器（000521）、华意压缩（000404）
2007 ~ 2011 年财务报告整理计算所得。

分离交易可转债的低资金成本大额融资有效帮助四川长虹建立并激活内部资本市场。概况而言，从上至下看，现金方式的非公开股权认购一来巩固对下属上市子公司的控股地位，二来实现流动性由母公司向下输送至子公司，最后更扩充了未来的融资渠道，结合表 11-22 对美菱电器公开增发财务能力分析，公司 2009 年起，后三年的扣除非经常性损益后加权平均净资产收益率与公开增发股票的条件接近，并且现金方式累计分配占三年实现的年均可分配利润达到 40.23%，高于证监会 30% 的要求，可预见以后年度将有机会通过美菱电器进行公开增发或配股融资。

表 11-22　美菱电器及华意压缩公开增发财务能力分析

项目	华意压缩（000404）			美菱电器（000521）		
	2009 年	2010 年	2011 年	2009 年	2010 年	2011 年
扣除非经常性损益后加权平均净资产收益率（%）	23.88	1.97	−3.63	5.51	13.09	2.80
可分配利润[①]（亿元）	−0.97	−0.78	−0.48	−0.34	2.94[②]	1.80
以现金方式分配利润（亿元）	—	—	—	—	0.27	0.32[③]
现金方式累计分配占三年实现的年均可分配利润	**0.00%**			**40.23%**		

①此处指合并报表归属于母公司的可供分配利润。
②据美菱电器 2010 年年度报告所示，公司以 2010 年 12 月 31 日的总股本 530 374 449 股为基数，向全体股东每 10 股送 2 股派发现金红利人民币 0.5 元（含税）。2011 年 8 月 4 日利润分配实施完成后，公司总股本由 530 374 449 股增加至 636 449 338 股。
③据美菱电器 2011 年年度报告所示，建议公司以 2011 年 12 月 31 日的总股本 636 449 338 股为基数，实施资本公积金向全体股东每 10 股转增 2 股派发现金红利人民币 0.5 元（含税）。
资料来源：美菱电器（000521）、华意压缩（000404）2009 ~ 2011 年财务报告整理计算所得。

另一方面，而从下往上看，下属子公司则能以股权转让交易或现金股利分配等形式，实现流动性由子公司向上输送至母公司，流动性可以是子公司经营/非经营收入，也可能为权益再融资募集资金。如图 11-41 所示。四川长虹利用发行分离交易可转债的低成本资金，不仅改变了原债务结构模式，而且深化了内部资本市场的建设，公司在上述两方面的影响下整体流动性是否能获得改善？

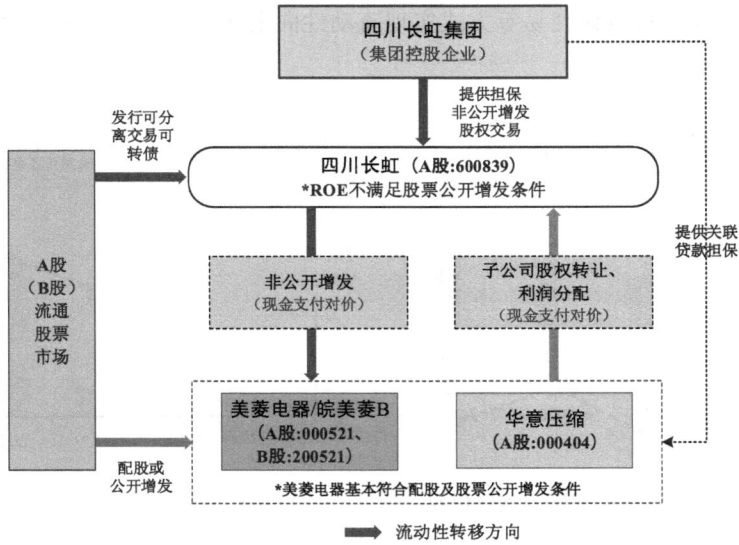

图 11-41　四川长虹与下属上市子公司及集团母公司之间的内部资本市场运作

资料来源：四川长虹（600839）2007 ~ 2011 年年度报告整理所得。

11.6.3　资金成本下降促进流动性持续改善

分离交易可转债的低利息[⊖]及远期偿还使得制约流动性的瓶颈得到解除。债券融资为公司流动性直接带来补充，公司商业信用及短期借款等流动负债增长得到有效控制，最终的财务表现为营运资金不断上升。四川长虹 2009 年营运资金比上年增加约 40 亿元，得益于认股权证行权，在现金及现金等价物净增加额为负之下，2011 年营运资金比 2010 年增加约 40 亿元。4 年内公司营运资金增加接近 5 倍，可见分离交易可转债直接改善了资金周转，并且提升短期债务偿还能力。如图 11-42 所示。

图 11-43 还对四川长虹的合并现金流量表与母公司的进行比较分析。虽然从经营上的现金流入来看，新设立子公司在投资建设前期难以实现大额经营现金流入，子公司在短期内未对整

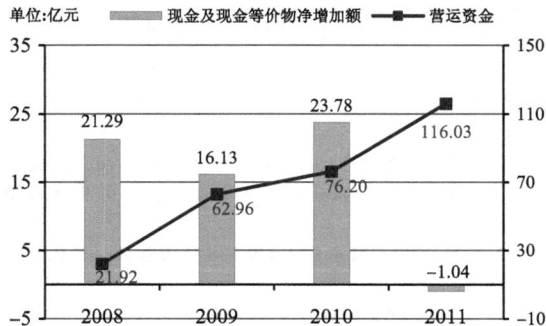

图 11-42　四川长虹 2008 ~ 2011 流动性状况分析图
资料来源：四川长虹（600839）2008 ~ 2011 年
年度报告整理计算所得。

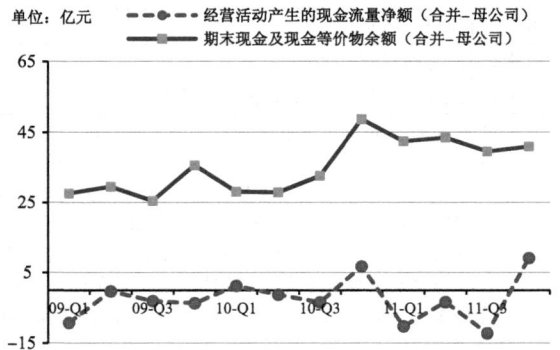

图 11-43　四川长虹下属子公司对母公司现金支撑分析
资料来源：四川长虹（600839）2008 ~ 2011 年
年度报告整理计算所得。

⊖ 《四川长虹认股权和债权分离交易的可转换公司债券募集说明书》中，公司选择了利息偿还方式为按年计息并偿还，与短期借款本金及利息相比对公司财务流动性影响很小。

体经营现金流入带来明显的支撑。但是，四川长虹下属子公司还发挥着扩充融资渠道的作用。公司各个季度末现金及现金等价物余额合并报表数与母公司数之差却呈现持续上升态势，2010 年末该差额达到 48.66 亿元，并且 2011 年各季度仍然稳定维持在较高水平。通过对子公司的股权投资收购，四川长虹整合了现金牛子公司的相关资源，显著提高了合并整体的流动性水平。

因此，分离交易可转债的资金直接补充，以及多元化兼并资金富裕企业，使得公司财务流动性不断改善。流动性指标与行业竞争对比相比，从 2008 年至 2011 年纵向观察，四川长虹的流动比率、速动比率、现金比率及单位净资产所拥有营运资金基本呈上升趋势。从行业横向观察，四川长虹流动性状况正向行业领先平均水平贴近，在 2011 年甚至成为行业中流动性状况较好的企业。提速最快的指标是单位净资产所拥有营运资金，2011 年比率为 0.65，比 2008 年提高了约 4 倍。如表 11-23 所示。

表 11-23　四川长虹流动性比率与行业领先平均水平[①]对比

项目	2008 年		2009 年		2010 年		2011 年	
	四川长虹	行业领先平均	四川长虹	行业领先平均	四川长虹	行业领先平均	四川长虹	行业领先平均
流动比率	1.15	1.43	1.35	1.41	1.32	1.38	1.44	1.34
速动比率	0.74	1.04	0.89	1.04	0.95	1.08	1.06	1.08
现金比率	0.28	0.28	0.32	0.37	0.35	0.36	0.31	0.30
营运资金 / 净资产	0.17	0.43	0.47	0.57	0.52	0.63	0.65	0.58

①此处以彩电制造为主业的三家上市公司的相关流动性比例均值作为对比基础，它们分别为：TCL 集团（000100）、康佳集团（000016）以及海信电器（600060）。

资料来源：CSMAR 数据库及四川长虹（600839）2008～2011 年年度报表计算整理。

从资金成本来说，通过发行分离交易可转债，从两个方面对公司财务流动性起到显著的改善作用：（1）债券发行与权证行权直接补充资金，推动公司改变短期借款主导的融资模式，改善周转与提高流动性指标；（2）利息节约为长期借款增长预留融资成本空间，流动性间接补充进一步为增长提供动力。

通过上述分析发现，在发行分离交易可转债后，融资资金成本下降对收益及财务流动性影响是显著的。然而，资金成本对收益压力的降低以及对财务流动性冲击的放缓，最终对四川长虹的经营及财务风险带来怎样的影响？公司所承受的资金成本下降是否意味着资本成本也同时下降？

11.7　发行分离交易可转债能否降低公司加权平均资本成本

分离交易可转债发行后，债务对四川长虹的年度损益以及财务流动性状况的压力均有所缓解。随着资金成本下降，四川长虹的债务成本和权益成本究竟如何变化？公司整体的加权平均资本成本是否有所下降？

11.7.1　融资结构改善降低了债务成本

对债务结构进行分析。通过发行分离交易可转债筹集大额长期资金以后，公司减少了利用商业信用融资与短期借款为经营业务提供资金。2009 年以来四川长虹的商业信用和短期借款占资产总额比例得到控制，2011 年公司的商业信用占资产总额下降至 27.70%，短期借款占资产总额 17.17%，与 2009 年基本持平，如图 11-44 所示。

公司降低商业信用融资可以避免放弃现金折扣所产生的成本，并且改善信用状况。同时，摆脱对短期借款的依赖可以减缓借款实际成本过高的影响，并且增强融资结构合理性。对于公司的债务结构，分离交易可转债发行加上长期借款比例提高，公司以短期债务为主的格局得以改变。

图 11-45 可以看出四川长虹在发行分离交易可转债前债务结构基本是短期负债，发行分离交易可转债后长期负债约占短期负债一半，并且 2009 年短期债务增加速度显著放慢，长期债务与短期债务之比在 2009 年后分别为 45.15%、38.59% 和 41.56%。在发行分离交易可转债后长期债务对短期债务作了部分替换，对部分高息到期短期债务进行偿还，债务结构改变为长短期债务相对平衡的状态，降低短期债务的偿还压力。

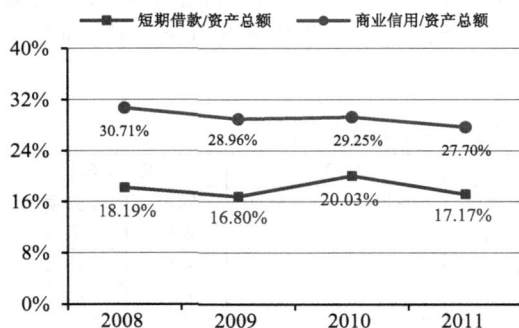

图 11-44 四川长虹 2007 ~ 2011 短期借款
及商业信用[1]

①商业信用融资 = 应付票据 + 应付账款 + 预收款项
资料来源：四川长虹（600839）2008 ~ 2011 年年度
报表计算得到。

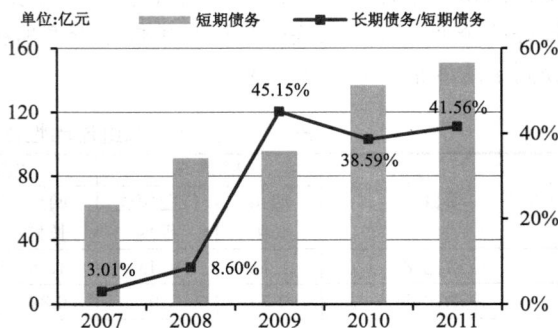

图 11-45 四川长虹债务结构[1]

①短期债务 = 短期借款 + 应付款项 + 一年内到期的非流动负债；长期债务 = 应付债券 + 长期借款。
资料来源：四川长虹（600839）2008 ~ 2011 年年度
报表计算得到。

在债务结构的变动下，公司的债务成本也随之发生改变。2008 年加权平均借款成本为 5.37%，2009 年发行分离交易可转债后下降至 4.31%，由于融资带来了利息上的低资金成本，公司的长期借款比例不断增加，同时也带动了其他类型的公司债券发行，2010 年与 2011 年加权平均借款成本为 5.07% 和 5.24%，计算过程如表 11-24 所示。

表 11-24 加权平均借款成本计算

年份	2008 年	2009 年	2010 年	2011 年
短期借款比例	86.95%	58.71%	62.86%	58.61%
短期借款利率[1]	5.31%	5.31%	5.81%	6.06%
长期借款比例	13.05%	20.00%	20.63%	23.07%
长期借款利率[2]	5.76%	5.76%	6.22%	6.45%
应付债券比例	—	21.28%	16.51%	18.31%
应付债券利率[3]	—	0.20%	0.80%	1.09%
加权平均借款成本	5.37%	4.31%	5.07%	5.24%

①此处采用中国人民银行发布的 2008 年至 2011 年金融机构人民币贷款基准利率六个月至一年（包括一年）的利率，若年内进行多次调整利率调整的采用该年最后一次调整后的利率计算。
②此处采用中国人民银行发布的 2008 年至 2011 年金融机构人民币贷款基准利率三至五年（包括五年）的利率，若年内进行多次调整利率调整的采用该年最后一次调整后的利率计算。
③此处为债务的票面利率。另外 2011 年四川长虹在香港完成 3 亿元境外人民币债券的发行，债券期限 3 年，年票面利息为 4%，因此 2011 年根据两种债务规模加权平均计算当年应付债券利率。
资料来源：CSMAR 数据库及四川长虹年度（600839）2008 ~ 2011 年年度报表计算整理。

　　四年来公司的加权平均借款成本同比变动相对来说并没有大幅提高，2008 年以后的三年里与短期借款利率相差一直不大，并且都低于同期长期贷款基准利率，可以说四川长虹借助分离交易可转债的低资金成本改善了自身的债务结构，很好地控制了借款成本的攀升。

11.7.2　多元化分散风险降低权益成本

　　分离交易可转债发行后，公司资产负债率不断提升，2010 年年末接近 62%。假若没有认股权证的行使，公司的资产负债率将会超过 70%⊖，认股权证行权降低了公司的债务杠杆，财务风险得到控制使四川长虹在外部债务融资时表现出较好的偿还能力。资金的再次补充降低了因破产风险上升而导致的权益成本上升。

　　另一方面，融资的低资金成本不仅支撑了四川长虹核心产业盈利能力的提升，还为多元化股权收购与投资活动提供足够资金支持，多元化行业布局有助于公司分散经营风险，整体风险得到下降。表 11-25 对比了分离交易可转债发行前后的整体风险程度。2009 年发行分离交易可转债当年风险因子（β 系数）显著下降，随着公司不断加大对通信设备、电子技术业及其他产业的投入，并且 2010 年与 2011 年产权比率维持在较高水平下公司的风险因子依然保持较低水平，均低于所投入行业的平均风险因子。在经营风险降低之下，公司的权益资本成本出现下降趋势，2010 年与 2011 年的权益资本成本分别为 4.76% 和 4.84%，与发行前相比有所降低⊖，如表 11-26 所示。

表 11-25　各行业及四川长虹 2007 ~ 2011 年 β 系数[1]变动

项目	2007 年	2008 年	2009 年	2010 年	2011 年
家用电器制造业[2]	0.97	0.99	0.96	1.02	1.08
房地产开发业	1.04	1.08	1.10	1.13	1.16
信息技术业	0.95	0.98	0.91	1.02	1.08
四川长虹	**1.12**	**0.96**	**0.88**	**0.99**	**0.99**
四川长虹产权比率[3]	**1.14**	**1.28**	**1.72**	**2.05**	**1.89**

[1] 为简化思路，本案例采用定义法计算股票的 Beta 系数，即计算单只股票收益率与市场资产组合收益率之间的协方差得到该股票的 Beta 系数值。具体的数量方程式如下：$\beta_i = Cov(R_i, R_m)/Var(R_m) = Cov(R_i, R_m)/\sigma_m^2$，其中：$\beta_i$ 为股票 i 的 Beta 系数；$Cov(R_i, R_m)$ 为股票 i 的收益率同市场资产组合收益率之间的协方差；$Var(R_m)$ 为市场资产组合收益率的方差，也记作 σ_m^2。具体参数设计与数据选取如下：（1）市场资产组合收益率（R_m）的采用，基于上海与深圳证券交易所所有上市公司，通过总市值加权平均法计算得到考虑现金红利再投资的综合日市场回报率；（2）股票 i 的收益率（R_i）则是上市公司 i 考虑现金红利再投资的日个股回报率。（3）回归窗口为 1 年，相关数据均来自于国泰安（CSMAR）数据库。

[2] 如案例前文所提到，由于中国证监会 2001 年公布的《上市公司行业分类指引》，四川长虹被归属为计算机、通信和其他电子设备制造业，但公司的核心主业仍为家用电器制造。因此在计算行业平均 Beta 时同样采用申银万国行业分类标准的一级大类作为计算行业平均指标的公司样本划分标准。

[3] 产权比率＝负债总额 ÷ 所有者权益总额。

资料来源：CSMAR 数据库 2007 ~ 2011 数据计算整理。

表 11-26　四川长虹 2007 ~ 2011 年权益资本成本计算

项目	2007 年	2008 年	2009 年	2010 年	2011 年
市场预期报酬率[1]（1）	15.98%	5.13%	10.32%	4.78%	4.85%
无风险利率[2]（2）	4.14%	2.25%	2.25%	2.75%	3.50%

⊖　计算时假设无认股权证行权带来的权益性融资，并且该部分权益性资金由债务筹集而得。

⊖　权益资本成本降低还主要受到当时宏观经济状况影响，但难以剔除该因素而细作分析，在 2008 年市场预期报酬率相近的情况下，可以观察出四川长虹的权益资本成本事实上得到了一定程度的控制。

（续）

项目	2007 年	2008 年	2009 年	2010 年	2011 年
风险溢价 (3) = (1)–(2)	0.118	0.029	0.081	0.020	0.014
Beta 系数③ (4)	1.116	0.956	0.883	0.992	0.990
风险补偿 (5) = (4)×(3)	13.21%	2.75%	7.12%	2.01%	1.34%
权益资本成本 (6) = (2) + (5)	**17.35%**	**5.00%**	**9.37%**	**4.76%**	**4.84%**

①选用 10 年以来考虑红利再投资的几何平均收益的历史数据替代市场预期报酬率。

计算方式如下：$R_c = \left[\prod_{i=n}^{n_0}(1+R_i)\right]^{1/10} - 1$，其中 R_i 为每年考虑红利再投资的市场报酬率。

②选择一年期银行定期存款作为无风险资产，其利率作为无风险利率。由于我国的债券市场尚不成熟，在发行规模上，存在着明显的不足，在融资额度上，显然难以与银行存款相提并论。在投资者需要无风险资产时，往往难以购买得到国债，只能退而求其次，通过银行存款获得稳定的收益。

③具体计算过程可参见表 11-25 相关脚注。

资料来源：CSMAR 数据库及中央人民银行 2007 ~ 2011 数据计算整理。

公司的权益成本下降得益于两方面：第一，从资本结构对财务风险而论，认股权证的行权恰好能降低资产负债率，维持资本结构的稳定性，通过财务风险进而间接影响权益成本；第二，从多元化经营对经营风险而论，认股权证行权所募集到的资金进一步促进公司多元化活动，行业分散降低总风险，最终权益成本保持稳定变动。

11.7.3　加权平均资本成本呈下降趋势

对四川长虹整体融资结构进行分析。从发行分离交易可转债到认股权证行权，资产负债率先是受债务增加而增加，随着权证执行权益比例重新降低到原来水平。可分离可转债中还附带认股权证，权证行权能够以股权形式实现权益融资再次补充资金。

从图 11-46 可以看出，2008 年四川长虹的融资结构中短期负债占比较高，长期负债占比明显较低。2009 年发行分离交易可转债后，公司的长期负债占比在后续 3 年里一直维持在 1/5 左右，所有者权益受到认股权证行权影响并未出现较大波动，2009 ~ 2011 年间融资结构整体保持稳定变动。在稳定的融资结构下，公司的加权平均资本成本在发行分离交易可转债后呈现如何变化？

图 11-47 [⊖] 将公司的加权平均资本成本与同期长期贷款基准利率进行比较。2009 年后长期贷款基准利率逐渐上升，2011 年达到 6.90%。而根据前文所计算出的债务成本及权益成本，进一步计算四川长虹的加权平均资本成本。可发现，2010 年公司加权平均资本成本与 2009 年相比降低 2.24%，2010 年及 2011 年分别为 4.91% 与 5.02%，低于同期长期贷款基准利率。分离交易可转债的低资金成本降低了对收益和财务流动性的压力，通过对经营风险及财务风险的影响，公司的债务成本避免进一步攀升并且权益成本均出现下降，最终加权平均资本成本稳定在较低水平。

基于四川长虹发行分离交易可转债案例，可发现四川长虹管理层对融资资金成本权衡，事实上将帮助公司降低加权平均资本成本。 具体影响路径如图 11-48 所示：（1）发行可转债以及认股权证行权给四川长虹带来了两次大规模融资，在补充流动性同时对核心业务与多元化经营提供支撑，并且债务的低利息费用驱动净利润增长，经营风险和财务风险下降导致权益资本成本降低；（2）发行可转债以及认股权证行权分别增加长期债务以及所有者权益比例，同时低资本成本带来的利息节约带动长期债务规模增加避免对短期借款融资的依赖，另外大规模低成本

⊖　考虑到四川长虹短期借款长期化的行为，在计算加权平均资本成本时也考虑了该部分融资对资本成本的影响。

资金帮助建立并激活内部资本市场，合并整体融资结构逐步改善导致债务资本成本的攀升得到控制；（3）在债务成本保持稳定下，权益成本降低最终使公司获得较低的加权平均资本成本。

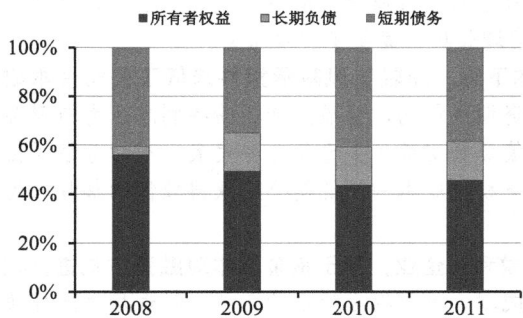

图 11-46　四川长虹 2008 ~ 2011 年融资结构变动

资料来源：四川长虹（600839）2008 ~ 2011 年报、中国人民银网站以及 CSMAR 数据库数据整理计算所得。

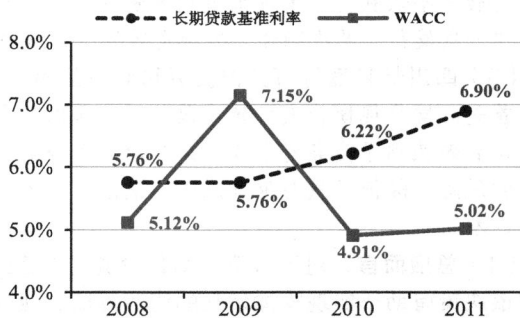

图 11-47　四川长虹 2008 ~ 2011 年 WACC 与同期长贷利率

资料来源：四川长虹（600839）2008 ~ 2011 年报、中国人民银网站以及 CSMAR 数据库数据整理计算所得。

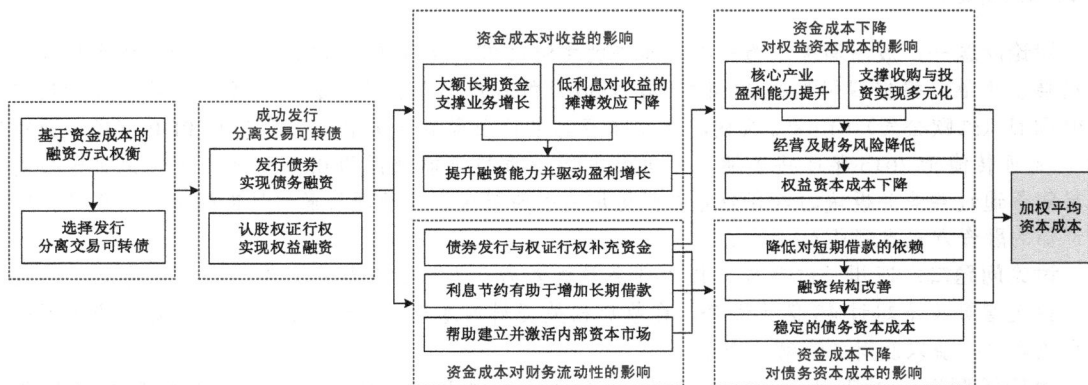

图 11-48　资金成本下降对资本成本的影响路径

11.8　案例总结与讨论问题

案例总结

　　本案例通过以四川长虹发行分离交易可转债为例，对公司融资决策思路进行还原。先是由融资需求的产生到融资约束的面临，再是融资方案的选择到融资过程的实施，最后是资金成本的改变到资本成本的下降，通过该过程得到的结论如下。

　　（1）四川长虹实施增长战略需要大额资金，而融资决策受到融资规模与融资成本及财务流动性的双重约束。面临激烈的行业竞争，四川长虹实施产能扩张、渠道铺设、研发升级、股权并购等增长战略需要大额长期资金进行支撑。在面临着经营业绩欠佳以及财务流动性状况恶化的问题，管理层在融资方式的权衡与决策时，既要面对融资规模的问题，也要面对大额融资对损益与财务流动性的双重压力问题。

　　（2）为解决大额融资对损益与财务流动性的双重压力问题，四川长虹最终选择发行可分离交易可转债。公司管理层在对配股、非公开增发、公司债券、短期融资券、长期借款及短期借款等多种融资进行判断与权衡之后，均因融资规模不足或偿还压力过大而无法实现。最终选择的发行可分离交易可转债不仅获得了大规模低利率资金，也明显减轻了对损益摊薄与财务流动性的压力，并且实现了"一次发行、两次融资"的融资效果，为支持公司增长战略提供了有效保障。

（3）**四川长虹发行可分离交易可转债后资金成本下降，减轻了风险承担并降低了公司资本成本**。首先，发行规模较大可转债改善了公司的债务融资期限结构，明显降低了债务利息压力与财务风险，有效控制了债务资本成本；其次，可分离可转债资金支撑了多元化业务发展，有效分散了主业经营风险，降低了权益资本成本；最后，债务成本与权益成本的降低使公司获得较低的加权平均资本成本。

（4）**总括而言，对于有巨大增长投资压力且处于微利的企业，基于资金成本对融资方式进行权衡，该决策有助于实现支撑增长的同时降低企业资本成本**。具有以上特征的企业，管理层的融资决策受融资条件以及融资成本共同约束，成本过高将可能导致企业面临融资困境。基于资金成本的融资方式选择，在满足持续增长对长期资金的强烈需求同时，减轻了利息成本对收益的压力并减小偿还资金对流动性的冲击，最终降低了企业的加权平均资本成本。

▶ 讨论问题

讨论问题一：液晶面板成为彩电近年来的主流技术，而等离子（PDP）技术因其成本居高不下已经难以为继。根据四川长虹 2014 年 10 月 30 日的资产出售公告，公司向绵阳达坤转让所持有的 PDP 项目（虹欧公司）61.48% 股权，这意味着家电行业最后一家企业宣布退出 PDP 市场。面对约 30 亿元可转债于 2015 年即将到期，公司出售 PDP 项目只能获得约 0.64 亿元现金。试讨论公司管理层能否通过各业务板块的盈利能力以获得足额偿债资金？若管理层通过外部融资进行偿还，则可供选择的融资方式有哪些？

讨论问题二：四川长虹为提升核心业务盈利能力、进行业务与资产整合，实现转型，在 2014 年底拟定增募集不超过 40 亿元资金。在收集相关资料的基础上，试讨论此次定增募集资金对公司资金成本、损益以及财务流动性的影响。

讨论问题三：对于处于行业竞争程度高而盈利水平相对较低的企业，在收集行业相关数据与资料的基础上，试讨论为实现公司持续增长如何实现低资金成本的融资方式选择的权衡决策？

融资结构的影响因素与管理层权衡决策

基于中国中铁的案例分析

▶ | 引例

　　中国中铁股份有限公司（股票代码：601390）的融资结构具有明显的高负债特征，而负债又主要依靠商业信用融资。截至 2011 年年末，中国中铁的资产总额为 4 687 亿元，其中债务总额为 3 874 亿元，资产负债比率高达 83%。其中，应付票据、应付账款、预收款项三项商业信用融资金额合计 2 090 亿元，占负债总额的 45%。高杠杆经营撬动了中国中铁上市公司的经营业绩，同时也为企业现金流带来了巨大的压力。2011 年中国中铁总资产收益率仅为 1.5%，而净资产收益率高达 8.9%，公司使用了近 6 倍的财务杠杆。为此，2011 年中国中铁偿还债务支付现金约 529 亿元，支付利息金额约 64 亿元，利息支出约为同期净利润的 90%。

　　为什么中国中铁选择了高财务杠杆、高无息负债的融资结构？长期以来，中国中铁负债居高不下，面临着"经营日益困难、资金异常紧张、成本大幅攀升、发展严重受限的严峻局面"[⊖]。哪些因素决定了公司必须将负债经营作为其主要经营模式？这是源于建筑业的行业特点，国有企业的债务融资优势，还是中国中铁高速增长的营业收入拉动？除行业特征、央企特征和企业财务状况外，管理层是否能够影响中国中铁融资结构？中国证券监督管理委员会在上市公司股权再融资方面的财务要求，以及国务院国有资产监督管理委员会针对中央企业负责人的经营业绩考核标准，会对管理层在企业融资结构的财务决策产生什么样的影响？

　　高负债、高商业信用融资运营模式是中国土木工程建筑行业普遍存在的现象。2011 年深沪两市 A 股主板土木工程建筑行业上市公司共计 27 家。行业资产负债比率平均值为 75%，中位数为 77%，行业应付票据、应付账款、预收款项占负债总额比率平均值为 50%，中位数为 52%[⊖]。土木工程建筑行业整体利润率较低，需利用高财务杠杆提升净资产收益率，而高负债又会增加企业偿债风险，并对财务流动性产生显著的影响。

　　⊖　中国中铁董事长李长进于 2011 年 6 月 26 日在中国中铁经营工作会议上的讲话。题名为"坚定发展信心，加快转型升级，为实现中国中铁持续健康发展而努力奋斗。"
　　⊖　土木工程建筑业融资结构具体数据见附录 12A。

12.1 案例概况

中国中铁成立于 2007 年 9 月 12 日，是由中国铁路工程总公司（简称"中铁工"）以整体重组、独家发起的方式设立的股份有限公司。2007 年 9 月 11 日，经国务院国资委《关于设立中国中铁股份有限公司的批复》，央企集团中铁工以其拥有的货币资金、实物资产、无形资产、下属公司的股权等出资投入中国中铁。2007 年 12 月中国中铁先后在上海证券交易所和香港联合交易所上市，发展至今已成为经营范围包括基建建设、勘察设计与咨询服务、工程设备和零部件制造、房地产开发等四大业务板块的全球第二大建筑工程承包商。2012 年度中国建筑业企业 500 强中，中国中铁股份有限公司排在第 6 名。

中国中铁财务状况主要体现为三项特征，高营业收入增长、低销售净利率、高资产负债率。中国高速发展的基础设施建设，以及铁路、公路建设领域的巨额投资，为公司的营业收入发展奠定了坚实的基础。如图 12-1 所示，2007 ~ 2011 年公司营业收入分别为 1 842、2 346、3 469、4 737、4607 亿元，连创新高。但由于行业特点等原因，各年度的净利润仅分别为 36 亿元、14 亿元、74 亿元、82 亿元、72 亿元。公司盈利能力有限，依靠留存收益为公司所提供内源融资的资金也十分有限，公司的高速增长主要依靠债务融资拉动，资产负债比率居高不下，图 12-2 显示，2007 ~ 2011 年的负债率逐渐攀升已超过 80%。随着基础建设投资逐步放缓，中国中铁 2011 年营业收入与净利润双双下滑，企业高负债、低利润率带来的财务风险隐患也逐步显现。

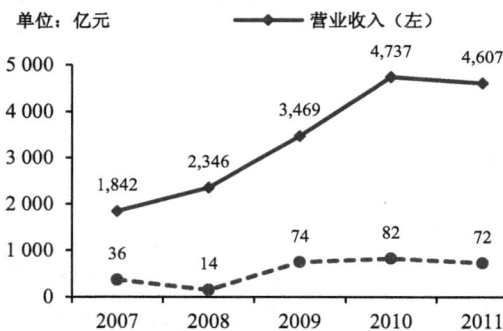

图 12-1 中国中铁营业收入与净利润

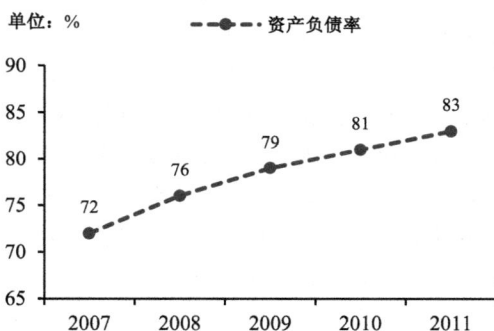

图 12-2 中国中铁负债率

资料来源：依据中国中铁 2007 ~ 2011 年年度报告整理而得。资料来源：依据中国中铁 2007 ~ 2011 年年度报告整理而得。

管理层的企业融资结构决策受到中国证券监督管理委员会和国务院国有资产监督管理委员会双重考核要求的影响。一方面，证监会在 2006 年 5 月 8 日起施行的《上市公司证券发行管理办法》（证监会令第 30 号）中要求，上市公司申请再融资（增发、发行可转债），过去三年加权平均净资产收益率不得低于 6%。如图 12-3 所示，中国中铁 2007 ~ 2011 年的总资产收益率仅分别为 0.6%、0.6%、1.8%、1.9% 和 1.3% [一]。在企业营业收入净利率、总资产周转率难以大幅提升的情况下，中国中铁为保持股票公开增发的资格只能采取高负债的激进财务政策，以财务杠杆拉动净资产收益率指标。

[一] 为与证监会指标计算方法保持一致，扣除非经常性损益后的净利润与扣除前的净利润相比，以低者作为总资产收益率的计算依据。

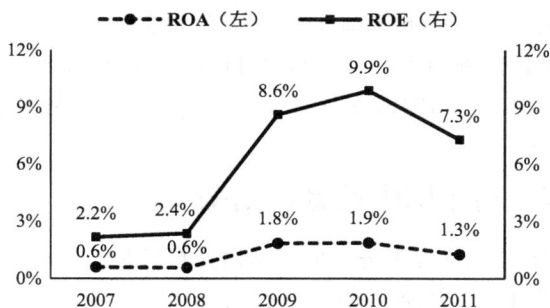

图 12-3 中国中铁总资产收益率与净资产收益率（合并财务报表）①

①扣除非经常性损益后的净利润与扣除前的净利润相比，以低者作为图中 ROE 与 ROA 的计算依据。
资料来源：依据中国中铁 2007～2011 年年度报告计算而得。

另一方面，依据国资委在 2010 年起实施的《中央企业负责人经营业绩考核暂行办法》对中央企业负责人经营业绩考核经济增加值的要求⊖，经济增加值同时考察了企业经济收益与投入资本的成本，要求企业管理者必须综合考虑权益资本与有息债务资本的回报。中国中铁不论投入权益资本还是银行贷款，均需实现超过 6.0% 的资本收益率⊜。而 2010 年以来，公司的税后经营业利润占总资产的比率即 ROA 不超过 2%⊜。但通过有息债务提升净资产收益率又不利于经济增加值的业绩考核，会显著增加资本成本。在经营效率保持稳定的情况下，管理层只能依赖增加商业信用融资（无息债务）比重才能有效提升经济增加值指标评分，以满足国资委的考核要求。

商业信用融资按照融资对象可以分为两类，对供应商的资金占用和对客户的资金占用。如图 12-4 所示，2009～2011 年度，中国中铁应付账款、应付票据占营业成本的比率逐年上

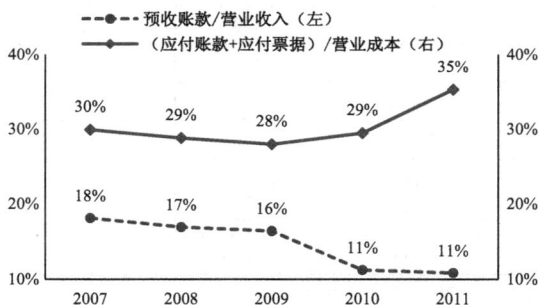

图 12-4 中国中铁总资产收益率与净资产收益率（合并财务报表）
资料来源：依据中国中铁 2007～2011 年年度报告计算而得。

⊖ 业绩考核中，利润总额指标的基本分为 30 分，而经济增加值指标的基本分为 40 分，即经济增加值在计算央企负责人年度经营业绩考核综合得分上比利润总额指标更为重要。

⊜ 《中央企业负责人经营业绩考核暂行办法》提出，中央企业资本成本率原则上定为 5.5%，资产负债率在 75% 以上的工业企业和 80% 以上的非工业企业，资本成本率上浮 0.5 个百分点。承担国家政策性任务较重且资产通用性较差的企业，资本成本率定为 4.1%。没有直接证据显示中国中铁在业绩考核中被定性为"承担国家政策性任务较重且资产通用性较差的企业"。在本案例中，中国中铁在 2007 年负债率小于 75%，资本成本率为 5.5%；2008～2011 年负债率大于 75%，资本成本率为 6.0%。《中央企业负责人经营业绩考核暂行办法》实行以来，中国中铁均应采用 6.0% 的资本成本率。

⊜ 中国中铁 2007～2011 年税后净营业利润占总资产的比值分别为 2.1%、2.2%、3.1%、2.8% 和 2.7%。《中央企业负责人经营业绩考核暂行办法》要求税后净营业利润占投入资本的比例需高于资本成本率。总资产与投入资本的主要差异是无息负债（在建工程金额相对较小）。企业在完全通过股东权益与有息债务融资时，总资产约等于投入资本，税后净营业利润占总资产的比例可以与资本成本率做比较，考察中央企业是否达到经济增加值业绩考核要求。

升，分别为 28%、29% 和 35%，表明企业对供应商的资金占用越来越高。而同期预收账款占营业收入的比率逐年下降，分别为 16%、11% 和 11%，表明企业对客户的资金占用越来越少，这与近年铁路投资增速放缓，中国中铁营业收入增长迅速回落是基本相符的。

12.2 建筑业行业特征与中国中铁融资结构

不同行业的融资结构存在着明显差异，融资结构具有行业经营性特征。按照证监会行业分类标准[⊖]，中国中铁属于建筑业下的铁路、公路、隧道、桥梁建筑业（行业代码：E0110）。该行业具有明显的**投资规模大，应收账款回收周期长、难度大**的特征。投资规模大，企业自有资金难以满足生产经营需求，且在外部权益融资规模有限的情况下，只能依赖债务融资支持企业增长。应收账款回收周期长、难度大，企业的资金长期被无偿占用，就需要通过银行借款等方式补充日常营运资金。因此，行业内企业的资产负债率普遍处于较高的水平。

12.2.1 建筑业企业融资结构特征

中国中铁基建建设业务板块的营业收入占营业总收入的比例一直高于 80%。而基建建设收入又主要依赖于铁路建设项目，铁路建设收入占基建建设收入的比例约为 50%。2007 ~ 2011 年度的营业收入分行业统计数据如表 12-1 所示。

表 12-1　中国中铁营业收入分行业统计表　　　　　（单位：亿元）

	2007 年	2008 年	2009 年	2010 年	2011 年
基建建设	1 654	2 083	3 098	4 117	3 852
铁路	761	1 009	1 725	2 355	1 885
公路	436	417	513	688	731
市政	457	657	860	1 074	1 236
营业总收入	1 842	2 346	3 469	4 737	4 607
基建建设占营业总收入比率	89.80%	88.77%	89.31%	86.91%	83.61%
铁路建设占基建建设收入比率	46.02%	48.46%	55.68%	57.21%	48.94%
铁路建设占营业总收入比率	41.33%	43.02%	49.73%	49.72%	40.92%

资料来源：依据中国中铁 2007 ~ 2011 年年度报告计算而得。

铁路建设行业主要包括中国中铁、中国铁建（601186）、中铁二局（600528）三家公司。三家公司均表现出销售净利率低、总资产周转率低、资产负债率高的财务特征。建筑业高负债的融资结构具有一定的普遍性。2007 ~ 2011 年中国中铁与行业内主要上市公司财务数据如表 12-2 所示：

表 12-2　2007 ~ 2011 年中国中铁与同类上市公司的财务数据比较

财务指标	年份	2007 年	2008 年	2009 年	2010 年	2011 年
销售净利率	中国中铁	**1.94%**	**0.61%**	**2.13%**	**1.74%**	**1.58%**
	中国铁建	1.77%	1.64%	1.89%	0.92%	1.72%
	中铁二局	2.07%	2.17%	1.74%	2.00%	1.12%

⊖　证监会于 2012 年 12 月对行业分类标准做出修订。但本文仍继续采用证监会于 2001 年发布的《上市公司行业分类指引》。

（续）

财务指标	年份	2007 年	2008 年	2009 年	2010 年	2011 年
总资产周转率	中国中铁	**0.85**	**0.93**	**1.11**	**1.21**	**0.98**
	中国铁建	1.13	1.03	1.26	1.34	1.08
	中铁二局	1.06	1.06	1.58	1.71	1.51
总资产负债率	中国中铁	**72%**	**76%**	**79%**	**81%**	**83%**
	中国铁建	97%	78%	81%	83%	84%
	中铁二局	77%	81%	82%	83%	85%
总资产净利率	中国中铁	**1.65%**	**0.57%**	**2.37%**	**2.10%**	**1.54%**
	中国铁建	2.01%	1.68%	2.38%	1.23%	1.86%
	中铁二局	2.21%	2.31%	2.74%	3.43%	1.70%

资料来源：依据中国中铁、中国铁建、中铁二局 2007～2011 年年度报告计算而得。

表 12-2 显示在 2007～2011 年期间，与中国中铁处于同一行业的中国铁建和中铁二局总资产负债率约 80%，中国中铁高负债特征与所属行业的整体状况一致。中国中铁的各项财务指标均与行业内上述两家公司相近，表明公司高负债受到所处行业业务特征的影响。

12.2.2　投资规模大需要债务融资支撑增长

建筑业具有投资规模大的业务特征。中国中铁是一家依托铁路建设项目的建筑业公司。而建筑行业是投资拉动下的周期性行业。以铁路建设投资为例，每年的投资规模主要由原铁道部（现为中国铁路总公司）年初召开的年度工作会议确定。国家确定每一年度的投资计划，并提供相应的信贷支持，而企业则负责开展具体的固定资产投资与铁路基本建设，落实年度投资计划。如表 12-3 所示，依据 2008～2011 年度的资料，每年实际投资金额与年度投资计划相符。而在 2008～2010 年行业快速增长期间，中国中铁铁路市场新签合同额占年度实际铁路建设投资额的比例超过 50%。中国中铁是铁路建设行业的龙头企业，其铁路市场收益与行业整体变动情况密切相关。

表 12-3　2008～2011 年度中国中铁铁路市场新签合同额

时间	确定投资额	当年实际固定资产投资额（亿元）	实际铁路基本建设投资额（亿元）	当年中国中铁铁路市场新签合同额（亿元）
2008 年	全年计划完成基本建设投资 3 000 亿元	4 144	3 372	2 303
2009 年	铁路固定资产投资总规模为 7 007 亿元，其中基本建设投资 6 000 亿元	7 013	6 005	3 109
2010 年	全国铁路计划安排固定资产投资 8 235 亿元，其中基本建设投资 7 000 亿元	8 341	7 091	4 069
2011 年	全年铁路固定资产投资总规模 8 500 亿元，其中基本建设投资 7 000 亿元	5 863	4 611	976

资料来源：依据中国中铁 2008～2011 年年度报告、国泰君安行业研究报告（"铁路基建机会继续发酵，近日年度会议带来催化——铁路建设系列 23"）整理而得。

2008 年金融危机爆发，却成就了中国施工企业的一次发展机遇。政府为了抗危机、保增长，时任国务院总理温家宝在 2008 年 11 月 5 日主持召开的国务院常务会议上做出四万亿经济刺激计划，并在 2008 年 11 月 9 日星期日晚间对外公布。四万亿投资计划明确提出，加快铁路、公路和机场等重大基础设施建设，重点建设一批客运专线、煤运通道项目和西部干线铁路，完善高速公路网。这为建筑业企业提供了一次良好的发展契机，与 2008 年相比，2009 年、2010 年度实际投资金额实现了成倍增长。2011 年 7·23 甬温线特别重大铁路交通事故 发生后，铁路建设项目审核更为严格，铁路投资明显放缓。但是，铁路建设是长期的建设项目，保障已有项目顺利完工仍需要大量资金支持。因此，铁路投资额依然会在一段时间内保持在一个较高的水平上。

铁路、公路建设等项目需要大规模的资金投入，2008 ~ 2011 年平均每年铁路基本建设投资额超过 5 000 亿元，而建筑业企业自有资金的投资能力却相对有限。以业内最大的三家公司，中国中铁、中国铁建、中铁二局为例，三家公司 2008 年的经营活动现金流量净额分别为 –1 亿元、73 亿元、11 亿元，货币资金分别为 589 亿元、575 亿元、38 亿元，与年度投资计划要求的建设投资金额仍有较大的差距。因此，仅依靠企业内源融资难以保障基建建设工程顺利开展。因此，建筑施工企业整体体现出高负债的融资结构。

12.2.3 应收账款回收周期长、难度大需要债务融资补充营运资金

建筑业具有应收账款回收周期长、难度大的财务特征。第一，建筑业，特别是铁路、公路建设行业的建设周期较长，从项目开工到最终完工往往需要数年时间，工程款回收周期较长。第二，建筑业企业之间相互拖欠账款现象非常普遍，许多企业的应收账款难以收回，这已经成为制约建筑业企业资金流动性的一个重要问题。

回收周期长、收款难度大，导致建筑业企业的应收账款规模较大。2008 年中国中铁应收账款规模达到 502 亿元，占总资产的比例为 19.9%，占流动资产的比例为 26.1%，应收账款金额较大。从应收账款回收周期上看，2008 年中国中铁经营周期为 109 天，应收账款回收周期为 77 天，应收账款回收期过长，大大延长了企业在经营中从付出现金到收到现金所需的时间。表 12-4 列出房地产、医药、通讯、设备制造、建筑业部分上市公司的应收账款回收期财务数据。2007 ~ 2011 年间，万科 A、云南白药、中国联通、三一重工、中国中铁公司的应收账款回收期平均值分别为 8.2、13.7、19.6、77.5、72.6。中国中铁与三一重工相近，约为万科 A（000002）的 10 倍。

表 12-4   不同行业上市公司应收账款回收期比较   （单位：天）

应收账款回收期	2007 年	2008 年	2009 年	2010 年	2011 年
万科 A（000002）	8.76	8.10	5.25	11.32	7.60
云南白药（000538）	16.99	10.15	11.82	16.46	13.16
中国联通（600050）	11.73	21.95	22.44	21.27	20.78
三一重工（600031）	81.35	81.24	84.05	60.73	80.15
中国中铁（601390）	79.66	77.02	68.67	61.99	75.45

资料来源：依据万科 A、云南白药、中国联通、三一重工、中国中铁 2007 ~ 2011 年年度报告计算而得。

应收账款占用资金规模大，会进而引发企业财务流动性风险，需要通过债务融资的方式补充流动资金。应收账款不能及时变现会导致企业的现金流严重不足，从而加剧流动资金短缺

⊖ 2011 年 7 月 23 日晚上 20 点 30 分左右，北京南站开往福州站的 D301 次动车组列车运行至甬温线上海铁路局管内永嘉站至温州南站间双屿路段，与前行的杭州站开往福州南站的 D3115 次动车组列车发生追尾事故，后车四节车厢从高架桥上坠下。这次事故造成 40 人（包括 3 名外籍人士）死亡，约 200 人受伤。

问题。建筑行业企业的日常经营开支金额很高，需要保障人工成本、原材料采购等方面的现金流支出，才能支持工程建设有序开展、顺利完工。应收账款导致大量流动资金沉淀在非生产环节，影响了企业资金循环的速度，甚至会使建筑业企业没有充足的资金满足日常经营现金流支出的需求。为此，企业就需要通过增加银行贷款规模，或是通过增加预收账款、应付账款、应付票据即商业信用融资的方式，提高负债规模，使企业能够保持稳定、充足的现金流，从而使工程建设能够如期完成。**建筑业行业的业务特征是中国中铁高负债融资结构的重要影响因素。**

12.3　国有大型企业特征与中国中铁融资结构

除行业特征外，中国中铁作为大型央企，其外部债务融资相比于民营企业存在着明显的优势，进而能够提升企业的负债规模。一方面，国有企业债务融资方式更为多元化，可以采用银行借款、公司债券、短期融资券等多种债务渠道融通资金，而民营企业外部融资多局限于银行借款这一种方式。另一方面，国有大型企业拥有规模优势、盈利能力强，能够有效地降低债务融资成本，进而提升企业的举债能力。

12.3.1　债务融资方式多元化

中国中铁作为大型央企，在发行公司债券与短期融资券上具有明显的优势。公司债券[○]与短期融资券[○]分别需要通过国家发改委与人民银行的审核，而国有企业与相关政府部门联系密切。支持国有企业债务融资，落实国家产业发展规划，是国家发改委、财政部门、商业银行等机构的工作职责。债券发行审核机构有动力也有能力为国有企业提供融资便利条件。与民营企业相比，国有企业的债券发行较为容易。

自上市以来，公司通过债券方式实现的融资情况如表 12-5 所示：

表 12-5　中国中铁 2007 ~ 2011 年债券融资

时间	融资方式	融资规模	具体内容
2009 年 05 月 22 日	2009 年短期融资券（第一期）	7 亿元	期限：365 天；面值：100 元；发行利率：1.65%；发行对象：全国银行间债券市场的机构投资者；到期一次还本付息
2009 年 06 月 16 日	2009 年短期融资券（第二期）	10 亿元	期限：365 天；面值：100 元；发行利率：1.72%；发行对象：全国银行间债券市场的机构投资者；到期一次还本付息

○ 公司债券的发行条件为：（一）公司的生产经营符合法律、行政法规和公司章程的规定，符合国家产业政策；（二）公司内部控制制度健全，内部控制制度的完整性、合理性、有效性不存在重大缺陷；（三）经资信评级机构评级，债券信用级别良好；（四）公司最近一期末经审计的净资产额应符合法律、行政法规和中国证监会的有关规定；（五）最近三个会计年度实现的年均可分配利润不少于公司债券一年的利息；（六）本次发行后累计公司债券余额不超过最近一期末净资产额的百分之四十；金融类公司的累计公司债券余额按金融企业的有关规定计算。（资料来源：《公司债券发行试点办法》）
○ 短期融资券的发行条件为：（一）是在中华人民共和国境内依法设立的企业法人；（二）具有稳定的偿债资金来源，最近一个会计年度盈利；（三）流动性良好，具有较强的到期偿债能力；（四）发行融资券募集的资金用于本企业生产经营；（五）近三年没有违法和重大违规行为；（六）近三年发行的融资券没有延迟支付本息的情形；（七）具有健全的内部管理体系和募集资金的使用偿付管理制度；（八）中国人民银行规定的其他条件。（资料来源：中国人民银行网站）

（续）

时间	融资方式	融资规模	具体内容
2010 年 01 月 29 日	公司债券（第一期）	60 亿元	5 年期固定利率债券（10 亿元，票面利率 4.48%）；10 年期固定利率债券（50 亿元，票面利率 4.88%）单利计息，每年付息一次，到期一次还本
2010 年 07 月 16 日	2010 年短期融资券（第一期）	17 亿元	期限：365 天；面值：100 元；发行利率：2.92%；到期一次还本付息
2010 年 10 月 21 日	公司债券（第二期）	60 亿元	10 年期固定利率债券（35 亿元，票面利率 4.34%）；15 年期固定利率债券（25 亿元，票面利率 4.50%）单利计息，每年付息一次，到期一次还本
2010 年 11 月 4 日	2010 年短期融资券（第二期）	30 亿元	期限：365 天；面值：100 元；发行利率：3.24%；到期一次还本付息
2010 年 12 月 21 日	2010 年短期融资券（第三期）	20 亿元	期限：365 天；面值：100 元；发行利率：4.06%；到期一次还本付息

资料来源：依据中国中铁 2007 ~ 2011 年年度报告整理而得。

中国中铁频繁通过短期融资券、公司债券等形式实现债务融资。而建筑业民营企业却很难实现债务融资多元化。龙元建设（600491）是长三角建筑市场最大的民营施工企业之一，是工程建筑行业民营企业龙头。公司在 2004 ~ 2010 年度连续 7 年荣获中国民营上市百强企业。公司主营业务为民用、工业、市政及公共设施等各类工程的建筑施工和工程安装。自 2002 年上市以来，龙元建设年度报告中资产负债表的长期债券、交易性金融负债两项始终为 0，表明公司从未通过债券或短期融资券实现外部债务融资。在融资方式的多元化程度上，龙元建设与中国中铁存在着较大的差距。**国有产权性质能够帮助企业拓宽外部债务融资渠道。**

12.3.2 债务融资成本低

中国中铁作为大型央企，资产规模庞大、盈利能力强，与民营企业相比，能够以更低的成本实现外部债务融资。中国中铁是铁路建设行业中的龙头企业，龙元建设则是工程建筑行业民营企业龙头。但是，2007 ~ 2011 年期间，中国中铁的资产规模与营业收入分别约是龙元建设的 35 倍与 39 倍。两家公司的主要财务指标如表 12-6 所示：

表 12-6 龙元建设、中国中铁 2007 ~ 2011 年债务融资及融资成本

项目		2007 年	2008 年	2009 年	2010 年	2011 年
有息负债率（%）	龙元建设	16.29%	20.05%	20.63%	20.36%	19.10%
	中国中铁	18.09%	21.47%	17.09%	20.40%	27.87%
融资成本（%）	龙元建设	7.16%	8.22%	5.90%	4.37%	5.25%
	中国中铁	5.63%	6.47%	6.70%	4.49%	4.94%
营业收入（亿元）	龙元建设	71	73	66	98	135
	中国中铁	1 842	2 346	3 469	4 737	4 607
总资产（亿元）	龙元建设	80	88	78	98	126
	中国中铁	2 165	2 521	3 126	3 918	4 687

注：有息负债率 =（短期借款 + 短期应付债券 + 交易性金融负债 +1 年内到期的非流动负债 + 长期借款 + 应付债券）/ 总资产；融资成本 = 利息支出 /（短期借款 + 短期应付债券 + 交易性金融负债 +1 年内到期的非流动负债 + 长期借款 + 应付债券）。其中，2008 年中国中铁财务费用极高，主要源于汇兑损益因素影响。为此在计算中国中铁当年融资成本时，在财务费用总扣除 413 904 万元汇兑损益金额。难以获取上市公司债务融资的实际利率，采用这一方法仅是对企业真实融资成本的简单估算。

资料来源：依据中国中铁 2007 ~ 2011 年年度报告计算而得。

中国中铁的规模优势能够显著降低了债务融资成本，进而提升举债能力。 表 12-6 的数据显示，龙元建设年均融资成本约为 6.2%，而同期中国中铁年均融资成本约为 5.7%。举借同样规模的债务，龙元建设要多付出 0.5% 的利息成本。中国中铁银行借款融资能力明显优于龙元建设。在银行贷款规模上，2007 ~ 2011 年期间龙元建设有息负债比率约为 19%，而中国中铁有息负债比率约为 21%，中国中铁略高于龙元建设。而且，中国中铁有息负债率在 2009 ~ 2011 年呈现出明显的上升趋势，而龙元建设同期有息负债率逐年下降，两家公司的差距可能会进一步扩大。

12.3.3　母子公司债务融资结构差异

中国中铁股份有限公司母子公司间存在着融资结构差异。企业集团[一]融资结构主要表现为以下两点：第一，银行贷款与商业信用融资集中分布于子公司；第二，债券融资集中分布于母公司。企业集团整体呈现出高负债的融资结构，但由于母公司仅承担发行债券的职责[二]，使母公司的资产负债率相对较低。2007 ~ 2011 年度，合并财务报表资产负债率约为 80%，而同期母公司报表资产负债率仅约为 30%[三]。中国中铁合并报表与母公司报表融资结构如表 12-7 所示。

表 12-7　中国中铁 2007 ~ 2011 年合并报表与母公司报表融资结构　　（单位：亿元）

证券市场融资与银行贷款		2007 年	2008 年	2009 年	2010 年	2011 年
短期借款	合并报表	242	325	208	256	510
	母公司报表	1	5	18	5	22
长期借款	合并报表	102	168	272	325	494
	母公司报表	1	1	1	13	10
应付债券	合并报表	0	0	0	119	242
	母公司报表	0	0	0	119	238
商业信用融资						
应付账款	合并报表	508	635	893	1 271	1 456
	母公司报表	8	26	39	47	53
应付票据	合并报表	33	35	55	97	135
	母公司报表	0	0	0	2	0
预收款项	合并报表	333	396	568	532	499
	母公司报表	7	19	65	54	57

资料来源：依据中国中铁 2007 ~ 2011 年年度报告计算而得。母公司 2010、2011 年度资产负债率、有息负债率比例大幅提升，主要受到大规模发行债券因素的影响。

表 12-8 显示了三个方面的财务特征：第一，企业内源融资不足。因为除 2009 年外，2008-2011 年中国中铁经营活动产生的现金流不足以满足投资活动所需的现金，因此需要大规模外源融资来满足资金需求，但外部权益融资相对水平较低，因而需要通过高比例的债务融资来满足资金需求；第二，债务融资比例较高。资产负债率接近甚至超过 80%，显示出高杠杆运营的特征；第三，无息负债占比较高。无息负债占负债总额的 50% 以上，显示出商业信用融资规模大的特征。

[一]　本案例中的企业集团均为上市公司母子公司构成的企业集团。

[二]　中国中铁于 2010 年 1 月和 10 月共计发行 120 亿元公司债券，主要用于偿还银行借款，补充流动资金，调整债务结构。详见相关的公司债券募集说明书。

[三]　2007 ~ 2011 年母公司报表资产负债率分别为 18%、19%、26%、35% 和 40%。2010 年、2011 年中国中铁母公司大规模发行债券，拉动负债率大幅提升。

表 12-8　中国中铁融资结构　　　　　　（单位：亿元）

指标名称	2008 年	2009 年	2010 年	2011 年
经营活动产生现金流量净额	7.80	188.61	9.62	−134.80
投资活动产生现金流量净额	−201.83	−163.85	−163.57	−117.12
吸收投资收到的现金	11.19	2.76	7.49	1.95
债务现金流量净额	140.38	28.86	273.37	379.14
资产负债率	76%	79%	81%	83%
无息负债	1362.80	1919.95	2372.69	2567.46
无息负债 / 有息负债	2.49	3.59	3.04	1.97
无息负债 / 负债总额	71%	78%	75%	66%

資料来源：依据中国中铁 2008 ~ 2011 年年度报告计算而得。

中国中铁作为特大型央企，有能力将上市母公司打造成为融资平台，以投资控股为主要职能，为经营发展提供有力的资金支持。如图 12-5 所示，2011 年上市母公司通过长期股权投资共拥有 46 家全资子公司或控股子公司，平均持股比例为 98.38%。按照子公司的业务与资产规模，子公司主要有 4 大业务板块，即基建、勘察设计、工程设备制造、房地产开发等。共拥有 5 家合营联营公司，平均持股比例 35.6%。从长期股权投资的规模上看，上市母公司的投资金额为 665亿元，占同期总资产的比重高达 56.70%。其中，对子公司投资为 635 亿元，对合营联营公司为10 亿元。对子公司、合营联营公司的投资是中国中铁上市母公司与子公司与资产的主要形式。

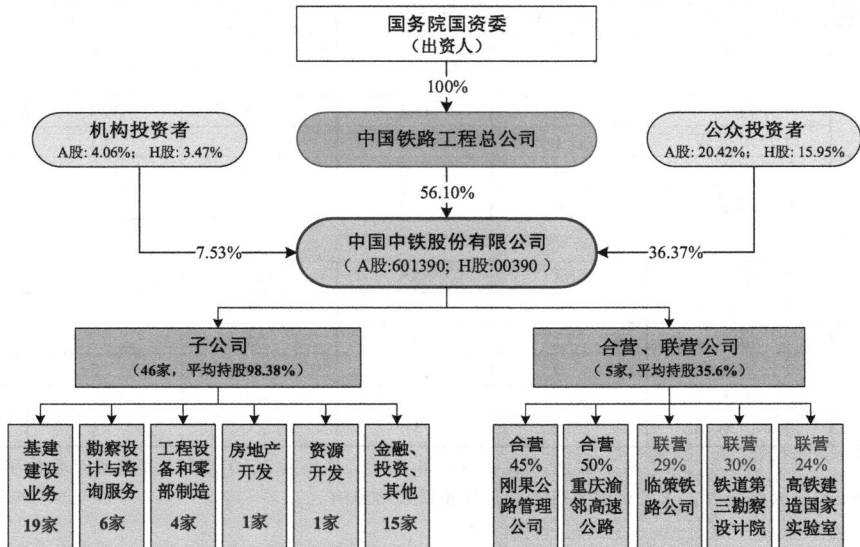

图 12-5　中国中铁 2011 年股权结构与业务板块分布

資料来源：依据中国中铁 2011 年年度报告与 Wind、iFind 数据库整理而得。

上市公司作为企业集团的核心，在债务融资上具有显著优势。在发行公司债券方面，2010与 2011 两年，母公司报表应付债券项目金额占合并报表金额的比例分别为 100% 与 98%。以上市公司为发行主体原因主要有三个。第一，上市公司申请发行更容易通过审核，获得更好的债券信用级别，降低债券利率。第二，上市公司申请发行能够筹集更多资金。《公司债券发行试点办法》⊖要求"累计公司债券余额不超过最近一期末净资产额的 40%"。上市公司母公司净资产规模更高，能够筹集的债券融资规模也就更大。第三，上市公司申请发行能够更好地进行资金调配，在集团内部实现资源配置与公司发展战略。

子公司主要承担起基建建设、勘探设计与咨询、工程设备和零件制造等各项生产经营业务。在银行贷款与商业信用融资方面，2007～2011 年母公司短期借款。长期借款占合并报表金额的比例仅约为 2%，母公司应付账款、应付票据、预收款项占合并报表金额的比例仅约为 5%。银行贷款与商业信用融资集中分布于子公司，主要原因有两个。第一，子公司承担了主要的生产经营业务，对资金的需求量巨大，需要大规模借入银行贷款保障经营业务的正常运转。第二，子公司与供应商、客户的资金往来十分密切，有能力通过应付账款、应付票据、预收账款等商业信用融资方式筹集资金。**中国中铁作为大型央企，采用了以上市公司作为融资平台的整体战略，使母子公司产生融资结构差异。**

12.4　营业收入增长、盈利能力与中国中铁融资结构

中国中铁实现了营业收入高速增长，与之相应的，需要大幅增加资产规模作为支持。企业 2011 年与 2007 年相比总资产增加一倍以上。为了满足公司财务流动性和长期发展的固定资产投资，中国中铁面临着巨大的融资需求。企业盈利能力较弱，内源性融资对企业增长提供的支持力度有限。因此，中国中铁需要大规模债务融资，进而提升了资产负债比率。

12.4.1　收入增长需要新增资产支持

中国中铁实现了营业收入高速增长，需要大幅增加资产投资规模作为支持。 企业于 2007～2011 年实现的营业收入年均增长率达到 25.8%。2007～2010 年快速增长期间，营业收入增长速度甚至达到 37.0%。而企业的总资产周转率一直维持在较低的水平上，营业收入高速增长就意味着总资产规模的大幅增加。企业 2007～2011 年总资产分别为 2 165 亿元、2 521 亿元、3 126 亿元、3 918 亿元和 4 687 亿元，与 2007 年相比，2011 年总资产增加了一倍以上。

资产投资规模大幅增加，主要体现为流动资产规模的增长。 图 12-6 反映了中国中铁 2007～2011 年营业收入、流动资产与非流动资产的变动。公司的营业收入和总资产一直呈现着良好的上升趋势，总资产周转率指标基本稳定。营业收入高速增长需要资产高速增长作为支持，而资产增长又主要体现为流动资产的快速提升。2007～2011 年间，总资产增加 2 522 亿元，其中，流动资产增加 1 878 亿元，非流动资产仅增加 644 亿元。流动资产增加额是非流动资产增加额的 3 倍，约占总资产增加额的 74%。

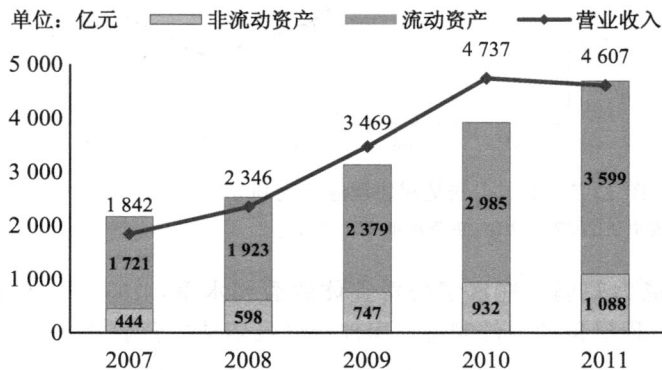

单位：亿元　　非流动资产　　流动资产　　营业收入

图 12-6　中国中铁营业收入与资产结构（合并财务报表）

资料来源：依据中国中铁 2007～2011 年年度报告整理而得。

12.4.2 盈利能力限制内源融资能力

企业的资金来源主要包括内源融资和外源融资两部分，当盈利能力较差会限制内源融资对营业收入增长的支持，进而增加了企业对外部债务融资的需求，最终表现出高负债的融资结构特征。

中国中铁主营业务包括基建建设、勘探设计与咨询、工程设备和零件制造，与房地产开发。其中，基建建设是公司最主要的营业收入来源。2007 ~ 2011 年间，基建建设收入占四项主营业务收入的比例始终高于90%。公司主营业务收入明细如表12-9所示：

表 12-9　中国中铁 2007 ~ 2011 年主营业务收入明细表　　（单位：亿元）

| 年度 | 基建建设 | | 勘探设计与咨询 | | 工程设备和零件制造 | | 其他与房地产开发 | | 四项主营业务合计 |
	营业收入	占四项业务比例	营业收入	占四项业务比例	营业收入	占四项业务比例	营业收入	占四项业务比例	营业收入
2007 年	1 654	94.03%	36	2.05%	40	2.27%	29	1.65%	1 759
2008 年	2 083	93.37%	47	2.11%	62	2.78%	39	1.75%	2 231
2009 年	3 098	93.96%	68	2.06%	76	2.31%	55	1.67%	3 297
2010 年	4 117	93.12%	83	1.88%	104	2.35%	117	2.65%	4 421
2011 年	3 852	91.78%	84	2.00%	91	2.17%	170	4.05%	4 197

资料来源：依据中国中铁2007 ~ 2011年年度报告计算而得。

基建建设是中国中铁的核心业务，但是其毛利率仅维持在8%左右，相对于其他业务板块的毛利率贡献能力较弱。基建建设主要分为铁路建设、公路建设、市场建设三部分。基建建设业务毛利率主要受到铁路建设、公路建设项目拖累。2007 ~ 2011 年间，铁路、公路基建建设项目毛利率均呈现出一定的下降趋势。虽然市政基建建设项目毛利率有所提升，但仍难以抵消铁路、公路盈利能力下降带来的损失。将中国中铁 2007 ~ 2011 年间铁路、公路、市政基建建设的营业收入毛利率整理如图 12-7 所示：

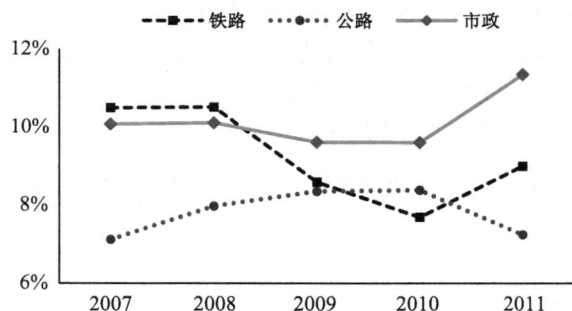

图 12-7　中国中铁基建建设业务毛利分析（合并财务报表）

资料来源：依据中国中铁2007 ~ 2011年年度报告计算而得。

基建业务盈利能力较弱，拖累了公司整体的盈利水平。2007 ~ 2011 年度，基建建设、勘探设计与咨询、工程设备和零件制造、房地产开发四项主营业务加权平均毛利率仅分别为11.6%、10.1%、9.7%、8.8% 和 10.2%。在 2008 ~ 2010 年中国中铁营业收入快速增长的时期内，企业毛利率反而呈现出明显的下滑趋势如表 12-10 所示。建筑业企业净利润水平较低。人工成本高、建筑材料成本高、施工地点多、影响工期因素多等特点，限制了行业整体的盈利能力与营运能力。建筑业主要使用的原材料包括钢铁、水泥等，相关成本占工程总造价的 60% 左右⊖。自 2009 年 1 月以来，钢铁⊜、水泥⊜等原材料价格逐年上涨。原材料成本进一步压缩了利润空间。

表 12-10　中国中铁 2007 ~ 2011 年各类主营业务收入与毛利率　（单位：亿元）

年度	基建建设		勘探设计与咨询		工程设备和零件制造		其他与房地产开发		四项主营业务合计	
	营业收入	毛利率	营业收入	毛利率	营业收入	毛利率	营业收入	毛利率	营业收入	毛利率
2007 年	1 654	10.5%	36	34.3%	40	19.6%	29	33.2%	1759	11.6%
2008 年	2 083	9.0%	47	32.7%	62	17.8%	39	32.4%	2231	10.1%
2009 年	3 098	8.8%	68	27.6%	76	16.7%	55	26.3%	3297	9.7%
2010 年	4 117	7.7%	83	35.2%	104	16.3%	117	23.7%	4421	8.8%
2011 年	3 852	8.6%	84	35.6%	91	20.1%	170	29.1%	4197	10.2%

资料来源：依据中国中铁 2007 ~ 2011 年年度报告计算而得。

公司整体盈利水平较低，限制了内源融资对公司增长的支持能力。表 12-11 数据显示，公司高速增长期间，内源融资仅满足了约 9% 的资金需求。过度依赖于债务融资，使企业资产负债比率持续提升。

表 12-11　中国中铁高速增长的资金来源分析　（单位：亿元）

项目	2008 年		2009 年		2010 年		2011 年	
	金额	比例	金额	比例	金额	比例	金额	比例
资金需求	356	100%	605	100%	792	100%	770	100%
内源融资	12	3%	57	9%	75	9%	71	9%
债务融资	344	97%	548	91%	717	91%	699	91%
资产负债率	76%		79%		81%		83%	

资料来源：依据中国中铁 2007 ~ 2011 年年度报告计算而得。资金需求即总资产增量。

EBITDA®是具有经营活动现金流量特征的盈利能力指标，能够更好地衡量企业的盈利状况。表 12-12 显示，2007 ~ 2011 年公司 EBITDA 分别为 96 亿元、86 亿元、167 亿元、193 亿元、222 亿元，表明中国中铁主营业务运营产生的现金流呈上升趋势。

表 12-12　中国中铁 2007 ~ 2011 年 EBITDA 计算表　（单位：亿元）

项目	2007 年	2008 年	2009 年	2010 年	2011 年
净利润	35.75	14.34	73.97	83.10	72.40
所得税	8.49	4.99	12.31	22.13	23.61
固定资产折旧	28.35	29.55	41.23	45.85	56.76

⊖　中国中铁首次发行 A 股股票招股说明书：本公司的建筑业务需要供应商按照合理的价格及时提供充足的原材料（如钢材、水泥、砂石及木材等建筑材料）。2007 年度 1 ~ 6 月、2006 年度、2005 年度和 2004 年度，原材料总成本占本公司总营业成本的 60.89%、56.23%、54.15% 和 52.01%……我国某些原材料（如钢材）价格一直大幅波动，并经常出现供应短缺，本公司可能需要以较高的价格获得足够原材料。

⊜　2007 年 1 月至 2011 年 12 月钢材价格变动见附录 12B。

⊜　2008 年 1 月至 2011 年 12 月水泥价格变动见附录 12C。

⊛　EBITDA 是 Earnings Before Interest, Taxes, Depreciation and Amortization 的缩写，即未计利息、税项、折旧及摊销前的利润。EBITDA 是一种利润衡量指标。其计算表达式为，EBITDA＝净利润＋所得税＋固定资产折旧＋无形资产摊销＋长期待摊费用摊销＋偿付利息所支付的现金。

（续）

项目	2007 年	2008 年	2009 年	2010 年	2011 年
无形资产摊销	1.11	2.08	3.39	4.00	5.23
长期待摊费用摊销	0.26	0.42	0.51	2.12	0.68
偿付利息所支付的现金	22.07	35.03	35.80	35.89	64.56
息税折旧及摊销前利润（EBITDA）	96.03	86.41	167.21	193.09	222.28
息税折旧及摊销前利润率（EBITDA MARGIN）	5.21%	3.69%	4.82%	4.08%	4.86%

资料来源：依据中国中铁 2007 ~ 2011 年年度报告计算而得。EBITDA MARGIN 等于 EBITDA 除以总营业收入，与毛利率相比，这一指标更能反映公司主营业务运营产生现金流的能力。

EBITDA 除以当年营业收入又称为息税折旧及摊销前利润率，反映了企业实现经营业绩的效率。表 12-11 显示，息税折旧及摊销前利润率始终维持在较低的水平上，5 年分别为 5.21%、3.69%、4.82%、4.08%、4.86%。与毛利率指标的分析结果一致，中国中铁的盈利能力较弱，难以为企业经营和发展提供充足的内源性融资支持，需要外部债务融资作为支持。

12.5 中国中铁融资结构与管理层决策权衡

行业特征、国有企业性质、企业收入增长与盈利能力会影响中国中铁融资结构。公司管理层同时面对中国证监会对上市公司公开再融资的门槛要求与国务院国资委对中央企业负责人的 EVA 经营业绩的双重考核要求，如何基于经营效率与财务政策对融资结构进行权衡决策，也是公司融资结构的一项重要影响因素。证监会与国资委业绩考核主要关注企业盈利能力，中国中铁通过提高财务杠杆，特别是提升商业信用融资水平，最终能够满足双重业绩考核的要求。

12.5.1 证券发行政策要求与中国中铁融资结构

在证券市场中，通过股权融资筹集经营发展所需的资金，是企业重要的融资方式。每年有大量企业竭尽所能争取上市资格，而已上市的企业也常常通过增发、配股的方式获得股权再融资的资金。与此同时，为保障股权投资人，证监会也为股权再融资制定了较为严格的标准。

《上市公司证券发行管理办法》⊖规定，上市公司向不特定对象公开募集股份（简称"增发"）应当符合下列规定，"最近三个会计年度加权平均净资产收益率平均不低于 6%。扣除非经常性损益后的净利润与扣除前的净利润相比，以低者作为加权平均净资产收益率的计算依据"。

净资产收益率可以分解为销售净利率、总资产周转率和权益乘数三者的乘积。由于建筑业行业特点等原因，中国中铁的销售净利率和总资产周转率较低。在这种情况，公司管理层为满足再融资的财务要求，有动机选择高负债融资策略来提高权益乘数，进而提高净资产收益率指标。

中国中铁采用高负债融资策略达到证监会再融资财务要求。表 12-13 公司净资产收益率及分解的具体财务数据显示，公司 2009 ~ 2011 年销售净利率和总资产周转率偏低，总资产收益率指标仅约为 2%，借助于高杠杆运营方式，公司净资产收益率超过 6%，满足了证监会再融资要求。而在 2007、2008 两年，尽管中国中铁公司负债率已分别达到 72% 和 76%，采用了较高的财务杠杆，但由于公司总资产收益率指标过低，使得净资产收益率确实难以达到政策要求的水平。

⊖ 2006 年 4 月 26 日中国证券监督管理委员会第 178 次主席办公会议审议通过，自 2006 年 5 月 8 日起施行。

表 12-13 中国中铁 2007 ~ 2011 年净资产收益率及其分解指标

财务数据	2007 年	2008 年	2009 年	2010 年	2011 年
净资产收益率（ROE）	5.97%	2.35%	11.08%	11.05%	8.90%
扣除非经常性损益后的净资产收益率	2.17%	7.97%	8.61%	9.87%	7.30%
总资产收益率（ROA）	1.65%	0.57%	2.37%	2.10%	1.54%
扣除非经常性损益后的总资产收益率	0.60%	1.93%	1.84%	1.88%	1.26%
销售净利率	1.94%	0.61%	2.13%	1.74%	1.57%
扣除非经常性损益后的销售净利率	0.71%	2.08%	1.66%	1.55%	1.29%
总资产周转率	0.85	0.93	1.11	1.21	0.98
权益乘数	**3.61**	**4.13**	**4.68**	**5.27**	**5.76**
总资产负债率	72%	76%	79%	81%	83%

资料来源：依据中国中铁 2007 ~ 2011 年年度报告计算而得。2007、2008 年公司净资产收益率指标为 2.2%、2.4%[⊖]，未能达到股票公开增发的要求。当扣除非经常性损益后的净利润低于净利润指标时，采用扣除非经常性损益后的销售净利率、总资产周转率和权益乘数进行指标分解。

高财务杠杆加剧财务风险，损害企业盈利能力与流动性。提高银行贷款与公司债券规模将增加财务费用与利息支出，中国中铁采用高负债融资策略是否面临着较大的财务费用与偿债现金流压力？公司 2010 年年末总负债达到 3 175 亿元，若全部债务均为有息负债，以平均贷款利率 5% 估算，利息支出约为 160 亿元，而同期公司净利润仅约 80 亿元，经营活动现金流量净额仅约 10 亿元。全部采用有息债务为公司经营发展提供资金支持，是公司不能承受的。

中国中铁采用高杠杆率无息负债融资方式下的经营模式，缓解了利息支出对企业利润与现金流造成的压力。无息负债融资方式具有两个主要优势。第一，无息负债不会产生利息支出，在高负债融资结构下，能够更好地控制企业财务风险。第二，与有息负债相比，无息负债对于净资产收益率指标的拉动作用更为明显。企业融资结构会影响净资产收益率指标，无息负债占总负债比率越高，净资产收益率越高。以中国中铁 2010 年财务数据为例，在总负债率一定的条件下，有息负债比例越高，利息支出越多，进而提升财务费用，减少企业净利润，损害净资产收益率。模拟结果表明，有息负债占总负债的比例每提升 20%，净利润会下降约 9 亿元，ROE 指标会下降约 1%。中国中铁债务融资结构对净利润、净资产收益率指标的影响如图 12-8[⊖]所示。

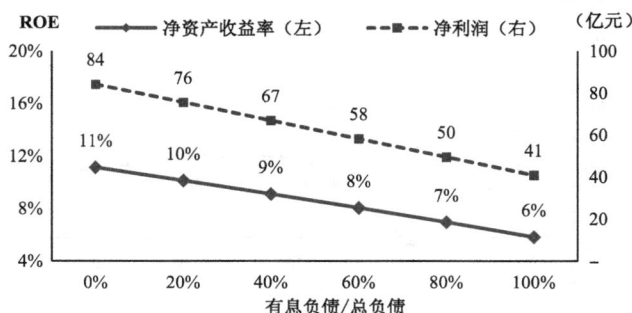

图 12-8 中国中铁债务融资结构对净资产收益率指标的影响[①]

注：以中国中铁 2010 年财务数据进行模拟测算。公司当年有 息负债 / 总负债比率约为 25%。

⊖ 扣除非经常性损益后的净利润与扣除前的净利润相比，以低者作为此处净资产收益率指标计算依据。

⊖ 详细数据见附录 12D。已扣除非经常性损益对净利润的影响。中国中铁 2010 年总负债 3 175 亿元，有息债务 799 亿元，实际利息支出共计 35.89 亿元，财务费用合计 13.86 亿元，期初（2009 年）总资产负债率 78.64%。在保持 2010 年营业收入、总资产等项目不变的条件下，假设利息支出随有息债务规模同比增长，财务费用占利息支出的比率保持不变。提升有息债务比率会增加财务费用，同时减少当期净利润与期末所有者权益。因此，总资产负债率会随着有息负债增加而小幅提升。

上述分析显示，为达到证监会对于上市公司再融资的政策要求，管理层倾向于选择高负债融资策略，提高净资产收益率指标。在高杠杆运营模式下，管理层通过提升无息负债占总负债的比例，控制企业财务风险。**以无息负债为主要融资方式的高杠杆运营模式，能够实现企业经营业绩与财务风险之间的均衡。** 在证监会净资产收益率业绩考核外，中国中铁同时需要接受国资委对于中央企业经济增加值（EVA）的业绩考核，这一运营模式是否符合国资委业绩考核的政策要求？下一节将对此展开具体分析。

12.5.2 国资委业绩考核与中国中铁融资结构

中国中铁采用高负债的运营方式，提高了净资产收益率，满足了证监会股权再融资的条件。然而作为国有企业，中国中铁同样需要接受国资委对于中央企业负责人的经营业绩考核。

引入经济增加值指标[⊖]的主要目的在于增强中央企业的资本机会成本意识，提升资源综合利用效率。 国务院国资委在 2010 年发布实施的《中央企业负责人经营业绩考核暂行办法》，是对中央企业经营责任人的业绩考核指标体系中正式引入了经济增加值，旨在提高投入税后净经营收益与资本机会成本财务权衡的意识。在经济增加值业绩评价方式下，企业不能仅关注资源投入的数量，也必须要考察资源投入的效率。因为在低效率的情况下，资源消耗越多，经济增加值就越低。

经济增加值指标是中央企业负责人经济业绩考核中的重点内容。 国务院国资委在 2010 年发布实施的《中央企业负责人经营业绩考核暂行办法》中，对中央企业年度业绩依据年度经营业绩考核综合得分评为 A、B、C、D、E 五级，年度经营业绩考核综合得分=（利润总额指标得分＋经济增加值指标得分＋分类指标得分）× 经营难度系数 + 奖励分 – 考核扣分。其中，利润总额指标得分总分为 30 分，而经济增加值指标得分总分为 40 分。可见，国资委在指引中央企业的未来经营发展方向上，相比于会计利润，更注重经济利润（即 EVA 指标），逐步摒弃高投入、低产出的粗放式经营方式，转向于高产出效益的集约式发展模式。2007 ~ 2011 年度中国中铁经济增加值与净利润数据如图 12-9 所示：

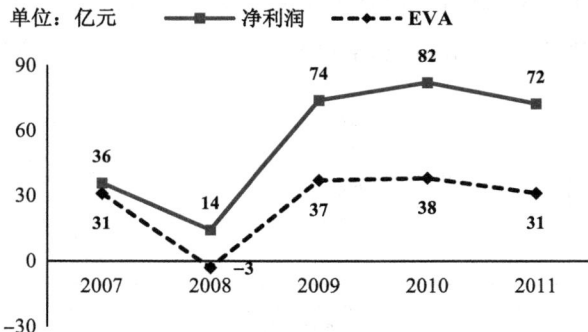

图 12-9　中国中铁经济增加值与净利润比较（合并财务报表）

资料来源：依据中国中铁 2007 ~ 2011 年年度报告计算而得。

⊖　经济增加值同时考察了企业经济收益与投入资本的成本，要求企业管理者必须综合考虑权益资本与有息债务资本的回报。其计算公式如下：经济增加值＝税后净营业利润 – 资本成本＝税后净营业利润 – 调整后资本 × 平均资本成本率。其中，**税后净营业利润 ＝净利润＋（利息支出＋研究开发费用调整项 – 非经常性收益调整项 ×50%）×（1–25%），** 调整后资本 ＝平均所有者权益＋平均负债合计 – 平均无息流动负债 – 平均在建工程。平均资本成本率由国资委政策文件直接指定。

图 12-9 结果显示，中国中铁经营业绩基本能够达到《中央企业负责人经营业绩考核暂行办法》要求，2007 ~ 2011 年度的经济增加值数值分别为 31 亿元、-3 亿元、37 亿元、38 亿元、31 亿元。管理层为企业创造了价值。中国中铁采用高负债运营满足了证监会的要求，那么，在低销售利润率、低总资产周转率的状况下，公司又是采用什么样的融资策略来满足国资委 EVA 考核的呢？

依据中央国有企业解决增加值的计算方法：

$$EVA = 税后净经营利润 - 资本成本率 \times (平均负债合计 + 平均所有者权益$$
$$- 平均无息流动负债 - 在建工程)$$

中国中铁管理层面对的财务权衡决策是如何同时满足资本市场股权公开增发对净资产收益率和国务院国资委对央企 EVA 考核的双重要求，为此，管理层既要保持高杠杆运营放大净资产收益率，又要在高杠杆运营下降低资本成本。此时，合理的财务杠杆与债务结构设计应是尽量提高债务融资中无息流动负债的比重，有利于保持高杠杆运营下的公司盈利水平与财务流动性。

以银行借款、公司债券等有息负债拉动企业增长的经营模式，不符合国资委经济绩效考核的要求。 依据《中央企业负责人经营业绩考核暂行办法》规定，中国中铁平均资本成本率应为 6%，即中国中铁投入的权益资本与有息负债，均需实现超过 6% 的资本收益[⊖]。而企业税后净营业利润占总资产的比值仅约为 2%。如果企业完全通过自有资金及有息债务为日常经营与发展实现融资，则经济增加值指标很难为正数。以有息债务拉动业绩增长显然不利于经济增加值业绩考核。在经营效率保持稳定的情况下，管理层只能依赖于商业信用融资（无息债务）才能有效提升经济增加值指标评分，以满足国资委的考核要求。

通过无息负债拉动企业经营业绩的经营模式，能够同时满足证监会与国资委的双重绩效考核。 在相对稳定的长期负债（如发行公司债券，举借长期银行借款等）外，营业收入增长拉动的商业信用融资已经成为中国中铁的重要资金来源。2007 ~ 2011 年期间，无息负债占公司营业收入的比重始终保持在 50% ~ 65% 之间[⊜]。一方面，扩大无息负债，提升财务杠杆，能够撬动净资产收益率指标，有助于中国中铁达到证监会再融资的财务要求。另一方面，在经济增加值的计算公式中，投入资本并不包括无息负债，而税后净经营利润中包括了由无息负债创造的价值。因此，通过商业信用融资实现的经营业绩，能够弥补中国中铁基建建设主营业务收益率过低造成的经济增加值业绩损失。

中国中铁正是采用了高无息负债的融资结构，提升净资产收益率与经济增加值两项经营业绩指标。 公司依赖债务融资拉动经营业绩。图 12-10 反映了中国中铁 2007 ~ 2011 年营业收入、所有者权益与总负债规模的变动。公司的营业收入和总资产一直呈现良好的上升趋势，总资产周转率指标基本稳定。营业收入高速增长需要资产高速增长作为支持，而利润留存对企业增长的支持有限，资产增长主要体现为债务增长。从资金需求角度分析，2007 ~ 2011 年总资产增长 2 522 亿元，其中，所有者权益增加 214 亿元，仅占资产增加总额的 8.5%。同期负债总额年均增速达到 25.4%，所有者权益年均增速却仅为 7.9%。

而中国中铁债务增长又主要体现为无息债务的增长。如图 12-11 所示，企业在 2007 ~ 2011 年期间，应付票据、应付账款、预收款项等无息负债占总资产的比例始终维持在较高的水平上，且远高于同期有息负债规模。这里，有息负债指短期借款、短期应付债券、交易性金融负

⊖　税后净营业利润除以投入资本大于 6%。

⊜　国资委允许扣除的无息负债包括"应付票据"、"应付账款"、"预收款项"、"应交税费"、"应付利息"、"其他应付款"和"其他流动负债"，上述七项金额合计占无息负债总额的比例超过 90%。

债、一年内到期的非流动负债、长期借款、应付债券。商业信用负债已经成为公司最主要的融资方式，能够在资本成本和税后净经营利润一定的情况下，使得 EVA 达到最大化，从而满足国资委的考核。

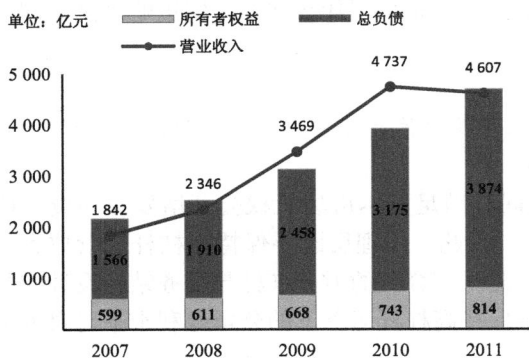

图 12-10　中国中铁营业收入、所有者权益与总负债（合并财务报表）

资料来源：依据中国中铁 2007～2011 年度报告整理而得。

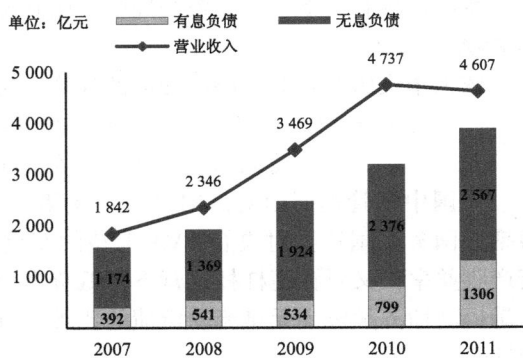

图 12-11　中国中铁营业收入、有息负债与无息负债（合并财务报表）

资料来源：依据中国中铁 2007～2011 年度报告计算而得。

　　财务模拟分析结果显示，**企业融资结构会影响经济增加值指标，有息负债占总负债比率越高，经济增加值越低**。采用无息负债为企业增长提供融资支持，不会增加投入资本，却能够有效地提升税后净营业利润。与有息负债相比，无息负债在经济增加值业绩考核中具有明显优势。模拟结果显示，假设中国中铁 2009 年、2010 年的总负债均为有息债务，则 2010 年企业的经济增加值为 –53 亿元，假设 2009 年、2010 年的总负债均为无息债务，则 2010 年企业的经济增加值为 47 亿元。有息负债占总负债比例每提升 20%，经济增加值会下降 20 亿元。当有息债务占总负债比例为 47% 时，经济增加值为 0。中国中铁债务融资结构对经济增加值指标的影响如图 12-12 所示：

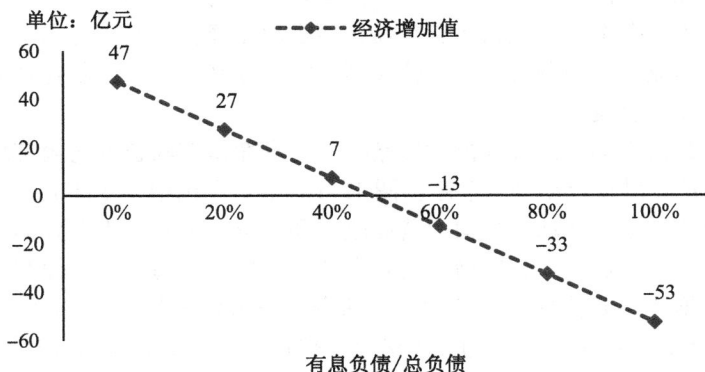

图 12-12　中国中铁债务融资结构对经济增加值指标的影响（合并财务报表）

注：具体数据及分析过程见附录 12E。

　　以上分析显示，国资委对中央企业负责人的经营业绩考核要求，促使企业管理层在维持高负债经营模式的基础上，尽可能利用商业信用融资方式。证监会、国资委的双重业绩考核使中国中铁的融资结构表现出高负债、高无息负债的特征。

12.5.3　债务融资与权益融资的管理层决策权衡

除债务融资外，中国中铁作为上市公司，可以采用增发、配股等股权再融资的形式筹集资金。股权融资不仅可以支持企业经营发展，而且还能够改善资本结构，降低负债比率。权衡股权融资与债务融资两种不同的融资形式，满足公司增长的资金需求，是管理层决策中的重要内容。

2010 年中国中铁拟通过定向增发的方式，向包括中铁工在内的不超过十家特定对象筹集资金。公司于 2010 年 8 月 12 日召开了 2010 年第一次临时股东大会，审议通过了《关于公司向特定对象非公开发行 A 股股票方案的议案》，同意公司非公开发行不超过 151 788 万股 A 股股票○，其中中铁工拟以不超过 35 亿元现金认购公司本次发行的不超过 85 158 万股，约占增发总股数的 56%。定向增发在改善公司资本结构上能够发挥一定的积极作用。如果定向增发在 2010 年实施，公司资产负债率可以由 81.04% 下降至 79.82%，如果在 2011 年实施，资产负债率可以由 82.6% 下降至 81.60%○。

但是，上述定向增发融资计划未能实行，公司 2007 ~ 2011 年期间从未通过增发、配股等权益融资方式筹集资金。公司于 2011 年 8 月 11 日发布《中国中铁关于非公开发行 A 股股票方案终止的公告》。公告中指出，"鉴于国家宏观政策的调整，政府审批存在一定的不确定性，截至本公告日，公司未实施本次非公开发行 A 股股票方案。至此，本次非公开发行 A 股股票方案因上述股东大会决议的失效而自动终止"。

在政策因素方面，政府加强铁路领域监管使中国中铁公司难以通过股权再融资的审核。报告中"国家宏观政策的调整"，主要指"7·23"甬温线特别重大铁路交通事故后，国务院常务委员会对于放缓高铁建设的相关决议○。2011 年 8 月 10 日，国务院常务委员会会议决定，"新建高速铁路运营初期，要根据不同线路实际情况，科学评估，适当降低运营速度，以利于增加安全冗余，改进技术和管理，积累安全管理经验"，"对已经批准但尚未开工的铁路建设项目，重新组织系统的安全评估。暂停审批新的铁路建设项目，并对已受理的项目进行深入论证，合理确定项目的技术标准、建设方案"。国有上市公司通过定向增发方式筹集资金需要通过国资委与证监会审批，在国家高层领导明确指出放缓高铁建设、排查安全隐患、追查事故责任、总结相关经验教训的大环境下，中国中铁在发行股票的政府审批上不仅存在着"一定的不确定性"，而且是具有相当大的难度。

甬温线特别重大铁路交通事故，不仅对中国中铁公司证券市场再融资造成了巨大的冲击，同时也对中国南车等相关企业的再融资计划产生了重大的影响。中国南车于 2011 年 6 月 15 日发布《中国南车非公开发行 A 股股票预案》，拟通过定向增发的方式向控股股东南车集团筹集资金 60 亿元，向社保基金筹集资金 50 亿元，并定于 2011 年 8 月 5 日召开第二次临时股东大会讨论公司非公开发行 A 股股票方案的议案。但是，在 2011 年 8 月 3 日，公司发布《中国南车关于延期召开 2011 年第二次临时股东大会的通知》。公告指出，"由于近期发生了重大铁路交通事故"，"为了维护中小股东的知情权，公司拟在股东大会召开之前与投资者进行充分沟通，以使投资者对公司及行业发展前景做出准确判断"，暂缓对增发议案的审议，并将原定 8 月 5 日召开的临时股东大会延期至 9 月 29 日。

在市场因素方面，铁路板块上市公司股价大幅下挫，认购方因此而缺乏购买股票的意愿。

○　该决议自上述股东大会审议通过之日起十二个月内有效期间中国中铁股票价格约为 4 元 / 股，发行 151 788 万股 A 股股票预计可以筹集资金约 60 亿元。

○　假设股权融资筹集资金总额为 60 亿元。

○　新华网关于"国务院常务会决定适当降低新建高铁运营初期速度"的相关报道。http://news.xinhuanet.com/politics/2011-08/10/c_121842557.htm。

如图 12-13 所示，甬温事故前一天，即 2011 年 7 月 22 日，中国中铁上市公司收盘价为每股 3.85 元，而在 2011 年 10 月 21 日，短短的三个月内公司股价已跌至每股 2.93 元，股价下跌约 24%。而根据 2010 年 8 月 13 日发布的《中国中铁股份有限公司关于调整非公开发行 A 股股票发行底价和股票发行底价和发行数量上限的公告》，定向增发拟定的发行底价为不低于 4.05 元/股，明显高于证券市场价格，认购方不会按照原有预案购买公司股票。因此，不论从政策因素还是市场因素出发，中国中铁股权融资计划难以落实都是必然的。

图 12-13　"7·23"甬温线特别重大铁路交通事故发生后中国中铁的股价变动
资料来源：依据 CSMAR 国泰安金融研究数据库整理而得。

12.6　案例总结与讨论问题

▶ 案例总结

中国中铁融资结构存在着明显的高负债、高无息负债特征。本案例从建筑业行业特征、国有产权性质特征、企业收入增长与盈利能力等方面，对企业融资结构的影响因素做出分析，继而又在证监会与国资委的双重业绩考核视角下，分析管理层决策对企业融资结构的影响。

通过案例的分析，可以得出以下对公司融资结构影响的主要结论：

（1）**行业特征的影响**。建筑业具有投资规模大，应收账款回收周期长、收款难的行业特征。铁路建设领域每年的投资规划高达数千亿元，而业内三家上市公司中国中铁、中国铁建、中铁二局的内源融资能力，远远不能满足业务增长的需要。因此，需要通过债务融资拉动增长。工程建设项目业务周期长，工程款拖欠问题普遍存在。应收款项占用大量资金，导致企业的现金流严重不足。企业只能通过银行借款等债务融资方式补充流动资金，以满足日常生产经营需要。因此，建筑行业整体表现出很高的资产负债率。中国中铁融资结构明显受到所处行业业务特征影响。

（2）**央企特征的影响**。大型央企的融资优势决定了中国中铁可以实现较大规模的债务融资。一方面，公司曾隶属于铁道部，现归属于国资委管理，具有一定的产权属性优势，能够比较容易地通过银行信贷、公司债券、短期融资券等多种形式获得资金，融资渠道多元化程度较高。另一方面，公司具有规模优势、盈利能力强，能够以较低的成本获得外部债务融资，进一步提升了公司的债务融资能力。作为大型央企，中国中铁有能力将上市公司母公司打造为融资平台，子公司负责生产经营业务。在这一整体战略下，企业集团的银行借款、商业信用融资集于子公司，公司债券集于母公司，进而产生了母子公司的融资结构差异。

（3）**增长与盈利能力影响**。依托四万亿投资计划，内需拉动公司营业收入快速增长。在总资产周转率难以大幅提升的情况下，营业收入增长需要巨额资金支持。中国中铁以基建建设为核心业务，毛利率低、盈利能力弱，内源融资对企业经营发展的支持能力有限，资金需求主要依托外部债务融资满足。高速增长在大幅拉动商业信用融资的同时，也增加了总体债务融资规模。

（4）**管理层决策的权衡。**中国中铁管理层同时面对证监会与国资委的双重业绩要求。为保障再融资资格，企业需提升净资产收益率指标，在营业收入净利率、总资产周转率受行业因素限制的情况下，管理层采用了高负债的融资结构。为满足央企负责人的业绩评价要求，企业需提升经济增加值指标，通过无息负债拉动企业业绩，不会增加投入资本，能够提升税后净营业利润，从而可以提升经济增加值指标。高无息负债的融资结构能够同时满足证监会与国资委的双重绩效考核要求。

上市公司可以通过股权融资与债务融资两种方式筹集资金。在高负债融资策略下，借助上市公司融资平台优势，以股权融资满足企业的资金需求，同时可以改善资本结构。中国中铁管理层也曾期望通过定向增发的形式融资。但是，由于受到政策因素与市场因素的双重限制，原有的融资计划未能落实。自上市至今，公司仍依赖于债务融资为企业经营发展提供支持。

▶ 讨论问题

讨论问题一：无息负债主要是商业信用融资，即企业对于供应商、客户的资金占用。试讨论商业信用融资规模主要受到哪些因素制约？

讨论问题二：在整体经济增长速率趋缓、银行信贷利率稳中有降、资本市场再融资相对活跃的情形下，在 2014 年、2015 年铁路建设年度投资保持在 8 000 亿元的规模的背景下，试讨论中国中铁的融资结构是否会发生较为明显的变化。

讨论问题三：如果上市母公司自营业务更多地通过股权投资下移至子公司或合营联营公司，试讨论土木工程建筑业上市公司的合并融资结构与上市母公司融资结构具有什么特征？

表 12A-1　2011 年土木工程建筑业深沪两市 A 股主板上市公司融资结构统计表

公司名称 （证券代码）	应付票据	应付账款	预收款项	负债合计	总资产	负债率	无息负债/ 负债合计
000065 北方国际	0.00	14.00	2.31	16.86	23.30	72.37%	96.72%
000090 天健集团	0.00	4.72	4.00	44.30	75.00	59.07%	19.68%
000961 中南建设	7.14	22.68	99.26	266.77	335.68	79.47%	48.39%
600039 四川路桥	0.41	19.27	13.79	69.82	85.25	81.90%	47.93%
600068 葛洲坝	1.40	84.93	81.79	522.02	663.16	78.72%	32.21%
600170 上海建工	10.40	125.87	247.25	568.59	682.60	83.30%	67.45%
600248 延长化建	0.00	16.51	2.34	22.99	31.90	72.07%	82.02%
600284 浦东建设	0.38	7.75	1.16	88.06	130.86	67.29%	10.56%
600326 西藏天路	0.00	1.83	0.98	9.25	23.30	39.71%	30.37%
600477 杭萧钢构	7.80	9.61	4.93	42.35	55.04	76.94%	52.73%
600491 龙元建设	8.84	29.76	8.07	98.48	125.79	78.28%	47.40%
600496 精工钢构	4.13	15.49	4.73	35.97	55.33	65.01%	67.71%
600502 安徽水利	1.34	12.53	8.80	44.11	60.40	73.03%	51.38%
600512 腾达建设	0.00	3.82	2.08	30.37	41.64	72.92%	19.44%
600528 中铁二局	55.60	105.86	54.46	334.33	393.74	84.91%	64.58%
600545 新疆城建	1.31	2.89	0.87	35.00	53.39	65.56%	14.48%
600820 隧道股份	0.55	70.93	22.10	177.10	225.90	78.40%	52.84%
600853 龙剑股份	0.00	20.07	10.15	51.08	58.73	86.97%	59.16%
600970 中材国际	11.73	46.78	70.74	145.27	190.28	76.34%	88.98%
600986 科达股份	1.40	5.48	2.92	17.30	24.08	71.84%	56.66%
601186 中国铁建	109.72	1 493.99	393.48	3 572.64	4 229.83	84.46%	55.90%
601390 中国中铁	135.04	1 455.85	498.88	3 873.82	4 687.32	82.64%	53.95%
601618 中国中冶	81.04	532.06	445.44	2 738.56	3 320.31	82.48%	38.65%
601668 中国建筑	105.05	1 363.13	457.11	3 873.93	5 058.29	76.59%	49.70%
601669 中国电建	7.33	251.24	251.39	1 316.19	1 632.15	80.64%	38.75%
601789 宁波建工	1.23	11.71	4.38	31.61	44.24	71.46%	54.77%
601800 中国交建	53.33	903.57	472.93	2 775.32	3 595.68	77.18%	51.52%

　　资料来源：依据土木工程建筑业上市公司 2011 年年度报告计算而得。表中无息负债取为应付票据、应付账款、预收款项之和。

Appendix 12B

附录 12B

图 12B-1　2007 ～ 2011 年国内市场钢材现货加权平均价格

资料来源：依据申银万国——钢铁行业数据库整理而得。图中虚线是以 2007 年 1 月 5 日国内市场钢材加权价格 3 649 元 / 吨为基准设置的参考线。2007 ～ 2011 年间，钢材价格基本上均高于 2007 年年初价格。2008 年钢材价格因原材料价格上涨而大幅上涨，2008 年 6 月 6 日甚至达到了每吨 6 285 元，后因全球金融危机侵蚀实体经济而大跌。四万亿投资计划拉动钢材价格下一轮上涨，而后受到动车事故影响价格再次出现下滑。钢材价格变动的分析详见中信建设期货经纪有限公司发布的钢材年报等分析报告。

Appendix 12C

附录 12C

图 12C-1　2008 ～ 2011 年全国水泥均价

资料来源：申银万国——水泥行业数据库。全国水泥均价是指 P.S/P.C 低标（袋装含税价）与 P.O 高标（散装含税价）的平均值。图中虚线是以 2008 年 1 月 11 日全国水泥均价 308 元为基准设置的参考线。2008 ～ 2011 年间，钢材价格均明显高于 2008 年年初价格。

表 12D-1

2010 年融资结构与 ROE 关系模拟	真实值	模拟值（有息债务占总负债比例）					
	25.17%	0%	20%	40%	60%	80%	100%
一、营业总收入	4 737.3	4 737.3	4 737.3	4 737.3	4 737.3	4 737.3	4 737.3
二、营业总成本	4 645.5	4 631.6	4 642.6	4 653.7	4 664.7	4 675.7	4 686.7
其中：营业成本	4 312.0	4 312.0	4 312.0	4 312.0	4 312.0	4 312.0	4 312.0
营业税金及附加	148.2	148.2	148.2	148.2	148.2	148.2	148.2
销售费用	14.4	14.4	14.4	14.4	14.4	14.4	14.4
管理费用	150.3	150.3	150.3	150.3	150.3	150.3	150.3
财务费用	**13.9**	—	**11.0**	**22.0**	**33.0**	**44.0**	**55.1**
（利息支出总额）	35.9	—	28.5	57.0	85.5	114.1	142.6
资产减值损失	6.6	6.6	6.6	6.6	6.6	6.6	6.6
加：公允价值变动收益	−0.7	−0.7	−0.7	−0.7	−0.7	−0.7	−0.7
投资收益	9.3	9.3	9.3	9.3	9.3	9.3	9.3
其中：对联营企业和合营企业的投资收益	—	—	—	—	—	—	—
三、营业利润	100.4	114.2	103.2	92.2	81.2	70.2	59.2
加：营业外收入	6.3	6.3	6.3	6.3	6.3	6.3	6.3
减：营业外支出	2.5	2.5	2.5	2.5	2.5	2.5	2.5
其中：非流动资产处置损失	0.6	0.6	0.6	0.6	0.6	0.6	0.6
四、利润总额	104.2	118.1	107.1	96.1	85.1	74.0	63.0
减：所得税费用	22.1	25.1	22.7	20.4	18.1	15.7	13.4
五、净利润	**82.1**	**93.0**	**84.3**	**75.7**	**67.0**	**58.3**	**49.7**
总资产	3 917.7	3 917.7	3 917.7	3 917.7	3 917.7	3 917.7	3 917.7
净资产	742.9	756.7	745.7	734.7	723.7	712.7	701.7
净资产收益率	**11.05%**	**12.29%**	**11.31%**	**10.30%**	**9.26%**	**8.18%**	**7.08%**

注：假设有息负债占总负债的比例与财务费用、利息支出总额成正比。财务费用变动会进而影响营业总成本、营业利润、利润总额、所得税费用、净利润等项目。为简化模拟过程，假设其他项目保持不变。

附录 12E

表 12E-1

2010 年融资结构与 EVA 关系模拟	真实值	模拟值（有息债务占总负债比例）					
	25.17%	0%	20%	40%	60%	80%	100%
1. 税后净营业利润（NOPAT）	109	93	106	119	132	144	157
（1）净利润	82	93	84	76	67	58	50
（2）利息支出	36	—	29	57	86	114	143
（3）研究开发费用调整项	5	5	5	5	5	5	5
（4）非经常性损益调整项	9	9	9	9	9	9	9
2. 资本成本	71	46	79	112	144	177	209
（1）投入资本	1 454	770	1 314	1 858	2 403	2 947	3 492
（2）资本成本率	6.00%	6.00%	6.00%	6.00%	6.00%	6.00%	6.00%
（3）平均所有者权益	705	712	707	701	696	690	685
（4）平均负债合计	2 816	2 810	2 815	2 821	2 826	2 832	2 837
（5）平均无息负债合计（扣减项）	2 037	2 722	2 178	1 633	1 089	544	0
（6）平均在建工程（扣减项）	30	30	30	30	30	30	30
3. 经济增加值	38	47	27	7	−13	−33	−53

注：（1）假设上述模拟过程中，总资产规模保持不变；

（2）净利润、利息支出两项模拟与附录 12D 相同；

（3）公司未披露 2010 研发支出金额，采用最近可得的 2009 年数据近似替代；

（4）假设 2009、2010 两年有息负债占总负债比率相等，提升有息债务比率，会提升 2010 年财务费用，进而降低 2010 年净利润与所有者权益，因此平均所有者权益随有息债务比例上升而略有下降，但各项模拟结果下，2010 年负债率均约为 80%，没有显著差异；

（5）国资委允许扣除的无息负债仅为全部无息负债的一部分，应付职工薪酬等项目均不包括在内，因此在有息债务占总负债比例为 0% 时，平均无息负债合计与平均负债合计仍不相等。

现金股利分配与公司长期发展能力的权衡

基于冀东水泥的案例分析

▶ | 引 例 |

纵观中国股市，上市公司长期未分红的情况比比皆是，"铁公鸡"现象随处可见。根据证监会的相关统计资料，2010 年中国上市公司共有 854 家未进行现金分红，占全部公司总数的 39%，2008 ~ 2010 年连续三年未进行现金分红的有 522 家。由此可见，现金分红作为回报投资者的重要形式，却并没有得到中国上市公司的积极响应。为此，证监会积极采取措施⊖提升上市公司对股东的回报，其监管上市公司现金分红方面的举措主要有三点：（1）与融资条件⊜挂钩的引导现金分红制度；（2）关于现金分红方案的信息披露制度⊜；（3）其他监管措施。在各方的努力和关注下，2011 年度中国上市公司分红问题有所改善，沪深两市共有 1 613 家上市公司提出现金分红方案，占全部上市公司总数的 67.12%。但仍有很多上市公司由于各种各样的理由没有进行现金分红。

针对"铁公鸡"现象，证监会再次出台新政⊛使得业界舆论将矛头指向以冀东水泥为代表的"铁公鸡"⊛。冀东水泥自 1996 年上市以来实施稳定的分红政策，1997 ~ 2008 年（除 2006 年度外）共进行了 11 次现金分红。冀东水泥在 2009 ~ 2011 年三年间实现了营业收入和净利润的快速增长，且盈利能力指标高于行业平均水平。期间冀东水泥不断通过发行公司债券、向战略投资者定向增发等方式进行融资。这只"变肥"的公鸡反而变得吝啬起来，甚至一毛不拔。2009 ~ 2011 年公司停止

⊖ 特别是 2011 年 10 月底新任证监会主席郭树清履新以来，掀起了前所未有的改革风潮，被外界称为郭树清新政的政策层出不穷，包括出台上市公司退市制度、改革新股上市发行制度、规范上市公司现金分红行为、加强打击内幕交易、推动养老金入市和降低证券交易费用等。其中，规范上市公司现金分红的举措包括从首次公开发行股票的公司开始，在公司招股说明书中细化回报规划、分红政策和分红计划，作为重大事项加以提示，提升分红事项透明度等。

⊜ 例如，《上市公司证券发行管理办法》中规定，上市公司公开发行证券，包括配股、公开增发和发行可转换债券等，"最近三年以现金或股票方式累计分配的利润不少于最近三年实现的年均可分配利润的 20%"。2008 年 10 月 9 日证监会发布的《关于修改上市公司现金分红若干规定的决定》将这一分红要求修改为"最近 3 年以现金方式累计分配的利润不少于最近 3 年实现的年均可分配利润的 30%"。

⊜ 例如，2012 年 5 月 9 日，证监会正式发布了《关于进一步落实上市公司现金分红有关事项的通知》，明确规定在披露公司章程、招股说明书、定期报告以及重大资产重组报告等文件时，应该披露相应的现金分红政策。

⊛ 证监会于 2012 年 5 月 9 日发布了《关于进一步落实上市公司现金分红有关事项的通知》。

⊛ 《第一财经日报》、《中国经济时报》、《中国联合商报》等媒体在 2012 年 5 月 9 日证监会出台新政后将矛头指向"铁公鸡"。冀东水泥作为典型的"铁公鸡"被屡次点名。有代表性的报道如下：《监管层重点关注铁公鸡》、《不妨定期公布"铁公鸡"黑榜》、《证监会现金分红新规剑指"铁公鸡"》。

分红，也未进行其他形式的股利分配。**为什么冀东水泥在盈利变强与现金增多的年度反而停止了分配现金股利？**公司给出的理由是为快速发展期的投资项目节约资金。然而，不分配现金股利会使得公司失去公开增发等再融资资格，反而不利于公司获取资金，公司在资金运筹上处于矛盾状态。**为什么冀东水泥不惜失去公开增发等再融资资格而选择不分配现金股利？**

从以上问题出发对冀东水泥的案例分析，有助于对中国制度背景下"股利之谜"有更深的认识。尤其是站在管理层视角全面地探讨企业真正的分红能力，分析其分配现金股利的权衡因素与权衡过程。另外，案例还对现金股利分配的公司治理约束进行分析，并且从结果上对管理层不分配现金股利的合理性进行评价。

13.1 案例概况

唐山冀东水泥股份有限公司（冀东水泥，000401）成立于1994年，由冀东发展集团有限责任公司（以下简称冀东集团）发起设立，于1996年在深交所挂牌上市。公司属于水泥行业，经营范围主要为：水泥生产和销售、熟料以及石灰石开采和销售，以著名的"盾石"牌硅酸盐水泥为主导产品。冀东水泥经过快速发展，现已成为中国北方规模最大的水泥上市企业。

从股权结构方面来看，冀东水泥实际控制权掌握在大股东手中。从公司的股权结构来看，冀东发展集团是冀东水泥的第一大股东，持股总数占总股本的37.28%；最终控制人为持有冀东集团90%股权的唐山市人民政府国有资产监督管理委员会，如图13-1所示。公司第二大股东境内非国有法人安徽海螺水泥股份有限公司自2008年开始持有冀东水泥股份，截至2012年12月31日持股比例达到13.77%；2011年，公司非公开发行股票引进战略投资者——新天域资本旗下的Diamondrock Investment Limited（菱石投资有限公司）[⊖]，作为第三大股东，其持股比例达10.00%；除此之外，公司的前十大股东均为境内非国有法人，持股比例均较低，一般不超过2%。以上情况表明，尽管大股东冀东集团的持股比例没有达到绝对控股，但由于其他股东

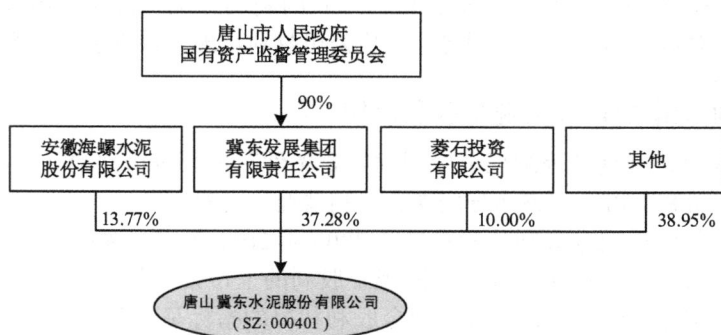

图 13-1 截至 2011 年 12 月 31 日冀东水泥股权结构图

资料来源：冀东水泥（000401）2011年年度报告。

⊖ 菱石投资有限公司是2011年定向增发新引入的境外战略投资者。菱石投资为Direct Manage Investments Limited全资子公司，Direct Manage Investments Limited注册地为英属维尔京群岛，成立于2010年4月20日，其主要股东新天域资本，持有公司42.70%的股权。新天域资本（New Horizon）成立于2005年，是一家专注于中国市场的私募股权投资基金，着力于"转型"与"成长"两条主线，致力于为基本面良好、具有高增长潜力的企业提供转型及进一步发展的助力。

的持股比例均较低，大股东掌握着公司的实际控制权。作为控股股东，冀东发展集团进行集团化经营，而冀东水泥是集团公司的核心企业。集团实施专业化的集团产业战略，以冀东水泥为中心，建立并形成了"总部——大区——子公司"的三级管理机制。

从业绩与融资两个方面来看，冀东水泥在 2009 ~ 2011 营业收入和净利润快速增长。2009 ~ 2011 年每股收益分别为 0.82 元、1.15 元和 1.24 元，每股未分配利润依次为 1.38 元、2.44 元和 3.61 元。同时，2009 ~ 2011 年冀东水泥不断在资本市场上进行了大笔的融资，每股现金持有水平由 2009 年的 1.94 元增长到 2011 年的 2.33 元。公司自上市以来共分红 11 次[一]，总共派现 11.87 亿元，然而自 2009 年度起已经连续三年没有实行任何形式的股利分配，**在盈利变强与现金增多的年度反而停止了分配现金股利，不免被外界质疑为"铁公鸡"**。

公司给出的不分红理由是为快速发展期的投资项目节约资金。从市场政策环境与企业战略层次判断具有一定的说服力。2009 年以来，为抑制水泥行业产能过剩、淘汰落后产能，国家出台一系列政策鼓励大型水泥企业兼并重组，提高生产集中度，带动水泥行业结构调整。作为全国性大型水泥企业，受政策推动，冀东水泥 2009 年起进入快速发展时期。管理层抓住时机制定了"发展型"的公司战略和"区域领先"的竞争战略，以新建与并购方式相结合扩张，并形成多项目、多地经营扩张的发展格局。快速发展期的投资项目可能确实需要大量资金。然而，这一个说法毕竟是公司的一面之词，还不足以令人信服。另外，不分配现金股利会使得公司失去公开增发等再融资资格，反而不利于公司获取资金。那么，面临资金运筹的矛盾，**管理层可能考虑了哪些影响因素进行权衡，并如何在股东现实回报与公司长远发展之间进行选择？**

13.2 公司是否具备分配现金股利的必要条件

一般情况下，上市公司应从累计盈利中分配股利，没有盈利不得支付任何股利，即"无利不分"[二]。实际上，存在未弥补亏损已经成了大部分上市公司不进行现金分红的理由。截至 2011 年，冀东水泥已经连续三年没有进行任何形式的利润分配，**公司是不是不满足现金分红的必要条件呢？** 针对这一问题，本案例将主要从公司盈利与现金持有水平两个方面进行分析。

13.2.1 水泥行业上市公司分配现金股利比较

在对"冀东水泥是否具备分配现金股利的必要条件"进行分析之前，有必要将冀东水泥、同行业其他上市公司和上市公司整体分配现金股利情况进行对比。

首先，上市公司整体现金股利分配水平在 2009 ~ 2011 年间大幅度提升。2009 ~ 2011 年上市公司回报投资者的意识逐步增强，分配现金股利的上市公司数占全部上市公司数的比例、分配金额、股息率均等反应上市公司分配现金股利状况的指标呈上升趋势。根据证监会对上市公司年报披露的数据统计，可以得出以下三个方面的结论：（1）分配现金股利上市公司比重，2009 ~ 2011 年现金分红的上市公司数占所有上市公司数的比例逐年上升，分别为 55%、61% 和 66%；（2）现金股利金额，2009 ~ 2011 年分别为 3 890.42 亿元、5 005.56 亿元、6 067.64 亿元；（3）现金股利与市值比率，A 股上市公司的股息率[三]从 2009 年的 1.04% 提高到 2011 年的

[一] 冀东水泥（000401）上市以来，除 2006 年度没有进行现金分红外，自 1997 年度至 2008 年度共进行了 11 次现金分红。其中，1997 年度的分红方案为每 10 股转增 8 股派现 3.5 元（含税）；而此后的分红方案均为现金分红，分红水平也较稳定，维持在每 10 股 1 元至 1.5 元之间。

[二] 上市公司用公积金抵补亏损后，为维护其股票的信誉，经股东大会特别决议，也可用公积金支付股利。

[三] 股息率 = 年度实际现金股利总额 / 年末股票市值。

1.82%；沪深 300 的股息率也从 1.29% 上涨到了 2.34%，而 2011 年美国标普 500 的股息率也仅为 2.12%。

其次，不同行业的上市公司现金股利分配水平存在差异。按证监会一级行业标准划分，2009～2011 年分配现金股利的上市公司中，金融保险业和采掘业两大行业公司分配的现金股利金额合计占比超过 50%。因此，在上市公司整体分配水平提升的同时，冀东水泥所在的水泥行业也可能异于整体分配水平。

再次，水泥行业上市公司现金股利分配水平在 2009～2011 年间也有所提升。结合图 13-2 与图 13-3 中的信息可知：2006～2011 年分配现金股利的企业占水泥行业企业数的比重呈上升趋势。2010 年度虽然分配现金股利的企业数量没有增加，但平均现金股利金额、平均每股现金股利较同期有所增长，说明分配水平在提升。

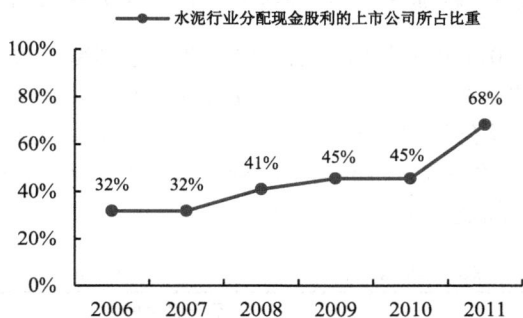

图 13-2　水泥行业分配现金股利的上市公司所占比重
资料来源：依据锐思数据库提取的数据整理而得。

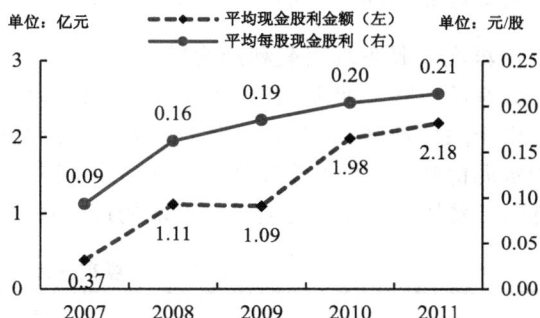

图 13-3　水泥行业上市公司平均现金股利分配水平
资料来源：依据锐思数据库提取的数据整理而得。

最后，上市公司整体与水泥行业上市公司现金股利分配水平在 2009～2011 年稳步提高背景下，冀东水泥却连续三年未分配现金股利。

13.2.2　公司盈利能否保障分配现金股利

从长期来看，良好的盈利能力是上市公司回报股东的必要基础，也是制定股利政策的重要依据。冀东水泥的盈利能否为现金分红提供基础呢？

首先，冀东水泥 2009～2011 年各年度净利润为正，且保持增长趋势。如图 13-4 所示，2009～2011 年公司实现的归属于母公司所有者的净利润分别为 9.84 亿元、13.98 亿元和 15.25 亿元，每股收益依次为 0.82 元、1.15 元和 1.24 元，同比增长率有所下降，但保持着增长的趋势。

其次，累计未分配利润也为正，且迅速增长。在中国上市公司中，即使拥有良好的盈利能力和稳定的利润来源，如果存在未弥补的亏损也无法满足现金分红的相关法律规定。根据《公司法》的相关规定，公司弥补亏损和提取公积金后所余税后利润可以向股东分配利润。如图 13-5 所示，冀东水泥 2009 年以前不存在未弥补的亏损，2008 年每股的未分配利润为 0.74 元。随着公司实现净利润的留存，公司的每股未分配利润增长较快，2009～2011 年每股未分配利润分别为 1.38 元、2.44 元和 3.61 元。从另一个角度来考虑，冀东水泥截至 2008 年度一直实行比较稳定的股利分配政策，基本维持在每 10 股派现 1 元的水平。也就是说，公司在 2008 年底前一直满足分配现金红利的条件，即不存在未弥补的亏损。而公司在 2009～2011 年连续盈利，因此弥补亏损并不能成为冀东水泥不分配现金红利的正当理由。

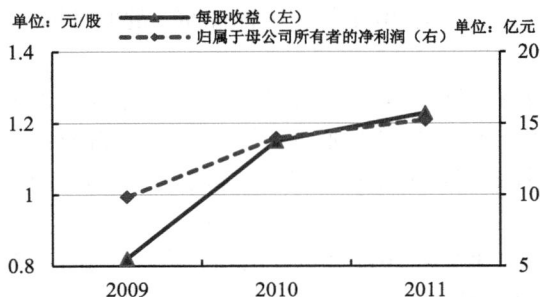

图 13-4 冀东水泥归属于母公司所有者的净利润与每股收益

资料来源：依据冀东水泥 2009 ~ 2011 年年度报告整理而得。

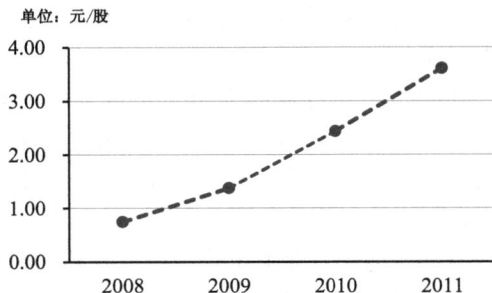

图 13-5 冀东水泥模拟每股现金股利与每股未分配利润

资料来源：依据冀东水泥 2009 ~ 2011 年年度报告整理而得。

再次，冀东水泥盈利能力较强。冀东水泥在 2011 年度的营业毛利率、销售净利率等盈利指标有所下降，如表 13-1 所示。公司 2011 年度的营业毛利率和净资产收益率有所下降，主要是由于陕西地区 2011 年下半年的水泥价格的探底及公司过高的财务费用造成的。而陕西地区的水泥价格基本触底有望回升；2011 年底定向增发的完成，也有助于改善公司的资本结构，降低财务费用。因此，随着公司产能的逐步释放，业绩能够实现稳定的增长。

表 13-1 冀东水泥 2009 ~ 2011 年盈利能力　（单位：亿元）

项目	冀东水泥			水泥行业中位数		
	2009 年	2010 年	2011 年	2009 年	2010 年	2011 年
息税折旧摊销前利润[①]	19.50	31.39	39.86	5.07	7.46	10.67
营业毛利率[②]	31.71%	31.69%	30.71%	26.11%	26.55%	26.24%
销售净利率[③]	15.34%	14.18%	10.06%	8.24%	12.65%	12.51%
净资产收益率[④]	14.71%	17.31%	13.31%	−1.68%	8.10%	9.88%
投入资本回报率[⑤]	6.95%	7.56%	6.40%	8.03%	8.22%	4.64%

①息税折旧摊销前利润（EBITDA）= 营业利润 + 财务费用 + 固定资产折旧、油气资产折耗、生产性生物资产折旧 + 无形资产摊销 + 长期待摊费用摊销；EBITDA 是最接近公司主营业务现金流状况的盈利指标。

②营业毛利率（2007 年以后）=（营业收入 − 营业成本）/ 营业收入。

③销售净利率 = 净利润 / 营业收入。

④净资产收益率 = 净利润 / 股东权益余额。

⑤投入资本回报率 =（净利润 + 财务费用）/（资产总计 − 流动负债 + 应付票据 + 短期借款 + 一年内到期的长期负债）。

资料来源：CSMAR 数据库及冀东水泥年报计算整理。

最后，冀东水泥盈余具有较强的持续性。上市公司良好的盈利能力能为现金分红提供基础，但公司能否获得长期稳定的营业利润也将影响股利决策的制定。企业利润核心部分包括收入减去成本与费用，能够反映一个企业当期经常性、主营业务的经营业绩；非核心部分包括非经常性、非主营业务而产生的利得和损失。在持续经营条件下，核心利润代表企业主营业务提供的、稳定的投资回报能力。从利润表结构来看，公司当期实现的净利润可能来源于营业利润和营业外收支净额，而营业利润由核心营业利润、营业利润调整项⊖和投资收益构成。若公司的核心营业利润来源于主营业务，稳定性较高，有现金流支持，是利润分配的基本保障。从

⊖　营业利润调整项主要来源于非经常性损益项目，例如公允价值变动损益、资产减值损失。

表 13-2 可以看出，在合并报表层面，冀东水泥的利润主要来源于核心营业利润，2009 ~ 2011 年核心营业利润分别为 7.20 亿元、14.25 亿元和 16.72 亿元，占利润总额的比例为 56.26%、71.60% 和 79.03%，说明公司的利润来源较稳定，持续性较强。而在母公司层面，利润主要来源于对子公司的投资收益，2009 ~ 2011 年母公司的投资收益分别为 7.32 亿元、7.10 亿元和 8.65 亿元，占利润总额比例为 79.08%、62.47% 和 76.57%，而取得投资收益收到的现金分别为 5.94 亿元、6.67 亿元和 9.88 亿元。从公司年报中可以看到，母公司取得的投资收益主要来源于以成本法核算的子公司，有现金流的支撑。

表 13-2　冀东水泥 2009 ~ 2011 年利润结构　　　　（单位：亿元）

项目	合并			母公司		
	2009 年	2010 年	2011 年	2009 年	2010 年	2011 年
营业利润	11.36	17.36	17.48	8.71	10.57	9.60
核心营业利润	7.20	14.25	16.72	1.28	3.49	1.00
营业利润调整项	0.24	-0.19	-0.52	0.11	-0.03	-0.04
投资收益	3.92	3.31	1.28	7.32	7.10	8.65
营业外收支净额	1.45	2.53	3.68	0.55	0.80	1.69
利润总额	12.80	19.90	21.16	9.26	11.37	11.29

资料来源：冀东水泥年度报告计算整理。

另外，冀东水泥不存在其他影响现金分红的约束条件。从上市公司披露的不分配理由来看，部分上市公司由于所处的行业受到特殊的监管要求无法满足现金分红的条件。例如，银监会对银行业有特殊的要求，对于资本充足率低于 8% 的银行，要全力补充资本，一律不得分红。从年报披露信息来看，冀东水泥处于水泥行业，并没有特殊的监管要求。存在未弥补的亏损或是所处行业受到特殊的监管要求，也并不能成为冀东水泥不分配现金红利的正当理由，也就是说公司不存在股利分配的客观约束。**综上所述，公司盈利能够保障分配现金股利。**

13.2.3　现金持有能否保障支付现金股利

冀东水泥在 2009 ~ 2011 年不仅利润为正值，而且有正值的留存收益。盈利显然不是现金股利分配的制约因素。在公司盈利能够保障分配现金股利的情况下，冀东水泥为什么仍选择不分配 2009 ~ 2011 年连续三个年度的现金股利？

良好的盈利并不能直接用来发放现金股利，企业需要使用持有现金的一部分来发放股利。**冀东水泥连续三年不分配现金股利是否因为持有的现金不足以支付现金股利呢？**如表 13-3 所示，2009 ~ 2011 年，在公司每股收益快速增长的情况下，每股经营活动现金净流量却在下降，说明经营活动的现金流创造能力下降。然而，2009 ~ 2011 年期间冀东水泥不断在资本市场上进行了大笔的融资，弥补了投资现金流出，缓解了由于投资现金流出与经营活动的现金流创造不足带来的资金压力，同时使得每股现金持有水平由 2009 年的 1.94 元增长到 2011 年的 2.33 元。冀东水泥在 2009 ~ 2011 年度维持 2007 ~ 2008 年每年每股派现 0.10 元的股利分配水平，公司每年的每股现金净流量都足够用于支付现金股利。因此，仅从现金流角度考虑，公司有足够的现金持有量来保障现金分红。

表 13-3　冀东水泥每股现金流水平　　　　　　　　（单位：元/股）

项目	2007 年	2008 年	2009 年	2010 年	2011 年
每股收益	0.38	0.41	0.82	1.15	1.24
每股经营活动现金净流量①	0.63	0.52	1.63	1.40	1.17
每股现金净流量②	0.29	1.00	0.28	0.51	0.13
每股期末现金持有水平	0.82	1.65	1.94	2.46	2.33
每股派现（含税）	0.12	0.10	0.10*	0.10*	0.10*

①每股经营活动现金净流量=经营活动现金净流量/总股数。
②每股现金净流量=现金及现金等价物净增加额/总股数。
资料来源：根据 CSMAR 数据库计算整理而得。

总而言之，冀东水泥在 2009~2011 三年间实现了营业收入和净利润的快速增长，且盈利能力指标高于行业平均水平。同时，2009~2011 年期间冀东水泥不断在资本市场上进行了大手笔的融资，使得每股现金持有水平由 2009 年的 1.94 元增长到 2011 年的 2.33 元。冀东水泥在盈利变强与现金增多的年度反而停止了分配现金股利，不免被外界质疑为"铁公鸡"。

13.3　不分配现金股利的驱动因素

冀东水泥具备分红必要的盈利与现金条件，却仍在连续三年决定不分配现金股利。公司给出的理由是"鉴于公司处在快速发展期，新建及并购项目资金需求量大，故不分配现金股利"。**除此之外，客观上还有哪些因素驱动管理层选择不分配现金股利？** 针对表面与背后可能驱动管理层不分配现金股利的因素，从未来资金需求、流动性风险控制、集团内部资金流动等维度全面地分析，客观上冀东水泥是否真的具有较强的分红能力。

13.3.1　水泥行业结构调整为优势企业扩张提供有利时机

水泥行业具有典型的周期性，其发展与国家基础设施建设、社会固定资产投资规模，尤其是房地产行业的发展状况密切相关。同时，水泥产品的需求易受宏观经济波动影响。因此，经济发展的周期在一定程度上决定了水泥工业的发展周期⊖。

随着 2008 年国际金融危机对实体经济影响的不断深入，政府出台相应的经济刺激政策。在此背景下，冀东水泥所属的水泥行业受到一定冲击的同时也迎来了迅速发展时机。金融危机为水泥行业的发展带来的机遇与挑战哪个占主流？首先，国际金融危机对以内销为主的水泥行业影响有限。如图 13-6 所示，2006~2012 年，全国水泥出口量、出口量/产量均呈下降趋势，说明水泥行业外销的绝对数量与相对比重萎缩。同时，出口量/产量均未超过 5%，说明水泥行业以内销为主。因此，国际金融危机对以内销为主且外销萎缩的水泥行业影响有限。

其次，政府为应对金融危机出台的刺激经济政策给水泥行业发展带来机遇。为应对国际金融危机，保持经济平稳增长，时任国务院总理温家宝于 2008 年 11 月 5 日主持召开国务院常务会议，提出"进一步扩大内需，促进经济平稳较快增长的十项措施"，计划投资 4 万亿用于建设保障性安居工程与基础设施。作为受金融危机影响有限的投资拉动型行业，水泥行业迎来发展机遇。

再次，来自产业链下游的需求不减反增。水泥行业属于建材行业的细分行业，处于与固定资产建设施工相关产业链的上游，为固定资产尤其是房地产建设提供建筑材料。固定资产与房地产投资额加大会拉动水泥行业的发展。如图 13-7 所示，虽然受金融危机带来的经济不景气的

<hr>

⊖　资料来源：依据金隅股份首次公开发行 A 股招股说明书中关于行业特征分析部分整理而得。

影响，2009 年房地产开发企业计划投资额度比 2008 年有所下降，但实际完成投资额度并未真正下降。同时，2006 ~ 2012 年房地产开发企业完成投资额与城镇固定资产投资额上升，说明水泥行业来自产业链下游的需求不减反增。

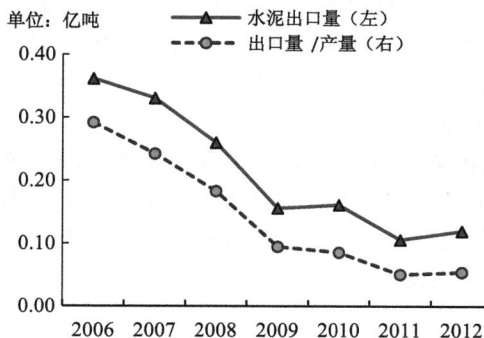

图 13-6　2006 ~ 2012 年全国水泥出口情况
资料来源：国家统计局官网水泥行业数据统计。

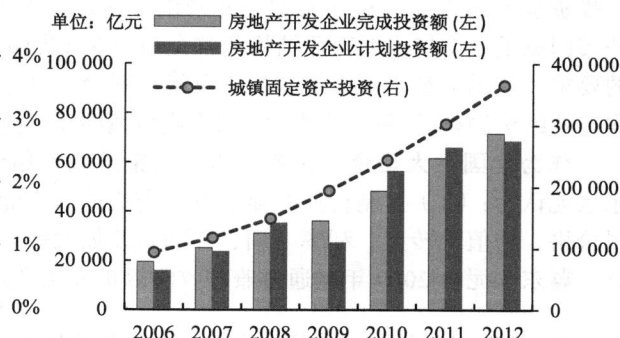

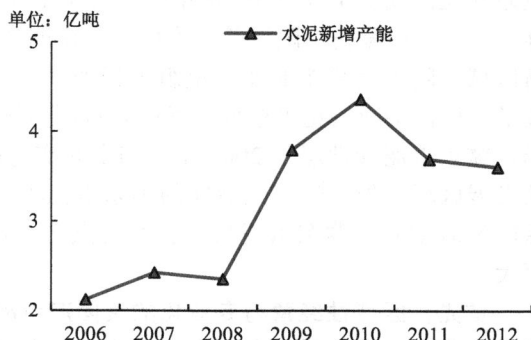

图 13-7　2006 ~ 2012 年城镇固定资产投资与
房地产投资情况
资料来源：国家统计局官网水泥行业数据统计。

最后，金融危机后宏观政策影响下，投资拉动水泥行业发展。（1）产销方面：如图 13-8 所示，2006 ~ 2012 年全国水泥产量与销量总体呈上升趋势，销量 / 产量在 2008 年、2011 年有所下降，但均保持在 96% 以上，说明水泥产量上升，产品销售状况较好。（2）产能方面：如图 13-9 所示，2006 ~ 2012 年水泥新增产能保持在 20 000 万吨以上，2009 ~ 2011 年水泥产能边际量较高，说明水泥行业生产规模不断扩大，尤其是 2009 ~ 2011 年间产能扩张规模较大。由此可见，国际金融危机对以内销为主且外销萎缩的水泥行业影响有限。金融危机后的宏观政策刺激投资，进而拉动水泥行业发展。

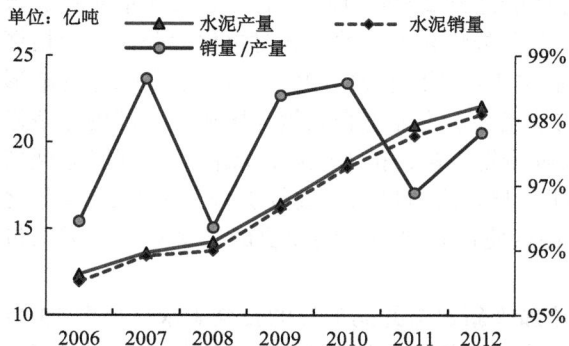

图 13-8　2006 ~ 2012 年全国水泥产销情况
资料来源：国家统计局官网水泥行业数据统计。

图 13-9　2006 ~ 2012 年全国水泥新增产能
资料来源：国家统计局官网水泥行业数据统计。

为应对国际金融危机对实体经济产生的影响，中央政府制定并实施的扩大内需、促进经济增长的计划拉动了水泥行业的发展。然而，投资刺激计划使得部分水泥企业盲目扩张、重复建设现象增多。同时，金融危机带来的外需严重萎缩将加剧产能过剩矛盾。

全国水泥行业发展存在四大问题。（1）重复建设加剧。2008 年在建的水泥产能全部建成后，总产能将达到 270 000 万吨，而市场需求仅为 160 000 万吨，产能严重过剩。（2）落后产能规模庞大。截至 2009 年 11 月，全国落后产能约占现有总产能的 27%。（3）产业集中度低。前 10 位水泥企业产量仅占全国比重 20% 左右。（4）生产无序、资源浪费、环境污染等状况严重。

为缓解水泥等行业产能过剩的矛盾，发改委等十部委联合发布题为《关于抑制部分行业产能过剩和重复建设引导产业健康发展的若干意见（国发〔2009〕38号）》的文件，随后又发布一系列文件推动水泥产业结构调整⊖。抑制水泥行业产能过剩的政策，使行业弱势企业的固定资产投资速度减缓，但对于大型企业来说，这是扩大生产规模的时机。文件指出："按照《关于公布国家重点支持水泥工业结构调整大型企业（集团）名单的通知（发改运行〔2006〕3001号）》的要求，鼓励大型水泥企业兼并、重组、联合，迅速提高生产集中度，优化资源配置，带动水泥行业结构调整。"冀东水泥属于全国性大型水泥企业在名单当中。

作为全国性大型企业，冀东水泥决策层如何结合国家政策制定适合自身的发展战略？冀东水泥认为：（1）抑制行业产能过剩、淘汰落后产能是自身扩张的有利时机；（2）原材料与燃料价格、增值税转型、利率下调、并购贷款加大等，有利于降低自主建设成本与并购成本。因此，冀东水泥自2009年起通过兼并收购以扩大生产经营规模。

13.3.2　新建与并购项目增多导致资金需求加大

面对水泥市场需求增长、产业结构调整等外部环境的变化，管理层认为：外部环境为冀东水泥提供了自身扩张的有利时机。基于此判断，管理层制定了怎样的发展战略，并对现金股利分配能力产生什么直接影响？

水泥市场需求增长、产业整合政策与区域领先的盈利模式促使管理层制定区域领先战略。产销两方面的因素使得水泥行业具有很强的区域性特征。在生产上，水泥生产消耗量最大的原材料石灰石价值较低、运输不经济，故水泥企业生产布局很大程度上受石灰石资源分布的制约。在销售上，水泥产品由于货运成本等因素影响，有很严格的运输半径，且由于仓储时间不宜过长，销售受到运输条件的制约，因而呈现出以本地销售为主的特征。如图13-10所示，2000～2007年冀东水泥实施"三北"（即"扩大华北，巩固优势，挺进东北，开拓西北"）区域差异化战略。截至2007年年底，公司水泥总产能达到2 500万吨，主要分布在京津冀、吉林、辽宁、内蒙古、陕西等五大区域，说明"三北"战略初见成效，同时也促使公司继续拓展新区域。随着优势企业兼并重组进程加快，产业集中度不断提高，2008年起水泥行业逐渐形成了区域性垄断的竞争格局。考虑到水泥市场需求增长、产业整合政策与区域性垄断的竞争格局，冀东水泥管理层于2008年起制定并实施区域领先战略，扩大既有区域优势，同时拓展新的发展区域。处于快速发展期的冀东水泥将"新建与并购项目结合进行扩张"作为2009年之后的发展重心。冀东水泥自身企业特点与行业特点使得新建与并购项目的增多对资金需求量更大。

首先，区域性经营与专业化的集团产业战略加大新建与并购项目的资金需求。如图13-11所示，冀东水泥控股股东冀东发展集团的业务分为8个板块，涵盖水泥、混凝土、装备工程、房地产，涉足砂石骨料及建材制品、矿业、贸易物流、海外发展等。其着力建设以建材为主、多业并举、科工贸为一体的大型国际化企业集团。水泥板块是冀东发展集团最主要的板块，而冀东水泥是水泥板块的核心企业，并同其下属子公司共同构成集团水泥板块的主体。冀东水泥与下属40多家子公司核心业务是水泥生产与销售，部分子公司经营支持性业务辅助水泥主业（如：从事水泥用砂岩生产的子公司为水泥生产提供原材料；水泥编织袋企业为水泥生产提供包装物；水泥货物运输企业提供运输服务；部分子公司对外提供培训、技术与咨询服务的同时，

⊖　发改委等十部委联合下发《关于抑制部分行业产能过剩和重复建设引导产业健康发展的若干意见》后，发改委、工信部等下发《关于报送水泥和平板玻璃淘汰落后产能2009年计划及三年计划的通知》、《国家发改委关于水泥建设项目清理工作有关问题的通知》、《关于抑制产能过剩和重复建设引导水泥产业健康发展的意见》。

为集团提供"软件"支持等）。从事混凝土等其他建材业务的子公司较少。

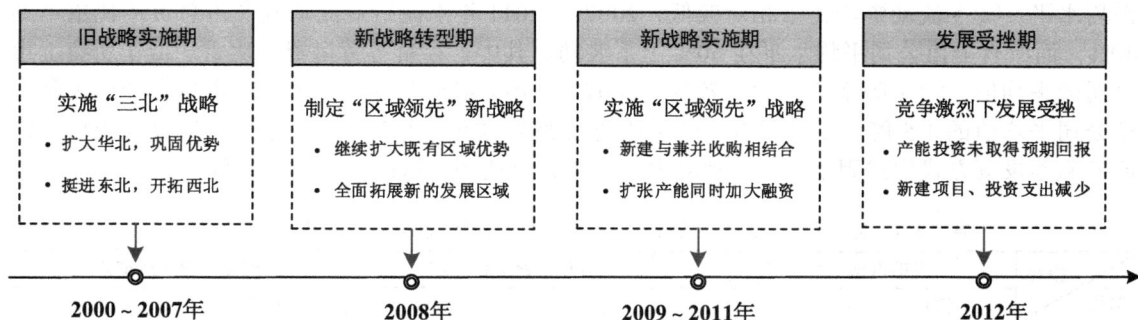

图 13-10　2000 ~ 2012 年冀东水泥发展过程的重要战略变革

资料来源：根据冀东水泥 2000 ~ 2012 年年度报告整理而得。

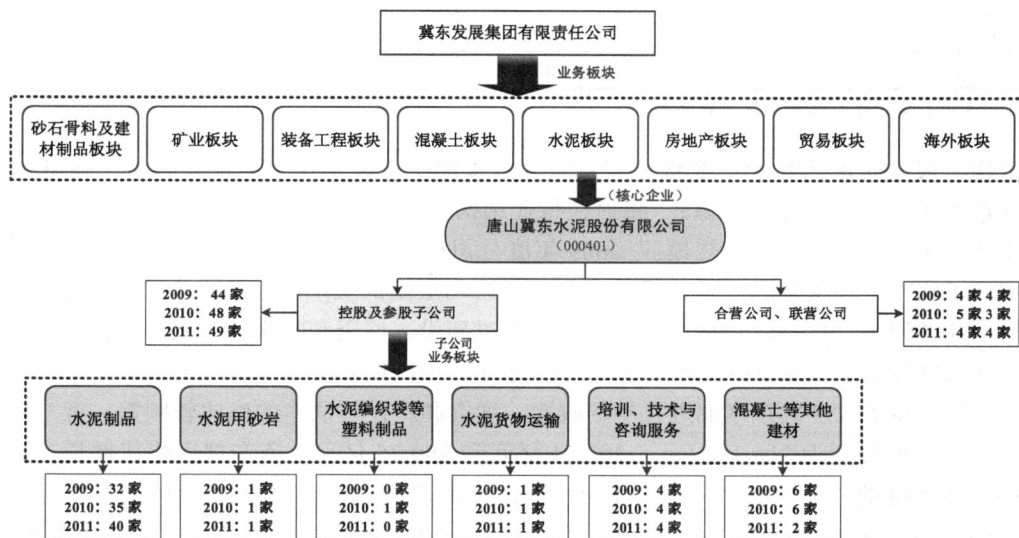

图 13-11　2009 ~ 2011 年冀东发展集团及冀东水泥产业分布

资料来源：根据冀东水泥 2009 ~ 2011 年年度报告整理而得。

集团化经营背景下，冀东发展集团业务主要集中于水泥板块。集团整体业务布局中，行业跨度较低，行业相关度较高，说明相关多元化和非相关多元化程度较低，倾向于专业化的集团产业战略。因水泥行业区域型扩张的特点与冀东集团水泥板块的专业化产业战略，集团以冀东水泥为中心，建立并形成了"总部—大区⊖—子公司"的三级管理机制。2009 ~ 2011 年，从事水泥制品的子公司数量增多，相关多元化的其他建材子公司数量减少，说明冀东水泥进行收购，且专业化程度不断增加。期间"大区"数量由 4 个增加到了 6 个，说明冀东水泥与子公司在多地扩张规模。集团形成的多项目、多地经营扩张的发展格局加大了资金需求量。另外，相比于其他行业，水泥行业区域性特征使得其商业模式"重资产"特征更为明显。

其次，作为水泥企业的冀东水泥，行业固有的"重资产"特征使得区域领先战略下资金需求量相对较大。如表 13-4 所示，水泥行业上市公司的资产结构呈现出典型的"重资产"特征：

⊖　集团内企业数量较多且达到生产规模的省份或区域形成一个"大区"，作为连接冀东水泥总部与子公司的管理中枢。

（1）现金储备较低，2007 ～ 2011 年水泥行业货币资金与总资产比值始终落后于所有上市公司平均水平；（2）流动资产比重相对较低，2007 ～ 2011 年水泥行业流动资产占总资产比重不到40%，而所有上市公司平均水平在 60% 上下波动。其中，存货等营运资产比重均低于所有上市公司的平均值；（3）固定资产比例较高，2007 ～ 2011 年水泥行业固定资产占总资产比重是上市公司平均值的 1.5 倍 ～ 2 倍左右。处于快速发展期的冀东水泥需要在短期内通过大规模自建或外购等投资方式构建固定资产，消耗大量资金，以达到区域内规模领先的效果。

表 13-4　2007 ～ 2011 水泥行业上市公司与所有上市公司的资产结构比较

指标\年份	货币资金 / 总资产		流动资产 / 总资产		固定资产 / 总资产	
	行业	总体	行业	总体	行业	总体
2007 年	12%	17%	35%	57%	45%	26%
2008 年	13%	17%	38%	57%	40%	26%
2009 年	15%	21%	37%	59%	42%	25%
2010 年	13%	25%	35%	62%	42%	22%
2011 年	13%	24%	36%	63%	42%	20%

资料来源：由锐思数据库提取数据整理计算而得。

再次，冀东水泥为扩大产能持续新建和并购水泥生产线，加大了资金需求。 公司在 2009 年年度报告未来发展战略中披露："将抓住行业结构性调整的有利时机，由新建为主调整为以收购兼并为主，扩大生产经营规模。"2009 年度公司投资设立了较多的新公司，同时对原有子公司增加了资本金以支持其项目建设。此年度母公司层面的长期股权投资为 69.21 亿元，较期初增长了 81.89%。2010 年度和 2011 年度公司通过新设、增资和收购的方式，使得年末母公司长期股权投资分别增加至 94.89 亿元和 114.19 亿元，相比期初增长了 37.10% 和 20.98%，生产经营规模进一步扩大。冀东水泥近几年的收购、增资和新设等动作的确比较频繁，近三年末公司的总资产规模分别为 216.17 亿元、302.51 亿元和 380.75 亿元，资产规模快速增长，同时固定资产的规模也随之迅速膨胀，如表 13-5 所示。判断公司处于发展扩张期的最明显标志就是水泥产能的急剧扩大，从 2009 年初的 4 000 万吨到 2011 年度突破 1 亿吨；并且随着 2012 年度永吉、秦岭等项目的陆续投产，冀东水泥的水泥产能有望跨上新的台阶。

表 13-5　冀东水泥的发展能力

项目	2007 年	2008 年	2009 年	2010 年	2011 年
资本保值增值率	113.47%	213.92%	122.24%	120.37%	141.64%
固定资产增长率	22.07%	7.36%	109.53%	47.54%	36.89%
总资产增长率	32.50%	55.13%	69.72%	39.59%	25.86%
建成产能（万吨）	2 500	4 000	6 000	9 000	10 000

资料来源：CSMAR 数据库整理。

公司大规模的投资行为导致对现金流的需求增大，经营活动创造的现金流和筹资活动产生的净现金流量，基本用于投资活动的现金净支出。如表 13-6 所示，冀东水泥的资本支出与折旧摊销比保持较高的比率，公司的资本支出较大，使得规模的扩张较快。从每股投资活动现金净流量也可以看出，公司的投资力度很大，平均每年每股要投入 4 ～ 5 元的净现金流。而现金满足投资比率呈现逐年下降的趋势，公司自身经营活动创造的现金流满足投资支出的比例越来越小，剩余的投资支出只能通过从外界筹资来实现。

表 13-6 冀东水泥投资活动现金流量指标

项目	2007 年	2008 年	2009 年	2010 年	2011 年
投资活动现金净流量（亿元）	−16.854	−27.431	−52.429	−68.887	−49.997
资本支出与折旧摊销比①	4.336	6.427	8.609	6.413	3.502
现金满足投资比率②	0.603	0.450	0.419	0.354	0.296
每股投资活动现金净流量（元）③	−1.751	−2.262	−4.323	−5.680	−4.123

①资本支出与折旧摊销比＝资本支出／折旧摊销。其中，资本支出＝购建固定资产＋无形资产＋其他长期资产收回的现金净额，折旧和摊销＝固定资产折旧＋油气资产折耗＋生产性生物资产折旧＋无形资产摊销＋长期待摊费用摊销。

②现金满足投资比率＝近 5 年经营现金流量净额之和／近 5 年资本支出、存货增加、现金股利之和。

③每股投资活动现金净流量＝投资活动现金净流量／总股数。

资料来源：根据 CSMAR 数据库整理。

另外，后期新建与并购项目资金需求仍然较大。冀东水泥在 2011 年年报中提到了后期的经营计划，公司将继续通过收购、兼并等方式进一步扩大产能，提高市场占有率。具体来看，要支撑公司目前的发展战略，实现快速的扩张，未来发展的资金需求应从固定资产投资增长、收购所需资金及流动资产规模增大占用资金三个方面来考虑。（1）固定资产投资增长，公司在 2011 年度还有多个项目处于基建期，2012 年永吉、秦岭等项目将陆续投产。初步可以判定后期还需要较多的资金投入。从年报披露的数据来看，2009 ~ 2011 年度公司为购建固定资产、无形资产及其他长期资产支付的现金流出分别为 46.73 亿元、55.27 亿元和 47.10 亿元。由此看来，冀东水泥维持目前的扩张速度，每年的固定资产的投资额接近 50 亿元，资金需求量很大。（2）收购所需资金，由于受产业政策的限制，公司将继续通过收购、兼并等方式进一步扩大公司的水泥产能，提高水泥市场占有率。从冀东水泥 2011 年以后的收购行为来看，根据公司的公告，2012 年度上半年仅有一起对外投资行为。即公司受让吴堡冀东特种水泥有限公司 51% 的股权，转让价款为 1.74 亿元，单独来看金额并不大。总体来看，如果冀东水泥维持目前的扩张战略，继续大规模地扩建固定资产、收购其他公司，并且要保证有足够的资金投入日常的经营活动。由此看来，冀东水泥未来发展的资金需求量的确相当大。（3）流动资产规模增大占用资金，随着冀东水泥规模的扩大，销售收入增加，流动资产的规模也会增长。流动资产规模的增加一般需要企业额外的资金投入，2009 ~ 2011 年冀东水泥流动资产的规模变化及其占销售收入的比例如图 13-12 所示。冀东水泥在流动资产／收入比率在近三年有较大的下降趋势，即流动资产投资政策越来越严紧。但由于公司销售收入的大幅增加，流动资产规模增长较快，每年会增加投入 14 个亿左右的资金。2012 年公司计划生产水泥 7 200 万吨，生产熟料6 800 万吨，水泥及熟料销量合计 8 400 万吨，实现营业收入 220 亿元。

综上所述，冀东水泥有很多在建的项目，需要大量的资金投入，包括募集资金的使用和非募集资金的投入，投资项目资金需求促使公司为此通过筹资活动筹措资金。如图 13-13 所示，在募集资金的使用方面，2009 年和 2010 年投入募集资金总额分别为 8.65 亿元和 1.32 亿元，募集的资金已于 2010 年度全部投入完毕。与投资活动的现金净流量相比，募集资金的投资只占很小一部分。而近三年公司以非募集资金投资重大项目的金额分别为 7.40 亿元、13.57 亿元和 18.60 亿元，与自身经营活动产生的现金净流量相比金额较大，再加上增资和收购等所需要的资金，只能借助资本市场实现融资。

单位：亿元

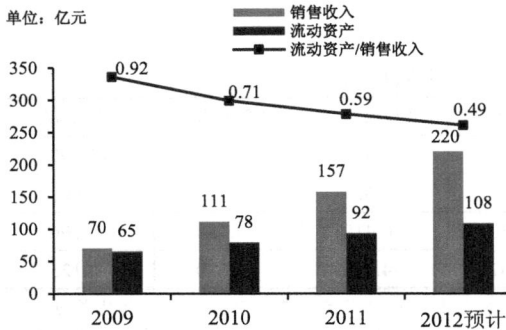

图 13-12　冀东水泥流动资产与销售收入配比情况
资料来源：依据冀东水泥 2009 ~ 2011 年年度报告整理而得。

单位：亿元

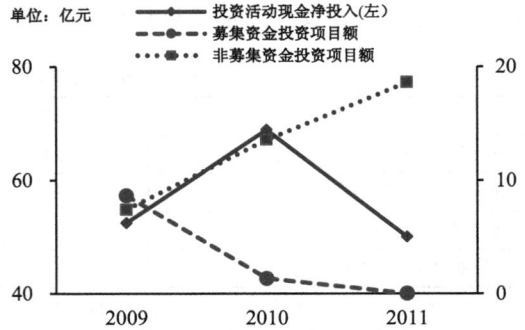

图 13-13　冀东水泥投资活动现金流投入情况
资料来源：依据冀东水泥 2009 ~ 2011 年年度报告整理而得。

13.3.3　财务流动性风险加大降低现金股利分配能力

不分配现金股利使得公司丧失公开增发等再融资资格。与此同时，收购与自建项目投资消耗大量资金的冀东水泥财务流动性如何？

首先，冀东水泥 2009 ~ 2011 年净利润不断增长，经营现金流入却在减少。 公司净利润的快速增长并没有经营现金流的有效支撑。上市公司经营活动产生的现金流量能够体现自身创造现金流的能力。除偶然因素外，经营活动产生的现金流量净额与净利润的数额差距太大，说明公司自身资金供给的"造血机制"存在问题，公司可能面临资金需求的压力。也就是说，有现金流量支持的净利润才是高质量的。如表 13-7 所示，2009 年以后冀东水泥实现的经营活动现金净流量有下降的趋势，流入流出比降低。这说明公司的经营活动现金流创造能力降低。与公司营业收入和净利润的增长相比，经营活动现金净流量的增长略显不足。冀东水泥近三年的销售收到现金比率呈现下降的走势，公司在扩大销售实现营业收入增长的同时，收到的现金没有同比例的增长。另外，公司的盈余现金保障倍数在三年间下降明显。

表 13-7　冀东水泥经营活动现金流量指标

项目	2007 年	2008 年	2009 年	2010 年	2011 年
经营活动现金净流量（亿元）	6.037	6.292	19.702	16.990	14.144
经营现金流流入流出比	1.173	1.143	1.364	1.188	1.111
销售收到现金比率①	1.008	1.029	1.015	0.929	0.856
盈余现金保障倍数②	1.434	1.206	1.851	1.083	0.894

①销售收到现金比率＝销售商品、提供劳务收到的现金／营业收入。
②盈余现金保障倍数＝经营活动现金净流量／净利润。
资料来源：根据 CSMAR 数据库整理。

经营性营运资金的现金回收情况恶化导致经营现金流萎缩。如图 13-14 所示，2009 ~ 2011 年经营性营运资金的现金流减少，由此导致在净利润增长的情况下经营现金流反而减少。如图 13-15 所示，对间接法编制的现金流量表中"将净利润调节为经营活动现金流量"部分项目进行分析：2009 ~ 2011 年存货的减少量为负值，说明存货占用资金增加；经营性应收项目的增加幅度大于经营性应付项目的增加，说明公司占用供应商与客户的资金量小于供应商与客户占用公司的资金量。由此解释了净利润在增长，经营现金净流入反而在下降的原因。因此，冀东水泥 2009 ～ 2011 年净利润不断增长，经营现金流入却在减少，净利润的经营现金流实现不足。

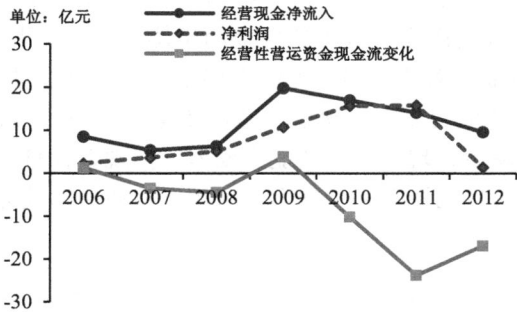

图 13-14　冀东水泥经营现金流与净利润差异分析
资料来源：依据锐思数据库提取数据整理并计算而得。

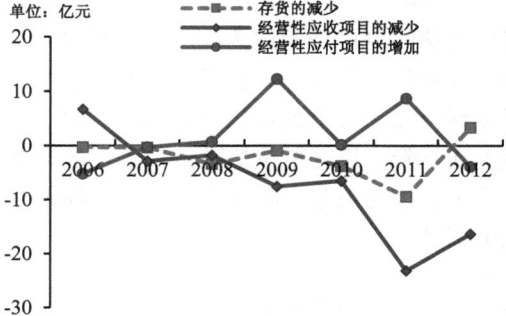

图 13-15　冀东水泥各类经营性营运资金变化
资料来源：依据锐思数据库提取数据整理并计算而得。

　　其次，债务的增加导致偿债压力不断增大。冀东水泥经营活动产生的现金流量逐渐减少，内源资金不足以满足投资项目所需资金。在不消耗现金存量的情况下，公司不得不加大外部融资规模。在股权再融资方面，冀东水泥于 2011 年 10 月 25 日向境外战略投资者菱石投资有限公司定向增发，募集到 19.15 亿元的资金，仍不足以满足投资项目的资金需求。因此，冀东水泥不得不加大债务融资力度。如表 13-8 所示，截至 2010 年 3 月 31 日，公司负债总额为 164.22 亿元，资产负债率达 67.95%，水泥行业平均资产负债率仅为 46.19%，说明冀东水泥融资结构以债权融资为主。短期借款在三年间增长较快，公司存在短期借款长期化的倾向，面临的偿债压力较大。公司长期借款的比例较高，在 2011 年发行公司债券后比例有所下降，但余额仍较大。而应付债券余额的增加是由于冀东水泥面向境内机构投资者发行公司债券引起的，其发行总额为 25 亿元，分两期发行，其中第一期 16 亿元于2011 年 9 月完成发行。发行债券募集的资金主要用于偿还银行借款，使得公司的负债结构有所改善，然而各年度流动负债占负债总量的一半左右，说明短期内偿债压力并未得到实质性的缓解。

表 13-8　冀东水泥负债情况

项目	2009 年		2010 年		2011 年	
	金额（亿元）	占资产比例	金额（亿元）	占资产比例	金额（亿元）	占资产比例
短期借款	25.18	11.65%	38.21	12.63%	50.29	13.21%
长期借款	56.53	26.15%	107.44	35.51%	77.89	20.46%
应付债券	11.88	5.50%	5.82	1.92%	21.69	5.70%
负债合计		64.32%		69.29%		65.44%
流动负债	**72.51**	**47.59%***	**90.59**	**43.22%***	**143.28**	**57.50%***

资料来源：冀东水泥（000401）年度报告整理。其中流动负债加 "*" 表示占负债比例。

　　为了更全面地分析财务流动性中负债的总量规模、到期时间分布等内容，需要分析短期内到期的负债（即流动负债）：（1）分析流动负债内部结构，如图 13-16 所示，一年内到期的非流动负债比重在 2009 ～ 2011 年间不断上升，说明随着长期借款与公司债券陆续到期，短期偿债压力不断加大。短期借款比重虽然有所下降，但是总量仍在上升，属于结构性萎缩。商业信用融资项与经营活动直接相关，已在经营现金创造能力中分析，此处不再赘述；（2）分析流动资产与流动负债的配比程度，即分析资产变现、到期债务的总量与时间的对应程度。如图 13-17 所示，2009～2011 年流动比率与速动比率下降，说明冀东水泥一年应偿还的负债相对于一年内可变现的资产增长较为明显，短期之内企业可以资产变现获得的现金用于偿债的能力下降；（3）分析现金与流动负债的配比程度，资产中现金流动性最好，可以直接用于偿还到期债务，因此现金流动负债比可以更好地反映企业的迅速偿债的能力。现金流动负债比在 2009～2011 年不断下降，说明单位流动负债匹配的现金逐渐减少，现金的偿债能力变差。但现金存量并非全部用于偿还债务，随着企业业务规模增大与发展期的资金需求加大，可用于偿还短期债务的现金不足。

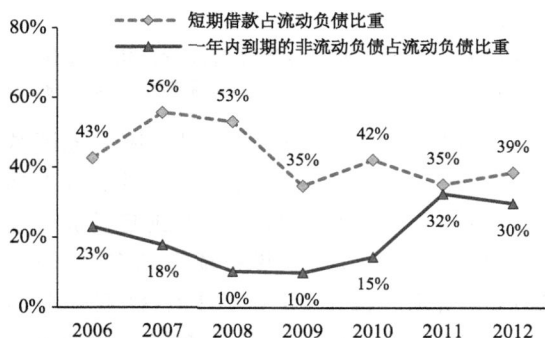

图 13-16　冀东水泥 2006～2012 年流动
负债结构

资料来源：依据锐思数据库提取数据整理并计算而得。

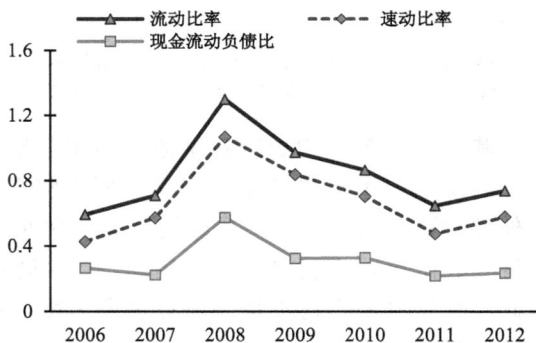

图 13-17　冀东水泥 2006～2012 年短期偿债
能力指标

资料来源：依据锐思数据库提取数据整理并计算而得。

再次，2009～2011 年筹资活动对现金流的补充作用减弱。 如图 13-18 所示，随着债务的增加，取得借款发行债券收到的现金构成了筹资现金流入的主要部分，且筹资活动现金流入量不断增加。然而，债务增加资金流入的同时也使得偿还债务支付的现金不断增加，并且其构成了筹资活动现金流出的主要部分。偿债压力加大最终导致 2010 年起筹资活动现金净流入的下降，筹资活动对现金流的补充作用减弱。

最后，投资现金净流出加大、经营现金流创造不足及筹资活动对现金流的补充作用减弱三者共同导致冀东水泥的财务流动性恶化。 在冀东水泥投资规模较大的快速发展期 2009～2011 年间，自身创造的经营现金流相对不足以满足投资资金需求，公司选择以债权形式筹集资金能够增加当期的现金流流入。将筹资获得的现金流用于弥补投资导致的资金缺口的同时，未来偿还债务加大现金流压力，导致的结果是筹资现金净流入减少，最终导致现金净流入减少与财务流动性恶化。如图 13-19 所示，投资现金净流出加大、经营现金流创造不足和筹资活动对现金流的补充作用减弱，使得 2009～2011 各年度现金净流入减少，2012 年已接近于 0，进而导致期末现金余额几乎增速减缓。同时，公司正处于快速发展期，规模增大的同时也承担了更大的经营与财务风险。然而，由于现金存量的增长停滞，用于应对意外资金需求等因素导致的财务风险的安全现金储备相对不足。随着体量扩大、现金存量不足，未来运营成本、偿还到期债务等因素加剧了财务流动性风险。另外，在此期间冀东水泥不断寻求外部融资，通过发行公司债券、向战略投资者定向增发等方式从资本市场中"融资"，频繁的融资行为本身说明冀东水泥发展期的流动资金不足。

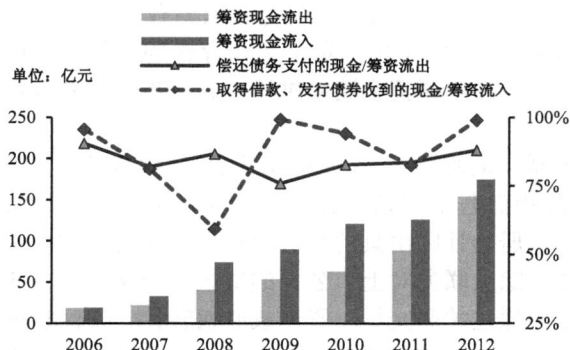

图 13-18　冀东水泥 2006 ~ 2012 年筹资现金
流入流出结构

资料来源：依据锐思数据库提取数据整理并计算而得。

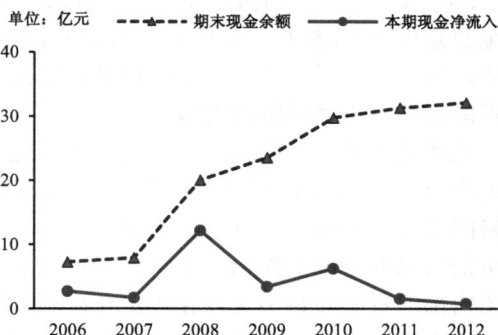

图 13-19　冀东水泥 2006 ~ 2012 年现金净
流入与现金净额

资料来源：依据锐思数据库提取数据整理并计算而得。

结合现金股利的分配进行分析，2009 ~ 2011 年度是否发放现金股利的决策是在 2010 ~ 2012 年年初做出的。可能正是出于控制财务流动性风险的考虑，管理层采取不分配现金股利等节约现金支出的措施，从而减少 2010 ~ 2012 年现金流出，并不得不于 2012 年决定降低投资规模。

13.3.4　集团内部资金占用减少可用于现金股利分配的现金

从未来资金需求、流动性风险控制两个维度，客观分析冀东水泥不分配现金股利的驱动因素，有助于判断公司是否真的具有较强的分红能力。然而，此前分析仅考虑了现金可获得性、财务流动性、现金流规模与时间分布，使用的是合并的财务数据。由分析可知，集团化经营背景下，一方面，冀东水泥上市公司层面持有的现金总量（母公司数据）可能本身有限；另一方面，内部资金配置下上市公司持有的现金可能并不能可供其自由支配。那么，**集团化经营下的母子公司资金分布与内部的占用，是否会使冀东水泥实际可用于股利分配的现金大幅度减少呢**？

集团化经营背景下，集团业务布局、现金分布与职能分工如下。

（1）集团的生产与销售布局，如表 13-9 所示，冀东水泥 2008 ~ 2011 年子公司整体的营业收入规模占合并报表的比例在 60% 左右波动，但负债比重却远低于存货、固定资产与收入比重，即母公司负债规模远超过生产与销售规模。子公司整体的存货、固定资产规模占合并报表比例均在 70% 以上，且总体呈上升趋势。由此说明：冀东水泥集团的生产与销售布局分散，母公司作为上市公司扮演着经营实体与外部资本市场融资平台的"双重角色"。

表 13-9　冀东水泥子公司各项资产、负债、收入、利润与现金持有规模占合并报表比重

	2008 年	2009 年	2010 年	2011 年
子公司存货比重	74%	80%	89%	89%
子公司固定资产比重	77%	71%	81%	87%
子公司总负债比重	40%	48%	49%	47%
子公司营业收入比重	62%	54%	59%	64%
子公司净利润比重	14%	18%	35%	34%
子公司持有现金比重	37%	54%	46%	43%

资料来源：依据冀东水泥 2009 ~ 2011 年年度报告合并财务报表与母公司财务报表整理而得。

（2）母子公司的利润贡献程度，如表 13-9 所示，在子公司整体存货、固定资产和收入比重大致在 60% 以上的情况下，子公司整体的利润贡献相对不足。

（3）集团持有现金的空间分布情况，如表 13-9 所示，上市公司现金持有量仅占合并报表现金总量的 50% 左右。集团内各公司不同的职能分工决定了内部资金运作存在的必然性。由集团内的业务布局与现金分布等信息可以初步判断：**在集团资金流动过程中，上市公司冀东水泥可能扮演着资金提供方的角色。**

集团内部各公司间的资金流动受到一定的限制。证监会于 2003 年 8 月 28 日发布了《关于规范上市公司与关联方资金往来及上市公司对外担保若干问题的通知证监发〔2003〕56 号》，严格限制占用上市公司资金，并要求公司应当就注册会计师出具的控股股东及其他关联方占用资金的情况专项说明作出公告。但这一规定无法消除关联方对上市公司的资金占用状况，企业集团内部的资金转移仍可以在规定允许的范围之内通过关联交易、资产或股权转让、担保贷款等方式进行。整个冀东集团内部资金流动主要经由直接占用与间接占用实现。其中，直接占用分为经营性占用与非经营性占用，间接占用主要表现为与控股股东共同投资。集团内部对上市公司冀东水泥的资金占用方式如下。

（1）关联方经营性资金占用现象明显。 冀东水泥在不分配现金股利期间 2009 ~ 2011 年按照证监会要求发布《控股股东及其他关联方资金占用情况的专项说明》公告。如表 13-10 所示，公告提供了以下三个方面的信息：①控股股东冀东发展集团、控股股东子公司及其附属企业和上市公司附属企业对上市公司资金占用形式以经营性占用为主，通过业务往来等具体形式形成应收账款、应收票据、预付账款和其他应收款，对上市公司实现资金占用；②无论是期末存量还是累计发生额，其合计数占上市公司现金总量的比例较大，也就是说如果没有关联方占用资金的情况，冀东水泥最少也可以每年增加 20% 的现金持有量，而不是以应收账款等存在一定变现时间与风险的流动资产的形式存在；③当期的累计发生额远远高于当期的期初和期末余额，说明虽然期末上市公司持有一定数额的现金，但该年度内可能大部分资金被子公司等关联方占用，期末前付现。因此，关联方经营性资金占用导致上市公司期末持有的现金在当年期间内可用的部分有限。

表 13-10 冀东水泥 2009 ~ 2011 年控股股东及其他关联方对上市公司资金占用情况汇总表

（单位：亿元）

资金占用形式 / 年份数额		经营性占用（经营性应收项目）			非经营性占用（其他应收款）	资金占用合计 / 上市公司现金总量
		控股股东资金占用	控股股东联营与合营公司占用	上市公司联营与合营企业占用	上市公司子公司资金占用	
2009 年	期初余额	0	3.73	0	?	35%
	累计发生额	0.02	9.83	0	?	**91%**
	期末余额	0	3.23	0	?	30%
2010 年	期初余额	0	3.23	0	?	20%
	累计发生额	0.03	12.34	1.54	?	**87%**
	期末余额	0	3.15	0.22	?	21%
2011 年	期初余额	0	3.34	0.25	24.34	155%
	累计发生额	0	22.57	0.76	45.49	**382%**
	期末余额	0	4.45	0.04	38.52	239%

资料来源：依据冀东水泥 2009 ~ 2011 年《控股股东及其他关联方资金占用情况的专项说明》整理而得。

（2）冀东水泥可能没充分披露子公司对其资金的占用情况。 2009 ~ 2010 年数据显示上市公司子公司不存在对上市公司资金占用的情况，2010 年期末数为 0。2011 年相对于上市公司现金总量和经营性占用而言，上市公司子公司通过其他应收款非经营性占用的资金规模较大，期初余额为 24.34 亿元，累计发生额达 45.49 亿元。那么，为什么子公司非经营性占用的资金 2011 年期初余额为 24.34 亿元的情况下，2010 年期末余额为 0？由此说明：公司披露的子公司资金占用信息存在疑点。实际子公司对上市公司冀东水泥资金的占用金额可能大于已披露的金额。

（3）控股股东冀东发展集团制定的集团多元化投资安排需要冀东水泥投资参与，间接占用其资金。第一阶段，冀东发展集团与冀东水泥为延伸产品产业链，分散经营风险，培育新的利润增长点，发展混凝土板块事业。第二阶段，冀东发展集团与冀东水泥为加快混凝土投资公司对混凝土市场的整合进度，快速抢占市场先机，对其进行增资。2009 ~ 2011 年间冀东水泥用于共同投资[⊖]混凝土板块业务的资金达 8.16 亿元，占上市公司三年现金持有合计金额的 18% 以上。由此说明：与控股股东冀东集团共同投资加大资金需求。

上市公司冀东水泥实际现金持有水平有限，加上集团内部公司直接或间接地占用其资金，缩减了冀东水泥可用于发放现金股利的自由现金规模。综上所述，管理层在进行股利分配决策时可能综合考虑以下三个方面的问题：投资项目的资金需求量大、节约流动资金以控制财务流动性风险和集团内部对上市公司的资金占用。三者共同导致上市公司实际可用于发放现金股利的现金远远小于合并报表中的现金总量，进而可能驱动管理层鉴于资金不足而做出不分配现金股利的决策。

13.4　管理层是否有分配现金股利的动力

冀东水泥整体经营业绩良好，盈利能力也较强，且公司也满足现金分红的相关条件。然而，实际可用于发放现金股利的现金不足的情况下，管理层是否有分配现金股利的动力与意愿，如何进行权衡？

13.4.1　取得再融资资格与节约流动资金的权衡

随着生产规模的扩大，公司资本性支出较大，流动资金需求也随之增长。公司为维持日常经营需要大量资金支付经营活动的现金支出，大项支出主要包括原料采购、能源供应、生产设备维修及员工薪酬等，若流动资金不足以支付上述费用，公司一般通过银行借款的方式进行弥补，使得财务费用负担较重的同时，加大了未来偿还债务的资金压力。然而，由于冀东水泥股利政策的选择而失去了很多的融资机会，这些再融资机会是因无法满足配股、公开增发的其他条件被迫舍弃，还是因为其他原因主动放弃？

第一，公开增发的条件。《上市公司证券发行管理办法》规定：（1）上市公司的盈利能力需具有可持续性，最近 3 个会计年度连续盈利；（2）上市公司的财务状况良好，最近 3 年以现金方式累计分配的利润不少于最近 3 年实现的年均可分配利润的 30%[⊖]；（3）上市公司最近 3 个

⊖　此处仅统计共同投资公告中的出资金额，不包括冀东水泥单独对混凝土板块公司的增资金额。

⊖　原执行的《上市公司证券发行管理办法》（2006 年 5 月 8 日证监会令第 30 号）对于再融资的约束条件为"最近 3 年以现金或股票方式累计分配的利润不少于最近 3 年实现的年均可分配利润的 20%"。证监会 2008 年 10 月 9 日发布的《关于修改上市公司现金分红若干规定的决定》，将上市公司申请再融资时的分红要求修改为："最近 3 年以现金方式累计分配的利润不少于最近 3 年实现的年均可分配利润的 30%"，于 2008 年 10 月 9 日起实施。其中，根据《上海证券交易所上市公司 2008 年年度报告工作备忘录第三号——年报披露注意事项（一）》、《深圳证券交易所信息披露业务备忘录第 21 号——年度报告披露相关事宜》和《深证证券交易所中小企业板信息披露业务备忘录第 4 号——年度报告披露相关事宜（2010 年 3 月 10 日修订）》的相关解释，用于计算"最近 3 年实现的年均可分配利润"中的净利润以公司当年调整后合并报表归属于上市公司股东的净利润为准。

会计年度加权平均净资产收益率平均不低于6%。（扣除非经常性损益后的净利润与扣除前的净利润相比，以低者作为计算依据）。近五年冀东水泥的财务状况如表13-11所示。

表13-11　冀东水泥2007～2011年财务状况

项目	2007年	2008年	2009年	2010年	2011年
归属于上市公司股东的净利润（亿元）	3.68	4.46	9.84	13.98	15.25
加权平均净资产收益率（%）	14.61%	10.44%	15.45%	18.93%	16.66%
扣除非经常性损益加权净资产收益率（%）	14.53%	10.52%	15.63%	18.57%	16.72%
以现金方式分配利润（亿元）	1.15	1.21	—	—	—

资料来源：冀东水泥（000401）年度报告。

冀东水泥2007～2011年的合并净利润中归属于母公司所有者部分连续三年都大于零，处于盈利状态，符合股票增发的条件（1）；而五年中加权平均净资产收益率和扣除非经常性损益后加权平均净资产收益率均大于6%，符合条件（3）。冀东水泥在2006年和2008年以现金分红方式分配的股利，分别占当年实现可分配利润的46.63%、31.75%和27.85%，因此2009年度肯定满足公开发行证券的要求。那么，冀东水泥2010年度是否满足公开增发的条件呢？冀东水泥2007～2009年以现金方式累计分配的利润为2.37亿元⊖，实现的年均可分配利润为5.99亿元⊖，前者占后者的比例为39.52%，大于要求规定的30%。而以同样方法计算的2008～2010年以现金方式累计分配的利润占最近实现的年均可分配利润的12.86%。因此，冀东水泥在2009年和2010年还具有公开增发的资格，但公司并没有采用这种融资方式；而自2011年度公司开始失去了公开增发的资格。

第二，配股的条件。 对于上市公司进行配股，《上市公司证券发行管理办法》中要求的前两条与增发相同，此外配股还强调：向原股东配售股份（简称"配股"），拟配售股份数量不超过本次配售股份前股本总额的30%。因此，冀东水泥自2011年度开始也是由于现金红利分配的问题丧失了配股的资格。此外，冀东水泥连续三年不分配现金红利的股利政策，也使得公司失去了发行可转换债券和分离交易可转债等的资格。

考虑现金股利分配对再融资的影响，管理层在分配现金股利带来的再融资可能与不分配现金股利直接节约资金之间进行权衡。首先，资金开源与节流之间存在固有矛盾：一方面，分配现金股利且分配水平达到公开增发、配股与发行可转债再融资标准，将增加公司再融资成功的可能性，获得资金补充；另一方面，如果不分配现金股利可以直接及时地为企业节约资金。管理层可能需要权衡是否分配股利在资金使用方面的利弊得失；其次，分配现金股利水平达到再融资股利分配标准，并且公司也满足再融资其他方面的要求，并不意味着再融资一定能够获得成功。公司自2004年配股以后，也没有再采用公开增发或配股等再融资方式，说明通过资本市场进行再融资可能存在其他方面的限制。同时，在资本市场募集到的资金也具有一定成本；再次，即使冀东水泥失去了公开增发等再融资资格，但仍可以通过非公开发行股票、发行公司债券进行融资。因此，在发展期资金需求量大的前提下，如果预期公司将会取得除对现金股利分配有限制外其他的再融资（如：定向增发、发行公司债券等），那么管理层可能就不会为取得公开增发再融资资格而分配现金股利，反而选择不分配现金股利以直接为公司发展节约资金；最后，从结果验证假设：在股权再融资方面，冀东水泥于2011年10月25日向境外战略投资者菱石投资有限公司定向增发，募集到19.15亿元的资金；在债权融资方面，冀东水泥面向境

⊖ 2007～2009年以现金方式累计分配的利润＝11 553.25＋12 127.71＋0.00＝23 680.96（万元）。
⊖ 2007～2009年实现的年均可分配利润＝（36 775.64＋44 603.36＋98 386.79）/3＝59 921.93（万元）。

内机构投资者发行的公司债券总额为 25 亿元，分两期发行，其中第一期 16 亿元于 2011 年 9 月完成发行。事实证明：管理层于 2009 ~ 2011 年作出的不分配现金股利决策不会对整体的再融资能力产生影响。

13.4.2　管理层是否充分考虑股东回报

在不分配现金股利使得失去再融资资格的情况下，公司仍可以通过定向增发等其他方式进行融资，说明管理层并没有通过分配现金股利取得再融资资格的动机。主观上，管理层是否有通过分配现金股利回报投资者的意愿呢？由于案例无法分析管理层内心真实的想法，故要考察管理层是否充分考虑股东回报只能依据不同股东的不同意愿与管理层股利分配决策结果反推管理层对股东回报可能的思考过程。

首先，不同类型的股东意愿是不同的，具体分析如下。

（1）控股股东冀东发展集团的意愿，集团化经营的背景下，控股股东冀东发展集团拥有绝对优势投票权的同时又实际控制了上市公司的管理经营，因此冀东水泥是控股股东冀东发展集团的下属公司。冀东水泥管理层不分配现金股利的决策极有可能是控股股东冀东发展集团的意愿。假设公司分配 2009 ~ 2011 年度的现金股利，每股 0.1 元的低水平现金股利分配也没有使控股股东冀东发展公司获得巨额利益，反而会导致集团可支配资金的流出。

（2）除控股股东外，其他大股东海螺水泥与战略投资者分别注重公司的投资价值和长远利益。

①大股东海螺水泥的意愿，作为水泥行业龙头企业海螺水泥在对外投资策略中指出：利用存量资金对国内部分具有一定竞争优势和发展潜力的水泥行业上市公司进行投资。截至 2008 年 12 月 31 日，海螺水泥持有的冀东水泥股票占公司总股本 8.22%，并且在 2010 ~ 2012 年间多次增持股票○。海螺水泥在 2008 年年度报告中披露：持有冀东水泥股份是基于对其投资价值判断而作出的商业行为，未来将视冀东水泥的投资价值及其运营质量和发展情况决定是否继续增持或减持其股份。海螺水泥投资冀东水泥并在冀东水泥未分配现金股利的年度增持股票说明：与分配现金股利相比，海螺水泥更注重冀东水泥长期的投资价值。

②战略投资者菱石投资公司的意愿，2011 年，公司非公开发行股票引进战略投资者——新天域资本○旗下的菱石投资有限公司。菱石投资以战略投资者的身份投资冀东水泥，说明菱石投资及其新天域资本认为冀东水泥基本面较好并且具有高增长潜力。冀东水泥在《非公开发行股票募集资金使用可行性报告》中也指出："战略投资者注重长远利益，与企业捆绑紧密，同时还会提供其自身的部分资源来支持企业发展"。因此，战略投资者注重公司的长远利益。

（3）中小股东可能有不同的回报意愿。

①根据股利信号理论，部分投资者认为股利包含了管理层对公司未来盈利积极判断的信息，分配现金股利可能会引发股价上升，而不分配现金股利可能会引发股价下降。那么市场对冀东水泥对于现金股利决策的反应究竟是怎样呢？利用事件研究法方法计算累积收益率，并与市场累积收益率进行对比，研究股利分配信息的市场反应。具体地，通过运用年度股东会决议公告日○前后 10 日的观察窗口。如图 13-20a、13-20b 和 13-20c（左侧三个图）所示，市场将冀东水泥 2006 ~ 2008 年度现金股利分配视作正面的消息。如图 13-20d、13-20e 和 13-20f

---

○ 2010 ~ 2012 年安徽海螺水泥股份有限公司持有冀东水泥股票分别为 1.36、1.85 和 2.07 亿股，持有的股票分别占冀东水泥总股本的 11.28%、13.77% 和 15.38%。

○ 新天域资本成立于 2005 年，是一家专注于中国市场的私募股权投资基金，着力于"转型"与"成长"两条主线，致力于为基本面良好、具有高增长潜力的企业提供转型及进一步发展的助力。

○ 股利信息发布大致有三个重要时点：预案公告日、年度股东会决议公告日、分配方案实施公告日。股利分配预案公告日信息含量最大，但与年度报告同时披露，目前没有找到明确的方法控制其他年报信息的干扰。

（右侧三个图）所示，除 2010 年度股东大会决议公告中存在干扰因素[⊖]外，冀东水泥不分配现金股利的年度，市场呈消极反应。结果符合股利信号理论的预期。

a）2006 年度股东会决议日前后 10 日的市场反应
资料来源：锐思数据库提取数据整理计算而得。

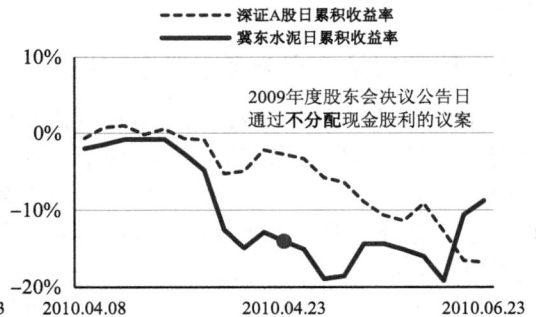

d）2009 年度股东会决议日前后 10 日的市场反应
资料来源：锐思数据库提取数据整理计算而得。

b）2007 年度股东会决议日前后 10 日的市场反应
资料来源：锐思数据库提取数据整理计算而得。

e）2010 年度股东会决议日前后 10 日的市场反应
资料来源：锐思数据库提取数据整理计算而得。

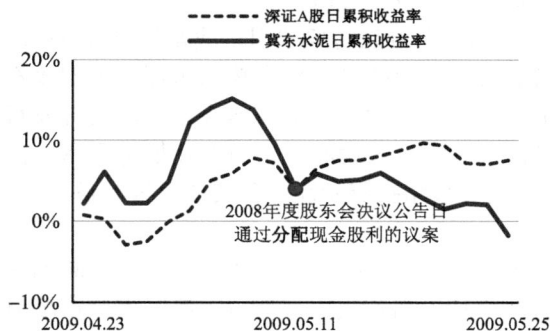

c）2008 年度股东会决议日前后 10 日的市场反应
资料来源：锐思数据库提取数据整理计算而得。

f）2011 年度股东会决议日前后 10 日的市场反应
资料来源：锐思数据库提取数据整理计算而得。

图 13-20

②部分投资者可能在期望赚取差价的"炒股"心理影响下，不关心公司是否发放现金股利。尽管市场反应符合信号理论的预期，投资者关注的重点在于股利分配传递的有关公司未来盈利

⊖ 股东会审议并通过了《本次发行公司债券方案的议案》，向市场传达"拓宽公司融资渠道，优化负债结构，降低资金成本"的利好信息。信息的正向影响大于由于不分配现金股利带来的负向影响，从而干扰针对股利分配决议市场反应的事件研究。

判断的信息，而不是是否分配现金股利本身。如图 13-21 所示，即使投资者在 2010 ~ 2012 年每年 3 月份左右得知不分配 2009 ~ 2011 年度现金股利，相对于市场而言，冀东水泥年度日均成交量增速并未显著下降。相比之下，在 2013 年冀东水泥股价大跌时，成交量增速才显著低于市场同期水平。由此反映了投资者赚取差价的"炒股"心理。

③部分投资者也可能认同管理层通过不分配现金股利为公司发展扩张节约流动资金的措施。冀东水泥将未分配现金股利的资金用于补充流动资金，间接支持收购等投资项目。如图 13-22 所示，市场对 2009 ~ 2012 年最大收购项目——收购秦岭水泥呈正向反应，说明投资者看好该收购项目，在一定程度上说明投资者认同管理层的行为。

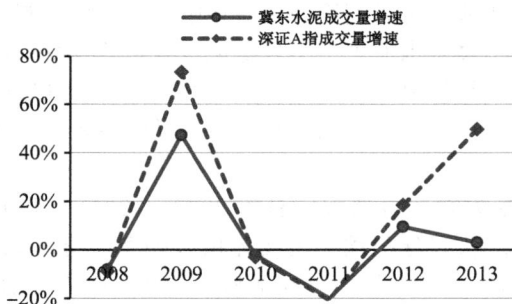

图 13-21　冀东水泥与市场年度日均成交量
增速比较
资料来源：锐思数据库提取数据整理计算而得。

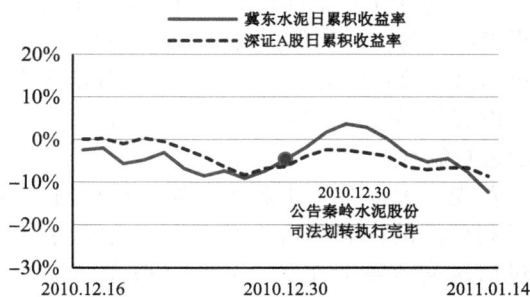

图 13-22　重大项目收购完成日前后 10 个
交易日的市场反应
资料来源：锐思数据库提取数据整理计算而得。

不同股东关于"分配现金股利还是为公司长期发展节约资金"的意愿不尽相同，由此导致股利分配决策违背部分股东意愿是不可避免的。不分配现金股利显然违背了中小投资者通过现金股利取得收益的意愿。一般而言，投资者购买股票除了通过取得股利回报外，还可以通过转让赚取差价。结合图 13-23 和图 13-24 可知，不分配现金股利期间冀东水泥的股价下跌，但其累积收益率高于市场收益率，说明在冀东水泥未分配现金股利期间投资者可以通过持有并转让其股票取得收益，取得了其他除股利之外的合理回报。然而，股价波动与买入卖出时点不同使得投资者收益具有不确定性，同时即使投资者稳赚差价也不能认为是管理层主观考虑了股东回报的结果。

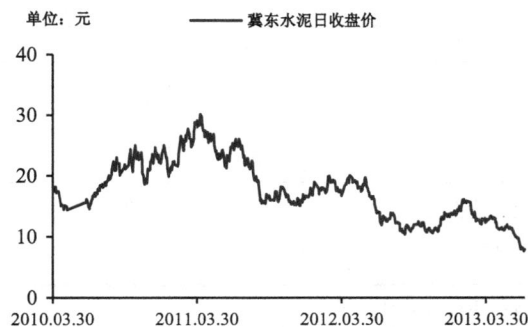

图 13-23　冀东水泥的日收盘价
资料来源：依据锐思数据库整理计算而得。

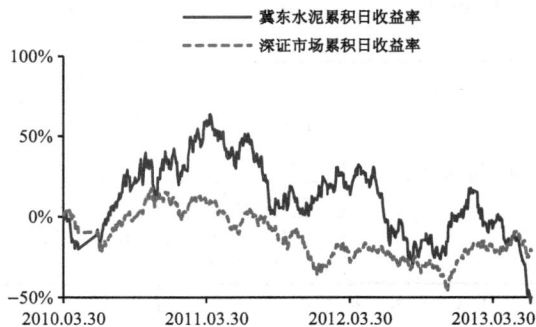

图 13-24　冀东水泥、海螺水泥与市场的收益率比较
资料来源：依据锐思数据库整理计算而得。

另外，从历年的股利分配情况来看：①现金股利分配政策的连续性与稳定性较差；②公司既没有在上市后披露分阶段回报规划的具体内容，也没有就分配现金股利的各年度现金股利支

付水平的变化说明原因。冀东水泥管理层现金股利分配政策随意性较强，并未建立对投资者持续、稳定的回报机制，说明回报股东的意识可能不强。从不分配现金股利的决策结果反观管理层思考的过程，冀东水泥管理层可能考虑到公司长远利益，制定了不分配现金股利以节约资金的方案。方案反映控股股东冀东发展集团、战略投资者菱石投资公司等大股东公司的意志，但可能没有充分考虑到部分中小股东期望分配现金股利的诉求，并导致部分中小股东实际获得的必要回报低于预期。

13.4.3 现金股利分配方案的治理约束

在股利分配方面意愿未得到满足的情况下，中小股东可以利用公司治理中的约束机制制约管理者的行为，从而保护自己的投资利益。实际上，冀东水泥关于不分配现金股利的议案得以审议通过，公司治理没有对管理层不分配现金股利进行约束。这是由于中小股东认同管理层行为，没有利用公司治理中的约束机制进行制约，还是由于权力限制没有能力通过约束机制对管理层进行制约？

首先，大部分中小股东可能未行使对股利分配方案的投票权。有关 2009 ~ 2011 年度现金股利分配的内容包含在公司利润分配方案之中，利润分配预案需要先由公司董事会审议，通过后送交年度股东大会审议。股东可以在年度股东大会上行使投票权。如表 13-12 所示，2009 ~ 2011 年参与表决的股东所持表决权占有表决权总股份的比重在 60% 左右，说明拥有近 40% 表决权的股东未参与审议年度利润分配预案。而在参与投票的股东中，通过网络投票的股东分别有 0 人、17 人、24 人，其所持有的股权均仅占表决权总股份的 5% 以下，人均持股比例不足 0.5%。相比而言，现场出席年度股东大会分别有 11 人、8 人和 6 人，其所持有的股权均占表决权总股份的 50% 以上，人均持股 5% 以上。由此说明现场出席会议的股东中绝大多数是大股东，而参与网络投票的多为中小股东，同时大部分中小股东未参与投票过程。另外，大股东海螺水泥的增持和战略投资者菱石投资的进入导致 2009 ~ 2011 年出席会议的股东所持有股权占上市公司有表决权总股份比重持续上升。

表 13-12 2009 ~ 2011 年度不分配股利提案的审议情况

会议类型	表决与出席情况		2009 年	2010 年	2011 年
董事会会议	表决结果	同意	100%	100%	100%
		弃权	0%	0%	0%
		反对	0%	0%	0%
年度股东大会	表决结果①	同意	100%	80%	100%
		弃权	0%	20%	0%
		反对	0%	0%	0%
	出席会议股东人数		11（0）	25（17）	30（24）
	出席会议的股东所持有股权占上市公司有表决权总股份比重		50%（0%）	58%（5%）	66%（4%）

①表决结果：持不同态度股东所持表决权占出席会议所有股东所持表决权比重。
资料来源：依据冀东水泥在深圳证券交易所官方网站上披露的董事会与年度股东会决议公告整理而得。

其次，即使参与审议股利分配议案，中小股东的表决权也不足以约束管理层行为。

（1）控股股东冀东发展集团可能实际控制董事会。结合表 13-13 与图 13-26 中的信息，冀东水泥董事会成员中超过 50% 在控股股东冀东发展集团任职，且部分董事会成员在集团身居要职，如：张增光兼任集团与上市公司的董事长等，说明集团可能实际控制冀东水泥的董事会。

表 13-13　截至 2009 ～ 2011 各年年度报告披露日在股东单位担任重要职位董事、监事和高管

姓名	2009 年		2010 年		2011 年	
	公司职务	集团职务	公司职务	集团职务	公司职务	集团职务
张增光	董事长	董事长	董事长	董事长	董事长	董事长
王晓华	董事	副董事长、总经理	董事	总经理	董事	总经理
于九洲	副董事长、总经理	董事	总经理	董事	总经理	董事长

注：冀东水泥董事会成员、高管在 2009 ～ 2011 年间均未在除冀东发展集团外其他股权 10% 以上的股东单位任职。
资料来源：依据冀东水泥（000401）2009 ～ 2011 年年度报告整理而得。

（2）大股东主导股东大会决策。如图 13-26 所示，2008 年以来，随着行业领军企业海螺水泥的进入和战略投资者菱石投资有限公司的引入，冀东水泥股权结构呈现多元化变化趋势。控股股东冀东集团、海螺水泥和菱石投资仅有的持股比例在 10% 以上的三大股东主导股东大会的决策。三者在公司长远发展方面利益一致，由此使得管理层考虑到公司长远利益制定的不分配现金股利的方案得以通过。

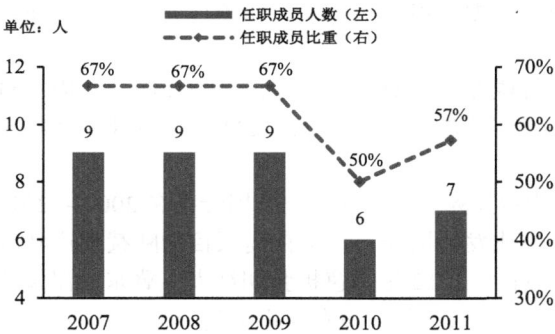

图 13-25　冀东水泥董事会成员在集团任职人数与比重

资料来源：依据锐思数据库提取数据整理并计算而得。

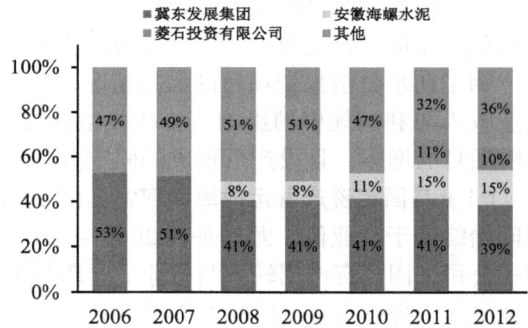

图 13-26　冀东水泥 2006 ～ 2012 年主要股东持股比例

资料来源：依据锐思数据库提取数据整理并计算而得。

再次，独立董事与监事会未对管理层不分配现金股利决策提出反对意见。造成此结果可能有以下两个原因：（1）公司治理监督效果受到限制。监事会成员均有在公司参与部门管理的背景，不利于在对公司决策监督时保持独立性[一]。监事会在对公司股利分配决策进行监督时，可能会受制于上层高管；（2）假设独立董事与监事会能够在监督公司决策中发挥作用，那么未提出反对意见说明其认为不分配现金股利为发展节约资金符合公司长期利益[二]。

最后，中小股东可能认同或是不关心股利分配决策，并且事实证明其并没有使用投票权，利用公司治理中的约束机制进行制约。同时，即使想反对不分配现金股利议案也由于权力限制

[一]　监事会成员均有在公司参与部门管理的背景的证据：（1）监事会主席王贵福在 2000 ～ 2008 年间历任冀东水泥吉林有限责任公司副总会计师、公司审计部长和企业管理部部长；监事周小丽在 2000 ～ 2004 年间先后担任公司销售部部长助理、公司华北销售部市场部主管、公司华北销售部部长和唐山冀东水泥营销分公司副总经理；职工代表监事赵阳于 2003 ～ 2007 年历任公司人力资源部工作人员、公司人力资源部副部长、公司企业管理部副部长等职位。
[二]　独立董事同意此议案并发表了独立意见。

没有能力通过约束机制对管理层进行制约。最终结果是：冀东水泥关于不分配现金股利的议案得以审议通过，公司治理没有对管理层不分配现金股利进行约束。

13.5 管理层未分配现金股利的决策是否合理

2009 ～ 2011 年，冀东水泥满足分红的充要条件；其次，从未来资金需求、流动性风险控制、集团内部资金流动等维度全面地分析客观上冀东水泥是否真的具有较强的分红能力；再次，直接或间接分析主观上实际管理层可能如何综合考虑各种影响因素，对股东回报与公司长期发展进行权衡。这一层次还要分析以下两个问题：（1）管理层是否有通过分配现金股利回报投资者的意愿和取得再融资资格动机？（2）公司治理为什么没有对管理层不分配现金股利进行约束？最后，从结果上评价管理层未分配现金股利决策是否合理。

13.5.1 未分配现金股利期间的投资是否取得预期回报

水泥产业 2009 ～ 2011 年的结构调整为大型水泥企业扩张提供了有利时机。为了抓住这一有利扩张时机，冀东水泥制定并实施了"发展型"的企业战略和"区域领先"的竞争战略，由此导致新建及并购项目资金需求量加大。冀东水泥在此期间不分配现金股利，来为发展扩张节约资金。那么，**对自建及并购项目的投资是否取得预期回报**？探讨这一问题是为了从资金使用效率角度评价不分配现金股利决策的合理性。

为了初步分析投资项目的回报情况，使用会计收益率法对其进行评价。为控制行业周期对企业收入与利润规模的影响，将相关指标与行业水平⊖进行对比。快速发展扩张体现在新建及并购项目的增多，且投产后形成的固定资产增多。

（1）**其固定资产营运效率如何**？如图 13-27 所示，冀东水泥固定资产周转率在 2007 ～ 2012 年间始终低于行业值，尤其是在 2009 ～ 2011 年快速发展期间，由于在建项目的陆续投产和收购子公司，固定资产周转率与行业的差距拉大。然而，2012 年快速扩张期结束，冀东水泥该项指标仍低于行业水平，说明单位固定资产带来的营业收入较低，投资回报不足。

（2）**随着企业不断投资扩张，营业收入的利润实现情况如何**？2009 年冀东水泥进入快速发展期之后，随着新建和收购项目带来规模扩大，其收入规模也不断扩大。然而，冀东水泥单位收入的利润实现程度却在变差。如图 13-28 所示，2009 ～ 2011 年冀东水泥销售净利率不断下降，2011 年起低于行业水平。2012 年水泥行业高速增长时期结束，水泥企业产能的集中释放等因素导致水泥产品价格下跌，行业利润空间缩减。受行业因素影响，2012 年冀东水泥实现营业收入 146.1 亿元，同比减幅 7.09%；实现归属于母公司的净利润 1.80 亿元，同比减幅 88.19%。2009 ～ 2011 年建成的产能没有在 2012 年得到有效的发挥，秦岭等主要子公司出现亏损，销售净利率大幅度下降，甚至接近于零。由此说明：单位固定资产带来的营业收入较低，收入规模的扩大未实现相应的利润。固定资产周转率与销售净利率的乘法效应下，新建产能和收购项目投资的收益率下降。

（3）**未分配现金股利期间，企业价值是否提升**？如图 13-29 所示，2010 ～ 2012 年冀东水泥的企业价值非但没有提升，反而略有下降。冀东水泥快速发展期结束后，2012 年的会计收益与企业价值变差，产能投资的回报不足。然而，2012 年是其快速投资扩张结束后的第一年，且水泥行业整体不景气，得出"未分配现金股利期间的投资回报不足"的定论还为时尚早。

⊖ 由于样本量较少，采用平均值描述行业水平易受极端值影响，故水泥行业指标均用 22 家水泥上市公司的中位数表示。

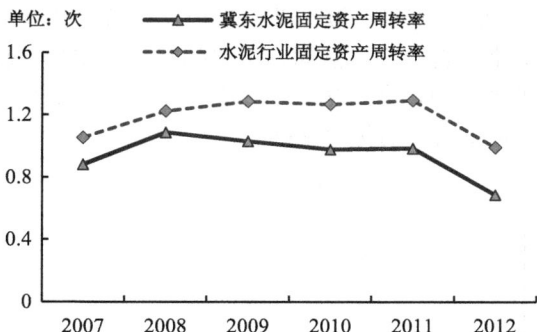

图 13-27　冀东水泥固定资产周转率与行业对比
资料来源：由锐思数据库提取数据整理计算而得。

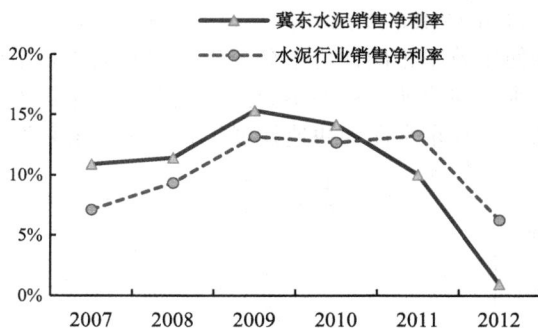

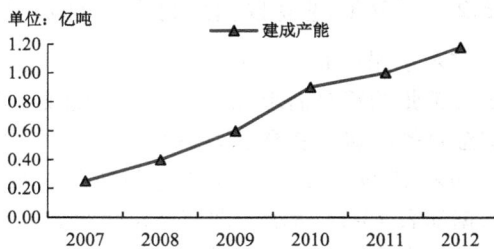

图 13-28　冀东水泥销售净利率与行业对比
资料来源：由锐思数据库提取数据整理计算而得。

尽管投资结束后的第一年冀东水泥业绩不佳，但冀东水泥 2009 ~ 2011 年通过新建与收购方式进行扩张，毕竟形成了一定的产能规模，市场占有率不断提高。（1）产能规模方面，冀东水泥坚持在既有区域内做大做强，拓展新区域业务并取得区域领先地位。如图 13-30 所示，截至快速扩张结束时（2011 年底），冀东水泥公司水泥产能已突破 1 亿吨，强化了北方规模最大的水泥生产企业的地位。其水泥生产线布局和销售网络覆盖 11 个省、自治区、直辖市，熟料生产线全部采用新型干法技术。

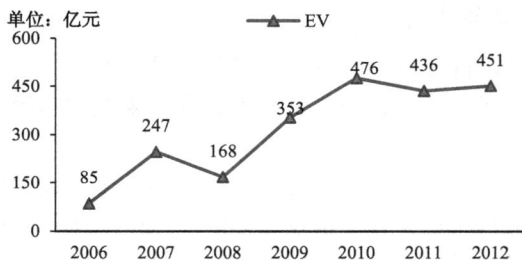

图 13-29　冀东水泥 2006 ~ 2012 年企业价值 EV① 变化

①企业价值 EV（Enterprise Value）= 股权市场价值 + 债务市场价值 - 持有现金 + 少数股权利益市场价值
资料来源：由锐思数据库提取数据整理计算而得。

图 13-30　冀东水泥 2007 ~ 2012 年建成产能规模
资料来源：由锐思数据库提取数据整理计算而得。

（2）市场占有方面，针对水泥需求较大但市场整合尚未完成的省份（如：山西、陕西等），冀东水泥通过收购等方式形成省内大型水泥企业，率先抢占这些省份市场。这将有利于其在未来市场竞争及产业整合上抢占先机。如图 13-31 所示，冀东水泥全国水泥市场份额在 2007 ~ 2011 年间不断攀升，缩小了与行业领军企业海螺水泥的收入规模差距。（3）其他优势基础，与主要区域内其他水泥企业相比，冀东水泥在产能规模、布局、资源、质量和品牌等方面为未来发展奠定了明显的优势基础。

市场优势与产能优势能为冀东水泥长远发展奠定基础，同时也说明公司未来的发展潜力巨大，并且成效已初步显现：2013 年度业绩预报显示：当年归属于上市公司股东的净利润和基本每股收益均同比增长 70% ~ 100%。另外，如图 13-32 所示，投资机构看好冀东水泥 2013 ~ 2014 年的发展前景，大多建议投资者买入或增持其股票。由于冀东水泥投资扩张刚于

2011年结束，无法评价自建及并购项目的投资是否取得预期回报，进一步地，也就无法从资金使用效率正确评价不分配现金股利为项目节约资金是否合理。然而，可以初步得出结论：冀东水泥在快速发展期不分配现金股利，来为发展扩张节约资金。从市场占有与产能布局效果上来看，冀东水泥的快速发展扩张确实为未来发展奠定了明显的优势基础。

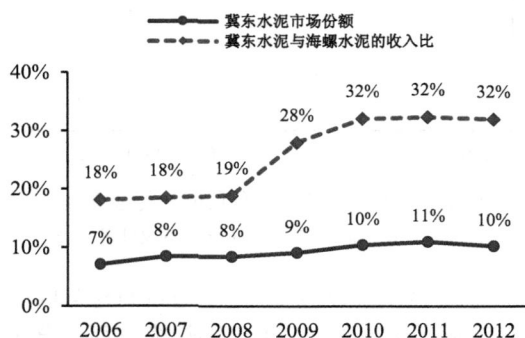

图 13-31　冀东水泥 2006 ~ 2012 年市场份额①变化

①冀东水泥市场份额 = 冀东水泥营业收入 / 水泥行业上市公司总营业收入。

资料来源：由锐思数据库提取数据整理计算而得。

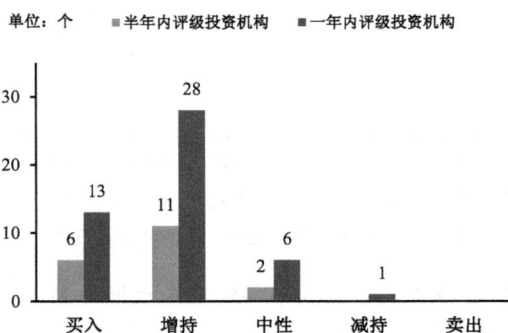

图 13-32　截至 2014 年 2 月投资机构对冀东水泥的评级

资料来源：依据东方财富网统计整理而得。

13.5.2　未分配现金股利是否真正有助于缓解资金压力

冀东水泥在面临巨大的资金缺口时，选择了不进行任何形式分配的股利政策。然而，公司以发展扩张的资金需求加大为由不分配现金股利，理由是否充分？**公司不分配现金股利节约下的资金真的能缓解资金压力吗？**

如果 2009 ~ 2011 年冀东水泥按照以前年度的平均派现水平进行现金红利的分配，相关模拟数据如表 13-14 所示。即按照每年每股 0.10 元进行派现，冀东水泥在 2009 ~ 2011 年每年因分红的现金净流出在 1.21 亿元左右，占投资活动现金净流出的比例仅在 2% ~ 3% 之间。未分配现金红利节约的资金占上市公司现金持有的比例也仅为 10% 左右，因此，冀东水泥不分配现金红利并没有在本质上缓解投资活动带来的巨大资金压力。当然，集团化经营下，内部资金占用使得上市公司期末持有的现金在当年期间内可用的部分有限。那么，考虑到年度期间内上市公司实际可用现金小于期末账面现金持有，不分配现金红利虽然没有在本质上缓解投资活动带来的巨大资金压力，但或许能缓解一定流动资金压力。

表 13-14　冀东水泥模拟股利分配情况

项目	2009 年	2010 年	2011 年
模拟每股派现（含税）(元 / 股)	0.10	0.10	0.10
股利分配基数（亿股）	12.13	12.13	13.48
未分配现金红利节约的资金（亿元）	1.21	1.21	1.35
投资活动现金净流出（亿元）	52.43	68.89	50.00
未分配现金红利节约的资金占投资活动现金净流出的比例	2.31%	1.76%	2.70%
上市公司现金持有（亿元）	10.76	16.01	17.98
未分配现金红利节约的资金占上市公司现金持有的比例	11.25%	7.56%	7.51%

资料来源：冀东水泥年度报告（000401）计算整理。

然而，如果上市公司存在不合理的资金使用情况，即使不分配现金红利确实缓解一定流动资金压力，也是没有充分考虑股东回报，可以认为管理层决策欠妥。**上市公司冀东水泥是否存在不合理的资金使用情况呢？**冀东水泥面临未来发展的巨大资金需求，选择了连续三年不进行现金分红的股利政策。而与此形成鲜明对比的是：冀东水泥却在此期间出资成立四家混凝土公司，并以现金方式向参股公司唐山冀东混凝土有限公司（原名唐山冀东水泥混凝土投资发展有限公司，以下简称"唐山冀东混凝土公司"）累计增资 9.75 亿元，而后又将四家混凝土企业股权转让给唐山冀东混凝土公司。一方面，公司的资金紧张，以至于需要靠不分配现金股利来缓解压力；另一方面，冀东水泥为何"慷慨"增资后又转让股权呢？

具体过程如图 13-33 所示，**大致可以分为三个步骤**。**第一步**，由冀东水泥在 2008 ～ 2009 年间通过直接出资组建或是收购公司的方式成立了四家混凝土公司⊖，使得混凝土业务初具规模。**第二步**，由冀东发展集团与冀东水泥共同出资成立唐山冀东混凝土有限公司⊜（原名唐山冀东水泥混凝土投资发展有限公司，以下简称"唐山冀东混凝土公司"）。其中，冀东发展集团持股 51%，为唐山冀东混凝土公司控股股东；冀东水泥持股 49%，为唐山冀东混凝土公司参股股东。冀东水泥在 2009 ～ 2011 年间五次以现金方式对唐山冀东混凝土公司慷慨增资，累计达到 9.75 亿元⊜（历次增资后都将持股比例控制在 49%）。**第三步**，冀东水泥于 2011 年 6 月将其持有的四家从事混凝土生产和销售的子公司的全部股权转让给冀东发展集团控股的唐山冀东混凝土公司。冀东水泥不再经营混凝土业务，同时混凝土业务成为冀东集团的四大主要业务板块之一。结合冀东发展集团多元化的发展战略可以猜测：集团可能借冀东水泥的经营优势培养发展混凝土，一旦成熟后便将相关公司转交至集团控制，以发展混凝土板块。

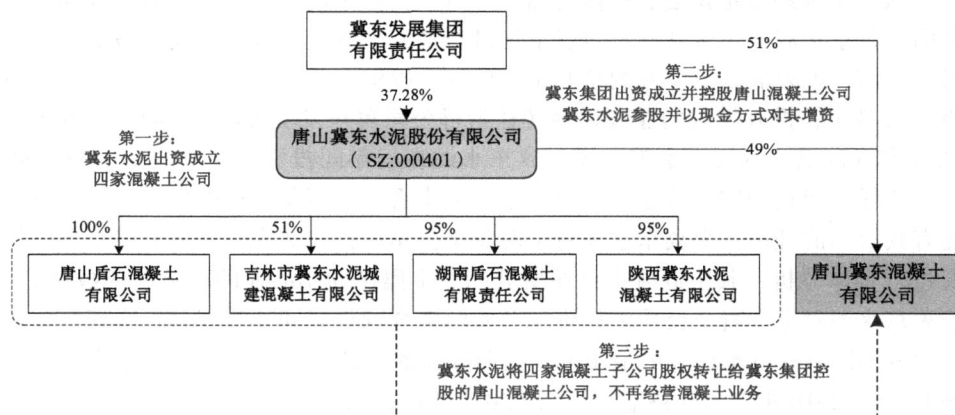

图 13-33　冀东发展集团混凝土业务发展过程

资料来源：冀东水泥（000401）年度报告及其他公告。

⊖　唐山盾石混凝土有限公司由冀东水泥于 2008 年 2 月出资成立；吉林市冀东水泥城建混凝土有限公司水泥由冀东等于 2008 年 6 月成立，冀东水泥持股 51%，吉林城市建设控股集团占 39%，吉林铁路投资开发持股 10%；湖南盾石混凝土有限责任公司于 2009 年 5 月被冀东水泥收购，持股比例 90%，2009 年 9 月单方增资 3 000 万，持股比例达 95%，自然人股东李海强占股 5%；陕西冀东水泥混凝土有限公司由冀东水泥与冀东发展集团于 2009 年 11 月共同出资组建，冀东水泥持股 95%，冀东发展集团持股 5%。

⊜　唐山冀东混凝土公司由冀东发展集团于 2009 年 4 月出资 5 000 万元成立，占股 100%；冀东水泥于 2009 年 6 月出资 1.13 亿元，占股 49%，同时冀东发展集团对其增资 0.68 亿元，占股 51%。

⊜　冀东水泥对唐山冀东混凝土公司的历次增资详细情况见表 13-15；冀东发展集团也对唐山冀东混凝土公司进行增资，历次增资情况如下：2009 年 6 月增资 0.68 亿元；2010 年 6 月增资 1.28 亿元；2010 年 8 月增资 2.55 亿元；2011 年 3 月增资 2.65 亿元；2011 年 7 月增资 2.50 亿元。

第一，**冀东水泥不断对混凝土公司进行增资参股而非控股（母公司冀东集团以 51% 的股权控股），并且历次增资都将比例控制在 49%。**混凝土公司成立于 2009 年 4 月 7 日，成立之初是冀东集团的全资子公司，注册资本为 0.50 亿元，主要进行与混凝土相关产品的投资业务。如表 13-15 所示，混凝土公司的注册资本从 2009 年成立之初的 0.50 亿元到 2011 年底的 19.90 亿元，可谓是巨大的飞跃。在混凝土公司成立的同年 6 月，冀东水泥和其母公司冀东集团就对其进行增资，增资后冀东水泥出资金额占混凝土公司注册资本的 49%，正式参股该公司。随后在 2010 年和 2011 年又分别两次对其增资，出资比例保持不变，即冀东集团还是以 51% 的出资比例控股该公司。据此可以初步判断，冀东集团可能既想让冀东水泥最大额度出资筹建混凝土业务，又掌握混凝土公司的控制权。

表 13-15　混凝土公司历次增资及注册资本情况　　　　（单位：亿元）

项目	2009 年 4 月	2009 年 6 月	2010 年 6 月	2010 年 8 月	2011 年 3 月	2011 年 7 月
注册资本	0.50	2.31	4.81	9.81	15.00	19.90
冀东水泥增资		1.13	1.23	2.45	2.54	2.40
冀东水泥累计出资	0.00	1.13	2.36	4.81	7.35	9.75
冀东集团增资		0.68	1.28	2.55	2.65	2.50
冀东集团累计出资	0.50	1.18	2.45	5.00	7.65	10.15

资料来源：冀东水泥发布的《关于与关联人共同投资的关联交易公告》整理。

第二，**从投资预期回报角度进一步考虑，**一方面，如果混凝土业务的盈利预期较差且投资回报为负向，冀东水泥却又累计投资将近十亿进行增资，既没有获得预期回报又加剧资金紧张状况；另一方面，如果混凝土业务的盈利预期较好，投资会带来经济利益的流入，冀东水泥却又甘愿将经营多年、投入较大的业务拱手转让给母公司冀东发展集团。2009～2011 年，混凝土公司从未进行过现金分红。也就是说，冀东水泥在三年间投资了 9.75 亿元，除了账面的投资收益，没有任何形式的实际收益。从另一个角度来看，混凝土公司刚成立 3 年，不分配现金红利可能有其恰当的理由。那冀东水泥对于混凝土公司的投资效率究竟如何呢？下面将结合行业的情况进行具体分析，其中混凝土公司所处的非金属矿物制品业的相关财务数据如表 13-16 所示。若冀东水泥对于混凝土公司的投资按照实际资金到位时间计算收益，净资产收益率的取值为行业中按不同方法分类计算的最小值。按照保守的估算，2009 年度冀东水泥可以获得投资收益 0.06 亿元[⊖]，2010 年度为 0.33 亿元[⊜]，而 2011 年度较高为 1.24 亿元[⊜]，三年累计可以实现投资收益 1.62 亿元。对于混凝土公司的长期股权投资，冀东水泥采用权益法核算，2009～2011 年度每年账面的投资收益分别为 –0.02 亿元、0.01 亿元和 0.76 亿元。冀东水泥 2009 年度的投资收益为负，可能是由于投资的混凝土公司刚处于起步阶段。但是，2010 年度的投资收益仍远低于保守的估算数，约占估计值的 9.65%[⑭]；2011 年度也仅占估计数的 60.13%。总体来说，冀东水泥三年实现的投资收益，仅为保守估计数的 46.59%[⑮]，而且都是账面的，可见投资效率并不高。

⊖　2009 年度估计的投资收益 =1.13 × 6/12 × 9.97% × 10 000=564.07（万元）。

⊜　2010 年度估计的投资收益 =（1.13+1.23 × 6/12+2.45 × 4/12）× 12.77% × 10 000=3 269.42（万元）。

⊜　2011 年度估计的投资收益 =（1.13+1.23+2.45+2.54 × 9/12+2.40 × 5/12）× 16.08% × 10 000=12 401.12（万元）。

⑭　2010 年度投资收益占估算数的比例 =（107.0+208.4）/3 269.42=9.65%。由于账面的投资收益是连续计算的，所以 2010 年度实现的投资收益需要先弥补 2009 年度的投资亏损，下同。

⑮　2009～2011 年度实现的投资收益占估算数的比例 =7 564.3/16 234.61=46.59%。

表 13-16　2009 ～ 2011 年非金属矿物制品企业财务数据　　（单位：亿元）

项目	规模以上[①]企业			国有及国有控股企业			大中型[②]企业		
	利润总额	所有者权益	净资产收益率[③]	利润总额	所有者权益	净资产收益率	利润总额	所有者权益	净资产收益率
2009 年	1 856.59	9 355.15	14.88%	194.67	1 464.89	9.97%	834.39	4 726.51	13.24%
2010 年	2 858.59	11 564.45	18.54%	325.57	1 912.74	12.77%	1 296.53	5 875.54	16.55%
2011 年	3 587.25	13 660.55	19.69%	504.77	2 354.32	16.08%	1 798.35	7 475.50	18.04%

①规模以上是指年主营业务收入在 500 万元以上的企业。

②企业大中小型划分按 2003 年《统计上大中小型企业划分办法（暂行）》标准执行。统计上大型企业应同时满足：从业人员 2 000 人及以上，销售额 3 亿及以上，资产总额 4 亿及以上；统计上中型企业应同时满足：从业人员 300 ～ 2 000 人以下，销售额 0.3 亿 ～ 3 亿以下，资产总额 0.4 亿 ～ 4 亿以下。

③计算净资产收益率时采用 25% 的企业所得税税率。

资料来源：根据《中国统计年鉴 2010》《中国统计年鉴 2011》和《中国统计年鉴 2012》计算整理。

第三，冀东水泥以解决同业竞争的名义转让四家公司的理由可能并不充分。事实上，冀东水泥自 2008 年 2 月成立唐山盾石混凝土有限公司，开始涉足混凝土板块业务。2008 年 6 月、2009 年 5 月和 2009 年 11 月，又通过新设和收购股权等方式组建并控股了其他三家从事混凝土业务的公司。但值得注意的是，冀东水泥的母公司冀东集团控股的混凝土公司成立于 2009 年 4 月，冀东水泥也于 2009 年 6 月的增资过程中开始参股。因此，冀东集团在成立混凝土公司之前就应该考虑到同业竞争问题。

第四，混凝土成为冀东发展集团主要业务板块。冀东水泥于 2011 年将其持有的四家从事混凝土生产和销售的子公司的全部股权转让给冀东发展集团的控股子公司混凝土公司。随着这一转让的完成，冀东水泥不再拥有混凝土业务，同时混凝土公司及其子公司从事的混凝土业务成为冀东集团的四大主要业务板块之一，验证了猜测。

综上所述，冀东水泥开始发展混凝土业务和最后的转让，可能都是掌握着控制权的大股东冀东集团的意愿。冀东水泥 2009 ～ 2011 年向混凝土公司累计出资的 9.75 亿元，来为集团培育混凝土板块业务。这部分资金原本可以用于每年约 1.2 亿元的现金红利支出，以维持公司稳定的股利政策。因此，站在上市公司视角思考，公司确实存在不合理的资金使用情况，即使不分配现金红利确实缓解一定流动资金压力，也是没有充分考虑股东回报。

13.5.3　恢复现金股利分配是否出于回报投资者的目的

2012 年冀东水泥快速发展期结束，在建项目陆续建成投产，新建项目减少。相应地，投资支出减少。在此背景下，公司决定恢复分配 2012 年度现金股利[⊖]。针对恢复分配 2012 年度现金股利行为，综合公司 2012 年年度报告的相关解释，可以初步得出结论：发展期结束后资金需求相对减少，公司为回馈投资者并结合证监会政策要求，决定恢复分配现金股利。然而，经过对财务状况分析可知，2012 年公司的盈利状况相比于 2011 年相对恶化，财务流动性也继续变差，理应不进行分配现金股利以节约现金支出。由此不免会产生疑问，冀东水泥在 2009 ～ 2011 年盈利与现金流相对较好的情况下不分配现金股利，反而在财务流动性恶化的 2012 年恢复分配现金股利，真的是出于回馈投资者的目的还是另有意图？

第一，冀东水泥 2012 年恢复分配现金股利并非真的出于回馈投资者的目的。公司意图无

⊖　公司以 2012 年 12 月 31 日的总股本 1 347 522 914 股为基数向全体股东每 10 股派发现金股利 1.00 元（含税），合计派发现金股利 134 752 291.40 元。剩余未分配利润结转下一年度分配。

法通过直接论证，只能通过结果反向论证。投资者进行证券投资时，可以在股票、债券等不同种类证券中进行选择。一般地，理性投资者会选择预期收益最高的投资方式，而不同的投资选择存在机会收益问题，即选择一种投资方案而放弃另一种投资方案会丧失另一种方案潜在收益。假设投资者预期冀东水泥股票收益高于同期债券等其他投资方式取得的收益，选择投资冀东水泥股票而放弃债券等其他投资方式。如果公司 2012 年恢复分配股利的行为是出于投资者利益最大化的考虑，那么分配现金股利的程度应该保证 2012 年年化收益率高于债券等其他投资方案的年化收益率。如表 13-17 所示，2007、2008 和 2012 三个分配现金股利的年度，除 2007 年冀东水泥股票年化收益率（考虑差价收益）外，冀东水泥股票年化收益率（不考虑差价收益）与冀东水泥股票年化收益率（不考虑差价收益）均低于同期国债、企业债与公司债年化收益率，说明冀东水泥股利分配水平并未达到投资者预期收益水平，也并未将投资者回报放在首要地位进行考虑。那么，冀东水泥 2012 年象征性的股利分配行为究竟有何意图？

表 13-17 冀东水泥分配现金股利年度不同证券年化收益率[①]

证券类型	2007 年	2008 年	2012 年
冀东水泥股票年化收益率（考虑差价收益）	313.85%	−52.77%	−17.29%
冀东水泥股票年化收益率（不考虑差价收益）	2.14%	0.43%	0.57%
国债年化收益率	4.10%	1.65%	2.98%
企业债与公司债年化收益率	6.13%	4.19%	5.85%

①股票年化收益率 = [（税后现金股利 + 卖出价）/ 买入价]^n−1 其中 n=1 年内投资次数；债券年化收益率为规避极端值影响取不同债券年化持有到期收益率中位数代表债券收益水平。
资料来源：由锐思数据库与 CSMAR 数据库提取数据整理计算而得。

第二，证监会政策压力迫使冀东水泥 2012 年恢复分配现金股利。为增强上市公司现金分红的透明度，便于投资者形成稳定的回报预期，中国证监会于 2012 年 5 月发布《关于进一步落实上市公司现金分红有关事项的通知》（证监发〔2012〕37 号），同时中国证监会河北监管局发布《关于印发河北上市公司进一步落实现金分红有关规定的通知》（冀证监发〔2012〕74 号），通知提及"对于累计净利润为正、现金流情况较好但连续多年未分红的上市公司，如发现存在分红政策不符合公司章程规定、分配方案未履行必要的决策程序、披露信息与事实不符等不当行为的，将依法采取必要监管措施，并向市场公开"。累计净利润为正、现金持有水平较高且 2009 ~ 2011 年连续三年未分配金股利的冀东水泥如果在 2012 年继续不分配现金股利，那么根据新政策规定很有可能受到证监会的处罚。假设没有证监会政策压力，冀东水泥在 2012 年还会有恢复分配现金股利的意愿？

第三，分配现金股利是出于取得再融资资格的考虑做出的决策。在恢复分配现金股利的同时，冀东水泥对公司《章程》进行了修改，主要增加了如下内容："在满足公司正常生产经营的资金需求，且无重大投资计划或重大现金支出计划等事项的情况下，公司最近三年以现金方式累计分配的利润应不少于最近三年实现的年均可分配利润的 30%。"这一行为不单是响应证监会保护投资者利益的政策号召，更是出于达到再融资标准的目的。早在 2008 年，证监会为促进上市公司进行分红，出台《关于修改上市公司现金分红若干规定的决定》，规定上市公司再融资时"最近 3 年以现金累计分配的利润不少于最近 3 年实现的年均可分配利润的 30%"，这与公司对《章程》的修改部分几乎完全相同，结合 2012 年公司恢复现金股利分配分析，可推测管理层在 2012 年为未来利用资本市场进行再融资做准备。

第四，分配现金股利加大了资金支出，看似损害财务流动性，实质上却有助于取得再融资资格，最终改善财务流动性。2009 ～ 2011 年公司放弃公开增发等再融资资格，是因为可以通过定向增发与发行公司债券的其他再融资方式募集资金，因此 2009 ～ 2011 年不分配现金股利本身为企业节约资金的同时也不会对整体的再融资能力产生影响。而 2012 年公司面临偿债压力加大和财务流动性变差的现状，同时近期已使用过定向增发、发行公司债券等再融资资格。为缓解财务流动性压力，公司需要通过公开增发再融资获得资金。同时公开增发再融资募集资金远远多于为取得再融资资格分配现金股利而消耗的资金，经过权衡管理层最终选择了分配现金股利，为取得公开增发等再融资资格做准备。假设没有证监会政策压力，冀东水泥在 2012 年还会有恢复分配现金股利的意愿。2012 年恢复分配的最终目的在于缓解财务流动性压力，并保持必要财务灵活性以应对意外资金需求以降低财务流动性风险⊖。

综上所述，诚然冀东水泥在快速发展期不分配现金股利，来为发展扩张节约资金。从市场占有与产能布局效果上来看，冀东水泥的快速发展扩张确实为未来发展奠定了明显的优势基础。但以合理的投资决策为借口可能掩饰不分配现金股利未充分考虑股东回报的事实。经过进一步的分析可知：管理层未分配现金股利的决策存在一定的不合理之处。（1）不分配现金红利没有在本质上缓解投资活动带来的巨大资金压力，并且在此期间公司存在不合理的其他资金使用情形，侧面说明：管理层在对资金进行安排时，并未将股东回报放在首要位置；（2）冀东水泥在 2012 年恢复分配现金股利并不是首要出于回报投资者的目的，而是迫于证监会政策压力与取得再融资资格的综合作用的结果。

13.6 案例总结与讨论问题

▶ 案例总结

通过选取连续三年没有分配现金红利的冀东水泥（000401）作为研究对象，进行了如下分析：首先，判断冀东水泥是否满足分配现金股利的盈利与现金条件；其次，从未来资金需求、流动性风险控制、集团内部资金流动等维度全面地分析客观上冀东水泥是否真的具有较强的分红能力；再次，直接或间接分析主观上实际管理层可能如何综合考虑各种影响因素，对股东回报与公司长期发展进行权衡。最后，从结果上评价管理层未分配现金股利决策是否合理。得到主要结论有：

（1）**冀东水泥在有较好的盈利和现金保障支付现金股利的情况下，却连续三年不分配现金股利，被称为"铁公鸡"。**从总体来看，公司近几年经营业绩良好，盈利能力较强，利润来源稳定，为股利分配提供了必要的条件。此外，公司不存在未弥补的亏损，每年产生的现金净流量和现金持有总量足以支付现金股利，却连续三年不分配现金股利。

（2）**冀东水泥虽然满足盈利和现金持有的条件，但是实际的分红能力不足。**由于公司处于迅速扩张期，公司打算继续通过收购、兼并等方式进一步扩大产能，未来在固定资产、流动资产以及收购方面需要投入的资金量巨大。同时，冀东水泥利润的经营现金回收情况变差，且因投资扩张背负的债务加重偿还压力，导致财务流动性恶化。上市公司冀东水泥实际现金持有水平有限，加上集团内部公司直接或间接地占用其资金、控制流动性风险要求保有一定的安全现金储备，缩减了冀东水泥可用于发放现金股利的自由现金规模。

⊖ 财务灵活性指企业及时采取行动应对意外现金需求并把握意外有利投资机遇的能力。企业财务流动性管理的同时还应保持必要的财务灵活性。财务灵活性来源于：（1）短期内增发新股票或发行债券；（2）向银行等金融机构及时贷到急需的借款；（3）在不损害持续经营的前提下，销售一切可能销售的资产；（4）改变可扩大销售迅速增加现金流入的经营策略。资料来源：葛家澍，2008，企业财务报告分析必须着重关注的几个财务信息——流动性、财务适应性、预期现金净流入、盈利能力和市场风险，会计研究，5：3 ～ 9。

（3）管理层在进行现金股利分配决策时权衡利弊，最终考虑到公司长远利益，制定了不分配现金股利以节约资金的方案。不分配现金股利可以为公司长期发展扩张节约资金，同时有利于降低流动性风险。即使冀东水泥不分配现金股利失去了公开增发等再融资资格，但仍可以通过非公开发行股票、发行公司债券进行融资。最终，管理层选择不分配现金股利。另外，管理层尽管可能没有充分考虑到部分中小股东期望分配现金股利的诉求，但方案符合大股东注重长期发展的意志，使得大股东主导下的公司治理制约机制失效。

（4）管理层未分配现金股利的决策存在一定的不合理之处，以合理的投资决策为借口不分配现金股利可能掩饰未充分考虑股东回报的事实。不分配现金红利没有在本质上缓解投资活动带来的巨大资金压力，并且在此期间公司存在不合理的其他资金使用情形。管理层在对资金进行安排时，并未将股东回报放在首要位置。同时，冀东水泥在 2012 年恢复分配现金股利并不是首要出于回报投资者的目的。

▶ 讨 论 问 题

讨论问题一：上市公司进行现金股利分配既要满足会计盈利条件，又要满足财务流动性的条件。结合冀东水泥分红能力的影响因素，讨论客观上公司的分红能力还可能受哪些因素影响？（可从公司的发展阶段、所处行业的特点、商业模式等角度思考）

讨论问题二：管理层在进行现金股利分配决策时可能会权衡利弊。一方面，不分配现金股利可以为公司长期发展扩张节约资金，同时有利于降低流动性风险；另一方面，分配现金股利考虑到股东意愿的同时有助于取得因积极回报投资者带来的再融资收益。结合冀东水泥管理层股利分配决策的权衡因素，如何在股东现实回报与公司长远发展之间进行选择？

讨论问题三：证监会于 2013 年 11 月 30 日出台针对现金股利分配的新政 ⊖，规定了带有强制性的最低分红水平，并要求公司区分"所处不同发展阶段"与"有无重大资金支出安排"不同情形提出差异化的现金分红政策 ⊜。根据新政，如何判断一家上市公司分红政策的合理性？请给出判断依据。

⊖ 证监会 2013 年 11 月 30 日公布《上市公司监管指引第 3 号——上市公司现金分红证监会公告〔2013〕43 号》

⊜ 《指引》第五条规定：上市公司董事会应当综合考虑所处行业特点、发展阶段、自身经营模式、盈利水平以及是否有重大资金支出安排等因素，区分下列情形，并按照公司章程规定的程序，提出差异化的现金分红政策：（一）公司发展阶段属成熟期且无重大资金支出安排的，进行利润分配时，现金分红在本次利润分配中所占比例最低应达到 80%；（二）公司发展阶段属成熟期且有重大资金支出安排的，进行利润分配时，现金分红在本次利润分配中所占比例最低应达到 40%；（三）公司发展阶段属成长期且有重大资金支出安排的，进行利润分配时，现金分红在本次利润分配中所占比例最低应达到 20%；（四）公司发展阶段不易区分但有重大资金支出安排的，可以按照前项规定处理。

基于竞争优势战略的公司价值管理决策

基于三一重工的案例分析

▶ 引例

在不到 20 年的时间里，三一重工股份有限公司（简称"三一重工"，股票代码：600031）从一个名不见经传的小工业作坊发展成为引领中国工程机械行业的主导型企业。尤其是自 2003 年上市到 2011 年期间，公司不论是资产规模、会计利润还是市值都经历了超常规的高速增长（年均复合增长率近 50%）。然而，伴随着工程机械行业黄金 10 年的结束，三一重工也并未能独善其身，2012 年业绩随即出现拐点：营业收入增长率从上一年的 49.54% 直接降至 -7.77%，净利润增长率更是由 51.87% 降至 -35.79%；股票市值跌幅达 25%。

短期业绩的上升与下降并不能完整反映企业价值的变化情况。在长达 8 年的业绩高增长背后，三一重工的企业价值是否确实得到了提升？业绩高增长是否完全缘于外部市场环境的推动？内部经营管理中的哪些因素驱动了其价值增长，哪些缺陷成为影响价值提升的短板？在行业进入中速发展时代后，公司曾经的业绩神话是否能够续写、企业真实的内在价值如何？

在以企业价值最大化为核心的企业管理目标下，一方面，外部投资者如何根据可获得的有限业绩信息剖析企业的管理状况与财务业绩，从而对企业的未来业绩做出合理判断，评估企业的真实内在价值？另一方面，公司管理层如何判断当前的管理模式是否符合价值管理理念以及在该模式下能否实现股东对未来业绩的要求？这些问题成为摆在管理层及投资者面前的实际问题。战略地图通过识别驱动企业价值的关键因素并构建它们之间的内在关系，**将价值管理从财务视角扩展到企业的内部经营**，使价值最大化理念融入企业管理活动中，为梳理与分析企业的价值管理现状提供了基本框架。价值管理现状分析的结果亦是优化价值管理规划的起点，通过不断的检验与修正形成价值管理的动态闭环。

14.1 案例概况

三一重工股份有限公司（600031）前身是三一重工业集团有限公司，于 1994 年由三一集团投资创建。2003 年 6 月，三一重工向社会公开发行人民币普通股（A 股）6 000 万股，并于同年 7 月在上海证券交易所上市交易，截至 2012 年底公司总股本为 759 370.6 万股。三一重工公司属工程机械行业，主营业务为工程机械产品及配件的开发、生产和销售，主要从事混凝土机械、路面机械、起重机械（履带起重机械和汽车起重机械）、挖掘机械、桩工机械的制造和销售。依据 International Construction 杂志 2013 年 4 月 6 日发布的 2013 年全球工程机械企业 50

强名单，三一重工是中国最大、全球第五的工程机械制造商。

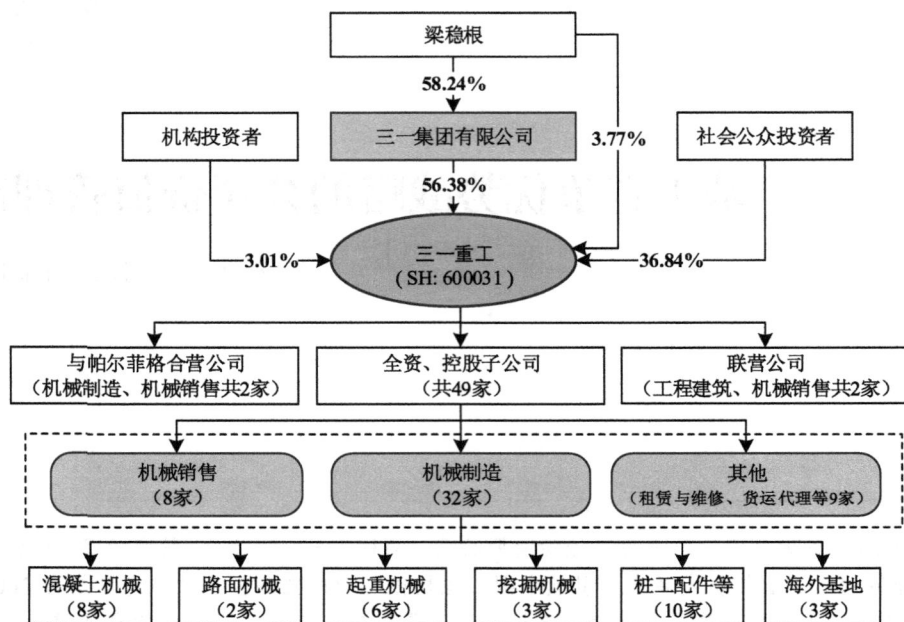

图 14-1　三一重工（600031）公司组织结构

资料来源：根据三一重工（600031）2012 年公司年报信息整理。

三一重工无论是在产品市场、会计表现还是市场表现方面都取得了令人瞩目的成绩，一度成为民营企业成功发展的典型。截至 2012 年底，公司的混凝土机械、挖掘机、履带起重机、旋挖钻机已成为国内第一品牌，混凝土输送泵车、混凝土输送泵和全液压压路机市场占有率居国内首位，泵车产量居世界首位。2003 年上市至 2011 年底，公司的营业收入由 20.88 亿元上升到 507.76 亿元，年均复合增长率达 49%。归属于上市公司股东的净利润由 3.25 亿元上升至 86.49 亿元，年均复合增长率为 51%。2010 年 10 月，公司 A 股总市值首次超过 1 000 亿元，成为工程机械行业首家市值过千亿的上市公司。2011 年 7 月，又以 215.84 亿美元的市值，首次入围 FT 全球市值 500 强，成为唯一上榜的中国机械企业。然而，当 2012 年工程机械行业整体遭遇寒冬，三一重工净利润也随之下滑 35.79%，市值缩水 25%。

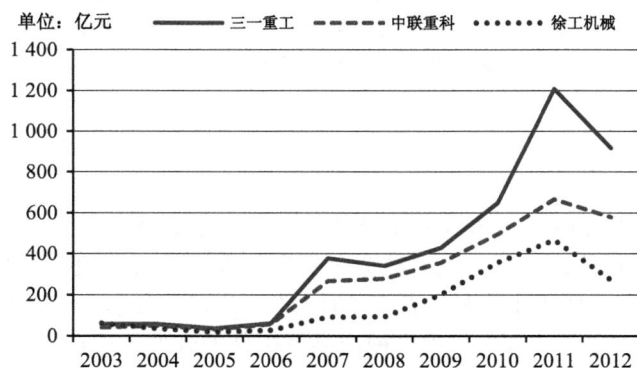

图 14-2　三一重工自上市以来的市值增长状况

资料来源：三一重工，中联重科和徐工机械，2003 ~ 2012 年年度报告。

在超常规高增长的财务业绩背后，三一重工过去的价值增长状况究竟如何？单纯的财务指标反映的仅是企业过去经营形成的有形财务成果，而企业价值的 75% 以上都源于传统财务指标无法精确测度的无形资产价值。公司的价值增长历程是否与其财务业绩一样耀眼？其次，驱动价值增长的因素是什么？过去的十年恰逢工程机械行业的黄金期，行业的平均增速高达 23.8%。该公司业绩的高增长是完全来自于由社会固定资产投资高速增长带来的工程机械行业的整体发展，还是公司的确在价值管理方面有其独到之处？最后，考虑管理层的管理调整，公司内在长期价值增长空间如何？随着宏观经济发展的减速，工程机械行业"风光不再"，三一重工是否还能续写业绩神话？

对企业价值管理状况的分析成为这一系列问题的核心，是实现历史业绩与未来业绩连接的桥梁。（1）企业过去的价值状况是价值管理形成的历史成果。对过去价值特点的分析既可以反映由管理模式对企业整体价值表现的决定作用，也可反映出公司价值管理的优势与劣势。（2）驱动价值增值的要素是价值管理的具体对象。对价值驱动因素的进一步分析，有助于管理层认识价值创造过程，识别关键价值驱动因素及管理存在的漏洞，及时做出战略调整，从而将管理重心转移到企业的价值创造上，推动企业价值最大化目标的实现。（3）企业内在价值的评估则是对调整后的价值管理的预期成果的度量。价值评估提供了企业的公平市场价值，以帮助投资者和管理层改善决策。本案例将按三一重工的价值增长回顾、价值管理分析，以及内在价值评估三大部分依次展开。

需要说明的是，价值管理的最终目标是实现企业价值最大化，要求同时考虑包括股东在内的债权人、管理层、企业员工、客户、供应商等利益相关者的利益。实质上，股东价值最大化与企业价值最大化的目标是相互融合的。首先，股东价值最大化是实现企业价值最大化的基础。根据 Jensen（2001）提出的混合式价值最大化概念，如果企业不能为股东创造价值，也就不能为其他利益相关者创造价值。其次，股东价值最大化是企业价值最大化的反映。从动态的长期视角来看，利益相关者价值的实现最终将有助于提升股东价值，是股东价值最大化的保证。因此，在案例的分析过程中将以股东价值作为价值管理成果的核心度量。

14.2　价值增长回顾

企业的价值创造建立在为股东创造价值的基础上，因此，股东长期价值的可持续增长可视为战略实施的最终目标。而财务业绩的高速增长不等于企业价值的增长，那么，三一重工过去的价值历程如何？与同行业企业相比有怎样的特点？

14.2.1　价值增长的变化趋势与对比

为降低资本市场有效性不足带来的企业价值高估或低估的可能性，在对 2007～2011 年间历史价值分析部分，采用企业价值倍数（EV/EBITDA）这一相对价值模型对三一重工的价值成长进行评估。与其他的相对估值法模型的思想类似，企业价值倍数模型也是以业务规模相似的可比上市公司股票价格作为估值基础，假定投入目标企业的所有资本的整体价值（EV）与息税折旧摊销前利润（EBITDA）的比值（即企业价值倍数）与可比上市公司相同，从而通过计算可比公司的企业价值倍数对目标企业的整体价值进行估计。企业价值倍数估价的模型如下：

$$目标企业整体价值 = 可比企业平均价值倍数 × 目标企业的 EBITDA$$
$$目标企业股东价值 = 目标企业整体价值 - 目标企业净债务价值$$

企业价值倍数模型较市盈率（PE）模型[⊖]有明显优势。首先，该模型不受资本结构差异的影响。由于企业价值倍数模型是从全体投资人的角度出发，使用的是企业整体价值指标而非股东价值指标，公司对资本结构的改变不会影响估值，从而增强了不同公司价值倍数的可比性。其次，该模型不受会计政策差异的影响。息税折旧摊销前利润不包含折旧摊销这些非现金成本，从而避免了折旧摊销政策的差异对估值的影响，可以更清晰、准确地反映公司价值。最后，该模型的使用范围更广。以收益为基础的模型使用前提是收益必须为正，若每股净利润为负值，则市盈率模型就失效了。而息税折旧摊销前利润指标中扣除的费用项目较少，成为负值的可能性较小。

在具体评估过程中，选取工程机械行业六大上市公司，即中联重科（000157）、徐工机械（000425）、柳工（000528）、山推股份（000680）、三一重工（600031）和厦工股份（600815），作为可比公司，以六家公司企业价值倍数的平均值作为行业平均价值倍数。依据行业平均价值倍数与三一重工息税折旧摊销前利润（EBITDA），评估得到三一重工过去五年的企业价值增长状况如表14-1：

表 14-1　基于企业价值倍数模型的三一重工历史价值评估

年度	行业平均价值倍数^①	三一重工（600031）			中联重科（000157）		
		企业整体价值（亿元）	股东价值（亿元）	股东价值增长率	企业整体价值（亿元）	股东价值（亿元）	股东价值增长率
2007 年	19.816	471	435	2.286 3	300	263	1.975 0
2008 年	25.711	485	437	0.002 9	575	431	0.638 9
2009 年	17.157	515	470	0.076 9	587	368	-0.146 7
2010 年	11.139	850	716	0.521 6	684	534	0.451 2
2011 年	14.730	1 792	1 589	1.220 4	1 526	1 344	1.518 9

①行业平均价值倍数根据工程机械行业六大上市公司中联重科（000157）、徐工机械（000425）、柳工（000528）、山推股份（000680）、三一重工（600031）和厦工股份（600815）的企业价值（EV）除以息税折旧摊销前利润（EBITDA）的平均值得出。

资料来源：锐思（RESSET）金融数据库。

14.2.2　价值增长的纵向与横向比较

从纵向和横向两个维度对三一重工 2007 ~ 2011 年的价值表现特点进行分析。纵向来看，公司价值在 2007 ~ 2011 年四年间企业价值和股东价值分别增长了 2.80 倍和 2.65 倍。价值的增长历程可以划分为 2007 ~ 2009 年和 2009 ~ 2011 年两个区间。（1）2007 ~ 2009 年间增长幅度并不大。虽然公司 2009 年的净利润涨幅高达 105%，但是利润的增长并没有带来股东价值的大幅提升，股东价值仅增长 7.55%。（2）2009 ~ 2011 年是企业价值高速增长的主要时期，股东价值分别增长了 52.34% 和 121.92%。

横向比较而言，工程机械行业企业在 2007 ~ 2011 年间公司价值都经历了较大幅的增长，六家上市公司中三一重工和中联重科的价值规模均已达到千亿元。从与中联重科、徐工机械的股东价值的比较中可以看出，除 2008 年因股票投资亏损导致股东价值受损外，其他年度三一

⊖　假设股票市价是每股收益的一定倍数，则：
$$目标企业每股价值 = 可比企业平均市盈率 × 目标企业的每股收益$$

重工均保持了较大的相对价值优势。由此说明，在国内外工程机械产品市场旺盛需求的影响之外，三一重工的价值管理效果的确是高出行业平均水平。

截止到 2011 年，三一重工和中联重科在营业收入与资产总额方面已处于工程机械行业六大上市公司领先地位[一]。从图 14-3 还可以看出，三一重工在股东价值增长能力方面也是领先的。三一重工与中联重科两家公司的市场竞争可极大地刺激双方竞相储备人才、增大科研投入、改进技术、改善售后服务，两家公司也从竞争中受益。

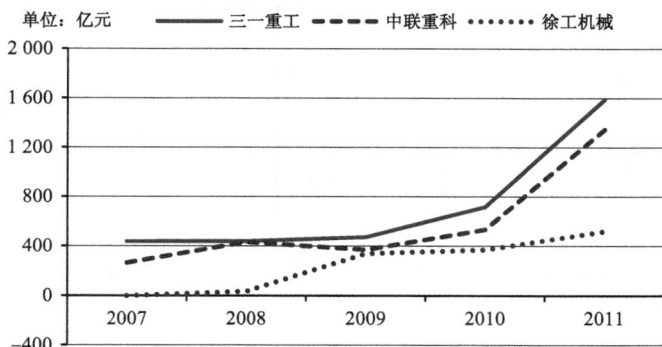

图 14-3 三一重工各年度股东价值增长趋势分析

资料来源：锐思（RESSET）金融数据库。

然而 2008 年以来，两大机械巨头间频频发生的恶性竞争事件（见图 14-4），使两企业的形象大损。对于三一重工这样志在走出去的明星民企上市公司而言，企业形象的受损对企业价值产生了重大的负面影响。

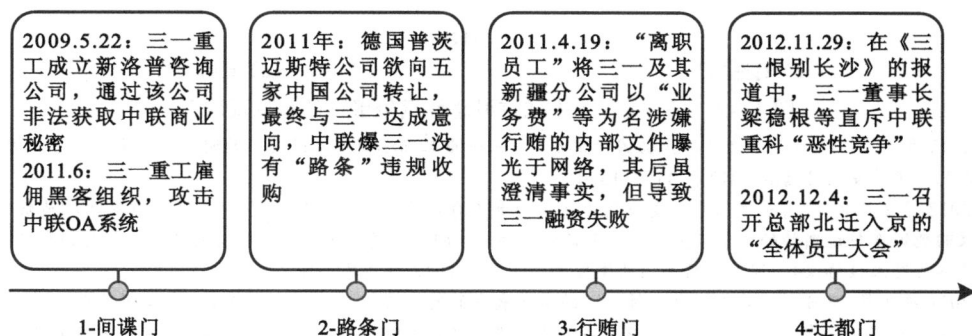

图 14-4 三一重工与中联重科的恶性竞争

两家企业的恶性竞争由谁而起，当事双方各执一词，难以考证。但不论事实究竟如何，缺乏商业伦理的激烈竞争，为双方企业的正常经营活动埋下了巨大的风险。间谍门、路条门[二] 等事件的曝光，无疑对三一重工在行业内的声誉乃至企业的社会形象产生了巨大的影响（见图 14-5）。

[一] 依据 2007～2011 年，中联重科、徐工机械、柳工、山推股份、三一重工和厦工股份的财务报告数据比较得出。

[二] 路条，即企业拿到的对外并购许可。2009 年 6 月国家发改委《关于完善境外投资项目管理有关问题的通知》规定："有关企业在项目对外开展实质性工作之前，即境外收购项目在对外签署约束性协议、提出约束性报价及向对方国家政府审查部门提出申请之前，境外竞标项目在对外正式投标之前，应向国家发展改革委报送项目信息报告，并抄报国务院行业管理部门。在国家发改委收到项目信息报告后，对于报告内容符合规定要求的项目，在 7 个工作日内应向报送单位出具确认函，并抄送有关部门和机构。"

行贿门⊖爆出后的第二天，公司的股价迅速跌停，市值一日蒸发约 60 亿元。之后行贿门事件虽然已被澄清⊜，但是长达三个月的事件调查不仅产生了高达数亿元的成本费用、影响了公司正常经营业务的开展，而且致使公司错失了在港交所进行股票融资的良机、H 股筹资计划一直被搁浅，使公司在与中联重科的竞争中处于不利地位。恶性竞争造成的种种后果不仅影响公司当期的发展，也将影响其未来的发展，无疑成为企业价值增长的阻力。

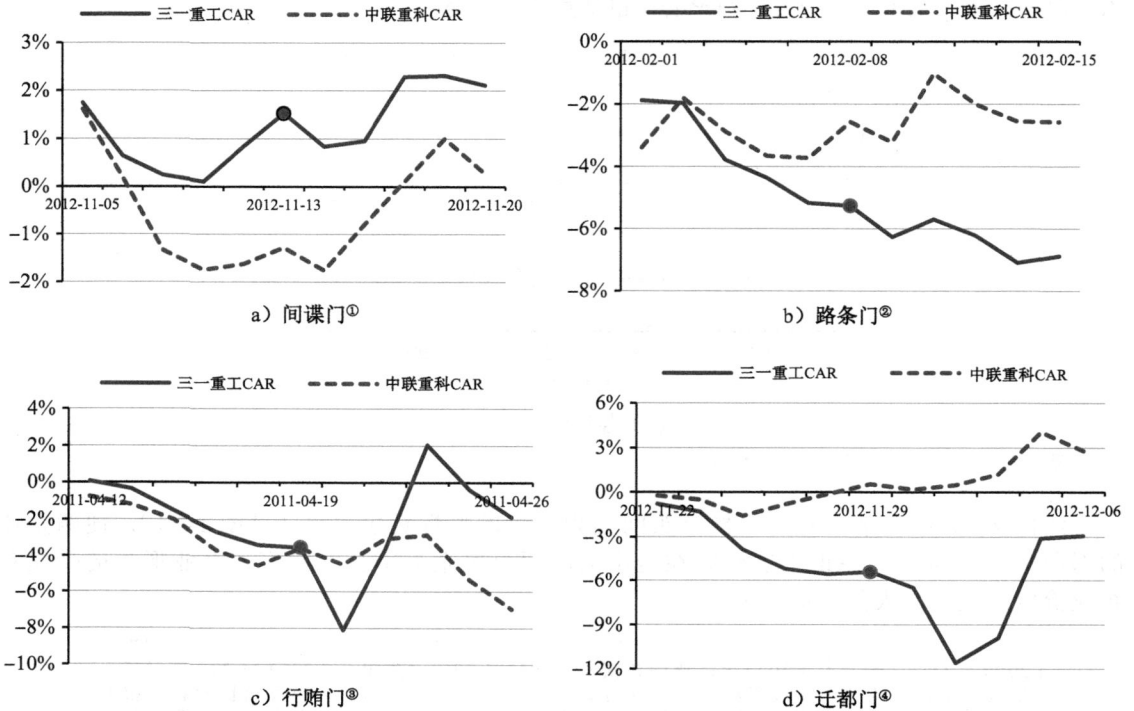

a) 间谍门①

b) 路条门②

c) 行贿门③

d) 迁都门④

图 14-5　三一重工与中联重科恶性竞争事件的市场反应⑤

① 2012 年 11 月 13 日，名为《工程机械行业之耻：三一重工三爆商业间谍案》的网帖，爆出了此 2 起间谍事件。因此，事件发生日选取 2012 年 11 月 13 日。

② 2012 年 2 月 8 日，《长江商报》发布题为《三一重工海外收购陷"质疑门"》的报道，称有机构质疑三一重工收购德国普茨迈斯特的资金实力，以及并购程序违规（即，并购尚未获得发改委的"路条"就擅自与普茨迈斯特签订约束性协议）。因此，路条门的事件发生日选取 2012 年 2 月 8 日。

③ 2011 年 4 月 19 日，一篇以"离职员工"的名义散发的网帖将三一重工及其新疆分公司的内部文件上传网络，指控其以"业务费"和"春节公关费"为名义涉嫌行贿近 600 万元。因此，行贿门的事件发生日选取 2011 年 4 月 19 日。

④ 2012 年 11 月 29 日，《环球企业家》杂志在网络发布了《三一恨别长沙梁稳根的内心独白》一文，指出三一总部搬迁的主要原因是规避恶性竞争。因此，迁都门的事件发生日选取 2012 年 11 月 29 日。

⑤ 市场反应以事件发生日为中心，向前向后各取 5 个交易日，以比较事件发生前后三一重工个股累积超额收益率（CAR）的变化情况。

资料来源：依据 CSMAR 数据库分析得出。

⊖ 在三一看来，中联重科参与了"行贿门"的设计：三一重工总裁向文波在微博中指出"行贿门"为竞争对手所炮制，目的是阻碍三一重工 H 股发行。

⊜ 针对行贿门事件，中国政府和香港政府多个部门进行了近三个月的调查。2011 年 7 月 15 日，湖南省人民政府向中国证监会、香港证券及期货事务监察委员会、港交所出具《湖南省人民政府关于网帖举报三一重工股份有限公司行贿调查情况的函》（湘政函〔2011〕181 号、185 号），澄清称："三一重工不存在匿名举报材料所述的对公司、企业人员行贿的违法事实。"

14.3　价值管理工具——战略地图

价值管理要求在公司经营管理和财务管理中，以企业价值最大化作为出发点和归宿，依据价值增长规律，探索价值创造的运行模式和管理技术，从而连接战略并应用于所有对企业价值有影响的各个因素和整个经营过程中。对价值管理效果的整体判断主要包括以下几个方面：三一重工当前的管理模式中，哪些举措体现了价值管理理念，驱动了其价值增长？哪些举措违背了价值管理理念，阻碍了其价值增长？如何系统地评价企业的管理是否符合价值管理的要求？

传统的财务指标分析体系并不能完整实现这一目的。首先，传统的财务指标分析局限于财务领域，不能及时全面地对企业经营情况进行反馈。无形资产在企业的价值创造中发挥着越来越重要的作用，但无形资产的投资与运营情况却无法完全通过财务指标分析体系得以反映。财务指标衡量的这一不足还将进一步导致管理层的短期行为，不利于企业对有提升企业未来价值能力项目的投资。其次，价值是长期概念，财务指标仅对企业经营决策和活动已实现结果进行评价，不能揭示业绩变化数字背后的驱动因素。无法判断当前业绩的提升是以减损企业长期发展潜力为代价还是盈利能力真实改善的结果，难以据此实现对管理层行为的价值影响的正确判断。

由罗伯特·卡普兰（Robert Kaplan）和大卫·诺顿（David Norton）教授提出的平衡计分卡[一]突破了以往企业绩效只注重财务指标的限制，率先从财务、客户、内部流程、学习与成长四个维度构建绩效指标体系。平衡计分卡以愿景和战略为核心，将企业战略目标转化为四个维度的业绩指标，进而促使管理层基于四个维度及其延伸出的四个基本问题[二]，对当前经营状况进行评价。

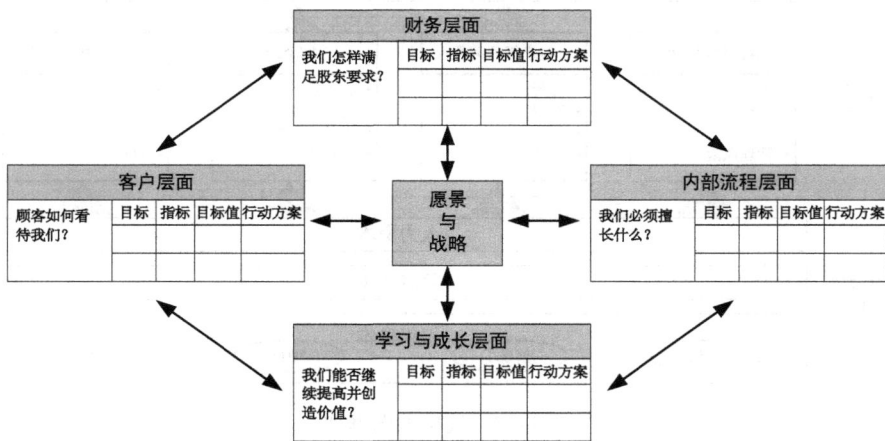

图 14-6　平衡计分卡框架

客户、内部流程、学习与成长三个维度的非财务指标是未来财务业绩的动因和先导指标。因此，平衡计分卡一方面通过财务维度保持对短期业绩的关注，另一方面深入企业的经营层面明确揭示如何确保长期的财务和竞争业绩，兼顾了长期与短期业绩、业务能力发展与财务结果之间的平衡，弥补了传统财务指标分析体系在评价价值管理上的不足。

然而，平衡计分卡仍存在以下局限。

[一]　Kaplan, Robert S. and David P. Norton, 1992, The Balanced Scorecard: Measures That Drive Performance, Harvard Business Review, January-February: 71-79.

[二]　四个基本问题：顾客如何看我们，我们必须擅长什么，我们能否继续提高并创造价值，以及我们怎样满足股东。

首先，平衡计分卡注重绩效考核功能，未形成战略管理体系。平衡计分卡主要突出其绩效考核工具功能，关注如何分别确定四大维度的战略子目标及如何将子目标转化为绩效衡量指标体系。而四大维度的子目标确定及指标设计过程相对孤立，大量零散的指标导致企业在应用平衡计分卡进行业绩评价时缺乏清晰度和方向感。

其次，平衡计分卡虽引入非财务指标，但对非财务指标的设定未提供详细的指引。平衡计分卡对传统业绩评价体系的突破在于其引进了非财务指标，克服了单一依靠财务指标评价的局限性。然而，这带来了新的问题，即如何建立非财务指标体系、如何确立非财务指标的标准，以及如何评价非财务指标。

战略地图是平衡计分卡的进一步发展与升华[○]。战略地图在保留平衡计分卡基本框架的基础上，通过四大维度的整合与发展实现了战略性因果关系的识别及业绩驱动因素间关系的建立（见图 14-7）。**从而，将平衡计分卡这一绩效管理工具演化为战略管理工具，战略的制定、沟通、执行、调整反馈均能借助这个工具完成。**

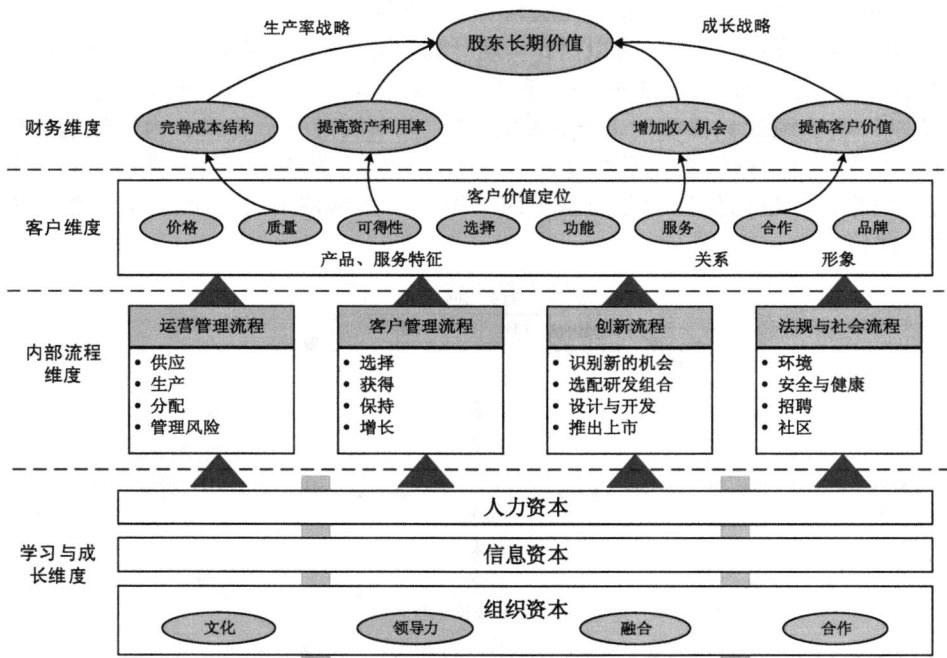

图 14-7 战略地图框架

与平衡计分卡相比，战略地图的主要创新在于以下几点。

（1）构建了四大维度间的动态因果关系。战略地图清晰地勾勒出企业如何把行动和资源通过因果联系的关系链转化为有形的顾客和财务结果的过程，解决了传统中战略难于理解的障碍。战略地图指出四大维度的内在逻辑关系是：财务维度是价值创造的有形定义；客户维度是价值创造的来源定位；内部流程维度是价值创造并传送的直接过程；学习与成长是价值创造的

○ 由罗伯特·卡普兰（Robert Kaplan）和大卫·诺顿（David Norton）教授于 2000 年提出。参考阅读：

Robert S. Kaplan and David P. Norton, 2000, Having Trouble with Your Strategy? Then Map it, Harvard Business Review, September-October: 51-60.

Robert S. Kaplan, 2010, Conceptual Foundations of the Balanced Scorecard, Harvard Business School Accounting & Management Unit Working Paper, No. 10-074.

支撑基础。并将四个维度的目标链接为由无形资产转化为有形成果的因果关系链：增强并使无形资产协调一致将改善内部流程业绩，进而驱动客户和股东成功、实现有形成果。有助于清晰地理解无形资产到有形成果的转化关系和价值创造的过程，使企业内部价值创造流程的本质从有形资产转移到无形资产。

（2）**提供了战略组成部分的标准清单。**战略地图在四大维度下增加了颗粒层，使各维度的重点内容更为清晰。尤其是在模板的内部流程及学习与成长维度中增加了创造价值的基本要素，如果一项战略遗漏了模板中的某项要素，那么该战略可能是有缺陷的。战略地图发挥了战略目标详细清单的作用，战略地图与平衡计分卡之间的对应关系为企业进一步依托平衡计分卡框架寻找业绩衡量指标提供了指引。

战略地图的提出虽旨在帮助企业建立全面、一体化战略，但是战略地图在使价值创造目标得以层层落地的过程中识别出的驱动企业价值的关键因素及它们之间的内在关联却具有一般性，从而为分析企业既有的价值管理模式提供了标准化模板。此外，战略地图不仅仅是一种战略管理工具，而是一种思想方法，其本质是循本溯源的执行思维：通过战略驱动性分析揭示了财务成果背后企业价值创造的形成过程、打开了企业内部经营的黑箱。这对于价值管理现状分析如何展开具有方法论的指导意义。因此，在案例的价值管理模式分析中将运用这种循本溯源的执行思维，并借助于战略地图提供的价值驱动基本框架来讨论：当前三一重工的管理模式是否符合价值管理理念？与同行业的竞争对手相比，存在哪些优点与不足？

价值管理现状分析部分结构安排如下：在案例的第四部分由价值管理的有形成果入手，对三一重工过去企业财务状况特点进行分析，通过财务特点的总结为后续的价值动因分析提供线索。在此基础上，再由表及里地依次分析：管理层是如何定位其价值来源，这一定位是否有利于企业长期价值的实现？在价值定位之下，公司制定了哪些内部经营流程战略来实现其客户价值主张，这些措施是否如管理层所愿驱动了价值的提升，还是只"美化"了短期业绩，折损了长期发展？企业的无形资产是否足以支撑内部流程战略的顺利执行，奠定价值增长的基石？

14.4 价值有形成果——财务维度

战略地图将财务维度的成功作为价值最大化公司的最终目标，居于地图框架的顶层。财务维度将股东价值的增加分解为两大类财务目标：提高生产率和提升收入成长性（见图 14-8）。生产率的提高能够带来短期收入，而成长性的提升则带来长期收入的增长，从而实现长短期利益的平衡。生产率的改进主要通过降低企业的直接成本、间接成本和更有效地利用财务及实物资产方式实现。收入增长则主要通过加深与现有客户的关系和增加收入来源（新产品、新市场等）来实现。

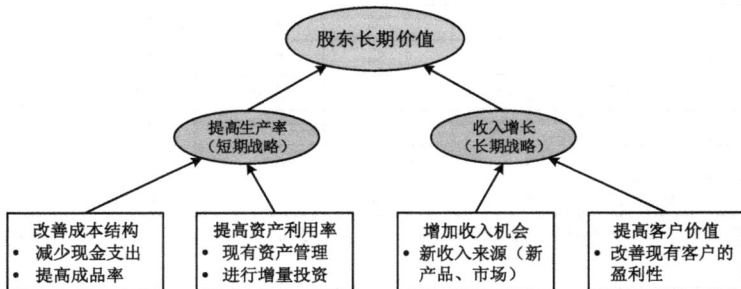

图 14-8 财务维度平衡长短期对立力量

三一重工的价值优势具体是如何通过其生产率战略和收入增长战略实现的？针对这一问题，分两个步骤展开分析。首先，采用与竞争对手横向比较的方法从成本结构、资本利用率和收入增长三个维度对公司整体层面的价值成果进行剖析；其次，针对2012年公司业绩大幅下滑的现象，借鉴经济增加值动量的思想具体分析各主营业务的价值创造效率的变化情况。

14.4.1　成本费用优势降低

产品成本的高低直接决定了企业主营业务的盈利空间。三一重工的产品成本控制水平如何？将三一重工的营业收入净利率指标与同行业可比企业相比（见图14-9），可以发现：首先，除2008年因股票投资亏损导致净利润大幅减损外，总体而言，公司的单位营业收入创造利润的能力优于竞争对手；其次，公司的成本费用的领先优势正在缩小，由2007年高出对手6%到2011年仅高出0.8%，到2012年低于3%。三一重工的成本优势是来自生产成本的节约还是期间费用的控制？什么支出的增加导致了其成本优势逐渐丧失？

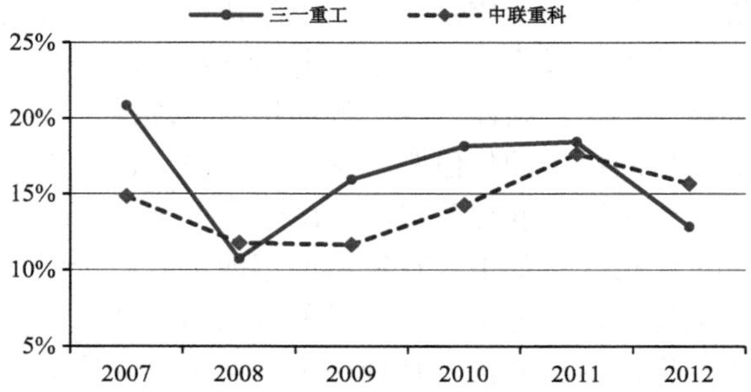

图14-9　三一重工与中联重科营业收入净利率比较

资料来源：三一重工（600031）与中联重科（000157）2007～2012年年度报告数据整理。

深入到企业成本的具体构成，从生产成本和期间费用两个方面对三一重工的成本特点进行进一步分析。通过比较不难发现，在观测期间内三一重工的营业成本率一直保持着较大优势，平均保持在66%左右，低于竞争对手近5个百分点，说明该企业的生产效益是相对较高的。期间费用率中，销售费用率和管理费用率均每年远高于竞争对手；财务费用在期间费用中占比最小，但波动较大，近两年公司的财务费用率年增长率高达80%，2012年该指标几乎为中联重科的4倍。

表14-2　三一重工成本费用构成特点分析

年度	营业成本率		销售费用率		管理费用率		财务费用率	
	三一重工	中联重科	三一重工	中联重科	三一重工	中联重科	三一重工	中联重科
2007年	65.4%	71.4%	9.7%	7.7%	5.5%	4.1%	1.3%	0.7%
2008年	70.0%	72.6%	9.7%	7.1%	5.6%	4.7%	1.0%	2.4%
2009年	64.5%	74.3%	10.8%	6.0%	5.3%	4.0%	0.7%	1.7%
2010年	63.1%	69.7%	9.4%	6.7%	5.7%	4.2%	0.9%	1.3%
2011年	63.5%	67.6%	8.3%	6.8%	6.0%	3.8%	1.6%	0.2%
2012年	68.3%	67.7%	8.5%	7.0%	7.2%	4.0%	2.9%	0.7%

资料来源：根据三一重工（600031）与中联重科（000157）2007～2012年公司年报数据整理。

期间费用支出是相对刚性的固定性支出，期间费用占比高将使企业面临着**较大经营杠杆系数**。这在一定程度上导致了三一重工的利润情况出现一定的两面性，不如中联重科经营稳健：

一方面，当行业和宏观环境良好时，三一重工的业绩大幅增长，而净利润增长更快，如2007年，公司的营业收入增长了75.52%，而净利润增长幅度是销售增幅的2倍多，达到171.31%；另一方面，一旦行业波动，收入下降，带来利润更大幅度的下滑，如2012年市场销售疲软，当年主营业务收入下降7.77%，由此诱发净利润大幅下降35.79%，是收入降幅的近4.6倍。

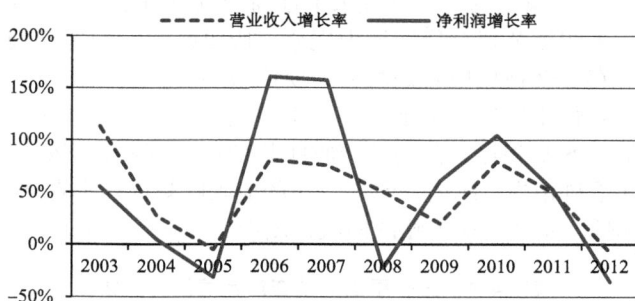

图 14-10　三一重工营业收入增长与净利润增长波动比较

资料来源：三一重工（600031）2003～2012年年度报告数据整理。

总结一下，三一重工的成本结构具有以下特点：**生产成本控制高效但期间费用率高昂，面临着较大的经营杠杆效应**。那么，公司卓越的生产成本控制能力是如何获得的？连年高企的销售费用、管理费用是期间费用控制薄弱，还是另有原因？是什么导致了企业财务费用的增长？

14.4.2　运营效率优势降低

企业的资本利用率越高，投入和运用的单位资产所创造的营业收入越多，在既定资本和风险下，企业创造的股东剩余价值越大。在机械制造行业，企业产品的40%是依靠进口原材料等⊖固定支出，三一重工这样的下游组装、制造企业，其利润空间比较狭小，利润的高低很大程度上源于对资产周转的控制。那么，相较于竞争对手，三一重工对资产周转的控制水平如何？

横向比较下，毋庸置疑三一重工的资产运营效率是优异的：不论是总资产指标、流动资产指标还是非流动资产指标，单位资产投资所产生的营业收入均远高于中联重科，但同时，资本运营效率的优势也在逐渐减少。而从纵向视角来看，可以发现，2011年，在竞争对手营运指标提升的背景下，公司的流动资产、非流动资产运营效率均有所下降；2012年，在整体行情低迷的情况下，公司资产的运营效率更是大幅下降，基本与中联重科回到同一起跑线。

表 14-3　三一重工资本利用率特点分析

年份	总资产周转率		非流动资产周转率		流动资产周转率	
	三一重工	中联重科	三一重工	中联重科	三一重工	中联重科
2008 年	1.09	0.86	4.11	2.40	1.49	1.33
2009 年	1.05	0.73	3.30	1.84	1.55	1.20
2010 年	1.27	0.66	3.67	2.01	1.94	0.99
2011 年	1.23	0.69	3.57	2.25	1.87	0.99
2012 年	0.81	0.58	2.22	2.10	1.27	0.81

资料来源：根据三一重工（600031）与中联重科（000157）2007～2012年公司年报数据整理。

工程机械行业，由于产品制造周期较长，单项金额较大，且行业普遍采用信用销售政策，

⊖　主要是产品中十分重要的零部件（包括底盘、液压等），被国际技术领先的企业把持，价格稳定。

流动资产是行业企业资产的首要构成。对于三一重工和中联重科，流动资产在总资产的占比均达到65%。因此，流动资产的运营能力对企业整体资本利用率的影响尤为重大。流动资产周转速度快，会相对节约流动资产，相当于扩大资产投入，增强企业盈利能力。存货和应收账款是流动资产中最重要的两项，三一重工这两项资产的运营情况如何？

表14-4分析显示，三一重工的存货管理水平远高于竞争对手，存货在1年中的周转次数平均高出中联重科2次。表明该公司存货转换为现金、应收账款等的速度较快，是拉升流动资产周转水平的主要原因。存货转换成应收账款后，要能最终提升企业价值，还需要完成应收账款到经营现金流的转换。在信用销售政策下，三一重工应收账款的金额居高不下，甚至超出了存货的金额。但与存货周转水平相比，公司的应收账款变现速度和管理效率优势相对较弱，应收账款周转率水平与中联重科相当。纵向来看，公司的应收账款周转率在2012年有了较大幅度的下降。应收账款周转率低，企业的应收账款回收速度慢，短期偿债能力也将因此受到影响。

表 14-4　三一重工流动资产运营能力分析

年份	存货周转率		应收账款周转率	
	三一重工	中联重科	三一重工	中联重科
2008 年	5.13	3.47	4.83	4.62
2009 年	5.42	3.63	4.74	4.34
2010 年	7.02	4.31	5.88	4.90
2011 年	7.35	5.05	5.29	4.55
2012 年	5.02	4.38	3.23	2.80

资料来源：根据三一重工（600031）与中联重科（000157）2007～2012年公司年报数据整理。

对企业资本利用率特点的分析，得到以下待进一步探究的问题：三一重工的存货存量为什么能保持较低水平？是由于产品的市场需求旺盛、库存管理模式的高效，还是受其销售政策的驱动？存货能较快转化成应收账款，而又是什么影响了应收账款进一步迅速转化为现金流、成为价值提升的瓶颈？

14.4.3　收入市场反应敏感

通过对工程机械行业四家行业领先上市公司的营业收入增长率分析（见图14-11），可以看到，行业内上市公司的收入状况趋势基本与行业的需求波动一致。工程机械行业属于基建行业的衍生行业，因此行业规模和市场需求受宏观经济环境和基建行业的影响较大，表现出很强的周期性特点：当固定资产进入上升通道时，工程机械增长幅度高于固定资产投资增长幅度；当固定资产投资增长幅度下降时，工程机械需求下降幅度将超过固定资产投资下降的幅度。

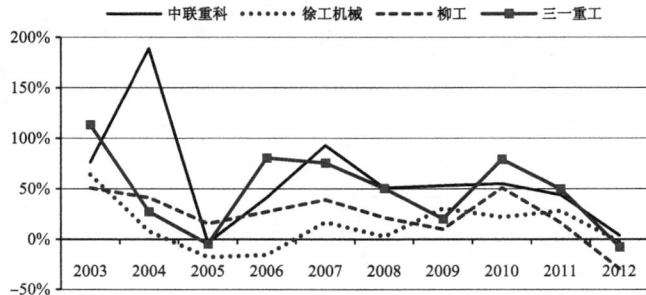

图 14-11　三一重工与行业竞争对手企业的营业收入增长率比较

资料来源：根据中联重科、徐工机械、柳工和三一重工2003～2012年年度报告数据整理。

除了行业共性的增长趋势之外，三一重工显现出哪些个性的收入增长特点？2007 年以来，伴随着社会固定资产投资的大幅增加，三一重工的营业收入保持了较快的增长；但相比于中联重科，公司的**营业收入增长率呈现出波动幅度较大、对市场行情的反应极为敏感的特点。说明公司整体的抗风险能力相对较弱。**

营业收入的持续增长，需要不断有新的收入增长点注入，或者通过改善现有客户的关系销售更多现有产品或服务。三一重工是如何实现维持其收入较快增长的？哪些经营策略削弱了企业抗风险能力？在国内房地产调控加码、宏观经济放缓的大背景下，公司是否制定了相应策略来应对市场行情的低迷？其收入增长是否可以持续？

14.4.4　产品价值效率下滑

公司整体财务维度的价值分析表明，2012 年，三一重工不论是成本结构还是资本利用率，其领先优势都出现了大幅下滑，营业收入也下降了 7.77%。公司价值创造能力的下降来源何处？各主要业务对企业价值创造的贡献如何？

采用价值创造效率进一步分析各主营业务对企业价值增长的贡献状况。企业经营规模的增大与价值创造效率的提升都能够增加企业价值创造总量，而价值创造效率的变化更能体现企业未来发展的潜力，可避免价值创造总量导向下过于关注如何做大而非真正做强。在具体衡量上，借鉴经济增加值动量（EVA Momentum）衡量价值创造效率的基本思想[⊖]，以产品的营业利润指标替代经济增加值，从生产运营效率和收入增长效率两个维度来构建价值创造效率的分析路径：

$$价值创造效率 = 生产运营效率 + 收入增长效率$$
$$= 营业利润率增量 + 本年营业利润率 \times 营业收入增长率$$

根据构建的分析路径得到 2012 年三一重工各主要业务的价值创造效率变动情况，如表 14-5：

表 14-5　2012 年三一重工各主要业务的价值创造效率分析

项目	混凝土机械	路面机械	起重机械	挖掘机械	桩工机械
营业收入（万元）	2 650 921	154 328	530 725	949 858	135 038
各产品类收入占总营业收入比率	58.89%	3.43%	11.79%	21.10%	3.00%
营业利润率	35.69%	27.18%	31.22%	27.11%	40.81%
生产运营效率	-2.31%	-3.07%	-0.14%	-0.71%	-2.41%
收入增长效率	-0.90%	-2.73%	-2.99%	-3.92%	-16.70%
价值创造效率	-3.21%	-5.80%	-3.13%	-4.63%	-19.11%

资料来源：根据三一重工（600031）2011～2012 年公司年报数据分析。

在行业需求下滑的背景下，生产运营效率的控制能较好地防止行业风险在企业的进一步扩大。表 14-5 的分析显示，生产运营效率方面，起重机械的生产效率在各业务类别中降幅最低。在收入增长效率方面，公司的传统业务混凝土机械由于其市场需求在 2012 年行业危机中受到的打击相对较小，该业务的收入增长效率仅下滑 0.90%。综合而言，起重机械和混凝土机械的

⊖　经济增加值动量 $= \Delta\left(\dfrac{经济增加值}{营业收入}\right) + \dfrac{经济增加值}{营业收入} \times 营业收入增长率$

其中，$\Delta\left(\dfrac{经济增加值}{营业收入}\right)$ 反映了生产运营效率；$\dfrac{经济增加值}{营业收入} \times$ 营业收入增长率即反映了市场盈利效率。

因此，价值创造效率可分解为：

价值创造效率 = 生产运营效率 + 市场盈利效率

= 经济增加值营业收入比增量 + 经济增加值营业收入比 × 营业收入增长率

价值创造效率下降较小，而桩工机械虽然营业利润率最高，但由于国内高铁建设放缓致使营业收入减少了 40.93%[⊖]，该业务的价值创造效率波动最大。

财务维度是价值的有形定义。战略地图财务维度通过生产率战略和收入增长战略的平衡，**要求**企业在成本和资产上的减少不危及通过顾客给企业带来的成长机会。从分析中可以看出，三一重工在维持高营业收入增长的同时，取得了较高的收入利润率以及资产利用水平，总体而言，实现了长短期利益的平衡，业绩也因此得以长期高速增长。然而，随着市场行情的回落，财务指标的变动趋势也揭示了企业经营模式的高风险敏感性特点：财务费用高涨、应收账款回款放慢、营业收入增长波动剧烈。长短期利益平衡的实现得益于公司的哪些经营管理措施，高风险敏感的经营特点源于何处，成为价值动因分析中**要解决的关键问题**。

14.5   价值来源定位——客户维度

只有能够为客户创造价值，客户才会购买企业的产品、服务，企业才能实现股东价值。因此，目标客户的成功是改善财务业绩、成就价值的主要保证。企业必须确定目标客户群体的价值主张，以实现期望的收入增长。三一重工如何定位其客户的价值主张？这一主张定位是否有利于企业价值的增长？到目前为止，该主张是否得以实现？

14.5.1   差异化战略定位

根据战略地图的框架，企业的价值主张可以分为总成本最低、产品领先、全面客户解决方案和系统锁定四种类别（见图 14-12）。

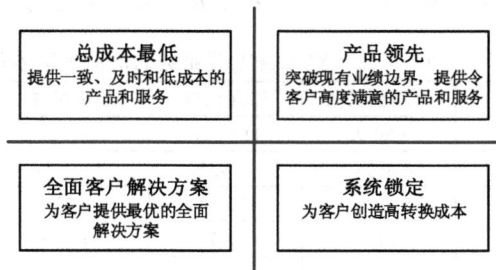

图 14-12   不同价值主张的客户目标

在客户价值定位上，以"品质改变世界"为价值观的三一重工并没有选择大多数中国制造企业采用的低成本战略，而是实行基于产品和服务的差异化战略：将缔造世界最高品质作为品牌建设的根本出发点，坚持为客户提供高品质、高附加值的产品。这种差异化具体体现在两方面：首先，与进口产品的竞争中，该公司在提供接近进口产品质量水平的基础上，利用本土优势开发符合中国客户习惯的功能，以服务及时全面、交货迅速等非技术的软优势，弥补起步晚、技术积累相对薄弱、经验欠缺等不足，进而实现对进口产品的替代；其次，与国内产品的竞争中，该公司则以高于国内产品品质和服务标准的优势占据市场。

14.5.2   战略的价值分析

三一重工的差异化战略属于产品领先型价值主张。工程机械行业是技术与资本密集型行业，

⊖ 高速铁路建设是桩工机械最大的目标需求市场，是拉动桩工机械发展的主要动力。

若采用低成本战略需大力压缩成本，必将导致企业研发投入的不足，技术储备与服务难以得到保障。所以，从短期而言，低成本战略也许能够迅速打入市场；但就长期而言，低成本战略下产品和服务品质跟不上，不利于企业的长期发展。得益于高品质产品的差异化战略，三一重工的产品销售价格与进口产品相差无几，却仍广受市场欢迎。中国制造的成本与进口产品的价格间形成的巨大收益，增加了股东的价值，同时也使研发、服务等长期价值投资支出得以保证，从而铸就价值的可持续增长路径。可以说，管理层确定的差异化价值定位为公司发展指明了正确的方向。

　　三一重工的这一价值主张是否真正实现了？通过常用的**市场占有率和客户满意度**等客户指标可以一探究竟。**市场份额方面**，在国内市场上，截至 2012 年底公司经营的五大系列产品中，混凝土机械、挖掘机、履带起重机、旋挖钻机已成为国内第一品牌，混凝土输送泵车、混凝土输送泵和全液压压路机市场占有率居国内首位，泵车产量居世界首位。国外市场来看，2012 年公司的起重机在巴西市场的占有率超过 30%，连续两年名列第一；履带起重机在美国市场占有率也达到 11%，市场份额进入前三。市场占有率静态、客观地反映了时点上企业的竞争地位，然而要巩固老客户、赢得新客户，良性地提高市场占有率，还必须以客户价值增值为中心。客户满意度在一定程度上刻画了产品提供的客户价值状况。**客户满意度方面**，2012 年，中国质量协会对工程机械八大类主导产品进行的用户满意度测评结果显示，三一泵送事业部、路机事业部、港机事业部、起重机事业部、上海三一科技、沈阳重装、北京桩机旗下的共七大类产品均居客户满意度行业首位，挖掘机械居行业第二。三一重工的产品市场占有率和客户满意度在行业内具有较大的领先优势，产品领先型价值主张得以实现。

　　客户维度是价值创造的来源定位。客户价值主张要求企业在明确目标细分客户需求的基础上定义企业的战略：即企业想如何为股东、客户创造价值。通过分析行业特征和市场竞争格局，三一重工制定了适合于价值持续增长的高品质产品差异化战略。恰当的价值主张为企业指明了正确的方向，而战略的具体实现则需要依赖于内部流程活动的执行和学习与成长资源的支撑。对于三一重工而言，其差异化战略的实现要求企业有坚实的研发力量、精益的制造体系和完善的客户服务体系的保障，具体到内部流程方面，即它是如何打造研发、制造、服务能力，最终成功实现其价值主张的？

14.6　价值直接驱动——内部流程维度

　　战略地图的财务和客户层面描述了结果，也就是企业希望实现什么；内部流程则描述了企业如何实施其战略，是价值的直接创造过程。具体包含运营管理、客户管理、创新、法规与社会**四大并存且互补的主题流程**，四大流程经过不同的时间周期对财务成果产生影响（见图 14-13）。企业的内部经营**唯有实行"平衡"战略并投资改善所有四大流程**，才能实现价值创造流程在长期与短期间的平衡，确保股东价值的增长得以长期延续。

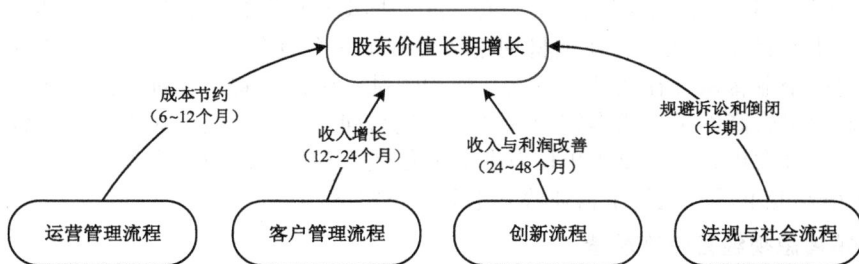

图 14-13　各主题流程价值传递周期

14.6.1 精益节约成本，激进埋藏风险

运营管理流程是基本的、日常的流程，通过这一流程公司生产并向客户交付其产品和服务。根据财务特点分析的提示，在运营管理部分需要着重分析：①三一重工施行了怎样的生产管理模式使其取得了高效的生产成本控制水平；②在产品销售方面，什么因素阻碍了公司应收账款的现金转化能力；③为什么公司的财务费用率逐年攀升。

1. 精益生产打造成本优势

三一重工之所以能取得高效的生产成本控制水平，得益于公司施行的基于精益思想打造的三一生产方式（SPS）。作为以"工程"为主题的机械装备制造企业，三一是典型的离散型、人员密集型企业，生产周期长、占用资源多。随着客户个性化需求的增多，产品品种日趋多样性，市场需求变化快，制造能力不足日益成为公司快速扩张的瓶颈。2008年，公司拉开精益生产变革的序幕，逐渐将制造能力打造成又一核心能力。

精益是一种寻求消除所有类型浪费的理念，旨在利用更少的资源完成更多的事情。公司管理层认为，成本管理不应仅仅是对制造环节的控制，而应是整个产品生命周期的全过程管理。对此，三一设定了精益制造卓越五步法的发展战略，将精益贯穿于研发、技改的全过程（见表14-6）。建立在三一生产方式基础上的SPS标准体系，为"从图纸到产品"的全过程提供了标准、方法和流程制度支撑，以确保高效、经济、高质量地制造出满足客户要求的产品。

表 14-6　三一重工精益制造卓越五步法[①]

内容	具体措施
标准化作业体系：精益生产的基础保证	以 6S、SPS 标准、QC 工程图等为基础的作业标准化体系
检查质量体系：使不合格产品无法流入下一个生产环节	以五段检验为核心的检查体系
保证质量体系：不制造不合格品	TQM（全面质量管理）和工序能力保证为核心的体系
预防质量体系：通过正确合理的生产方法，使无法生产出不合格品	丰田自动化缺陷控制技术[②]及防错体系
卓越质量体系：实现卓越品质的同时，全方面实现客户满意度提升	借助研发及服务体系，提供绝对竞争优势的产品和服务，同时满足员工、供方、社会、股东等相关方的需求

① 2013 年 12 月 16 日，三一集团基于"五步卓越法"的质量管理体系获得首届中国质量奖提名奖。

② 包含异常情况的自动化检测、异常情况下的自动化停机以及异常情况下的自动化报警三个主要技术手段。在自动化缺陷控制技术下，生产过程中一旦出现不合格产品，生产线或者机器就会立刻自动地停下来。这迫使现场作业人员和管理人员不得不迅速查找故障原因，并及时采取改善措施。

在精益生产理念下，公司通过对业务流程和价值链进行多层次系统梳理，总结出成本费用控制的关键点，进而有针对性地采取措施，收到了显著的成效。例如，在设计环节，由各产品系列的工艺研发人员对钢材选型品种进行整合压缩，提高通用性，钢材选型品种规格下降了近40%；同时，财务部门、IT部门和下料中心一起，推动实施了信息化管理的下料编程软件，结束了依靠人工下料的工作状态，使钢材利用率提升了3个百分点。正是得益于精益生产管理，公司克服了制造企业普遍存在的"浪费大、流程混乱、资源配置不合理"的弊病，从而在财务指标特点上显现出较高的生产成本控制水平。通过与同行业主要竞争对手的财务数据进行比较（见图14-14）不难发现，三一重工单位营业收入创造毛利润的能力一直处于行业领先地位，尤其在2008年精益变革后，扭转了营业收入毛利率下滑的趋势。

2. 激进销售忽视经营资产质量

由于单台产品的价值较高、占用资金量较大，工程机械行业制造商销售的产品并不都是直

接向客户销售的，而是通过关联方或者第三方的代理商、办事处或者融资租赁公司进行信用销售。且与分期付款销售相比，行业企业更热衷于银行按揭和融资租赁方式。三一重工在多大程度上、如何利用信用方式开展销售？信用销售给公司带来了怎样的风险？

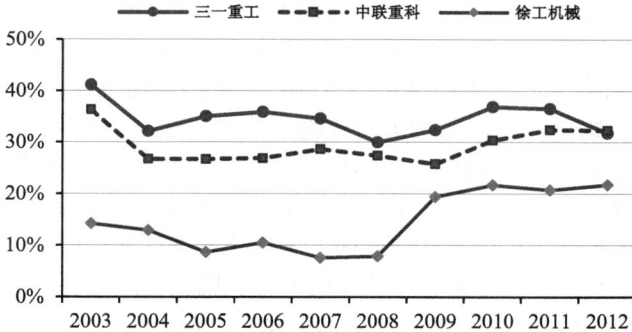

图 14-14　三一重工与行业竞争对手企业营业收入毛利率比较

资料来源：三一重工、中联重科、徐工机械 2003 ～ 2012 年年度报告。

　　银行按揭在三一重工的销售模式中占比最大，高达 43%。虽然三一重工与按揭贷款银行约定，按揭合同的按揭贷款金额不超过所购工程机械款的 7 成，但在实际销售中首付款比例被大大降低，在购买一些价值较高的设备时，公司甚至允许客户只付 5% 的首付款，剩余首付款则由公司进行垫付。然而在实行按揭销售时，客户资质审查这一关键环节被忽略，存在客户大规模违约的风险。根据公司年报披露的信息，三一重工全权委托湖南中发和昆山中发办理本公司客户的银行按揭贷款手续，湖南中发和昆山中发与公司共同承担因客户逾期付款按揭贷款业务的债务代偿责任：即如果承购人未按期归还贷款，公司负有回购义务。截至 2012 年 12 月 31 日，公司负有回购义务的累计贷款余额为 244.96 亿元。2012 年，客户逾期按揭款及回购款余额为 19.85 亿元。而中联重科的按揭销售比例仅为 20%，2012 年因银行按揭销售方式承担有担保责任的客户借款余额仅为 123.85 亿元，当年代客户向银行支付违约款人民币 2.87 亿元。图 14-15 直观地展示了两家公司因按揭销售带来的风险，在营业收入基本相当的情况下，三一重工因按揭贷款销售负有回购义务的贷款余额于 2010 年开始远远高于中联重科。也正是从 2010 年开始，公司的存货周转率从 2009 年 5.42 跃至 7.02，存货周转率的上升与宽松的销售政策的驱动不无关系。

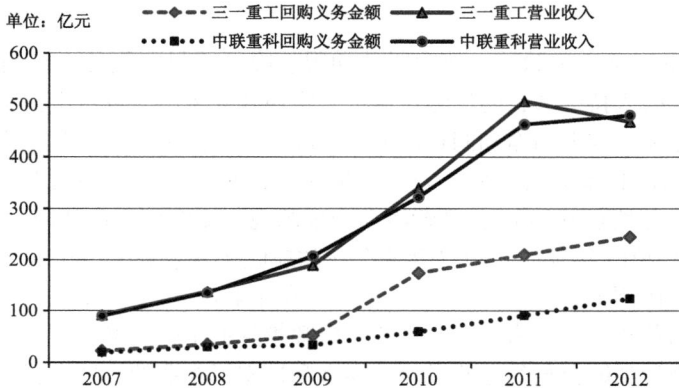

图 14-15　三一重工与中联重科按揭销售风险对比

资料来源：根据三一重工（600031）和中联重科（000157）2007 ～ 2012 年公司年报数据整理。

融资租赁销售模式少于银行按揭，但也占到三一重工销售的 1/5。在融资租赁方式下，客户甚至零首付就可以把机器开走。具体操作上，三一重工与母公司下属子公司康富国际、湖南中宏开展融资租赁销售合作（见图 14-16 左），约定：（1）由康富国际及湖南中宏将其应收融资租赁款出售给银行，如果承租人在约定的还款期限内无法按约定条款支付租金，则康富国际及湖南中宏负有向相关银行回购剩余融资租赁款的义务，三一集团对康富国际、湖南中宏向相关银行回购剩余融资租赁款的义务提供担保责任；（2）如果康富国际、湖南中宏和三一集团均无法履行相关义务，则公司有回购相关租赁物的义务。截至 2012 年 12 月 31 日，公司承担此类回购担保义务的余额为 20.58 亿元。另外，公司还与第三方融资租赁公司合作，客户与本公司签订产品买卖协议，由湖南中宏、康富国际代理客户向第三方融资租赁公司办理融资租赁手续。同样，如果承租人在约定的还款期限内无法按约定条款支付租金，且湖南中宏、康富国际和三一集团均无法履行回购剩余融资租赁款的义务，则三一重工有回购合作协议下的相关租赁物的义务。截至 2012 年 12 月 31 日，公司承担此类回购担保义务的余额为 101.72 亿元。因此，由两类租赁业务的担保义务余额产生的最大风险敞口达到 122.3 亿元。

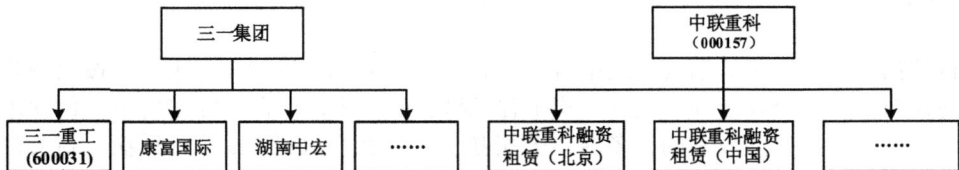

图 14-16　三一重工与中联重科融资租赁模式比较

资料来源：根据三一重工（600031）和中联重科（000157）公司年报信息整理。

相比而言，中联重科更倚重融资租赁，其比重占到销售的 31%。而由于中联重科仅对公司与第三方租赁公司合作的融资租赁资产提供担保，而对由公司子公司融资租出（图 14-16 右）的资产不提供担保，因此，由融资租赁带来的回购压力远低于三一重工。根据年报信息，截至 2012 年 12 月 31 日，中联重科因融资租赁业务的担保产生的最大风险敞口仅为 8.92 亿元。

从以上的分析可以发现，虽然信用销售是工程机械行业普遍采用的销售模式，但三一重工的销售政策更为激进：银行按揭与融资租赁销售占比合计高达 63%，而中联重科仅为 51%；风险敞口更高达 367.26 亿元。信用销售作为一种金融杠杆，在宏观经济较好的时候，为企业做大立下了汗马功劳，但在宏观经济下行周期，如果企业不注意风险管控，杠杆用得越高，企业的财务风险越大。

本质上，三一重工是通过赊销、放宽收款期限、降低首付比例等激进销售方式提前确认了销售收入，造成营业收入持续增长的幻觉。这种销售模式并未给企业带来真金白银，其冒险的财务模式，导致现金净流入与账面净利润长期无法匹配。尤其近两年，在基建投资大幅缩水的背景下，公司的营业收入回款率大大降低。公司年报显示，2011 年公司的营业收入增加了 49.54%，而应收账款相对上一年增加 97.36%，经营活动产生的现金流净额同比却减少了 66.23%。应收账款大幅增加的势头在 2012 年延续，2012 年底公司的应收账款余额为 166.81 亿元，比期初增长了 35%，占流动资产的比例上升至 41.83%。三一重工在企业内刊中也承认：2012 年渠道回款情况不理想，逾期率超出往年。长期来看，激进的销售政策降低了公司经营资产的质量，成为每轮危机来临时木桶的短板、加剧公司的运营风险，损害和透支了企业的长期发展潜能。

制造商不论采取什么营销模式都会有风险，重要的是需要根据各种模式的特点配以对应的风险控制机制。为什么三一重工没有制定这些风险机制，或是风险机制为什么没有有效执行？

是否与企业的管理文化有关？

3. 单一融资渠道加剧企业风险

如果产品市场有发展空间，管理层都希望营业收入能够保持持续高速增长。但是，高速增长需要大量新增资产作为配合，如2012年三一重工仅收购德国普茨迈茨特90%股权一项就需要支付现金26.54亿元。因此，资产大幅增加离不开强有力的融资作为支持，一旦两者配合不好，就会给企业的资金链带来极大压力。财务资源与经营增长速度的相互协调成为企业价值管理中至关重要的问题。**一度经历超高速增长的三一重工，其财务资源的运作是否足以跟上经营增长的步伐？**

首先，分析公司经营活动产生的现金流。 虽然三一重工的营业收入利润率较高，但是完全依赖经营活动自身产生的现金流并不足以支撑公司经营战略的实施：公司2007～2012年间经营活动产生的现金流总量仅为投资活动现金流总量的78.8%。那么高达50%的年均复合增长率是如何得到资金支撑的？从表14-7可以看出，公司自身的利润留存仅能满足30%～50%的资金需求，自发性负债对新增资金支撑的平均力度为30%，还有20%～50%的运营及投资资金需要依据公司的资金需求状况，及时利用外部融资手段进行补充。

表 14-7　三一重工高速增长的资金来源　（单位：万元）

项目	2007年	2008年	2009年	2010年	2011年	2012年
主营业务收入增长	393 476.0	460 030.5	523 055.9	1 497 912.4	1 682 136.2	-394 576.6
新增资金（资产增长）	486 665.4	278 821.5	810 861.0	937 608.4	1 985 468.2	1 315 468.2
其中：						
利润留存	180 978.5	142 480.6	275 459.6	559 349.6	905 780.7	373 257.0
占新增资金百分比（1）	37.19%	51.10%	33.97%	59.66%	45.62%	28.37%
自发性负债增长	145 914.8	73 370.5	472 711.7	430 829.9	98 184.4	340 443.2
占新增资金百分比（2）	29.98%	26.31%	58.30%	45.95%	4.95%	25.88%
（1）+（2）	67.17%	77.42%	92.27%	105.61%	50.57%	54.25%
外部融资增长	159 772.0	62 970.4	62 689.7	-52 571.1	981 503.1	601 768.0
占新增资金百分比	32.83%	22.58%	7.73%	-5.61%	49.43%	45.75%

资料来源：根据三一重工（600031）2006～2012年公司年报数据整理。

其次，分析利用外部证券市场进行融资的情况， 截至2012年，公司仅在2007年进行5亿元的公司债券融资；在2007年和2010年进行两次定向增发，且2010年的增发为因收购三一重机100%股权向公司实际控制人及其他9名自然人进行的非现金对价形式的定向增发，属于非现金形式的大股东资产注入。2010年，面对紧张的资金压力，公司管理层也试图通过发行H股进行改善。2011年8月，证监会批准三一重工的H股发行计划，拟募集资金高达234亿港元。然而，由于欧债危机的恶化，令港股市场波动加剧，公司的H股计划一直被耽搁。

表 14-8　三一重工 2003～2012 年的股权与债券再融资情况

发行日期	融资方式	发行数量（万股）	发行价格（元/股）	募集资金（万元）
2007年7月23日	定向增发①	3 200.00	33	105 600.00
2007年7月12日	10年期债券			50 000.00
2010年1月23日	定向增发②	11 913.36	16.62	198 000.00

① 2007年定向增发的对象为10家特定投资者，具体为中海基金管理有限公司、光大证券股份有限公司等10家机构投资者，全部为现金认购，所筹集资金主要用于收购北京三一重机。
② 2010年定向增发的对象为梁稳根等10名自然人，为向大股东发行股份收购三一重机。
资料来源：三一重工（600031）年度报告及募集说明书。

因此，**外部融资需求主要依赖银行的长短期借款来满足**。对三一重工银行借款结构（见表 14-9）进行分析可知，公司采取的基本是匹配型融资策略。自 2007 年以来，短期借款在全部债务融资中的比重基本与流动资产在总资产中的比重一致。匹配型融资策略的优点是，不论在季节性的低谷时期，还是在资金需求的高峰期，企业获取资金的成本相对较低，但该类型策略对企业有着较高资金使用能力要求。考虑到工程机械行业普遍的信用销售，相当一部分应收账款的资金收回周期在 2 年以上，采用匹配性融资对企业资金链的考验较大。面对应收账款回款率的进一步下降，公司在 2012 年不得不主动降低短期借款比重，缓解还款压力。竞争对手中联重科在 2009 年以前也基本采取匹配型融资策略，但从 2010 年之后企业主动减少了短期借款并相应增加长期借款额，逐渐转变为稳健型融资策略，降低了短期借款偿还的融资风险。

表 14-9　三一重工银行借款结构

年度	三一重工		中联重科	
	短期借款 / 总借款	流动资产 / 总资产	短期借款 / 总借款	流动资产 / 总资产
2007 年	0.381 8	0.428 5	0.738 3	0.742 0
2008 年	0.237 6	0.721 3	0.607 2	0.605 9
2009 年	0.651 5	0.654 9	0.602 9	0.603 7
2010 年	0.646 3	0.653 3	0.403 6	0.704 6
2011 年	0.523 9	0.658 4	0.403 4	0.684 7
2012 年	0.240 7	0.618 7	0.227 9	0.753 3

资料来源：根据三一重工（600031）和中联重科（000156）2007 ~ 2012 年公司年报数据整理。

融资渠道单一且短期化的结果是：企业经历了过去几年的高增长后，负债水平超出行业平均水平，负债能力达到饱和。且短期融资达到一定规模后，公司的资金链会非常紧张，每年需要偿还大额的借款。尤其当宏观市场行情低迷，经营业务创现能力下降后，企业的偿债能力受损。如图 14-17b 所示，2012 年三一重工的利息保障倍数由 2010 年的 41.73 倍直接降至 6.07 倍，企业的长期偿债能力大大减弱。短期偿债能力方面，由于该行业除存货外应收账款也难以在短期内变现用于偿还债务和利息，而现金比率能够较贴近地反映企业的实际偿债能力。对该指标的分析显示，2009 年以来，该公司流动负债的现金偿还保障率仅保持在 0.4 的水平，竞争对手中联重科短期偿债能力却在 2010 年后因债务结构调整有了较大的提高，现金比率达到 0.7，短期现金流压力较小。资金是企业运营的血液，资金链的紧张将直接增加企业面临财务困境的可能性，三一重工的融资结构加剧了公司运营的财务风险。

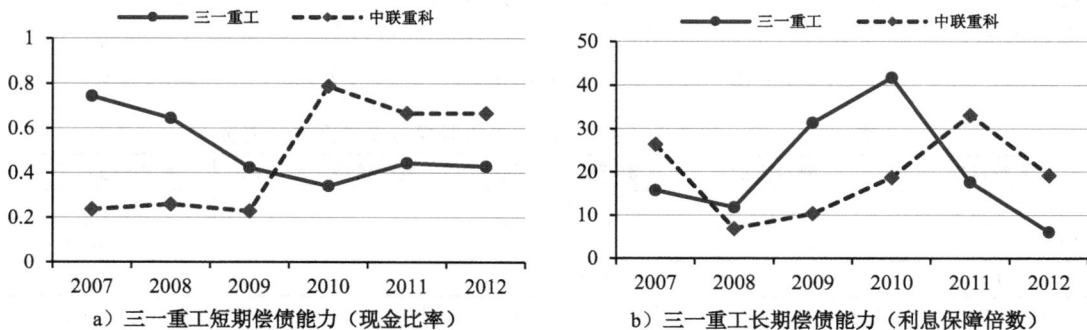

a）三一重工短期偿债能力（现金比率）　　b）三一重工长期偿债能力（利息保障倍数）

图 14-17　三一重工偿债能力

资料来源：锐思（RESSET）金融数据库。

　　高比重的负债不仅会加大企业现金流的压力，同时也对企业短期的盈利业绩产生重大影响。三一重工的财务费用从 2010 年开始激增，2010 年和 2011 年的增长幅度分别达到 123.7% 和 170.6%；财务费用对单位毛利的侵蚀由 2009 年不足 2% 上升到 2012 年的 9.14%，增长了 3.6 倍。在营业收入下降的背景下，财务费用等固定支出的增加加大了经营杠杆系数，进一步恶化了企业的盈利能力：2012 年营业收入下降 7.77% 而净利润的降幅达到 35.79%。企业增长过度依赖于银行借款，削弱了三一重工抵御市场行情波动风险的能力。

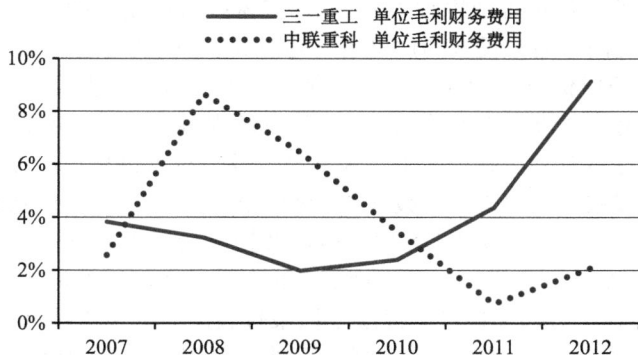

图 14-18　高负债对损益的影响

资料来源：根据三一重工（600031）和中联重科（000157）2007～2012 年公司年报数据整理。

14.6.2　研发提升利润，服务开拓市场

　　客户管理的内容包含如何选择对企业有吸引力的细分客户，向市场宣传有关产品信息获得客户，确保质量纠正问题保留客户，培育客户关系增加客户购买份额等四大方面。公司成立之初，鉴于三一在资金、品牌和规模上均缺乏优势，无法在制造及采购环节打造核心能力，同时考虑到工程机械产品用户对产品的可靠性和服务及时性要求特别突出，管理层将"研发和服务"作为两大核心竞争力。产品的自主研发是产品高安全性、高可靠性、使用便利性的基础保障；高品质的客户服务则通过降低客户的使用成本和心理成本实现客户产品购买的附加价值。根据客户维度分析的提示，在客户管理部分需要着重分析的是：具体而言，三一重工是如何打造研发和服务两大核心竞争力实现其客户价值主张的。

1. 自主研发收获高端利润

　　工程机械行业是一个技术密集型行业，"从挖掘机、装载机到推土机，每一台工程机械设备就是一台超精密的仪器"，因此掌握先进的制造技术便成为工程机械行业原始创新的出发点。三一重工在短时间内快速崛起，并能够始终跟随市场的发展步伐，首先依靠的是公司的自主研发实力。公司历时 15 年，构建了"自主创新、自主品牌、自主知识产权"的创新体系，制定了"一高两核"的战略创新目标，即高品质的产品定位，核心技术自主开发，核心部件自主研制。**三一重工为何能"颇有远见"地选择自主研发的发展道路？**

　　1994 年，当三一重工初探工程机械行业时，国内工程机械企业的发展路径有两种：斥巨资引进跨国公司的技术，走引进、消化、吸收的模式；与国外企业合资，以市场换技术的模式。但对于三一而言，这两条路都走不通：购买技术，缺乏资金；合资之路，公司当时规模较小。"与其引进技术跟在人家后面亦步亦趋，沦为生产车间，不如另辟蹊径，以自我创新掌握发展主动权"，在这种想法下，公司**"被迫"**走上自主研发的道路。技术先行，突破核心技术，实

现在国内企业中的技术领先，进而使企业产品与竞争对手产品形成明显的区别，取得对顾客价值的独特性。这种技术创新路径，形成了三一重工进军工程机械行业的战略支点。

对三一重工的研发能力，这里使用 2005 年国家统计局提出的衡量中国企业自主创新能力的三大指标⊖进行分析（见表 14-10）。人力资源存量是企业**潜在**技术创新资源的直接度量指标。截至 2012 年底，公司拥有两个国家级博士后科研工作站、四个国内研发中心、三个海外研发制造中心，近 6 000 名研发工程师。企业在技术创新活动各个环节的经费投入可以衡量企业的技术**创新活动**。三一重工每年将销售收入的 5% ~ 7% 投入到研发中，是中国同行市场平均水平的 3 ~ 5 倍，而欧美同行通常投入的比例也不超过 3%。即使是在 2012 年企业经营业绩下滑的背景下，公司的管理层仍没有为美化短期业绩减少研发经费，其研发支出多达 25.46 亿元，高出中联重科 8.2 亿元，占营业收入的 5.44%。研发的高额投入反映在财务指标上即表现为公司的管理费用率高于竞争对手。高投入也带来了高成效。技术创新**产出能力**指标反映了其各种要素组合产生的实际成效，是评价企业技术创新能力最直接、最重要的指标。截至 2012 年底，公司累计申请专利 4 528 项，授权 2 428 项，申请及授权量居工程机械行业第一；专利转化为科技成果的比率达 20% ~ 30%，远高于国内 5% 的水平，亦高于欧洲 15% 左右的转化率。从 1994 年三一重工研发高压力、大排量的混凝土拖泵打破国内拖泵依赖进口的现状到 2011 年世界最大吨位履带起重机三一 SCC86000TM 成功下线，可以说，公司已建立起了一套以市场需求为中心、快速有效的研发转化体系。

表 14-10　三一重工研发能力分析

指标维度	代理变量	措施与成果
潜在技术创新资源	人力资源存量	截至 2012 年底，拥有两个国家级博士后科研工作站、四个国内研发中心、三个海外研发制造中心，近 6 000 名研发工程师
技术创新活动评价	创新活动投入经费	每年将销售收入的 5% ~ 7% 投入于产品技术研发
技术创新产出能力	申请的专利数量、专利产品转化率等	截至 2012 年底，累计申请专利 4 528 项，授权 2 428 项；专利转化为科技成果的比率达 20% ~ 30%

三一重工的研发能力在中国工程机械行业中是首屈一指的。高昂的研发投入虽然会减少企业的短期利润，但是却属于企业价值的长期投资。自主创新为公司带来了高溢价效应，并且使三一重工占据了整个产业链的高端。当绝大部分中国制造企业还在充当品牌长工时，该公司已经在收获高端利润。研发带来高利润，高利润又继续支撑公司的研发投入，形成价值的良性循环。

2. 金牌服务助力市场开拓

如果说高品质的产品使三一重工在国内众工程机械企业中脱颖而出，那么公司在与国际机械巨头的竞争中，则凭借完善的客户服务占得先机。工程机械使用的环境比较恶劣，客户对产品的可靠性、易维护性要求非常高，不仅要求产品具有卓越的品质，对及时、高效的服务则更为看重。对于中国工程机械行业的很多用户而言，服务已经成为影响他们选择品牌的主导因素。尤其在行业处于整合期时，服务尤显重要，唯有提供使客户满意的优质服务才能留住既有客户、挖掘潜在客户、实现客户的品牌忠诚，并最终获得客户长期价值。而工程机械市场上，产品的维修与养护一直是国际巨头忽视的环节。三一重工每年将销售收入的 3% ~ 5% 投入到服务资源建设上，要求"用偏执

⊖　2005 年 11 月国家统计局国家经济景气监测中心发布《中国企业自主创新能力分析报告》，从技术创新能力的角度提出了一个企业自主创新能力的评价指标体系，共包括四个一级指标：潜在技术创新资源指标、技术创新活动评价指标、技术创新产出能力指标、技术创新环境指标。考虑到技术创新环境指标主要由企业外部环境所决定、非企业可控因素，在案例本部分的分析中不予讨论。

的态度，穷尽一切手段，将三一服务做到无以复加的地步"，开中国工程机械领域之先河。

在"超越客户期望、超越行业标准"的服务目标下，**三一重工不断在服务体系建设、服务资源投入、服务模式变革等方面进行探索和创新**。早在 1997 年，公司率先在行业推行服务工程师承包工资制，将用户的利益和服务人员的利益捆绑形成了利益共同体。1999 年，将服务确定为公司发展的两项核心能力之一，确认了"一切为了客户，创造客户价值"的服务理念。2006 年，借鉴汽车行业 4S 店的服务模式，率先建立集整车销售、零配件供应、售后服务、专业培训、产品展示、市场信息反馈的"6S 中心"，开启了行业"一站式"服务的先河，公司由此迈向"服务型生产制造"的高度。2011 年 7 月，泵送事业部推出"一生无忧"的服务承诺，首次以量化的数字在服务速度、服务质量、成本节约等方面对客户作出承诺，客户通过一个电话即可解决一切问题。截至 2012 年底，公司在国内设有 700 多个办事处，2 200 余名服务工程师、1 500 多台服务车 24 小时待命，确保服务半径控制在 100 公里以内；450 多个配件仓库形成了总部仓库、区域中心仓库、省级仓库和地市级仓库四位一体的配件供应保障体系，储存了 8 万余种零配件供用户选择，配件仓库的数量为竞争对手的 1.6 倍，配件贮备量是竞争对手的 1.5 倍；50 多家维修中心提供 7×24 小时维修服务，全面包干与上门大修的服务及唯一的保险定审资格，能为客户设备快速准确地排除故障，让客户无后顾之忧。

服务方式的不断推陈出新，打造了业内知名的"三一金牌服务"品牌。公司服务满意度得到持续提升，多次获得售后服务大奖⊖。相比行业竞争伙伴，公司的服务优势明显。随着工程机械行业的不断成熟，产品技术逐步趋同，国内外知名品牌同台竞争，实质上已演变为服务的竞争。三一重工之所以能在市场竞争中后来居上，除了技术和性价比优势外，"为客户创造价值"的服务理念和以客户为中心的内外互动式全员大服务体系的建立，是其产品得以迅速占领市场的另一原因所在，也成为公司初涉海外市场时的突破口。

14.6.3　多元化、国际化保障收入来源

保持竞争优势、收入的高增长要求组织持续创新以识别新产品和服务机会、设计并推出新产品和服务。根据财务特点分析的提示，创新流程需要着重分析的问题是：（1）三一重工具体是如何通过创新管理流程维持其收入较快增长的？（2）在国内房地产调控加码、宏观经济放缓的大背景下，公司是否制定了相应的策略来应对市场行情的低迷？

1. 相关多元化注入收入增长

扩展公司的产品链，不论是对提升三一重工的发展空间还是对增强企业抵抗风险的能力来说，都是十分必要的。1994 年，三一重工初入重型机械制造领域之时所选择的是一个典型的缝隙市场：混凝土机械中的拖泵产品，其资本要求相对较小，加工检测的投入要求相对较低，而公司相对于国外企业和国有企业更灵敏的市场反应速度、服务支持及成本领先优势为他们赢得了生存空间。但缝隙市场的特点是成长空间有限，拖泵市场每年也只有几十亿元的空间。此外，工程机械产品行业属于周期性波动很强的行业，国家几次调控的背景下，行业内很多企业经济效益下滑，公司的混凝土机械也曾随房地产产业的波动而起伏。在以往的经营过程中，个别产品需求的急速变动与公司较为激进的经营风格曾经为三一重工带来过风险。多元化势在必

⊖　2008 年，获"中国设备维修十佳企业奖"、"亚太最佳服务奖"；2009 年获得 SGS 的认证与审核，成为国内首家获得机械制造业服务标准化认证的企业；2010 年，获得"全国客户服务公众满意最佳典范企业"荣誉，成为国内工程机械唯一获奖的企业；2011 年，五度蝉联"全国售后服务十佳单位"；2012 年工程机械行业八大类主导产品的用户满意度测评中，三一服务获得了八个第一。

行，那么具体采取何种多元化战略推进收入的增长？

三一重工在拓展公司的产品链时遵循的是渐进式的相关多元化战略，即当一个产品没做到数一数二的时候，不做第二个产品；在新产品来源上，以自主研发为主、集团孵化注入为辅。相关多元化可以有效利用自身在工程机械行业积累起来的技术及劳动力优势，实现既有核心竞争力的向外扩张，降低多元化的实施风险和管理难度；而渐进式的相关多元化可以集中企业的研发及管理资源在短时间内攻破多元化难题。1995 年，公司成功开发并开始销售混凝土输送泵；1998 年公司成功开发并开始销售混凝土输送泵车。到 2000 年，公司的拖泵、泵车的市场占有率分别达到 42% 和 27%。之后，公司陆续进入路面机械市场、履带起重机市场、桩工机械市场、挖掘机市场、汽车起重机和混凝土搅拌运输车市场（见图 14-19）。目前，三一重工几乎上马了工程建筑机械行业中的全部主流产品。

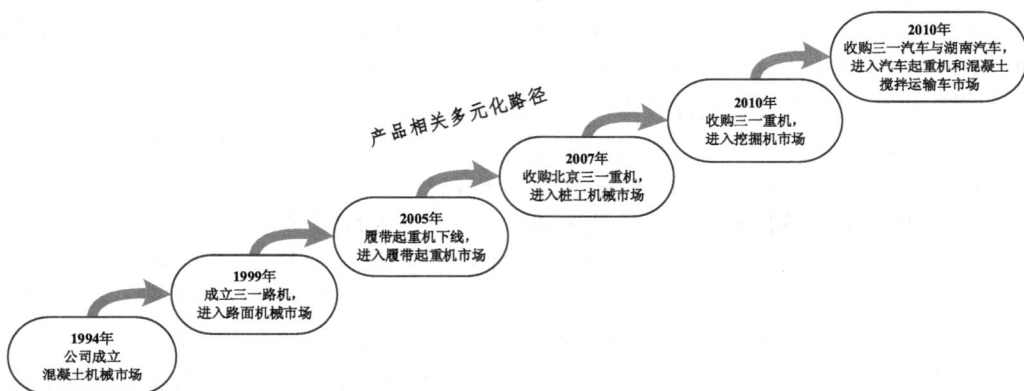

图 14-19　三一重工产品多元化路径

资料来源：根据三一重工（600031）公司网站信息整理，三一重工公司网址：http://www.sanygroup.com/company/hi/zh-cn/。

新业务的出现为企业带来新的增长点，从而平衡了老业务的下滑，维持了企业营业收入的持续成长。由图 14-20 不难发现，混凝土机械作为三一重工传统优势产品，目前仍然是企业营业收入的第一大来源。而由于市场容量较小，混凝土机械产品的收入增长平稳，但增长潜力相对较小。其他工程机械及配件产品的收入除 2009、2012 年外，增长幅度均远高于混凝土机械产品，在 2005 ~ 2012 年七年间，该类产品营业收入增长了近 34 倍。截至 2012 年底，其他工程机械及配件的收入已经占到总营业收入的 41.11%。

2. 品牌本土化开拓全球市场

成为世界五百强企业的战略目标决定了三一重工必须置身于全球市场思考问题，拓展国际市场、整合全球资源。公司的国际化是三一重工发展的必经之路。在国际化方式的选择上，公司实行的是直接对外投资、逐步实现产品和品牌的本土化的方式。其国际化战略分为三大步骤：首先，产品走出去，提高品牌和国际市场上的快速反应能力；第二，企业走出去，在海外进行投资设厂；第三，资本走出去，通过国际化的资本运作，整合国际范围的人才、资本、市场等资源。

三一重工为何选择本土化方式，该方式有何优点？其一是因为本土化方式的进入门槛低。国际金融危机以来，各国对进口产品设置的门槛越来越高，而本土化生产的对外直接投资由于能促进被投资国的就业、增加被投资国的税收，一般不会被拒绝，从而绕开了贸易壁垒。其二，相对于跨国并购，对外直接投资是国内企业的资源注入，管理难度小。其三，对于工程机械行业而言，不同区域的客户喜好不同，对设备的要求也不同，产品本土化的重要性不言而喻。此外，三一采购的汽车底盘、油泵、发动机等三大关键零部件中，大多来自美国、德国，在这些国家的项目建成后，零部件采购环节可以免去一部分关税，产品实现本地化生产后，还可以大大节省销售环节的运输成本。

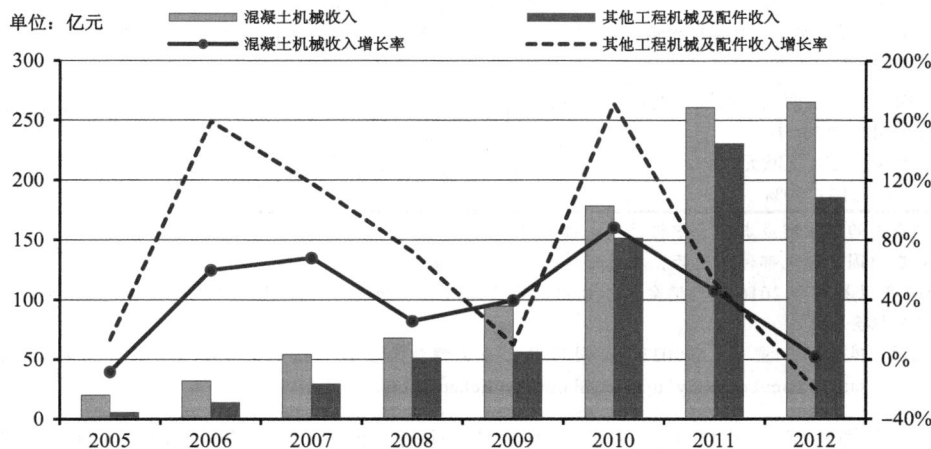

图 14-20　混凝土机械与其他收入趋势

资料来源：根据三一重工（600031）2004～2012 年公司年报数据整理。

2001 年 11 月 18 日，三一重工与世界 500 强企业美国迪尔公司签订合作经销协议，由此拉开了国际化战略经营的序幕。三年以后，公司出口业务便拓展到东欧、非洲、东南亚、南亚、中东等国家和地区。然而随着企业规模的扩大，单一的产品输出的贸易形式下，产品覆盖面有限、远距离运输成本过高，且在一些国家因为受到贸易保护的限制，开拓市场的难度极大。2006 年公司在印度普那投资 6 000 万美元建设工程机械制造基地，国际化战略步入第二阶段。此后，公司又相继在美国、德国、巴西投资了科研制造基地。2009 年 10 月 5 日，随着印度工程机械制造基地建成投产，公司开始了投资、设计、生产、销售一条龙式的本土化全球发展之路，标志着公司迈入国际化战略的第三阶段。2012 年 1 月，三一德国和中信基金共同收购了全球混凝土机械的第一品牌德国普茨迈斯特，进一步加快了企业的国际化进程。

表 14-11　三一重工 2007～2012 年国际化投资重要事件

年度	海外投资并购事件	对公司的影响
2007 年	地点：美国佐治亚州 项目：投建研发制造基地 金额：6 000 万美元	目的：主攻美国市场，并辐射加拿大和墨西哥市场 业务：偏重研发，担负集团研发平台及国际化顶尖人才孵化基地作用
2009 年	地点：德国北威州 项目：投建研发制造基地 金额：1 亿欧元	目的：减少零部件运输成本[①]；利于实现核心零部件的供应自主化；提升国际品牌影响力，扩大欧洲市场份额 业务：偏重研发，利用当地人才研发贴近欧洲市场需求的产品[②]
2010 年	地点：巴西圣保罗 项目：投建制造基地 金额：2 亿美元	目的：抢占巴西工程机械市场机遇[③]，并辐射南美各国市场 业务：偏重制造，主要生产挖掘机、履带吊、汽车起重机
2010 年	地点：印度浦那 项目：印度工业园投入营运 金额：6 000 万美元	目的：实现印度销售产品本地化制造，并逐步覆盖亚太地区其他国家 业务：集研发、制造、销售、租赁等多功能的综合平台

（续）

年度	海外投资并购事件	对公司的影响
2012 年	项目：与帕尔菲格合资成立三一帕尔菲格 SPV 设备公司和帕尔菲格三一汽车起重机国际销售公司 金额：4.5 亿元、200 万欧元 股权比率：50%	目的：借助帕尔菲格密集且国际化的销售和服务网络提升三一汽车起重机的全球化水平 业务：从事三一汽车起重机产品的销售和服务
2012 年	项目：与中信基金共同收购普茨迈斯特公司 100% 股权 金额：3.24 亿欧元 股权比例：90%	目的：丰富产品组合；提升研发能力、国际运营管理经验和营销、服务水平；缩短国际化进程时间，减少竞争对手 业务：收购后作为独立高端品牌，维持日常管理及运营

①三一重工的供应链成本构成中将近一半都来自德国。

②产品在中国完成元部件制造后，在德国进行组装并销售。

③ 2014 年世界杯和 2016 年奥运会的承办以及巴西政府的"加速增长计划"都将给巴西工程机械市场提供巨大的发展机会。

资料来源：根据三一重工（600031）公司网站企业历程信息整理。三一重工公司企业历程网址：http://www.sanyhi.com/company/hi/zh-cn/about/qiyelicheng.htm。

一次次大规模的海外扩张，让三一重工成为同行业"走出去"进程中的典型代表。截至 2012 年 5 月，公司已经在 13 个国家设立海外销售公司，业务覆盖 130 多个国家，产品批量出口到 80 多个国家和地区，国际布局已基本成形。近 10 年的培育之后，三一重工的国际化逐渐步入收获期。2012 年，公司海外销售额超过 87 亿元人民币，达到营业收入总额的近 20%。根据公司管理层规划，到 2015 年国际业务将达到营业收入的 30%，长期目标是出口占比达 50% 以上。

如图 14-21 所示，虽然目前三一重工的国际业务规模相对于国内业务仍然较小，2012 年国际业务仅为国内业务的 1/4 左右，但是除 2009 年、2010 年受国际金融危机影响外，其余各年国际业务的增长率均高于国内业务，可见海外市场的扩张极大地推动了企业的快速发展。尤其是 2012 年国际市场营业收入的大幅增长有效平滑了由于国内市场行情低迷带来的营业收入下滑。

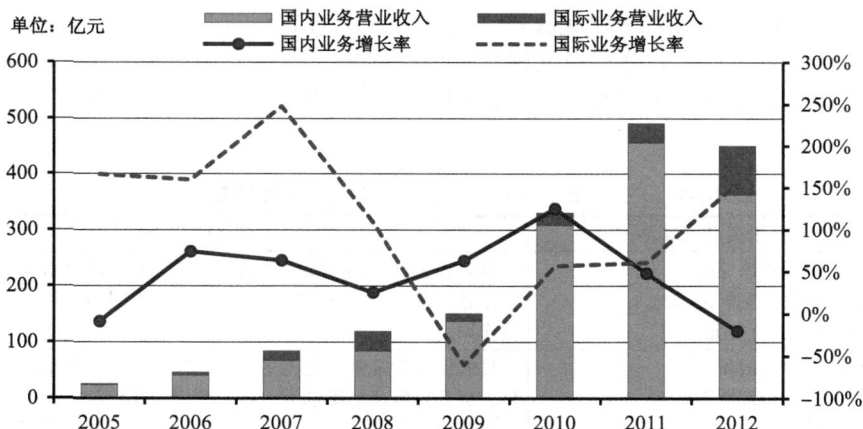

图 14-21　国内与国际业务收入趋势

资料来源：根据三一重工（600031）2004 ~ 2012 年公司年报数据整理。

14.6.4　内外社会责任失衡导致形象受损

企业的发展依赖于社会的发展，企业的社会责任感对外应该为社会提供质量可靠的产品，并持之以恒地为社会创造价值，做出贡献；对内则体现在对员工的责任。只有实现了企业与社会发展的和谐统一，才能使企业实现可持续发展。在法规和社会维度方面的卓越声望有助于树立品牌形象、吸引和保留高素质员工。如果法规和社会流程不能得到充分执行，就会使公司经营、成长以及向股东传送未来价值的能力遭受风险。三一重工的管理层是否充分认识到了法规与社会流程管理对企业价值的深远影响？

1. 社会责任凸显品牌实力

三一重工秉承"国家之责大于企业之利"的使命，自觉承担社会责任，从依法纳税、开展无偿献血、捐资助学、力行社会公益等方面推动企业社会价值的实现。社会责任的履行并不是单方面增加企业的负担，是树立自身良好公众形象、增强市场竞争力的过程。

2011 年 3 月 11 日，日本发生 9 级地震并引发大规模海啸，造成重大人员伤亡和财产损失。随后，受到重创的福岛核电站发生严重核泄漏，日本借鉴苏联核电站救灾的经验，用泵车参与注水降温工作，而日本国内几乎没有 50 米以上的臂架泵车，于是东京电力公司向拥有世界臂架最长的三一重工求助，紧急求购一台 62 米混凝土泵车，以对相关机组进行注水冷却作业。三一重工第一时间免费向日方提供价值 100 万美元的泵车，并派出 6 名成员组成技术团队冒着核辐射的危险赴日配合救援。从 3 月 31 日起，三一泵车开始对福岛电站机组进行注水降温，有效缓解了危害的恶化。此外，三一重工也积极参与到智利矿难、四川地震救灾与灾后重建、台湾"莫拉克"台风水灾等突发事件中。

需要指出的是，企业社会责任投资需走出纯粹的"慈善但无结果"的阶段。社会责任作为一种长期价值投资，在投资时也需要考虑慈善活动的产出。慈善活动与战略越紧密配合，越能获得高收益。三一重工的救灾捐车事件，得到国内外媒体的普遍关注和赞扬，也充分体现了国际社会对公司品牌优势的认可。借助该事件公司向行业用户展示了其自主创新的领先实力与负责任的企业形象，且传播范围广、效果好，该事件营销的收获远大于 100 万美元投放广告所产生的效果和价值。对于救灾捐车事件，资本市场也给予了积极的反应，个股的日收益率[⊖]远高于日市场收益率及竞争对手日收益率。

2. 变相裁员减损品牌形象

2009 年初面对经济危机，三一重工"高管自降薪酬，员工不裁员、不降薪，不接受普通员工降薪申请"的过冬模式，曾一度树立了敢于担当、对内愿与员工相互扶持的公司形象。然而，2012 年再次面对行业下行压力，公司却开始大幅裁员。虽然企业管理层并不承认大裁员的存在，但 2012 年公司年报数据表明，公司的在职员工仅有 34 887 人，这一数字较上年减少了 32.68%。"变相裁员"风波，也使三年前的承诺被疑为作秀。

市场好时疯狂招聘扩张，市场不好时使用裁员的方式为快速扩张埋单，公司没有践行企业对内部员工的社会责任。裁员初期，由于人工支出的降低，企业的财务状况可能会得到明显改善。然而，裁员的负面效应却是长久的，裁员的合法性和公平性会被质疑，企业将不得不支付相应的补偿。更严重的是，裁员造成了不负责任的企业形象，加大了未来企业扩充人员时的招聘难度、增加企业的招聘成本，不利于长期发展。

裁员事件也使公司的市场价值受到了严重影响。从 2012 年 7 月变相裁员陆续被媒体报道以来，三一重工的累积日个股超额收益率（CAR）[⊜]远低于中联重科数据（见图 14-22），市值

⊖　由于事件发生日（2011 年 3 月 19 日）恰逢周六，此处日个股收益率取 2011 年 3 月 21 日收益率数据。根据锐思数据库数据显示，当日三一重工、中联重科、综合市场收益率分别为 1.08%、0.13% 和 0.08%。

⊜　以公告后的 20 个交易日作为事件窗口期。日个股超额收益率（AR_t）= 个股日收益率 - 总市值加权平均日市场收益率；第 t 个交易日的累计超额收益率（CAR_t）= $\sum_1^t$ 日个股超额收益率（AR_t）。

20 天缩水超 150 亿元。市场行情不好是行业内所有企业共同面临的环境，为什么唯独三一重工进行如此大幅的裁员？**在事件表象背后，又暗含着怎样的深层次管理问题？**

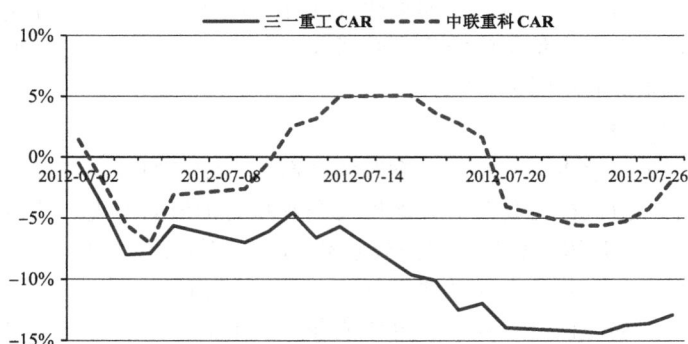

图 14-22 三一重工大幅裁员的市场反应（20 个交易日超额收益率）

资料来源：依据锐思（RESSET）金融数据库计算得到。

内部流程维度是价值创造并传送的直接过程。（1）制造企业行业特征决定了基础层面的运营和客户管理流程是管理层最为重视的环节、在企业管理中保持着优先地位。（2）产品领先的价值主张决定了创新流程可能是最具有决定性的成功因素。三一重工的内部流程管理较好地符合了以上两方面的要求。**首先，**管理层依据"行业的关键成功要素必须做、企业优势资源所支持的要素可以做、与客户突出需求密切相关的要素值得做"的评判标准，在运营和客户管理流程定位了研发、服务、制造三大核心竞争力，成为驱动价值增长的关键。**其次，**在创新流程方面，公司通过相关多元化、本土式国际化战略，在避免资源配置低效率的同时拓宽了收入来源、分散了单市场的经营风险，成就了收入的持续高增长。**然而，**在行业一路向好背景下，企业的关注点都置于跑马圈地上，盲目扩张的风险往往被忽略。三一重工所采用的通过激进销售及融资方式撬动高杠杆的扩张模式为企业的后续经营埋下了隐患，成为市场低迷期公司业绩下滑的加速器。

14.7 价值间接支撑——学习与成长维度

企业客户价值主张的实现与内部流程核心能力的打造，离不开公司创新、提高和学习的能力：若没有研发团队与开发能力，那么产品创新就不可能发生。无形资产成为持续性价值创造的决定性因素。注重对人员、系统和组织程序等基础的投资，才能保证企业长期的发展和改进。而战略协同是从无形资产中创造价值的根本原则，三一重工的管理层是如何使各无形资产得以支撑内部流程和战略实施？当前内部流程运转风险的制度性根源来自何处？

14.7.1 激励机制保障价值源泉

研发、服务和精益生产是企业内部流程的三大核心竞争力，不论是"品质改变世界"的研发理念、"一切为了客户"的服务理念，还是精益生产体系的打造都必须靠优秀的员工去实现。三一重工是如何吸引、保持并培养人才的？

三一重工对人力资本的开发与维持战略可概括为：培训激励保障价值源泉。在人才引进方面，公司建立了《招聘、寻聘实施程序》、《人员增补计划控制程序》、《人才录用程序》等制度，保证了引进人才的规范性和广泛性；并通过《任职回避制度》保证公司的政令畅通，达到任人唯贤的目的。为了迅速招到人，招聘的程序也被大大简化了。公司的应聘者在半小时内即可完成从初试到总裁面试的所有程序。

在员工激励上，三一重工构造了"高工资 + 股权激励 + 升职空间"的三位一体机制，有效地提升了员工的工作热情。其一，在工资待遇方面，员工的平均工资要高于同行公司20% ~ 30%，且员工的绩效考核结果直接决定其最终的薪酬。其二，公司通过股权激励方式使员工共享企业发展的成果。2012 年 12 月 24 日，公司董事会审议通过了《关于公司股票期权与限制性股票激励计划授予相关事项的议案》。根据公告，公司拟向 2 068 位激励对象授予1.55 亿份 A 股股票期权，其中首次授予 1.38 亿份，预留 1 549 万份；拟向 1 374 位激励对象授予 2 282.19 万股公司限制性股票。此次股权激励对象覆盖面广、业绩解锁门槛低，实为管理层将公司发展与员工利益结合在一起的一种低成本利益分享举措。其三，在员工升值空间上，公司制定了两大序列（管理和专业）三个方向（管理纵向、专业纵向、专业横向）十大系列（研发技术、质量、财务、IT、人力资源、商务、营销、服务、生产、综合）的人才发展通道，并且为员工规划了管理和专业两个通道的上升空间（见图 14-23），让不同层级的员工都能找到自己的职业提升之路。

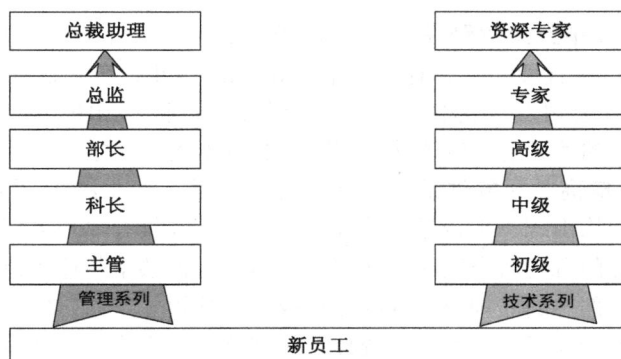

图 14-23　三一重工的两类晋升通道

为保障企业的自主研发能力，公司尤其重视对技术人才的激励，资源优先向技术人才倾斜：一个普通的研究所高级技术员，其工资收入可以达到工厂厂长的水平。为了奖励技术人员的累积贡献，避免人才流失，公司还推行贡献积分制，将技术人员每年的贡献以一定的分值量化，每隔几年针对不同的分值级别给技术人员提供除工资、奖金之外的其他福利奖励，例如集资建房等。

在人才培养方面，三一重工拥有行业内最完善的员工培训体系，成为工程机械行业的"黄埔军校"。引进人才只是人才经营中的一个环节，企业构筑人力资本的优势，是一项长期的系统工程，只有同时重视人才的培养和使用，并建立科学合理的考核激励机制，才能有效避免人才引进的"漏斗效应"。因此，公司每年投入数千万培训费用，拥有能同时容纳 1 万人培训学习的三一大学和 6 000 平方米的实习车间，并要求普通员工每年完成 15 个学时（每学时相当于90 分钟课程）的培训，培训内容包括：企业文化制度培训、管理知识专业技能培训、资格认证培训等。并从 2000 年起，实行员工"送读计划"，将由部门推荐的优秀管理人员、技术人员、营销服务人员、技术工人，送往各地高等院校学习；2011 年，公司进一步启动"世界顶级大学培养学习"计划，从公司的制造、工艺体系选取有潜力的员工，带着项目到世界顶级大学研修 1～2年。

较为灵活带有激励机制的薪酬考核体系和完善的员工培训计划，为三一重工打造了一支高效率、执行力极强、能打快仗打硬仗的队伍。员工的高技能最终转化成企业的生产力，奠定了公司发展的基石。公司的某中层员工坦言，"若抛开宏观环境因素，这（高效的人才队伍）正是三一重工能多年保持年均50%以上增长的关键因素之一"。

14.7.2 信息化支撑核心竞争力

人力资本在内部流程方面创造卓越的业绩，需要依托于信息资本提供的基础设施和应用程序平台，信息化管理已成为提高企业竞争力的必要因素。那么，三一重工的信息资本是否能够实现支撑内部流程目标的功能？

三一重工流程信息化需求主要来源于以下三个方面：技术创新需要洞察客户需求、发现新技术机会能力、研发管理能力、缩短开发周期、持续研发和新品上市能力；深度营销需要渠道分销能力、客户获得能力、客户保持能力、售后服务能力；国际化需要国际化业务拓展能力收获国际终端市场、需要合理化资本运作能力进行产业整合。ERP（企业资源计划）、PDM（产品数据管理）和自主研发的ECC（企业控制中心）三大信息化集成系统是推动三一重工信息化的"三驾马车"。

（1）**ERP系统支撑精益运营管理**。早在1999年，三一重工就开始应用ERP系统，受当时条件所限仅实现了物流管理和仓库管理的信息化。2005年，公司启动国际化发展战略，原有的ERP系统难以胜任公司发展战略的需求，管理层决定重上ERP系统。新的ERP系统实现了物流管理和仓库管理的信息化、生产计划和财务的一体化等目标。

（2）**PDM系统支撑高效研发体系**。在产品研发方面，通过PDM系统，公司国内全部产业园的研发数据、流程均由统一平台进行管控，各种零部件仅有单一数据源，实现了企业级产品数据共享，各相关部门可随时查阅所需图档、资料。数据共享与业务协同，使产品数据的准确性提高，大量减少零部件的品种及零件的库存成本，缩短了产品研发周期，同时也提高了产品质量，降低了整机的开发风险。据公司统计，标准化、通用化程度和零件重用率的提高使零件的库存量降低了30%。

（3）**ECC系统支撑创新服务模式**。2006年，针对国际工程机械市场的竞争态势，为强化公司在售后服务环节的竞争力，三一重工建成业内首家ECC，形成"天地人合一，一二三线协同"的创新服务模式。ECC是一个基于GPRS应用技术的服务控制系统，具有智能派工、服务质量的监控与评估、设备运行监控、故障远程报警与诊断、远程指导等功能，彻底改变业内客户直接求助现场服务工程师的传统模式，使60%以上的问题可以通过二线服务工程师远程解决。若故障不能远程解决，二线服务工程师可以进行智能派工，系统根据设备和服务车位置、服务人员技能、设备故障类型等，自动选择匹配的就近一线服务工程师，确保第一时间赶至现场快速解决问题。该服务系统还与公司的研发、采购、制造系统相连，客户在下订单时，其需求直接输入研发体系和客户关系管理系统（CRM）；通过三维模型的设计，相关零部件需求发布后，立即进入ERP采购计划体系；采购完成后，现场装配信息在MIS系统中体现出来，进入生产流程。这些信息同时进入售后服务系统，以保证服务的准确及时。ECC使三一重工能够用最快的速度、最小的投入，及时解决客户问题。

可以说，信息管理平台的打造对三一重工竞争优势的提升起到了支撑作用：利用自主开发的智能设备控制与管理，实现了产品智能化；研发工具和PDM系统的应用与推广实现设计过程数字化；MES 系统支持制造过程的柔性化；通过 ECC/GCP/GCP 等系统支持全球资源管理的一体化。正是得益于信息化管理平台的支撑，公司实现了跨越式发展。

14.7.3　管理短板制约价值增长

人力资本和信息资本需要通过组织资本进行整合和配置。三一重工当前的组织管理方式是否利于企业价值的创造？制度层面的哪些缺陷造成了公司经营的高风险？

1. 粗放管理降低生产效率

由于人力成本较高，企业在行业发展不景气时通过减少人员削减成本，虽有损于企业形象却也无可厚非。而裁员事件却暴露出三一重工依靠人海战术应对急速扩张的粗放经营风格。从图 14-24 中可以看到，在 2007 ~ 2011 年营业收入迅速增长的 5 年中，公司的员工人数几乎以与营业收入相同的速度在增加，人均劳动生产率未升反降；而竞争对手中联重科的劳动生产率则由 72.9 万元 / 人上升到 160.7 万元 / 人，高出三一重工近 74%。相对于主要竞争对手，公司的管理仍然相对粗放。

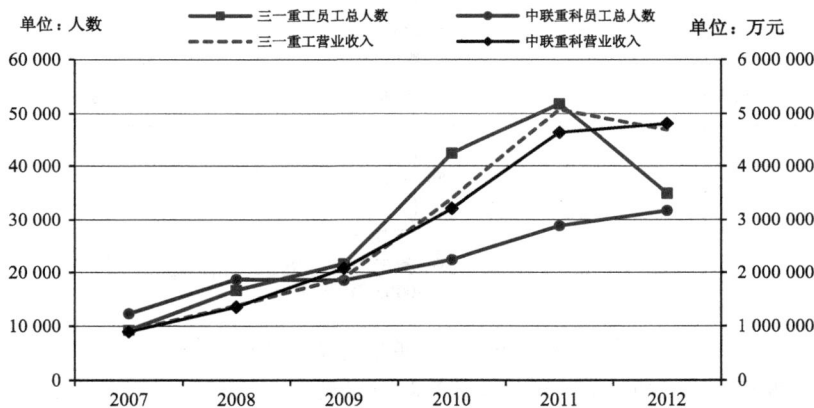

图 14-24　三一重工营业收入与员工人数对比分析

资料来源：根据三一重工（600031）和中联重科（000157）2007 ~ 2012 年公司年报数据整理。

在市场需求旺盛时，依靠生产要素的大量投入和扩张实现企业营业收入的增长仅是一种规模的扩张，企业创造盈利的能力并没有提升，管理的粗放成为公司高速扩张的并发症。公司高管坦言，过去由于长期处于人才供小于求的状况，所以对人员素质降低了要求。为了补充足够人才，从 2008 年开始，三一开始大批量招聘应届毕业生。但这些新人的加入并没有立竿见影提升公司的研发与生产能力，而且员工快速膨胀的后遗症影响了质量，"质量控制成本变高，老是要返工"。

行业高速成长的时候，管理的缺陷被行业快速成长等外生性市场因素所掩盖，但一旦速度慢下来，问题都会暴露出来。进入"中速增长时代"后，企业难以继续按照"水涨船高"的粗放扩张型模式发展。企业通过裁员的方式度过经济寒冬，不过是一时自保。唯有实现管理方式由粗放到精细化的转变才能加强企业核心竞争力，是在寒冬之时企业自救的根本方法。公司管理层也认识到这一点，提出将 2012 年作为管理效益年，进一步加强对企业员工的培训力度。

2. 公司治理缺陷加剧经营风险

公司治理是监督公司有效运行、保证企业健康发展的重要方面，能够通过有效监督与制衡管理层的行为，降低由于企业管理层决策不当带来的经营风险，是保障企业股东价值不受损害不可或缺的部分。良好的公司治理内部机制应该包括：（1）保护股东和利益相关者的利益；（2）确保董事会对公司的战略性指导和有效监督；（3）高标准的信息披露。三一重工内部的公司治理状况是否能满足这些要求？

在股权高度集中、机构投资者持股极低的股权结构（见图 14-25）与大股东控制的董事会结构下，**三一重工中小股东的利益主张缺乏机制保障。首先，持股极低的机构投资者难以对大股东形成制衡机制**。对于三一重工这种股权集中的公司，其面临的股东代理冲突既包含管理层与股东间的利益冲突，又包含控股大股东与中小股东利益间的冲突。由于公司大股东参与公司的实际经营，管理层与大股东利益分离度较小，代理利益冲突能较好地缓解。而第一大股东（公司创始人）对公司的持股比例高达 60%，持股比例仅占 3.01% 的机构投资者难以对大股东形成有效的制衡机制，外部小股东的利益难以得到保障。

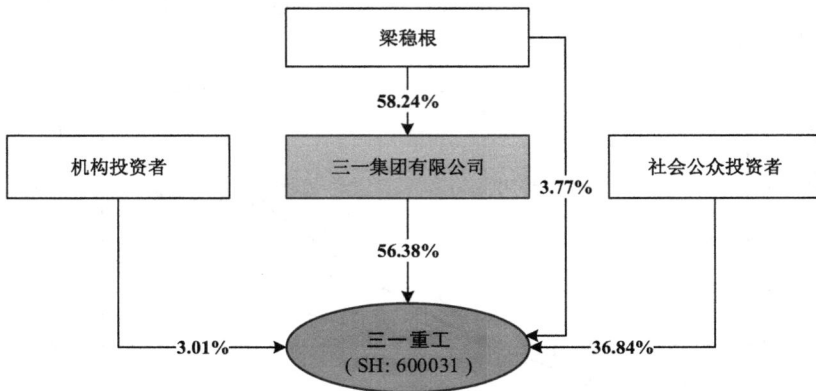

图 14-25　三一重工股权结构图

资料来源：依据三一重工（600031）2012 年公司年报信息整理。

其次，股权董事比例大的董事会结构，形成了大股东及管理层的内部控制。三一重工的董事会由 7 名非独立董事和 5 名独立董事构成。7 名非独立董事中 3 人为公司管理层，其余 4 人均为控股股东三一集团的管理层。根据公司章程规定，除制订变动注册资本、债券发行及股票上市、重大收购、修改《公司章程》等方案事项必须由 2/3 以上董事会同意外，其余事项半数以上的董事会表决同意即可。因此，公司对外投资、收购出售资产、资产抵押、对外担保事项、委托理财、关联交易等事项完全处于大股东及管理层的控制中。

权力制衡体系的缺失，导致三一重工像绝大多数的民营企业一样：大股东作为创始人在公司有着绝对的权威，且同样采用了集权的管理方式。大股东（及管理层）在企业的话语权占据极其重要的地位，对外的表现是：企业反应迅速、变化快捷、手段灵活、执行力极强；而缺陷在于极易产生"官僚化"，大股东（及管理层）可以轻易逾越制度的束缚，进而导致大股东（及管理层）的主观因素在企业的重大决策及内部管理中带来失误的风险。

公司发生的多次违规事件也印证了三一重工公司治理效率的不足。2010 年 1 月 26 日，三一重工发布了《关于落实湖南证监局限期整改通知的报告》，详细披露了证监局给公司下发的整改指令，从而揭示了其公司治理存在的财务造假、公司治理混乱、《公司章程》自相矛盾、募集资金不设专户和信息披露不充分等五大问题。集权管理的弊端也随之暴露，如董事会是上市公司治理机制的核心，而三一重工管理层却屡屡在未经董事会审批的情况下，进行了多项经营事项投资。2006～2008年，公司在未经董事会审批的情况下，动用了2亿多元现金，参与二级市场投资；2007年，未经董事会审议竞拍岳阳市商业银行价值1.22亿元的4 000万股权等。此外，公司自2003年至2009年的三次增发，均未建立募集资金专项存储。

根据上述分析，三一重工的公司治理效率有待提高。广大中小股东是上市公司的基石，他们的权益若得不到保障，投资积极性将被挫伤，公司持续、稳定发展的基础会丧失。同时，一股独大股权结构下的三一重工容易形成一言堂，若缺乏健全的董事会集体决策机制，将致使公司的前景过分依赖于大股东个人的判断与决策，也不利于公司的长远发展。

无形资产是价值创造的根本支撑。人力资本、信息资本及组织资本的价值来自于其帮助企业实施战略的能力，因此，价值管理要求无形资产必须**与内部流程目标保持一致**，并且彼此融合。就三一重工而言，**首先**，公司的核心能力定位决定了人力资本在公司的突出地位。公司通过人才引进、培养、激励三个环节打造了卓越的人力资本：有针对性地引进人才，在短时间内提高了企业人力资本水平，培训赋予了员工更高价值创造能力，有效的激励激发了员工积极性。**其次**，信息资本是企业实现快速反应能力、提升管理效率的保障。三一重工通过信息平台的打造实现了"研发和制造的数字化、商务和服务的自动化、财务和业务的一体化"，有效促成了其跨越式发展。**最后**，民营企业要做大做强，甚至成长为国际性企业，建立健全有效的治理及管理机制是必由之路。目前三一重工尚未完全摆脱民营企业人治管理的风格，创始人的主观经验与判断对企业决策的影响巨大，这也在一定程度上导致了公司激进的经营风格。

14.8　三一重工内在价值评估

价值管理现状是企业未来业绩的动因和先导指标。基于战略地图的分析结果，三一重工的未来业绩走势如何、其真实的内在价值究竟是多少？是否值得投资者投资，管理层能否实现其设定的中长期业绩目标？

14.8.1　管理模式对未来的业绩影响

将价值管理模式分析部分进行总结（见图14-26），三一重工之所以能够实现多年的超高速增长，除了依托于工程机械行业整体上扬的推动，在很大程度上得益于其一系列符合价值管理理念的内部经营措施的驱动：利于价值可持续增长的产品领先型客户价值定位；在高技能员工和一体化信息管理平台基础上打造的精益生产、技术领先和金牌服务三大核心竞争力；渐进式相关多元化的产品线拓展路径；直接对外投资、逐步实现产品和品牌的本土化的国际化方式；借助社会责任履行传播品牌实力与形象的社会责任投资理念。然而，在产品线铺开、发展速度加快后也暴露出企业在管理和经营运作能力上的问题和差距，成为价值进一步提升的瓶颈：依靠人海战术支撑业务增长的粗放型管理方式在中速增长时代难以为继；缺乏治理机制约束下管理层个人的激进行事风格（激进的销售政策与财务政策）加剧企业经营风险。

采用自由现金流贴现模型对企业内部价值评估时，企业价值的数值主要取决于营业收入增长率、单位营业收入现金流创造能力，以及企业资本成本三大方面。既有管理对未来业绩会产生怎样的影响？**营业收入增长的影响表现**为以下三方面：**（1）研发与服务提升市场占有率。**在高效的研发需求转化体系与优势服务模式的支持下，预期未来的产品市场占有率仍将进一步提升。（2）**多元化与国际化开拓新市场与新业务**。新产品的注入及企业国际化战略步入收获期，能够缓解未来国内宏观经济下滑对企业营业收入带来的冲击。（3）**融资方式约束企业扩张**。如果公司的融资渠道仍得不到有效扩展，企业资金的紧缺将约束管理层投资长期价值增长项目，减损营业收入的成长性。营业收入要最终转化为企业的实际收益，离不开**现金流创造能力**。现金流创造能力的影响具体表现为：精益生产体系虽然能够维持较高的营业收入毛利率，但由于销售回款的高逾期率，激进的销售政策将使营业收入增长对企业价值的贡献大打折扣。对**资本成本的影响上**，治理机制失效带来的经营风险加剧效应，以及资金链紧张带来的财务困境风险加剧效应预期都将拉高投资者对投入企业资本的必要报酬率。当前三一重工的管理模式对未来业绩的预期影响如图14-27。

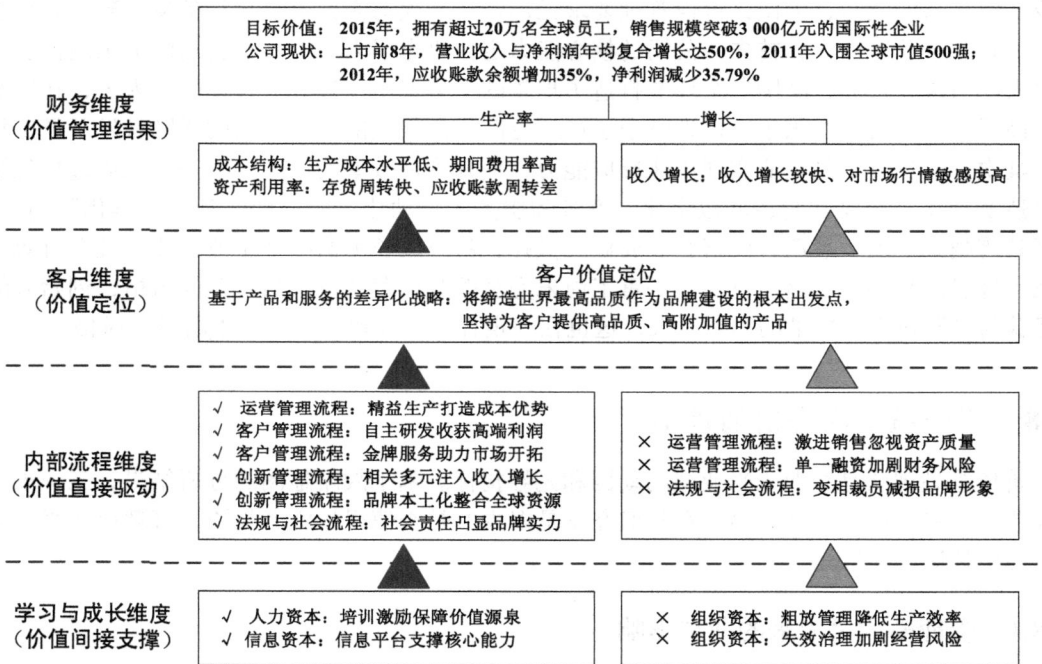

图 14-26　战略地图框架下三一重工价值管理模式分析总结

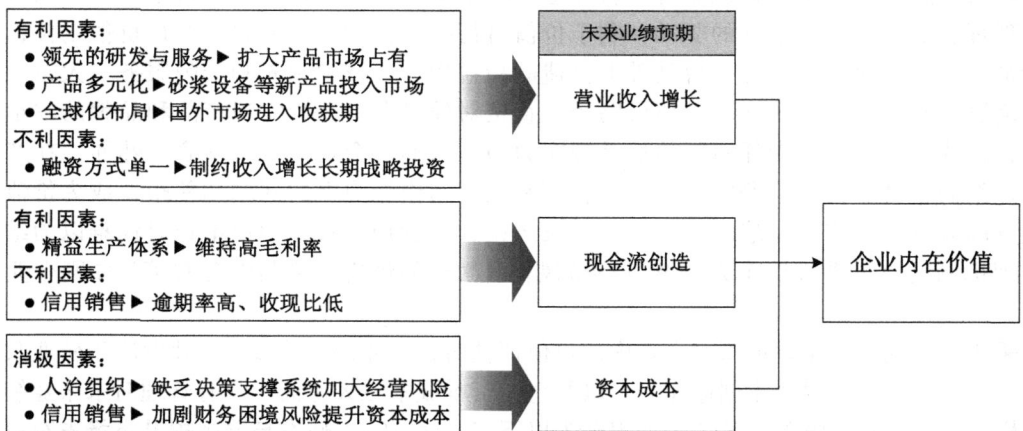

图 14-27　价值管理的业绩影响预期

14.8.2　内在价值评估与管理层判断

本部分内容在公司价值管理现状、行业未来发展前景及管理层最新战略调整分析的基础上，对三一重工的未来业绩进行了预期并进一步采用两阶段（过渡期为 3 年）自由现金流模型评估企业当前的内在价值。

1. 关键参数确定

（1）**营业收入是现金流预测的起点**。就企业外部因素来看，工程机械行业的未来走势呈现以下三方面特点。①**2012 年工程机械行业市场已经触底，2013 年行业将逐渐回暖**。挖掘机、旋挖钻等基础施工设备作为行业走势的风向标，2013 年初市场需求较为强劲；且设备开工率也出现回升，2013 年工程机械行业有望实现 0% ~ 5% 的小幅增长。②**就长远来看，国内工程机械市场此前的高速增长难以继续，将步入中速发展期**。中国 GDP 增速放缓已成定局，国家在短时间内并不会出台大规模的刺激经济计划；房地产遭遇前所未有的严厉管控，高铁建设降速，大型工程项目开工量缩减，激进销售早已将并不饥饿的市场喂饱。③**国际市场出口将成为国内龙头企业业绩的主要增长点**，即使在国内市场低迷、国际市场需求减弱的严峻的 2012 年，工程机械出口仍有所上升。

考虑企业自身的经营质量，预计三一重工的营业收入特点如下。①**国内业务方面，虽然营业收入增长率放缓但将高于行业平均增长水平**。在优质的服务体系保障下，凭借着强劲的自主研发实力，通过产品的不断更新升级公司的产品市场占有率将进一步提升。且伴随着自己研发的 A8 砂浆成套设备等新产品的陆续推出，将为公司持续注入新增长点。②**国外业务增长率也将高出行业出口增长速度**。国际化 10 年，公司在全球布点销售，在美国、德国、印度、巴西建立了属于自己的研发制造基地，逐步完善了国际销售渠道。2012 年国际市场销售额初次超过 100 亿元，国际化效果已经初现。预计鉴于以上因素，将公司 2013 年的营业收入增长率定为 2%，在后续的年度中，随着国际市场的收入份额扩大，营业收入将恢复 12% 左右的增长。

（2）**利润表和资产负债表预计是现金流预测的基础**。采取销售百分比和特殊项目单独调整相结合的方法对报表项目进行预测。报表项目设定说明如下。

①除应收票据及账款外的经营性流动资产、经营性流动负债、经营性长期资产、经营利润所得税、营业税金及附加、销售和管理费用与营业收入的比例[⊖]不变。

②"营业成本"项目。虽然 2012 年由于产品结构的调整，公司的毛利率出现下滑，但考虑到三一重工生产成本控制能力一直保持相对稳定，预期在未来期间毛利率水平将出现回升。因此，过渡期营业成本大致为营业收入的 66% 左右（即收入毛利率定为 34%）。

③"资产减值损失"项目。虽然管理层当局对混凝土信用条件有所收紧，但由于前期激进销售政策下积累的应收账款坏账较多，坏账损失状况难以立刻改善，2013 年资产减值损失按照 2010 年和 2011 年资产减值损失的平均水平略调减（即营业收入的 0.6%）进行预测[⊖]。2014、2015 年资产减值损失水平将进一步改善，设定为营业收入的 0.5%。

④"应收票据及账款"项目。随着公司销售信用政策的收紧，应收账款的变现速度将加快，应收票据及账款的周转率将逐步回升，将 2013 ~ 2015 年周转率分别设定为 3.1、3.75、4.2。

⊖　即，2010 ~ 2012 年该科目与营业收入比率的均值。

⊖　2012 年资产减值损失由于会计政策变更冲减了资产减值损失，由于该事项不具有持续性，在进行预测时不加入平均值的计算。

根据预计利润表和预计资产负债表，得到预测期现金流量表如表 14-12：

表 14-12　三一重工的预计现金流量表　（单位：万元）

年份	2012 年（基期）	2013 年	2014 年	2015 年
税后利润	601 068.20	673 980.13	801 514.16	941 218.89
减：非经常性损益（税后）	54 487.01	53 846.86	53 846.86	53 846.86
加：利息费用（税后）	14 879.21	90 254.86	73 181.63	56 437.39
息前税后经营利润（NOPLAT）	561 460.40	710 388.12	820 848.93	943 809.42
加：折旧与摊销	123 334.50	151 631.34	188 763.32	221 395.30
减：营运资金增加	210 331.67	−361 456.61	−316 875.04	− 1 356.21
减：资本支出	453 250.00	375 156.60	380 403.58	336 124.65
实体现金流量	21 213.23	848 319.48	946 083.72	830 436.28

模型设定　2016 年后，三一重工进入稳定增长阶段。 对于永续增长率的估计同样从国内市场和国际市场两方面进行分析。首先，国内市场方面。工程机械行业的市场需求主要来自于房地产、基础设施建设等社会固定资产投资。新型城镇化是中国未来最大的发展潜力，根据发改委《促进城镇化健康发展规划（2011 ~ 2020 年)》预计，未来十年城镇化平均拉动固定资产投资增速约为 8.4%。其次，国际市场方面。根据三一重工的规划，长期国际市场业务将达到营业收入的 50%，国际工程机械市场的走势无疑对公司有重大影响。印度、巴西等新兴发展国家由于大力发展基础设施建设，工程机械市场需求仍将保持良好增长态势[一]。根据以上两方面分析保守估计，假定 2016 年开始，公司营业收入增长率下降为 4%，在经营效率、财务政策等均保持不变的情况下，实体现金流按照 4% 的增长率增长。

（3）资本成本是现金流的贴现率。 在权益资本成本方面采用 CAPM 模型进行估计。通过将 2008 ~ 2012 年五年三一重工现金红利再投资的日个股回报率数据与深沪两市 A 股现金红利数据回归得到公司的贝塔系数为 1.173。无风险利率使用 2012 年 1 年期银行存款利率进行估计，设定为 3%；市场组合报酬率使用 1997 ~ 2010 年综合市场收益与一年期存款利率计算得到的风险溢价（8.19%）将无风险利率取代，设定为 11.19%。根据 CAPM 模型[二]，计算得到三一重工的权益资本成本为 12.61%。债务资本成本以 2012 年长短期债务资本成本加权的结果进行估计，考虑到增长速度放缓后对债务资本的依赖将减弱，目标资本结构在有息债务占投资资本的比重的基础上略调减进行估计。最终，评估使用的加权平均资本成本为 9.77%。

2. 内在价值评估

根据计算出来的公司实体现金流、贴现系数，评估得到三一重工的整体内在价值为 1 120.41 亿元，公司股权的公允市场价值为 11.68 元 / 股（评估结果见表 14-13）。

表 14-13　基于合并财务报表的内在价值评估（FCFF）　（单位：万元）

项目	现值	2013 年	2014 年	2015 年
实体自由现金流量		848 319.48	946 083.72	830 436.28
平均资本成本（%）		9.77%	9.77%	9.77%
折现系数		0.755 9	0.688 6	0.627 3

[一]　根据印度"十二五"经济计划（2012 ~ 2017），在 2012 ~ 2030 年间，印度至少将 GDP 的 10% 投入到基础设施建设上。而依据世界银行预测，要保持经济持续增长，巴西每年新增基础设施投资将达到 200 亿至 360 亿美元；建筑设备混凝土及工程机械在巴西每年将增加 7.5%。

[二]　$R_i = R_f + \beta_i (R_m - R_f) = 3\% + 1.173 \times 8.19\% = 12.61\%$

（续）

项目	现值	2013 年	2014 年	2015 年
预测期现金流现值		641 215.31	651 467.06	520 939.94
后续期现金流现值	939 0428.62			
公司实体价值	11 204 050.92			
加：非核心资产	9 601.90			
减：带息债务（账面价值）	2 184 255.60			
减：少数股东权益	159 405.00			
股权价值	8 869 992.22			
每股价值（元/股）	**11.68**			

2012 年 12 月 31 日公司的股票市价为 10.59 元，市场低估了企业的内在价值。说明在缺乏对企业内部管理真实状况的了解下，外部投资者受市场行情不景气的影响对公司未来业绩的判断相对悲观。从价值投资来看，三一重工的股票是具有投资价值的。综合各研究报告对中联重科的未来业绩预测数据，评估得到中联重科的内在价值大致在 10.5 元/股。因此，虽然 2012年三一重工的业绩下滑幅度较大，但就长期而言，公司相对中联重科仍具备较强的竞争优势。

3. 管理层判断

根据评估的结果，在当前的市场走势及企业管理状况下，公司到 2015 年的销售收入为 599.19 亿元，与管理层设定的 3 000 亿元的销售规模目标相差较大。业绩的差异一方面源于 2011 年业绩规划出台时，恰逢行业扩张的峰值期，公司对行业市场发展过于乐观、对宏观经济环境风险的预期不足；另一方面，前期信用销售提前透支了未来市场。管理层已经进行的战略调整对企业价值产生了怎样的影响，未来管理层还可以从哪些方面扩大价值空间？

在行业周期和结构性困境下，管理层已初步意识到公司内部的管理问题，应势调整了经营战略，放弃盲目追求销售规模，转以企业效益为追求目标。目前已提出的收紧信用政策对企业价值提升产生的作用是显著的。若公司保持激进的销售方式，应收票据及账款的周转率将维持在 3 左右，资产减值损失也将维持在营业收入的 0.6% 上下。此时，公司整体的内在价值仅为776.75 亿元，股价为 7.16 元/股（评估结果见表 14-14）。

表 14-14　销售政策改善前的内在价值评估（FCFF）　（单位：万元）

项目	现值	2013 年	2014 年	2015 年
实体自由现金流量		577 990.41	768 730.10	569 855.51
平均资本成本（%）		9.77%	9.77%	9.77%
预测期现金流现值		436 882.93	529 342.52	357 475.35
后续期现金流现值	6 443 826.72			
公司实体价值	7 767 527.51			
股权价值	5 433 468.81			
每股价值（元/股）	7.16			

公司实施的经营调整尚未涉及决策体制的完善。决策治理体系的改善将提升企业抵御系统风险的能力，反映到评估模型上，即降低公司的 β 系数。根据 2008 ~ 2012 年中联重科日个股收益率与市场收益率的回归结果，中联重科的 β 系数仅为 1.147。若三一重工的 β 系数也能够下降为 1.147，公司整体的内在价值将提升为 1 150.48 亿元，股权的公允市场价值将改善为 12.08 元/股（评估结果见表 14-15）。

表 14-15　抗风险能力改善后的内在价值评估（FCFF） 　　　（单位：万元）

项目	现值	2013 年	2014 年	2015 年
实体自由现金流量		848 319.48	946 083.72	830 436.28
平均资本成本（%）		9.63%	9.63%	9.63%
预测期现金流现值		643 649.23	654 765.51	524 238.54
后续期现金流现值	9 682 166.73			
公司实体价值	11 504 820.02			
股权价值	9 170 761.32			
每股价值（元 / 股）	12.08			

面对工程机械行业由大变强的转型升级，清晰辨明市场走向，准确把握行业趋势，是三一重工实现企业价值可持续增长的关键所在。节能、安全、节材和智能化是未来行业的发展趋势。

（1）**节能**。对于工程机械行业的用户来说，燃油成本在整个机械使用成本中占了较大比重。因此，从技术、操作、发动机、系统四个方面减少油耗，对于用户降低成本，实现绿色发展至关重要。在产品日趋同质化的今天，如何在机械操作中省油，也许是未来产品生产中应该认真关注的重点。而从产品提供者到整体解决方案和用户体验提供者的转变，将成为今后企业赢得市场的关键。

（2）**安全**。产品的安全可借助于工程机械物联网的构建来实现。工程机械物联网主要提供两类服务。一类是工程机械物联网对机械进行远程控制，实时跟踪定位机械设备的使用情况，租赁者一旦拒付租赁费，物联网服务商将进行远程锁车，确保资产安全。第二个用途是数据传输，将服务目标向后市场转移，通过大数据降低主机厂的服务成本，提升客户的满意度，保证售后服务到达的及时率，帮助用户开源节流，保证生产安全，提升企业的利润率。

（3）**节材**。目前，中国装载机、挖掘机、起重机、叉车等工程机械存在结构臃肿、能耗高等技术不足。"瘦身"是行业转型升级的需要，也是企业对于节省动力消耗、节省制造材料消耗、控制成本、实现产品更新换代的利益诉求。基于减重目标，开展零部件及整机等强度、寿命设计技术及应用研究，开发轻量化设计工具，掌握全套成熟的轻量化设计技术，是逐步克服制造材耗高、使用能耗高等问题，提升制造水平和产品市场竞争能力的出路。

（4）**智能化**。在工程机械行业，智能化制造技术的运用不仅能保证产品质量的稳定性，提高劳动生产效率，改善工人的工作条件和劳动强度，还能加快企业的升级转型，摆脱产品的同质化竞争，提升产品品牌价值。智能化制造体系的目的，主要是实现多个系统的信息集成与生产的有效组织管理，实现数据信息化、管理智能化、控制自动化。通过信息技术、制造技术、组织形态和劳动行为的综合集成，提升制造系统的综合能力和水平。智能化制造体系的构建，将实现设计、工艺、制造、管理一体，最终建成智能化企业。

根据以上分析，要进一步扩大企业的价值增长空间，三一重工的管理层需要从完善决策治理体系，以及实现产品的节能、安全、节材和智能化方面调整经营管理策略。

14.9　案例总结与讨论问题

本案例在借鉴战略地图思想的基础上，从公司价值分析、价值管理模式剖析、内在价值评估三个方面设计了企业价值管理分析的基本路径：首先，通过价值分析对公司价值管理的状况做出基本判断；其次，通过对价值管理模式的详细讨论发现驱动企业价值的主要影响因素以及价值增长的短板；再次，通过对价值管理模式优化与价值驱动调节控制对未来价值管理的成效做出合理预期，不仅为管理层改善价值管理提供决策的依据，也可为投资者进行价值投资提供了选择参考。

▶ 案 例 总 结

　　经过对三一重工价值成长历程回顾、价值驱动因素分析及企业内在价值评估，可以得出以下概括性结论：

　　结论 1：三一重工以往的**价值管理成效优于行业平均水平**。作为中国高端装备制造的代表，公司业绩的高速增长和企业规模的迅速扩张，除得益于工程机械行业整体发展的推动，以价值为导向的企业内部管理是价值提升的重要原因。

　　结论 2：三一重工的**价值管理优势**具体表现为：产品领先型的价值定位为公司的发展确立了正确的方向，在高技能员工和一体化信息管理平台的支撑下，精益生产、自主创新、金牌服务、渐进多元化、本土式国际化、积极履行社会责任等六大关键因素直接驱动了价值提升。然而，由于治理机制的失效，公司的**管理尚存在仅注重盈利和增长而忽视风险的不足**：为扩大销售采用激进的信用政策；采用以短期借款为主的债务融资方式补充投资资金缺口；以粗放的管理模式应对业务的急速扩张。如何在规模壮大的同时保持对增长质量、企业风险的精益控制成为三一重工管理改善的关键。

　　结论 3：依据价值管理分析结果及行业未来走势评估，**三一重工的内在价值为 11.68 元 / 股上下**。受短期行业环境的影响，**市场投资者对公司的估值偏低**，没能恰当反映公司的管理优势。面对行业困境，管理层放弃业绩规模目标、**收紧销售政策追求效益的举措对企业价值产生了显著提升作用**；在后续的经营调整中，公司**还应完善治理体系进一步提升企业价值增长空间**、扩大竞争优势。

　　结论 4：科学、系统的价值管理是实现价值最大化目标的保障。随着中国经济增速放缓、市场趋于稳定，企业的未来竞争考验的是其管理能力、产品技术、服务等方面的内功。**战略地图**形象表现了驱动企业价值的关键因素及它们之间的重要关系，**为投资者和管理层进行企业价值管理分析提供了基本框架**。三一重工的案例分析启示，在企业的价值管理过程中，一方面要关注研发、生产、服务等关键价值直接驱动因素，另一方面还需要重视人力资源、信息技术及管理架构等无形资产对价值提升的基础支撑作用。就战略地图分析得到的管理缺陷，管理层可以有针对性地采取措施进而缩小企业价值与确定的目标值之间的差距，**最终实现企业价值的优化**。

▶ 讨 论 问 题

　　讨论问题一：价值管理分析的最终目的，是通过揭示当前管理中存在的瓶颈促进价值管理的优化。依据案例相关信息，从管理层决策的视角，试讨论三一重工应从哪些方面改善其价值管理战略。

　　讨论问题二：在查阅三一重工最新年报及相关公告的基础上，试讨论新的经营管理策略将如何影响价值评估的关键参数。

　　讨论问题三：战略地图直接指向企业的最高层战略目标——股东价值最大化，并以此为依据分析、推断企业存在的各种现实和潜在的管理问题或管理瓶颈，全面厘清其发展障碍。选取同一行业的两家竞争企业，借助战略地图的分析框架，试讨论其各自经营策略对价值管理的影响。

表 14A-1　三一重工（600031）2013～2015 年公司财务报表预测　　（单位：百万元）

利润表	2010A	2011A	2012A	2013E	2014E	2015E
营业收入	33 954.94	50 776.30	46 830.54	47 767.15	53 499.20	59 919.11
减：营业成本	21 441.84	32 252.23	31 963.25	31 526.32	35 309.47	39 546.61
营业税金及附加	131.24	259.52	166.81	170.14	190.56	213.43
营业费用	3 204.83	4 216.00	3 974.13	4 053.61	4 540.05	5 084.85
管理费用	1 921.50	3 063.14	3 367.24	3 104.86	3 209.95	3 295.55
财务费用	298.33	807.27	1 358.48	1 732.80	1 622.37	1 525.81
资产减值损失	152.95	403.52	−74.75	286.60	267.50	299.60
加：投资收益	42.29	141.23	161.37	160.00	150.00	150.00
公允价值变动损益	50.35	−68.66	−139.36	0.00	0.00	0.00
其他经营损益	0.00	0.00	0.00	0.00	0.00	0.00
营业利润	6 896.88	9 847.20	6 097.39	7 052.81	8 509.31	10 103.26
加：其他非经营损益	41.36	945.07	783.27	614.36	614.36	614.36
利润总额	6 938.25	10 792.27	6 880.66	7 667.17	9 123.67	10 717.62
减：所得税	774.22	1 430.71	869.98	927.37	1 108.53	1 305.43
净利润	6 164.03	9 361.56	6 010.68	6 739.80	8 015.14	9 412.19
减：少数股东损益	548.57	712.66	324.59	363.96	432.83	508.27
归属母公司股东净利润	5 615.46	8 648.90	5 686.10	6 375.84	7 582.31	8 903.92
资产负债表	**2010A**	**2011A**	**2012A**	**2013E**	**2014E**	**2015E**
货币资金	4 501.10	8 904.62	8 430.01	11 444.25	15 478.24	20 552.85
应收和预付款项	8 725.96	783.86	19 018.22	16 078.70	17 247.14	16 653.85
存货	5 687.27	8 134.41	10 511.36	10 506.19	10 893.49	13 074.15
其他流动资产	53.14	14 618.52	722.47	850.78	914.94	979.10
长期股权投资	197.94	328.90	310.41	470.41	630.41	820.41
投资性房地产	0.00	0.00	0.00	0.00	0.00	0.00
固定资产和在建工程	8 989.78	14 834.52	18 768.09	20 488.41	21 877.83	22 435.16
无形资产和开发支出	1 563.66	2 160.85	4 954.50	5 138.63	5 362.75	5 611.88
其他非流动资产	2.18	16.08	361.54	358.14	350.78	355.50
资产总计	2 9721.02	49 781.76	63 076.59	65 335.50	72 755.59	80 482.89
短期借款	4 994.44	9 502.13	5 658.56	5185.86	3 991.26	3 791.70
应付和预收款项	9 917.34	10 647.03	14 209.86	15 195.37	21 130.44	24 079.51
长期借款	1 700.79	7 170.46	16 183.99	15 399.38	14 629.41	14 629.41
其他负债	1 189.93	1 708.52	2 410.72	2 295.16	2 371.12	2 469.88
负债合计	17 802.50	29 028.15	38 463.13	38 075.77	42 122.23	44 970.49
股本	5 062.47	7 593.71	7 593.71	7 593.71	7 593.71	7 593.71
资本公积	9.69	9.70	2.84	2.84	2.84	2.84
留存收益	6 278.15	12 059.31	15 422.87	21 798.71	29 381.02	38 284.93
归属母公司股东权益	11 350.32	19 662.71	23 019.41	29 395.25	36 977.57	45 881.48
少数股东权益	568.21	1 090.90	1 594.05	1 958.01	2 390.84	2 899.12
股东权益合计	11 918.52	20 753.61	24 613.46	31 353.27	39 368.41	48 780.60
负债和股东权益合计	29 721.02	49 781.76	63 076.59	69 429.03	81 490.64	93 751.08
现金流量表	**2010A**	**2011A**	**2012A**	**2013E**	**2014E**	**2015E**
经营性现金净流量	6 749.12	2 279.03	5 681.74	12 734.33	14 707.89	13 277.48
投资性现金净流量	−6 824.69	−7 907.79	−6 836.28	−6 876.54	−7 120.53	−6 350.53
筹资性现金净流量	818.82	9 001.68	869.99	−2 843.55	−3 553.36	−1 852.35
现金流量净额	732.99	3 375.83	−296.96	3 014.23	4 034.00	5 074.60

融资租赁决策对企业财务状况会产生什么影响

基于南方航空的案例分析

◤ 引例

　　截至 2012 年底，南方航空股份有限责任公司的机队规模位居亚洲第一位、全球第六位，航线网络位居亚洲第一位、全球第五位，是我国最有影响力的航空运输公司之一。在南航机队中，通过租赁获得的飞机架数为 265 架，占机队总数的 53.97%，其中融资租赁 97 架，占机队总数的 19.76%；在南航总资本中，通过融资租赁形成的应付融资租赁款占总债务资本的 32.13%，占全部资本的 19.39%。可见，融资租赁已经成为南航重要的引进飞机方式和融资方式。

　　航空运输业一方面组建机队、维护航线的压力巨大，具有高投入、高风险的特点；另一方面利润较低，2012 年行业利润率仅为 5.3%[○]，具有低收益和竞争激烈的特点。因此其组建机队的资金需求单靠企业自身积累远远不够，必须通过外部融资解决。在南航的机队中，融资租赁正是非常重要的飞机引进方式。那么，**南航为什么较多地采用融资租赁方式获取飞机？融资租赁对南航的财务有哪些影响？**

　　自 2014 年起的 10 年到 20 年是中国大飞机市场开拓和航空制造业转型升级的关键时期，也是我国飞机租赁发展的黄金时期[○]。融资租赁一直是国内航空公司通用的飞机采购方式，1980 至 2000 年底，通过融资租赁的飞机架数为中国民用航空运输企业购租飞机总数的 49.5%[○]。南航融资租赁财务影响的案例分析，为航空运输业管理层如何平衡固定资产投资与生产经营流动资金投入，缓解大额融资需求压力提供了参考依据。

15.1 案例概况

　　中国南方航空股份有限公司（SH：600029；HK：01055；NYSE：ZNH，以下简称南航）成立于 1995 年，经营业务以航空运输为核心，并涉足航空配餐、物流与货运服务、机场地面服务、飞行训练服务、金融服务等各领域。南航于 1997 年 7 月在纽约证券交易所和香港联合交易所上市，随后于 2003 年 7 月在上海证券交易所成功上市，成为同时在三地上市的航空公司。南航 2012 年的股权结构及子公司业务布局情况如图 15-1 所示。在南航集团中，主要由南航上市母公司通过自行购置、融资租赁、经营租赁三种方式引入飞机[⊕]，在满足南航上市母公司自身的客

[○] 根据中国民用航空局网站 2012 年行业利润额与行业营业收入额统计数据计算。
[○] 引自国务院办公厅（2013）108 号文《国务院办公厅关于加快飞机租赁业发展的意见》。
[○] 引自人民网《飞机融资走在十字路口》。http://www.people.com.cn/GB/jinji/32/180/20011112/603276.html.
[⊕] 依据南航 2012 年年报，南航上市公司固定资产、应付融资租赁款占合并主体的比重分别达 82.09%、96.07%。

运、货运及邮运等业务需求后[⊖]，部分飞机的使用权则交付旗下 5 家航空运输子公司。

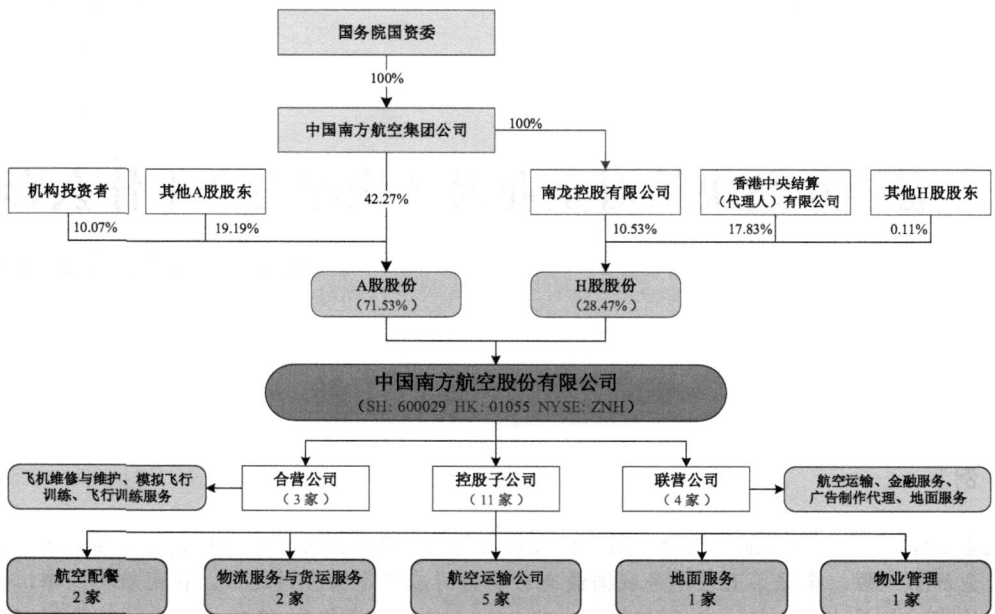

图 15-1　南航股权结构图^①

①香港中央结算代理人有限公司（Hong Kong Securities Clearing Company，简称 HKSCC）是中兴通讯的外资股东。香港中央结算有限公司是香港交易及结算所的全资附属公司。实际上香港中央结算代理人有限公司其所持有的股份为其代理的在香港中央结算（代理人）有限公司交易平台上交易的 H 股股东账户的股份总和。

资料来源：根据南航（600029）2012 年年度报告信息整理。

南航以广州为核心枢纽，以北京为重要枢纽，形成了密集覆盖国内、全面辐射亚洲的网络布局，是目前国内运输飞机最多、航线网络最密集、年客运量最大的航空运输公司。南航 2008 ~ 2012 年运输总量变化如图 15-2 所示，旅客运输量变化如图 15-3 所示。南航 2012 年运输总周转量达 162 亿吨公里、旅客周转量达 1 355 亿客公里、营业收入达 996 亿元，三者均位居国内上市航空运输业首位。同时，南航通过与天合联盟[⊜]成员密切合作，航线网络通达全球超过 1 000 个目的地，连接 187 个国家和地区，到达全球各主要城市。

南航在国内率先引进波音 737、波音 757、波音 777、空客 A330、空客 A380 等先进客机，截至 2012 年底，南航已拥有各类先进运输飞机 491 架，机队规模亚洲第一。南航飞机引进方式包括购买、经营租赁、融资租赁等。南航在 2009 ~ 2012 年期间以融资租赁方式引进的飞机占机队飞机总数的比例逐年增大。截至 2012 年底，南航通过融资租赁引进的飞机有 97 架，占机队飞机总数的 19.76%。

⊖　依据南航 2012 年年报，南航上市公司主营业务收入（包含客运、货运及邮运等业务）占合并主体的比重为 75.76%，说明旗下 5 家航空运输子公司只占了南航集团航空运输业务的近四分之一。

⊜　2000 年 6 月 22 日，营业额排名世界第四的美国达美航空公司、排名第十的法航以及大韩航空公司、墨西哥航空公司宣布共同组建"天合联盟"（Sky Team，又译"空中联队"），从而宣告了国际航空运输市场新一轮竞争的开始。

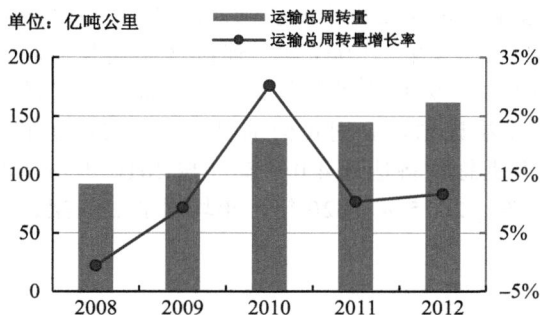

图 15-2　南航 2008 ~ 2012 年运输总量变化
资料来源：南航（600029）2008 ~ 2012 年年度报告。

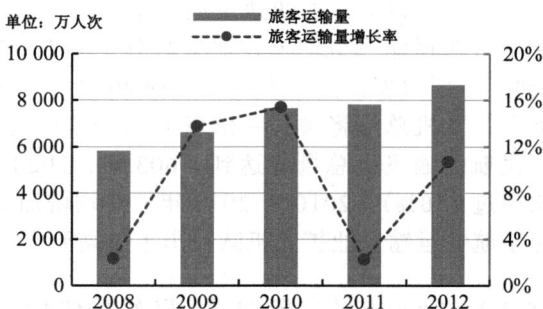

图 15-3　南航 2008 ~ 2012 年旅客运输量变化
资料来源：南航（600029）2008 ~ 2012 年年度报告。

　　随着南航航运业务的不断发展与运输压力的不断增大，优化机队结构、引进先进飞机成为南航进一步发展的必要举措。而航空运输业利润率低、飞机价值巨大等原因，使得南航将融资租赁作为了重要的飞机引进方式。那么融资租赁为何在所有飞机引进方式中脱颖而出呢？融资租赁作为融资与融物相结合的行为，对南航财务的现金流、资本结构、资本成本和损益等方面又产生了哪些影响呢？本案例将对这两个问题进行分析，探究融资租赁行为对于航空运输业企业平衡固定资产投资与生产经营流动资金投入，缓解大额融资需求压力的影响。

15.2　航空运输业的特点分析

　　运输业是我国国民经济建设的支柱产业，民用航空运输业作为运输行业的一个重要分支，与整个社会的经济发展密切相关。它既是整个市场体系的一部分，具有普遍的市场特征；又具有与其他行业、其他运输方式不同的特点。飞机引进作为航空运输业经营的基础，受到航空运输业特点的哪些影响呢？

15.2.1　行业市场扩张增加机队扩充需求

　　我国航空运输业近年来发展迅猛，航空运输总周转量自 2008 年起不断增长，2012 年航空运输总周转量达 608.16 亿吨公里，为 2008 年 1.6 倍，如图 15-4 所示；2008 ~ 2012 年航空运输旅客运输量与货邮运输量也呈增长趋势，2012 年旅客运输量达 3.19 亿人，为 2008 年的 1.7 倍；2012 年货邮运输量达 545 万吨，为 2008 年的 1.3 倍，如图 15-5 所示。

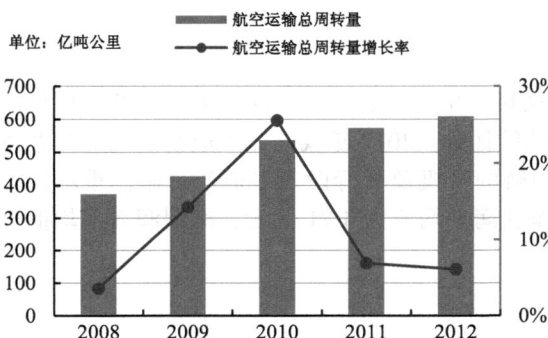

图 15-4　2008 ~ 2012 年中国航空运输总周转量变化
资料来源：中国民航局 2008 ~ 2012 民航行业统计公告。

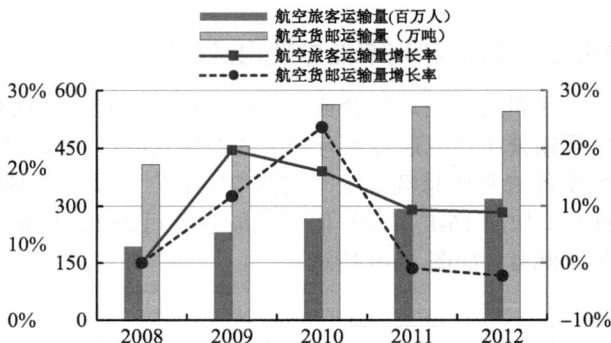

图 15-5　2008 ~ 2012 年中国航空旅客与货邮运输量变化
资料来源：中国民航局 2008 ~ 2012 民航行业统计公告。

在航空运输业的快速发展的带动下，航空运输机队规模也不断扩大。2010 ~ 2012 年民航全行业运输飞机期末在册架数分别为 1 597 架、1 764 架、1 941 架，连续两年增长率超过 10%[⊖]。而根据预测，中国民航到 2020 年，仍将实现 9% 以上的年均增长，在需求增长的推动下，飞机总量将增长一倍以上[⊜]。中国民航局发展计划司副司长何锦日预测[⊛]，2015 年中国民航运输飞机总量将达到 2 603 架，2020 年飞机总量将达到 4 043 架（与 2010 年相比增长超过 150%）。2010 ~ 2015 年，年均增加 199 架，2015 ~ 2020 年，年均增加 243 架，这对于航空运输企业扩充机队提出了更高要求。

15.2.2 行业市场竞争促进机队结构优化

中国南方航空股份有限公司、中国东方航空股份有限公司（以下简称东航）与中国国际航空股份有限公司（以下简称国航）是中国三大民用航空运输公司。

2012 年中国三大航空运输公司的运输周转量如图 15-6 所示。国航运输周转总量最大，南航以 4 亿吨公里的差距位居第二。由于激烈的市场竞争，三大航空运输公司不断扩张各自的机队规模，如图 15-7 所示。南航机队规模在 2010 ~ 2012 年均位居三大航空运输公司之首。

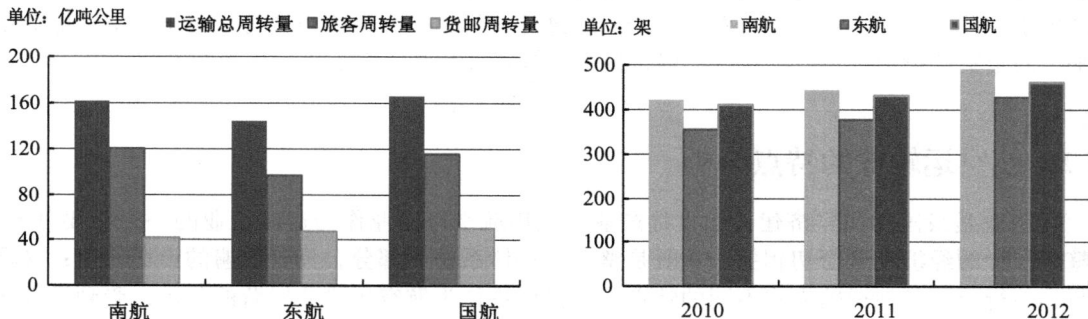

图 15-6　2012 年中国三大航运公司运输周转量比较　图 15-7　2012 年中国三大航运公司机队规模变化比较

资料来源：依据南航（600029）、东航（600115）、国　　资料来源：依据南航（600029）、东航（600115）、国航
航（601111）2012 年年度报告整理。　　　　　　　　　（601111）2010 ~ 2012 年年度报告整理。

面对航空运输业发展的大好时机，各航空运输公司均不满足于仅扩张机队规模，而是更加注重优化机队结构。南航、东航、国航均在 2012 年年度报告中提出将优化机队结构作为 2013 年的任务，航空运输公司扩充机队数量及优化机队结构的资金需求是否可以通过自身资金积累而满足呢？

15.2.3 行业利润率低导致内源融资受限

飞机是航空运输企业价值最大的固定资产，而机队价值大、行业利润率偏低的特点使得航空运输公司难以通过自有资金的积累完成扩充机队的任务。2012 年我国三大航空公司飞机及飞行设备占资产总额比重平均为 73.91%，东航与国航的飞机及飞行设备占资产总额比重均超过 80%，如图 15-8 所示；而三大航空公司 2012 年净利润平均值为 4.71 亿元，净利润率平均值仅为 4.88%，如图 15-9 所示。

　⊖　中国民航局 2011 ~ 2012 年民航行业统计公告。
　⊜　平安证券——中国民航论坛 2010 大会发言纪要及点评。
　⊛　民航资源网。http://news.carnoc.com/list/171/171933.html.

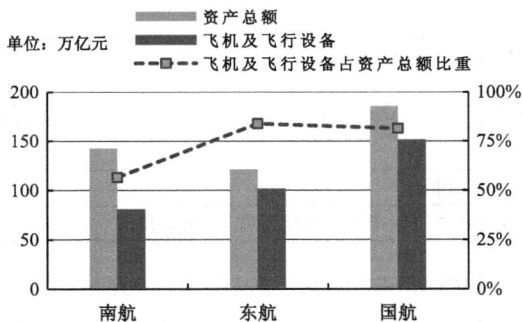

图 15-8　2012 年三大航运公司飞机占总资产比重

资料来源：依据南航（600029）、东航（600115）、国航（601111）2012 年年度报告整理。

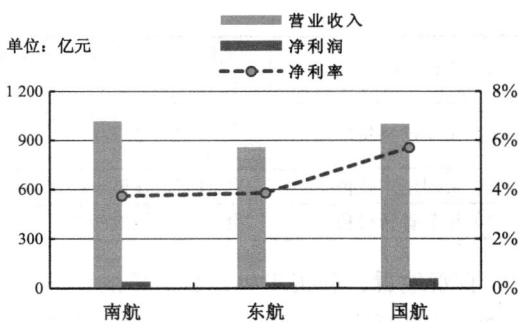

图 15-9　2012 年三大航运公司营业收入与销售净利率

资料来源：依据南航（600029）、东航（600115）、国航（601111）2012 年年度报告整理。

截至 2012 年年底，南航机队中波音 B737 飞机最多，空中客车 A320 系列飞机其次。一架波音 B737 飞机的目录价格约为每架 5.33 亿元⊖，一架空中客车 A320 系列飞机的目录价格约为 5.25 亿元⊜。假设飞机的平均目录为 5 亿元，则三大航空运输公司 2012 年共增加 127 架飞机需要花费 635 亿元，而南航、东航、国航 2012 年净利润总额仅为 14 亿元，显然以自购方式无法满足机队数量扩张和结构优化的需求。作为 2010 ~ 2012 均保持机队规模最大的南航，是如何解决这个问题的呢？

15.3　南航可以通过哪些渠道扩充机队

采用自有资金购买、银行贷款购买、融资租赁、经营租赁等不同方式引进飞机并不影响飞机的实际使用，但是采用不同渠道所面临的监管方式和成本并不相同。南航采用哪种方式引进飞机的限制最少、最为方便？

15.3.1　购买飞机需要支付哪些费用

自有资金购买对于航空运输企业的限制主要在于需要一次性支付大额的飞机购买款项，包括预付款利息、购买税费、飞机保险费等，如表 15-1 所示。

表 15-1　自有资金购买飞机需一次性支付的飞机购买款项

（1）飞机购买价格	
（2）预付款利息	预付款总额根据飞机畅销程度的不同通常为飞机价格的 20% ~ 30%；飞机预付款的支付周期、支付次数以及每次支付的比例没有固定的模式，视飞机订购时间以及飞机制造进度而定
（3）飞机进口环节税费	按海关总署规定，航空公司在进口飞机时必须缴纳关税和进口环节增值税；同时，由于我国航空公司的飞机进口通常由进口代理商代为采购，因此，航空公司还需支付飞机进口报关手续费给进口代理商

⊖　根据南航 2012 年 8 月 4 日关于控股子公司购买飞机的公告，南航子公司厦门航空公司以 33.6 亿美元的总价格向波音公司购买 40 架波音 B737 飞机。以中国外汇交易中心 2012 年 8 月 3 日公布的美元对人民币汇率 6.342 1 计算，40 架飞机总价折合人民币约 213.10 亿元，波音 737 飞机单价约为 5.33 亿元。

⊜　根据南航 2010 年 1 月 21 日的董事会决议公告，南航以 15.38 亿美元的总价格向空中客车公司购买 20 架空客 A320 飞机。以中国外汇交易中心 2010 年 1 月 20 日公布的美元对人民币汇率 6.827 3 的汇率计算，20 架飞机总价折合人民币约 105 亿元，A320 飞机单价约为 5.25 亿元。

（续）

（4）飞机保险费	飞机保险的主要险种包括机身一切险（含零备件保险）、机身战争险、法定责任险、免赔额保险等
（5）每年计提折旧额	我国民航对飞机的折旧一般采用直线折旧方法，折旧期末残值率为3%～5%，折旧年限为15～20年
（6）折旧期末残值	折旧期末残值 = 飞机总值 × 折旧期末残值率
（7）年节省所得税	年计提折旧额所节省的所得税，折旧节省的所得税 = 年折旧额 × 所得税率

　　直观地看，购买飞机是最简单的获取飞机使用权和所有权的方式。公司在资金充裕的情况下会通过自有资金购买，但鉴于飞机是高价值资产，而航空公司属于利润率非常低的资本密集型行业，所以通过自有资金全额付款购买飞机的方式很少见。

15.3.2　利用贷款可能带来哪些后果

　　航空运输公司可以采用赊购或者向金融机构借款的方式购买飞机。南航可以直接通过商业银行贷款或从资本市场融资后从制造商手里购买飞机。假设南航2008～2012年通过融资租赁的飞机全部改为以长期借款购买，则对于南航财务状况的影响如表15-2所示。

表 15-2　以借款购买代替租赁对南航财务状况影响测算　　（单位：亿元）

项目	2008 年	2009 年	2010 年	2011 年	2012 年
新增长期借款①	169.36	179.89	202.33	232.25	305.58
新增利息费用②	1.71	3.27	6.72	9.01	11.12
资产负债率	88.62%	86.01%	72.83%	70.88%	72.21%
资产负债率（假设）③	95.58%	92.45%	79.54%	77.98%	80.06%

①假设以长期借款购买方式代替融资租赁，则新增长期借款为各年新增融资租赁飞机价值。
②假设以长期借款购买方式代替融资租赁，则新增利息费用为各年新增长期借款与当年长期借款利率的乘积减去为融资租赁支付的利息。
③假设以长期借款购买方式代替融资租赁，则资产总额保持不变，负债总额增加新增长期借款数额、减少应付融资租赁款数额。

　　可见以长期借款代替融资租赁，不仅会增加当期财务费用，同时将大幅度提高南航的资产负债率。航空运输企业通过银行借款购买飞机的限制在于，一方面需要面临严格的外部监管，另一方面需要通过银行授信额度审查，会占用银行的授信额度，影响其他的资金使用。总之，银行贷款购买飞机的劣势在于：
　　（1）贷款利率高，利息费用高；
　　（2）还款周期短，还款压力大；
　　（3）贷款监管严，信用额度有限；
　　（4）提高负债率，影响资本结构。

15.3.3　融资租赁与经营租赁的选择决策

　　除了以自有资金或银行贷款购买飞机之外，航空运输企业还可以通过租赁飞机来满足扩充机队的需求。租赁方式包括融资租赁与经营租赁，两种方式的选择决策需要考虑飞机使用年限、机队扩充需求、宏观经济形势等多重因素。如果仅从财务角度分析，南航应该选择融资租赁还是经营租赁？

南航 2012 年底共有飞机 491 架，其中自购飞机 226 架、融资租赁飞机 97 架，经营租赁飞机 168 架[⊖]，假设南航将 2012 年的经营租赁飞机全部以融资租赁方式引入，则对南航财务状况的影响如表 15-3 所示。经营租赁与融资租赁相比，一方面会导致公司的资产负债率上升，增加偿债压力，另一方面会减少公司的当期利润，降低公司的利润创造能力。因此，仅从财务角度分析，南航选择融资租赁更为合理，不仅能够降低资产负债率，还能够提高公司利润。

表 15-3　以经营租赁代替融资租赁对南航财务状况影响测算　　（单位：亿元）

项目	2008	2009	2010	2011	2012
资产负债率	92.73%	89.76%	74.64%	70.88%	72.21%
资产负债率（假设）^①	114.00%	98.15%	79.05%	73.15%	74.62%
资产负债率提高值	**21.27%**	**8.40%**	**4.41%**	**2.27%**	**2.41%**
省去的融资租赁折旧支出^②	10.49	8.54	9.61	11.03	14.52
损失的融资租赁折旧抵税额（机会成本）	−2.62	−2.14	−2.40	−2.76	−3.63
损失的应付融资租赁款利息抵税额^③（机会成本）	−0.25	−0.21	−0.25	−0.23	−0.27
增加的经营租赁费用^④	−15.88	−15.54	−19.58	−19.20	−25.23
融资租赁改为经营租赁对损益的影响	**−8.26**	**−9.35**	**−12.62**	**−11.16**	**−14.61**

①假设南航以经营租赁来代替融资租赁，则负债减少额为应付融资租赁款数额，资产减少额为融资租赁飞机价值，数据来源均为南航年度报告。

②根据南航年度报告，飞机的使用年限为 15-20 年，残值率为 5%，表 15-3 中融资租赁飞机的折旧额以 20 年使用年限，残值率 5% 计算所得。

③应付融资租赁款利息数据来源为南航年度报告。

④根据南航年度报告，以单架飞机平均经营租赁费用与每年融资租赁飞机改为经营租赁飞机架数的乘积计算所得。

总之，融资租赁的优势主要体现在：

（1）租赁利率低，利息费用低；

（2）还款周期长，还款压力小；

（3）以租赁名义变相融资，外部监管相对较弱。

基于以上分析可以看出，融资租赁将租入资产按其他同类拥有所有权的固定资产的折旧政策计提折旧，按其他同类拥有所有权的固定资产的会计政策计提减值准备。因此，融资租赁租入的飞机属于一项长期持有的表内资产，这一点与购买的飞机相同。那么南航不断增加融资租赁引进飞机的比例，除了融资租赁限制条件较少外，是否还有融资渠道方面的考虑呢？

15.4　南航可以通过哪些融资渠道购买飞机

南航选择将融资租赁作为引进飞机的重要方式，2010 ~ 2012 年南航融资租赁引进的飞机在数量占比与价值占比上均不断增长。南航选择融资租赁，是否仅仅是跟随民用航空运输业以融资租赁作为飞机引进方式的惯例呢？南航依靠内源融资、债务融资和权益融资的一种或几种，均无法满足自己以购买飞机的方式扩充机队的资金需要，选择融资租赁不仅是跟随行业惯例，而是与其融资能力不能满足购机需要有着密切联系。

⊖　资料来源：南航 2012 年年度报告。

15.4.1 内源融资是否能够满足购机需求

南航的经营积累无法为其购买飞机提供足够的资金支持。自 2010 年起，南航根据市场需要进一步加大机队规模、优化调整机队结构，南航 2010 ~ 2012 年机队变化如表 15-4 所示。

表 15-4　南航 2010 ~ 2012 年机队变化　　　　　　（单位：架）

型号	2010 年	2011 年	2012 年
A380	0	2	4
B777	10	16	10
A330	17	21	24
B757	25	21	19
B737	166	184	206
A300	4	0	0
A321	57	57	59
A320	69	84	94
A319	44	44	44
E190	0	7	17
ERJ-145	6	6	6
MD-90	12	0	0
ATR-72	5	0	0
B747F	2	2	2
B777F	5	0	6
合计	422	444	491

资料来源：南航（600029）2010 ~ 2012 年度社会责任报告整理。

随着机队规模的增大和结构的调整，南航 2010 ~ 2012 年机队价值也在不断增加，仅依靠经营现金流入与净利润的累积无法满足机队更新的需求。南航 2008 ~ 2012 年新增飞机设备价值与经营活动产生的现金流量净额、净利润对比如图 15-10 所示，2008 ~ 2012 年飞机设备价值与营业收入对比如图 15-11 所示。

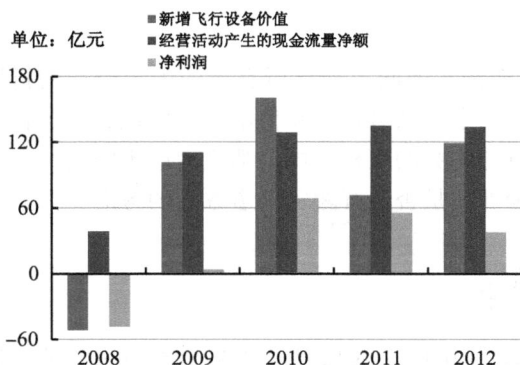

图 15-10　2008 ~ 2012 年南航新增飞机设备价值与经营活动现金流、净利润对比

资料来源：南航（600029）2012 年年度报告。

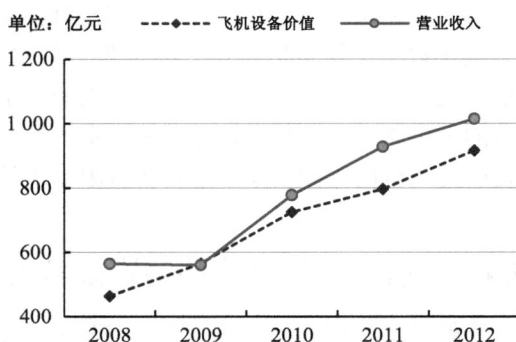

图 15-11　2008 ~ 2012 年南航飞机设备价值与营业收入对比

资料来源：南航（600029）2012 年年度报告。

南航 2010 年新增飞行设备[⊖]价值超过了全年的经营活动产生的现金流量净额，2012 年新增飞行设备价值仅比全年的经营活动产生的现金流量净额少 20 亿元；2010 ~ 2012 年南航净利润均

⊖　飞行设备包括飞机及维持飞行必需的机器等。

低于当年新增的飞行设备价值。可见，依靠经营获得的现金流量及自身积累，南航无法满足自身机队扩张和更新的需求。南航能否通过外部债务融资和权益融资以满足购买飞机的资金需求？

15.4.2 债务融资是否能够满足购机需求

南航的内源融资能力不能满足购机需求，需要进一步考虑其他融资渠道，那么南航的债务融资能力如何？针对这一问题，从商业信用融资、银行借款融资、债券与票据融资等融资渠道来进行分析。

1. 商业信用融资渠道是否能够满足购机需求

商业信用融资难以用于固定资产投资。由于具有风险小、容易取得、没有成本等优势，南航自 2008 年起逐年加大了商业信用融资的金额。2008 ~ 2012 年南航应收款项与应付款项⊖变化如图 15-12 所示，应付应收款项差额与资产总额的比较如图 15-13 所示。

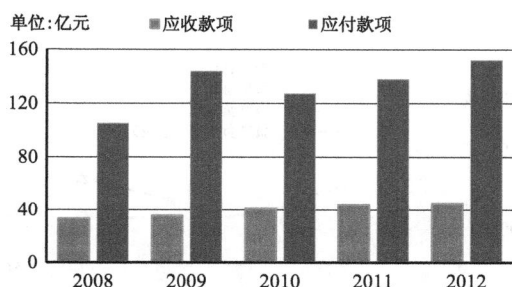

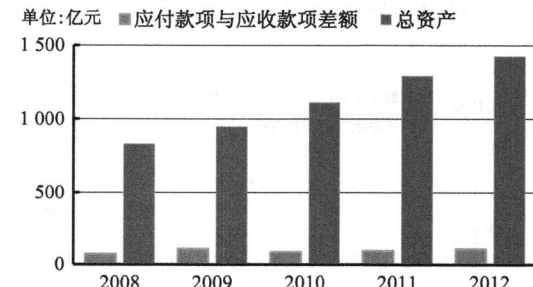

图 15-12 2008 ~ 2012 年南航应收款项与应付款项
资料来源：南航（600029）2008 ~ 2012 年年度报告。

图 15-13 2008 ~ 2012 年南航应付应收款项差额与资产比较
资料来源：南航（600029）2008 ~ 2012 年年度报告。

2010 年起南航的应付款项总额与应收款项总额之间的差额越来越大，2012 年应付款项总额与应收款项总额之间的差额比 2010 年多了 21 亿元，说明公司大量利用商业信用来进行日常经营的融资，商业信用融资已经达到了一个很高的水平。但商业信用融资期限较短，只能用于公司的日常运营，而无法用于购买飞机等固定资产投资。

2. 银行借款融资渠道是否能够满足购机需求

商业信用融资资金无法用于购买飞机，那么南航是否可以通过银行借款来为购买飞机提供资金支持呢？ 2008 ~ 2012 年南航的长期借款与短期借款变化如表 15-5 所示。

表 15-5 2008 ~ 2012 年南航长期借款与短期借款变化表 （单位：亿元）

项目	2008 年	2009 年	2010 年	2011 年	2012 年
长期借款	174.29	278.75	318.76	290.37	301.96
长期借款增加额	83.55	104.46	40.01	-28.39	11.59
短期借款	182.32	110.12	35.68	69.25	107.19
短期借款增加额	-30.81	-72.2	-74.44	33.57	37.94
假设自购飞机所需金额①	—	—	—	159	147

①南航在 2011 年与 2012 年的社会责任报告中，披露了机队规模的变化，如表 1 所示；表 2 中假设自购飞机所需金额即是假设南航所有新增飞机以自购方式购买，以 3 亿元为飞机单价计算。
资料来源：南航（600029）2008 ~ 2012 年年度报告。

⊖ 应收款项包括：应收票据、应收利息、应收账款净额、预付账款及其他应收款等；应付款项包括：应付票据、应付账款、预收账款、应付股利及其他应付款等。

南航 2008 ~ 2012 年长期借款呈增加趋势；短期借款 2008 ~ 2010 年不断减少，2010 ~ 2012 年不断增加。然而短期借款难以用于周期较长的固定资产投资，购买飞机仍然应以长期借款为主。南航 2011 ~ 2012 年的长期借款总额均能够满足购机需求，但新增长期借款额与购机需求还有较大差距。然而，这是否说明南航可以通过进一步增加长期借款来自购飞机扩充与更新机队呢？

以长期借款来购买飞机将大幅度提高南航的资产负债率。通过图 15-14 中南航购建固定资产等长期资产支付的现金与 2011 ~ 2012 年假设自购飞机所需金额的对比可以发现，南航各年自购飞机所需要的现金超过当年购建长期资产所支付的现金总额，而假设这些现金全部来源于长期借款，将对于南航的资产负债率产生较大影响。南航 2008 ~ 2012 年资产负债率的变化如图 15-15 所示，南航的资产负债率始终超过 70%，假设南航 2011 年与 2012 年的飞机全部使用长期借款购买⊖，则其 2011 年与 2012 年的资产负债率将分别达到 79.39% 和 88.70%，2012 年资产负债率将达到南航历年来负债率最高值。此外，增加长期借款而产生的新增利息费用也将对南航的财务流动性产生较大压力。

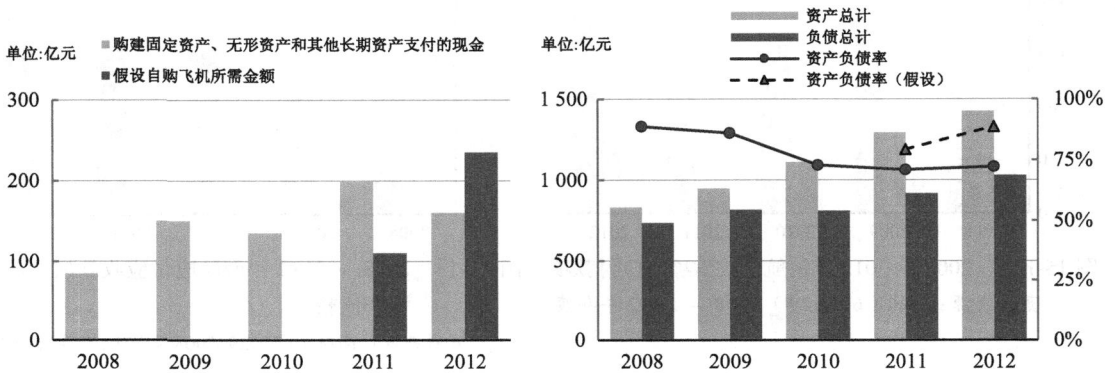

图 15-14　2008 ~ 2012 年南航购建固定资产等支付的现金与假设自购飞机所需金额比较
资料来源：南航（600029）2008 ~ 2012 年年度报告。

图 15-15　2008 ~ 2012 年南航资产负债率变化
资料来源：南航（600029）2008 ~ 2012 年年度报告。

3. 债券融资渠道是否能够满足购机需求

企业可通过债券融资与票据融资来满足自身的资金需求。债券融资指通过企业债券、公司债券或可转换公司债券来进行融资，票据融资指中期票据的融资⊜。由于南航 2008 ~ 2012 年始终不存在应收票据，因此仅考虑其债券融资渠道。

我国有关规定对于三种债券融资数额都进行了明确限制，债券融资后企业累计的待偿余额不能超过企业净资产的 40%⊜。不考虑南航 2008 年曾发行的 20 亿短期融资券对于待偿余额的影响，南航 2011 年与 2012 年的净资产分别为 376.39 亿元、395.96 亿元，可通过债券融资获得资金的最高限额则分别为 94 亿元、99 亿元，与各年假设自购飞机所需金额 159 亿元、147 亿元有较大差距，通过债券融资同样会导致资产负债率上升。因此，通过债券融资无法完全满

⊖　由于南航在 2011 年与 2012 年的社会责任报告中，披露了机队结构的变化，因此图 15-14 与图 15-15 中假设自购飞机所需金额及对于资产负债率的影响也仅讨论 2011 年与 2012 年，以飞机单价 3 亿元计算。

⊜　由于购买飞机属于长期固定资产投资项目，因此不考虑短期融资券。

⊜　关于企业债券的融资额限制见《关于推进企业债券市场发展、简化发行核准程序有关事项的通知》（2008 年 1 月 4 日发布）；关于公司债券的融资额限制见《公司债券发行试点办法》（2007 年 8 月 14 日实施）；关于可转换公司债券的融资额限制见《上市公司证券发行管理办法》（2006 年 5 月 8 日实施）。

足自购飞机的需要。

在南航的债务融资渠道中，商业信用渠道与短期借款渠道均不能用于周期较长的飞机购买，而债券融资又不能完全满足自购飞机的需要，长期借款融资又受限于公司较高的资产负债率，因此很难通过债务融资渠道满足企业自购飞机的资金需求，需要进一步分析企业的权益融资能力。

15.4.3　权益融资是否能够满足购机需求

南航作为一家上市公司，还可以通过增发、配股等权益融资方式来筹集资金，南航的权益融资能力能否满足自购飞机的资金需求？针对这一问题，先分析南航能否满足证监会规定的公开增发、定向增发与配股的条件，然后分析公司通过增发与配股融资能否满足自购飞机的资金需求。

依据《上市公司证券发行管理办法》规定[⊖]，公开增发最主要的约束有三点：第一，最近三个会计年度加权平均净资产收益率平均不低于6%，扣除非经常性损益后的净利润与扣除前的净利润相比，以低者作为加权平均净资产收益率的计算依据；第二，最近三个会计年度连续盈利，扣除非经常性损益后的净利润与扣除前的净利润相比，以低者作为计算依据；第三，最近三年以现金方式累计分配的利润不少于最近三年实现的年均可分配利润的30%[⊜]。那么南航是否满足公开增发的条件呢？

第一，南航满足公开增发要求的加权平均净资产收益率的条件。南航2008～2012年的加权平均净资产收益率如图15-16所示。2008～2010年，南航加权平均净资产收益率的均值始终低于6%，然而，2011年和2012年南航加权平均净资产收益率的均值分别为15.47%和19.10%，均高于6%。因此，南航在2011年和2012年满足公开增发要求的加权平均净资产收益率的条件。

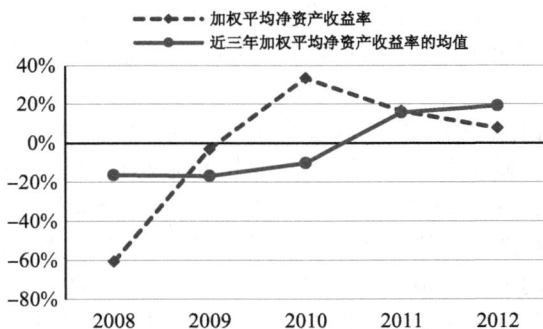

图 15-16　2008～2012年南航加权平均净资产收益率变化

数据来源：南航（600029）2008～2012年年度报告

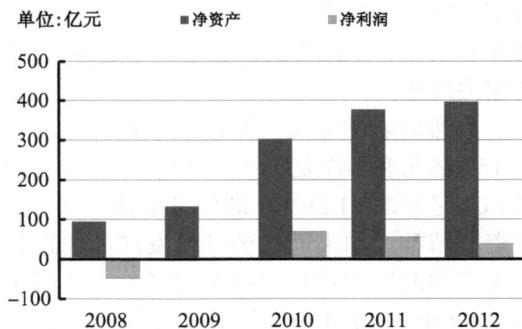

图 15-17　2008～2012年南航净资产与净利润变化

数据来源：南航（600029）2008～2012年年度报告

第二，南航满足公开增发要求的近三年连续盈利的条件。南航2008～2012年的净资产与净利润变化如图15-17所示。2008年南航的净利润为-48.29亿元，2009年南航扭亏为盈，实

⊖　证监会令第30号：《上市公司证券发行管理办法》。
⊜　依据《关于修改上市公司现金分红若干规定的决定》：将《上市公司证券发行管理办法》第八条第（五）项"最近三年以现金或股票方式累计分配的利润不少于最近三年实现的年均可分配利润的20%"修改为："最近三年以现金方式累计分配的利润不少于最近三年实现的年均可分配利润的30%"。

现净利润 3.58 亿元，2010 ~ 2012 年也均实现盈利。因此，南航在 2011 年和 2012 年满足公开增发要求的近三年连续盈利的条件。

第三，南航满足公开增发要求的现金分红的条件。南航 2008 ~ 2012 年的分红情况如表 15-6 所示。2008 ~ 2010 年南航均未进行现金分红，2011 年南航的现金分红金额为 19.64 亿元，占近三年实现的年均可分配利润的 52.32%，高于证监会要求的比例 30%。2012 年南航的现金分红金额为 4.91 亿元，加上 2011 年的现金分红金额，2012 年南航近三年以现金方式累计分配的利润占近三年实现的年均可分配利润的比例也达到 54.52%。因此，南航在 2011 年和 2012 年满足公开增发要求的现金分红的条件。

表 15-6　南航 2008 ~ 2012 年分红情况

年度	2008 年	2009 年	2010 年	2011 年	2012 年
每 10 股送红股数（股）	0	0	0	0	0
每 10 股派息数（元）	0	0	0	2	0.5
每 10 股转增数（股）	5	0	0	0	0
现金分红的数额（亿元）	0	0	0	19.64	4.91
合并报表中归属于上市公司股东的净利润（亿元）	−48.29	3.81	58.05	50.75	26.28
分红占合并报表中归属于上市公司股东的净利润的比率	0	0	0	38.70%	18.68%
近三年累计分配的利润占近三年年均可分配利润的比例	\	\	0	52.32%	54.52%

资料来源：根据南航（600029）2008 ~ 2012 年年度报告整理。

南航还可以选择定向增发或者配股的方式进行筹资。定向增发没有企业绩效、利润分配方面的要求，依据《上市公司证券发行管理办法》第三十七条规定，定向增发的特定对象应该符合股东大会决议规定的条件，并且发行对象不能超过十名。因此，南航符合定向增发的相关条件。

依据《上市公司证券发行管理办法》规定，配股最主要的约束有三点：第一，最近三个会计年度连续盈利。扣除非经常性损益后的净利润与扣除前的净利润相比，以低者作为计算依据；第二，最近三年以现金方式累计分配的利润不少于最近三年实现的年均可分配利润的 30%；第三，拟配售股份数量不超过本次配售股份前股本总额的 30%。因此，南航也符合配股的相关条件。

虽然南航够满足公开增发或配股的条件，但是 2011 年和 2012 年自购飞机所需的资金高达 159 亿元和 147 亿元（前文的表 15-5 已经对此做出估算），两者之和占南航 2012 年总市值 375.03 亿元的 81.59%。即使考虑债务融资能力，剩余的庞大资金缺口依然难以完全通过权益融资来填补。如果通过公开增发或配股进行巨额融资，则一方面外部资本市场难以承受，另一方面控股股东股权会被大幅稀释。实际上，南航在 2008 ~ 2012 年的股权融资活动中，仅在 2009 年与 2010 年进行了三次定向增发。南航 2008 ~ 2012 年主要融资金额如表 15-7 所示。南航通过三次定向增发累计融资 130.05 亿元，所筹集的资金全部用于偿还债务⊖。即使所筹集资金用于购买飞机，以单价 3 亿元计算，所有股权融资全部用于购买飞机也只可购买约 43 台，远远不能满足南航扩充机队的需求。

⊖　根据南航非公开发行 A 股、H 股公告，2009 年 8 月，南航向其控股股东南航集团非公开发行 A 股筹集资金 22.79 亿元，全部用于偿还银行贷款本金。2010 年 10 月，南航向其控股股东南航集团、自然人赵晓东、兴业全球基金管理有限公司、芜湖瑞建投资咨询有限公司、安徽海螺创业投资有限责任公司、平安资产管理有限责任公司、中航鑫港担保有限公司、太平资产管理有限公司、博时基金管理有限公司非公开发行 A 股筹集资金 100 亿元；南航向其控股股东南航集团子公司南龙控股有限公司非公开发行 H 股筹集资金 7.26 亿元，全部用于偿还债务。

表 15-7　南航 2008 ~ 2012 年主要融资金额　　（单位：亿元）

时间	方式	金额
2008 年	发行短期融资券（券面利率 4.7%）	20
2008 年	银行借款	414.5
2009 年	非公开发行 A 股	22.79
2009 年	银行借款	0.37
2010 年	非公开发行 A 股	100
2010 年	非公开发行 H 股	7.26 [①]
2010 年	银行借款	221
2011 年	银行借款	193.95
2012 年	银行借款	319.4

①南航 2010 年增发 H 股获得 8.53 亿港元的资金，以中国外汇交易中心 2010 年 12 月 30 日公布的港元对人民币汇率 0.850 9 计算，合人民币约 7.26 亿元。

资料来源：依据南航 2008 ~ 2012 年年度报告整理计算得到。

经过以上分析可知，虽然南航能够满足增发或配股的条件，但是面对自购飞机所需的庞大资金量，即使考虑公司的内源融资和外部债务融资能力之后，公司的权益融资能力也难以满足剩余的资金需求。

15.5　南航为何加大融资租赁引入飞机的比例

民用航空运输业需要保证一定的现金持有以维持正常运营，以购买方式引进飞机所带来的大额现金支出是南航无法承受的；而营运资金的紧张使得南航无法将资金完全投入于飞机购买。因此，南航选择融资租赁作为引入飞机的重要方式，不仅保证了自身的财务流动性，更是起到了融物融资的双重效果。

15.5.1　营业现金难以满足机队扩充需求

南航作为我国三大民用航空运输公司之一，需要对于航线运营、地面作业等进行持续投入以维持日常经营，因此公司常年保持着大额的现金持有。南航 2008 ~ 2012 年经营活动现金流入与流出、货币资金变化情况如图 15-18 所示，营业收入与营业成本变化如图 15-19 所示。

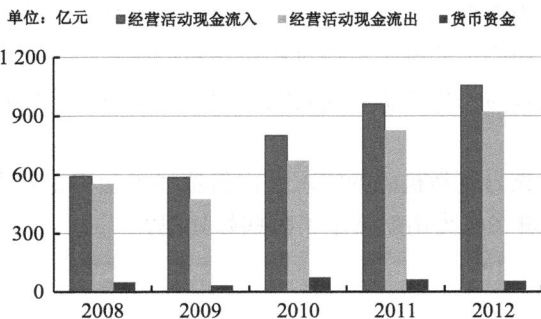

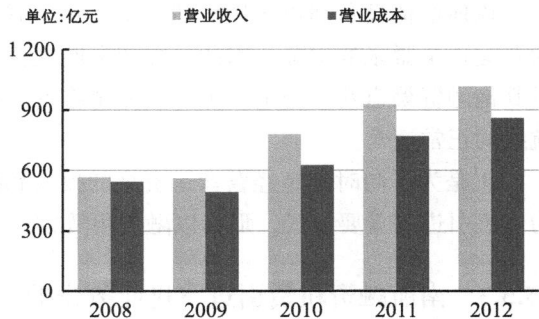

图 15-18　南航 2008 ~ 2012 年经营活动现金流入与流出变化

资料来源：根据南航（600029）2008 ~ 2012 年年度报告。

图 15-19　南航 2008 ~ 2012 年营业收入与营业成本变化

资料来源：根据南航（600029）2008 ~ 2012 年年度报告。

一方面，南航 2008 ~ 2012 年货币资金的平均持有量为 53.58 亿元，而经营活动现金流入量和流出量的平均值分别为 797.83 亿元和 688.53 亿元，货币资金持有量相比于经营活动现金流入与流出的规模不足 8%，表明南航持有的现金在满足日常经营性需求之后并不充裕，真正能够用于购买飞机的现金十分有限。另一方面，将南航的经营活动现金流出与其营业成本变化相比较，可发现二者的金额及变化趋势差别较小。可见，南航的营业成本较多以现金方式流出，较大金额的货币资金持有是民用航空运输公司正常经营所必须具备的条件。而购买飞机动辄几百亿元的现金流出将对于南航的财务稳定性产生较大影响，不利于其正常运营。

15.5.2 经营营运资金紧张限制机队投资

南航的经营现金流入无法满足营运资金需求，因此一直在通过短期负债满足自身经营所需的营运资金。2008 ~ 2012 年南航的营运资金始终为负值，如图 15-20 所示；通过与南航 2008 ~ 2012 年运输总量周转变化趋势对比可发现，随着运输总周转量的不断增加，南航营运资金紧缺的压力也在不断加大，如图 15-21 所示。

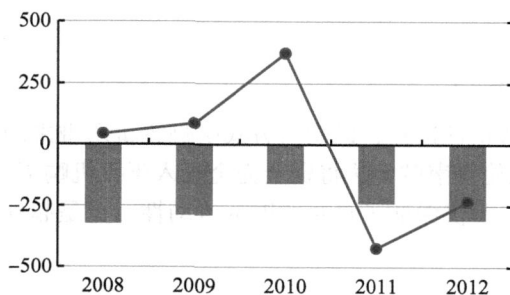

图 15-20　南航 2008 ~ 2012 年营运资金变化①
①由于南航 2007 ~ 2012 年营运资金均为负值，因此在计算营运资金增长率时使用上一年基数的相反数。
资料来源：南航（600029）2008 ~ 2012 年年度报告。

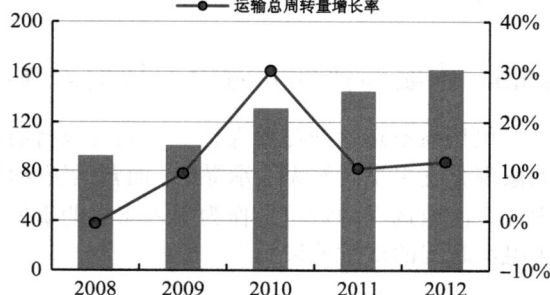

图 15-21　南航 2008 ~ 2012 年运输总量周转变化
资料来源：南航（600029）2008 ~ 2012 年年度报告。

南航的流动负债以短期负债为主，每年需要为筹资活动支付较高的利息，更是加剧了其经营营运资金紧张的情况。因此，即使南航经营活动产生的现金流超过购买飞机的价值，或者通过其他融资渠道获得资金，也无法完全将资金投入与飞机投资，而是需要保证营运资金，维持航线的正常运营。

正是为了同时满足经营营运资金的投入和扩充与更新机队的需求，南航选择了融资租赁作为飞机引进的重要方式，那么以融资租赁方式引进飞机为南航带来了哪些好处呢？

15.5.3 南航融资租赁引进飞机业务分析

截至 2012 年底，南航总租赁飞机架数占机队规模的 53.97%，其中，融资租赁 97 架，占比 19.76%。融资租赁飞机涉及金额 1 836 亿元，占飞机固定资产总金额的 36.18%，南航 2008 ~ 2012 年机队构成情况如表 15-8 所示。

表 15-8　2008 ～ 2012 年南航机队构成情况

年份（年末）	2008 年	2009 年	2010 年	2011 年	2012 年
经营租赁飞机	146	148	144	161	168
融资租赁飞机	66	55	70	76	97
自购飞机	136	175	208	207	226
合计	348	378	422	444	491
融资租赁飞机占飞机总架数比例	**18.96%**	**14.55%**	**16.59%**	**17.12%**	**19.76%**

资料来源：依据南航（600029）2008 ～ 2012 年年度报告整理得到。

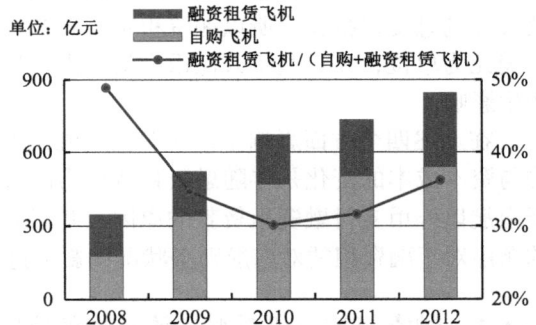

　　南航通过融资租赁开辟了公司利用外资的新途径。融资租赁飞机占飞机总架数的比例在不断上升。在国外，南航租赁的合作伙伴主要包括 ILFC、GECAS、Bavaria、SALE 等几家国外飞机租赁公司，南航是国内首家采用日本杠杆租赁、德国税务租赁、日本经营租赁、法国税务租赁等融资租赁方式的航空公司。在国内，南航还通过与工银租赁、中银租赁等拥有雄厚资本的银行系租赁公司合作，为扩充与更新机队提供了更多的融资方式。

　　南航通过融资租赁以较少的现金流量支出得到更多的飞机使用权。随着南航业务规模的扩大，融资租赁飞机架数也不断增加，如图 15-22 所示。南航 2008 ～ 2012 年融资租赁飞机与自购飞机价值变化如图 15-23 所示，融资租赁引进飞机虽然使南航增加了每年应付融资租赁款流出，但与直接购买飞机相比，不仅节省了大额现金支出，更是获得超过自购飞机架数的飞机使用权。

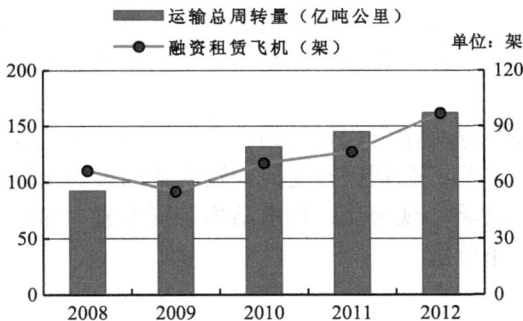

图 15-22　南航 2008 ～ 2012 年业务量与融资租赁飞机架数

资料来源：南航（600029）2008 ～ 2012 年年度报告。

图 15-23　南航 2008 ～ 2012 年融资租赁飞机与自购飞机价值变化

资料来源：南航（600029）2008 ～ 2012 年年度报告。

　　正因为融资租赁具有多重优势，近年来已成为南航一项趋于稳定的获取飞机方式，从飞机数量来看，近五年每年新增飞机架数中融资租赁新增租机的架数平均占 30%。稳定的融资租赁需求对南航加强管理有促进作用。融资租赁在南航加强管理中发挥的优势主要有以下几点。

　　（1）有助于方便经济核算。融资租赁飞机租金一般是固定的，这有利于企业的经济核算。

　　（2）有助于加强经营管理。南航竞争力的高低，关键在于南航的经营与管理，而控制成本和长期负债规模是南航在市场经济竞争和发展中的一项重要内容。融资租赁由于租金固定，使现金外流和经费支付均衡化，有利于南航确定营运成本和长期负债规模，便于南航加强经营管理。

　　（3）有助于改善经济效益。采用融资租赁可以促使南航更加注重经济效益，融资租赁飞机使相应的租赁风险由南航承担，这将使南航在租赁飞机前要认真分析租赁飞机方案的可行性，考虑方案的经济效益和社会效益。当飞机租进后，必须按时交纳租金，南航势必要充分提高飞机的利用率，改善经营管理。

目前航空公司引进飞机的方式除自有资金购买、融资租赁外，还有贷款购买、经营租赁两种方式。融资租赁相比于其他方式，在核算上有什么特点，又有哪些优势呢？

15.6 南航融资租赁飞机对财务状况的影响

融资租赁作为南方航空的一项重要的财务活动，对企业财务状况主要有以下四个方面影响。

第一，缓解现金流压力，提高融资能力。融资租赁类似于分期付款的购买行为，南航采用融资租赁代替购买的很大先决因素是一次性购买现金流不足，融资租赁的分期付款方式能够缓解现金流压力，并且通过递延支付使各年现金流出趋于稳定，能够有效地控制流动性风险。

第二，提高财务杠杆。融资租赁是一种以租赁形式进行融资、用以替代借款筹资的筹资活动，租赁的资产属于表内资产，它对企业的资本结构必然产生影响，融资租赁带来的应付融资租赁款是一项债务融资，提高了资产负债率。

第三，降低资本成本。在各项资本的资本成本不一样的情况下，资本结构的改变会影响企业的资本成本，应付融资租赁款的资本成本相比于其他债务融资，尤其相比于权益性融资具有较低的资本成本，应付融资租赁款的增加会降低企业资本成本。

第四，正向影响损益。一方面，由于我国税法规定融资租赁可以按照类似固定资产的折旧政策和利息支付抵税，所以融资租赁具有节税优势。另一方面，由于南航的所有租赁债务主要以美元为单位，在近些年人民币升值的大背景下，融资租赁带来的汇兑损益对南航的业绩也会产生影响。

在上述四个方面影响中，缓解现金流压力是南航选择融资租赁的初衷之一，而南航资本结构与资本成本的变化是伴随融资租赁行为的选择而产生，公司损益受到融资租赁的影响则是由于南航以外币支付融资租赁款的原因。基于此，本文将以现金流、资本结构、资本成本和损益的顺序对于融资租赁对南航财务状况的影响进行逐条分析。

15.6.1 融资租赁飞机对财务流动性的影响

购买的资金来源分为两种：自有资金和借款。购买的资本性支出要么一次性全额付款，要么短期内分期付款。而融资租赁的租赁期一般接近租赁资产的经济寿命，融资租赁是按租赁期分期付款，与购买的周期相差很大。即使购买是通过借款方式获得，一般借款的还款周期也小于融资租赁分期付款的租赁期，因此，总体上通过借款直接购买飞机的还款压力相比融资租赁更大，融资租赁起到了缓解南航现金流压力的作用。

1. 融资租赁的流动性风险是否比购买方案小

融资租赁可避免大额的现金流出。南航每年新增融资租赁飞机价值大约在 30 ~ 40 亿元左右[⊖]。如果南航对这些新增飞机采用购买而非租赁的方式，则要在购买当期一次性付款或在短期内分期付款。新增的飞机对南航当期或短期内的现金流需求非常大。南航融资租赁飞机的经济寿命一般在 15 ~ 20 年，采用融资租赁方式可以避免期初的 30 ~ 40 亿元一次性现金流出，转化为分摊到 15 ~ 20 年的分期现金流出，减少短期内现金流压力。南航

⊖ 根据 2011 年、2012 年南航社会责任报告披露的机队数量变化与机型目录价格计算。

融资租赁和自购方案现金流量比较如表 15-9 所示。假设每年新增融资租赁飞机购买成本为 40 亿元，租机经济寿命为 20 年，20 年后飞机残值为 0。南航通过融资租赁采用分期付款的偿付方式，避免了融资租赁当期 40 亿元的现金流出量，在未来的 20 年中每年的现金流出量只有 3.28 亿元。

表 15-9　南航融资租赁和自购方案的现金流量比较　　　　（单位：亿元）

时间（年末）		0	1	2	……	20
购买						
"自购"和"租赁"方案的差异相关现金流	购买成本	-40				
	折旧抵税		0.50	0.50	0.50	0.50
	运营成本		0	0	0	0
	运营成本抵税		0	0	0	0
	余值变现					
	余值变现损失抵税					0
"自购"和"租赁"方案的无差异非相关现金流	取得设备后产生的营业收入、成本及费用		R_1	R_2	R_n	R_{20}
融资租赁						
"自购"和"租赁"方案的差异相关现金流	租金支付[1]		-3.30	-3.30	-3.30	-3.30
	折旧抵税		0.50	0.50	0.50	0.50
	利息抵税[2]		0.02	0.02	0.02	0.02
"自购"和"租赁"方案的无差异非相关现金流	取得设备后产生的营业收入、成本及费用		R_1	R_2	R_n	R_{20}
融资租赁取代购买的差额现金流量		**40**	**-3.28**	**-3.28**	**-3.28**	**-3.28**

[1] 根据南航年报及租赁市场行情分析，40 亿元飞机资产若采用租赁，每年的租赁费大约在 3.3 亿元左右。

[2] 根据南航年报及租赁市场行情分析，40 亿元飞机资产若采用租赁，产生的应付融资租赁款利息大约在 0.075 亿元左右，以 25% 的所得税率计算，每年利息抵税额为 0.018 75 亿元，在表 15-9 中近似取值为 0.2 亿元。

南航 2008 ~ 2012 年应付融资租赁款现金流分析如表 15-10 所示，"自有资金购买现金流支出"与"融资租赁现金流支出"每年金额差距较小。这是不是意味着融资租赁并没有降低现金流出呢？

表 15-10　支付应付融资租赁款现金流分析　　　　（单位：亿元）

项目	2008 年	2009	2010	2011	2012
自有资金购买现金流支出[1]	2.88	23.26	35.45	29.59	41.36
融资租赁现金流支出[2]	23.90	19.72	20.15	22.16	30.21
现金及现金等价物余额[3]	46.49	43.43	104.04	98.63	100.82

[1] 假设每年新增的融资租赁飞机全部在当年用自有资金支付。所以取每年"自有资金购买现金流支出"为每年新增融资租赁飞机的价值。

[2] 南航年报披露了每年末各类金融负债按未折现的合同现金流量的剩余合约期限、以及被要求支付的最早日期带来的流动性风险，从该披露信息中可得每年应付融资租赁款对现金流的需求，取该值为每年"融资租赁现金流支出"。

[3] "现金及现金等价物余额"数据来自现金流量表。

资料来源：依据南航（600029）2008 ~ 2012 年年度报告整理得到。

融资租赁实质上以每期较小的现金流出获得了与自购相比更多架飞机的使用权。以 2011 年为例，假设 29.59 亿元的新增融资租赁飞机采用购买方式获得，则需要支付 29.59 亿元现金流以获得价值 29.59 亿元的飞机使用权，以市场价格估算，大约 6 架飞机。而采用融资租赁，则支付 22.16 亿元的现金流能够获得远远大于 22.16 亿元价值的飞机的使用权，以市场价格估算，大约 60 架飞机。

总之，融资租赁飞机与自购飞机相比，在防止流动性风险方面具有显著优势：第一，避免了一次性或短期内巨额的现金流量支出，将一次性购买的资金压力分散到以后 15 ~ 20 年的较长期限内，帮助南航在不给财务支出带来巨大波动的同时，满足需要增加的市场运力需求，借用别人的资金提高自身的运输能力，资金通过融资租赁可以获得更多的飞机使用权。第二，自购飞机时由于自有资金不足，需要向银行贷款，银行贷款的审查比较严格，并且利率高，利息费用大，贷款后会占用授信额度影响其他资金使用；而融资租赁利率低，利息费用小，而且有些类型的融资租赁还可以享受税收减免的政策，出租人将一部分减税优惠以降低租金的方式转让给承租人，从而使得承租人可以获得比其他方式更低的融资成本，节约了现金流支出。

2. 融资租赁是否给南航带来了流动性风险

融资租赁节约了飞机的初始购买成本，降低了获得飞机当期的现金流压力，但融资租赁需要各期支付租金，对租赁期内每年的现金流有一定需求。融资租赁会不会给南航带来过高的流动性风险呢？

南航融资租赁各期租金支付风险较低。负债的本金和利息支出是南航现金流出的一项重要内容，南航每年都会对负债的现金流出带来的流动性风险做出评估，南航未折现合同现金流量流动性风险分析如表 15-11 所示，应付融资租赁款的流动性风险明显低于长期借款，融资租赁各期租金支付并没有对各期流动性产生大的消极影响。

表 15-11　南航未折现合同现金流量流动性风险分析　　　　　（单位：亿元）

负债项目	2012 年未折现的合同现金流量					资产负债表账面价值
	1 年内或实时偿还	1 ~ 2 年	2 ~ 5 年	5 年以上	合计	
短期借款	108.33	—	—		108.33	107.19
应付账款、应付票据及其他应付款	148.47	1.10	2.52	—	152.09	152.09
长期借款	120.32	79.06	157.79	83.86	441.03	413.76
应付融资租赁款	30.21	27.93	92.55	95.27	245.96	218.65
合计	407.33	108.09	252.86	179.13	947.41	891.69
应付融资租赁款占比	**7.42%**	**25.84%**	**36.60%**	**53.18%**	**25.96%**	**24.52%**

资料来源：依据南航（600029）2012 年年度报告整理得到。

南航的正常经营能够担负每期应付融资租赁款的支付。南航应付融资租赁款流动性风险分析如表 15-12 所示，2010 ~ 2012 年南航平均 EBITDA 为 162.24 亿元，而应付融资租赁款平均为 154 亿元，南航可以依靠正常经营支付每期融资租赁款。

表 15-12　南航应付融资租赁款流动性风险分析　　　　　（单位：亿元）

项目	2008 年	2009 年	2010 年	2011 年	2012 年
EBITDA[①]	43.72	88.77	168.99	161.48	156.25
总债务	735.55	814.78	810.10	916.21	1 028.98
其中：应付融资租赁款	111.57	118.87	127.76	140.53	193.71
EBITDA/ 应付融资租赁款	**0.39**	**0.75**	**1.32**	**1.15**	**0.81**
总债务 /EBITDA	16.82	9.18	4.79	5.67	6.59
EBITDA 利息保障倍数	**1.32**	**3.75**	**10.37**	**10.99**	**7.28**

①此处 EBITDA 根据年报中相关数据，按照如下公式计算：EBITDA＝净利润＋所得税＋利息＋折旧＋摊销。

资料来源：依据南航（600029）2008 ~ 2012 年年度报告整理计算得到。

总之，南航通过融资租赁一方面消除了购买的一次性付款压力，另一方面通过长周期使资产支出现金流推迟，降低了各期现金流压力，保证南航各年有足够的现金流支付应付融资租赁款。

15.6.2　融资租赁飞机对资本结构的影响

融资租赁作为一种债务性融资方式，会降低权益融资的比例，提高资产负债率，资产负债率过高可能造成现金流不足时，资金链断裂、不能及时偿债，从而导致企业破产的情况。南航融资租赁会不会恶化企业的资本结构呢？

融资租赁已成为南航的一项重要融资手段，应付融资租赁款已成为南航资本结构中的重要组成部分。南航 2008 ～ 2012 年资本结构如表 15-13 所示，应付融资租赁款金额不断增加，占南航全部资本的比例保持在 16% ～ 20% 之间。

表 15-13　南航资本结构　　（单位：亿元）

项目	2008 年		2009 年		2010 年		2011 年		2012 年	
	金额	比例	金额	比例	金额	比例	金额	比例	金额	比例
债务资本	468.18	83.21%	507.74	79.29%	482.20	61.47%	500.15	57.06%	602.86	60.36%
其中：短期借款	182.32	32.40%	110.12	17.20%	35.68	4.55%	69.25	7.90%	107.19	10.73%
长期借款	174.29	30.98%	278.75	43.53%	318.76	40.64%	290.37	33.13%	301.96	30.23%
应付融资租赁款	111.57	19.83%	118.87	18.56%	127.76	16.29%	140.53	16.03%	193.71	19.39%
股东投入资本	94.48	16.79%	132.58	20.71%	302.19	38.53%	376.39	42.94%	395.96	39.64%
全部资本	562.66	100%	640.32	100%	784.39	100%	876.54	100%	998.82	100%

资料来源：依据南航（600029）2008 ～ 2012 年年度报告整理计算得到。

融资租赁对资产负债率的提升在可承受范围内。中国三大航空运输公司 2008 ～ 2012 年平均资产负债率约为 81%，中国三大航空公司资产负债率变化如图 15-24 所示，负债总额变化如图 15-25 所示，与其他两家相比较，南航资产负债率处于可接受水平，南航由于融资租赁而进一步提高资产负债率并未恶化资本结构。

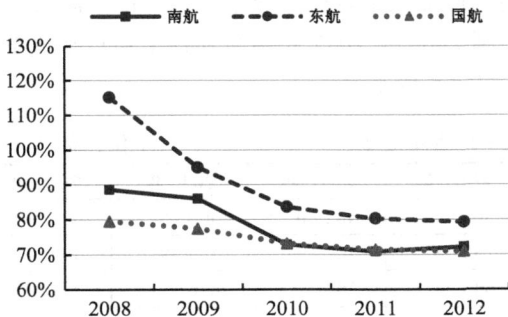

图 15-24　中国三大航空运输公司资产负债率变化
资料来源：依据南航（600029）、东航（600115）、国航（601111）2008 ～ 2012 年年度报告整理。○

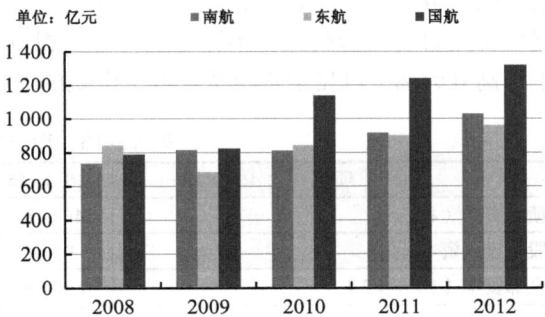

图 15-25　中国三大航空运输公司负债总额变化
资料来源：依据南航（600029）、东航（600115）、国航（601111）2008 ～ 2012 年年度报告整理。

○　东航 2008 年资产负债率大于 1 是由于大额的累计亏损使股东权益合计项目为负导致的。

15.6.3　融资租赁飞机对资本成本的影响

南航通过融资租赁飞机降低了公司资产负债率，进一步分析融资租赁飞机对公司的资本成本产生了什么影响？针对这一问题，先分析融资租赁飞机对债务资本成本的影响，然后分析融资租赁飞机对加权平均资本成本的影响。

第一，南航融资租赁降低了债务资本成本。假设南航融资租赁飞机都使用自有资金购买，不存在应付融资租赁款，则购买飞机行为只影响资产负债表中的资产项目，即固定资产增加，同时货币资金减少。融资租赁飞机和采用自有资金购买飞机的借款成本对比情况如表 15-14 所示，不考虑应付融资租赁款的加权平均借款成本高出南航真实加权平均借款成本 0.2% ~ 1.2%。可见融资租赁实际上降低了南航总体的加权平均借款成本。

表 15-14　南航加权平均借款成本计算

项目	2008 年	2009 年	2010 年	2011 年	2012 年
短期借款比例	38.94%	21.69%	7.40%	13.85%	17.78%
短期借款利率①	5.31%	5.31%	5.81%	6.56%	6.00%
长期借款比例	37.23%	54.90%	66.11%	58.06%	50.08%
长期借款利率②	5.76%	5.76%	6.22%	6.90%	6.40%
应付融资租赁款比例	23.83%	23.41%	26.50%	28.10%	32.12%
应付融资租赁款利率③	4.75%	3.94%	2.90%	3.02%	2.76%
考虑应付融资租赁款的加权平均借款利率	5.34%	5.24%	5.31%	5.76%	5.16%
不考虑应付融资租赁款的加权平均借款利率	5.53%	5.63%	6.18%	6.83%	6.30%

①此处采用中国人民银行发布的 2008 ~ 2012 年金融机构人民币贷款基准利率 6 个月至 1 年（包括 1 年）的利率，若年内进行多次调整利率调整的采用该年最后一次调整后的利率计算。
②此处采用中国人民银行发布的 2008 ~ 2012 年金融机构人民币贷款基准利率 3 ~ 5 年（包括 5 年）的利率，若年内进行多次利率调整的采用该年最后一次调整后的利率计算。
③此处采用南航 2008 ~ 2012 年年报披露的融资租赁加权平均年利率。
资料来源：依据南航（600029）2008 ~ 2012 年年度报告整理计算得到。

第二，南航融资租赁飞机降低了加权平均资本成本。南航的加权平均资本成本计算如表 15-15 所示。权益资本成本通常高于债务资本成本，融资租赁带来的应付融资租赁款增加了南航的债务资本，降低了权益资本的比例，进而会降低加权平均资本成本。假设南航融资租赁飞机都用自有资金购买，不存在应付融资租赁款，则 2008 ~ 2012 年南航加权平均资本成本将平均高 0.94%，可见融资租赁降低了南航的加权平均资本成本。

表 15-15　南航加权平均资本成本　（单位：亿元）

项目	2008 年	2009 年	2010 年	2011 年	2012 年
债务资本（1）	468.18	507.74	482.20	500.15	602.86
股东投入资本（2）	94.48	132.58	302.19	376.39	395.96
全部资本（1）+（2）	562.66	640.32	784.39	876.54	998.82
债务比重	83.21%	79.29%	61.47%	57.06%	60.36%
权益比重	16.79%	20.71%	38.53%	42.94%	39.64%
加权平均债务成本	5.34%	5.24%	5.31%	5.76%	5.16%
权益资本成本	14.49%	11.34%	14.01%	14.51%	12.16%
其中：无风险报酬率①	3.92%	2.25%	2.30%	3.29%	3.15%

（续）

项目	2008 年	2009 年	2010 年	2011 年	2012 年
风险溢价②	8.19%	8.19%	8.19%	8.19%	8.19%
β 系数③	1.29	1.11	1.43	1.37	1.1
加权平均资本成本	6.88%	6.50%	8.66%	9.52%	7.93%
不考虑应付融资租赁款的加权平均资本成本	**7.41%**	**7.08%**	**9.78%**	**10.76%**	**9.18%**

①此处依据 CSMAR 数据库中提取的日度化无风险收益率，先计算平均日度化无风险收益率，再依据复利得到年度无风险收益率。

②在美国等成熟资本市场中，通常直接以市场收益率的历史数据与国库券收益率的差额作为市场风险溢价。中国早年股市波动剧烈，投机操纵成分较大，1997 年以来，投资者理性大大增强。因此，此处使用 1997～2010 年共计 14 年的综合市场收益与一年期整存整取利率计算得到市场风险溢价为 8.19%。

③β 系数估计使用线性回归法，即将证券投资回报率与市场指数回报率回归估计得到资产的贝塔系数值。按照资本资产市场定价模型，市场投资组合应包含资本市场上全部可供投资者选择的风险资产。但由于市场投资组合的更新频繁，收益率统计麻烦，在实际计算中，通常选用市场指数收益率作为替代。而回归时间间隔一般采用月收益率或日收益率。因此，此处 β 系数根据 CSMAR 数据库南方航空"考虑现金红利再投资的日个股回报率"与"考虑现金红利再投资的综合日市场回报率"计算。

资料来源：依据南航（600029）2008～2012 年年度报告和 CSMAR 数据库、CCER 数据库计算所得。

　　融资租赁引进飞机与购买飞机相比，降低了南航需要一次性大额支出的现金压力，同时降低了南航的债务融资成本与加权平均资本成本，这对于其他航空运输公司选择融资租赁方式引进飞机有着借鉴意义。那么，南航多选择国外公司作为融资租赁的出租方，对于其财务状况又产生什么影响，是否也对于其他航空运输公司有着借鉴意义呢？

15.6.4　融资租赁飞机对当期损益的影响

　　融资租赁对于南航损益的影响体现在节税与汇兑损益两方面。以融资租赁方式引入的飞机可计入南航的固定资产，按同类自有资产提取折旧；而融资费用可当期税前扣除，"折旧抵税额"和"融资租赁款利息抵税额"正向影响企业当期的净利润。而以外币结算的应付融资租赁款负债在汇率发生变化时也将对损益产生影响。

（1）融资租赁具有节税优势

　　如果南航采用购买方式引进飞机，对各期损益的影响为"折旧抵税额"，折旧抵税额＝折旧额 × 所得税率。如果采用融资租赁方式，与购买方式相比，融资租赁对各期税收的影响除"折旧抵税额"外，还包括"融资租赁款利息抵税额"⊖。

　　假设南航所持有的飞机资产全部为自购，则南航在全部自购飞机情况下带来的节税好处为"折旧抵税额"，而在南航持有融资租赁飞机的实际情况（假设南航融资租赁飞机资产的入账价值为其公允价值）下，抵税额既包括"折旧抵税额"也包括"融资租赁款利息抵税额"，融资租赁为南航带来的节税好处计算如表 15-16 所示。

表 15-16　南航飞机自购和融资租赁方案的损益影响额比较　　（单位：亿元）

项目	2008 年	2009 年	2010 年	2011 年	2012 年
飞机资产全部由自购方式取得（假设）					
飞机价值	169.36	179.89	202.33	232.25	305.58
年折旧额（1）	43.12	45.19	55.24	61.88	66.13
折旧抵税（2）=（1）×25%①	10.78	11.30	13.81	15.47	16.53

⊖　根据《企业会计准则讲解 2010》中对于融资租赁会计处理的规定，企业对融资租入的资产应当视同企业购入的资产计提折旧；融资租赁产生的融资租赁款利息可在税前列支。

（续）

项目	2008 年	2009 年	2010 年	2011 年	2012 年
飞机资产由自购和融资租赁方式取得（南航实际情况）					
飞机价值	169.36	179.89	202.33	232.25	305.58
年折旧额（3）	43.12	45.19	55.24	61.88	66.13
应付融资租赁款利息（4）	1.30	0.99	0.84	0.90	1.06
折旧抵税（5）=（3）×25%	10.78	11.30	13.81	15.47	16.53
利息抵税（6）=（4）×25%	0.33	0.25	0.21	0.23	0.27
对损益的影响					
自购=（2）	10.78	11.30	13.81	15.47	16.53
融资租赁=（5）+（6）	11.11	11.55	14.02	15.70	16.80

① 2012 年南方航空广州总部及各分公司适用所得税税率为 25%，子公司适用所得税税率为 15% ~ 25%。

资料来源：依据南航（600029）2008 ~ 2012 年年度报告整理计算得到。

当融资租赁固定资产的入账价值等于自购的公允价值时，两种方案的折旧抵税额相同，而融资租赁方案还能产生融资租赁款利息带来的利息抵税额，所以融资租赁对各期节税的贡献大于自购，从会计损益的角度来看，融资租赁能够带来节税好处。

（2）融资租赁带来汇兑收益

与应付融资租赁款有关的汇率变动对于南航当期损益产生了正向影响。截至 2012 年底，国内租赁公司只占国内航空租赁市场 10% 左右，另外 90% 的飞机是由国外专业飞机租赁公司或外资金融机构提供⊖。南航选择的融资租赁飞机出租方也多以国外公司为主，其持有外币构成情况如表 15-17 所示，2008 ~ 2012 年南航外币应付融资租赁款占外币持有总额比例平均为 30.28%。

表 15-17　南航持有外币构成情况　（单位：亿元）

外币构成	2008 年		2009 年		2010 年		2011 年		2012 年	
	美元	人民币	美元	人民币	美元	人民币	美元	人民币	美元	人民币
外币短期借款	17.80	120.84	15.41	105.22	5.38	35.53	10.96	69.06	16.88	106.10
外币长期借款	14.38	98.28	34.61	236.32	47.38	313.78	45.42	286.19	47.61	299.25
外币应付融资租赁款	16.34	111.68	17.41	118.88	21.79	114.31	24.25	152.80	31.15	195.79
外币合计	48.52	331.61	67.43	460.43	74.55	463.62	80.63	508.04	95.64	601.15
外币应付融资租赁款占比	33.68%		25.82%		29.23%		30.08%		32.57%	

资料来源：依据南航（600029）2008 ~ 2012 年年度报告整理计算得到。

汇兑收益已经成为南方航空公司主要利润来源。南航的汇兑收益主要来源于外币短期借款、长期借款和应付融资租赁款（应付融资租赁款全为外币）的汇率变动所致。南航 2008 ~ 2012 年汇兑损益构成情况如表 15-18 所示，2008 ~ 2012 年应付融资租赁款汇兑收益对净利润的贡献平均为 8.54%。

表 15-18　南航汇兑损益构成情况　（单位：亿元）

项目	2008 年	2009 年	2010 年	2011 年	2012 年
汇兑收益	25.41	0.90	17.25	26.65	2.56
净利润	−48.29	3.58	58.05	50.75	26.28
汇兑收益对净利润的贡献	—	25.14%	29.72%	52.51%	9.74%
应付融资租赁款汇兑收益对净利润的贡献	—	6.49%	8.69%	15.80%	3.17%

资料来源：依据南航（600029）2008 ~ 2012 年年度报告整理计算得到。

⊖　资料来源：中信建投证券《108 号文出台，飞机租赁发展迎来黄金二十年》（2014 年 1 月 13 日）。

然而，南航过高地依赖人民币升值也存在风险。飞机融资租赁合同从签订到整个交易完成，跨度都在 10 年以上，时间延续越长，则汇率变动的可能性越大，其可能发生的变动幅度也越大，相应的汇率风险也就越大。航空业是最需要精细计算的行业，因为每一位小数点后的波动就有可能改变成本与收益之间微妙的平衡点。而南航除了在中国国家外汇管理局允许的范围内保留其以外币为单位的资金，或在某些限制条件下与国内的核准银行签订外汇期权合同外，并无其他方法可以有效地对冲外币风险。

15.7 案例总结与讨论问题

▌案│例│总│结

通过分析，本案例主要结论如下。

（1）通过南航引进飞机不同方式的比较分析可以发现，以融资租赁引进飞机具有多重优势。第一，南航对新机型和数量的需求使得购买飞机的资本支出需求过大，通过融资租赁方式分期支付租金能够缓解当期资金需求的压力。第二，南航维持稳定的融资租赁租机规模，能够促进其对财务风险的控制，且融资租赁飞机租金一般是固定的，利于企业经营管理。

（2）通过南航购买飞机的融资渠道分析可以发现，融资租赁可以为重资产企业提供减小大额融资压力的良好途径。南航的内源融资、借款融资、股权融资能力均不能满足其扩充机队规模、更新机队结构的资金需要，而通过融资租赁引进飞机使得南航的机队规模、机队质量都位于国内航空运输公司首位。

（3）通过对南航融资租赁决策的选择分析可以发现，融资租赁为航空运输公司缓解固定资产投资与生产经营流动资金投入的矛盾提供了解决方法。南航作为国内运营飞机最多、航线网络最密集、年客运量最大的航空公司，运用融资租赁后飞机及飞行设备占总资产比重为三大航空公司中最低，且飞机及飞行设备总价值最低而机队规模最大，可见融资租赁可以良好地实现融物和融资的双重功能。

（4）通过融资租赁对南航财务的影响分析可以发现，融资租赁对南航的财务产生了显著的影响，表现为减小现金流压力、优化资本结构、降低资本成本、获取汇兑收益四个方面。第一，融资租赁通过长周期的递延支付降低了南航各期现金流压力，使得各期现金流支出较为稳定；第二，融资租赁可以避免购买飞机所需的大量借款，进而降低公司的资产负债率，优化资本结构；第三，融资租赁以低于其他资本成本的优势，发挥了降低南航加权平均资本成本的作用；第四，融资租赁带来了节税的好处，同时在人民币持续升值的大背景下，融资租赁因其产生大量外币债务从而使南航获得一笔不菲的额外汇兑收益。

▌讨│论│问│题

航空企业的飞机租赁涉及面广泛，是一项复杂的融资业务，依据融资租赁的基本特征以及对公司财务产生的影响，进一步需要讨论的问题有：

讨论问题一：除了本案例中的融资租赁可以为承租人的损益带来节税好处和汇兑收益之外，以承租人视角来看，飞机租赁还有哪些好处？以出租人视角来看，飞机租赁中还有什么潜在利润点可以被发掘？

讨论问题二：飞机融资租赁项目决策时，要对未来租金进行贴现而求出租金现值，与购买飞机的成本（减去期末残值）进行对比来做出的，租金的现值应该小于设备的成本，然而作为贴现率的当时市场流行的利率是经常变化的，当市场利率有实质性下降时，经过市场利率贴现的租金现值可能大于设备的成本，从而使航空公司蒙受经济损失，因此南航不得忽视利率变动可能随时带来的风险。试从合同期限、合同利率结构等方面思考南航应对利率风险可采取的措施。

　　讨论问题三：现行租赁会计模型将租赁划分为融资租赁和经营租赁，2010年国际会计准则理事会（IASB）和美国财务会计准则委员会（FASB）发布了租赁会计准则征求意见稿[⊖]，提出了单一租赁会计模型，重新修订了范围排除、短期租赁、计量基础、售后租回、列报与披露等主要内容。国际租赁准则的这一修订势必在将来会引起中国租赁会计处理的变化，那么这些变化将会对中国航空公司飞机租赁及公司财务状况带来怎样的变化呢？

　⊖　经营租赁产生的权利和义务符合概念框架中资产和负债的定义，但没有反映在承租人的财务报表中，实质上是表外融资。融资租赁模式和经营租赁模式的同时存在，意味着经济意义相似的交易可能结果不一样，降低了财务报表的可比性。此外，融资租赁和经营租赁之间的"明线"划分，导致现行模型过于复杂，实务中难以用合理的方式准确界定融资租赁和经营租赁。为有效解决上述问题，IASB和FASB发起了一个共同项目，目的是制定一种新的、单一的租赁会计处理方法，确保租赁引起的所有资产和负债都能够在财务报表中得以确认。2009年3月，两委员会发布了租赁会计准则的讨论稿，提出了租赁会计准则修订的初步意见。在考虑了全球对讨论稿的回复意见后，两委员会于2010年8月17日发布了征求意见稿。

推荐阅读

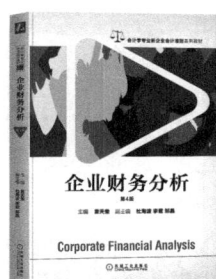

中文书名	作者	书号	定价
公司财务管理（第2版）	马忠 （北京交通大学）	978-7-111-48670-1	69.00
公司财务管理案例分析	马忠 （北京交通大学）	978-7-111-49470-6	55.00
企业财务分析（第4版）	袁天荣 （中南财经政法大学）	978-7-111-71604-4	59.00
企业并购	张金鑫 （北京交通大学）	978-7-111-54399-2	39.00
财务管理原理（第3版）	王明虎 （安徽工业大学）	978-7-111-59375-1	45.00
财务管理专业英语（第4版）	刘媛媛 （东北财经大学）	978-7-111-66478-9	40.00
管理会计：理论·模型·案例（第3版）	温素彬 （南京理工大学）	978-7-111-61273-5	49.00
财务管理	刘淑莲 （东北财经大学）	978-7-111-50691-1	40.00
财务管理习题与解析	刘淑莲 （东北财经大学）	978-7-111-56362-4	35.00
审计学（第3版）	叶陈刚 （对外经济贸易大学）	978-7-111-62919-1	49.00
国际财务管理（原书第8版）	切奥尔·尤恩	978-7-111-60813-4	79.00
管理会计（原书第16版）	雷·H. 加里森 （杨百翰大学）	978-7-111-61325-1	89.00
财务管理：以EXCEL为分析工具（原书第4版）	格莱葛·W. 霍顿	978-7-111-47319-0	49.00

推荐阅读

中文书名	原作者	中文书号	定价
会计学：企业决策的基础 （财务会计分册·原书第19版）	简·R. 威廉姆斯 （田纳西大学）等	978-7-111-71564-1	89.00
会计学：企业决策的基础 （管理会计分册·原书第19版）	简·R. 威廉姆斯 （田纳西大学）等	978-7-111-71902-1	79.00
会计学：企业决策的基础 （财务会计分册·英文原书第19版）	简·R. 威廉姆斯 （田纳西大学）等	978-7-111-74699-7	109.00
会计学：企业决策的基础 （管理会计分册·英文原书第19版）	简·R. 威廉姆斯 （田纳西大学）等	978-7-111-74901-1	89.00
管理会计（原书第17版）	雷·H. 加里森 （杨百翰大学）等	978-7-111-75017-8	109.00
财务会计教程（原书第10版）	查尔斯·T. 亨格瑞 （斯坦福大学）等	978-7-111-39244-6	79.00
管理会计教程（原书第15版）	查尔斯·T. 亨格瑞 （斯坦福大学）等	978-7-111-39512-6	88.00
财务会计：概念、方法与应用（原书第14版）	罗曼·L. 韦尔 等	978-7-111-51356-8	89.00
会计学：教程与案例（管理会计分册原书第13版）	罗伯特·N. 安东尼 （哈佛大学）等	978-7-111-44335-3	45.00
会计学：教程与案例（财务会计分册原书第13版）	罗伯特·N. 安东尼 （哈佛大学）等	978-7-111-44187-8	49.00
亨格瑞会计学：管理会计分册（原书第4版）	特蕾西·诺布尔斯 等	978-7-111-55407-3	69.00
亨格瑞会计学：财务会计分册（原书第4版）	特蕾西·诺布尔斯 等	978-7-111-59907-4	89.00
会计学（原书第5版）	卡尔·S. 沃伦 （佐治亚大学）等	978-7-111-53005-3	69.00
会计学基础（原书第11版）	莱斯利·K. 布莱特纳 等	978-7-111-44815-0	39.00
公司理财（原书第13版）	斯蒂芬·A. 罗斯 （MIT斯隆管理学院）等	978-7-111-74009-4	129.00
财务管理（原书第16版）	尤金·F. 布里格姆 （佛罗里达大学）等	978-7-111-74191-6	139.00
高级经理财务管理：创造价值的过程（原书第4版）	哈瓦维尼 （欧洲工商管理学院）等	978-7-111-56221-4	89.00